TERAPIA COGNITIVA BASADA EN *MINDFULNESS* PARA EL TOC

Un manual de tratamiento

FABRIZIO DIDONNA

Prólogo de Mark Williams

TERAPIA COGNITIVA BASADA EN *MINDFULNESS* PARA EL TOC

Un manual de tratamiento

BIBLIOTECA DE PSICOLOGÍA
Desclée De Brouwer

Título de la edición original:
MINDFULNESS-BASED COGNITIVE THERAPY FOR OCD
A Treatment Manual
© 2020 The Guilford Press
The Guilford Press, New York, USA

Traducción: Fernando Montesinos Pons
Revisión técnica: Dr. Joan Miquel Soldevilla Alberti

Henao, 6 – 48009 Bilbao
www.edesclee.com
info@edesclee.com
Facebook: EditorialDesclee
Twitter: @EdDesclee

Printed in Spain
ISBN: 978-84-330-3158-7
Depósito Legal: BI-01552-2021
Impresión: Grafo, S.A. - Basauri

A Riccardo y Rachele
A mi madre y mi padre
A mis maestros y mis pacientes

Índice

Sobre el autor

Fabrizio Didonna, Doctor en Psicología, es profesor en el Instituto de Formación Continua de la Universidad de Barcelona (España), y profesor visitante en la Universidad Jiao Tong de Shanghái (China). Es psicólogo clínico, así como profesor y formador en varias escuelas de posgrado de terapia cognitivo-conductual en Italia. El doctor Didonna es el fundador y presidente del *Istituto Italiano per la Mindfulness* (IS.I.MIND), y director científico del Máster en Terapia Basada en *Mindfulness* patrocinado por este Instituto. Es coordinador de la Unidad para el Trastorno Obsesivo-Compulsivo (TOC) en el Hospital Privado de Villa Margherita en Vicenza (Italia), y director de la MBCT para el Centro TOC en Vicenza. Practicante y maestro de meditación desde hace mucho tiempo, es un experimentado instructor de grupos basados en *mindfulness* y ha entrenado a más de 2.000 participantes en entornos hospitalarios y ambulatorios. Fue uno de los primeros terapeutas en implementar el entrenamiento en *mindfulness* en pacientes hospitalizados con trastornos severos. El doctor Didonna ha publicado artículos científicos, ha impartido talleres, ha pronunciado conferencias a nivel internacional y ha publicado numerosos artículos, capítulos y libros, entre ellos el *Manual clínico de mindfulness*.

Prólogo

Una arquitecta estaba visitando un centro comercial que había diseñado. Esta visita tenía lugar pocos meses después de su apertura al público, y quiso hacerla para comprobar cómo funcionaba el diseño en la práctica. La acompañaba un alumno, un estudiante que había ido a su estudio de arquitectura durante dos semanas para ver si la carrera de arquitectura era la idónea para él.

Aparcaron el coche y cogieron el ascensor hasta una de las plantas del centro comercial. ¿Qué vio cada uno de ellos cuando las puertas del ascensor se abrieron y salieron del mismo? La arquitecta captó toda la escena: el edificio, los espacios y sus formas, cómo jugaba la luz con las estructuras internas. A medida que avanzaba, observó los diferentes niveles del edificio y el flujo de personas que atravesaban sus espacios –dónde se detenían, en qué puntos parecían tener más prisa–. Pudo percibir su diseño en acción: su forma y su función. Miró a su alrededor para hacerle una pregunta al estudiante, y descubrió que este se había detenido un poco por detrás de ella. ¿Qué es lo que había visto él? Un gran anuncio del último teléfono inteligente en un escaparate había captado *su* atención. La mente del alumno en prácticas, que no tenía la experiencia de la arquitecta, no estaba en sintonía con la estructura del espacio o con cómo funcionaba este en la práctica, sino solo –como nos habría pasado a la mayoría de nosotros en su situación– con los objetos expuestos.

Al practicar *mindfulness* y enseñárselo a otras personas, el terapeuta/instructor de *mindfulness* es como la arquitecta, que ve más allá del *contenido* de la mente –los objetos expuestos– a fin de discernir la forma y la función de esta. Los instructores de *mindfulness* se interesan por el modo en que fluye la información dentro del «espacio» de la mente y el cuerpo, así como por ver claramente los lugares y los momentos en que ese flujo se ve bloqueado por los patrones habituales de procesamiento. Gracias a su propia práctica diaria y a su formación continua para trabajar con los pacientes, los instructores de *mindfulness* están en condiciones de ayudar –primero a sí mismos y luego a los demás– a descubrir esos patrones mentales que alguna vez pudieron tener una función útil (y que, en algunos contextos, todavía la tienen), pero que ahora actúan para perjudicar, o incluso para destruir, el bienestar psicológico y físico.

El libro de Fabrizio Didonna es un maravilloso ejemplo de cómo investigar un problema clínico difícil y desarrollar un enfoque que incluya lo que ha demostrado ser efectivo en la actualidad, un enfoque en el que basarse para futuras investigaciones y trabajos clínicos. El libro sigue los pasos de los enfoques cognitivo y conductual para desmitificar el trastorno obsesivo-compulsivo (TOC), demostrando que todos nosotros experimentamos, en mayor o menor medida, los procesos que parecen causar angustia en las personas con TOC. Durante la infancia, casi todos nosotros pasamos una fase en la que evitamos algunas cosas de manera ritualista. Y la mayoría de nosotros, ya en la edad adulta, comprobamos varias veces en el aeropuerto si nuestro pasaporte está en el bolsillo o en el bolso. ¿Por qué no nos basta con hacerlo una sola vez? Del mismo modo, la mayoría de nosotros hemos tenido alguna vez un pensamiento o un recuerdo angustioso que aparece en nuestra mente de manera espontánea, que permanece demasiado tiempo en ella, y que creemos que deberíamos poder descartar o que ya deberíamos haber «superado», pero que sigue regresando.

Estos mismos procesos mentales tratan de hacer frente a pensamientos e imágenes extremadamente desagradables en aquellas personas que buscan ayuda para los problemas psicológicos más graves, de modo que esos procesos se agitan, tratando sin cesar de deshacerse de dichos pensamientos e imágenes. La repetición implica que los procesos se han convertido en habituales y han echado raíces. Por otra parte, además del problema principal, suele haber también un sentido secundario de desesperación profunda en el que los recuerdos de los fracasos pasados por lo que respecta al control de la mente y el comportamiento se enredan con un sentimiento de vergüenza y de autoculpabilidad.

En ninguna parte está esto más claro que en el problema aparentemente intratable que denominamos TOC. A una persona se le diagnostica que padece TOC cuando experimenta un patrón habitual de pensamientos y miedos, como el miedo a contaminarse con gérmenes o el temor de haber causado un daño a alguien (un miedo que la propia persona reconoce como irracional y, de ahí las *obsesiones*), al que siguen intentos repetidos de neutralizar los pensamientos o de poner las cosas en orden. Estas acciones se convierten a menudo en rituales y no se sienten como elecciones libres. En vez de ello, la persona se siente *obligada* a realizarlas (y de ahí las *compulsiones*), a pesar de hacerse la idea de que son excesivas e inapropiadas. Por ejemplo, la persona que tiene miedo de la contaminación podría lavarse las manos de manera compulsiva una y otra vez hasta que estuvieran doloridas y agrietadas, para así detener o prevenir la contaminación. La persona que cree que puede haber golpeado sin querer a alguien mientras conducía podría volver sobre sus pasos para cerciorarse de que no lo ha hecho. *Todas* las personas con TOC se sienten atrapadas, ya que el tratar de detener las obsesiones y/o las compulsiones solo parece hacer que regresen con más fuerza y que aumente la angustia que causan. En última instancia, la persona se siente impelida a realizar actos aún más compulsivos a fin de reducir la ansiedad. Sin embargo, aunque estos actos compulsivos alivian las cosas durante un tiempo, no tienen un efecto duradero. Las obsesiones regresan, y el impulso que impele a actuar se muestra más fuerte que nunca. Así es como consigue arraigarse un círculo vicioso.

Tanto los pensamientos obsesivos como los comportamientos compulsivos interfieren en gran medida en la vida cotidiana de una persona, desviando la atención que se debería prestar a otras personas y otras actividades. Demandan una enorme cantidad de tiempo a lo largo del día, y ocasionan una gran angustia y vergüenza tanto a las personas que los sufren como a sus familias. El *mindfulness* implica prestar suficiente atención a estos patrones –y ocuparse de ellos de un modo que resulte amable y compasivo– para que, de este modo, se revele lo que previamente se había ignorado: a saber, que debido a la estructura y al funcionamiento normal de la mente, reaccionamos de forma automática al material no deseado de manera que las mismas cosas de que nos gustaría liberarnos se vuelvan *más* adhesivas. Dado que estos procesos son automáticos y, por lo tanto, suelen producirse fuera de nuestro conocimiento consciente, es esencial entrenar a la persona para que tome conciencia de ellos. Es como entrenar a un arquitecto, alejándole del *contenido* mental que le distrae y acercándole hacia los procesos que determinan el flujo de información y que, si son perturbados u obstaculizados, exacerban los elementos de nuestras vidas que crean esa angustia.

Desde el comienzo de la investigación conductual y cognitiva en las décadas de 1960 y 1970, la búsqueda se ha centrado en encontrar las mejores formas de ayudar a las personas con TOC. Aunque se ha hecho un trabajo importante, sigue habiendo un problema: la mitad de las personas que sufren TOC no se benefician todavía de los tratamientos que tienen a su disposición. Existe una necesidad imperiosa de probar nuevas teorías y nuevos métodos para intentar lograr más progresos. Estos nuevos métodos deben basarse en los éxitos del pasado, además de considerar los modelos teóricos más recientes para ver lo que podrían haber pasado por alto. Solo de esta manera avanzará el sector para entender los mecanismos que subyacen en los patrones adhesivos de pensamientos, sentimientos y comportamientos que anidan en el TOC. Tal empresa requiere tiempo y un gran de trabajo detectivesco. Este libro justamente es el resultado de este tipo de investigación minuciosa desarrollada a lo largo de muchos años, una investigación llevada a cabo por uno de los principales profesionales clínicos en la materia. Esta investigación se basa en las últimas teorías psicológicas, neurobiológicas, evolutivas y del desarrollo y pretende proponer una nueva forma de abordar el problema: la terapia cognitiva basada en *mindfulness* (MBCT, por sus siglas en inglés, *min dfulness-based cognitive therapy*) para el TOC.

La MBCT fue desarrollada en su origen por Zindel Segal, John Teasdale y un servidor; al igual que su intervención «matriz» –la reducción de estrés basada en *mindfulness* (MBSR, por sus siglas en inglés, *mindfulness-based stress reduction*) de Jon Kabat-Zinn–, la MBCT tenía algunos elementos genéricos (transdiagnósticos) y algunos elementos específicos. Los elementos genéricos han permitido aplicar esta terapia a una serie de ámbitos clínicos en los que la *incapacidad de descentrarse del pensamiento rumiativo* mantiene el problema psicológico. Los elementos específicos de la MBCT en Segal, Williams y Teasdale[1] se diseñaron para ayudar a las personas con depresión recurrente. Estos elementos incluyen un enfoque en el reconocimiento de que en la depresión existe una tendencia persistente a pasar a emplear interpretaciones negativas cuando se hace frente a situaciones ambiguas, y de que prácticamente cualquier situación puede activar una espiral de pensamientos autodenigrantes. La MBCT para prevenir la depresión incluye información específica sobre (1) cómo reconocer los signos que advierten de los inminentes cambios de humor, (2) cómo valerse de actividades que aportan una sensación de dominio y de placer para reconectar con esos aspectos de la vida cotidiana que solían ser enriquecedores y reinstalarlos, y (3) cómo trabajar más hábilmente con aquellos aspectos de la vida diaria que se están viendo mermados. Sin embargo, los desarrolladores de la MBCT advirtieron del uso de un conjunto idéntico de teorías y prácticas para diferentes problemas psicológicos[2]. Para nosotros es evidente que en el mantenimiento de los diferentes tipos y patrones de problemas intervienen diferentes procesos psicológicos. De este modo, si fuéramos a aplicar la MBCT a un nuevo grupo de personas que comparten características distintivas (características que normalmente se resumen en un «diagnóstico), deberíamos empezar por examinar detenidamente los factores que mantienen el trastorno en este grupo, en vez de suponer que la MBCT estándar funcionaría.

Eso es precisamente lo que Fabrizio Didonna hace en este libro. Al proponer la manera de abordar las cuestiones, no solo aporta nuevas ideas sobre el TOC en sí mismo, sino que también desarrolla la MBCT en nuevas direcciones en su programa de 11 sesiones. En sus manos, la MBCT mantiene su característica principal: la unión de la ciencia psicológica y la teoría y la práctica del *mindfulness*. Pero va más allá. Toma buena nota de los rasgos distintivos del TOC que deben tenerse en cuenta: rasgos tales como los pensamientos supersticiosos, la falta de confianza en uno mismo y la incapacidad de tolerar la incertidumbre; la falta de confianza en la experiencia

1. Z. V. Segal, J. M. G. Williams y J. D. Teasdale, *Mindfulness-based cognitive therapy for depression*, Guilford Press, Nueva York 2002; Z. V. Segal, J. M. G. Williams y J. D. Teasdale, *Mindfulness-based cognitive therapy for depression*, Guilford Press, Nueva York 2013² (trad. esp.: *MBCT. Terapia cognitiva basada en el mindfulness para la depresión*, Edición revisada, Kairós, Barcelona 2017).
2. J. D. Teasdale, Z. V. Segal y J. M. G. Williams, «Mindfulness training and problem formulation»: *Clinical Psychology Science and Practice*, 10 (2003), 157–160.

interna (memoria, percepciones, atención e intenciones); la inversión excesiva en posibilidades imaginadas/hipotéticas; la desconfianza en la experiencia perceptiva, e incluso su invalidación (p. ej., favoreciendo el sentido subjetivo frente a la evidencia objetiva); la hiperactividad al generar escenarios de riesgo; la responsabilidad excesiva, la culpa, el asco y el perfeccionismo; y extremos de evitación experiencial que puede adoptar la forma de una autoaversión agresiva a los propios pensamientos, emociones y sensaciones físicas. La confianza en uno mismo es una cuestión clave en el enfoque de Didonna. Quiere demostrar que es posible creer en uno mismo como alguien en quien se puede confiar y que es capaz de hacer frente incluso a situaciones de riesgo, siempre que se tenga el valor de cultivar un sentimiento de apertura, seguridad, aceptación, libertad y positividad hacia la vida y el mundo.

¿De qué manera ayuda la MBCT para el TOC a hacer frente a esa desconfianza fundamental en uno mismo? En primer lugar, el programa enseña a los pacientes a validar sus propias experiencias sensoriales priorizando la conciencia plena de las propias sensaciones. En segundo lugar, el programa se basa en los conocimientos de la terapia cognitivo-conductual (TCC): es decir, la destinada a ayudar a los pacientes a detectar el punto en el que están atrapados en su forma de pensar, y a descubrir nuevas maneras de considerar su situación. En la MBCT para el TOC, los síntomas obsesivos y compulsivos se convierten, en sí mismos, en sujetos naturales de observación consciente. Los pacientes aprenden a observarlos, y a advertir también sus reacciones secundarias a esos síntomas, con una mayor claridad y conciencia; también aprenden la manera de *descentrarse* y *desidentificarse* de ellos. Esta «exposición consciente» es un sello distintivo del enfoque de la MBCT para el TOC.

En tercer lugar, la MBCT para el TOC incluye en el programa a los *miembros de la familia* del paciente (de manera específica en una nueva sesión 3), para que también ellos puedan aprender sobre los objetivos y las intenciones de la MBCT, y para que identifiquen y dejen ir las adaptaciones y las alianzas involuntarias que puedan haber establecido con el paciente, que, con la mejor de las intenciones, podrían estar impidiendo en realidad el progreso. En cuarto lugar, la MBCT para el TOC incluye un nuevo elemento cognitivo basado en el *mindfulness*, la «Validación de la experiencia perceptiva», que tiene por objeto ayudar al paciente a desarrollar una mejor relación con la realidad y a neutralizar las dudas obsesivas. Este elemento se introduce en la sesión 5 (capítulo 9) y ayuda a que los participantes aprendan a valorar y a dar prioridad a sus propios sentidos: a lo que sus órganos sensoriales comunican realmente, momento a momento.

En quinto lugar, hay un ejercicio específico en la sesión 8 (capítulo 12), la «Práctica de las intenciones saludables» (asignado como práctica para casa), que tiene como objetivo ayudar a los participantes a tomar una mayor conciencia de sus verdaderas intenciones cada día. La idea es permitir que los participantes vean y luego influyan en su *modo hacer*; que armonicen sus intenciones del día con la forma en que desearían actuar, pensar, hablar y sentir; y que aprendan qué acciones pueden emprender para poner en práctica esas intenciones. Por último, la MBCT para el TOC integra el entrenamiento en *mindfulness* con la práctica de la compasión, introducida explícitamente como respuesta al autorrechazo agresivo profundamente arraigado que caracteriza a muchas personas que sufren por ello. Dentro de este marco de compasión, se anima a los participantes a correr riesgos, e incluso a que cuenten con un ritual de «dejar ir» que les ayude a que se inicie este proceso.

Otros enfoques terapéuticos enseñan a descentrarse de los comportamientos y los pensamientos negativos y repetitivos; muchos enseñan la bondad y la compasión. Sin embargo, la MBCT para el TOC entrena de manera explícita estas habilidades en relación con los pensamientos, los impulsos y las sensaciones. Además, la MBCT para el TOC sigue todas las intervenciones basadas en el *mindfulness*, comenzando con la conciencia plena de los aspectos de la mente que son relativamente neutrales, para luego pasar a abordar los problemas más difíciles y adhesivos. Fabrizio Didonna usa la abreviatura APLICCAS para ayudar a que sus pacientes recuerden las cualidades nucleares que están aprendiendo: Aceptación, Positividad, Libertad, confianza Interna, Conciencia, Control, Apertura y Seguridad[3].

Si la ciencia y la práctica de la MBCT han de progresar, necesitarán la cuidadosa combinación de sabiduría clínica y rigor científico que representa este libro. Este es el primer manual para la aplicación de la MBCT al TOC, y no solo sienta las bases para una mayor investigación, sino que también traza la hoja de ruta esencial que los profesionales clínicos necesitan para comprender y ayudar a las muchas personas que sufren por esta causa. Es un privilegio leerlo, y todo un honor recomendárselo al lector.

DOCTOR MARK WILLIAMS
Profesor emérito de Psicología clínica
Universidad de Oxford

3. En inglés, PASIFACO: Positivity, Acceptance, Security, Internal confidence, Freedom, Awareness, Control y Openness (NdT).

Agradecimientos

Escribir este libro ha supuesto un largo y desafiante viaje, pero también ha resultado fascinante y excitante. No habría sido capaz de completarlo con éxito sin la ayuda y el apoyo de varias personas. Deseo expresar la deuda que he contraído con todas las que, de modos distintos y en diferentes momentos, me han ayudado a lo largo del camino.

Antes que nada, me gustaría expresar mi más profunda gratitud a Sarah Guth por su inestimable, irremplazable e incansable ayuda, especialmente en la corrección del manuscrito para adaptarlo al idioma y al estilo inglés norteamericano. También me proporcionó mucho apoyo, *feedback*, sugerencias e ideas durante las muchas horas de conversaciones y correos electrónicos, que, a buen seguro, mejoraron el manuscrito y lo hicieron más claro.

También dirijo mi más profundo reconocimiento y mi más cálido agradecimiento a Mark Williams, por sus inspiradoras enseñanzas y su precioso *feedback* y consejos durante los últimos años. Mark es un maestro que encarna el espíritu, el estilo y la forma de ser del *mindfulness* y la compasión. También le agradezco de corazón el amable y autorizado prólogo que ha escrito para este libro.

Muchas gracias también a Zindel Segal, que fue la primera persona en sugerirme que extendiera la duración del programa de las 8 sesiones que empleaba en su programa de la MBCT para la depresión a 11 sesiones, dada la naturaleza aguda y crónica del trastorno obsesivo-compulsivo (TOC). También quiero darle las gracias por todo lo que he aprendido de él en las ocasiones en que hemos codirigido retiros de entrenamiento de la MBCT de 5 días.

También estoy en deuda con Zindel Segal, Mark Williams y John Teasdale por haberme dado permiso para incluir aquí y en los programas una gran cantidad de materiales e ideas de su libro *MBCT. Terapia cognitiva basada en el mindfulness para la depresión*, en su mayoría de una forma adaptada.

Estoy profundamente agradecido a Paul Gilbert, que me animó personalmente (¡especialmente durante una maravillosa cena en Italia!) a investigar y profundizar en el papel de la autocompasión en el tratamiento del TOC y, en última instancia, a escribir este libro. Quiero darle las gracias, asimismo, por sus inestimables y esclarecedores conocimientos, ideas y trabajos, especialmente sobre los sistemas de regulación afectiva, que me llevaron a desarrollar la hipótesis sobre el posible rol y sobre los efectos del *mindfulness* y la autocompasión en el debilitamiento de la hiperactivación del sistema de amenaza en el TOC. Hay mucho de él en este libro.

Quiero darle un caluroso agradecimiento a Rob Nairn por nuestras agradables y constructivas conversaciones sobre los mecanismos cognitivos que intervienen en la mente obsesiva y las posibles maneras de entrenar la mente para que funcione de forma más saludable.

Me gustaría expresar mi más profundo aprecio y sincera gratitud, de forma especial, al Venerable Lama Yeshe Losal Rinpoche, abad del Centro Budista de Samye Ling en Escocia, por sus sabias e inestimables enseñanzas y su fuerte compromiso con la ayuda a los más débiles y necesitados.

Deseo manifestar un reconocimiento especial y nostálgico al Venerable Akong Tulku Rinpoche, por las sabias y compasivas enseñanzas que nos dio a mis compañeros y a mí mismo apenas unos meses antes de su trágica muerte. Todo lo que aprendí de él permanecerá siempre en mi mente y en mi corazón.

Muchas gracias a Paul Salkovskis, que fue el primero en enseñarme por primera vez de manera clara y eficaz el enfoque cognitivo-conductual del TOC, en particular durante mi visita a finales de la década de 1990 al Departamento de Psiquiatría de la Universidad de Oxford (Reino Unido), donde enseñaba por aquel entonces.

También quiero presentar mi más sincero agradecimiento a Jon Kabat-Zinn, Joseph Goldstein y Jack Kornfield, cuyas palabras escritas y habladas inspiraron mi comprensión del verdadero significado del *mindfulness* y la compasión y sus implicaciones directas o indirectas para el TOC.

Agradezco a Ruth Baer y Ronald Siegel sus amables y útiles sugerencias en la edición del «Cuestionario sobre las Causas de la Desconfianza», publicado en este libro.

Quiero darles las gracias a Ruth Baer (una vez más), Paul Gilbert (una vez más), Ronald Siegel (una vez más) y Dennis Tirch por sus amables comentarios y por su apoyo al libro y al modelo.

Me gustaría darle las gracias a todo el equipo de The Guilford Press por su ayuda para llevar este libro al mundo. En particular, deseo expresar mi más sincera gratitud al editor Jim Nageotte por creer en este proyecto desde el principio y por su estilo amable, amistoso y profesional y por su *paciencia consciente* al acompañarme en esta maravillosa aventura. También deseo dirigir un cálido agradecimiento a Barbara Watkins por sus inestimables sugerencias, comentarios, críticas y correcciones de este libro. Ella contribuyó a que los pensamientos e ideas que yo quería expresar fueran más claros y, por tanto, a que el mensaje resultara más eficaz. Muchas gracias al director artístico Paul Gordon por crear una portada tan impresionante, hermosa y efectiva. Muchas gracias también a la directora del proyecto editorial Anna Brackett, que trabajó conmigo dando su forma final al manuscrito y convirtiéndolo en un libro. Por último, quiero ofrecer un agradecimiento general al resto del personal de Guilford que ha colaborado directa o indirectamente conmigo en la realización de este libro. Ha sido un verdadero honor y un privilegio haber trabajado con gente tan perspicaz, profesional y talentosa de esta editorial líder y altamente respetable.

Quiero agradecer de manera especial y sincera el *feedback* y las ideas inestimables de mi amigo Nir Essar para el primer capítulo. También quiero expresar mi más profunda gratitud y la deuda que tengo con él por su ayuda y su apoyo generosos y amistosos para construir conmigo un puente sobre aguas turbulentas hace algunos años.

También quiero darle las gracias a Fan Qing por ofrecerme el puesto de profesor visitante en la Universidad Jiao Tong de Shanghái, donde dirigí mi primera práctica de la MBCT para el TOC en China.

Deseo expresar un agradecimiento especial a Luca Iani por sus sugerencias amables y útiles en el primer capítulo, y también a Ian Ross por su generoso *feedback* en el primer capítulo.

Mi más sincero agradecimiento a Erica Xodo por codirigir conmigo varias clases de la MBCT para el TOC y por compartir sus ideas, sus sentimientos y su *feedback* conmigo. También quiero darle las gracias por ayudarme a seleccionar y transcribir los diálogos entre los instructores y los participantes de las sesiones reales que he incluido en el libro y por colaborar conmigo en nuestra investigación sobre la eficacia del programa de la MBCT para el TOC.

También quiero reconocer la influencia de Jeffrey Schwartz, que fue un pionero en integrar la TCC y el *mindfulness* para el TOC, y cuyo trabajo me sirvió de inspiración en mi comprensión de los efectos de la práctica del *mindfulness* sobre los problemas obsesivos.

Estoy en deuda con Lalena Stull por su amable *feedback* y su preciosa ayuda en la revisión de la segunda parte del libro, dedicada a las sesiones del programa. Muchas gracias, asimismo, a Carla Scott Monkhouse por su revisión de la segunda parte del manual.

Le debo un agradecimiento especial a Marco Bateni, jefe del Departamento de Psiquiatría del Hospital Privado de Villa Margherita, por creer en el valor que supone introducir el *mindfulness* en un entorno hospitalario y por ayudarme a crear en el seno del hospital una Unidad Especial para el tratamiento del TOC con un programa terapéutico basado en el *mindfulness*.

También quiero darles las gracias a Anna Terminello y a Giancarlo Gualato por los maravillosos dibujos que muestran los movimientos y las posturas empleados en este programa terapéutico, que han demostrado ser muy útiles para los participantes. Mi más sincero agradecimiento a Carola Battistelli y a Anna Neresini por su preciosa y generosa ayuda con respecto a la verificación de las referencias, como también a Hanna Fiera y Simona Morra, que me ayudaron en el primer capítulo y en los diálogos de los capítulos de las sesiones, y a Alessandro Arcuri y Tiziano Schirinzi, por su amable ayuda y su apoyo profesional en la preparación de las pistas de audio destinadas a la práctica en casa.

También estoy agradecido a mis pacientes, una fuente vital de inspiración, que me han enseñado la mayoría de lo que sé sobre el trabajo clínico a través de su valentía, de sus esfuerzos, de su perseverancia, de su confianza en esta terapia y, al fin y al cabo, de su amor por la vida.

A título personal, quiero expresar mi más profunda gratitud a mi madre, por los muchos sacrificios que ha hecho para permitirme estar donde estoy ahora en mi vida, y por no haberse rendido nunca al hacer frente a los obstáculos, superándolos siempre. No sería quien soy hoy ni habría logrado lo que tengo sin su amor y su apoyo. De igual manera, hasta el último día de su vida, mi padre me enseñó a comprender la importancia del compromiso y la perseverancia para alcanzar metas importantes y para lograr lo que realmente importa en la vida.

Por último, pero no por ello menos importante, deseo presentar mi más sincero y caluroso agradecimiento a mi mujer, Rachele, y a mi hijo, Riccardo, por su amor, su apoyo y su paciencia interminables durante los muchos días, semanas y meses en los que mi atención se alejó de ellos para dedicarme a este libro. Riccardo ha sido, con su atención consciente, con la mente del principiante y con su amor incondicional, uno de mis mejores maestros de *mindfulness*. También me ha ayudado a comprender el verdadero significado de la felicidad. Este libro está dedicado a ellos, en particular. Ojalá seáis felices y estéis libres de sufrimiento.

Introducción

No es ni con acciones ni con palabras
como nos liberamos de las contaminaciones mentales,
sino viéndolas y reconociéndolas una y otra vez.

—ANGUTTARA NIKAYA

Arbeit macht frei, «el trabajo libera», eran las palabras infames que figuraban en la entrada de Auschwitz y de otros campos de concentración nazis. Esta frase es, indudablemente, una de las más terribles e injustas que se ha usado nunca para engañar a los humanos. Sabemos que en Auschwitz el trabajo no salvaría a nadie. Sin embargo, los propios prisioneros se aferraban a la idea mientras trataban desesperadamente de mantener cualquier esperanza de sobrevivir. Hace muchos años, cuando viajaba por Polonia, me sorprendí mirando esas palabras en esa puerta. Entre los muchos pensamientos, imágenes y escenas dramáticos que abarrotaron mi mente, no pude evitar hacer una comparación entre esa frase y el gran autoengaño de las personas que padecen trastorno obsesivo-compulsivo (TOC): «Los rituales me liberan» –de la ansiedad, de las obsesiones, de la responsabilidad y de la culpa–. Pero esta creencia es, precisamente, lo que lleva a las personas con TOC a entrar en una serie de círculos viciosos que mantienen y alimentan su problema incapacitante y desafiante. Sus formas contraproducentes de hacer frente a este problema crean una ilusión de seguridad y control a la que resulta difícil renunciar.

Ayudar a los pacientes a comprender los modos en que estos autoengaños desencadenan y ayudan a mantener su trastorno debe ser uno de los objetivos más importantes de cualquier enfoque terapéutico eficaz del TOC. Igual de importante es reconocer que la fenomenología y la sintomatología obsesivas derivan, más o menos directamente, de las conductas humanas, de los hábitos y de los mecanismos cognitivos normales y adaptativos. Sabemos que la mayoría de las personas experimentan pensamientos intrusivos y realizan rituales, y que estos hábitos comienzan a desarrollarse en la infancia porque proporcionan una sensación de organización, de equilibrio, de seguridad y de control en la vida diaria. Por ejemplo, llevamos a cabo un cierto conjunto de conductas en el mismo orden; mantenemos determinados objetos en el mismo lugar; comemos los mismos alimentos, en el mismo orden, para desayunar todos los días; limpiamos nuestras casas de la misma manera usando los mismos productos; muchas personas fuman un cigarrillo después de las comidas o de la actividad sexual; y tenemos pensamientos intrusivos cuyo contenido no es diferente de los que tienen las personas con TOC. Nuestra cultura, nuestras vidas sociales y nuestras prácticas religiosas están imbuidas y se caracterizan por comportamientos rituales que regulan, coordinan y organizan nuestra relación con el mundo exterior y con nuestros mundos interiores. Aunque estos rituales pueden proporcionarnos una sensación de orden y estabilidad, tenemos que adaptarlos continuamente a lo que ocurre en nuestras vidas para que puedan seguir siendo funcionales. En las personas que padecen TOC, el desencadenante de ciertos mecanismos psicopatológicos conduce a una distorsión, a menudo grave, en la duración, la frecuencia y la intensidad de comportamientos que en un principio eran normales. A su vez, esta distorsión lleva al desarrollo de un trastorno complejo e incapacitante.

A partir de la década de 1970, dentro del contexto de la terapia conductual, se desarrollaron muchos enfoques terapéuticos diferentes que demostraron ser sorprendentemente eficaces en el tratamiento del TOC en personas con compulsiones manifiestas (p. ej., lavado, comprobación), alcanzando tasas de éxito del 80-90% de los pacientes tratados[1]. Sin embargo, estos enfoques no resultaron ser tan eficaces para tratar el TOC comórbido con el trastorno depresivo mayor[2], con otras patologías, y en los casos no tan raros de trastorno obsesivo en los que no hay compulsiones o rituales manifiestos –es decir, en el así llamado *TOC puro*– porque tiene lugar de manera exclusiva en la mente del paciente. Según Rachman[3], «el principal obstáculo para el éxito del tratamiento de las obsesiones es la ausencia de técnicas efectivas». De acuerdo con esta afirmación, casi podríamos definir los trastornos mentales como *la falta de mecanismos, recursos o estrategias efectivos, funcionales y adaptati-*

1. E. B. Foa, M. R. Liebowitz, M. J. Kozak, S. Davies, R. Campeas, M. E. Franklin et al. «Randomized, placebo-controlled trial of exposure and ritual prevention, clomipramine, and their combination in the treatment of obsessive–compulsive disorder»: *American Journal of Psychiatry*, 162(1) (2005), 151–161; P. M. G. Emmelkamp, S. Visser y R. Hoekstra, «Cognitive therapy vs. exposure in the treatment of obsessive-compulsives»: *Cognitive Therapy and Research*, 12 (1988), 103–114; C. A. L. Hoogduin y W. A. Hoogduin, «The outpatient treatment of patients with an obsessional–compulsive disorder»: *Behaviour Research and Therapy*, 22 (1984), 455–459.
2. E. B. Foa, «Failure in treating obsessive–compulsives»: *Behaviour Research and Therapy*, 17(3) (1979), 169–176; S. J. Rachman y R. J. Hodgson, *Obsessions and compulsions*, Prentice-Hall, Englewood Cliffs, NJ 1980.
3. S. Rachman, «Obstacles to the treatment of obsessions», en E. B. Foa y P. M. G. Emmelkamp (Eds.), *Failures in behaviour therapy*, Wiley, Nueva York 1983.

vos de las personas (o su dificultad para usarlos) para cambiar la relación disfuncional que tienen con su experiencia interior.

Como veremos en los dos primeros capítulos de este libro, sabemos que el 50% de las personas con TOC no mejoran de manera significativa o de forma duradera con los enfoques de que disponemos en la actualidad[4]. Ante la carencia de un tratamiento efectivo, a lo largo de los años he intentado –con entusiasmo, curiosidad y compromiso– encontrar respuestas a las siguientes preguntas:

- ¿Qué más podemos hacer, de manera realista, para ayudar a las personas con TOC que todavía no han encontrado un alivio suficiente para este trastorno incapacitante?
- ¿Qué medios, técnicas y enfoques terapéuticos que no empleamos todavía pueden mejorar, reforzar o integrarse de manera efectiva con los enfoques terapéuticos de que disponemos en la actualidad?
- ¿Qué aspectos del trastorno no comprendemos todavía plenamente desde el punto de vista clínico y etiopatogénico?
- ¿Qué factores comunes y transversales caracterizan a todos los tipos de TOC, y qué intervenciones pueden ser efectivas para tratar cada uno de ellos, teniendo en cuenta la extrema heterogeneidad de la sintomatología y la fenomenología del trastorno?

Un viaje personal

Mi viaje personal en el trabajo con el TOC comenzó a finales de la década de 1990, cuando visité el Departamento de Psiquiatría de la Universidad de Oxford. Allí, Paul Salkovskis en persona me enseñó cómo tratar a los pacientes con TOC, involucrándome en conversaciones esclarecedoras y compartiendo conmigo vídeos interesantes de sesiones terapéuticas reales. Gracias a esta experiencia aprendí un enfoque innovador y poderoso para relacionarme con las personas con TOC, aprendí la importancia de una formulación del problema compartida con los pacientes, y aprendí también varias técnicas cognitivas que podían centrarse en los sesgos y en los mecanismos cognitivos que activan y mantienen el trastorno. Al mismo tiempo, comencé a cultivar la meditación por mí mismo, asistí a talleres y retiros con Jon Kabat-Zinn, Zindel Segal, Mark Williams, John Teasdale y muchos otros maestros budistas y de *mindfulness* conocidos a nivel internacional. En primer lugar, me di cuenta del poderoso efecto que estas prácticas ejercían en mí para reducir el estrés y para cambiar mis propias actitudes, conductas y creencias, a fin de que se volvieran más flexibles y funcionales.

4. P. M. SALKOVSKIS Y J. KIRK, «Obsessive–compulsive disorder», en D. M. Clark y C. Fairburn (Eds.), *The science and practice of cognitive behaviour therapy*, Oxford University Press, Oxford, UK 1997; E. B. FOA, J. B. GRAYSON, G. STEKETEE, H. G. DOPPELT, R. M. TURNER Y P. R. LATIMER, «Success and failure in the behavioral treatment of obsessive–compulsives»: *Journal of Consulting and Clinical Psychology*, 51 (1983), 287–297.

Mientras trabajaba como psicoterapeuta en el hospital, sentía curiosidad por ver cómo esta práctica milenaria, desarrollada para lidiar con el sufrimiento, podía ayudar a las personas afectadas por una patología grave, en particular el TOC refractario. A menudo observé que gran parte de las personas que no mejoraban gran cosa con la terapia cognitivo-conductual (TCC) estándar encontraban alivio gracias a las prácticas de *mindfulness*. Durante muchos años dirigí grupos de terapia cognitiva basada en *mindfulness* (MBCT) en tratamiento hospitalario y pude observar cómo las personas afectadas por trastornos severos en fase aguda (TOC, trastorno límite de la personalidad, depresión mayor, etc.) recurrían a las prácticas de *mindfulness*, y advertí los efectos que estas tenían en determinados tipos de sufrimiento.

Este libro es fruto de más de 20 años de experiencia y de trabajo con cientos de personas con TOC en tratamientos hospitalarios y ambulatorios, practicando y enseñando la meditación *mindfulness*, y entablando conversaciones con algunos de los mayores expertos en el campo del *mindfulness*, de la TCC y del TOC. Al compartir conmigo sus esclarecedoras ideas y su amplia experiencia, los expertos me han ayudado, de manera directa e indirecta, a comprender cómo y por qué la práctica del *mindfulness* es clínicamente relevante y efectiva para tratar el TOC. Este libro es también el resultado de 15 años de trabajo a fin de perfeccionar y adaptar la fundamentación, el formato, la formulación del problema y los ejercicios del programa a través del método de ensayo y error, gracias al *feedback* y a la experiencia de cientos de pacientes con TOC que compartieron aquello que consideraban de utilidad a la hora de hacer frente a sus problemas.

El marco teórico

Como parte de la continua búsqueda de conocimiento, las disciplinas científicas cuestionan regularmente sus supuestos filosóficos. Por medio de este proceso encuentran a menudo relaciones con otras filosofías. Esto es lo que ha sucedido en la evolución de la TCC y la investigación clínica durante las dos últimas décadas, ya que se ha integrado con la psicología y los principios budistas. Esta integración proporciona el fundamento y el marco teórico de este libro y el protocolo de tratamiento que este presenta.

La evolución de la TCC durante los últimos 20 años ha llevado a una mejor comprensión, no solo de los contenidos de la mente, sino también de la *relación* que las personas tienen con sus propios procesos internos y de cómo estos pueden activar y mantener los trastornos psicológicos. El objetivo es liberar a los individuos de los estados mentales negativos desarrollando una conciencia de los procesos perceptivos y cognitivos y alterándolos de forma sana y adaptativa. Así pues, la principal finalidad de un programa para el TOC basado en el *mindfulness* es ayudar a los individuos a transformar fundamentalmente la relación que tienen con los pensamientos, los sentimientos y las sensaciones físicas que activan y perpetúan sus estados psicopatológicos.

Este libro es un intento de reunir cuatro áreas de estudio específico en el campo de la salud mental que, a lo largo de las dos últimas décadas, han proporcionado evidencia empírica sobre los orígenes del TOC, sobre cómo funciona y cómo tratarlo. Estas cuatro áreas son la TCC, la psicología evolutiva, la neurobiología y la psicología budista. Cada uno de estos enfoques me ha permitido comprender qué, cómo y por qué suceden ciertas cosas en una mente obsesiva y dónde y cómo es importante intervenir.

La TCC ha desempeñado un papel fundamental en la comprensión de los modos en que los mecanismos disfuncionales y los sesgos cognitivos funcionan como factores de activación y mantenimiento del TOC. Esta comprensión ha permitido desarrollar técnicas terapéuticas, estrategias y protocolos de tratamiento validados que han resultado efectivos. La TCC también nos ha llevado a una comprensión de cómo los comportamientos y las estrategias de búsqueda de seguridad mantienen el trastorno, y ha demostrado la relevancia clínica de las intervenciones de exposición con prevención de respuesta a la hora de crear un cambio clínico significativo y duradero.

Al ofrecer una descripción clara y detallada de las funciones y los objetivos comunes y adaptativos de los seres humanos, la psicología evolutiva ha contribuido a normalizar los problemas psicológicos de una manera lógica y coherente. En general, la psicopatología se produce cuando los comportamientos, las actitudes y los modos mentales que resultan funcionales y adaptativos para la supervivencia de cada ser humano son llevados al extremo de forma inadaptada. La consecuencia de ello es una forma más cuantitativa que cualitativa de pensar en la psicopatología. Dicho con otras palabras, el paso de la normalidad a la enfermedad tiene que ver más con la sobreactivación o la subactivación de actitudes, procesos y fenómenos normales (p. ej., pensamientos, sentimientos, conductas, sinapsis en el cerebro) que con el hecho de que estos sean únicos o diferentes. Como hemos visto brevemente, el TOC se ajusta a este principio adaptativo porque las conductas y las cogniciones obsesivas son, principalmente, una expresión disfuncional excesiva de conductas, actitudes y cogniciones normales y adaptativos.

Los avances en neurobiología, sobre todo en las dos últimas décadas, han hecho posible que comprendamos mejor qué áreas y circuitos del cerebro están alterados en las personas con TOC. Aún no sabemos si estas diferencias son la causa o el efecto de procesos normales que se transforman en una fenomenología desadaptativa e incapacitante. La neurobiología también ha permitido verificar cómo la TCC y las intervenciones basadas en el *mindfulness* pueden afectar, e incluso reconfigurar, los circuitos cerebrales alterados de una manera terapéutica y adaptativa: *la mente puede cambiar el cerebro*. Por último, la neurobiología ofrece apoyo a las hipótesis y a los enfoques cognitivos, evolutivos y basados en el *mindfulness* del TOC.

La última, pero no por ello menos importante, área de estudio es la psicología budista. Las teorías y los principios centenarios en los que se basa proporcionan una visión detallada e integral de cómo funciona la mente humana y una comprensión no solo de los factores que causan y alimentan el sufrimiento psicológico, sino también de los factores que pueden promover y mantener el bienestar. Las enseñanzas budistas nos han transmitido un importante descubrimiento a lo largo de los siglos: el modo en que usamos la mente es el origen de todo el sufrimiento humano, ya sea en forma de ansiedad, de vergüenza, de ira, de desesperación o de pena. A través de una práctica regular que nos ayude a comprender y a experimentar cómo funciona la mente, podemos aprender a domar nuestras mentes y, en consecuencia, a liberarnos del constante sufrimiento psicológico.

La MBCT para el TOC reúne este conocimiento y esta experiencia. El programa se basa principalmente en el formato y en la estructura de la reducción de estrés basada en *mindfulness* (MBSR) y de la MBCT, pero también toma muchas ideas, hipótesis e inspiración de la terapia centrada en la compasión, e incluye algunos componentes de la terapia de aceptación y compromiso –particularmente el uso de la metáfora como herramienta terapéutica–.

Mindfulness y TOC

En las últimas décadas, los estudios empíricos vienen respaldando cada vez más la eficacia del entrenamiento en *mindfulness* en el tratamiento de numerosos problemas, y ahora es bien sabido que las intervenciones basadas en el *mindfulness* pueden tener efectos psicológicos significativos en varios trastornos psiquiátricos[5]. La investigación clínica también ha puesto de relieve los mecanismos de cambio mediante los que la meditación *mindfulness* y el entrenamiento en *mindfulness* logran sus efectos beneficiosos y crean cambios en el funcionamiento psicológico[6].

El *mindfulness* es una de las enseñanzas centrales de la antigua psicología budista, y consiste en una manera particular de prestar atención a todo lo que nos rodea y a nuestro interior. Puede definirse como un estado de conciencia que se caracteriza por mantenerse centrado en lo que está sucediendo en el momento presente, tanto a nivel externo como interno, sin evaluarlo, sin darle un sentido ni reaccionar ante ello[7]. El *mindfulness* puede considerarse como una forma de relacionarse con toda experiencia –positi-

5. S. G. Hofmann, A. T. Sawyer, A. A. Witt y D. Oh, «The effect of mindfulness-based therapy on anxiety and depression: A meta-analytic review»: *Journal of Consulting and Clinical Psychology*, 78(2) (2010), 169.
6. J. Carmody y R. A. Baer, «Relationships between mindfulness practice and levels of mindfulness, medical and psychological symptoms, and well-being in a mindfulness-based stress reduction program»: *Journal of Behavioral Medicine*, 31 (2008), 23-33; R. A. Baer, «Self-focused attention and mechanisms of change in mindfulness-based treatment»: *Cognitive Behaviour Therapy*, 38 (2009), 15-20.
7. F. Didonna, (Ed.), *Clinical handbook of mindfulness*, Springer, Nueva York 2009 (trad. esp.: *Manual clínico de mindfulness*, Desclée De Brouwer, Bilbao 2011).

va, neutral y negativa–. Es capaz de reducir el sufrimiento y aumentar la sensación de bienestar en quienes lo practican[8].

La práctica del *mindfulness* implica un entrenamiento mental por medio de ejercicios que tienen por objeto ayudar a las personas a ser cada vez más receptivas a su propia experiencia. Implica ser consciente de todo lo que comuniquen los sentidos y usar esa información de manera atenta y exhaustiva. Las personas aprenden a percibir la realidad de forma aguda y plena y a prestar una verdadera atención a lo que están experimentando. Aprenden a observar sus propios pensamientos sin quedar atrapadas en ellos. Aprenden a ver las cosas como son en realidad y a despertar a la realidad de la vida tal como ocurre en el momento presente[9].

El *mindfulness* puede considerarse como la antítesis de los mecanismos y los estados más obsesivos de la mente. De hecho, el TOC es una manera generalizada, desadaptativa, reactiva y crítica de relacionarse con la experiencia interna y externa. El objetivo de este libro consiste en describir cómo y por qué el *mindfulness* y las prácticas basadas en la compasión, integradas con algunas intervenciones cognitivo-conductuales, pueden conducir a mejoras en los síntomas clínicos y en el funcionamiento psicológico de los individuos con obsesiones y compulsiones. El programa que presentamos ayuda a que los pacientes desarrollen una forma adaptativa de atención centrada en el yo que mejora la autorregulación cognitiva, emocional y conductual y puede crear cambios en varios sesgos y actitudes obsesivos que generan y refuerzan el TOC (p. ej., en la rumiación, en la evitación experiencial, en los sesgos atencionales). A través de la práctica del *mindfulness*, el programa de la MBCT para el TOC cultiva actitudes mentales como la aceptación, el descentramiento, la desidentificación, la autovalidación y la autocompasión; estas pueden funcionar como antídotos para muchos sesgos y mecanismos cognitivos que activan y mantienen los problemas obsesivos.

Un enfoque del TOC basado en el *mindfulness* ayuda a las personas a desarrollar una manera nueva y más funcional de relacionarse con la experiencia interna incómoda[10]. Los pacientes no intentan cambiar los contenidos o la frecuencia de sus pensamientos (como lo harían en la TCC estándar) o reducir la intensidad del malestar (como sería el caso del tratamiento farmacológico). A través de un entrenamiento mental progresivo sobre cómo descentrar

8. C. K. Germer, R. D. Siegel y P. R. Fulton, *Mindfulness and psychotherapy*, Guilford Press Nueva York 2005 (trad. esp.: *Mindfulness y psicoterapia*, Desclée De Brouwer, Bilbao 2017).
9. B. Gunaratana, *Mindfulness in plain English*, Wisdom, Boston 2011 (trad. esp.: *El libro del mindfulness*, Kairós, Barcelona 2012).
10. F. Didonna, «Mindfulness and obsessive–compulsive disorder: Developing a way to trust and validate one's internal experience», en F. Didonna (Ed.), *Clinical handbook of mindfulness*, Springer, Nueva York 2009 (trad. esp.: «Mindfulness y trastorno obsesivo compulsivo: desarrollando una manera de confiar y validar la experiencia interna», en *Manual clínico de mindfulness*, Desclée De Brouwer, Bilbao 2011); J. M. Schwartz y B. Beyette, *Brain lock: Free yourself from obsessive–compulsive behavior*, Harper Collins, Nueva York 1997.

y desidentificar[11] sus cogniciones y sus emociones, los pacientes aprenden a prevenir la activación de las conductas reactivas (p. ej., las compulsiones) cuando experimentan estados internos problemáticos[12]. La eficacia de la meditación *mindfulness* parece residir en la capacidad de la persona para aprender a observar los contenidos de su mente con una actitud de aceptación, descentrada e inmediata, en lugar de tratar de *cambiar* los contenidos en sí mismos; el poder coercitivo de algunos contenidos cognitivo-afectivos disminuye progresivamente hasta que llega a desaparecer. En la terapia cognitiva estándar, estos procesos de *descentramiento* y *desidentificación* se consideran un medio para lograr un fin –que es cambiar los contenidos de un pensamiento–, mientras que en los enfoques basados en el *mindfulness* y en la MBCT para el TOC, estos procesos son el fin en sí mismos.

El programa terapéutico descrito en este libro tiene como objetivo ayudar a las personas afectadas por el TOC a contrarrestar sus mecanismos reactivos y automáticos. Paso a paso, los pacientes irán aprendiendo a tomar conciencia, y luego a neutralizar, o a debilitar significativamente, los mecanismos disfuncionales que activan y mantienen su trastorno, reemplazando esos mecanismos por nuevas actitudes y modos cognitivos, emocionales y conductuales saludables.

Estructura y objetivos del libro

El libro está dividido en dos partes. La parte I (capítulos 1-4) se centra en cuestiones teóricas y conceptuales relevantes relativas al TOC y proporciona el marco teórico, las evidencias procedentes de la investigación y las hipótesis actualizadas que respaldan el uso de un enfoque basado en el *mindfulness* para este tipo de trastorno. Estos capítulos explican también cómo y por qué se desarrolló el modelo MBCT para el TOC y cómo implementar este programa terapéutico.

El capítulo 1 cubre los aspectos epidemiológicos, fenomenológicos, neurobiológicos y clínicos del trastorno; los sesgos y los procesos cognitivos que caracterizan el TOC; y algunas de las principales teorías etiopatogénicas del TOC que contribuyen a construir un modelo coherente y racional del trastorno. El capítulo 2 describe una conceptualización basada en el *mindfulness* y un enfoque para tratar el TOC, y explica por qué el TOC puede considerarse como un estado severo de falta de conciencia (*mindlessness*) y cómo la práctica de la conciencia plena (*mindfulness*) puede debilitar progresivamente los mecanismos y los sesgos cognitivos obsesivos y tener importantes efectos neurobiológicos. También explica la manera en que algunas de las técnicas cognitivas y conductuales más efectivas pueden integrarse con las intervenciones y las prácticas basadas en el *mindfulness*.

11. J. D. Teasdale, «Metacognition, mindfulness and the modification of mood disorders»: *Clinical Psychology and Psychotherapy*, 6 (1999), 146–155.
12. F. Didonna, «Mindfulness and obsessive–compulsive disorder: Developing a way to trust and validate one's internal experience», *op. cit.*

El capítulo 3 presenta la fundamentación y las características clave del programa de la MBCT para el TOC: se presentan los temas, los contenidos y los objetivos básicos de cada una de las 11 sesiones, así como la estructura y el formato de las mismas. El capítulo explica también qué sectores profesionales están calificados para dirigir este programa terapéutico y proporciona algunas directrices sobre el estilo del instructor y la relación terapéutica en la conducción de la MBCT para las personas con TOC. También se examina el papel que pueden desempeñar los miembros de la familia y las parejas a fin de ayudar a garantizar el éxito del programa.

El capítulo 4 explica cómo prepararse para dirigir el programa de la MBCT. También describe algunas características básicas del mismo, como la composición del grupo, el tamaño de la clase y los materiales que emplearán el instructor y los participantes. Como ocurre en los programas de la MBSR y de la MBCT para la depresión, el primer paso es realizar entrevistas individuales antes de proceder a la primera sesión de grupo. El objetivo de las entrevistas es llevar a cabo una evaluación minuciosa de los problemas de los participantes a fin de evaluar su idoneidad para el programa grupal, así como para motivarlos a que se comprometan con el programa y perseveren en él si deciden participar. Por último, este capítulo explica por qué, cuándo y cómo implementar la MBCT para el TOC de manera individual así como los pros y los contras de usar este formato.

La parte II (capítulos 5-15) presenta las 11 sesiones del programa de la MBCT para el TOC de manera detallada. Cada capítulo de esta parte incluye una agenda de la sesión, una descripción de los objetivos y los contenidos analizados, todos los materiales empleados durante las sesiones, los documentos para los participantes, y los cuadros con las transcripciones de todas las prácticas y ejercicios en el programa para el instructor. También dedica un espacio considerable a los extractos de los diálogos entre los participantes y el instructor, especialmente en lo que se refiere a los componentes de la revisión de la práctica y de la revisión de la práctica en casa, tomados de sesiones de la MBCT para el TOC de la vida real (por razones de privacidad, hemos cambiado los nombres de los pacientes y hemos disfrazado su identidad). Estos extractos ayudan al lector a comprender mejor los contenidos y las dinámicas que caracterizan las sesiones y el modo en que el instructor debe dirigir los momentos importantes de investigación y revisión de la práctica.

He creado para este manual grabaciones de audio de los ejercicios de la práctica del *mindfulness* que se recogen en el libro, que pueden reproducirse directamente o descargarse en formato MP3, en inglés. Los participantes pueden usar estas grabaciones de audio y consultar las transcripciones de las mismas en https://www.guilford.com/companion-site/Mindfulness-Based-Cognitive-Therapy-for-OCD/9781462539277/didonna-meditations. El instructor puede dirigir a los participantes de su curso a dicha página web para que accedan a las grabaciones por su cuenta.

Advertencias: antes de comenzar

Muchas de las sugerencias y las prácticas de este libro implican un movimiento físico, un movimiento que puede conllevar cierto grado de esfuerzo. Aunque estas prácticas requieren estiramientos, balanceos y movimientos suaves y sencillos, antes de que los clientes realicen cualquiera de ellos deben consultar a un médico o a otro profesional de la salud. Es importante que cualquier persona, y en particular las que presentan afecciones de salud, obtengan autorización antes de realizar cualquiera de las prácticas de este libro que impliquen movimiento. Téngase en cuenta que no todos estos ejercicios son necesariamente apropiados para cada uno de los clientes. Para que quede claro, la información y las sugerencias que se ofrecen aquí no pretenden sustituir el consejo médico o la orientación de un fisioterapeuta, de un entrenador, de un instructor de yoga o de otro especialista cualificados.

Aunque este libro ofrece una guía completa para ofrecer la MBCT a los individuos con TOC, tanto la capacitación adecuada como la supervisión continua por parte de terapeutas-instructores resultan esenciales para implementar el programa y aumentar su eficacia. Se recomienda que los terapeutas-instructores asistan a talleres de capacitación profesional acreditados. El apéndice ofrece información sobre la capacitación y la supervisión disponibles en la MBCT para el TOC.

Espero de todo corazón que este libro ayude a que los millones de personas de todo el mundo que se ven afectadas por este complicado trastorno lo superen o encuentren alivio a su sufrimiento. Los deseos más sinceros que puedo enviarles provienen de una cita de la «Práctica de la autocompasión» del programa (capítulo 13): *Ojalá sean felices. Ojalá vivan en paz y estén libres de sufrimiento.*

I Teoría y conceptualización

1 ¿Qué es el TOC?

> Los seres humanos somos muy extraños. Nos gusta el sabor de ciertos venenos y seguimos ingiriéndolos obstinadamente aun cuando nos maten. También son venenos los pensamientos a los que tanto nos aferramos.
>
> —Henepola Gunaratana

El TOC es una enfermedad psiquiátrica heterogénea, severa y a menudo crónica que afecta a millones de personas de todos los géneros, edades, nacionalidades, etnias, razas, religiones y condiciones socioeconómicas a lo largo y ancho del mundo. Este trastorno se caracteriza por la presencia de pensamientos, impulsos o imágenes (obsesiones) recurrentes, intrusivos y angustiosos, y/o actos manifiestos o mentales repetitivos (compulsiones o comportamientos neutralizadores) que se realizan para reducir o eliminar el malestar y/o la ansiedad ocasionados por estos pensamientos obsesivos y para prevenir las posibles consecuencias dañinas[1]. Puede ocasionar un malestar significativo no solo a las personas que lo sufren, sino a menudo también a sus familias y parejas, y puede conducir a altos niveles de deterioro de la calidad de vida, e incluso a la discapacidad.

El TOC implica elevados costes sanitarios[2], económicos y sociales (esto es, la incapacidad de la persona para funcionar plenamente en sociedad[3]). El coste financiero de este trastorno, únicamente para la economía de los Estados Unidos, es de unos 8.000 millones de dólares al año. Un estudio del *Epidemiologic*

1. American Psychiatric Association, *Manual diagnóstico y estadístico de los trastornos mentales, DSM-5*, 2013[5]. Trad. esp.: Editorial Médica Panamericana, Madrid 2014.
2. G. Simon, J. Ormel, M. VonKorff y W. Barlow, «Health care costs associated with depressive and anxiety disorders in primary care»: *American Journal of Psychiatry*, 152(3) (1995), 352-357.
3. National Collaborating Centre for Mental Health, *Obsessive-compulsive disorder: Core interventions in the treatment of obsessive-compulsive disorder and body dysmorphic disorder*, British Psychological Society and the Royal College of Psychiatrists, Leicester, UK 2006.

Catchment Area (ECA)[4] descubrió que aproximadamente el 36% de los pacientes con TOC tienen dificultades ocupacionales y que, de media, las personas que padecen esta enfermedad pierden hasta tres años de salario a lo largo de su vida a causa de la enfermedad. Alrededor del 25% de los pacientes con TOC experimentan problemas en sus relaciones matrimoniales, y las personas afectadas por este trastorno tienen menos probabilidades de casarse que las que no tienen problemas obsesivos[5].

Antecedentes históricos

DOCTOR: ¿Qué hace ahora? Ved cómo se restriega las manos.
DAMA: (*a un lado del doctor*) Es un acto usual en ella. Hacer como que se lava las manos. La he visto realizarlo durante un cuarto de hora.
LADY MACBETH [más adelante en la escena]: Pero qué, ¿no he de poder ver limpias estas manos? [...] Todavía huelen a sangre. Ni todos los perfumes de la Arabia quitarán el olor de esta pequeña mano mía.
DOCTOR: [más adelante en la escena]: No alcanza mi ciencia a curar semejante enfermedad.

—*Macbeth* (Acto V, Escena 1)

El TOC está documentado desde el siglo XV, como puede verse, por ejemplo, en una referencia a las características del TOC en la obra «Malleus Maleficarum», publicada por Kramer y Sprenger en 1486, aunque no se le llamara con el nombre de trastorno psicopatológico específico[6]. De manera similar, William Shakespeare, al describir el comportamiento de Lady Macbeth, relata lo que podría considerarse como una descripción clásica de una persona que se lava de manera compulsiva. Y se cree que muchas personas famosas a lo largo de la historia, como Martín Lutero (1483–1546), Miguel Ángel (1475–1564), Ludwig van Beethoven (1770–1827), Charles Darwin (1809–1882) y Albert Einstein (1879–1955), también estaban afectadas por este trastorno incapacitante.

La primera descripción de la enfermedad se atribuye a Étienne Dominique Esquirol, que, en 1838[7], definió el trastorno como una forma de monomanía, un estado parcial de delirio, «*delire partiel*», en el que una actividad

4. M. KARNO, J. M. GOLDING, S. B. SORENSON Y M. A. BURNHAM, «The epidemiology of obsessive–compulsive disorder in five US communities»: *Archives of General Psychiatry*, 45 (1988), 1094–1099.
5. W. K. GOODMAN, «Obsessive–compulsive disorder: Diagnosis and treatment»: *Journal of Clinical Psychiatry*, 60(18 Supl.) (1999), 27–32.
6. H. KRAMER Y J. SPRENGER, *Malleus maleficarum* [*The hammer of witchcraft*], Hogarth Press, Londres 1951 (trabajo original publicado en 1486) (existe ed. esp.: *El martillo de las brujas*, Maxtor, Valladolid 2004).
7. É. D. ESQUIROL, *Des maladies mentales considérées sous les rapports médical, hygiénique et médico-légal* (Vol. 1), Baillière, Bruselas 1838 (trad. esp.: *Las enfermedades mentales. Consideradas en sus aspectos médicos, higiénicos y médico-legales*, Editorial Polemos, Argentina 2014).

involuntaria, irresistible e instintiva llevaría al paciente a realizar acciones que la conciencia trataría de bloquear, pero que la fuerza de voluntad del paciente no sería capaz de suprimir. El autor llegó a la conclusión de que la causa del trastorno era, principalmente, la falta de fuerza de voluntad y, solo parcialmente, un trastorno intelectual[8]. Fue Emil Kraepelin (1856–1926) quien, en su *Kompendium der Psychiatrie*[9], introdujo por primera vez el término *obsesivo*, llamando al TOC *neurosis obsesiva*. En consonancia con el DSM-5, Kraepelin dijo que la neurosis obsesiva se caracterizaba por ideas obsesivas, actos compulsivos o ambos juntos[10]. Sin embargo, fue Pierre Janet[11] el que ofreció la primera descripción diagnóstica extensa del TOC. Los términos *obsesión* y *compulsión* derivan de las palabras latinas *obsidere*, asediar[12], y *compellere*, compeler, obligar.

Epidemiología

La apariencia de las cosas para la mente es el estándar
de toda acción para el hombre.
—Epicteto

Este trastorno presenta una prevalencia a lo largo de la vida de aproximadamente el 2-3% de la población mundial[13]; es decir, aproximadamente 1 de cada 40 adultos tienen TOC, más de 60 millones de personas en todo el mundo. Se estima que alrededor de 3,3-5 millones de personas en Estados Unidos, aproximadamente 750.000 en Reino Unido y en torno a 1,2 millones en España se ven afectadas por el TOC en algún momento de su vida.

8. G. A. Fava, C. Rafanelli, S. Grandi, S. Conti y P. Belluardo, «Prevention of recurrent depression with cognitive behavioral therapy: Preliminary findings»: *Archives of General Psychiatry*, 55(9) (1998), 816–820.
9. E. Kraepelin, *Kompendium der Psychiatrie: zum Gebrauche für Studierende und Aerzte*, Abel, Leipizig 1883.
10. H. Steinberg, D. Carius y L. F. Fontenelle, «Kraepelin's views on obsessive neurosis: A comparison with DSM-5 criteria for obsessive-compulsive disorder»: *Brazilian Journal of Psychiatry*, 39(4) (2017), 355–364.
11. P. Janet, *Les obsessions et la psychasténie*, Baillière, París 1903.
12. P. de Silva y S. Rachman, *Obsessive–compulsive disorder: The facts*, Oxford University Press, Oxford, UK 2004 (trad. esp.: *Trastorno obsesivo-compulsivo: los hechos*, Desclée De Brouwer, Bilbao 1995).
13. M. M. Weissman, R. C. Bland, G. J. Canino, S. Greenwald, H. G. Hwu, C. K. Lee et al., «The cross-national epidemiology of obsessive–compulsive disorder»: *Journal of Clinical Psychiatry*, 55 (1994), 5–10; M. Karno y J. M. Golding, «Obsessive compulsive disorder», en L. N. Robins y D. A. Regier (Eds.), *Psychiatric disorders in America*, Free Press, Nueva York 1991; L. Robins, J. Helzer, M. Weissman, H. Orvaschel, E. Gruengerge, J. Burge et al., «Lifetime prevalence of specific psychiatric disorders in three sites»: *Archives of General Psychiatry*, 41 (1984), 949–958; A. Okasha, «Diagnosis of obsessive–compulsive disorder: A review», en M. Maj, N. Sartorivs, A. Okasha y J. Zohar (Eds.), *Obsessive–compulsive disorder*, Wiley, Chichester, UK 2003; A. M. Ruscio, D. J. Stein, W. T. Chiu y R. C. Kessler, «The epidemiology of obsessive–compulsive disorder in the National Comorbidity Survey Replication»: *Molecular Psychiatry*, 15(1) (2010), 53–63.

Además, alrededor de una cuarta parte de los adultos experimentan obsesiones o compulsiones en algún momento de su vida.

El TOC es el cuarto trastorno psiquiátrico más habitual, por detrás del trastorno depresivo mayor, el trastorno de ansiedad social (fobia social) y el trastorno por consumo de sustancias[14], y la Organización Mundial de la Salud lo ha clasificado como la décima causa de discapacidad en el mundo para las personas de entre 15 y 44 años[15].

Aunque muchas personas se ven afectadas por el TOC, un gran número de ellas siguen ocultando sus síntomas: algunos sujetos con TOC son reacios a hablar de sus síntomas a causa del miedo, el bochorno y la vergüenza de verse etiquetados, mientras que otros no son conscientes de que sus experiencias constituyen una enfermedad psiquiátrica establecida. Por lo tanto, lo más probable es que el TOC no sea diagnosticado ni tratado. Las investigaciones epidemiológicas estiman que más de la mitad de los pacientes con TOC (54,9%) en los Estados Unidos no recibe ningún tipo de tratamiento; a nivel mundial la cifra sube hasta el 59,5%[16]. Según Jenike[17], las personas con TOC acuden, de media, a tres o cuatro médicos, y el tiempo medio que pasa desde la primera experiencia de los síntomas hasta que reciben un diagnóstico correcto y buscan ayuda profesional oscila entre los 7,5 y los 9 años, y un estudio incluso demostró que puede llegar a ser de 17 años[18]. Esta demora puede ser una de las razones de la evolución crónica del trastorno. Torres et al.[19] demostraron, en un Estudio Británico de Morbilidad Psiquiátrica, que la mayoría de las personas con TOC no reciben tratamiento[20], y que menos del

---

14. C. K. Germer, R. D. Siegel y P. R. Fulton, *Mindfulness and psychotherapy*, Guilford Press Nueva York 2005 (trad. esp.: *Mindfulness y psicoterapia*, Desclée De Brouwer, Bilbao 2017); L. Robins, J. Helzer, M. Weissman, H. Orvaschel, E. Gruengerge, J. Burge et al., «Lifetime prevalence of specific psychiatric disorders in three sites», *art. cit.*; S. A. Rasmussen y J. L. Eisen, «The epidemiology and clinical features of obsessive compulsive disorder»: *Psychiatric Clinics of North America*, 15(4) (1992), 743–758; S. A. Rasmussen y J. L. Eisen, «The epidemiology and differential diagnosis of obsessive compulsive disorder»: *Journal of Clinical Psychiatry*, 55(Supl.) (1994), 5–10.
15. Organización Mundial de la Salud, *The global burden of disease*, Ginebra 1996; C. J. Murray y A. D. Lopez, *The global burden of disease: A comprehensive assessment of mortality and morbidity from diseases, injuries, and risk factors in 1990 and projected to 2020*, Harvard University Press, Cambridge, MA 1996; J. Bobes, M. P. González, M. T. Bascarán, C. Arango, P. A. Sáiz y M. Bousoño, «Quality of life and disability in patients with obsessive–compulsive disorder»: *European Psychiatry*, 16(4) (2001), 239–245.
16. R. Kohn, S. Saxena, I. Levav y B. Saraceno, «The treatment gap in mental health care»: *Bulletin of the World Health Organization*, 82(11) (2004), 858–866.
17. M. A. Jenike, «Clinical practice: Obsessive–compulsive disorder»: *New England Journal of Medicine*, 350(3) (2004), 259–265
18. *Ibíd.*; E. Hollander, S. Greenwald, D. Neville, J. Johnson, C. D. Hornig y M. M. Weissman, «Uncomplicated and comorbid obsessive–compulsive disorder in an epidemiologic sample»: *Depression and Anxiety*, 4(3) (1996), 111–119.
19. A. R. Torres, M. J. Prince, P. E. Bebbington, D. Bhugra, T. S. Brugha, M. Farrell et al., «Treatment seeking by individuals with obsessive–compulsive disorder from the British Psychiatric Morbidity Survey of 2000»: *Psychiatric Services*, 58(7) (2007), 977–982.
20. R. Goodwin, K. C. Koenen, F. Hellman, M. Guardino y E. Struening, «Helpseeking and access to mental health treatment for obsessive-compulsive disorder»: *Acta Psychiatrica Scandinavica*, 106(2) (2002), 143–149.

10% fueron atendidas por un profesional de la salud mental en el año anterior a la entrevista que Jenike realizó a los participantes de dicho estudio.

El TOC comienza antes en los hombres que en las mujeres, por lo general de manera gradual[21], y la edad media de su aparición es la de 21 años en el caso de los hombres y la de 24 en el de las mujeres[22], aunque la edad de inicio cubre un amplio intervalo de años. En el 60-70% de los casos, la aparición se produce antes de la edad de 25 años, en el 15% antes de los 10 años, y en el 15% restante después de los 35 años[23]. Sin embargo, resulta difícil comparar los datos relativos a la edad de inicio de los diferentes estudios, ya que existe cierta disparidad en las definiciones de estas dos palabras, *edad* e *inicio*. Algunos autores consideran que la edad de inicio es el momento en que los síntomas aparecen por primera vez, mientras que otros creen que es cuando los síntomas empiezan a causar malestar a la persona; es decir, cuando esto síntomas cumplen los criterios del *Manual Diagnóstico y Estadístico de los Trastornos Mentales* (DSM, por su siglas en inglés, *Diagnostic and Statistical Manual of Mental Disorders*). Este es un punto relevante, ya que muchas personas con TOC hablan de la presencia de síntomas subclínicos durante muchos años antes de que se vuelvan lo suficientemente severos como para causar malestar y/o les hagan buscar un tratamiento.

El TOC afecta casi por igual a hombres y mujeres, si bien hay un número ligeramente mayor de mujeres que de hombres diagnosticados con TOC. Curiosamente, en la infancia el TOC es más común en los hombres; la proporción de género no se decanta del lado de las mujeres hasta la edad adulta.

Aspectos fenomenológicos y clínicos

Es menos malo agitarse en la duda que descansar en el error.

—ALESSANDRO MANZONI

Esta cita del poeta y novelista del siglo XIX Alessandro Manzoni expresa la naturaleza fundamental de la «elección» obsesiva y la motivación que subyace en esta. Las *obsesiones* son pensamientos, imágenes, escenas o impulsos

21. AMERICAN PSYCHIATRIC ASSOCIATION, *Manual diagnóstico y estadístico de los trastornos mentales, DSM-5*, *op. cit.*
22. K. C. BURKE, J. D. BURKE, D. A. REGIER Y D. S. RAE, «Age at onset of selected mental disorders in five community populations»: *Archives of General Psychiatry*, 47(6) (1990), 511–518; P. LENSI, G. B. CASSANO, G. CORREDDU, S. RAVAGLI, J. L. KUNOVAC Y H. S. AKISKAL, «Obsessive–compulsive disorder: Familial-developmental history, symptomatology, comorbidity and course with special reference to gender-related differences»: *British Journal of Psychiatry*, 169(1) (1996), 101–107; W. E. MINICHIELLO, L. BAER, M. A. JENIKE Y A. HOLLAND, «Age of onset of major subtypes of obsessive–compulsive disorder»: *Journal of Anxiety Disorders*, 4(2) (1990), 147–150.
23. S. A. RASMUSSEN Y M. T. TSUANG, «Epidemiology of obsessive compulsive disorder: A review»: *Journal of Clinical Psychiatry*, 45(11) (1984), 450–457; S. A. RASMUSSEN Y M. T. TSUANG, «Clinical characteristics and family history in DSM-III obsessive–compulsive disorder»: *American Journal of Psychiatry*, 143(3) (1986), 317–322; B. A. THYER, «Audiotaped exposure therapy in a case of obsessional neurosis»: *Journal of Behavior Therapy and Experimental Psychiatry*, 16(3) (1985), 271–273.

recurrentes, persistentes y no deseados que una persona experimenta como intrusivos e inapropiados. Estas obsesiones causan ansiedad, malestar u otros sentimientos negativos que llevan a la persona a intentar deshacerse de ellas o neutralizarlas por medio de una compulsión o un ritual. Por ejemplo, una persona afligida por la duda de si ha apagado las luces o no intenta neutralizar esa duda comprobando repetidamente si están apagadas o no. A menudo se considera que las obsesiones clínicas son pensamientos que expresan una duda, una hipótesis o una inferencia (p. ej., «Tal vez no haya cerrado la puerta»; «Puede que me haya olvidado de apagar las luces»; «Puede que esté sucio»; «Podría haber causado un accidente»), es decir, pensamientos que se experimentan como negativos desde un punto de vista subjetivo.

En cuanto a su frecuencia, los temas más comunes de las obsesiones son los siguientes:

- Miedo a ser contaminado, o a contaminar a los demás, por infecciones o sustancias u objetos repugnantes (p. ej., gérmenes, virus, suciedad, productos químicos, fluidos corporales, heces).
- Miedo a dañarse intencionalmente a uno mismo o de dañar a los demás al volverse agresivo (p. ej., miedo a matar a un miembro de la familia usando cuchillos, venenos o un coche).
- Dudas sobre si uno se ha dañado indirectamente a sí mismo o a los demás por accidente (p. ej., no haber cerrado la puerta con llave, no haber cerrado las ventanas, los grifos o la llave del gas o no haber apagado las luces).
- Atención excesiva a las ideas blasfemas/religiosas o morales (p. ej., decir palabrotas repentinamente en un evento social, gritar: «Dios está muerto»).
- Pensamientos sexuales desagradables (p. ej., imágenes perversas o incestuosas o miedo a ser homosexual o pedófilo) o pensamientos violentos (p. ej., miedo a ser un violador o un asesino).
- Necesidad excesiva de que las cosas estén en orden y de que guarden una simetría (p. ej., sentirse muy molesto o incómodo cuando los objetos personales no están en un determinado orden).
- Miedo a un mal comportamiento vergonzoso o a actuar de manera inapropiada (p. ej., imágenes o miedo a orinar o a defecar en un lugar público o enfrente de otras personas, miedo a llegar a pedirle a un vecino/a que se baje los pantalones).
- Pensamientos mágicos y creencias supersticiosas, que consisten en pensamientos irracionales e irrazonables que se caracterizan por conectar acontecimientos y acciones que no guardan ninguna relación entre ellas (p. ej., «Si no cuento hasta 120 mientras camino por la calle, algo malo les sucederá a mis padres», o. «Tengo miedo del número 6 y tengo que evitarlo porque se dice que el 666 es el número del diablo»).

Las *compulsiones* son comportamientos o rituales que el individuo se siente compelido a realizar una y otra vez. El objetivo de estos comportamientos es evitar o reducir el malestar causado por las propias obsesiones, o prevenir, neutralizar o contrarrestar las propias obsesiones o hacerlas desaparecer. Dicho con otras palabras, las compulsiones ayudan a reducir la percepción que tiene un individuo de que es, o ha sido, responsable de dañarse hipotéticamente a sí mismo o a los demás, y hacen que la persona se sienta más «cómoda» o crea haber hecho lo correcto. Por ejemplo, las personas con obsesiones de contaminación pueden disminuir la angustia mental que experimentan lavándose las manos una y otra vez hasta que su piel se arruga o se vuelve áspera; las personas con un miedo obsesivo a los ladrones podrían comprobar de forma repetida las cerraduras de las puertas; y las personas que experimentan pensamientos blasfemos involuntarios podrían encontrar alivio a su angustia contando de 100 a 10 cada vez que tienen uno de esos pensamientos. En algunos casos, los individuos llevan a cabo estrictos rituales de acuerdo con reglas que ellos mismos han desarrollado de manera idiosincrásica, sin poder explicar por qué hacen lo que hacen.

Las compulsiones pueden ser *manifiestas* [*overt*], cuando son observables por otras personas (p. ej., lavar, comprobar) o *encubiertas* [*covert*], cuando son acciones mentales inobservables (p. ej., contar en silencio o decir una y otra vez palabras, frases u oraciones en la propia mente). Entre las compulsiones típicas se incluyen:

- Lavar (manos, ducha) y limpiar (casa, ropa, objetos).
- Comprobar (que las puertas, los grifos o la llave del gas están cerrados o que las luces están apagadas, o deshacer el camino recorrido con el coche para cerciorarse de que no se ha atropellado a nadie).
- Ordenar y arreglar cosas, buscando la simetría o la perfección.
- Contar siguiendo ciertos patrones.
- Repetir palabras o frases especiales en silencio.
- Orar en exceso o llevar a cabo comportamientos desencadenados por creencias religiosas o por miedo.
- Repetir continuamente tareas, gestos o acciones.
- Emplear en exceso pensamientos «neutralizantes» para contrarrestar aquellos obsesivos.

La mayoría de las personas con TOC tienen tanto obsesiones como compulsiones, pero algunos sujetos pueden tener únicamente las unas o las otras. Por lo general, tanto las obsesiones como las compulsiones causan malestar y sufrimiento, lo que, a su vez, desvía la atención y quita tiempo que se podría dedicar a otras cosas, interfiriendo así, en mayor o menor medida, en la vida social y laboral normal y en las actividades que tienen que ver con las relaciones. Los altos niveles de estrés suelen empeorar los síntomas.

Hay otros comportamientos que son típicos de las personas con TOC. Se trata de comportamientos que no pueden definirse como compulsiones, sino que entran dentro de la categoría general de «comportamientos de búsqueda de seguridad» (un término empleado en la literatura de la TCC para referirse a cualquier acción que tenga el objetivo de prevenir las catástrofes temidas y de reducir el daño[24]), y que pueden causar un malestar significativo, requieren mucho tiempo y tienden a reforzar y a mantener el trastorno. Entre estos comportamientos se incluyen, entre otros:

- Pedir garantías continuamente.
- Hacer o completar tareas de una manera excesivamente lenta, lo que a menudo conduce a llegar tarde a los sitios.
- No permitir que alguien entre en un determinado lugar (p. ej., en el domicilio particular, por miedo a la contaminación).
- Evitar ciertos objetos, lugares, situaciones, personas y/o actividades a fin de prevenir los pensamientos obsesivos y el malestar.
- Prestar atención de manera selectiva a los estímulos internos o externos que se asocian directa o indirectamente con miedos o temas obsesivos.
- Intentar suprimir los pensamientos inaceptables o protegerse de ellos.
- Intentar cerciorarse de la precisión de un recuerdo.

Todos estos comportamientos son excesivos o no están conectados de manera realista con la prevención o la neutralización del evento temido; por lo general, solo ofrecen un alivio temporal del malestar, y cuando reaparecen las obsesiones, suelen ser más fuertes. Además, los rituales en sí mismos suelen terminar causando malestar: a medida que se vuelven más exigentes y que requieren más tiempo, refuerzan la obsesión, creando finalmente un círculo de empeoramiento de los síntomas obsesivos (véase también el *modelo cognitivo-evolutivo* al final de este capítulo, en el capítulo 2 y en el capítulo 6).

Nivel de *insight*

> La creencia de que la propia visión de la realidad es la única realidad
> es el más peligroso de todos los delirios.
>
> —Paul Watzlawick

La mayoría de los adultos con TOC han reconocido en algún momento que sus obsesiones y sus compulsiones son excesivas, irrazonables e irrealistas (buen *insight*), pero se sienten incapaces de resistirse a ellas y creen que la única manera de aliviar su ansiedad o su malestar es realizando compulsiones. Este no es necesariamente el caso de los niños, ya que pueden carecer de la conciencia cognitiva necesaria para formular este juicio.

Sin embargo, el nivel de *insight* (la capacidad de reconocer que las obsesiones y las compulsiones no tienen sentido) puede variar en un mismo

24. P. M. Salkovskis, «Obsessional–compulsive problems: A cognitive-behavioural analysis»: *Behaviour Research and Therapy*, 23 (1985), 571–583.

individuo en el transcurso de la enfermedad[25], pero con frecuencia también en un mismo día, en función de las condiciones emocionales, ambientales o relacionales. Por ejemplo, una persona puede reconocer que una compulsión de contaminación es irracional al hablar de ella en una situación que percibe como «segura» (p. ej., una sesión de terapia), pero no cuando se encuentra en una situación que percibe como amenazante (p. ej., cuando tiene que manejar dinero) o en situaciones asociadas a sus miedos obsesivos (p. ej., cuando está en casa con la familia). Una pequeña minoría de personas con TOC tienen un *insight* tan escaso, o a veces nulo, de su propio trastorno que un profesional clínico podría malinterpretar sus ideas obsesivas y considerarlas como alucinaciones psicóticas.

Cuando una persona logra entender que las obsesiones y las compulsiones son irracionales, podría querer tratar de resistirse a ellas, de resistirse a tenerlas. Esto puede aumentar su sensación de ansiedad o angustia; por eso, el hecho de ceder a la compulsión puede proporcionarle alivio. A medida que se desarrolla el trastorno, y tras numerosos intentos infructuosos de resistirse a tener obsesiones y compulsiones, esta persona podría darse por vencida y dejar de resistirse a ellas e integrar las compulsiones en sus hábitos diarios[26].

Cuestiones relativas al diagnóstico

Las apariencias en la mente son de cuatro tipos.
Las cosas son lo que parecen ser; o no lo son, ni lo parecen ser;
o lo son, y no parecen ser; o no lo son, y sin embargo parecen serlo.
Con razón apuntar en todos estos casos es la tarea del sabio.

—Epicteto

Como sucede con la mayoría de los trastornos psicológicos, el TOC tiene su origen en actitudes, hábitos y conductas humanas normales, que se convierten en un trastorno psiquiátrico cuando se vuelven demasiado intensas y/o frecuentes, causando angustia y poniendo en peligro o interfiriendo en el funcionamiento cotidiano. La observación clínica y la práctica, así como algunas teorías, sugieren también que algunos rasgos de la personalidad obsesivo-compulsiva son a menudo un precursor del TOC, de modo que podría haber una relación directa entre esos rasgos de la personalidad y el trastorno. De hecho, en muchos casos es posible que los pacientes detecten, de manera retrospectiva, que estaban experimentando ciertas actitudes y comportamientos conectados con el TOC antes de que comenzara su fase aguda. En estos casos, las actitudes y los comportamientos no eran incapacitantes y/o no limitaban la capacidad de funcionamiento del paciente, de modo que no se reconocían como problemáticos o patológicos.

25. C. Lochner y D. J. Stein, «Heterogeneity of obsessive–compulsive disorder: A literature review»: *Harvard Review of Psychiatry*, 11(3) (2003), 113–132.
26. American Psychiatric Association, *Manual diagnóstico y estadístico de los trastornos mentales, DSM-5, op. cit.*

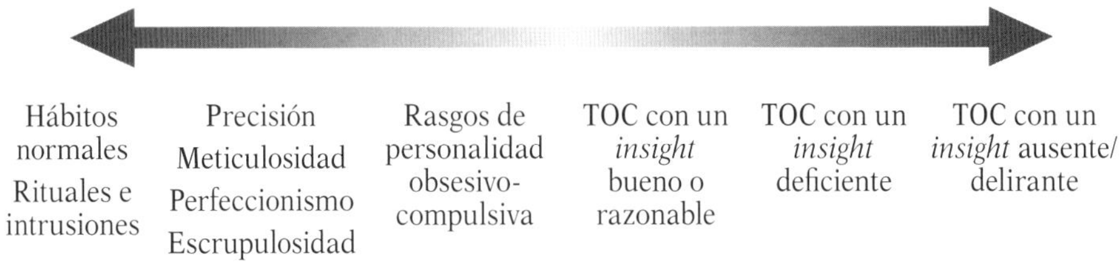

Figura 1.1. Un *continuum* hipotético normalidad-patología en actitudes o creencias «obsesivas» y de comportamientos ritualistas con respecto al nivel de angustia que causan y al daño que ocasionan en el funcionamiento.

En este sentido, es posible formular la hipótesis de un *continuum* normalidad-patología que va desde unos hábitos, unas reglas, unos rituales, unas actitudes y unas intrusiones normales y funcionales, en un extremo, pasando por modos, pensamientos y comportamientos cada vez más rígidos, repetitivos, disfuncionales y perturbadores, y pasando también por niveles de angustia y de ansiedad cada vez más altos, hasta alcanzar el otro extremo, en el que aparece una historia clínica severa de obsesiones y compulsiones intensas, angustiosas y continuas, con un bajo o un nulo *insight* (esto es, una completa convicción de que las creencias obsesivas son verdaderas) (véase la figura 1.1). De manera similar, Brune[27] afirma que el TOC puede considerarse como un extremo de un *continuum* de estrategias de evitación de daños que ha ido evolucionando.

Normalmente, el TOC se diagnostica cuando:

- un individuo manifiesta obsesiones o compulsiones;
- un individuo reconoce que las obsesiones son producto de su mente y no le son impuestas por una persona o una influencia externa;
- las obsesiones y/o las compulsiones precisan una cantidad excesiva del tiempo de una persona (una hora o más cada día), causan una angustia extrema e interfieren de manera considerable en la vida cotidiana en el trabajo o la escuela, o en las actividades sociales, las relaciones familiares y/o las rutinas normales; y
- los síntomas obsesivos no pueden explicarse por ningún otro trastorno mental y no pueden ser resultado de otro problema médico o de un abuso de sustancias.

27. M. Brune, «The evolutionary psychology of obsessive-compulsive disorder: The role of cognitive metarepresentation»: *Perspectives in Biology and Medicine*, 49(3) (2006), 317–329.

La quinta edición del DSM (DSM-5)[28] suprimió el TOC de la categoría de los trastornos de ansiedad y creó un nuevo capítulo sobre el trastorno obsesivo-compulsivo y trastornos relacionados para reflejar la evidencia cada vez mayor de que los rasgos que caracterizan a un cierto número de trastornos tienen bastantes similitudes (p. ej., comportamientos repetitivos y preocupaciones obsesivas) como para agruparse en la misma categoría nosográfica. Por eso se ha definido un espectro obsesivo-compulsivo, cuyo principal trastorno en la clasificación diagnóstica es el TOC[29]. Los trastornos incluidos en esta nueva clasificación son: el TOC; el trastorno dismórfico corporal; el trastorno de acumulación; la tricotilomanía (trastorno de arrancarse el pelo); el trastorno de excoriación (rascarse la piel); el trastorno obsesivo-compulsivo y los trastornos relacionados inducidos por sustancias/medicamentos; el trastorno obsesivo-compulsivo y los trastornos relacionados debido a otra afección médica; otro trastornos obsesivo-compulsivo y trastornos relacionados especificados (p. ej., trastorno de comportamientos repetitivos centrados en el cuerpo [morderse las uñas, morderse los labios, morderse la mucosa de las mejillas], y celos obsesivos); y el trastorno obsesivo-compulsivo y los trastornos relacionados no especificados.

Esta clasificación de los problemas del TOC en un espectro clínico también puede ser útil para investigar en qué medida los protocolos de tratamiento establecidos para el TOC pueden ser efectivos para los trastornos relacionados con el TOC y para poner de manifiesto, en el desarrollo de nuevos modelos de tratamiento o en la evolución de los antiguos, la necesidad de centrarse en los rasgos comunes más transversales del espectro del TOC y no solo en los síntomas clínicos únicos y específicos.

Este manual presenta un modelo terapéutico que se ha desarrollado y probado para el TOC. Sin embargo, en el futuro será interesante estudiar si este modelo podría emplearse también para otros trastornos distintos del TOC que presenten características y síntomas relacionados, y de qué manera. De este modo, se obtendría una comprensión más general de los posibles efectos transversales del *mindfulness* en aquellas enfermedades psicopatológicas que son similares y que están relacionadas, pero tienen una fenomenología y una sintomatología diferentes.

Procesos y sesgos cognitivos en el TOC

El grado en que un comportamiento está influido por sus efectos
inmediatos depende de las «convicciones» de un individuo
sobre la relación entre las acciones y los resultados,
el significado que los individuos le atribuyen a los resultados
y las expectativas que tienen con respecto a la medida
en que el hecho de mantener un determinado comportamiento
les llevará a lo que quieren del mundo que les rodea.

—ALBERT BANDURA

28. AMERICAN PSYCHIATRIC ASSOCIATION, *Manual diagnóstico y estadístico de los trastornos mentales, DSM-5, op. cit.*
29. *Ibíd.*

El hecho de usar las cogniciones o de relacionarse con ellas de un modo disfuncional es, a buen seguro, una de las características centrales del síndrome obsesivo. Numerosas investigaciones han demostrado que las personas afectadas por el TOC tienen procesos y sesgos cognitivos específicos, así como ciertos déficits y/o sesgos en el procesamiento de la información[30] que ayudan tanto a desencadenar como a mantener el trastorno, y que pueden variar en tipo, intensidad y frecuencia en función del subtipo específico de TOC.

Los *sesgos cognitivos* se refieren a la tendencia a procesar preferentemente, en el caso del TOC y sus «parientes», información negativa y amenazante, bien mediante una mayor asignación de recursos de la atención (sesgo atencional) o por medio de la rápida asignación de valoraciones negativas o amenazantes a la información ambigua (sesgo interpretativo)[31]. Los sesgos cognitivos están presentes en todas las personas y crean siempre una visión distorsionada de la realidad, pero para las personas que sufren un trastorno psiquiátrico, y también un TOC, son aún más negativos y contraproducentes y contribuyen a activar, mantener y hacer crónica la enfermedad. Comprender algunos de los principales procesos y sesgos cognitivos en los individuos obsesivos puede ayudar a iluminar cómo y por qué un enfoque basado en el *mindfulness* puede hacer frente de manera eficaz a estos mecanismos psicológicos.

Sesgos atencionales

Hay pruebas sustanciales de que las personas con TOC muestran sesgos atencionales específicos de este trastorno hacia la información amenazante[32], aunque no todos los estudios están de acuerdo con estos descubrimientos[33] y sostienen que estos sesgos pueden no ser específicos únicamente del TOC, sino que también pueden aplicarse a otros trastornos. Las personas que padecen TOC pueden prestar una atención selectiva a la información amenazadora relativa a sus preocupaciones actuales y tener más dificultades para desconectar una vez que se ha desencadenado la atención a los estímulos que

30. F. Tallis, «The neuropsychology of obsessive–compulsive disorder: A review and consideration of clinical implications»: *British Journal of Clinical Psychology*, 36(Pt. 1) (1997), 3–20.
31. A. D. Williams y J. R. Grisham, «Cognitive bias modification (CBM) of obsessive compulsive beliefs»: *BMC Psychiatry*, 13(1) (2013), 256.
32. J. Muller y J. E. Roberts, «Memory and attention in obsessive–compulsive disorder: A review»: *Journal of Anxiety Disorders*, 19(1) (2005), 1–28; E. Lavy, P. van Oppen y M. van den Hout, «Selective processing of emotional information in obsessive–compulsive disorder»: *Behaviour Research and Therapy*, 32(2) (1994), 243–246; E. B. Foa, D. Ilai, P. R. McCarthy, B. Shoyer y T. B. Murdock, «Information processing in obsessive–compulsive disorder»: *Cognitive Therapy and Research*, 7 (1993), 173–189.
33. M. Kampman, G. P. Keijsers, M. J. Verbraak, G. Näring y C. A. Hoogduin, «The emotional Stroop: A comparison of panic disorder patients, obsessive–compulsive patients, and normal controls in two experiments»: *Journal of Anxiety Disorders*, 16(4) (2002), 425–441; M. Kyrios y M. A. Iob, «Automatic and strategic processing in obsessive–compulsive disorder: Attentional bias, cognitive avoidance or more complex phenomena?»: *Journal of Anxiety Disorders*, 12(4) (1998), 271–292.

suponen una amenaza. Esos sesgos atencionales llevarían presumiblemente a las personas con TOC a sobrerrepresentar las señales de amenaza en su entorno, y estos sesgos también podrían desempeñar un papel en el desarrollo y el mantenimiento de los pensamientos obsesivos[34]. El umbral para evaluar un estímulo como amenazante podría ser más bajo en las personas con TOC; algunos investigadores[35] han formulado la hipótesis de que la atención a las señales de amenaza es producto del nivel actual de ansiedad, del nivel de evaluación de la amenaza y de la capacidad de modular la atención.

Estos sesgos parecen entrañar una incapacidad para inhibir el procesamiento de la información irrelevante o para distraerse de las señales relacionadas con la amenaza[36]. Las personas afectadas por el TOC parecen mostrar déficits tanto a la hora de *dirigir la atención* (cómo y dónde se pone la atención) como a la de *manejar la atención relacionada con el conflicto* (el proceso de inhibir una respuesta «conflictiva» automática para centrarse en una respuesta o en un objetivo menos automático[37]). A causa de sus sesgos atencionales, las personas con TOC no son capaces de prestar atención a la información que refutaría sus miedos y reduciría su ansiedad cuando se enfrentaran a la información amenazadora[38].

Por otra parte, se ha observado que los individuos con TOC suelen tener dificultades para inhibir los pensamientos negativos. Esta habilidad recibe el nombre de *inhibición atencional* y se refiere a la forma en que un individuo reduce la información que recibe a fin de atender de forma selectiva a los estímulos más relevantes y de reducir al mínimo el procesamiento de información relevante[39]. Las dificultades a la hora de inhibir los estímulos no deseados e irrelevantes pueden hacer que la persona experimente cogniciones perturbadoras recurrentes. Con el tiempo, esta dificultad para controlar los pensamientos puede desencadenar y mantener emociones

---

34. J. Muller y J. E. Roberts, «Memory and attention in obsessive–compulsive disorder: A review», *art. cit.*
35. E. Krackow, S. Nunley y P. Tessier, «Cognitive processes and biases in obsessive–compulsive disorder», en V. Kalinin (Ed.), *Obsessive–compulsive disorder: The old and the new problems*, InTech, Londres 2014.
36. N. Amir y M. J. Kozak, «Information processing in obsessive compulsive disorder», en R. O. Frost y G. Steketee (Eds.), *Cognitive approaches to obsessions and compulsions: Theory, assessment, and treatment*, Elsevier, Ámsterdam 2002.
37. J. Fan, B. D. McCandliss, T. Sommer, A. Raz y M. I. Posner, «Testing the efficiency and independence of attentional networks»: *Journal of Cognitive Neuroscience*, 14(3) (2002), 340–347.
38. F. Tallis, «The neuropsychology of obsessive–compulsive disorder: A review and consideration of clinical implications», *art. cit.*; F. Didonna, «Ruolo dell'invalidazione dell'esperienza sensoriale nell'attivazione e mantenimento del dubbio ossessivo»: *Psicopatologia Cognitiva*, 2(2) (2005), 73–81; F. Didonna, «Mindfulness and obsessive–compulsive disorder: Developing a way to trust and validate one's internal experience», en F. Didonna (Ed.), *Clinical handbook of mindfulness*, Springer, Nueva York 2009 (trad. esp.: «Mindfulness y trastorno obsesivo compulsivo: desarrollando una manera de confiar y validar la experiencia interna», en *Manual clínico de mindfulness*, Desclée De Brouwer, Bilbao 2011).
39. J. Muller y J. E. Roberts, «Memory and attention in obsessive–compulsive disorder: A review», *art. cit.*

perturbadoras, especialmente cuando estas cogniciones surgen en el contexto de creencias disfuncionales relacionadas con interpretaciones erróneas catastróficas del significado de los pensamientos intrusivos[40]. Paradójicamente, la supresión de los pensamientos, el intento deliberado de dejar de dar vueltas a determinados pensamientos, produce el efecto de aumentar la frecuencia de estos y de las imágenes recurrentes[41]. Para concluir, existen pruebas significativas de que los sesgos atencionales pueden existir en personas con problemas obsesivos, pero debemos señalar que no son específicos del TOC, sino que están presentes en los trastornos de ansiedad en general. Su rol a la hora de activar y mantener el trastorno también puede variar entre los diferentes tipos de TOC y con respecto a la presencia de una psicopatología comórbida.

Rumiación

Para creer con certeza debemos empezar por dudar.

—STANISLAW LESZCZYNSKI

La rumiación es uno de los rasgos clínicos más evidentes del TOC, aunque no es exclusiva de este trastorno. Varios autores[42] han observado que el término *rumiación obsesiva* se ha empleado indiscriminadamente en la literatura para describir tanto las obsesiones como la neutralización mental. El NCCMH, con sede en el Reino Unido[43], describe la rumiación obsesiva como un pensamiento prolongado que se experimenta como incontrolable, que gira en torno al mismo tema, y que incluye tanto los pensamientos intrusivos, a menudo en forma de dudas o preguntas, como los intentos repetidos de encontrar una respuesta. Esta definición abarca tanto la obsesión (la duda o la pregunta) como el pensamiento compulsivo que la acompaña y que intenta responder a la pregunta.

40. *Ibíd.*; S. J. RACHMAN, «A cognitive theory of obsessions»: *Behaviour Research and Therapy*, 35(9) (1997), 793–802; S. J. RACHMAN, «A cognitive theory of obsessions: Elaborations»: *Behaviour Research and Therapy*, 36(4) (1998), 385–401; P. M. SALKOVSKIS, «The cognitive approach to anxiety: Threat beliefs, safety-seeking behavior, and the special case of health anxiety and obsessions», en P. M. Salkovskis (Ed.), *Frontiers of cognitive therapy*, Guilford Press, Nueva York 1996.

41. C. L. PURDON, «Empirical investigations of thought suppression in OCD»: *Journal of Behavior Therapy and Experimental Psychiatry*, 35 (2004), 121–136; D. F. TOLIN, J. S. ABRAMOWITZ, A. PRZEWORSKI Y E. B. FOA, «Thought suppression in obsessive–compulsive disorder»: *Behaviour Research and Therapy*, 40(11) (2002), 1255–1274.

42. P. DE SILVA, «Obsessive–compulsive disorder», en L. Champion y M. Power (Eds.), *Adult psychological problems: An introduction*, Psychology Press, Hove, UK 2000[2]; P. M. SALKOVSKIS, H. C. RICHARDS Y E. FORRESTER, «Psychological treatment of refractory obsessive–compulsive disorder», en W. K. Goodman, M. V. Rudorfer y J. D. Maser (Eds.), *Obsessive–compulsive disorder: Contemporary issues in treatment*, Erlbaum, Mahwah, NJ 2000.

43. NATIONAL COLLABORATING CENTRE FOR MENTAL HEALTH, *Obsessive–compulsive disorder: Core interventions in the treatment of obsessive–compulsive disorder and body dysmorphic disorder*, *op. cit.*

De Silva[44] sostenía que, dado que «rumiar» se define como «hacer girar una y otra vez en la mente», no se trata de una experiencia pasiva, y por esta razón la obsesión no puede ser una rumiación. Según la definición de de Silva, «una rumiación obsesiva es (con mayor probabilidad) una actividad cognitiva compulsiva que tiene lugar en respuesta a un pensamiento obsesivo. El contenido del pensamiento intrusivo determina la cuestión o el tema sobre el que rumiará la persona»[45].

La rumiación es un comportamiento mental característico de varias enfermedades mentales, entre ellas el trastorno de ansiedad generalizada (TAG), el trastorno de ansiedad social (TAS), la depresión y el TOC. Aunque los contenidos y las consecuencias conductuales y emocionales de la rumiación pueden ser muy diferentes según el trastorno, el desencadenante del proceso y los mecanismos clínicos del mismo son similares. Existe un amplio consenso en que la rumiación es un proceso normal y adaptativo, al menos en cierto grado (en la creatividad, en la resolución de problemas, como respuesta al estrés, etc.), pero si este proceso cognitivo no logra alcanzar un cierre natural, puede volverse inadaptado[46]. La rumiación se emplea, tanto en muestras normales como clínicas, como estrategia de resolución de problemas a fin de disminuir la discrepancia entre el estado real y el estado deseado –el «modo hacer»–[47].

Para las personas obsesivas, la rumiación es un intento de pasar de un sentimiento de malestar o de ansiedad a uno de calma, o de un sentido de responsabilidad exagerado a sentirse libre de esta. Dado que esta estrategia está relacionada con los estados del yo, tanto en los pacientes con TOC como en quienes presentan otros trastornos, resulta desastrosamente contraproducente porque mantiene el estado no deseado. Son varios los factores que se han asociado con el pensamiento iterativo y la rumiación, entre ellos el estado de ánimo (un bajo estado de ánimo influye en la perseverancia cognitiva[48]), el perfeccionismo[49] y el exceso de responsabilidad[50].

44. P. de Silva, «Obsessions, ruminations and covert compulsions», en R. G. Menzies y P. de Silva (Eds.), *Obsessive–compulsive disorder: Theory, research and treatment*, Wiley, Nueva York 2003.
45. *Ibíd.*, 198.
46. A. P. Field, E. St.-Leger y G. C. L. Davey, *Past- and future-based rumination and its effect on catastrophic worry and anxiety* (2000). Manuscrito presentado para su publicación.
47. Z. V. Segal, J. M. Williams y J. D. Teasdale, *Mindfulness-based cognitive therapy for depression: A new approach to preventing relapse*, Guilford Press, Nueva York 2013[2] (trad. esp.: *MBCT. Terapia cognitiva basada en el mindfulness para la depresión*, Edición revisada, Kairós, Barcelona 2017).
48. N. Schwarz y H. Bless, «Happy and mindless, but sad and smart?: The impact of affective states on analytic reasoning», en J. Forgas (Ed.), *Emotion and social judgements*, Pergamon Press, Londres 1991.
49. C. Bouchard, J. Rhéaume y R. Ladouceur, «Responsibility and perfectionism in OCD: An experimental study»: *Behaviour Research and Therapy*, 37(3) (1999), 239–248.
50. J. Rhéaume, R. Ladouceur, M. H. Freeston y H. Letarte, «Inflated responsibility in obsessive–compulsive disorder: Psychometric studies of a semiidiographic measure»: *Journal of Psychopathology and Behavioral Assessment*, 16(4) (1994), 265–276; A. Wells y C. Papageorgiou, «Effects of attention training in hypochondriasis: A brief case series»: *Psychological Medicine*, 28 (1998), 193–200.

Diferentes tipos de cogniciones en el TOC

Al observar cuidadosamente los contenidos cognitivos que caracterizan el pensamiento de las personas con TOC, es posible observar al menos cuatro categorías diferentes de cogniciones que tienen posiciones jerárquicas, funciones y efectos distinguibles con respecto a la manera en que los individuos obsesivos responden a los estímulos externos y/o internos perturbadores.

Obsesiones y/o pensamientos intrusivos

Las obsesiones y/o los pensamientos intrusivos son cogniciones automáticas, no deseadas e involuntarias (dudas, imágenes, escenas, sonidos imaginados) y, muy a menudo, son el punto de partida o el desencadenante del problema obsesivo (p. ej., «¿He dejado abierto el gas?»; «¿Me he lavado las manos lo suficiente?»). Varios estudios de investigación[51] han demostrado que alrededor del 80-99% de la población no clínica experimenta pensamientos, imágenes o impulsos intrusivos que no son diferentes en contenido a los que experimentan las personas con TOC. Por lo general, los pensamientos obsesivos adoptan la forma de una amenaza percibida de daño físico hacia uno mismo o hacia otras personas, o, en algunos casos, de una amenaza moral o espiritual a uno mismo, a los demás o a una divinidad. Algunos modelos cognitivos sugieren que las personas que padecen TOC interpretan la aparición y el contenido de sus intrusiones como algo importante y significativo sobre la base de determinadas creencias disfuncionales[52].

Creencias o supuestos disfuncionales

Las creencias y los supuestos disfuncionales son, probablemente, el resultado de hábitos mentales que las personas aprenden a partir de los acontecimientos de la vida, de la educación, del modelaje, etc., en la infancia, y que luego cultivan y refuerzan a lo largo de su vida. Estos supuestos se convierten

51. D. A. Clark y C. Purdon, «New perspectives for a cognitive theory of obsessions»: *Australian Psychologist Society*, 28(3) (1993), 161-167; S. J. Rachman y P. de Silva, «Abnormal and normal obsessions»: *Behaviour Research and Therapy*, 16(4) (1978), 233-248; P. M. Salkovskis y J. Harrison, «Abnormal and normal obsessions: A replication»: *Behaviour Research and Therapy*, 22(5) (1984), 549-552.

52. Obsessive Compulsive Cognitions Working Group, «Cognitive assessment of obsessive-compulsive disorder»: *Behaviour Research and Therapy*, 35 (1997), 667-681; Obsessive Compulsive Cognitions Working Group, «Psychometric validation of the Obsessive Beliefs Questionnaire and the Interpretation of Intrusions Inventory: Part I»: *Behaviour Research and Therapy*, 41 (2003), 863-878; Obsessive Compulsive Cognitions Working Group, «Psychometric validation of the Obsessive Belief Questionnaire and Interpretation of Intrusions Inventory: Part 2. Factor analyses and testing of a brief version»: *Behaviour Research and Therapy*, 43 (2005), 1527-1542; S. J. Rachman, «A cognitive theory of obsessions: Elaborations», *art. cit.*; P. M. Salkovskis, «Obsessional-compulsive problems: A cognitive-behavioural analysis», *art. cit.*; P. M. Salkovskis, «Cognitive-behavioural factors and the persistence of intrusive thoughts in obsessional problems»: *Behaviour Research and Therapy*, 27(6) (1989), 677-682.

en una especie de matriz personal de significado o de reglas básicas de convivencia a través de las cuales una persona interpreta o da sentido a la realidad; este proceso lleva a la persona a desarrollar una conciencia específica de, y/o una sensibilidad hacia, determinados estímulos internos y externos. En el TOC, estas formas de cognición llevan a la persona a malinterpretar o a sobrestimar el significado de los «estímulos desencadenantes», como los pensamientos intrusivos no deseados, y a reaccionar de una manera específica cuando se producen. Cuando la persona da un significado indebido a tales pensamientos, estos eventos mentales se convierten en obsesiones y pueden desembocar en compulsiones[53]. Por lo general, las creencias disfuncionales tienen las siguientes características: son sobregeneralizadas, rígidas y extremas; no reflejan la realidad de la experiencia humana; impiden, en lugar de facilitar, el logro de los objetivos; su infracción se asocia a sentimientos extremos y excesivos; y hacen que sea difícil experimentar la vida de una manera normal[54]. Las investigaciones de un grupo internacional de investigadores destacados en materia de TOC, el Grupo de Trabajo sobre Cogniciones Obsesivo-Compulsivas (OCCWG, por sus siglas en inglés, *Obsessive Compulsive Cognitions Working Group*)[55], sugieren que existen seis tipos diferentes de creencias disfuncionales que contribuyen al TOC[56].

1. *Sentido de responsabilidad personal excesiva*. Las personas con TOC creen que son responsables personales del contenido de sus obsesiones, así como de la prevención de cualquier posible resultado negativo que pueda surgir de sus obsesiones (p. ej., «Si imagino que sucede algo malo, entonces soy responsable de asegurarme de que no suceda»).

2. *Sobreestimación de la amenaza*. Muchas personas con TOC tienen creencias exageradas sobre la probabilidad y la severidad de los acontecimientos aversivos (p. ej., «Si no tomo precauciones adicionales, tengo más probabilidades que los demás de sufrir o de causar una grave catástrofe»). Las investigaciones han demostrado que las personas con TOC evitan los riesgos[57] porque inicialmente sobreestiman el peligro de un evento y porque luego subestiman su capacidad para hacer frente a la amenaza percibida[58].

53. S. Taylor, D. McKay y J. S. Abramowitz, «Hierarchical structure of dysfunctional beliefs in obsessive–compulsive disorder»: *Cognitive Behavior Therapy*, 34(4) (2005), 216–228.
54. K. Hawton, P. M. Salkovskis, J. Kirk y D. M. Clark (Eds.), *Cognitive behavior therapy for psychiatric problems: A practical guide*, Oxford University Press, Nueva York 1989.
55. Obsessive Compulsive Cognitions Working Group, «Cognitive assessment of obsessive–compulsive disorder», *art. cit.*
56. S. Taylor, D. McKay y J. S. Abramowitz, «Hierarchical structure of dysfunctional beliefs in obsessive–compulsive disorder», *art. cit.*; D. McKay, S.-K. Kim, S. Taylor, J. S. Abramowitz, D. Tolin, M. Coles et al., «An examination of obsessive–compulsive symptoms and dimensions using profile analysis via multidimensional scaling (PAMS)»: *Journal of Anxiety Disorders*, 28(4) (2014), 352–357.
57. G. S. Steketee y R. O. Frost, «Measurement of risk-taking in obsessive–compulsive disorder»: *Behavioural and Cognitive Psychotherapy*, 22(4) (1994), 287–298.
58. M. E. McFall y J. P. Wollersheim, «Obsessive–compulsive neurosis: A cognitive-behavioral formulation and approach to treatment»: *Cognitive Therapy and Research*, 3(4) (1979), 333–348.

3. *Perfeccionismo*. Las personas con TOC afirman tener a menudo dificultades para tolerar la imperfección o los errores y creen que deben y que son capaces que hacerlo todo de una manera perfecta o del mejor modo posible, sea cual sea el coste (p. ej., «Para mí, cometer un error es tan malo como fracasar por completo»).

4. *Intolerancia de la incertidumbre*. Muchas personas con TOC creen que la incertidumbre y la ambigüedad son inaceptables, y sostienen la creencia de que no solo es esencial hacer todo lo necesario para estar seguro de que no ocurran cosas negativas, sino también que es posible hacerlo (p. ej., «A menudo pienso que me abrumarán los acontecimientos imprevistos»). En algunos casos, se pueden realizar rituales compulsivos para obtener garantías o lograr la sensación sensorial-afectiva de que las cosas «están bien»[59].

5. *Importancia excesiva de la significación de los propios pensamientos personales de uno*. Las personas con TOC dicen tener la creencia de que la mera presencia de pensamientos no deseados hace que dichos pensamientos sean significativos (p. ej., «Pensarlo es tan malo como hacerlo»). Una de las formas que adopta esta creencia es la *fusión pensamiento-acción*, en la que se cree que los pensamientos influyen en el mundo exterior (p. ej., «Puedo causar un accidente simplemente pensando en ello»).

6. *Control excesivo de los pensamientos*. Las personas con TOC suelen creer que es necesario y posible tener un control pleno de sus pensamientos (p. ej., «Si no controlo mis pensamientos no deseados, algo malo sucederá»).

Interpretaciones o significados

Según el modelo cognitivo del TOC, la mayoría de las personas normales experimentan pensamientos intrusivos, pero quienes padecen TOC malinterpretan estos pensamientos, les atribuyen una importancia excesiva, creen que tienen un significado personal, que revelan algo sobre su carácter y/o que tienen consecuencias catastróficas. La continua malinterpretación de los pensamientos intrusivos los transforman en obsesiones. Debido a que estas obsesiones son tan angustiosas, el individuo adopta un comportamiento compulsivo para intentar resistirse a ellas, para bloquearlas o para neutralizarlas. En el TOC, las *interpretaciones* son evaluaciones negativas de la aparición o del contenido de los estímulos o de los pensamientos intrusivos, que, a su vez, se ven desencadenados, modelados e impulsados por las creencias disfuncionales específicas del individuo (p. ej., «Si dejo el gas abierto, ocurrirá una tragedia y será culpa mía»; «Pensé en ello, así que debo querer hacerlo»).

Compulsiones mentales o encubiertas

Las compulsiones mentales o encubiertas son cogniciones voluntarias/intencionales (p. ej., contar ciertos patrones o repetir palabras, frases u ora-

59. J. F. LECKMAN, D. E. GRICE, L. C. BARR, A. L. DE VRIES, C. MARTIN, D. J. COHEN ET AL., «Tic-related vs. non-tic-related obsessive–compulsive disorder»: *Anxiety*, 1(5) (1995), 208–215.

ciones en silencio) dirigidas a (1) prevenir las consecuencias temidas de las interpretaciones o a (2) disminuir la ansiedad u otras emociones angustiosas.

Tal como pondremos de manifiesto en los próximos capítulos, es particularmente importante, tanto para los profesionales clínicos como para las personas con TOC, distinguir y reconocer los diferentes tipos de cogniciones examinados anteriormente para ayudar a los pacientes a comprender los diferentes roles y efectos de estas en su problema del TOC, así como el modo en que el *mindfulness* puede intervenir de manera efectiva en estos procesos psicológicos (véase también el *modelo cognitivo-evolutivo* al final de este capítulo y en los capítulos 2 y 6).

Creencias de fusión

Un sesgo cognitivo que nos encontramos a menudo en el TOC es la fusión pensamiento-acción, en la que surge una confusión entre el pensamiento y la acción[60]. Una fusión pensamiento-acción puede adoptar dos formas: un *sesgo de probabilidad*, en el que el individuo cree que el hecho de tener un pensamiento no deseado sobre el daño aumenta el riesgo de que le ocurra un daño real a alguien (p. ej., «Si tengo pensamientos sobre dañar a alguien, los pondré en práctica»), y un *sesgo de moralidad*, en el que la persona cree que tener el pensamiento intrusivo no deseado equivale moralmente a llevar a cabo el acto (p. ej., «Tener un pensamiento inaceptable equivale moralmente a llevar a cabo el contenido del pensamiento»)[61]. En este proceso mental, los individuos tienden a crear una especie de identificación con un aspecto de su propia experiencia personal. De alguna manera, se dicen: «Este pensamiento soy yo», o: «Soy este pensamiento», o: «Este pensamiento es algo real», creando así una cosificación de la experiencia cognitiva[62].

Se han observado otros dos tipos de *creencias de fusión* en el TOC: la fusión pensamiento-evento, esto es, la creencia de que tener un pensamiento puede causar un evento o de que significa que ya ha sucedido (p. ej., «Mis pensamientos tienen por sí solos el poder de cambiar el curso de los acontecimientos»), y la fusión pensamiento-objeto, es decir, la creencia de que los pensamientos o los sentimientos pueden transferirse a los objetos (p. ej., «Mis recuerdos/pensamientos pueden transformar lo que sucede con los objetos o influir en ellos»). Estas creencias se ven desencadenadas por las intrusiones que se producen normalmente y llevan a que las intrusiones sean evaluadas como peligrosas o como demasiado importantes[63].

60. S. J. RACHMAN, «Obsessions, responsibility and guilt»: *Behaviour Research and Therapy*, 31 (1993), 149-154.
61. S. RACHMAN Y R. SHAFRAN, «Cognitive and behavioural features of obsessive-compulsive disorder», en R. P. Swinson, M. M. Antony, S. Rachman y M. A. Richter (Eds), *Obsessive-compulsive disorder: Theory, research, and treatment*, Guilford Press, Nueva York 1998.
62. F. DIDONNA, «Mindfulness and obsessive-compulsive disorder: Developing a way to trust and validate one's internal experience», *op. cit.*
63. A. WELLS, *Cognitive therapy of anxiety disorders: A practice manual and conceptual guide*, Wiley, Chichester, UK 1997; A. WELLS, *Emotional disorders and metacognition: Innovative*

Confusión inferencial

Otro fenómeno que observamos a menudo en los individuos con TOC y que está relacionado con la fusión pensamiento-acción es la confusión inferencial[64]. La *confusión inferencial* es un proceso metacognitivo que ha sido definido como la confusión entre una posibilidad imaginada y una probabilidad real[65], o como el proceso de confundir los eventos imaginados y los que ocurren realmente[66]. En este proceso, los individuos con TOC están convencidos de la veracidad de su creencia obsesiva, a pesar de la información sensorial en sentido contrario, y luego actúan como si la posibilidad imaginada fuera real[67]. Un factor central que contribuye a la confusión inferencial es la *inferencia inversa*, por la que un individuo comienza con la veracidad de una hipótesis y acaba creyendo en ella, a pesar de las pruebas en contra (p. ej., «Muchas personas deben de haber tocado ese objeto, de modo que estará sucio»). Por el contrario, un proceso inferencial normal comenzaría observando la situación específica y llegaría a una conclusión sobre lo que realmente está sucediendo y/o está presente. Este tipo de procesamiento inverso tiende a eclipsar y a devaluar el papel de los sentidos, y limita el uso de la información sensorial en la decisión de desentenderse de los comportamientos neutralizadores. El procesamiento inverso también podría explicar cómo los intentos de neutralización terminan por aumentar la duda sobre la veracidad de una cierta realidad[68]. El concepto de confusión inferencial, que se centra en los procesos metacognitivos que permiten que las personas diferencien entre los estados mentales y la realidad externa, es distinto de las fusiones pensamiento-acción y pensamiento-evento, que están más vinculadas a las evaluaciones morales de la responsabilidad[69].

cognitive therapy, Wiley, Chichester, UK 2007; A. Wells y G. Matthews, *Attention and emotion: A clinical perspective*, Erlbaum, Hove, UK 1994; S. Mohammadkhani, «The role of fusion beliefs and metacognitions in obsessive–compulsive symptoms in general population»: *Iranian Journal of Clinical Psychology*, 1(2) (2013), 97–104.

64. K. O'Connor, N. Koszegi, G. Goulet y F. Aardema, «Distrust of the senses, imagined possibilities, reasoning errors and doubt generation in obsessional–compulsive disorder»: *Clinical Neuropsychiatry*, 10(3, Supl. 1) (2013), 65–71.
65. K. O'Connor y F. Aardema, «Fusion or confusion in obsessive–compulsive disorder»: *Psychological Report*, 93(1) (2003), 227–232.
66. E. Krackow, S. Nunley y P. Tessier, «Cognitive processes and biases in obsessive–compulsive disorder», *op. cit.*
67. F. Aardema, P. M. G. Emmelkamp y K. P. O'Connor, «Inferential confusion, cognitive change and treatment outcome in obsessive–compulsive disorder»: *Clinical Psychology and Psychotherapy*, 12(5) (2005), 337–345.
68. F. Aardema, K. O'Connor, P. M. G. Emmelkamp, A. Marchand y C. Todorov, «Inferential confusion in obsessive–compulsive disorder: The Inferential Confusion Questionnaire»: *Behaviour Research and Therapy*, 43 (2005), 293–308; K. O'Connor y S. Robillard, «Inference processes in obsessive–compulsive disorder: Some clinical observations»: *Behaviour Research and Therapy*, 33(8) (1995), 887–896; M. A. van den Hout y M. Kindt, «Repeated checking causes memory distrust»: *Behaviour Research and Therapy*, 41 (2003), 301–316.
69. F. Aardema, P. M. G. Emmelkamp y K. P. O'Connor, «Inferential confusion, cognitive change and treatment outcome in obsessive–compulsive disorder», *art. cit.*; K. O'Connor y F. Aardema, «Fusion or confusion in obsessive–compulsive disorder», *art. cit.*

El papel de la desconfianza en el TOC

La confianza está íntimamente ligada a la correspondencia
entre nuestras percepciones y la realidad.

—MATTHIEU RICARD

Existe un amplio acuerdo con respecto a la importancia que tiene la contribución de la confianza tanto en el bienestar[70] como en el malestar psicológico[71]. La confianza puede considerarse como uno de los fenómenos/sentimientos metacognitivos básicos que contribuye a la salud mental de los adultos, y desempeña un papel fundamental en el desarrollo saludable de los niños y los adolescentes. Las investigaciones han subrayado la importancia de la confianza en el sentido de previsibilidad y control de las personas, para reducir la ansiedad[72] y para un ajuste psicológico saludable[73].

En la literatura sobre el tema, el constructo de confianza se refiere, por lo general, a la *confianza interpersonal*, a la confianza en los demás o a la creencia de que una persona de confianza hará lo que se espera de ella. A los efectos de este libro y del programa terapéutico, me centro en la *autoconfianza* o *confianza personal*, la confianza en uno mismo, que es un constructo multidimensional. La autoconfianza puede definirse como *el sentimiento conectado con la creencia de que uno mismo es fiable y capaz de hacer frente a situaciones de riesgo con una sensación de apertura, de seguridad, de aceptación, de libertad y de positividad para con la vida y el mundo. Abarca un sentimiento de control sobre*

70. K. M. DE NEVE Y H. COOPER, «The happy personality: A meta-analysis of 137 personality traits and subjective well-being»: *Psychological Bulletin*, 124(2) (1998), 197–229; J. B. ROTTER, «Interpersonal trust, trustworthiness, and gullibility»: *American Psychologist*, 35(1) (1980), 1–7; A. M. ZAK, J. A. GOLD, R. M. RYCKMAN Y E. LENNEY, «Assessments of trust in intimate relationships and the self-perception process»: *Journal of Social Psychology*, 138(2) (1998), 217–228.
71. A. B. ANDREWS, J. L. GUADALUPE Y E. BOLDEN, «Faith, hope, and mutual support: Path to empowerment as perceived by women in poverty»: *Journal of Social Work Research and Evaluation*, 4(1) (2003), 5–18; J. C. BAREFOOT, K. E. MAYNARD, J. C. BECKHAM, B. H. BRUMMETT, K. HOOKER Y I. C. SIEGLER, «Trust, health, and longevity»: *Journal of Behavioral Medicine*, 21(6) (1998), 517–526; H. BERRY Y B. RODGERS, «Trust and distress in three generations of rural Australians»: *Australasian Psychiatry*, 11(1, Supl.) (2003), S131–S137; S. A. RIGGS, D. JACOBVITZ Y N. HAZEN, «Adult attachment and history of psychotherapy in a normative sample»: *Psychotherapy Theory Research and Practice*, 39(4) (2003), 344–353; K. J. ROTENBERG, K. J. MACDONALD Y E. V. KING, «The relationship between loneliness and interpersonal trust during middle childhood»: *Journal of Genetic Psychology*, 165(3) (2002), 233–249; J. L. WISSMANN Y K. TANKEL, «Nursing students' use of a psychopharmacology game for client empowerment»: *Journal of Professional Nursing*, 17(2) (2001), 101–106.
72. E. H. ERIKSON, *Childhood and society*, Norton, Nueva York 1963 (trad. esp.: *Infancia y Sociedad*, Ediciones Paidós Ibérica, Barcelona 1983); J. B. ROTTER, «Interpersonal trust, trustworthiness, and gullibility», *art. cit.*
73. C. ROGERS, *The Carl Rogers reader*, Houghton Mifflin, Boston 1990; L. GILSON, N. PALMER Y H. SCHNEIDER, «Trust and health worker performance: Exploring a conceptual framework using South African evidence»: *Social Science and Medicine*, 61(7) (2005), 1418–1429; A. W. SCHEFLIN, «Are dual relationships antitherapeutic?», en A. A. Lazarus y O. Zur (Eds.), *Dual relationships and psychotherapy*, Springer, Nueva York 2002.

las propias acciones y sentimientos; de confianza en las percepciones y en la memoria de uno mismo; y de conciencia de las necesidades, las intenciones y los recursos con que uno cuenta.

Por definición, la autoconfianza es un constructo multifacético que incluye varios elementos importantes, a los que se hace referencia usando la abreviatura APLICCAS[74]:

- **Aceptación**: la capacidad y la disposición a dar la bienvenida a las experiencias internas y externas tal como son, aceptando que podemos cometer errores y que los resultados de nuestras decisiones y de nuestras acciones pueden ser negativos. Esta aceptación es lo que nos permite asumir riesgos y lidiar con los desafíos y los cambios a los que nos enfrentamos en la vida.
- **Positividad**: la voluntad de encontrar los aspectos positivos inherentes a muchas experiencias humanas y la idea de que incluso las experiencias vitales más duras y desafiantes pueden ayudarnos a crecer.
- **Libertad**: un sentimiento de no estar limitado o restringido por las barreras internas y los condicionamientos que las experiencias de la vida nos han llevado a tener con el paso del tiempo –unas barreras que nos impiden funcionar de manera saludable y alcanzar nuestro pleno potencial–.
- **confianza Interna**: una conciencia clara de nuestros sentimientos y de nuestras sensaciones físicas reales, de que lo que percibimos a través de nuestros sentidos es verdadero y real, y de que nuestras cogniciones (pensamientos, evaluaciones, memorias), nuestras emociones y nuestras acciones son fundamentalmente válidas y/o apropiadas.
- **Conciencia**: ser consciente de nuestras verdaderas necesidades e intenciones y de los recursos personales que poseemos para hacer frente a los desafíos y a las situaciones de riesgo.
- **Control**: experimentar la sensación de ser capaz de manejar nuestras emociones y nuestras acciones.
- **Apertura**: una actitud o un modo mental que nos mueve a nuevas experiencias y que nos permite hacer frente a los cambios y los desafíos que requiere la vida y/o que podrían mejorar nuestra vida y hacernos crecer.
- **Seguridad**: el sentimiento de que tenemos las habilidades necesarias para hacer frente a las diferentes situaciones de la vida de manera efectiva y para tomar decisiones.

La autoconfianza implica y se deriva de una sensación de claridad y seguridad en la experiencia interna de uno mismo. Es un sentimiento que nos permite dejar de intentar controlar nuestras acciones o los acontecimientos que experimentamos y aceptar la inevitable incertidumbre de los resultados y de las consecuencias vinculados a ellos. Esta incertidumbre significa que

74. En inglés, PASIFACO: Positivity, Acceptance, Security, Internal confidence, Freedom, Awareness, Control y Openness (NdT).

cualquier cosa que hagamos o experimentemos entraña un riesgo de fracaso o un cierto daño potencial.

Las distintas facetas y dimensiones de la autoconfianza están relacionadas con las funciones y las habilidades cognitivas personales, y pueden ser independientes unas de otras. Por ejemplo, podríamos confiar en nuestras intenciones pero no en nuestra memoria, aunque tengamos una buena memoria. La autoconfianza efectiva y beneficiosa se logra cuando todas estas dimensiones están suficientemente desarrolladas y bien integradas entre sí.

En la edad adulta, la autoconfianza se considera como una condición básica, o un puente, para desarrollar la confianza en los demás –o *confianza interpersonal*–, y la confianza en los factores ambientales –o *confianza ambiental*– (esto es, la confianza en el contexto cultural, social o natural más amplio[75]). La confianza interpersonal y la confianza ambiental incluyen: (1) un bajo nivel de expectativas con respecto a los demás y con respecto al mundo, (2) la idea de que la vida y el mundo son básicamente seguros y en su mayor parte inofensivos, y (3) una creencia de que incluso los acontecimientos más difíciles pueden ser recursos valiosos para el desarrollo y la mejora personal.

Un sentido de confianza maduro o saludable es lo que podemos llamar *confianza real*. La confianza real es un sentimiento que, en la edad adulta, no depende tanto de los factores externos o de lo que hagan los demás, sino más bien de nuestros propios recursos internos. En general, la mayoría de los seres humanos nacen confiados: durante una infancia normal y no traumática somos naturalmente confiados porque, para aprender sobre la vida, usamos principalmente nuestros sentidos (modo experiencial) y no nuestras mentes, que aún no se han visto modeladas por los altibajos y los condicionamientos de la vida. Sin embargo, durante su desarrollo la mayoría de las personas tienden a perder gran parte de esta confianza, especialmente porque la mente (que produce pensamientos, preocupaciones y recuerdos) gana la partida a los sentidos. Perdemos confianza porque, al crecer, no aprendemos a utilizar las herramientas o las habilidades esenciales para mantener o restaurar la confianza en nosotros mismos, en nuestra intuición, en nuestros sentidos, en nuestras emociones y en nuestra capacidad para distinguir entre la realidad y nuestros miedos.

Normalmente, la autoconfianza se desarrolla a una edad temprana, y mantenerla depende de la capacidad de los padres o de los cuidadores para nutrir y atender las necesidades básicas del niño (especialmente en lo que respecta al contacto visual y físico), que son principalmente la necesidad de sentirse bien atendido, consolado y seguro. La comprensión que tiene un niño del mundo y la vida deriva de la interacción del cuidador con él. La teoría del apego de Bowlby[76] sugiere que la autoconfianza se desarrolla junto con la

75. R. CURRINGTON, *Everyday blessings: Spiritual refreshment for women*, Barbour Books, Uhrichsville, OH 2007.

76. J. BOWLBY, *The making and breaking of affectional bonds*, Tavistock, Londres 1979 (trad. esp.: *Vínculos afectivos: formación, desarrollo y pérdida*, Ediciones Morata, Madrid 2014[6]).

confianza en que los padres o los cuidadores proporcionarán constantemente apoyo, aliento y respeto para fomentar la propia autonomía del niño –o, dicho con otras palabras, le brindarán una base sólida para que el niño explore el mundo que le rodea–.

La consecución de un fuerte sentido de autoconfianza suele ser el resultado de un proceso gradual de desarrollo, desde la infancia hasta la edad adulta, a través del cual aprendemos a combinar la confianza en los demás con la autoconfianza al interactuar con las personas en las que confiamos y que nos animan. Según Erikson y Erikson[77], el desarrollo de la confianza básica es la primera y más importante etapa del desarrollo psicosocial, que se produce, o no se produce, entre el nacimiento y los dos años de edad. El éxito en esta etapa depende de la capacidad del cuidador para proporcionar al niño calidez, comodidad, regularidad, afecto incondicional y un entorno seguro, como resultado de lo cual el niño desarrolla sentimientos de confianza, seguridad y una sensación de poder y control personal sobre el mundo. La ausencia de este tipo de cuidado conduce a sentimientos de inseguridad, de inadecuación, de dudas hacia uno mismo y de desconfianza, y con ello el niño comenzará a desarrollar la idea (1) de que el mundo es un lugar imprevisible, poco fiable y posiblemente peligroso para vivir[78]; o (2) que él mismo podría ser una persona peligrosa. En última instancia, esta falta de cuidado puede dar lugar a trastornos del apego[79]. Obviamente, la confianza puede crecer o ponerse en peligro durante la infancia y la adolescencia en función del grado en que una persona satisfaga sus propias necesidades fisiológicas básicas durante las diferentes etapas del desarrollo psicosocial (véase el capítulo 8).

Todas estas realidades del desarrollo señalan la importancia que tiene prestar suficiente atención a la autoconfianza como punto de partida para las intervenciones terapéuticas y explica por qué uno de los principales objetivos de la psicoterapia consiste a menudo en ayudar a los pacientes a desarrollar un sentimiento de confianza real. Esto se considera especialmente relevante en el tratamiento de las personas con TOC.

El TOC como trastorno de la confianza

Hay dos maneras de moverse fácilmente por la vida:
creerlo todo o dudar de todo. Ambas nos ahorran tener que pensar.

—Alfred Korzybski

La confianza es un constructo importante y un proceso psicológico que debe tenerse en cuenta en la comprensión y el tratamiento del TOC. Se cree que la autoconfianza es escasa o nula en las personas con TOC, especialmente

77. E. H. Erikson y J. M. Erikson, *The life cycle completed: Extended version*, Norton, Nueva York 1997 (trad. esp.: *El ciclo vital completado*, Ediciones Paidós Ibérica, Barcelona 2000).
78. H. Bee y D. Boyd, *The developing child*, Pearson, Boston 2009[12].
79. N. Lorenzini y P. Fonagy, «Attachment and personality disorders: A short review»: *FOCUS: The Journal of Lifelong Learning in Psychiatry*, 11(2) (2013), 155–166.

en algunas áreas y funciones cognitivas específicas, hasta tal punto que el TOC puede conceptualizarse como un *trastorno de la confianza*[80].

A pesar de la extrema heterogeneidad en la fenomenología y sintomatología clínica de los pacientes con TOC, la observación clínica y varios estudios sobre el procesamiento de la información[81] y los ámbitos de las creencias obsesivas[82] sugieren que un factor que las personas con problemas obsesivos pueden compartir es un problema general o más específico de desconfianza o de falta de confianza en su propia experiencia interna, especialmente en las áreas de la memoria, las percepciones, la atención y las intenciones[83]. Esta desconfianza les lleva a creer firmemente en el contenido de sus pensamientos negativos (dudas, obsesiones, significados), a invertir demasiado en posibilidades imaginarias/hipotéticas[84], y a creer que tienen que *hacer* algo (comportamientos de búsqueda de seguridad) para prevenir las temidas consecuencias conectadas a sus pensamientos.

Uno de los aspectos que nos permite comprender la relación entre la confianza y el TOC es que la autoconfianza implica, por definición, aceptar la incertidumbre y la imprevisibilidad de las experiencias de la vida, y una de las características principales del TOC es la intolerancia a la incertidumbre[85]. La autoconfianza también se asocia a la percepción de control[86]. Los pacientes con TOC sienten muy a menudo que no tienen el control de sus pensamientos, de sus sentimientos y de sus emociones, o temen no poder controlar

80. F. Didonna, «Mindfulness and obsessive–compulsive disorder: Developing a way to trust and validate one's internal experience», *op. cit.*
81. P. ej., N. Amir y M. J. Kozak, «Information processing in obsessive compulsive disorder», *op. cit.*
82. P. ej., Obsessive Compulsive Cognitions Working Group, «Cognitive assessment of obsessive–compulsive disorder», *op. cit.*; Obsessive Compulsive Cognitions Working Group, «Psychometric validation of the Obsessive Belief Questionnaire and Interpretation of Intrusions Inventory: Part 2. Factor analyses and testing of a brief version», *art. cit.*
83. D. Hermans, K. Martens, K. De Cort, G. Pieters y P. Eelen, «Reality monitoring and metacognitive beliefs related to cognitive confidence in obsessive–compulsive disorder»: *Behaviour Research and Therapy*, 41(4) (2003), 383–401; D. Hermans, U. Entegelen, L. Grouwels, E. Joos, J. Lemmens y G. Pieters, «Cognitive confidence in obsessive–compulsive disorder: Distrusting perception, attention and memory»: *Behaviour Research and Therapy*, 46 (2008), 98–113; K. O'Connor, N. Koszegi, G. Goulet y F. Aardema, «Distrust of the senses, imagined possibilities, reasoning errors and doubt generation in obsessional–compulsive disorder», *art. cit.*; F. Didonna, «Mindfulness and obsessive–compulsive disorder: Developing a way to trust and validate one's internal experience», *op. cit.*
84. K. O'Connor, N. Koszegi, G. Goulet y F. Aardema, «Distrust of the senses, imagined possibilities, reasoning errors and doubt generation in obsessional–compulsive disorder», *art. cit.*
85. Obsessive Compulsive Cognitions Working Group, «Cognitive assessment of obsessive–compulsive disorder», *art. cit.*; Obsessive Compulsive Cognitions Working Group, «Psychometric validation of the Obsessive Belief Questionnaire and Interpretation of Intrusions Inventory: Part 2. Factor analyses and testing of a brief version», *art. cit.*; F. Mancini, F. D'Olimpio, F. Didonna, E. Prunetti y M. Del Genio, «Obsession and compulsion and intolerance of uncertainty in a non-clinical sample»: *Journal of Anxiety Disorders*, 16 (2002), 401–411.
86. C. Rogers, *The Carl Rogers reader*, *op. cit.*; R. M. Sorrentino, J. G. Holmes, S. E. Hanna y A. Sharp, «Uncertainty orientation and trust in close relationships: Individual differences in cognitive styles»: *Journal of Personality and Social Psychology*, 68(2) (1995), 314–327.

su comportamiento. Por lo general, las personas con TOC tienen un control total tanto de sus estados internos como de sus acciones, pero les preocupa perderlo. La mayoría de las personas con TOC no viven con una sensación de confianza, y si la experimentan se trata en realidad de una *confianza ilusoria* o falsa, con la que se convencen a sí mismos de que si hacen todo lo que está en sus manos –a través de rituales compulsivos o de confirmaciones tranquilizadoras– para asegurarse de que las cosas están bajo control y de que nada malo les sucederá a ellos o a los demás, podrán sentirse seguros. Pero esta no es una confianza real.

La confianza ilusoria se basa en la creencia disfuncional de que en la vida podemos y debemos lograr el control total, la certeza o la perfección en todo lo que hacemos o experimentamos, o de que podemos y debemos evitar cualquier daño o peligro contra nosotros mismos o contra los demás. Naturalmente, cuando la gente se da cuenta de que este ideal no puede alcanzarse, cae en la desconfianza y el miedo, y recurre a cualquier estrategia inútil y contraproducente que pueda tener a su disposición para recuperar esa confianza ilusoria. Este tipo de confianza surge a menudo de una parte herida dentro de los individuos con TOC, que probablemente se originó durante la etapa del desarrollo y que requiere una comprensión y una atención cuidadosa. Cuando estas personas se encuentran en situaciones que pueden estar directa o indirectamente conectadas con condicionamientos, traumas o privaciones del pasado, entonces el miedo, la desconfianza y la vulnerabilidad pueden volver a desencadenarse de manera poderosa.

En un estudio de validación de la Multidimensional Trust Scale (MTS)[87] se descubrió una fuerte correlación negativa entre esta escala y el Cuestionario de Ansiedad Estado-Rasgo de Spielberger ($r = -0.65$)[88], lo que sugiere que la confianza puede desempeñar un importante papel como potencial mediadora de la ansiedad. La subescala de autoconfianza mostró la correlación más fuerte con la ansiedad rasgo ($r = -0.61$), lo que ilustra la importante relación que existe entre la evaluación subjetiva que hacen los individuos de su propia capacidad para hacer frente a los potenciales estresores y el nivel de ansiedad experimentado. Por otra parte, la falta de confianza se asocia a problemas de salud mental relacionados con la ansiedad[89].

La confianza en los demás también se ve comprometida a cierto nivel en las personas con TOC porque normalmente no sienten una confianza real en los demás, sino solo una confianza ilusoria (véase también el capítulo 8); esto es, las continuas garantías que reciben de las personas que les rodean

87. K. Carrington, *Toward the development of a new Multidimensional Trust Scale*. Tesis doctoral no publicada, Universidad de Wolverhampton, Wolverhampton, UK 2007.
88. C. D. Spielberger, R. L. Gorsuch, R. Lushene, P. R. Vagg y G. A. Jacobs, *Manual for the State–Trait Anxiety Inventory*, Consulting Psychologists Press, Palo Alto, CA 1983.
89. American Psychiatric Association, *DSM-IV: manual diagnóstico y estadístico de los trastornos mentales*, 1994[4], Trad. esp.: Elsevier Masson, Barcelona 1995; Organización Mundial de la Salud, *International classification of disease (10th rev.): Classification of mental and behavioural disorders: Clinical descriptions and diagnostic guidelines*, OMS, Ginebra 1992.

(familiares, amigos, terapeutas) no funcionan realmente y a la larga son contraproducentes. Si estas garantías proporcionan alivio, es solo durante unos minutos, o a veces menos; o peor aún, en realidad las garantías refuerzan la inseguridad y la desconfianza en uno mismo. Dicho con otras palabras, al no confiar en los demás, las personas con TOC no son capaces de usar la información procedente de ellos para cambiar su visión de la realidad o para cultivar y mantener una visión segura y objetiva. En las últimas décadas, varios estudios han destacado la influencia que tienen algunas creencias metacognitivas en la confianza en los pacientes con TOC, especialmente en lo que respecta a las siguientes funciones cognitivas: desconfianza en la memoria, desconfianza en la percepción y desconfianza en la atención.

Desconfianza en la memoria

Varios estudios revelan que los pacientes con TOC, en particular los comprobadores, tienen una *confianza* significativamente más baja en su memoria –o carecen de ella– en comparación con los grupos de control[90], especialmente en lo que respecta a la memoria de las acciones[91]. También están menos convencidos de la vivacidad de sus recuerdos[92]. Esta falta de confianza en la función de su propia memoria conduce, de manera inevitable, a la duda patológica[93].

La observación empírica y algunos estudios sugieren que esta baja confianza en la memoria está conectada principalmente con los estímulos relacionados con el TOC[94] y con las situaciones amenazantes, porque la confianza parece ser mayor, o a menudo normal, en condiciones subjetivamente seguras en estímulos irrelevantes para la amenaza (p. ej., durante una sesión de psicoterapia)[95]. Se presume que este tipo de desconfianza desempeña un papel en el mantenimiento de los comportamientos de com-

90. K. J. Sher, R. O. Frost y R. Otto, «Cognitive deficits in compulsive checkers: An exploratory study»: *Behaviour Research and Therapy*, 21 (1983), 357–363; R. J. McNally y P. A. Kohlbeck, «Reality-monitoring in obsessive–compulsive disorder»: *Behaviour Research and Therapy*, 31(3) (1993), 249–253; M. A. van den Hout y M. Kindt, «Repeated checking causes memory distrust», *art. cit.*; P. A. MacDonald, M. M. Antony, C. Macleod y M. A. Richter, «Memory and confidence in memory judgements among individuals with obsessive–compulsive disorder and non-clinical controls»: *Behaviour Research and Therapy*, 35(6) (1997), 497–505.
91. D. Hermans, K. Martens, K. De Cort, G. Pieters y P. Eelen, «Reality monitoring and metacognitive beliefs related to cognitive confidence in obsessive–compulsive disorder», *art. cit.*; D. Hermans, U. Entegelen, L. Grouwels, E. Joos, J. Lemmens y G. Pieters, «Cognitive confidence in obsessive–compulsive disorder: Distrusting perception, attention and memory», *art. cit.*
92. J. I. Constans, E. B. Foa, M. E. Franklin y A. Matthews, «Memory for actual and imagined events in OC checkers»: *Behaviour Research and Therapy*, 33 (1995), 665–671.
93. D. F. Tolin, J. S. Abramowitz, B. D. Brigidi, N. Amir, G. P. Street y E. B. Foa, «Memory and memory confidence in obsessive–compulsive disorder»: *Behaviour Research and Therapy*, 39 (2001), 913–927.
94. E. B. Foa, N. Amir, B. Gershuny, C. Molnar y M. J. Kozak, «Implicit and explicit memory in obsessive–compulsive disorder»: *Journal of Anxiety Disorders*, 11 (1997), 119–129.
95. F. Didonna, «Mindfulness and obsessive–compulsive disorder: Developing a way to trust and validate one's internal experience», *op. cit.*

probación. La escasa confianza en el recuerdo de una comprobación anterior puede ser un impulso para los rituales de comprobación posteriores. Paradójicamente, esta desconfianza cognitiva parece derivar, al menos en parte, de las conductas de comprobación en sí mismas[96], dando lugar quizás a un círculo vicioso en el que el control conduce a una reducción de la confianza en la memoria, lo que, a su vez, produce un aumento de la comprobación[97]. En un estudio con una muestra no clínica, van den Hout y Kindt[98] demostraron que la comprobación repetida aumenta la familiaridad con las cuestiones comprobadas y promueve el procesamiento conceptual, que inhibe el procesamiento perceptivo; el procesamiento perceptivo inhibido hace que los recuerdos sean menos vívidos y detallados, y esta reducción en la viveza y en el detalle promueve, a su vez, una desconfianza en la memoria.

La desconfianza en la memoria puede persistir en el caso de los comprobadores como consecuencia de la comprobación repetida. La comprobación relacionada con el TOC puede estar motivada por la necesidad de reducir la incertidumbre, pero la comprobación parece ser una estrategia de seguridad contraproducente. En vez de reducir la duda, la comprobación la favorece e, irónicamente, aumenta la desconfianza en la memoria[99]. Los resultados de otros dos estudios similares realizados por Radomsky, Gilchrist y Dussault[100] y por Radomsky, Dugas, Alcolado y Lavoie[101] sugieren que, después de realizar comprobaciones repetidas relevantes, los participantes informaban de una reducción significativa de la confianza en la memoria, de la viveza y del detalle, mientras que las comprobaciones repetidas irrelevantes no produjeron estas disminuciones. Aunque la mayoría de los estudios han investigado el efecto de las comprobaciones repetidas usando muestras no clínicas, el fenómeno de la desconfianza en la memoria se observó durante una muestra de pacientes con TOC en un estudio realizado por Boschen y Vuksanovic[102].

El fenómeno de la *monitorización de la realidad* constituye una modalidad específica de desconfianza en la memoria. Las personas con TOC suelen tener dudas sobre si han realizado una acción o es cosa de su imaginación. Esta clase de dudas sugieren que los individuos con TOC pueden tener déficits en la *monitorización de la realidad*, que es la capacidad de distinguir los recuer-

96. M. A. van den Hout y M. Kindt, «Repeated checking causes memory distrust», *art. cit.*
97. D. Hermans, U. Entegelen, L. Grouwels, E. Joos, J. Lemmens y G. Pieters, «Cognitive confidence in obsessive-compulsive disorder: Distrusting perception, attention and memory», *art. cit.*
98. M. A. van den Hout y M. Kindt, «Repeated checking causes memory distrust», *art. cit.*
99. *Ibíd.*
100. A. S. Radomsky, P. T. Gilchrist y D. Dussault, «Repeated checking really does cause memory distrust»: *Behaviour Research and Therapy*, 44(2) (2006), 305–316.
101. A. S. Radomsky, M. J. Dugas, G. M. Alcolado y S. L. Lavoie, «When more is less: Doubt, repetition, memory, metamemory, and compulsive checking in OCD»: *Behaviour Research and Therapy*, 59 (2014), 30–39.
102. M. J. Boschen y D. Vuksanovic, «Deteriorating memory confidence, responsibility perceptions and repeated checking: Comparisons in OCD and control samples»: *Behaviour Research and Therapy*, 45(9) (2007), 2098–2109.

dos de las acciones reales y los eventos reales respecto a los que son imaginarios[103]. Se ha sugerido que el déficit en la monitorización de la realidad podría deberse, en las personas con TOC, a las imágenes intrusivas presentes en la experiencia obsesiva[104]. Dicho con otras palabras, la aparición de imágenes involuntarias repetidas lleva a los pacientes con TOC a percibir esas imágenes como reales y a confundirlas con la realidad[105]. De hecho, hay una gran cantidad de publicaciones sobre el tema que muestra que la imaginación lleva a las personas a creer en eventos que nunca han ocurrido[106]. Sin embargo, varios autores sostienen que el déficit aparente en la monitorización de la realidad en personas con TOC podría deberse a una menor confianza general en su memoria de las acciones y en su capacidad de control de la realidad, más que a un déficit en estas funciones[107].

Desconfianza en la percepción

> La naturaleza no nos engaña; somos nosotros los que
> nos engañamos a nosotros mismos. No es la sensación
> lo que está mal, sino el juicio formado con respecto a ella.
>
> —Jean-Jacques Rousseau

Varios estudios de investigación han demostrado que la desconfianza cognitiva que las personas con TOC tienen en su memoria puede extenderse también a otras funciones cognitivas como la percepción y la atención[108].

---

103. R. J. McNally y P. A. Kohlbeck, «Reality-monitoring in obsessive–compulsive disorder», *art. cit.*; M. Johnson y C. L. Raye, «Reality monitoring»: *Psychological Review*, 88(1) (1981), 67–85.
104. H. D. Brown, S. M. Kosslyn, H. C. Breiter, L. Baer y M. A. Jenike, «Can patients with obsessive–compulsive disorder discriminate between percepts and mental images?: A signal detection analysis»: *Journal of Abnormal Psychology*, 103 (1994), 445–454.
105. E. Krackow, S. Nunley y P. Tessier, «Cognitive processes and biases in obsessive–compulsive disorder», *art. cit.*
106. E. Krackow y M. Rabenshorst, «Does the body know best?: Psychophysiological reactivity to perceived versus imagined childhood events»: *Imagination, Cognition, and Personality*, 30 (2010), 133–145.
107. J. R. Cougle, P. M. Salkovskis y S. J. Thorpe, «"Perhaps you only imagined doing it": Reality-monitoring in obsessive–compulsive checkers using semi-idiographic stimuli»: *Journal of Behavior Therapy and Experimental Psychiatry*, 39(3) (2008), 305–320; D. Hermans, K. Martens, K. De Cort, G. Pieters y P. Eelen, «Reality monitoring and metacognitive beliefs related to cognitive confidence in obsessive–compulsive disorder», *art. cit.*; P. A. MacDonald, M. M. Antony, C. Macleod y M. A. Richter, «Memory and confidence in memory judgements among individuals with obsessive–compulsive disorder and non-clinical controls», *art. cit.*; R. J. McNally y P. A. Kohlbeck, «Reality-monitoring in obsessive–compulsive disorder», *art. cit.*; F. Didonna, «Mindfulness and obsessive–compulsive disorder: Developing a way to trust and validate one's internal experience», *op. cit.*
108. M. A. van den Hout, I. M. Engelhard, C. de Boer, A. du Bois y E. Dek, «Perseverative and compulsive-like staring causes uncertainty about perception»: *Behaviour Research and Therapy*, 46 (2008), 1300–1304; M. A. van den Hout, I. M. Engelhard, M. Smeets, E. C. Dek, K. Turksma y R. Saric, «Uncertainty about perception and dissociation after compulsive-like staring: Time course of effects»: *Behaviour Research and Therapy*, 47(6) (2009), 535–539; M. Nedeljkovic y M. Kyrios, «Confidence in memory and other cognitive processes in

Van den Hout et al.[109] observaron que las personas con TOC no solo tienen dudas acerca de su memoria, sino que también tienen una baja confianza en su percepción, y esta desconfianza perceptiva puede estar relacionada con el hecho de mirar fijamente y de manera prolongada un objeto que provoca ansiedad (p. ej., mirar fijamente el fregadero o el suelo para determinar si está realmente limpio, mirar fijamente la puerta para decidir si está verdaderamente cerrada). En un estudio anterior[110], los mismos autores demostraron que en una muestra no clínica, la fijación visual persistente en un objeto de incertidumbre induce una incertidumbre similar a la del TOC sobre la percepción y los sentimientos de disociación. Los autores formularon la hipótesis de que mirar fijamente los objetos de manera perseverante es una estrategia contraproducente dado que reduce la confianza en la percepción en lugar de proporcionar seguridad, de manera similar a lo que sucede con la desconfianza en la memoria causada por la comprobación repetida[111]. Por estas razones, la fijación visual obsesiva podría ser un factor de mantenimiento del trastorno.

En un estudio que examinaba la relación entre el TOC y la confianza en la atención y en la percepción, así como la confianza en la memoria, Hermans y sus colegas[112] mostraron que las personas con TOC comunicaban una menor confianza en la percepción y la atención que otros participantes psiquiátricos y sanos del grupo de control, especialmente con respecto a las acciones relevantes para el TOC. Por otra parte, los autores también observaron que los niveles de confianza en la memoria de los pacientes con TOC no eran significativamente diferentes de sus niveles de confianza en la percepción y la atención, lo que sugería un nivel de desconfianza similar en las tres esferas metacognitivas.

Wahl, Salkovskis y Cotter[113] observaron que las personas afectadas por un TOC con compulsiones primarias de lavado/limpieza confían más en la infor-

---

obsessive–compulsive disorder»: *Behaviour Research and Therapy*, 45(12) (2007), 2899–2914; D. Hermans, K. Martens, K. De Cort, G. Pieters y P. Eelen, «Reality monitoring and metacognitive beliefs related to cognitive confidence in obsessive–compulsive disorder», *art. cit.*; D. Hermans, U. Entegelen, L. Grouwels, E. Joos, J. Lemmens y G. Pieters, «Cognitive confidence in obsessive–compulsive disorder: Distrusting perception, attention and memory», *art. cit.*; F. Didonna, «Mindfulness and obsessive–compulsive disorder: Developing a way to trust and validate one's internal experience», *op. cit.*

109. M. A. van den Hout, I. M. Engelhard, M. Smeets, E. C. Dek, K. Turksma y R. Saric, «Uncertainty about perception and dissociation after compulsive-like staring: Time course of effects», *art. cit.*

110. M. A. van den Hout, I. M. Engelhard, C. de Boer, A. du Bois y E. Dek, «Perseverative and compulsive-like staring causes uncertainty about perception», *art. cit.*

111. M. A. van den Hout y M. Kindt, «Repeated checking causes memory distrust», *art. cit.*

112. D. Hermans, U. Entegelen, L. Grouwels, E. Joos, J. Lemmens y G. Pieters, «Cognitive confidence in obsessive–compulsive disorder: Distrusting perception, attention and memory», *art. cit.*

113. K. Wahl, P. M. Salkovskis e I. Cotter, «"I wash until it feels right": The phenomenology of stopping criteria in obsessive–compulsive washing». *Journal of Anxiety Disorders*, 22(2) (2008), 143–161.

mación subjetiva (esto es, la sensación de saber) que en la información sensorial y objetiva (p. ej., ver la suciedad o sentir las manos pegajosas) al decidir cuándo es seguro terminar un lavado compulsivo. Esto sugiere que la desconfianza en la percepción también puede estar asociada al lavado/limpieza compulsivo.

En su modelo del TOC basado en la inferencia, O'Connor, Aardema y Pélissier[114] destacan el papel de la desconfianza perceptiva en un tipo de error de razonamiento típico del TOC: *la inferencia inversa*. En este tipo de proceso metacognitivo, como dijimos anteriormente, una persona infiere una posibilidad remota sin ninguna indicación de que esta esté presente, o incluso en contradicción con lo que ella misma ve o siente (p. ej., el individuo piensa: «Una persona ha usado este fregadero, de modo que debe estar sucio, aunque este parezca limpio). Un componente central de esta idea es que la persona disminuye el papel de los sentidos y la realidad objetiva a fin de buscar una «realidad más profunda» (p. ej., «Veo que el fregadero está limpio, pero mis pensamientos me dicen que no lo está»). La tendencia a incurrir en este tipo de razonamiento puede reflejar, al menos en parte, una baja confianza en las capacidades perceptivas de la persona[115].

Duda obsesiva y autoinvalidación de la experiencia sensorial

Otro sesgo metacognitivo hipotético relacionado con la desconfianza en la memoria y en la percepción, que probablemente esté relacionado con algunos de los procesos disfuncionales descritos anteriormente (especialmente la confusión inferencial y la monitorización de la realidad), y que a menudo se observa en los individuos comprobadores obsesivo-compulsivos, es la *autoinvalidación de la experiencia sensorial*[116]. Como ya hemos señalado en relación con el fenómeno de la confusión inferencial[117], cuando se combinan la devaluación de la información asimilada por los sentidos (p. ej., la tendencia a creer algo a pesar de las pruebas perceptivas que indicarían lo contrario) y los errores de razonamiento inferencial, se dan las condiciones para confundir los acontecimientos reales e imaginarios[118]. Aunque inicialmente las personas

114. K. O'Connor, F. Aardema y M. C. Pélissier, *Beyond reasonable doubt: Reasoning processes in obsessive–compulsive disorder and related disorders*, Wiley, Chichester, UK 2005; véase también K. O'Connor y S. Robillard, «Inference processes in obsessive–compulsive disorder: Some clinical observations», *art. cit.*
115. B. Bucarelli, *The persistence of compulsive checking: The role of distrust in attention and perception*. Ponencia presentada en la Universidad de Waterloo, Ontario, Canadá 2009.
116. F. Didonna, «Ruolo dell'invalidazione dell'esperienza sensoriale nell'attivazione e mantenimento del dubbio ossessivo», *art. cit.*; F. Didonna, «Mindfulness and obsessive–compulsive disorder: Developing a way to trust and validate one's internal experience», *op. cit.*
117. F. Aardema, P. M. G. Emmelkamp y K. P. O'Connor, «Inferential confusion, cognitive change and treatment outcome in obsessive–compulsive disorder», *op. cit.*
118. E. Krackow, S. Nunley y P. Tessier, «Cognitive processes and biases in obsessive–compulsive disorder», *art. cit.*; K. O'Connor y F. Aardema, «Fusion or confusion in obsessive–compulsive disorder», *art. cit.*

afectadas por el TOC pueden percibir la realidad de manera precisa, son más susceptibles de ser influenciadas por narraciones autogeneradas, lo que las lleva a dudar de la realidad y a inferir un estado hipotético de las cosas[119]. O'Connor y Robillard observaron: «La persona con TOC no reacciona a lo que está ahí, ni siquiera a las consecuencias exageradas implicadas en lo que está ahí, sino a lo que podría estar implicado ahí aunque sus sentidos digan lo contrario»[120].

He sugerido en otra parte[121] que esta tendencia en los sujetos con TOC –y, en particular, en los individuos comprobadores– a generar dudas puede depender de un sesgo cognitivo en el procesamiento y/o uso de la información sensorial relevante en relación con las situaciones en que se generan las obsesiones. Este sesgo puede conceptualizarse como una *autoinvalidación de la experiencia perceptiva*[122], en virtud de la cual las personas con TOC no le dan el valor y la importancia adecuados a la información sensorial de que disponen sobre los acontecimientos que provocan ansiedad. He formulado la hipótesis[123] de que este proceso psicológico puede desempeñar un papel importante en la activación de las dudas patológicas y en la relación entre la experiencia perceptiva consciente del paciente y los síntomas obsesivos.

La observación clínica[124] sugiere que, en los entornos que los pacientes con TOC perciben como seguros (p. ej., muy a menudo, durante las sesiones de psicoterapia), por lo general estos son capaces de retener con claridad el recuerdo de la experiencia perceptiva que sintieron durante las situaciones que evocaron la obsesión (p. ej., lo que realmente vieron, sintieron, escucharon). Por otro lado, durante los acontecimientos que les provocan ansiedad, estas mismas personas experimentan una dificultad considerable para recordar voluntariamente y confiar en la información sensorial relativa a los mismos acontecimientos y, por consiguiente, dejan de estar seguras sobre su propia experiencia real. Si usaran esta información, en lugar de ignorarla o excluirla, podrían neutralizar fácilmente la duda obsesiva. Este déficit de validación inicial puede conducir, por consiguiente, a una sobrevaloración de la duda, que inicia un círculo vicioso y tiende a *invalidar* y/o oscurecer cada vez más la objetividad de su propia experiencia perceptiva. Al final, lo que dice la duda se vuelve más relevante que lo que comunica la experiencia real.

119. M. C. PÉLISSIER Y K. O'CONNOR, «Deductive and inductive reasoning in obsessive–compulsive disorder»: *British Journal of Clinical Psychology*, 41(Pt. 1) (2002), 15–27.

120. K. O'CONNOR Y S. ROBILLARD, «Inference processes in obsessive–compulsive disorder: Some clinical observations», *op. cit.*, 889.

121. F. DIDONNA, «Ruolo dell'invalidazione dell'esperienza sensoriale nell'attivazione e mantenimento del dubbio ossessivo», *art. cit.*; F. DIDONNA, «Mindfulness and obsessive–compulsive disorder: Developing a way to trust and validate one's internal experience», *op. cit.*

122. F. DIDONNA, «Mindfulness and obsessive–compulsive disorder: Developing a way to trust and validate one's internal experience», *op. cit.*

123. *Ibíd.*

124. F. DIDONNA, «Ruolo dell'invalidazione dell'esperienza sensoriale nell'attivazione e mantenimento del dubbio ossessivo», *art. cit.*

Validar la experiencia perceptiva significa que una persona considera que la información que recibe de los sentidos es real, objetiva y más importante que la información que procede de otras fuentes (p. ej., inferencias, hipótesis, significados atribuidos). Esto es un precursor de la confianza del sujeto en sus percepciones: el sujeto no puede confiar en sus propios sentidos si no los ha validado primero. Una vez validados los sentidos, una persona puede usar la información que estos comunican como base principal sobre la cual organizar y procesar sus decisiones, sus juicios y sus acciones. Las personas que no padecen TOC inician este proceso automáticamente, mientras que aquellas que lo padecen tienen dificultades para hacerlo en situaciones relacionadas con su problema.

Es importante señalar que, por lo general, la conciencia de la experiencia perceptiva tiene lugar antes de que se activen las emociones y el comportamiento de una persona. Por ejemplo, cuando nos enfrentamos a una situación que puede producir ansiedad, como ver una serpiente, el hecho de ver el animal (percepción) precede a la ansiedad que induce (emoción) y a la consiguiente huida (comportamiento). Sin embargo, las personas con TOC pueden activar una emoción y el comportamiento consecuente incluso cuando no perciben ningún peligro; por ejemplo, pueden preocuparse y sentirse ansiosas por el hecho de que sus manos estén sucias, aun cuando pueden ver con claridad que están limpias y/o se han visto a sí mismos lavándoselas. De hecho, cuando las personas obsesivas se encuentran en situaciones críticas y experimentan obsesiones y angustia emocional, sus habilidades de procesamiento de la información pueden verse comprometidas. A menudo experimentan grandes dificultades para creer en el recuerdo de las experiencias sensoriales que han tenido. Por lo general, los individuos obsesivos que no presentan un TOC extremadamente grave e incapacitante y que tienen un buen *insight* tienen también una buena conciencia de sus procesos de toma de decisiones, y toman con éxito numerosas decisiones a lo largo del día en situaciones que no están relacionadas con el trastorno. Para ello, deben ser plenamente conscientes de la información sensorial que informa dichas decisiones. El problema surge en situaciones que provocan angustia y sentimientos negativos (ansiedad, asco, etc.) y que están conectadas con los temas obsesivos de cada individuo. En esas situaciones, por lo general, las personas con TOC no pueden validar (o no están acostumbradas a validar) su memoria sensorial, en particular la memoria icónica (visual) y la memoria ecoica (sonido) y, por lo tanto, no pueden luchar contra la duda y superarla, y esta acaba por apoderarse de ellas.

Por ejemplo, una mujer de 31 años llevaba a cabo «rituales de comprobación» que consistían en hacer la misma ruta en coche del trabajo a casa entre 8 y 10 veces para comprobar si había atropellado accidentalmente a alguien. Durante las sesiones de terapia, la paciente pudo recordar con claridad las experiencias sensoriales de cuando iba en el coche; es decir, pudo compartir distintos recuerdos de estímulos visuales, auditivos y táctiles, ninguno de los cuales podía relacionarse de ninguna manera con el hecho de haber atropellado a alguien. La paciente compartió tanto las memorias visuales como las auditivas de manera precisa y con todo lujo de detalles, e incluso reconoció que tenía muy buena vista y oído. El problema era que durante las crisis obsesivas, la paciente no usaba ni confiaba en absoluto en estos recuerdos y la duda se apoderaba de ella.

Para comprender mejor las posibles causas del desarrollo de las dudas obsesivas, puede ser útil reflexionar sobre una cuestión aparentemente obvia: ¿Por qué la mayoría de las personas *no* tienen síntomas obsesivos? Una hipótesis[125], que también resulta útil en lo que respecta al proceso de *normalizar* el fenómeno obsesivo con los pacientes, es que las personas que no se ven afectadas por los problemas del TOC no desencadenan dudas obsesivas con respecto a las acciones y los acontecimientos porque usan automáticamente su propia experiencia sensorial, y al mismo tiempo la *autovalidan* y confían en ella, implícita o explícitamente, resaltándola y otorgándole la debida prioridad. Los individuos con TOC (en particular, aquellos con un buen *insight*) es posible que incluso conservaran en su *almacén de recuerdos episódicos* un recuerdo sustancialmente claro de sus experiencias sensoriales. La conciencia o el uso de este recuerdo podría neutralizar la activación de la duda, pero estas personas no están acostumbradas a validar esa información.

Desconfianza en la atención

Como ya hemos sugerido, otra clase de desconfianza que podemos encontrar en las personas con TOC es la poca confianza que tienen en su capacidad para concentrarse en algo sin que otra cosa les distraiga. A fin de explicar esta falta de confianza, Hermans y sus colegas[126] sugirieron que las personas con TOC desconfían de la exactitud o la integridad de sus comportamientos neutralizadores o de búsqueda de seguridad (p. ej., comprobar, lavar) porque podrían haber pasado por alto elementos importantes de este comportamiento a causa de la distracción o de momentos de menor atención. Estos autores también formularon la hipótesis de que la menor confianza en la atención podría dar lugar a una menor confianza en la memoria. Los mismos autores descubrieron en un estudio clínico[127] que las personas con TOC mostraban una menor confianza en la atención y en la memoria que un grupo de control clínico y no clínico; esta menor confianza en la atención estaba relacionada

125. F. Didonna, «Mindfulness and obsessive–compulsive disorder: Developing a way to trust and validate one's internal experience», *op. cit.*
126. D. Hermans, K. Martens, K. De Cort, G. Pieters y P. Eelen, «Reality monitoring and metacognitive beliefs related to cognitive confidence in obsessive–compulsive disorder», *art. cit.*; D. Hermans, U. Entegelen, L. Grouwels, E. Joos, J. Lemmens y G. Pieters, «Cognitive confidence in obsessive–compulsive disorder: Distrusting perception, attention and memory», *art. cit.*
127. D. Hermans, U. Entegelen, L. Grouwels, E. Joos, J. Lemmens y G. Pieters, «Cognitive confidence in obsessive–compulsive disorder: Distrusting perception, attention and memory», *art. cit.*

exclusivamente con los comportamientos de comprobación, y la comprobación repetida causaba mayores niveles de desconfianza en la atención.

Algunos investigadores[128] sugirieron un modelo con tres componentes centrales de la atención, que representan aspectos relevantes de la regulación del procesamiento de la información: enfoque, sostenimiento y desplazamiento. Con respecto a los comportamientos de comprobación, por ejemplo, Bucarelli[129] sugirió que el *enfoque* puede describirse como la capacidad percibida de una persona para prestar atención a la información relevante de la comprobación, que el *sostenimiento* es la habilidad percibida en la persona para mantener la atención en los aspectos relevantes de la comprobación, y que el *desplazamiento* es la capacidad percibida en la persona para dirigir (y redirigir) la concentración atencional hacia los aspectos importantes de la comprobación. La *percepción* se refiere a la experiencia consciente de recopilar información a través de los sentidos (esto es, a través de la vista, de los sonidos, del tacto, del gusto y del olfato). Si los elementos de una situación no son vistos, oídos o, de alguna otra manera, percibidos, es poco probable que se codifiquen y se almacenen en la memoria. De forma similar, el número y el tipo de estímulos a los que se presta atención en una situación dada influye en lo que se codifica en la memoria. Por ejemplo, con respecto al TOC y a los rituales de comprobación, si una persona siente que no ha podido prestar la suficiente atención a la información durante el ritual de comprobación («¿Y si me distraje y no me di cuenta de la luz del hornillo?»), es probable que tenga menos confianza en su recuerdo de ese ritual («¡Tal vez el hornillo seguía encendido!»). Del mismo modo, si la persona siente que no ha podido ver, oír, tocar o percibir suficientemente otra información durante el ritual de comprobación («¿Y si no vi la chispa?»), es probable que se sienta menos segura de su recuerdo de ese ritual[130].

Durante sus rituales de comprobación o de lavado, muchas personas con TOC tienen dificultades para permanecer centradas en los resultados reales del primer ritual (lo que implicaría tanto la capacidad de enfocar como la de sostener y desplazar la atención). Este problema con la atención y el enfoque puede llevar a una falta de confianza en los efectos de cada ritual, lo que, a su vez, hace que la persona sienta que el ritual debe repetirse. Por ejemplo, una paciente de 42 años tenía que volver a su oficina entre 12 y 14 veces cada vez que salía para asegurarse de que la puerta principal estaba cerrada con llave, porque tenía miedo de que los ladrones pudieran entrar y robar si la dejaba abierta. Durante las sesiones de terapia, la paciente se dio cuenta de que nunca prestaba atención al resultado de cada comprobación (ni a lo que sucedía

128. A. F. MIRSKY, B. J. ANTHONY, C. C. DUNCAN, M. B. AHEARN Y S. G. KELLAM, «Analysis of the elements of attention: A neuropsychological neuropsychological approach»: *Neuropsychology Review*, 2(2) (1991), 109-145.
129. B. BUCARELLI, *The persistence of compulsive checking: The role of distrust in attention and perception, art. cit.*
130. *Ibíd.*

la primera vez que cerraba la puerta con llave) y de que solo le interesaba llevar a cabo las comprobaciones, independientemente del efecto real de cada una de ellas. Durante las sesiones de la MBCT para el TOC, la paciente aprendió a prestar una atención consciente a lo que hacía la primera vez que cerraba la puerta, centrando su atención en la información sensorial que percibía durante la acción de cerrar la puerta, lo que confirmaría que, efectivamente, estaba cerrada.

Nedeljkovic y sus colegas[131] sugirieron que la menor confianza metacognitiva reportada por las personas con TOC puede conceptualizarse como una creencia errónea, y que las intervenciones terapéuticas diseñadas para combatir la desconfianza pueden tener efectos clínicos significativos. Como veremos en los siguientes capítulos, lo que se pone de manifiesto en esta sección en relación con la desconfianza tiene una importante relevancia clínica con respecto al uso de un enfoque del TOC basado en el *mindfulness* y con respecto al fundamento de muchas de las técnicas y prácticas propuestas en este manual. Tal como se pone de manifiesto en este libro, para ayudar a que las personas con TOC (especialmente las comprobadoras) superen el problema de la desconfianza en la memoria y en la percepción, es importante ayudarlas a validar sus propia experiencia sensorial (véase el capítulo 9) practicando la percepción consciente, y aumentar la confianza en su capacidad de concentración practicando la atención consciente.

Etiopatogénesis del TOC

Como sucede con la mayoría de los trastornos psiquiátricos, las investigaciones aún no han podido identificar las causas definitivas y claras del TOC comunes a todos los individuos que padecen esta enfermedad. La extrema heterogeneidad del trastorno en cuanto a su fenomenología y a sus síntomas hace que los estudios etiológicos resulten particularmente difíciles. Se han identificado una serie de factores y condiciones que contribuyen al desarrollo y el mantenimiento del TOC, y es probable que intervengan varios factores en cada persona afectada por el trastorno y/o que se apliquen diferentes modelos a distintos subtipos del trastorno[132]. Sin embargo, la fenomenología compleja y heterogénea del TOC parece tener algunos rasgos básicos comunes que se caracterizan por la presencia de necesidades, estados mentales y procesos psicológicos particulares. Se puede progresar en la comprensión de la naturaleza de los procesos afectivos y conductuales integrando diferentes teorías y enfoques de una manera equilibrada que dé la misma relevancia a todos los ámbitos, incluidas las perspectivas cognitiva, evolutiva, de apego y neurobiológica.

131. M. Nedeljkovic, M. Kyrios, R. Moulding, G. Doron, K. Wainwright, C. Pantelis et al., «Differences in neuropsychological performance between subtypes of obsessive–compulsive disorder»: *Australian and New Zealand Journal of Psychiatry*, 43(3) (2009), 216–226.

132. S. Taylor, J. S. Abramowitz, D. McKay, J. E. Calamari, D. Sookman, M. Kyrios et al., «Do dysfunctional beliefs play a role in all types of obsessive–compulsive disorder?»: *Journal of Anxiety Disorders*, 20 (2006), 85–97.

Estas teorías etiológicas se describen en el material que ofrecemos a continuación, ya que es útil para comprender la posible relevancia clínica de los enfoques del TOC basados en el *mindfulness* y son coherentes con la razón de ser del tratamiento descrito en este libro y lo respaldan.

La hipótesis cognitivo-conductual

Actualmente se considera que el modelo cognitivo-conductual es el enfoque psicológico del TOC que cuenta con mayor apoyo empírico[133]. Este modelo se basa en la creencia de que el TOC está causado por graves malinterpretaciones del significado de los pensamientos de un individuo (intrusiones, impulsos, imágenes)[134], de modo que se cree que el pensamiento intrusivo es personalmente significativo, revelador, amenazador o incluso catastrófico[135]. Esa interpretación errónea depende y se deriva de diversos tipos de creencias y apreciaciones disfuncionales o suposiciones básicas, que se han ilustrado con claridad en las secciones anteriores (p. ej., responsabilidad excesiva, sobrestimación de la amenaza, perfeccionismo).

Por lo general, las personas con TOC malinterpretan los pensamientos intrusivos y consideran que son personalmente significativos e indicativos de que el yo es malo o peligroso. Cuando los individuos malinterpretan los pensamientos intrusivos a través de la lente de sus propias creencias disfuncionales particulares, que están subjetivamente conectadas de manera directa o indirecta a un sentido de amenaza, se angustian y se esfuerzan demasiado en eliminar los pensamientos intrusivos y en evitar o neutralizar los temidos riesgos potenciales a través de comportamientos de búsqueda de seguridad (p. ej., compulsiones, evitación). Estos esfuerzos tienen el efecto de aumentar la frecuencia y la intensidad de los pensamientos, que se vuelven persistentes y angustiosos y terminan por convertirse en obsesiones. Los comportamientos de búsqueda de seguridad mantienen los pensamientos intrusivos e impiden que los individuos evalúen el realismo y la conveniencia de sus valoraciones.

Aunque algunas teorías cognitivas sugieren que las creencias disfuncionales, como las identificadas por el OCCWG[136], pueden ser una causa del TOC[137], hay pocas pruebas que demuestren que estas cogniciones desempeñan un papel causal en la etiología del TOC. Dicho con otras palabras, el

133. J. S. Abramowitz, S. Taylor y D. McKay, «Obsessive–compulsive disorder»: *Lancet*, 374 (2009), 491–499.
134. S. J. Rachman, «A cognitive theory of obsessions», *art. cit.*
135. S. Taylor, J. S. Abramowitz y D. McKay, «Cognitive-behavioral models of obsessive–compulsive disorder», en M. M. Antony, C. Purdon y J. Summerfeldt (Eds.), *Psychological treatment of obsessive–compulsive disorder: Fundamentals and beyond*, American Psychological Association, Washington, DC 2007.
136. Obsessive Compulsive Cognitions Working Group, «Cognitive assessment of obsessive–compulsive disorder», *art. cit.*
137. S. Taylor, J. S. Abramowitz y D. McKay, «Cognitive-behavioral models of obsessive–compulsive disorder», *op. cit.*

modelo de creencias y valoraciones del TOC puede explicar las causas proximales del trastorno (los actuales factores causales, o los eventos más cercanos a la causa del trastorno –o inmediatamente responsables de causarlo–, que incluyen la mente consciente y su influencia), pero no logra explicar las causas distales o últimas (los factores causales distantes originales, p. ej., factores biológicos, genéticos y/o ambientales). De hecho, el modelo proporciona muy pocas pruebas para explicar por qué, cómo y cuándo se desarrollan estas creencias disfuncionales en el individuo. Sin embargo, cada vez hay más pruebas que sugieren que este tipo de creencias, así como la malinterpretación de los pensamientos intrusivos y las compulsiones encubiertas (y manifiestas), pueden desempeñar un papel importante en la activación y el mantenimiento del trastorno[138] y en la delimitación de los subtipos de síntomas del TOC[139].

El modelo de la evaluación y las creencias disfuncionales puede ser extremadamente relevante para comprender y tratar a los pacientes obsesivos, pero tiene algunas dificultades para explicar por qué ciertos individuos presentan una mayor predisposición a las interpretaciones catastróficas de los pensamientos intrusivos normales, mientras que otras no. Sabemos también que las creencias disfuncionales, y en ocasiones las obsesiones, no siempre se detectan en los pacientes con TOC[140]. De hecho, el modelo cognitivo no explica las razones por las que muchas personas con TOC (especialmente las que presentan síntomas crónicos) pueden no tener conciencia de ninguna cognición durante las acciones compulsivas porque, con el tiempo, sus rituales se han convertido en conductas automáticas sin necesidad de que exista un pensamiento consciente[141]. Esto es especialmente común en pacientes con rituales de orden y simetría y en personas con síntomas de acumulación.

138. D. Berle y V. Starcevic, «Thought–action fusion: Review of the literature and future directions»: *Clinical Psychology Review*, 25(3) (2005), 263–284; D. A. Clark, *Cognitive-behavioral therapy for OCD*, Guilford Press, Nueva York 2004; R. O. Frost y G. Steketee (Eds.), *Cognitive approaches to obsessions and compulsions: Theory, assessment, and treatment*, Pergamon Press, Oxford, UK 2002; National Collaborating Centre for Mental Health, *Obsessive–compulsive disorder: Core interventions in the treatment of obsessive–compulsive disorder and body dysmorphic disorder*, *op. cit.*; P. M. Salkovskis, H. C. Richards y E. Forrester, «The relationship between obsessional problems and intrusive thoughts»: *Behavioural and Cognitive Psychotherapy*, 23 (1995), 281–299; S. Taylor, J. S. Abramowitz, D. McKay, J. E. Calamari, D. Sookman, M. Kyrios et al., «Do dysfunctional beliefs play a role in all types of obsessive–compulsive disorder?», *art. cit.*; A. Wells, *Emotional disorders and metacognition: Innovative cognitive therapy*, *op. cit.*

139. D. Julien, K. P. O'Connor, F. Aardema y C. Todorov, «The specificity of belief domains in obsessive–compulsive symptom subtypes»: *Personality and Individual Differences*, 41(7) (2006), 1205–1216; D. McKay, J. S. Abramowitz, J. E. Calamari, M. Kyrios, A. Radomsky, D. Sookman et al., «A critical evaluation of obsessive–compulsive disorder subtypes: Symptoms versus mechanisms»: *Clinical Psychology Review*, 24(3) (2004), 283–313.

140. P. D. McLean, M. L. Whittal, D. S. Thordarson, S. Taylor, I. Sochting, W. J. Koch et al., «Cognitive versus behavior therapy in the group treatment of obsessive–compulsive disorder»: *Journal of Consulting and Clinical Psychology*, 69(2) (2001), 205–214.

141. F. Didonna, «Mindfulness and obsessive–compulsive disorder: Developing a way to trust and validate one's internal experience», *op. cit.*

Dado que hasta ahora la teoría de la TCC únicamente ha sido capaz de aportar pruebas limitadas sobre las posibles causas distales del TOC, resulta útil recurrir a otros modelos que puedan ofrecer información sobre el origen del trastorno. Uno de esos modelos es la psicología evolutiva, que proporciona algunas explicaciones sobre los orígenes del TOC que están conectadas con el marco racional y teórico del modelo de la MBCT para el TOC que proponemos en este libro.

La hipótesis cognitivo-evolutiva

Del mismo modo que el estudio de la medicina desde un punto de vista evolutivo puede ayudarnos a comprender mejor cómo y por qué los humanos han evolucionado de ciertas maneras, el estudio de la psicología evolutiva nos ayuda a comprender mejor la evolución de ciertos problemas psicológicos. La psicología evolutiva puede adoptar enfoques similares a los de la medicina desde un punto de vista evolutivo. Un área interesante, intrigante e importante de esta perspectiva evolutiva se refiere al hecho de que el cuerpo tiene una sola reacción (o reacciones similares) a muchas situaciones dañinas diferentes. Por ejemplo, nuestros cuerpos reaccionarán de manera idéntica a la hora de combatir el resfriado común que en respuesta a diferentes etiologías como el virus de la gripe, las bacterias, las alergias o el estrés. Podemos suponer que el hecho de producir un resultado común dio a los humanos una gran ventaja porque el cuerpo necesitaba un medio de reacción para contrarrestar muchas enfermedades diferentes. Los problemas psicológicos no son una excepción a esta regla: muchas situaciones diferentes (un fracaso, una pérdida, el hipotiroidismo, etc.) pueden dar lugar a un síndrome que diagnosticamos como depresión mayor. Otras etiologías llevan a la esquizofrenia, al trastorno bipolar, al trastorno por déficit de atención/hiperactividad (TDAH), etc. Como los síndromes específicos son comunes a una variedad de etiologías, podemos suponer que este diagnóstico común debe haber supuesto alguna gran ventaja evolutiva, aunque constituya un problema psicológico. A pesar de que estos síndromes limitan el bienestar y a veces incluso la reproducción de quienes los padecen, podemos emitir la hipótesis de que tal vez fuera importante para esos individuos contar con estos rasgos desviados en algunas situaciones extremas, o tal vez que estas personas contaran con una mutación genética en algunos rasgos humanos que se han extinguido después en la población «normal».

Un enfoque evolutivo del TOC trata de explicar el origen y la etiología del trastorno tanto a nivel distal como proximal, y se basa en la visión darwiniana de que los sistemas biológicos, incluidas las funciones psicológicas, han evolucionado a través de la selección natural debido a su contribución a la idoneidad inclusiva[142]. Varios autores de psicología evolutiva han propuesto que algunos síntomas y trastornos psicopatológicos e idiopáticos son la expre-

142. W. D. HAMILTON, «The genetical evolution of social behavior»: *Journal of Theoretical Biology*, 7(1) (1964), 1–16.

sión de estrategias adaptativas erróneas o de versiones exageradas de estrategias originales[143]. Los datos de la investigación apoyan la hipótesis de que los fenómenos obsesivos reflejan una desregulación de los estados mentales y de los comportamientos normales y adaptativos que han sido críticos para la supervivencia humana a lo largo del curso de la evolución humana. Desde esta perspectiva, el TOC puede considerarse como el resultado de una disfunción o de una desregulación de los circuitos neurales que intervienen en la detección de las amenazas y en la evitación del daño[144].

Como anticipamos anteriormente en este capítulo (véase la figura 1.1), el TOC puede ser considerado como el punto final de un *continuum* normalidad-patología: tiene su origen en las cogniciones, las actitudes, los hábitos y los comportamientos humanos normales, y estos se convierten en psicopatología cuando se vuelven demasiado intensos, frecuentes, persistentes, cuando duran más de lo normal y son más difíciles de rechazar, causando angustia y poniendo en peligro o interfiriendo en el funcionamiento diario. Esta afirmación concuerda con los estudios en que se muestra que la mayoría de los adultos normales (alrededor del 90%) experimentan pensamientos no deseados e intrusivos con un contenido similar al de las obsesiones patológicas en algún momento de su vida[145], y que tanto los pensamientos intrusivos como los rituales compulsivos son fenómenos universales en todas las culturas[146]. Cuando estos pensamientos y estos comportamientos normales se vuelven predominantes en la vida mental del individuo, este puede desarrollar una patología obsesivo-compulsiva.

143. R. T. ABED, «The sexual competition hypothesis for eating disorders»: *Psychology and Psychotherapy: Theory, Research and Practice*, 71(4) (1998), 525–547; D. L. FEYGIN, J. E. SWAIN Y J. F. LECKMAN, «The normalcy of neurosis: Evolutionary origins of obsessive–compulsive disorder and related behaviors»: *Progress in Neuro-Psychopharmacology and Biological Psychiatry*, 30 (2006), 854–864; D. M. BUSS, «Adaptive individual differences revisited»: *Journal of Personality*, 67(2) (1999), 259–264; M. T. MCGUIRE Y A. TROISI, *Darwinian psychiatry*, Oxford University Press, Nueva York 1998; I. M. MARKS Y R. M. NESSE, «Fear and fitness: An evolutionary analysis of anxiety disorders»: *Ethology and Sociobiology*, 15(5–6) (1994), 247–261; R. M. NESSE Y G. C. WILLIAMS, *Why we get sick*, Times Books, Nueva York 1995 (trad. esp.: *¿Por qué enfermamos?*, Grijalbo, Barcelona 2000).

144. R. T. ABED Y K. W. DE PAUW, «An evolutionary hypothesis for obsessive compulsive disorder: A psychological immune system?»: *Behavioural Neurology*, 11(4) (1998), 245–250; D. L. FEYGIN, J. E. SWAIN Y J. F. LECKMAN, «The normalcy of neurosis: Evolutionary origins of obsessive–compulsive disorder and related behaviors», *art. cit.*; K. D. WILSON, «Issues surrounding the cognitive neuroscience of obsessive–compulsive disorder»: *Psychonomic Bulletin and Review*, 5(2) (1998), 161–172.

145. S. J. RACHMAN Y P. DE SILVA, «Abnormal and normal obsessions», *art. cit.*; P. M. SALKOVSKIS Y J. HARRISON, «Abnormal and normal obsessions: A replication», *art. cit.*; M. H. FREESTON, R. LADOUCEUR, N. THIBODEAU Y F. GAGNON, «Cognitive intrusions in a non-clinical population: I. Response style, subjective experience, and appraisal»: *Behaviour Research and Therapy*, 29(6) (1991), 585–597; I. OSBORN, *Tormenting thoughts and secret rituals: The hidden epidemic of obsessive–compulsive disorder*, Pantheon Books, Nueva York 1998.

146. G. S. STEKETEE, *The Oxford handbook of obsessive compulsive and spectrum disorders*, Oxford University Press, Nueva York 2011; J. L. RAPOPORT Y A. FISKE, «The new biology of obsessive–compulsive disorder: Implications for evolutionary psychology»: *Perspectives in Biology and Medicine*, 41(2) (1998), 159–175.

Por ejemplo, el pensamiento supersticioso y mágico es un fenómeno que suele mostrarse hiperactivo de una manera inadaptada en el TOC, pero que durante milenios ha sido un modo con el que los humanos trataron de explicar lo inexplicable y controlar lo aparentemente incontrolable. El pensamiento mágico es, y ha sido, un atributo constante de los humanos, siendo ejemplos de ello rezar o jugar a la lotería. Atribuimos el poder de crear incluso a nuestras propias palabras, y creemos que las palabras pueden tener un efecto directo o indirecto en la realidad física. En ocasiones atribuimos un poder extremo a una fuerza externa como el mal de ojo o un dios, y creemos que si nuestras palabras o nuestros pensamientos disgustan a esa fuerza, podemos ser responsables de que algo malo suceda. La mayoría de las personas piensan que no tienen supersticiones, pero los hechos parecen indicar lo contrario. Por ejemplo, si le pedimos a un grupo de personas sin TOC que piensen en su ser más querido y, a continuación, les pedimos que escriban en un folio la frase: «Espero que hoy sea violentamente asesinado», la mayoría de ellos se negarán a hacerlo, o borrarán la frase pasados unos minutos[147]. Otro ejemplo es que muy pocas personas son capaces de decir en voz alta que desean que sus hijos queden lisiados o mueran. Este tipo de pensamiento mágico se desarrolló como un recurso importante para que los humanos organizaran un mundo caótico en el que se desconocían las leyes naturales.

Curiosamente, esta tendencia a asumir la responsabilidad de lo ingobernable, creyendo que el hecho de pensar o decir algo puede hacer que suceda, persiste incluso en el siglo XXI. Sin embargo, en el caso de las personas con TOC, esta tendencia es tan intensa y frecuente que se vuelve desadaptativa. Las obsesiones dan lugar a rituales compulsivos, que son intentos de modificar la probabilidad de que algo malo suceda o de alterar la responsabilidad personal por algo malo que ha sucedido, aun cuando no exista un vínculo entre el ritual y el evento temido. Dar rienda suelta a las compulsiones da credibilidad al evento imaginado[148] y, al mismo tiempo, refuerza las compulsiones[149].

Los datos procedentes de las investigaciones muestran que los rituales de desarrollo normales, la superstición y el comportamiento compulsivo surgen en una etapa temprana del desarrollo[150]. En particular, los niños manifiestan rutinas rígidas y elaboradas y actos repetitivos durante el período comprendido entre los dos años y medio y los cuatro años de edad, y muchos temores de la infancia son similares a las obsesiones que caracterizan el TOC (p. ej., los miedos a la separación, a la muerte, a la contaminación). Los niños más mayores pueden mostrar un pensamiento mágico similar al del TOC cuando

147. P. M. Salkovskis, «The cognitive approach to anxiety: Threat beliefs, safety-seeking behavior, and the special case of health anxiety and obsessions», *op. cit.*
148. E. Krackow, S. Nunley y P. Tessier, «Cognitive processes and biases in obsessive–compulsive disorder», *op. cit*
149. Nir Essar, comunicado personal.
150. D. W. Evans, J. F. Leckman, A. Carter, J. S. Reznick, D. Henshaw, R. A. King et al., «Ritual, habit, and perfectionism: The prevalence and development of compulsive-like behavior in normal young children»: *Child Development*, 68(1) (1997), 58–68.

creen que el hecho de comportarse de una determinada manera evitará que ellos mismos o que otra persona muera o resulte herida (p. ej., «Una grieta has pisado y a tu madre has deslomado»[151]). Los niños también muestran muy a menudo comportamientos similares a los del TOC, como la limpieza repetitiva, el acaparamiento, la necesidad de simetría de ciertos objetos, y preferencias rígidas por ciertos objetos, historias o comidas. Todos estos comportamientos pueden parecerse al TOC si se llevan al extremo, pero dentro de un contexto ontogenético apropiado, son muy útiles para enseñar a los niños a manejar y a hacer frente a su ansiedad ante el mundo exterior[152].

La mayoría de las personas normales hacen frente al estrés, a la ansiedad, a la vulnerabilidad y al cambio a través de rituales y de confianza en las relaciones interpersonales, aunque en diferentes grados, por lo que cabe formular la hipótesis de que la función de alivio de la ansiedad que se atribuye a estos comportamientos puede ser fruto de un mecanismo adaptativo y útil desde el punto de vista evolutivo. En las personas vulnerables (o genéticamente predispuestas), estos factores pueden conducir a una desregulación patológica y persistente de sus sistemas neurales de detección de amenazas y de evitación de daños[153]. Los datos que muestran un aumento en la aparición del TOC en determinados momentos biológicamente críticos en el curso del desarrollo –en particular durante los períodos de vulnerabilidad y cambio, y ante desafíos de la vida tales como la pubertad, el parto y la paternidad temprana– apoyan esta hipótesis. De hecho, el embarazo, el parto y el posparto, más que cualquier otro período de tiempo, se caracterizan por la presencia de pensamientos y comportamientos «normales» similares a los del TOC y se asocian a un riesgo significativamente mayor de padecer TOC en las mujeres[154]. Por otra parte, la alta prevalencia del TOC a lo largo de la vida (2-3%)[155] y el hecho de que estudios de diferentes culturas revelen tasas de prevalencia similares y muestren una sorprendente coherencia transcultural en el contenido y en las modalidades de las

151. Adaptación al español de la frase inglesa: «Step on a crack, break your mother's back» que se recoge en la traducción del cuento de Stephen King «La balsa» («The Raft»). También es conocida, especialmente en el continente americano, la frase «El que pisa raya pisa medalla» (NdT).

152. D. L. Feygin, J. E. Swain y J. F. Leckman, «The normalcy of neurosis: Evolutionary origins of obsessive–compulsive disorder and related behaviors», *art. cit.*

153. *Ibíd.*

154. M. L. Buttolph, K. E. Peets y A. M. Holland, «Obsessive–compulsive disorder symptoms and medication treatment in pregnancy», en M. A. Jenike, L. Baer y W. E. Minichiello (Eds.), *Obsessive–compulsive disorder: Practical management*, Mosby, St. Louis, MO 1998 (trad. esp.: *Trastornos obsesivo-compulsivos: manejo práctico*, Elsevier, Barcelona 2011); L. E. Ross y L. M. McLean, «Anxiety disorders during pregnancy and the postpartum period: A systematic review»: *Journal of Clinical Psychiatry*, 67(8) (2006), 1285–1298; E. J. Russell, J. M. Fawcett y D. Mazmanian, «Risk of obsessive–compulsive disorder in pregnant and postpartum women: A meta-analysis»: *Journal of Clinical Psychiatry*, 74(4) (2013), 377–385.

155. M. Karno y J. M. Golding, «Obsessive compulsive disorder», *op. cit.*; A. M. Ruscio, D. J. Stein, W. T. Chiu y R. C. Kessler, «The epidemiology of obsessive–compulsive disorder in the National Comorbidity Survey Replication», *art. cit.*

obsesiones y las compulsiones[156] sugieren que el TOC podría ser una disfunción de un rasgo adaptativo o una desregulación de un mecanismo conservado evolutivamente, más que el resultado de una mutación genética[157].

Según Abed y de Pauw[158], los síntomas obsesivos podrían ser consecuencia de la hiperactividad de un modo mental que la mayoría de los individuos posee, un modo mental que tiene por objeto generar escenarios de riesgo sin necesidad de una intervención intencional. Estos autores sugirieron que el síndrome obsesivo funciona como un proceso de evitación del riesgo *offline*, diseñado para conducir a la evitación de riesgos o a un comportamiento de búsqueda de seguridad en un momento futuro. Esto es algo que nos permite distinguir el TOC de los trastornos de ansiedad y de las enfermedades relacionadas, que son estados emocionales *online* diseñados para evitar los riesgos inmediatos y directos. Los mismos autores sugirieron que los procesos y los mecanismos obsesivos podrían considerarse como el equivalente cognitivo de la generación de anticuerpos por el sistema inmunológico. Mientras que los anticuerpos protegen el cuerpo de los peligros internos, los pensamientos obsesivos lo protegen principalmente de los peligros externos. Ambos «sistemas» funcionan según un proceso de selección por el que sobrevive el anticuerpo o el pensamiento que mejor se adapta. Siguiendo con esta analogía, el TOC podría ser el equivalente psicológico y mental de las enfermedades autoinmunes, en las que las respuestas destinadas a ser protectoras en realidad se vuelven perjudiciales. Por ejemplo, la capacidad que los seres humanos han desarrollado para imaginar escenarios futuros así como las consecuencias de los propios pensamientos y acciones se ve exagerada en el caso de las personas que padecen TOC. Brune[159] sugiere que este ejemplo puede ser uno de los muchos mecanismos psicológicos que han evolucionado a lo largo del tiempo y que contribuyen a la psicopatología del TOC.

Queda claro que el enfoque evolutivo del TOC, explicado en estos términos, puede ser útil para ayudar a los pacientes a comprender el significado y las funciones de los síntomas obsesivos (véase el examen del proceso de normalización en el capítulo 3), y esto puede tener efectos terapéuticos importantes, como veremos en los siguientes capítulos (en particular, en los capítulos 3 y 6).

---

156. L. F. Fontenelle, M. V. Mendlowicz, C. Marques y M. Versiani, «Trans-cultural aspects of obsessive–compulsive disorder: A description of a Brazilian sample and a systematic review of international clinical studies»: *Journal of Psychiatric Research*, 38(4) (2004), 403–411; D. J. Stein y J. L. Rapoport, «Cross-cultural studies and obsessive–compulsive disorder»: *CNS Spectrums*, 1(1) (1996), 42–46; E. Horwath y M. M. Weissman, «The epidemiology and cross-national presentation of obsessive–compulsive disorder»: *Psychiatric Clinics of North America*, 23(3) (2000), 493–507.
157. K. D. Wilson, «Issues surrounding the cognitive neuroscience of obsessive–compulsive disorder», *art. cit.*
158. R. T. Abed y K. W. de Pauw, «An evolutionary hypothesis for obsessive compulsive disorder: A psychological immune system?», *art. cit.*
159. M. Brune, «The evolutionary psychology of obsessive–compulsive disorder: The role of cognitive metarepresentation», *art. cit.*

Sistemas de regulación afectiva y TOC

La perspectiva evolutiva que acabamos de examinar considera la patología obsesivo-compulsiva como una respuesta originalmente adaptativa –aunque disfuncional–, intensiva y persistente a una amenaza imaginaria, que es un peligro físico o social percibido subjetivamente. Para comprender mejor cómo funciona esta hipersensibilidad a amenazas específicas, puede ser útil examinar los sistemas de regulación afectiva en el cerebro.

El cerebro ha desarrollado diferentes tipos de sistemas de regulación afectivo-conductual[160]. Estos sistemas consisten en un conjunto de circuitos y estructuras neurales que activan y coordinan la atención, los pensamientos, las emociones y las acciones, y que regulan la motivación. Las investigaciones en la neurofisiología de la emoción sugieren que existen al menos tres tipos de sistemas de regulación emocional básicos[161]: (1) el *sistema de amenaza/autoprotección*; (2) el *sistema de activación, búsqueda de incentivos y recompensa*; y (3) el *sistema de satisfacción/confortamiento y seguridad*. Estos sistemas se encuentran en estado constante de corregulación e interacción, como se muestra en la figura 1.2.

El *sistema de amenaza/autoprotección*[162], análogo al sistema del miedo de Panksepp[163], está diseñado para activar los mecanismos de defensa o las estrategias de seguridad en presencia de un peligro real o imaginario e implica emociones defensivas específicas (p. ej., ansiedad, ira, asco, vergüenza), varias respuestas conductuales (p. ej., lucha, huida, paralización, comportamientos de búsqueda de seguridad, sumisión)[164], y varios sesgos del procesamiento y atencionales protectores[165]. También hay sistemas fisiológicos que

160. P. Gilbert y D. Tirch, «Emotional memory, mindfulness and compassion», en F. Didonna (Ed.), *Clinical handbook of mindfulness*, Springer, Nueva York 2009 (trad. esp.: «Memoria emocional, mindfulness y compasión», en *Manual clínico de mindfulness*, Desclée De Brouwer, Bilbao 2011); J. Panksepp, *Affective neuroscience: The foundations of human and animal emotions*, Oxford University Press, Nueva York 1998; J. LeDoux, «Fear and the brain: Where have we been, and where are we going?»: *Biological Psychiatry*, 44(12) (1998), 1229–1238.

161. P. Gilbert, «The nature and basis for compassion focused therapy»: *Hellenic Journal of Psychology*, 6 (2009), 273–291; R. A. Depue y J. V. Morrone-Strupinsky, «A neurobehavioral model of affiliative bonding: Implications for conceptualizing a human trait of affiliation»: *Behavioral and Brain Sciences*, 28(3) (2005), 313–349.

162. P. Gilbert, *Compassion focused therapy: Distinctive features*, Routledge/Taylor & Francis Group, Nueva York 2010 (trad. esp.: *Terapia centrada en la compasión: Características distintivas*, Desclée De Brouwer, Bilbao 2015).

163. J. Panksepp, *Affective neuroscience: The foundations of human and animal emotions*, *op. cit.*; J. Panksepp, «Affective consciousness: Core emotional feelings in animals and humans»: *Consciousness and Cognition*, 14(1) (2005), 30–80.

164. D. Siegel, *Mindsight: The new science of personal transformation*, Random House, Nueva York 2010 (trad. esp.: *Mindsight*, Ediciones Paidós Ibérica, Barcelona 2011); I. M. Marks, *Fears, phobias, and rituals*, Oxford University Press, Nueva York 1987.

165. P. Gilbert, «The evolved basis and adaptive functions of cognitive distortions»: *Psychology and Psychotherapy: Theory, Research and Practice*, 71(4) (1998), 447–463.

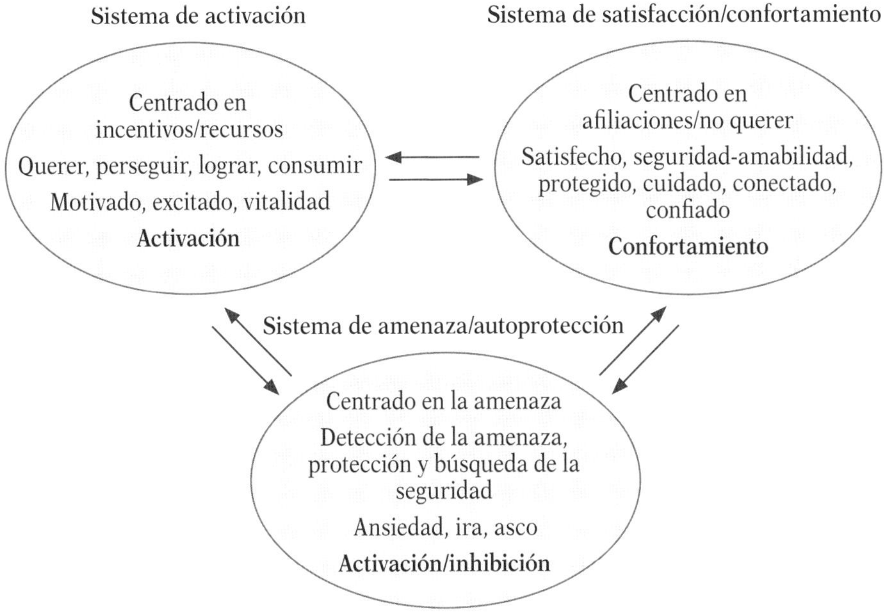

Figura 1.2. Tres tipos de sistemas de regulación afectiva. De P. GILBERT, *The compassionate mind: A new approach to life's challenges*, New Harbinger, Oakland, CA 2009 (trad. esp.: *La mente compasiva: una nueva forma de enfrentarse a los desafíos vitales*, Eleftheria, Barcelona 2018). Copyright © 2009 Paul Gilbert. Adaptado con permiso de Little, Brown Book Group.

activan y coordinan el sistema de autoprotección[166] (véase el capítulo 2), que, a su vez, produce patrones fisiológicos en el cuerpo que influyen en las emociones, en el pensamiento y en el comportamiento.

El *sistema de amenaza/autoprotección* está gestionado y regulado por sistemas y estructuras cerebrales específicos como la amígdala y el eje hipotalámico-pituitario-adrenal (HPA)[167]. Cuando se está en modo de amenaza, todos los aspectos de la mente, desde las funciones cognitivas hasta los comportamientos, pasando por las emociones y las motivaciones, se centran en la amenaza –esto es, se centran en la protección y en la seguridad–. Con el paso del tiempo, la gente desarrolla estrategias de seguridad para amenazas

166. J. LEDOUX, «Fear and the brain: Where have we been, and where are we going?», *art. cit.*; J. PANKSEPP, *Affective neuroscience: The foundations of human and animal emotions*, *op. cit.*; L. E. ROSS, S. GRIGORIADIS, L. MAMISASHVILI, E. H. VONDERPORTEN, M. ROERECKE Y J. REHM, «Selected pregnancy and delivery outcomes after exposure to antidepressant medication: A systematic review and meta-analysis»: *JAMA Psychiatry*, 70(4) (2013), 436-443.
167. J. LEDOUX, «Fear and the brain: Where have we been, and where are we going?», *art. cit.*

específicas, de modo que cuando hay señales de amenaza, hay poca excitación en la mente. Sin embargo, cuando estos mecanismos de afrontamiento se bloquean por alguna razón, la «mente de la amenaza» se reactiva. En el TOC, al igual que en otras enfermedades psiquiátricas, el sistema de amenaza es hiperactivo y las estrategias y los comportamientos de búsqueda de seguridad impulsados por ese sistema pueden reducir la excitación a corto plazo, pero pueden tener consecuencias no deseadas y contraproducentes a más largo plazo[168]. Un sistema neural análogo es el *sistema de motivación de la seguridad*[169], que tiene como objetivo detectar indicadores sutiles de la amenaza potencial, sondeando el entorno para obtener más información sobre estos posibles peligros, y motivar la participación en comportamientos preventivos.

El segundo sistema de regulación afectiva es el *sistema de activación, búsqueda de incentivos y recompensa*, que se superpone de muchas maneras con el *sistema emocional de búsqueda/expectativa/deseo* de Panksepp[170], cuya función es estimular los sentimientos positivos que guían, motivan e indican a las personas que busquen recursos que sean gratificantes y necesarios para sobrevivir y prosperar (p. ej., comida, sexo, dinero, estatus). Este sistema nos impulsa normalmente a satisfacer nuestras necesidades, en cuyo caso se asocia a la activación de sentimientos positivos vinculados a la excitación, pero en ocasiones puede ser directa o indirectamente defensivo. Cuando existe la amenaza de que los deseos o los objetivos van a bloquearse o desbaratarse, el sistema de amenaza/autoprotección activa la ansiedad, la frustración o la ira, y continuará haciéndolo hasta que la persona (1) logre superar lo que esté bloqueando sus deseos y sus objetivos, o (2) decida cambiarlos[171]. Tanto el sistema de activación/búsqueda/recompensa como el de amenaza se mantienen activos cuando los sujetos obsesivos realizan rituales

168. P. GILBERT, «Defence and safety: Their function in social behaviour and psychopathology»: *British Journal of Clinical Psychology*, 32 (1993), 131-154; P. M. SALKOVSKIS, «The cognitive approach to anxiety: Threat beliefs, safety-seeking behavior, and the special case of health anxiety and obsessions», *op. cit.*; R. THWAITES Y M. H. FREESTON, «Safety-seeking behaviours: Fact or function?: How can we clinically differentiate between safety behaviours and adaptive coping strategies across anxiety disorders?»: *Behavioural and Cognitive Psychotherapy*, 33(2) (2005), 177-188; I. R. F. ROSS, *Antidotes to threats our minds create: The soothing and contentment system*, 2010. Obtenido de www.atdynamics.co.uk.

169. E. Z. WOODY Y H. SZECHTMAN, «Adaptation to potential threat: The evolution, neurobiology, and psychopathology of the security motivation system»: *Neuroscience and Biobehavioral Reviews*, 35 (2011), 1019-1033; E. Z. WOODY Y H. SZECHTMAN, «A biological security motivation system for potential threats: Are there implications for policy-making?»: *Frontiers in Human Neuroscience*, 7 (2013), 556.

170. J. PANKSEPP, *Affective neuroscience: The foundations of human and animal emotions, op. cit.*; J. PANKSEPP, «Affective consciousness: Core emotional feelings in animals and humans», *art. cit.*

171. P. GILBERT, *The compassionate mind: A new approach to life's challenges*, op. cit.; E. KLINGER, *Meaning and void: Inner experience and the Incentives in people's lives*, University of Minnesota Press, Minneapolis 1977.

compulsivos para alcanzar una meta subjetivamente indispensable (p. ej., perfección, orden, seguridad). Si sus rituales se ven obstaculizados o desbaratados, el sistema de amenaza puede activar una ansiedad o una ira más intensa hasta que puedan terminar de completar sus rituales o hacer que otras personas los realicen por ellos. Si bien durante la mayor parte de la historia humana el sistema de activación, búsqueda de incentivos y recompensa ha sido fundamental para la evolución de los mamíferos, incluidos los humanos, desde una perspectiva evolutiva se está volviendo cada vez más problemático en ciertos contextos en los que está desregulado, como en el TOC, las adicciones, los trastornos de la conducta alimentaria, etc.[172].

El tercer sistema de regulación afectiva, el *sistema de satisfacción/confortamiento y seguridad*, permite a los seres humanos y otros animales estar calmados cuando ya no necesitan adquirir recursos y se encuentran en una situación subjetivamente segura, cuando no hay ninguna amenaza percibida. Este sistema se asocia a una sensación de bienestar pacífico, de satisfacción, de confianza y de seguridad. A lo largo de la evolución humana, el sistema de satisfacción se ha convertido en un sistema de confortamiento, que se superpone al *sistema emocional de cuidado/crianza* de Panksepp[173]. Este sistema puede verse desencadenado a causa de estímulos sociales de afecto, protección, cuidado y amor[174], y está mediado, en particular, por las endorfinas y la hormona oxitocina, a través del sistema opiáceo de la oxitocina. Genera un estado de relajación que crea sentimientos de calma y tranquilidad que nos ayudan a mantener el equilibrio. Cuando los humanos u otros animales no tienen que defenderse de ninguna amenaza o lidiar con situaciones problemáticas o estresantes –es decir, cuando no tienen que encontrar recursos–, se muestran contentos o felices con la situación en que se encuentran, lo que se asocia a una sensación de seguridad[175]. El sistema de satisfacción/confortamiento y seguridad raramente está activo en las personas con TOC.

Como iremos aclarando en los siguientes capítulos, un objetivo importante de la psicoterapia y del programa de la MBCT para el TOC es ayudar a los pacientes a encontrar herramientas que entrenen la mente para equilibrar los tres sistemas, y, en particular, para favorecer la autoactivación y el mantenimiento del sistema de satisfacción/confortamiento y seguridad y la desactivación del sistema de amenaza/autoprotección, en ausencia de peligro real.

---

172. I. R. F. Ross, *Antidotes to threats our minds create: The soothing and contentment system, art. cit.*
173. J. Panksepp, *Affective neuroscience: The foundations of human and animal emotions, op. cit.*
174. P. Gilbert y D. Tirch, «Emotional memory, mindfulness and compassion», *op. cit.*; C. S. Carter, «Neuroendocrine perspectives on social attachment and love»: *Psychoneuroendocrinology*, 23(8) (1998), 779–818.
175. R. A. Depue y J. V. Morrone-Strupinsky, «A neurobehavioral model of affiliative bonding: Implications for conceptualizing a human trait of affiliation», *op. cit.*

¿Qué estimula la sensación de seguridad y qué activa los estados y los procesos relacionados con la amenaza en el TOC?

Las interacciones específicas entre la genética y el aprendizaje determinan el desarrollo, la coordinación y la corregulación de estos tres sistemas básicos. Como sugiere LeDoux[176], los organismos biológicos están diseñados para que las experiencias de la vida los cambien y los moldeen. Las diferentes experiencias de la vida y los distintos entornos alientan y fortalecen algunas conexiones neuronales y debilitan otras. Por ejemplo, ahora sabemos que las experiencias abusivas que se producen en la infancia tienen un impacto directo en las áreas del cerebro –en fase de maduración– que regulan las emociones, como las conexiones entre el córtex prefrontal (CPF) y la amígdala[177]. Todo lo que experimentamos en la vida se codifica en nuestro cerebro como una *memoria emocional*. Las memorias emocionales están relacionadas con la sensibilización sináptica en un solo nivel, hasta llegar a los sistemas cerebrales complejos responsables de los diferentes tipos de memoria[178]. Dado que los trastornos emocionales están relacionados con la sensibilización afectiva temprana y con las memorias emocionales, es importante comprender el impacto de las experiencias de la vida en las diferentes sensibilidades de los sistemas afectivos defensivo y positivo. De hecho, la activación de las memorias emocionales es el enfoque principal que debe adoptar la psicopatología según algunos terapeutas[179]. Por ejemplo, teóricos psicodinámicos[180] y conductuales[181] creen que incluso cuando no son necesariamente conscientes, las memorias emocionales pueden tener un impacto significativo en la manera en que las personas hacen frente a las experiencias de la vida. Este impacto propuesto podría ayudar a explicar por qué algunos pacientes con TOC reaccionan a los estímulos obsesivos sin tener conciencia de las creencias o las cogniciones particulares que justifican esas reacciones. En términos más generales, este impacto también puede ofrecer un posible camino para explicar el desarrollo de creencias disfuncionales en individuos con TOC.

---

176. J. LeDoux, «The emotional brain, fear, and the amygdala»: *Cellular and Molecular Neurobiology*, 23(4–5) (2002), 727–738.
177. L. Cozolino, *The neuroscience of human relationships: Attachment and the developing social brain*, Norton, Nueva York 2014; A. N. Schore, *Affect regulation and the origin of the self: The neurobiology of emotional development*, Erlbaum, Hillsdale, NJ 1994; D. Siegel, *The developing mind*, Guilford Press, Nueva York 2001 (trad. esp.: *La mente en desarrollo: cómo interactúan las relaciones y el cerebro para modelar nuestro ser*, Desclée De Brouwer, Bilbao 2009).
178. P. Gilbert y D. Tirch, «Emotional memory, mindfulness and compassion», *op. cit.*; J. LeDoux, «The emotional brain, fear, and the amygdala», *op. cit.*
179. C. R. Brewin, «Understanding cognitive behaviour therapy: A retrieval competition account»: *Behaviour Research and Therapy*, 44(6) (2006), 765–784.
180. J. Greenberg y S. A. Mitchell, *Object relations in psychoanalytic theory*, Harvard University Press, Cambridge, MA 1983.
181. C. B. Ferster, «A functional analysis of depression»: *American Psychologist*, 28(10) (1973), 857–870.

La mayoría de las personas con trastornos psiquiátricos tienen que hacer frente a una sensación de amenaza más o menos generalizada en áreas específicas de sus vidas o de su experiencia externa (p. ej., la seguridad física, las relaciones afectivas, el trabajo, la imagen de sí mismo) o de su experiencia privada (p. ej., sentirse atacado por emociones perturbadoras, pensamientos intrusivos/obsesivos o sensaciones físicas). Por tanto, el TOC (especialmente en lo que respecta a los comportamientos de comprobación y de lavado), así como otros problemas psicológicos como las fobias, el trastorno de ansiedad generalizada (TAG), la paranoia, los trastornos de la conducta alimentaria y el trastorno por estrés postraumático (TEPT), están relacionados con el procesamiento centrado en la amenaza y con los esfuerzos por regular la amenaza y sentirse seguro. De hecho, la mayoría de los enfoques psicoterapéuticos tienen por objeto ayudar a que las personas reconozcan las fuentes tempranas y actuales de su mayor sensibilidad y de su mayor procesamiento de la amenaza y las reduzcan de manera adaptativa[182].

La fenomenología del TOC es tan heterogénea porque los individuos pueden desarrollar innumerables sensibilidades específicas a estímulos particulares, conformando así sistemas de amenaza/autoprotección hechos a medida en respuesta a sus experiencias de vida personales[183]. Este proceso es especialmente marcado en la infancia, durante la cual se incorporan predisposiciones biológicas específicas e inseguridades del apego[184] que crean una singular vulnerabilidad a diferentes estímulos de amenazas potenciales.

El procesamiento y las habilidades metacognitivas, que están altamente evolucionados en los seres humanos, constituyen factores cruciales que aumentan la sensibilidad a las amenazas y enfocan el procesamiento de la amenaza[185]. Aunque han permitido que los seres humanos desarrollen una cultura, una civilización y una ciencia sofisticadas, las habilidades metacognitivas y el procesamiento también presentan algunas desventajas. Por lo que sabemos, los chimpancés no se preocupan por las consecuencias futuras de sus acciones, mientras que los humanos sí. Por ejemplo, cuando las personas comen mucho, puede preocuparles engordar, y, en algunos contex-

182. P. Gilbert y D. Tirch, «Emotional memory, mindfulness and compassion», *op. cit.*; C. R. Brewin, «Understanding cognitive behaviour therapy: A retrieval competition account», *art. cit.*

183. P. M. Salkovskis, R. Shafran, S. Rachman y M. H. Freeston, «Multiple pathways to inflated responsibility beliefs in obsessional problems: Possible origins and implications for therapy and research»: *Behaviour Research and Therapy*, 37 (1999), 1055-1072.

184. J. Yarbro, B. Mahaffey, J. Abramowitz y T. B. Kashdan, «Recollections of parent–child relationships, attachment insecurity, and obsessive–compulsive beliefs»: *Personality and Individual Differences*, 54 (2013), 355-360; G. Doron, R. Moulding, M. Nedeljkovic, M. Kyrios M. Mikulincer y D. Sar-El, «Adult attachment insecurities are associated with obsessive compulsive disorder»: *Psychology and Psychotherapy*, 85(2) (2012), 163-178; G. Myhr, D. Sookman y G. Pinard, «Attachment security and parental bonding in adults with obsessive–compulsive disorder: A comparison with depressed out-patients and healthy controls»: *Acta Psychiatrica Scandinavica*, 109(6) (2004), 447-456.

185. A. Wells, *Emotional disorders and metacognition: Innovative cognitive therapy*, *op. cit.*

tos, ser rechazadas por otros miembros de su grupo. La mayoría de los animales viven en un mundo ligado a las experiencias sensoriales directas, pero, además de esto, los humanos también viven en un mundo de imaginación y metacogniciones que nos permite pensar en el pasado y en el futuro, en lo que nos preocupa, en lo que deseamos, etc.[186]. Esto último, aunque es intangible, puede tener un impacto en la experiencia real física. Por ejemplo, podemos hacer planes en nuestras mentes y luego ponerlos en práctica en la vida real[187] o tener fantasías (p. ej., sexuales) que estimulen los sistemas fisiológicos y produzcan excitación. El problema es que podemos vernos absorbidos por nuestra planificación, nuestros pensamientos y nuestra imaginación, y olvidarnos de vivir en el momento presente. Los sistemas cerebrales responsables de nuestras cogniciones y nuestras memorias emocionales agotan nuestros recursos atencionales y alejan la esfera de la conciencia del momento presente.

Diferentes recuerdos emocionales y condicionamientos nos llevan a reaccionar rápidamente a las cosas; nuestros cuerpos podrían comenzar a reaccionar a una situación antes de que seamos conscientes de ella, y así nuestras emociones tomarían el control e influirían en nuestros pensamientos y en nuestros comportamientos. Este proceso ayuda a explicar por qué los síntomas del TOC y los estados mentales obsesivos de los pacientes suelen desencadenarse en determinados contextos. De hecho, como ya hemos dicho, en condiciones percibidas como «seguras» (p. ej., sesiones de terapia, clases de terapia grupal, tratamiento hospitalario/en la sala de un hospital, exámenes médicos, la presencia de bases percibidas como seguras) se produce un menor desencadenamiento de obsesiones y compulsiones (en ocasiones los pacientes no tienen ninguna), y los pacientes tienen una memoria más clara de sus acciones y sus experiencias perceptivas en comparación con las situaciones en las que estas personas están en un ambiente que perciben como amenazante (p. ej., en su casa, en su trabajo, en la escuela, en los lugares públicos), donde sus síntomas obsesivos se hiperactivan. La observación clínica y los datos de la investigación nos permiten plantear la hipótesis de que las intervenciones o los procedimientos empleados en la terapia que tienen como objetivo estimular y fortalecer una sensación de seguridad y de confianza (relacionada con el sistema de satisfacción/confortamiento y seguridad –p. ej., entrenamiento en *mindfulness* y de autocompasión–) pueden ser de gran relevancia clínica y mejorar la efectividad general del tratamiento.

Todavía no está claro por qué para algunas personas la hiperactivación del sistema de amenaza en un determinado momento de la vida las lleva por

186. P. Gilbert, *Psychotherapy and counselling for depression*, SAGE Londres 2007[3]; T. Singer, B. Seymour, J. P. O'Doherty, K. E. Stephan, R. J. Dolan y C. D. Frith, «Empathic neural responses are modulated by the perceived fairness of others»: *Nature*, 439(7075) (2006), 466-469.

187. A. Wells, *Emotional disorders and metacognition: Innovative cognitive therapy*, *op. cit.*

un camino hacia el TOC en lugar de hacia otros tipos de trastornos (p. ej., TAG, fobia social, trastorno paranoide). Solo podemos formular la hipótesis de que sea una interacción específica entre las predisposiciones genéticas y biológicas, los factores ambientales (experiencias de vida, modelado parental, educación) y la historia de apego lo que impulsa a un individuo hacia una evolución patológica obsesiva[188].

Creencias disfuncionales del TOC y el sistema de amenaza/autoprotección

Todos los supuestos o las creencias disfuncionales postulados por el Grupo de Trabajo sobre Cogniciones Obsesivo-Compulsivas[189] están directa o indirectamente conectados con la activación del sistema de amenaza en el cerebro. Cuando una persona experimenta un estímulo específico (incluso uno imaginario) vinculado a sus áreas obsesivas disfuncionales de significado (p. ej., si la puerta está cerrada, si las luces están encendidas, miedo de matar a un bebé, miedo de hacer cosas de una manera imperfecta, miedo de perder el control), se activa el sistema de amenaza/autoprotección. Esto sucede porque el estímulo se procesa en relación con un supuesto o una creencia disfuncional básica, creando una sensación de peligro o de amenaza inminente, y estimulando a la persona a activar sus defensas obsesivas y sus comportamientos de búsqueda de seguridad.

Aunque las personas afectadas por el TOC pueden percibir inicialmente la realidad con exactitud, son más susceptibles de verse influenciadas por las narraciones autogeneradas, que luego les llevan a dudar de la realidad y a inferir un estado de las cosas hipotético y amenazante[190]. Los humanos están programados para evitar cualquier peligro. Esta tendencia a apartarnos del peligro puede eclipsar nuestro razonamiento. La gente puede rezar, decir o hacer cosas extrañas o irracionales para evitar una «catástrofe», aun cuando si su razonamiento les diga que no hay un peligro real, o que sus acciones no son útiles o pueden ser contraproducentes.

Cuando las personas normales se enfrentan a una situación peligrosa, su ansiedad hace sonar una alarma que inhibe cualquier acción no esencial para la supervivencia, a fin de permitirles concentrarse en el peligro que tienen delante. Sin embargo, «la persona con TOC no reacciona a lo que está ahí, ni siquiera a las consecuencias exageradas de lo que está ahí, sino a lo que posiblemente podría estar ahí, aunque sus sentidos le digan lo contrario»[191]. Es como una respuesta de sobresalto que ha ido mal. Por lo general, cuando una situación agitada se repite una y otra vez, provocará

188. Doron, R. Moulding, M. Nedeljkovic, M. Kyrios, M. Mikulincer y D. Sar-El, «Adult attachment insecurities are associated with obsessive compulsive disorder», *art. cit.*
189. Obsessive Compulsive Cognitions Working Group, «Cognitive assessment of obsessive-compulsive disorder», *art. cit.*
190. M. C. Pélissier y K. O'Connor, «Deductive and inductive reasoning in obsessive-compulsive disorder», *op. cit.*
191. K. O'Connor y S. Robillard, «Inference processes in obsessive-compulsive disorder: Some clinical observations», *art. cit.*, 889.

una respuesta de sobresalto cada vez más débil. No es este el caso de los pensamientos obsesivos. Puede ser similar a la respuesta de sobresalto que se observa en los pacientes con párkinson, en la que los golpecitos repetidos en la frente de un paciente no provocan una disminución de la respuesta de parpadeo. En el TOC no hay un desvanecimiento de la ansiedad provocada por la obsesión.

De acuerdo con estas hipótesis, un entrenamiento mental que puede ayudar a las personas con TOC a reequilibrar la activación de su sistema de amenaza/autoprotección de manera funcional y realista, a fortalecer y favorecer la activación del sistema de satisfacción/confortamiento y seguridad cuando no hay un peligro real, y a debilitar la adhesión a las creencias disfuncionales –ayudando así a las personas a abrir sus mentes a significados alternativos y más realistas–, debería poseer una relevancia clínica significativa. Como ilustraremos en el capítulo 2, varios estudios neurobiológicos han mostrado cómo el entrenamiento en *mindfulness* y la autocompasión ayudan a que el cerebro tenga una respuesta más equilibrada a los estímulos internos y externos y a una evaluación más realista y funcional de ellos.

La hipótesis neurobiológica del TOC

La cosa sobre la que una persona reflexiona con frecuencia, la cosa en la que piensa a menudo, se convierte en la inclinación de su mente.

—Gautama buda

Como explicamos en la sección anterior, una perspectiva cognitivo-evolutiva conceptualiza el TOC como el resultado de una hiperactivación del sistema de amenaza/autoprotección en reacción a estímulos inocuos que se malinterpretan sobre la base de creencias disfuncionales, lo que da lugar a un comportamiento de búsqueda de seguridad. Esta explicación está relacionada con las dimensiones neurobiológicas del trastorno. Las áreas cerebrales implicadas en la activación de los procesos anteriores han sido bien estudiadas, especialmente durante las dos últimas décadas, y nos ayudan a comprender cómo una intervención terapéutica puede modificar de forma adaptativa tanto el funcionamiento cognitivo como el neurobiológico en personas con TOC.

Por lo general, las explicaciones biológicas del TOC incluyen factores genéticos, evolutivos, neuroanatómicos y bioquímicos. La explicación genética no explica por completo este trastorno. Varios estudios han demostrado una mayor tasa de concordancia en los gemelos monocigóticos en comparación con los gemelos dicigóticos, y se ha probado que la incidencia del TOC a lo largo de la vida es mayor en los parientes de las personas con TOC (11,7%) que en los parientes de las personas sanas de los grupos de control (2,7%). Sin embargo, estas tasas de concordancia no son del 100%, lo que sugiere que los factores genéticos pueden predisponer a alguien al TOC, pero no causarlo, y que los factores ambientales también deben estar involucrados[192].

Los estudios de neuroimagen funcional sugieren que los síntomas del TOC pueden tener distintos sustratos neurales. Al igual que Gilbert[193] y LeDoux[194], Siegel[195] explica que el sistema de amenaza, que él denominó el «comprobador», incluye la respuesta de lucha-huida-paralización del cerebro, la amígdala generadora del miedo que se encuentra en el área límbica, y el CPF preocupado y planificador, y que todos estos elementos trabajan juntos para activar los reflejos de supervivencia a fin de empujar a nuestras regiones corticales a buscar constantemente el peligro. Admon et al.[196] demostraron que hay importantes datos de investigaciones que asocian los síntomas obsesivos con una mayor activación de la amígdala en respuesta a estímulos aversivos[197]. Habida cuenta del papel central que desempeña la amígdala en la detección de la amenaza y en la evitación del daño[198], así como en el desarrollo del miedo y la excitación[199], la hiperactivación de la amígdala en respuesta a la amenaza puede contribuir a una reacción emocional exagerada a los estímulos percibidos como negativos que muestran las personas con TOC[200], que, a su vez, podrían mediar su tendencia a sobreestimar las posibilidades de amenaza[201].

---

192. G. Carey e I. I. Gottesman, «Twin and family studies of anxiety, phobic and obsessive disorders», en D. F. Klein y J. G. Rabkin (Eds.), *Anxiety: New research and changing concepts*, Raven Press, Nueva York 1981; G. Nestadt, T. Lan, J. Samuels, M. Riddle, O. J. Bienvenu, K. Y. Liang et al., «Complex segregation analysis provides compelling evidence for a major gene underlying obsessive–compulsive disorder and for heterogeneity by sex»: *American Journal of Human Genetics*, 67(6) (2000), 1611–1616; D. S. van Grootheest, D. C. Cath, A. T. Beekman y D. I. Boomsma, «Twin studies on obsessive–compulsive disorder: A review»: *Twin Research and Human Genetics*, 8(5) (2005), 450–458.
193. P. Gilbert, *The compassionate mind: A new approach to life's challenges*, op. cit.
194. J. LeDoux, «Fear and the brain: Where have we been, and where are we going?», *art. cit.*
195. D. Siegel, *Mindsight: The new science of personal transformation, op. cit*
196. R. Admon, M. Bleich-Cohen, R. Weizmant, M. Poyurovsky, S. Faragian y T. Hendler, «Functional and structural neural indices of risk aversion in obsessive–compulsive disorder (OCD)»: *Psychiatry Research: Neuroimaging*, 203 (2012), 207–213.
197. D. Mataix-Cols, S. Cullen, K. Lange, F. Zelaya, C. Andrew, E. Amaro et al., «Neural correlates of anxiety associated with obsessive–compulsive symptom dimensions in normal volunteers»: *Biological Psychiatry*, 53(6) (2003), 482–493; D. Simon, C. Kaufmann, K. Müsch, E. Kischkel y N. Kathmann, «Fronto-striato-limbic hyperactivation in obsessive–compulsive disorder during individually tailored symptom provocation»: *Psychophysiology*, 47(4) (2010), 728–738; O. A. van den Heuvel, D. J. Veltman, H. J. Groenewegen, R. J. Dolan, D. C. Cath, R. Boellaard et al., «Amygdala activity in obsessive–compulsive disorder with contamination fear: A study with oxygen-15 water positron emission tomography»: *Psychiatry Research: Neuroimaging*, 132 (2004), 225–237.
198. J. LeDoux, «The emotional brain, fear, and the amygdala», *art. cit.*
199. M. Davis, «The role of the amygdala in fear and anxiety»: *Annual Review of Neuroscience*, 15 (1992), 353–375.
200. D. Mataix-Cols, S. Cullen, K. Lange, F. Zelaya, C. Andrew, E. Amaro et al., «Neural correlates of anxiety associated with obsessive–compulsive symptom dimensions in normal volunteers», *art. cit.*
201. D. Sookman y G. Pinard, «Over-estimation of threat and intolerance of uncertainty in obsessive compulsive disorder», en R. O. Frost y G. Steketee (Eds.), *Cognitive approaches to obsessions and compulsions: Theory, assessment, and treatment*, Pergamon Press, Boston 2002.

Una de las principales áreas cerebrales involucradas en el TOC es el córtex orbitofrontal[202]. Esta área actúa como una interfaz entre el sistema límbico y el sistema del lóbulo frontal, y desempeña un papel crucial en la formación de las memorias emocionales[203]. Se ha observado que en su desarrollo influyen directamente las interacciones emocionales que se crean durante la formación (o la ausencia de formación) de los vínculos de apego[204]. La disfunción del córtex orbitofrontal puede reflejar las inseguridades del apego (tanto ansioso como evitativo) que con tanta frecuencia se asocian al síndrome obsesivo-compulsivo[205], síndrome que genera tanto la desconfianza obsesiva como las creencias disfuncionales. La investigación muestra que las lesiones que afectan al córtex orbitofrontal en los seres humanos provocan déficits en la planificación conductual y en la toma de decisiones basados en las estimaciones de las consecuencias positivas o negativas de determinadas acciones[206]. Además, como ya hemos dicho, la activación repetida de la amígdala, sobre todo en la infancia, puede vincularse a una mayor activación en respuesta a estímulos aversivos en la edad adulta[207]. Las conexiones entre la amígdala y el córtex orbitofrontal, a través de la vía corticolímbica ventral, promueven mecanismos adaptativos de automantenimiento tales como los comportamientos de búsqueda de seguridad[208]. Los ganglios basales, que se consideran importantes en el manejo de las acciones habituales y cuya disfunción causa el comportamiento repetitivo de los sujetos con TOC, son otros circuitos que están implicados en el trastorno. Los generadores de patrones motores en el tronco encefálico y en la médula espinal y los «generadores de patrones cognitivos» en el córtex cerebral también pueden verse influenciados por los ganglios basales. Graybiel[209] ha sugerido que los

202. L. R. Baxter, J. M. Schwartz, K. S. Bergman, M. P. Szuba, B. H. Guze, J. C. Mazziotta et al., «Caudate glucose metabolic rate changes with both drug and behavior therapy for obsessive–compulsive disorder»: *Archives of General Psychiatry*, 49(9) (1992), 681–689; S. Saxena y S. L. Rauch, «Functional neuroimaging and the neuroanatomy of obsessive–compulsive disorder»: *Psychiatric Clinics of North America*, 23(3) (2000), 563–586.

203. D. Siegel, *The developing mind, op. cit.*; P. Gilbert y D. Tirch, «Emotional memory, mindfulness and compassion», *op. cit.*

204. A. N. Schore, *Affect regulation and the origin of the self: The neurobiology of emotional development, op. cit.*; A. N. Schore, «Early organization of the nonlinear right brain and development of a predisposition to psychiatric disorders»: *Development and Psychopathology*, 9 (1997), 595–631.

205. Doron, R. Moulding, M. Nedeljkovic, M. Kyrios M. Mikulincer y D. Sar-El, «Adult attachment insecurities are associated with obsessive compulsive disorder», *art. cit.*

206. A. R. Damasio, D. Tranel y H. Damasio, «Individuals with sociopathic behavior caused by frontal damage fail to respond autonomically to social stimuli»: *Behavioural Brain Research*, 41(2) (1990), 81–94.

207. D. Mataix-Cols, S. Cullen, K. Lange, F. Zelaya, C. Andrew, E. Amaro et al., «Neural correlates of anxiety associated with obsessive–compulsive symptom dimensions in normal volunteers», *art. cit.*

208. D. M. Tucker, P. Luu y K. H. Pribram, «Social and emotional self-regulation»: *Annals of the New York Academy of Sciences*, 769 (1995), 213–239.

209. A. M. Graybiel, «The basal ganglia and cognitive pattern generators»: *Schizophrenia Bulletin*, 23(3) (1997), 459–469.

bucles resultantes creados entre el neocórtex, los ganglios basales y el tálamo pueden influir en el desarrollo no solo de los hábitos motores, sino también de los cognitivos. Por ello, una disfunción en este bucle podría dar lugar a compulsiones (que reflejan la función motora) y a obsesiones (que reflejan la función cognitiva). El hecho de que el bucle no esté completo puede ser una de las causas de la aparición de las dudas y la ansiedad que sufren las personas con TOC, ya que se quedan atascadas en un marco conceptual y en un programa para la conducta que adoptarán. Las investigaciones han aportado pruebas sobre la participación de estas estructuras en el TOC y en la respuesta de estas estructuras al tratamiento[210].

Con respecto al *sistema de motivación de la seguridad* mencionado anteriormente, que guarda muchas similitudes con el sistema de amenaza/autocomprobación, Woody y Szechtman[211] propusieron la participación de un circuito córtico-estrío-pálido-talámico-cortical en el TOC con un *feedback* negativo mediado por el tronco encefálico. Entre otras funciones, esta red fisiológica regula el sistema nervioso parasimpático y activa el eje HPA. Podemos formular la hipótesis de que en la gente normal existe un mecanismo por el cual el comportamiento precautorio interrumpe esta activación, pero en el caso de los pacientes con TOC, el mecanismo no funciona. El fallo de este mecanismo podría estar relacionado con la falta de sensibilidad de la persona con respecto a los objetivos o a los resultados de las acciones, una sensibilidad que es característica del mecanismo compulsivo e involucra el mismo circuito –especialmente las conexiones entre las áreas premotora y el área del putamen, que también forman parte de los ganglios basales–[212]. Otra posible interpretación de la desregulación de este circuito es que los síntomas del TOC son el resultado de una mayor actividad en la vía directa entre el tálamo y el córtex orbital[213]. Por ende, en las personas afectadas por el TOC no solo hay una respuesta disfuncional a los estímulos de amenaza, sino también una disminución de la respuesta a la recompensa. Las personas con TOC son reacias a correr riesgos. Además de la hiperactivación de la amígdala en respuesta a la amenaza, estas personas también presentan un nivel más bajo de activación del núcleo accumbens, que cumple una función

210. S. Saxena, A. L. Brody, J. M. Schwartz y L. R. Baxter, «Neuroimaging and frontal–subcortical circuitry in obsessive–compulsive disorder»: *British Journal of Psychiatry*, 173 (1998), 26–37; S. Saxena y S. L. Rauch, «Functional neuroimaging and the neuroanatomy of obsessive–compulsive disorder», *art. cit.*; S. P. Whiteside, J. D. Port y J. S. Abramowitz, «A meta-analysis of functional neuroimaging in obsessive–compulsive disorder»: *Psychiatry Research: Neuroimaging*, 132(1) (2004), 69–79.

211. E. Z. Woody y H. Szechtman, «Adaptation to potential threat: The evolution, neurobiology, and psychopathology of the security motivation system», *op. cit.*

212. N. A. Fineberg, S. R. Chamberlain, A. E. Goudriaan, D. J. Stein, L. J. Vanderschuren, C. M. Gillan et al., «New developments in human neurocognition: Clinical, genetic, and brain imaging correlates of impulsivity and compulsivity»: *CNS Spectrums*, 19(1) (2014), 69–89.

213. C. Pittenger, B. Kelmendi, M. Bloch, J. H. Krystal y V. Coric, «Clinical treatment of obsessive compulsive disorder»: *Psychiatry (Edgmont)*, 2(11) (2005), 34.

de recompensa a niveles normales. Además, también se reduce la conectividad funcional que existe entre la amígdala y el núcleo accumbens, por un lado, y dos regiones frontales –el córtex orbitofrontal y el córtex cingulado anterior dorsal, respectivamente–, por otro lado[214]. En los pacientes con TOC, las áreas corticales frontales son incapaces de regular adecuadamente la reactividad límbica desequilibrada, lo que da lugar al problema de la conectividad fronto-límbica.

Con respecto a estas hipótesis, los estudios de neuroimagen funcional han confirmado que en los individuos con TOC hay una actividad metabólica anormal en las siguientes áreas y circuitos cerebrales: el córtex orbitofrontal; el córtex cingulado anterior/prefrontal medial causal; los ganglios basales, en particular el núcleo caudado (la parte anterior del cuerpo estriado)[215]; el tálamo; el córtex temporal y fronto-lateral; la amígdala y la ínsula[216]. Estas regiones cerebrales son componentes del circuito córtico-estrío-talámico-cortical[217]. Se ha observado que la actividad que se produce dentro de la red de ganglios córtico-basal (denominada con frecuencia el «circuito del TOC») en los pacientes con TOC aumenta en reposo en comparación con los sujetos del grupo de control, se acentúa durante la provocación de los síntomas y se atenúa después de un tratamiento exitoso[218]. Varios estudios han demostrado que los individuos que responden a los tratamientos estándar muestran una reducción de la hiperactividad en el circuito córtico-estrío-talámico-cortical, con una disminución del flujo sanguíneo y del uso de la energía orbitofrontal, caudado, cingulado y talámico[219].

---

214. A. W. Roe, L. Chelazzi, C. E. Connor, B. R. Conway, I. Fujita, J. L. Gallant et al., «Toward a unified theory of visual area V4»: *Neuron*, 74(1) (2012), 12–29; K. D. Fitzgerald, R. C. Welsh, W. J. Gehring, J. L. Abelson, J. A. Himle, I. Liberzon et al., «Error-related hyperactivity of the anterior cingulate cortex in obsessive–compulsive disorder»: *Biological Psychiatry*, 57(3) (2005), 287–294.
215. A. M. Graybiel y S. L. Rauch, «Toward a neurobiology of obsessive–compulsive disorder»: *Neuron*, 28 (2000), 343–347; D. L. Feygin, J. E. Swain y J. F. Leckman, «The normalcy of neurosis: Evolutionary origins of obsessive–compulsive disorder and related behaviors», *art. cit.*
216. S. Saxena, A. L. Brody, M. L. Ho, S. Alborzian, M. K. Ho, K. M. Maidment et al., «Cerebral metabolism in major depression and obsessive–compulsive disorder occurring separately and concurrently»: *Biological Psychiatry*, 50(3) (2001), 159–170; D. J. Stein, «Neurobiology of the obsessive–compulsive spectrum disorders»: *Biological Psychiatry*, 47(4) (2000), 296–304.
217. C. Pittenger, B. Kelmendi, M. Bloch, J. H. Krystal y V. Coric, «Clinical treatment of obsessive compulsive disorder», *art. cit.*
218. S. L. Rauch, D. D. Dougherty, G. R. Cosgrove, E. H. Cassem, N. M. Alpert, B. H. Price et al., «Cerebral metabolic correlates as potential predictors of response to anterior cingulotomy for obsessive compulsive disorder»: *Biological Psychiatry*, 50(9) (2001), 659–667.
219. S. Saxena, A. L. Brody, M. L. Ho, N. Zohrabi, K. M. Maidment L. R. Baxter, «Differential brain metabolic predictors of response to paroxetine in obsessive–compulsive disorder versus major depression»: *American Journal of Psychiatry*, 160(3) (2003), 522–523; L. R. Baxter, J. M. Schwartz, K. S. Bergman, M. P. Szuba, B. H. Guze, J. C. Mazziotta et al., «Caudate glucose metabolic rate changes with both drug and behavior therapy for obsessive–compulsive disorder», *art. cit.*; T. E. Nordahl, C. Benkelfat, W. E. Semple, M. Gross, A. C. King y R. M. Cohen, «Cerebral glucose metabolic rates in obsessive compulsive disorder». *Neuropsychopharmacology*, 2(1) (1989), 23–28.

Los estudios de lesiones, grabaciones e imágenes han indicado que la motivación y el comportamiento afectivo, así como la depresión mayor y el TOC, se ven afectados por el córtex cingulado anterior y por el córtex prefrontal medial adyacente, que están fuertemente interconectados al córtex orbitofrontal y a las estructuras del sistema límbico[220]. El córtex orbitofrontal y el córtex cingulado anterior pueden afectar al modo en que se percibe el valor emocional de los estímulos y a las acciones conductuales seleccionadas en respuesta a estas expectativas basadas en la experiencia y a los resultados percibidos –ambas son áreas cuyo desequilibrio caracteriza los síntomas del TOC–.

De manera similar, Boyer y Liénard[221] sostienen que el TOC tiene su origen en una actividad metabólica anormal en el circuito córtico-estrío-pálido-talámico, específicamente en una disfunción en los ganglios basales[222]. La menor inhibición de rutinas fuertemente motivadas (lavar, limpiar, asegurarse de que la puerta está cerrada, comprobar las luces) parece tener su origen en el cuerpo estriado. Esto podría ser así porque las redes estriatales responden de una manera demasiado activa a los *inputs* corticales y/o tienen un efecto reducido en las redes talámicas[223]. Podríamos decir, con palabras sencillas, que las redes del cerebro que envían las advertencias son demasiado activas, que las reacciones espontáneas a ellas son demasiado fuertes, y que los sistemas que se supone que las inhiben son demasiado débiles.

Anteriormente sugerí, en este capítulo, que la capacidad de adaptación de los seres humanos para anticiparse a las necesidades o amenazas futuras puede implicar ciertas desventajas, y que una de ellas puede ser que los individuos corren el riesgo de desarrollar el TOC debido a las interconexiones heterogéneas de los circuitos cerebrales estrío-frontales subyacentes[224].

---

220. Saxena, A. L. Brody, M. L. Ho, N. Zohrabi, K. M. Maidment L. R. Baxter, «Differential brain metabolic predictors of response to paroxetine in obsessive–compulsive disorder versus major depression», *art. cit.*; J. S. March, A. Frances, D. A. Kahn y D. Carpenter, «The Expert Consensus Guideline series: Treatment of obsessive–compulsive disorder»: *Journal of Clinical Psychiatry*, 58(4) (1997), 1–72.

221. P. Boyer y P. Liénard, «Ritual behavior in obsessive and normal individuals: Moderating anxiety and reorganizing the flow of action»: *Current Directions in Psychological Science*, 17(4) (2008), 291–294.

222. J. L. Rapoport, «Obsessive–compulsive disorder and basal ganglia dysfunction»: *Psychological Medicine*, 20(3) (1990), 465–469; S. L. Rauch, M. M. Wedig, C. I. Wrigiit, B. Martis, K. G. McMullin, L. M. Shin et al., «Functional magnetic resonance imaging study of regional brain activation during implicit sequence learning in obsessive–compulsive disorder»: *Biological Psychiatry*, 61(3) (2007), 330–336.

223. K. D. Fitzgerald, R. C. Welsh, W. J. Gehring, J. L. Abelson, J. A. Himle, I. Liberzon et al., «Error-related hyperactivity of the anterior cingulate cortex in obsessive–compulsive disorder», *art. cit.*; S. L. Rauch, M. M. Wedig, C. I. Wright, B. Martis, K. G. McMullin, L. M. Shin et al., «Functional magnetic resonance imaging study of regional brain activation during implicit sequence learning in obsessive–compulsive disorder», *art. cit.*; S. Saxena, A. L. Brody, J. M. Schwartz y L. R. Baxter, «Neuroimaging and frontal–subcortical circuitry in obsessive–compulsive disorder», *art. cit.*

224. M. Brune, «The evolutionary psychology of obsessive–compulsive disorder: The role of cognitive metarepresentation», *art. cit.*

Por otra parte, como ya hemos dicho, el TOC es un trastorno clínicamente heterogéneo caracterizado por la presencia de síntomas que tienden a permanecer a lo largo del tiempo y que están mediados por sistemas neurales parcialmente distintos.

Un interesante estudio realizado por van den Heuvel et al.[225] clasificó las dimensiones de los síntomas en simetría/orden, contaminación/lavado y daño/comprobación, y descubrió que había tanto efectos globales como alteraciones estructurales cerebrales específicas en el volumen de las materias gris y blanca en áreas específicas para cada dimensión. Estos descubrimientos parecen indicar que componentes relativamente distintos de los circuitos fronto-estrío-talámicos implicados en el procesamiento cognitivo y emocional que interviene en la detección de la amenaza y en la evitación del daño median en diferentes dimensiones del síntoma obsesivo-compulsivo[226].

A pesar de las muchas investigaciones que se han llevado a cabo sobre las anormalidades neurobiológicas en el TOC, las cuestiones clave siguen siendo la falta de indicadores de causa y efecto y la dirección desconocida del efecto en dichas investigaciones. De hecho, no está claro en este momento si las disfunciones bioquímicas y neurales en áreas cerebrales específicas deben considerarse como *causas* o *efectos* de los síntomas y los estados del TOC. Del mismo modo, seguimos estando limitados en nuestra comprensión de los mecanismos, de la genética y de la epidemiología de estas disfunciones.

Hasta la fecha de la publicación de este libro, tenemos pocas pruebas de que las disfunciones cerebrales señaladas en los pacientes adultos con TOC estén presentes también en los niños con TOC. De hecho, poco se sabe de estas áreas de funcionamiento con respecto a la aparición del TOC en niños, porque la mayoría de los estudios se han centrado hasta ahora en los adultos, y no existen estudios longitudinales que hayan investigado la posible evolución de estas disfunciones cerebrales desde la infancia hasta la edad adulta. Si estas disfunciones cerebrales ya estuvieran presentes en la primera infancia, justo después de la aparición del TOC, lo más probable es que no estuvieran directamente relacionadas con este trastorno; o sea, que no podríamos decir que son el efecto de síntomas obsesivos que se han repetido a lo largo del tiempo, porque estarían presentes muy poco tiempo. Sin embargo, cabe la posibilidad de que la activación de determinadas acciones y estados mentales durante varios años pueda conducir al desarrollo de circuitos neuronales específicos asociados a estas acciones y a estos estados. Como explica Kornfield:

225. O. A. van den Heuvel, P. L. Remijnse, D. Mataix-Cols, H. Vrenken, H. J. Groenewegen, H. B. M. Uylings et al., «The major symptom dimensions of obsessive–compulsive disorder are mediated by partially distinct neural systems»: *Brain*, 132(4) (2009), 853–868.

226. D. L. Feygin, J. E. Swain y J. F. Leckman, «The normalcy of neurosis: Evolutionary origins of obsessive–compulsive disorder and related behaviors», *art. cit.*

> Cuando miramos el hábito y el condicionamiento, podemos sentir cómo nuestro cerebro y nuestra conciencia crean patrones repetidos. Si practicamos el tenis lo suficiente, anticiparemos nuestro próximo golpe tan pronto como la pelota salga despedida de la raqueta del otro jugador. Si practicamos el enfado, el más mínimo insulto desencadenará nuestra rabia. Estos patrones son como un disco compacto regrabable. Cuando se graba repetidamente, el patrón se convierte en la respuesta regular. La neurociencia moderna ha demostrado esto de manera bastante convincente. La repetición de nuestros patrones de pensamiento y acción cambia nuestro sistema nervioso. Cada vez que centramos nuestra atención y seguimos nuestras intenciones, nuestras neuronas se disparan, las sinapsis se conectan y esos patrones mentales se fortalecen. Las neuronas crecen, literalmente, en esa dirección[227].

La comprensión del funcionamiento neurobiológico del TOC proporciona una guía para un tratamiento más enfocado y vuelve más claras las interconexiones entre los efectos de los tratamientos psicológicos y los cambios y la actividad cerebral. Lo que se desprende de este análisis es que la mayoría de las áreas y de los circuitos cerebrales involucrados en el TOC se relacionan directa o indirectamente con la activación del sistema de amenaza/autoprotección o con los circuitos involucrados en el procesamiento cognitivo y emocional que implican la detección de la amenaza y la evitación del daño, incluidos, en particular, el córtex orbitofrontal, el córtex cingulado anterior, la ínsula, el núcleo caudado, el núcleo accumbens y el tálamo. La participación de estas áreas en las funciones ejecutivas –autovigilancia, detección de errores y selección entre respuestas concurrentes– sugiere que el TOC funciona a través de las mismas vías neurales que el comportamiento en los desafíos cotidianos[228]. Como explicaremos en el siguiente capítulo, se ha demostrado que varias de las áreas cerebrales involucradas en el TOC son objeto de intervenciones específicas basadas en el *mindfulness* y en la compasión[229], lo que demuestra la relevancia clínica de este tipo de tratamiento para corregir las disfunciones neurales asociadas a los síntomas del TOC de manera adaptativa[230].

227. J. Kornfield, *The wise heart: A guide to the universal teachings of Buddhist psychology*, Bantam Dell, Nueva York 2008, 258-259 (trad. esp.: *La sabiduría del corazón: una guía a las enseñanzas universales de la psicología budista*, La Liebre de Marzo, Barcelona 2010).
228. D. L. Feygin, J. E. Swain y J. F. Leckman, «The normalcy of neurosis: Evolutionary origins of obsessive–compulsive disorder and related behaviors», *art. cit.*
229. O. Klimecki, S. Leiberg, M. Ricard y T. Singer, «Differential pattern of functional brain plasticity after compassion and empathy training»: *Social, Cognitive, and Affective Neuroscience*, 9(6) (2013), 873–879; L. E. Ross, S. Grigoriadis, L. Mamisashvili, E. H. Vonderporten, M. Roerecke y J. Rehm, «Selected pregnancy and delivery outcomes after exposure to antidepressant medication: A systematic review and meta-analysis», *art. cit.*
230. W. R. Marchand, «Neural mechanisms of mindfulness and meditation: Evidence from neuroimaging studies»: *World Journal of Radiology*, 6(7) (2014), 471–479; T. Gard, M. Taquet, R. Dixit, B. K. Hölzel, B. C. Dicherson y S. W. Lazar, «Greater widespread functional connectivity of the caudate in older adults who practice Kripalu yoga and Vipassana meditation than in controls»: *Frontiers in Human Neuroscience*, 16(9) (2015), 137.

Un modelo cognitivo-evolutivo del TOC

Con el fin de reunir las hipótesis y los descubrimientos examinados en las secciones anteriores y sus posibles interconexiones, el material que recogemos a continuación presenta un modelo de cómo funciona el TOC desde un punto de vista cognitivo-evolutivo. En el TOC, el problema deriva de la percepción errónea de algunas experiencias normales e inofensivas. Como dijimos en la primera parte de este capítulo, si observamos con cuidado la fenomenología del TOC, podremos ver que hay una serie de mecanismos y sesgos específicos que activan y perpetúan los problemas a lo largo del tiempo.

Como podemos ver en la figura 1.3, el estímulo desencadenante que activa todo el problema obsesivo suele ser una *cognición intrusiva* en forma de *duda* (p. ej., «¿Me he lavado bien las manos?»; «¿He dejado abierto el gas?»), de *imágenes* (p. ej., el recuerdo de algo que alguien hizo o no hizo o de algo de lo que tiene miedo), de *sensaciones físicas* (p. ej., «Me pica la espalda») o de *percepciones* que pueden ser visuales, auditivas, táctiles, etc. (p. ej., ver una mancha en el suelo o escuchar un sonido). La mayoría de las personas que no padecen el TOC experimentan dichos estímulos de manera periódica y en diversos grados, pero los consideran fundamentalmente inofensivos. El problema en los pacientes con TOC surge porque una vez que se activan estos desencadenantes, se interpretan a través de la lente de las creencias disfuncionales y de los sesgos y los procesos cognitivos obsesivos, como la desconfianza cognitiva, la autoinvalidación perceptiva, la fusión pensamiento-acción y el sesgo de no aceptación (véanse las secciones sobre las creencias de fusión, la desconfianza y otros sesgos cognitivos en este mismo capítulo). A causa de estos procesos cognitivos, el individuo atribuye un significado negativo a los estímulos desencadenantes (p. ej., «Si he dejado el gas abierto, sucederá una tragedia y será culpa mía»). Dicho con otras palabras, estas experiencias normales se interpretan como subjetiva u objetivamente amenazantes (metaevaluación o advertencia de peligro/amenaza). La interpretación, por ejemplo, puede atribuir una responsabilidad personal excesiva por el daño producido o por la necesidad de hacer algo de manera «correcta» o perfecta. Como ya hemos explicado, esta interpretación de los desencadenantes como una amenaza conduce a una hiperactivación del *sistema de amenaza/autoprotección*, que es responsable de activar o apoyar una reacción defensiva (p. ej., lucha, huida o paralización) en presencia de una amenaza física o social real o imaginaria. La activación de este sistema puede salvar vidas si verdaderamente nos encontramos en una situación peligrosa, pero cuando se activa en presencia de estímulos inofensivos debido a creencias y a significados falsos, y el cerebro está convencido de que hay o habrá un peligro, el sistema de amenaza/autoprotección se activa continuamente, y el individuo experimenta muchas falsas alarmas estresantes y contraproducentes. La activación del sistema de amenaza genera *emociones estresantes* (ansiedad, asco, culpa, vergüenza, etc.) y conduce a que el individuo recurra a *comportamientos protectores o de búsqueda de seguridad*, haciendo todo lo posible por defenderse del

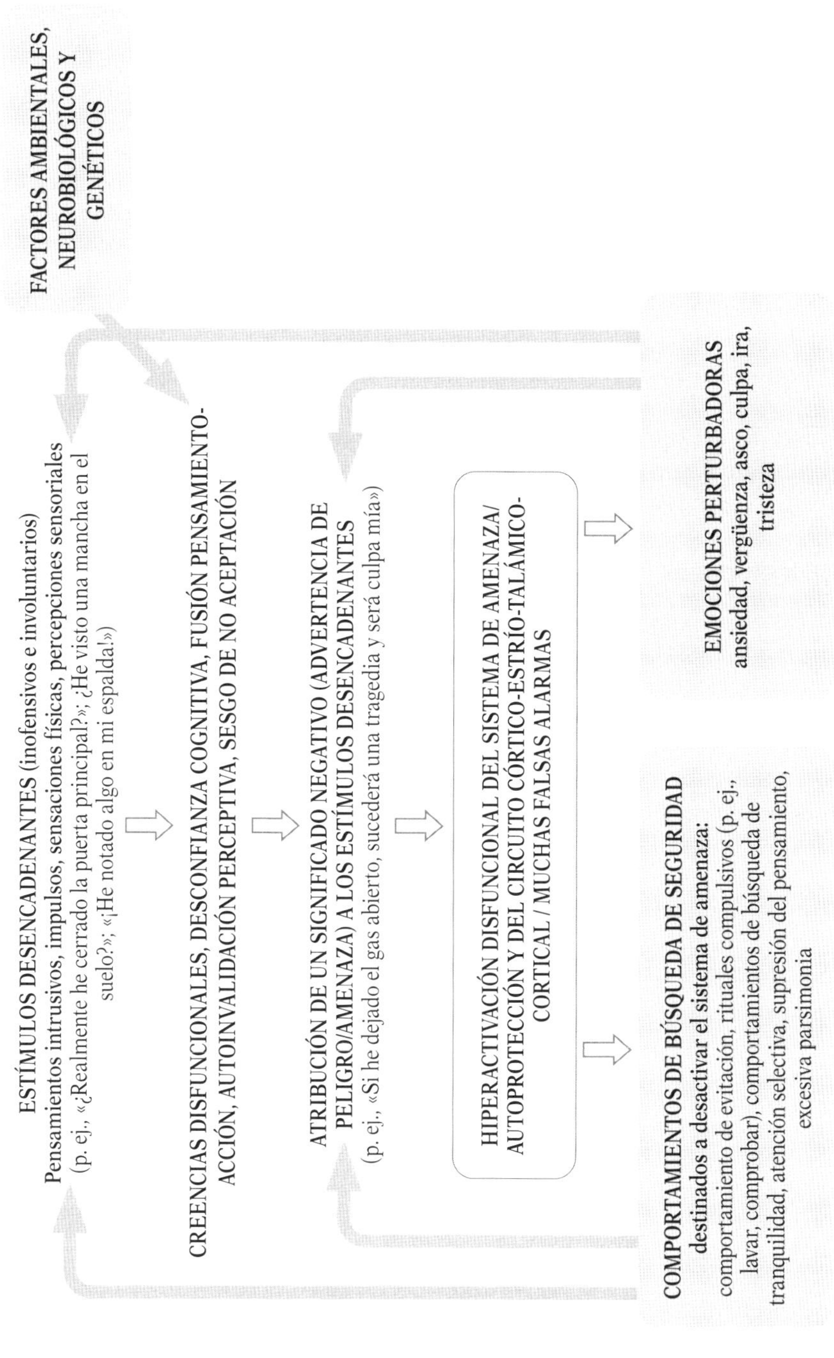

Figura 1.3. Un modelo cognitivo-evolutivo del TOC.

peligro temido (por ejemplo, a través de rituales compulsivos, de comprobaciones, de la evitación, de una atención selectiva, de la supresión del pensamiento, y de una lentitud excesiva). Estos comportamientos de búsqueda de seguridad tienden, a su vez, a reforzar las creencias disfuncionales y los procesos y los sesgos cognitivos (p. ej., confirmando y aumentando la desconfianza en uno mismo, la autoinvalidación perceptiva, la fusión pensamiento-acción, el sesgo de no aceptación, y la «verdad» de las creencias disfuncionales). Además, una vez activados, tanto los comportamientos protectores como las emociones estresantes (que se influyen mutuamente) tienden a alimentar todavía más el significado negativo que se da al estímulo desencadenante, porque confirman directa o indirectamente que el individuo se encuentra en una situación amenazante. La percepción de esta confirmación activa todavía más el sistema de amenaza y aumenta la frecuencia y la intensidad del estímulo desencadenante, de modo que el pensamiento intrusivo no tarda en convertirse en una obsesión, creando un círculo vicioso de activación y perpetuación del problema obsesivo a lo largo del tiempo.

Terapias efectivas, sus limitaciones, y obstáculos al tratamiento

La TCC ha sido reconocida desde hace mucho tiempo como un tratamiento eficaz para el TOC, tanto en niños como en adultos. En particular, la exposición con prevención de respuesta (EPR), que normalmente se incluye en los protocolos de la TCC, es el tratamiento psicológico para el TOC que cuenta con mayor apoyo[231]. Los datos de las investigaciones muestran que el 50-75% de los pacientes que completan este tratamiento se recuperan o mejoran de manera significativa[232], aunque se ha observado que solo el 25% de los pacientes tratados con la EPR son asintomáticos al final del tratamiento[233].

A pesar de estos prometedores resultados, la investigación también hace aflorar algunas de las limitaciones de la EPR. Foa y Franklin[234] observaron una importante tasa de abandonos (25%) o una escasa adherencia al tratamiento debido a la naturaleza altamente provocadora de ansiedad del

231. F. Didonna, «Mindfulness and obsessive-compulsive disorder: Developing a way to trust and validate one's internal experience», *op. cit.*
232. E. B. Foa, M. R. Liebowitz, M. J. Kozak, S. Davies, R. Campeas, M. E. Franklin et al. «Randomized, placebo-controlled trial of exposure and ritual prevention, clomipramine, and their combination in the treatment of obsessive-compulsive disorder»: *American Journal of Psychiatry*, 162(1) (2005), 151-161; R. G. Menzies y P. de Silva (Eds.), *Obsessive-compulsive disorder: Theory, research and treatment*, Wiley, Nueva York 2003.
233. P. L. Fisher y A. Wells, «How effective are cognitive and behavioral treatments for obsessive-compulsive disorder?: A clinical significance analysis»: *Behaviour Research and Therapy*, 43 (2005), 1543-1558.
234. E. B. Foa y M. E. Franklin, «Cognitive-behavioral treatment of obsessive-compulsive disorder», en D. K. Routh y R. J. DeRubeis (Eds.), *The science of clinical psychology*, American Psychological Association, Washington, DC 1998.

mismo[235]. Un estudio realizado por Fisher y Wells[236] puso de relieve que un porcentaje importante de las personas tratadas (casi el 20%) no respondieron ni se recuperaron en grado sustancial, y Riggs y Foa observaron que el 20% recayeron tras la intervención. También disponemos de relativamente pocos datos sobre el mantenimiento de los logros a largo plazo. Además, sabemos que la EPR no es muy efectiva con los individuos con obsesiones principalmente puras, sin compulsiones manifiestas (obsesión pura) o rumiaciones obsesivas (duda, escrupulosidad); con los pacientes con ideas sobrevaloradas, o un bajo *insight*, si es que no está ausente[237]; y con los pacientes afectados por una depresión mayor comórbida[238]. Finalmente, se ha descubierto que ciertos tipos de rituales o de síntomas obsesivos son particularmente difíciles de tratar con la EPR, incluidas las compulsiones encubiertas[239] y la acumulación[240].

La terapia cognitiva, que se centra en identificar y cambiar las creencias obsesivas disfuncionales y las cogniciones desadaptativas, a menudo mediante experimentos conductuales[241], puede ser efectiva, menos estresante y más aceptada que la EPR y parece ser un tratamiento útil en muchos casos[242]. Este es particularmente el caso de los pacientes que se niegan a participar en la EPR o que la abandonan; los que no mejoran con ella; los pacientes obsesivos puros; y los individuos con síntomas obsesivos comórbidos[243]. Sin embargo, la terapia cognitiva puede no proporcionar el impacto crítico necesario para reducir el número de abandonos[244] y para mejorar de

235. P. L. Fisher y A. Wells, «How effective are cognitive and behavioral treatments for obsessive–compulsive disorder?: A clinical significance analysis», *art. cit.*
236. D. S. Riggs y E. B. Foa, «Obsessive–compulsive disorder», en D. H. Barlow (Ed.), *Clinical handbook of psychological disorders: A step-by-step treatment manual*, Guilford Press, Nueva York 1993.
237. M. Kyrios, «Exposure and response prevention for obsessive–compulsive disorder», en R. G. Menzies y P. De Silva (Eds.), *Obsessive–compulsive disorder: Theory, research and treatment*, Wiley, Nueva York 2003.
238. E. B. Foa, «Failure in treating obsessive–compulsives»: *Behaviour Research and Therapy*, 17(3) (1979), 169–176; S. J. Rachman y R. J. Hodgson, *Obsessions and compulsions*, Prentice-Hall, Englewood Cliffs, NJ 1980.
239. P. M. Salkovskis y D. Westbrook, «Behaviour therapy and obsessional ruminations: Can failure be turned into success?»: *Behaviour Research and Therapy*, 27(2) (1989), 149–160.
240. D. A. Clark, *Cognitive-behavioral therapy for OCD, op. cit.*
241. B. O. Olatunji, M. L. Davis, M. B. Powers y J. A. Smits, «Cognitive-behavioral therapy for obsessive–compulsive disorder: A meta-analysis of treatment outcome and moderators»: *Journal of Psychiatric Research*, 47(1) (2013), 33–41.
242. S. Wilhelm, N. C. Berman, A. Keshaviah, R. A. Schwartz y G. Steketee, «Mechanisms of change in cognitive therapy for obsessive compulsive disorder: Role of maladaptive beliefs and schemas»: *Behaviour Research and Therapy*, 65 (2015), 5–10.
243. J. Cottraux, I. Note, S. N. Yao, S. Lafont, B. Note, E. Mollard et al., «A randomized controlled trial of cognitive therapy versus intensive behavior therapy in obsessive compulsive disorder»: *Psychotherapy and Psychosomatics*, 70(6) (2001), 288–297; P. van Oppen y A. Arntz, «Cognitive therapy for obsessive–compulsive disorder»: *Behaviour Research and Therapy*, 32 (1994), 79–87.
244. B. O. Olatunji, M. L. Davis, M. B. Powers y J. A. Smits, «Cognitive-behavioral therapy for obsessive–compulsive disorder: A meta-analysis of treatment outcome and moderators», *art. cit.*

manera significativa la respuesta al tratamiento de la mayoría de los pacientes con TOC que no responden.

La farmacoterapia también ha demostrado ser efectiva para tratar este trastorno, especialmente los antidepresivos serotoninérgicos (inhibidores selectivos de la recaptación de serotonina), con un índice de respuesta del 40-60%. Sin embargo, la farmacoterapia, en su dosis óptima, puede tardar tres meses en provocar una respuesta y puede ocasionar varios efectos colaterales significativos (aumento de peso, sedación, disfunción sexual, etc.). Además, el 80-90% de las personas tratadas únicamente con medicamentos recaen una vez que la ingesta de los mismos se suspende[245].

En resumen, a pesar de la alentadora eficacia de estas intervenciones terapéuticas, que han mejorado enormemente el pronóstico de este desafiante trastorno, un número considerable de personas que padecen TOC no responden bien a los protocolos estándar de la TCC y a la medicación serotoninérgica, y varios estudios muestran que, de media, menos del 50% logran mejoras significativas que se mantienen en el seguimiento[246]. Además, como dijimos al principio de este capítulo, lo más probable es que solo un pequeño porcentaje de personas con TOC decidan someterse a un tratamiento psicoterapéutico, y, de estas, un porcentaje aún menor busca una intervención cognitivo-conductual. Incluso en este caso la intervención suele tener lugar bastante tiempo después de la aparición del trastorno. Por ello, es importante comprender por qué el 50% de los individuos afectados por este trastorno no mejoran, no se someten al tratamiento o lo abandonan, con el fin de que podamos desarrollar intervenciones, estrategias o técnicas racionales y efectivas que puedan ayudar a disminuir este índice.

Aunque los datos no siempre son coherentes y se caracterizan por ser mixtos, la literatura sobre el tema sugiere varios factores que la terapia psicológica considera como obstáculos y que podrían estar relacionados con peores resultados del tratamiento del TOC[247]. Uno de los principales factores es la comorbilidad: las personas con TOC comparten la comorbilidad muy a menudo[248]

245. M. T. Pato, R. Zohar-Kadouch y J. Zohar, «Return of symptoms after discontinuation of clomipramine in patients with obsessive compulsive disorder»: *American Journal of Psychiatry*, 145 (1998), 1521–1522.

246. P. L. Fisher y A. Wells, «How effective are cognitive and behavioral treatments for obsessive–compulsive disorder?: A clinical significance analysis», *art. cit.*; P. M. Salkovskis y J. Kirk, «Obsessive–compulsive disorder», en D. M. Clark y C. Fairburn (Eds.), *The science and practice of cognitive behaviour therapy*, Oxford University Press, Oxford, UK 1997; E. B. Foa, J. B. Grayson, G. Steketee, H. G. Doppelt, R. M. Turner y P. R. Latimer, «Success and failure in the behavioral treatment of obsessive–compulsives»: *Journal of Consulting and Clinical Psychology*, 51 (1983), 287–297.

247. M. Kyrios, C. Hordern y D. B. Fassnacht, «Predictors of response to cognitive behaviour therapy for obsessive–compulsive disorder»: *International Journal of Clinical and Health Psychology*, 15 (2015), 181–190; M. L. Keeley, E. A. Storch, L. J. Merlo y G. R. Geffken, «Clinical predictors of response to cognitive-behavioral therapy for obsessive–compulsive disorder»: *Clinical Psychology Review*, 28(1) (2008), 118–130.

248. M. Kyrios, C. Hordern y D. B. Fassnacht, «Predictors of response to cognitive behaviour therapy for obsessive–compulsive disorder», *art. cit.*

con una serie de trastornos DSM (especialmente la depresión mayor, los trastornos de ansiedad y los trastornos de la personalidad[249]). En el estudio del Plan de Salud Kaiser 1998 de Koran, Pallanti, Paiva y Quercioli[250], el 26% de los pacientes no fueron diagnosticados con ninguna enfermedad psiquiátrica comórbida durante el período de estudio de un año, el 37% tuvo una y el 38% presentó dos o más enfermedades comórbidas. Esta comorbilidad complica aún más el cuadro clínico y reduce la eficacia de las terapias[251].

Otro factor es la edad de inicio. Un estudio prospectivo[252] sugirió que cuando el trastorno aparecía a una edad temprana, se preveía un peor resultado, en particular en los hombres, que experimentaban obsesiones y compulsiones o pensamiento mágico, un ajuste social deficiente y una evolución crónica temprana[253]. Los autores también dijeron que cuanto antes se iniciaba la enfermedad y cuando más larga era su duración, menor era la mejoría que se observaba en el seguimiento. Estos datos sugieren que el diagnóstico y la intervención tempranos conducen a mejores resultados, por lo que los profesionales de la atención sanitaria, tanto la pública como la privada, deben ser conscientes de los síntomas de la aparición del TOC en la infancia[254]. Otros factores que predicen malos resultados son una mayor gravedad de los síntomas; una menor motivación para el tratamiento y una insatisfacción con la relación terapéutica[255]; factores cognitivos menos adaptativos, como las creencias religiosas/sexuales rígidas[256]; y una disfunción familiar y una connivencia con el trastorno (p. ej., homeostasis familiar)[257]. La detección y la comprensión claras de los obstáculos al tratamiento y de los factores que predicen unos

249. A. M. Ruscio, D. J. Stein, W. T. Chiu y R. C. Kessler, «The epidemiology of obsessive–compulsive disorder in the National Comorbidity Survey Replication», *art. cit.*; C. Lochner y D. J. Stein, «Heterogeneity of obsessive–compulsive disorder: A literature review», *art. cit.*
250. L. M. Koran, S. Pallanti, R. Paiva y L. Quercioli, «Pulse loading versus gradual dosing of intravenous clomipramine in obsessive–compulsive disorder»: *European Neuropsychopharmacology*, 8(2) (1998), 121–126.
251. M. Kyrios, «Exposure and response prevention for obsessive–compulsive disorder», *op. cit.*; F. Didonna, «Mindfulness and obsessive–compulsive disorder: Developing a way to trust and validate one's internal experience», *op. cit.*
252. G. Skoog y I. Skoog, «A 40-year follow-up of patients with obsessive–compulsive disorder»: *Archives of General Psychiatry*, 56(2) (1999), 121–127.
253. S. E. Stewart, D. A. Geller, M. Jenike, D. Pauls, D. Shaw, B. Mullin et al., «Long-term outcome of pediatric obsessive–compulsive disorder: A meta-analysis and qualitative review of the literature»: *Acta Psychiatrica Scandinavica*, 110(1) (2004), 4–13.
254. National Collaborating Centre for Mental Health, *Obsessive–compulsive disorder: Core interventions in the treatment of obsessive–compulsive disorder and body dysmorphic disorder*, *op. cit.*
255. G. P. Keijsers, C. A. Hoogduin y C. P. Schaap, «Predictors of treatment outcome in the behavioural treatment of obsessive–compulsive disorder»: *British Journal of Psychiatry*, 165(6) (1994), 781–786.
256. D. Mataix-Cols, I. M. Marks, J. H. Greist, K. A. Kobak y L. Baer, «Obsessive–compulsive symptom dimensions as predictors of compliance with and response to behaviour therapy: Results from a controlled trial»: *Psychotherapy and Psychosomatics*, 71 (2002), 255–262.
257. M. L. Keeley, E. A. Storch, L. J. Merlo y G. R. Geffken, «Clinical predictors of response to cognitive-behavioral therapy for obsessive–compulsive disorder», *art. cit.*

peores resultados pueden permitir que dirijamos mejor o que incorporemos estrategias o intervenciones de tratamiento específicas para las personas que corren el riesgo de abandonar el tratamiento o para quienes probablemente muestren una respuesta menos significativa al tratamiento[258].

Heterogeneidad y tratamiento

Otro factor importante que debemos tener en cuenta a la hora de tratar el TOC es la heterogeneidad de la fenomenología obsesiva y de los síntomas. El TOC tiene una presentación clínica tan heterogénea e idiosincrásica que es imposible considerarlo como una única entidad diagnóstica homogénea y ofrecer un tratamiento clínico como si así lo fuera. De hecho, los diferentes subtipos del trastorno pueden diferir en los procesos psicológicos, en las bases etiológicas y en las estructuras del miedo que mantienen los síntomas obsesivos[259]. La observación de las características clínicas y fenomenológicas heterogéneas del TOC y las posibles etiologías diferentes lleva a algunas preguntas importantes:

- ¿Cómo es posible tratar todas estas modalidades de problemas obsesivos con la misma lógica y los mismos principios, intervenciones y técnicas terapéuticos?
- ¿Cuáles son los mecanismos comunes que activan y mantienen el trastorno, independientemente de las dimensiones y los síntomas clínicos específicos?
- ¿Cuáles son los mecanismos de cambio que pueden ayudar a todas estas personas con TOC a mejorar de manera significativa y estable?

Para responder a estas preguntas, en primer lugar debemos comprender qué tienen en común las diferentes modalidades o subtipos del trastorno; es decir, cuáles son los antecedentes comunes y qué características cognitivas y fenomenológicas comparten. Algunos de los principales mecanismos, características y sesgos que las diferentes formas de TOC parecen tener en común son los siguientes:

- Extrema dificultad para *aceptar* los estímulos desencadenantes inofensivos específicos (pensamientos, sentimientos, sensaciones físicas o percepción sensorial, etc.) y los estados emocionales activados por ellos (ansiedad, asco, vergüenza, culpa, etc.).
- Extrema dificultad para *prevenir o retrasar una reacción* (cognitiva, emocional o conductual) cuando se activan o se perciben estímulos desencadenantes específicos.

258. M. Kyrios, C. Hordern y D. B. Fassnacht, «Predictors of response to cognitive behaviour therapy for obsessive–compulsive disorder», *art. cit.*
259. American Psychiatric Association, *Manual diagnóstico y estadístico de los trastornos mentales, DSM-5, op. cit.*; D. A. Clark, *Cognitive-behavioral therapy for OCD, op. cit.*

- *Hiperactivación disfuncional del «sistema de amenaza/autoprotección»* del cerebro en ausencia de un peligro real.
- Un *sentimiento de desconfianza* genérico o específico hacia las experiencias privadas e internas de uno mismo (p. ej., memoria, experiencia sensorial, atención, intenciones).

Hacia un enfoque de los problemas obsesivos basado en el *mindfulness*

Los obstáculos al tratamiento descritos anteriormente y las limitaciones de las terapias más efectivas (TCC y farmacoterapia) han llevado a los profesionales clínicos a preguntarse cómo pueden mejorar, fortalecer e integrar los tratamientos establecidos con intervenciones que puedan ayudar a superar dichas limitaciones y obstáculos. Necesitamos mejorar la adherencia al tratamiento (en particular, tenemos que hacer que, de alguna manera, las intervenciones que provocan ansiedad sean más aceptables), y necesitamos ampliar la eficacia de la intervención terapéutica a ese 50% de los individuos con TOC que actualmente no mejoran de manera significativa con respecto a los protocolos de tratamiento disponibles. En general, los modelos terapéuticos establecidos y los estudios de resultados de los tratamientos existentes no han incluido varios de los sesgos y de los procesos cognitivos examinados en las secciones anteriores. Por lo tanto, en las diferentes facetas del TOC puede introducirse transversalmente un tratamiento más completo que se oriente a estos mecanismos, y producir resultados y efectos más prometedores.

Se sugiere aquí que es probable que un enfoque «global» o integral pueda afectar en cierta medida a las características transversales más comunes a todos los individuos con TOC, así como a los problemas de comorbilidad. Este enfoque se ocuparía de algo más que los síntomas primarios del trastorno, y trataría a la persona «entera» y su funcionamiento cognitivo global. Este enfoque podría reportar un mayor beneficio porque el TOC afecta a muchas áreas y funciones de la vida y la experiencia de un paciente, y porque los síntomas obsesivos son muy posiblemente solo la manifestación más evidente de una disfunción más general[260]. Todas las cuestiones y las teorías ilustradas y examinadas en este capítulo ayudan a explicar, de manera directa o indirecta, el fundamento de un enfoque de los problemas obsesivos basado en el *mindfulness* y justifican su uso y los posibles beneficios en el tratamiento del TOC. Como veremos en el siguiente capítulo, hay pruebas importantes que demuestran cómo y por qué el *mindfulness* y la autocompasión pueden emplearse de manera efectiva como una intervención orientada a equilibrar, autorregular y modificar varias disfunciones y sesgos cognitivos y déficits neurobiológicos que se han encontrado en el TOC, ayudando así a los pacientes a desarrollar hábitos conductuales, emocionales y mentales más saludables y adaptativos.

260. F. Didonna, «Mindfulness and obsessive-compulsive disorder: Developing a way to trust and validate one's internal experience», *op. cit.*

2 Un enfoque del TOC basado en el *mindfulness*

Entre el estímulo y la respuesta hay un espacio. En ese espacio se inserta nuestra capacidad de elegir nuestra respuesta. En nuestra respuesta subyace nuestro crecimiento y nuestra libertad.

—VIKTOR E. FRANKL

Durante las dos últimas décadas, las investigaciones científicas han proporcionado pruebas cada vez mayores de que los enfoques basados en el *mindfulness* pueden ser clínicamente efectivos y duraderos para varios trastornos psicológicos[1]. Un número de estudios cada vez mayor apoya el uso de intervenciones basadas en el *mindfulness* para el TOC, y ha demostrado que estas intervenciones son beneficiosas y son bien aceptadas en el tratamiento de este trastorno[2].

En el primer capítulo hemos descrito los mecanismos patológicos y los sesgos cognitivos presentes en el TOC. En este capítulo vamos a describir cómo y por qué los procesos psicológicos y los estados mentales cultivados

1. R. A. BAER, «Mindfulness training as a clinical intervention: A conceptual and empirical review»: *Clinical Psychology: Science and Practice*, 10 (2003), 125–143; S. G. HOFMANN, A. T. SAWYER, A. A. WITT Y D. OH, «The effect of mindfulness-based therapy on anxiety and depression: A meta-analytic review»: *Journal of Consulting and Clinical Psychology*, 78(2) (2010), 169; F. DIDONNA, (Ed.), *Clinical handbook of mindfulness*, Springer, Nueva York 2009 (trad. esp.: *Manual clínico de mindfulness*, Desclée De Brouwer, Bilbao 2011).
2. F. DIDONNA, R. ROSSI, C. FERRARI, L. IANI, L. PEDRINI, N. ROSSI ET AL., «Relations of mindfulness facets and psychological symptoms among individuals with a diagnosis of obsessive–compulsive disorder, major depressive disorder, or borderline personality disorder»: *Psychology and Psychotherapy: Theory Research and Practice*, 92(1) (2019), 112–130; M. HANSTEDE, Y. GIDRON E I. NYKLÍCEK, «The effects of a mindfulness intervention on obsessive–compulsive symptoms in a non-clinical student population»: *Journal of Nervous and Mental Disease*, 196(10) (2008), 776–779; N. R. HERTENSTEIN, U. VODERHOLZER, T. HEIDENREICH, C. NISSEN, N. THIEL, N. HERBST ET AL., «Mindfulness-based cognitive therapy in obsessive–compulsive disorder: A qualitative study on patients' experiences»: *BMC Psychiatry*, 12 (2012), 185; L. HALE, C. STRAUSS, B. L. TAYLOR, «The effectiveness and acceptability of mindfulness-based therapy for obsessive compulsive disorder: A review of the literature»: *Mindfulness*, 4 (2013), 375–382.

por la práctica de la meditación *mindfulness* pueden influir de manera eficaz en la mayoría de las características del TOC. En él también vamos a examinar cómo y por qué las intervenciones basadas en el *mindfulness* pueden ser bien aceptadas por las personas que padecen TOC y pueden mostrarse eficaces a la hora de reducir los síntomas del trastorno. A fin de comprender mejor la relevancia clínica de la práctica del *mindfulness* para los individuos con TOC, resultará útil examinar algunas cuestiones conceptuales y fenomenológicas relativas al *mindfulness*.

¿Qué es el *mindfulness*?

Uno de los principales factores que causa y mantiene el sufrimiento mental (p. ej., obsesiones, depresión, ansiedad) es la relación única que las personas han aprendido a tener con su propia experiencia interna. Esta relación suele caracterizarse por una tendencia a dejarse superar y dominar por pensamientos que parten de lo más profundo de sus mentes y que se extienden lentamente hasta un punto en el que ya no se pueden controlar. Estos pensamientos desbocados conducen y condicionan la vida de las personas.

Gracias a haber desarrollado habilidades metacognitivas altamente evolucionadas, las personas pueden planificar, tomar decisiones o sentir emociones meramente sobre la base de sus pensamientos, de sus juicios, de sus evaluaciones, de sus hipótesis, de sus predicciones y de sus memorias (lo que llamamos el «modo conceptual»). Una consecuencia de ello es que los humanos pueden pasar una gran parte de sus vidas reaccionando a esas cogniciones (y no a la realidad) como si fueran acontecimientos reales[3]. Este proceso de tratar las representaciones mentales como si fueran acontecimientos reales se denomina *fusión cognitiva*[4].

El *mindfulness* es un proceso mental que ha sido definido como un estado fluido de conocimiento puro del momento presente, libre de juicios y de metaevaluaciones, y como la capacidad de observar la mente que nos permite comprender la naturaleza real de nuestros pensamientos y ver la realidad tal como es, de una manera imparcial[5]. Por medio del *mindfulness* tomamos conciencia de que estamos continuamente inmersos en un flujo ininterrumpido de acontecimientos mentales que vienen, queramos o no, uno tras otro,

3. P. Gilbert y D. Tirch, «Emotional memory, mindfulness and compassion», en F. Didonna (Ed.), *Clinical handbook of mindfulness*, Springer, Nueva York 2009 (trad. esp.: «Memoria emocional, mindfulness y compasión», en *Manual clínico de mindfulness*, Desclée De Brouwer, Bilbao 2011).
4. S. C. Hayes, K. D. Strosahl y K. G. Wilson, *Acceptance and commitment therapy*, Guilford Press, Nueva York 2012 (trad. esp.: *Terapia de aceptación y compromiso. Proceso y práctica del cambio consciente [Mindfulness]*, Desclée De Brouwer, Bilbao 2015).
5. B. Gunaratana, *Mindfulness in plain English*, Wisdom, Boston 2011 (trad. esp.: *El libro del mindfulness*, Kairós, Barcelona 2012); J. Goldstein, *Mindfulness: What it is and is not*, CFM Guest Lecture Series, presentado en el Center for Mindfulness in Medicine, Health Care, and Society, Shrewsbury, MA 19 de noviembre de 2014.

en rápida sucesión[6]. Esto no es, en realidad, más que la naturaleza de la mente humana, que es intrínsecamente transitoria y fluctuante. Por ello, cuando estos pensamientos nos causan malestar y sufrimiento, la solución no consiste en tratar de eliminarlos o modificarlos, sino más bien en desidentificarnos y descentrarnos de ellos. A medida que nuestras mentes se identifican cada vez menos con el contenido de nuestros pensamientos, nos volvemos más capaces de concentrarnos y de ver la realidad como verdaderamente es. A través del *mindfulness* llegamos a comprender la naturaleza misma de nuestros pensamientos, con independencia de su contenido, y nos damos cuenta de que únicamente son fenómenos inofensivos, vacíos y transitorios, pequeñas espirales de energía en la mente. Esta comprensión de la naturaleza esencialmente vacía de los pensamientos abre una gran puerta a la libertad en nuestras vidas, porque ya no nos identificamos con nuestros pensamientos ni somos prisioneros de ellos[7]. Como vamos a ver más adelante en el capítulo 10, los pensamientos pueden considerarse *útiles* o *no útiles* desde un punto de vista funcional. Podemos definir un pensamiento como útil cuando nos ayuda a alcanzar nuestros objetivos saludables, a satisfacer nuestras necesidades saludables o a crear una sensación de bienestar; cuando es coherente con nuestros valores o intenciones y con la realidad; o cuando hace que sintamos las emociones que queremos sentir. Los pensamientos que no cumplen estos criterios no son terribles, horribles, malos, aterradores o feos; simplemente *no son útiles* con respecto a nuestros objetivos y necesidades reales. Por ello, a través de la práctica del *mindfulness* simplemente nos limitamos a reconocerlos cuando llegan, a acogerlos y, en caso de ser útiles, los usamos intencionalmente para nuestros objetivos y necesidades. Si no son útiles, nos limitamos a permitir su existencia, nos mantenemos distanciados de ellos –los detectamos y reconocemos que son impermanentes e inofensivos– y luego los dejamos ir.

Desde una perspectiva budista, a menudo observamos la realidad a través de filtros que pueden ser positivos y saludables (que nos llevan a una sensación de calma, equilibrio y bienestar), o negativos y poco saludables (p. ej., el filtro del deseo/antojo, el de la ira/odio/aversión, o el de la ilusión/ignorancia, que nos llevan a diversas formas de sufrimiento)[8]. El modo consciente [modo *mindful*] es un proceso mental sutil que no es meramente una actitud metacognitiva. Cuando entramos en el modo observador de la mente, somos capaces de ver los filtros que usamos en la observación, o el factor o el estado mental particular que está activo en ese momento. Por tanto, nuestra observación está condicionada y se ve alterada por el estado

6. F. DIDONNA, «Introduction: Where new and old paths to dealing with suffering meet», en F. Didonna (Ed.), *Clinical handbook of mindfulness*, Springer, New York 2009 (trad. esp.: «Introducción: Donde convergen los nuevos y los viejos caminos para tratar el sufrimiento», en *Manual clínico de mindfulness*, Desclée De Brouwer, Bilbao 2011).
7. J. GOLDSTEIN, *Mindfulness: What it is and is not*, *art. cit.*
8. P. EKMAN, R. J. DAVIDSON, M. RICARD Y B. A. WALLACE, «Buddhist and psychological perspectives on emotions and well-being»: *Current Directions in Psychological Science*, 14(2) (2005), 59-63.

mental actual y concreto. El *mindfulness* nos ayuda a darnos cuenta, cuando estamos observando, de qué estado mental está activo en cada momento.

Gunaratana ofrece algunas descripciones de los rasgos principales de un estado de *mindfulness* que están en la línea de este capítulo:

> *En el modo consciente* no hay juicios [...]. La atención plena es un tipo de conciencia no conceptual [...]. No es pensamiento, ni implica pensamientos ni conceptos ni permanece atrapada tampoco en creencias [...]. No es un análisis basado en la reflexión y la memoria, sino en la experiencia directa e inmediata sin mediación de pensamiento y antes de que este aparezca en el proceso de percepción [...]. La atención plena es un estado de alerta despojado de ego que ocurre sin referencia alguna al yo [...]. La atención plena nos permite constatar la naturaleza básica de los fenómenos pasajeros [...]. Observa las cosas mientras se transforman [...], cómo nos hacen sentir, cómo reaccionamos a ellas y el modo en que afectan a los demás. En la atención plena, nos convertimos en observadores imparciales[9].

El *mindfulness* es un estado que puede cultivarse y desarrollarse a través de la práctica regular de la meditación. Por lo general, las intervenciones basadas en el *mindfulness* emplean una práctica de meditación denominada *Vipassana*, o meditación de introspección [meditación *insight*], introducida por el Buda hace 2.500 años y que consiste en un conjunto de ejercicios mentales destinados específicamente a experimentar un estado de *mindfulness* ininterrumpido[10]. El significado de la palabra *Vipassana* es «el de ver algo con claridad y precisión, discernir los diferentes componentes de la existencia y penetrar a fondo hasta llegar a percibir la realidad fundamental de lo que estamos viendo»[11]. Implica cultivar una manera especial de ver la vida, de ver la realidad, exactamente como es.

Mindfulness y TOC: aspectos clínicos y fenomenológicos

Teniendo en cuenta las definiciones anteriores del *mindfulness*, debería quedar claro que este estado mental particular dista mucho –e incluso es lo contrario– de la forma reactiva en que los individuos con TOC se relacionan consigo mismo e interpretan sus experiencias externas e internas. De hecho, el *mindfulness* es un proceso psicológico que puede ser definido como la antítesis de la mayoría de los mecanismos, sesgos y síntomas obsesivos. En este sentido, desde una perspectiva basada en el *mindfulness*, el TOC puede ser definido como un déficit de las habilidades del *mindfulness*, como un *estado severo de falta de conciencia* (*mindlessness*)[12]. Muchos de los mecanismos y de

9. B. Gunaratana, *Mindfulness in plain English*, *op. cit.*, 133-135.
10. *Ibíd.*
11. *Ibíd.*, 27.
12. F. Didonna, «Mindfulness and obsessive–compulsive disorder: Developing a way to trust and validate one's internal experience», en F. Didonna (Ed.), *Clinical handbook of mindfulness*, Springer, Nueva York 2009 (trad. esp.: «Mindfulness y trastorno obsesivo compulsivo: desarrollando una manera de confiar y validar la experiencia interna», en *Manual clínico de mindfulness*, Desclée De Brouwer, Bilbao 2011).

los sesgos cognitivos del TOC examinados en el capítulo 1 pueden considerarse como déficits del *mindfulness* (p. ej., sesgos atencionales, fusión pensamiento-acción, actitud de no aceptación, autoinvalidación de la percepción, sesgo interpretativo de la experiencia privada y desconfianza en uno mismo).

Aunque se han realizado muchas investigaciones que muestran los efectos positivos de las intervenciones basadas en el *mindfulness* sobre los indicadores sanitarios y sobre los niveles de *mindfulness* después del tratamiento de las personas afectadas por problemas psiquiátricos, solo unos pocos estudios han investigado si en un grupo de diagnóstico existen déficits en las habilidades del *mindfulness* en comparación con los sujetos del grupo de control[13]. Este factor es relevante si queremos comprender los mecanismos de cambio que subyacen en las intervenciones basadas en el *mindfulness* en las que se presume que la mejora de las habilidades del *mindfulness* está asociada a la mejora de los síntomas clínicos. En un reciente estudio exploratorio[14] investigamos las diferencias entre las facetas totales y específicas del *mindfulness* en 153 pacientes con un diagnóstico de TOC (n = 55), trastorno depresivo mayor (n = 50), o trastorno de la personalidad límite (n = 48) y un grupo de control de sujetos sanos (n = 49). Nos interesaba explorar si los déficits en determinadas habilidades del *mindfulness* estaban asociados a mayores puntuaciones en los síntomas psicológicos en las diferentes categorías diagnósticas. Para ello, hicimos uso del Cuestionario de Cinco Facetas de la Conciencia Plena (FFMQ, por sus siglas en inglés, *Five-Facets Mindfulness Questionnaire*)[15], que mide la tendencia general a ser consciente en la vida diaria. Esta tendencia se define en función de cinco factores: *observar, describir, actuar con conciencia, no juzgar la experiencia interior* y *no reaccionar ante la experiencia interior.* Los tres grupos de diagnóstico obtuvieron una puntuación global y en dimensiones específicas significativamente inferior en comparación con el grupo de control, con la excepción de la faceta de la observación. Con independencia del diagnóstico específico, las puntuaciones totales más altas del FFMQ estaban inversamente relacionadas con todas las medidas psicológicas ($p < 0{,}001$). Dicho con otras palabras, los descubrimientos mostraron que todos los grupos de diagnósticos presentaban déficits en las habilidades del *mindfulness*. También mostraron relaciones específicas del trastorno entre algunas facetas del *mindfulness* y determinadas variables psicológicas. Los datos preliminares muestran que los pacientes con TOC obtuvieron una puntuación significa-

13. K. Crowe y D. McKay, «Mindfulness, obsessive–compulsive symptoms, and executive dysfunction»: *Cognitive Therapy and Research*, 40 (2016), 627–644.
14. F. Didonna, M. Lanfredi, E. Xodo, C. Ferrari, R. Rossi y L. Pedrini, «Mindfulness-based cognitive therapy for obsessive–compulsive disorder: A pilot-study»: *Journal of Psychiatric Practice*, 25(2) (2019), 156–170.
15. R. A. Baer, G. T. Smith, J. Hopkins, J. Krietemeyer y L. Toney, «Using self-report assessment methods to explore facets of mindfulness»: *Assessment*, 13 (2006), 27–45; F. Didonna y V. Bosio, «Assessing mindfulness skills: A validation study of the Italian version of the Five Facet Mindfulness Questionnaire»: *Psicoterapia Cognitiva e Comportamentale*, 18(3) (2012), 261–284.

tivamente más baja ($p < 0{,}001$) que el grupo de control no clínico en tres de los cinco factores *–actuar con conciencia, no reaccionar ante la experiencia interior,* y *no juzgar la experiencia interior–*, además de una menor puntuación total. *Actuar con conciencia* incluye prestar atención a las actividades del momento presente y se opone al piloto automático que solemos emplear, con el que nos comportamos mecánicamente sin ser conscientes de lo que estamos haciendo (p. ej., rituales y neutralizaciones en el TOC). *No reaccionar ante la experiencia interior* se refiere a la capacidad de dejar que los pensamientos y los sentimientos vayan y vengan, sin dejar que nos lleven o nos arrastren (p. ej., rumiaciones y comportamientos de búsqueda de seguridad en el TOC). *No juzgar la experiencia interior* se refiere a adoptar una postura no evaluadora hacia la experiencia privada (p. ej., sesgos cognitivos y ámbitos de la creencia en el TOC). Además, se descubrió una correlación negativa significativa entre las puntuaciones de la Escala Obsesivo-Compulsiva de Yale-Brown (Y-BOCS, por sus siglas en inglés, *Yale–Brown Obsessive Compulsive Scale*) y la subescala de *no juzgar*; es decir, a medida que aumenta la frecuencia de los síntomas obsesivos, también lo hace la tendencia a juzgar la experiencia interior. Este estudio demostró que las habilidades del *mindfulness* tuvieron un impacto significativo en las características psicopatológicas del TOC, y este descubrimiento puede tener importantes repercusiones clínicas.

Estos resultados concuerdan con los de Baer et al.[16] y con los de Baer, Smith, Hopkins, Krietemeyer y Toney[17], y confirman que las puntuaciones más altas en estas facetas del *mindfulness* pueden estar asociadas a una disminución de los síntomas psicopatológicos. Una posible explicación podría ser que estas capacidades ayudan a los pacientes a alejar su atención de sus pensamientos y a interrumpir o evitar procesos metacognitivos poco útiles tales como las evaluaciones o las creencias disfuncionales, los autojuicios severos y la hipercrítica hacia el yo, y la rumiación cognitiva en general[18]. Otros autores[19] han informado de que la faceta de la *conciencia* del FFMQ

16. R. A. Baer, G. T. Smith y K. B. Allen, «Assessment of mindfulness by self-report: The Kentucky Inventory of Mindfulness Skills»: *Assessment*, 11 (2004), 191–206.
17. R. A. Baer, G. T. Smith, J. Hopkins, J. Krietemeyer y L. Toney, «Using self-report assessment methods to explore facets of mindfulness», *art. cit.*
18. F. Didonna, «Mindfulness and obsessive–compulsive disorder: Developing a way to trust and validate one's internal experience», *op. cit.*; F. Didonna, M. Lanfredi, E. Xodo, C. Ferrari, R. Rossi y L. Pedrini, «Mindfulness-based cognitive therapy for obsessive–compulsive disorder: A pilot-study», *art. cit.*; F. Didonna, R. Rossi, C. Ferrari, L. Iani, L. Pedrini, N. Rossi et al., «Relations of mindfulness facets and psychological symptoms among individuals with a diagnosis of obsessive–compulsive disorder, major depressive disorder, or borderline personality disorder», *art. cit.*; P. M. McEvoy, H. Watson, E. R. Watkins y P. Nathan, «The relationship between worry, rumination, and comorbidity: Evidence for repetitive negative thinking as a transdiagnostic construct»: *Journal of Affective Disorders*, 151(1) (2013), 313–320.
19. J. R. Peters, L. M. Smart, T. A. Eisenlohr-Moul, P. J. Geiger, G. T. Smith y R. A. Baer, «Anger rumination as a mediator of the relationship between mindfulness and aggression: The utility of a multidimensional mindfulness model»: *Journal of Clinical Psychology*, 71(9) (2015), 871–874.

puede implicar, por ejemplo, ser consciente de que se están produciendo pensamientos rumiativos, y esto, a su vez, puede fomentar el uso de estrategias cognitivas más adaptativas. Además, las facetas del FFMQ de *no juzgar* y de *no reaccionar* pueden conducir a pensamientos críticos sobre uno mismo y sobre los demás y a un menor número de comportamientos de búsqueda de seguridad contraproducentes.

En otro estudio reciente[20], los autores investigaron si había diferencias significativas entre los niveles de *mindfulness* inherente a los individuos con síntomas del TOC, los individuos con síntomas relacionados (depresión y ansiedad) y los sujetos sanos del grupo de control. La inherencia se determinó a través del Cuestionario de Cinco Facetas de la Conciencia Plena[21]. Los resultados mostraron que los participantes en el grupo del TOC tenían niveles de *mindfulness* significativamente más bajos que los del grupo de la ansiedad y los del grupo de control en tres facetas del *mindfulness*: *describir, actuar con conciencia*, y *no juzgar*. Los autores argumentaron que las características psicológicas clave del TOC, como la responsabilidad excesiva, la culpa, el asco y el perfeccionismo, parecen actuar en oposición directa a estas cualidades conscientes. Refiriéndose a otros autores, señalaron asimismo que *no juzgar* es la faceta del *mindfulness* que, cuando es baja o está ausente, es la más predictiva de la psicopatología[22] y, además, el componente más crucial del *mindfulness* que debemos abordar con los pacientes con TOC[23].

Estos datos muestran que el TOC puede estar asociado a déficits en las habilidades del *mindfulness* que están claramente conectadas con algunas características clínicas del trastorno. Además, sugieren que las intervenciones basadas en el *mindfulness* podrían ser efectivas para el TOC en entornos clínicos si se tienen en cuenta los diferentes perfiles de las habilidades del *mindfulness* y su impacto en las estrategias cognitivas desadaptativas específicas de la enfermedad o en la sintomatología.

Fundamentación del uso del entrenamiento en *mindfulness* para el tratamiento de los problemas obsesivos

Como explicamos en el capítulo 1, la TCC continúa siendo el tratamiento para el TOC que se emplea con mayor frecuencia, a pesar de sus probadas limitaciones. Por ello, a partir de los datos recién presentados sobre la relación que existe entre el *mindfulness* (o la falta de conciencia [*mindlessness*]) y

20. K. Crowe y D. McKay, «Mindfulness, obsessive–compulsive symptoms, and executive dysfunction», *art. cit.*
21. R. A. Baer, G. T. Smith, J. Hopkins, J. Krietemeyer y L. Toney, «Using self-report assessment methods to explore facets of mindfulness», *art. cit.*
22. M. Cash y K. Whittingham, «What facets of mindfulness contribute to psychological wellbeing and depressive, anxious, and stress-related symptomatology?»: *Mindfulness*, 1(3) (2010), 177–182.
23. C. Watson y C. Purdon, «Attention training in the reduction and reappraisal of intrusive thoughts»: *Behavioural and Cognitive Psychotherapy*, 36(1) (2008), 61–70.

el TOC, parece lógico explorar modos en que la TCC y el entrenamiento en *mindfulness* pueden complementarse entre sí para hacer frente de una manera más adecuada a la heterogeneidad del trastorno y a los obstáculos y los desafíos con que nos encontramos al tratarlo, así como para mejorar la efectividad y la aceptabilidad de los protocolos de tratamiento establecidos. La integración de los tratamientos establecidos con las intervenciones basadas en el *mindfulness* puede proporcionar un enfoque más integral para el tratamiento del TOC. Ese enfoque no solo se centraría en los síntomas evidentes y heterogéneos del trastorno, sino también en la persona en su conjunto.

Un enfoque del tratamiento del TOC basado en el *mindfulness* tiene como objetivo cambiar radicalmente el modo en que los individuos se relacionan con su propia experiencia privada. En el marco de un enfoque cognitivo-conductual, hay algunas intervenciones e hipótesis que son compatibles con una perspectiva basada en el *mindfulness*. Por ejemplo, Salkovskis[24] señaló que el objetivo de la TCC no es persuadir a las personas de que la forma en que interpretan las situaciones es necesariamente errónea, irracional o excesivamente negativa, sino más bien ayudarlas a detectar dónde están atrapadas en su forma de pensar y a descubrir nuevas formas de ver su situación. El mismo autor[25] desarrolló una técnica cognitivo-conductual para individuos con obsesiones puras (sin rituales manifiestos) denominada *técnica de la grabación en bucle* [*tape-loop technique*]. Esta técnica consistía en hacer que los pacientes escucharan repetidamente sus pensamientos obsesivos, que se habían grabado previamente (y que se mantuvieran en contacto con ellos). El objetivo consistía en observarlos sin reaccionar a ellos con rituales manifiestos o encubiertos; verlos como lo que son (esto es, solo pensamientos); y abstenerse de toda evaluación, interpretación o neutralización. Esta técnica puede considerarse como un poderoso ejercicio de *mindfulness* con el que los pacientes aprenden a adoptar una perspectiva descentrada que les permite ver los pensamientos como meros pensamientos.

Otros autores han puesto de manifiesto que la mayoría de las modalidades de psicopatología se caracterizan por la evitación experiencial, por la intolerancia de ciertas experiencias internas y por modos de evitación destinados a apartarse de esas experiencias. Por eso, la reducción de la evitación experiencial es una de las modalidades más efectivas de psicoterapia[26]. Este enfoque ayuda a los pacientes a aceptar la exposición a aspectos de sus estados internos a los que temen por lo que respecta a su comportamiento, y les anima a estar en contacto con las emociones y los pensamientos dolorosos o

24. P. M. Salkovskis, «The cognitive approach to anxiety: Threat beliefs, safety-seeking behavior, and the special case of health anxiety and obsessions», en P. M. Salkovskis (Ed.), *Frontiers of cognitive therapy*, Guilford Press, Nueva York 1996.
25. P. M. Salkovskis, «Treatment of an obsessional patient using habituation to audiotaped ruminations»: *British Journal of Clinical Psychology*, 22 (1983), 311–313.
26. S. C. Hayes, K. G. Wilson, E. V. Gifford, V. M. Follette y K. Strosahl, «Experiential avoidance and behavioral disorders: A functional dimensional approach to diagnosis and treatment»: *Journal of Consulting and Clinical Psychology*, 64 (1996), 1152–1168.

aterradores que surgen durante el tratamiento[27]. La evitación experiencial ha sido definida como «el fenómeno que se produce cuando una persona no está dispuesta a permanecer en contacto con determinadas experiencias privadas (p. ej., pensamientos, emociones, sensaciones corporales) y toma medidas para alterar la forma o la frecuencia de estas experiencias o los contextos que las ocasionan»[28]. La evitación experiencial se manifiesta a través de una serie de estrategias contraproducentes como los comportamientos de búsqueda de seguridad, los rituales, la confirmación, etc., y constituye uno de los principales problemas de las personas que padecen TOC. Las investigaciones han demostrado que los intentos de suprimir o evitar los pensamientos, que son estrategias comunes de afrontamiento en el TOC, aumentan a menudo la frecuencia, la fuerza y el carácter intrusivo de las predicciones, los sentimientos y los pensamientos dolorosos[29]. A través de la práctica del *mindfulness*, las personas con TOC aprenden (1) a suspender la «lucha» que tienen con sus pensamientos y sus emociones, y (2) a dejar de participar en las ineficaces estrategias de evitación que han usado para defenderse del contenido de su experiencia[30].

El hecho de que las cogniciones perturbadoras en el TOC suelan ir acompañadas de un *insight* (esto es, del reconocimiento de que los propios síntomas son excesivos e inapropiados) y de una *egodistonía* (esto es, de una incoherencia entre el contenido de la obsesión y el sentido del yo [*sense of self*] de una persona que se refleja en sus valores, en sus ideales y en sus atributos morales centrales[31]) hace que el trastorno sea particularmente susceptible de ser tratado con los métodos basados en el *mindfulness*. Los síntomas en sí mismos pueden convertirse en sujetos naturales de observación por parte del paciente, que aprende a verlos con mayor claridad y con una mayor conciencia (*mindfulness*) y a desarrollar los procesos de *descentramiento* y *desidentificación* con los estados internos. A través de estos procesos recién adquiridos, un individuo pasa de un modo cognitivo, en el que se siente víctima de los pensamientos, a un modo observador, en el que es capaz de advertir y describir lo que está ocurriendo en su interior en lugar de verse atrapado por ello[32].

Al cambiar la relación que las personas con TOC mantienen con su experiencia interna, el entrenamiento en *mindfulness* les ayuda a superar los défi-

27. *Ibíd.*
28. *Ibíd.*, 4.
29. *Ibíd.*; D. M. WEGNER, D. J. SCHNEIDER, B. KNUTSON Y S. R. MCMAHON, «Polluting the stream of consciousness: The effect of thought suppression on the mind's environment»: *Cognitive Therapy and Research*, 15 (1991), 141–152; P. GILBERT Y D. TIRCH, «Emotional memory, mindfulness and compassion», *op. cit.*
30. F. DIDONNA, «Mindfulness and obsessive–compulsive disorder: Developing a way to trust and validate one's internal experience», *op. cit.*
31. C. L. PURDON, «Appraisal of obsessional thought recurrences: Impact on anxiety and mood state»: *Behavior Therapy*, 32 (2001), 47–64; C. L. PURDON Y D. A. CLARK, «Metacognition and obsessions»: *Clinical Psychology and Psychotherapy*, 6 (1999), 102–110.
32. P. GILBERT Y D. TIRCH, «Emotional memory, mindfulness and compassion», *op. cit.*

cits específicos del *mindfulness* que, hasta ese momento, les han llevado invariablemente a la fenomenología obsesiva. La meditación *mindfulness* parece funcionar cambiando, no los contenidos de la mente de una persona, sino más bien el modo en que se relaciona con ellos: al «ver» de una forma más receptiva, descentrada e inmediata, el poder coercitivo de algunos contenidos cognitivo-afectivos disminuye progresivamente hasta que termina por desaparecer[33].

Según Gilbert y Tirch[34], el predominio del procesamiento verbal/lingüístico y lógico-matemático en las interacciones humanas con el entorno puede conducir a una desconexión de la experiencia momento a momento y a cosificar las experiencias internas[35]. En las personas con TOC, esta cosificación ocurre en un grado extremo, provocando las consecuencias emocionales y conductuales que caracterizan al trastorno.

Jeffrey Schwartz[36] fue uno de los pioneros en integrar el *mindfulness* y la TCC en el tratamiento del TOC y en mostrar los efectos clínicos y neurobiológicos de esta práctica. Schwartz hizo ver que en los individuos con TOC, la mente se ve bombardeada por un flujo constante de «falsas alarmas», y que el *mindfulness* puede cambiar el valor que estos individuos dan a los estímulos desencadenantes (pensamientos, sentimientos y sensaciones), ayudándoles así a aprender la manera de controlar sus reacciones emocionales así como la interpretación y los significados que atribuyen a esos estímulos. A través de este cambio en la comprensión, las personas con TOC preparan el terreno para tomar diferentes decisiones sobre cómo reaccionar ante los sentimientos y las sensaciones de una manera nueva. El proceso consciente de observar la experiencia interna de un modo calmado, claro y sin responder a ella puede permitir que las personas con TOC desarrollen las capacidades metacognitivas necesarias para darse cuenta de que pueden cambiar conscientemente sus respuestas a los pensamientos intrusivos y a los estímulos perturbadores de maneras muy adaptativas[37].

La práctica del *mindfulness* también ayuda a que quienes padecen TOC desarrollen el proceso de desidentificación, según el cual aprenden a ver claramente que ellos no se identifican con su enfermedad y que su mente y su conciencia no se identifican con el proceso de la enfermedad. Llegan a comprender que hay un aspecto observador de la mente que puede seguir siendo

33. F. Didonna, (Ed.), *Clinical handbook of mindfulness*, *op. cit.*
34. P. Gilbert y D. Tirch, «Emotional memory, mindfulness and compassion», *op. cit.*
35. S. C. Hayes, D. Barnes-Holmes y B. Roche (Eds.) *Relational frame theory: A post-Skinnerian account of human language and cognition*, Plenum Press, Nueva York 2001; S. C. Hayes, K. D. Strosahl y K. G. Wilson, *Acceptance and commitment therapy*, *op. cit.*
36. J. M. Schwartz y B. Beyette, *Brain lock: Free yourself from obsessive–compulsive behavior*, Harper Collins, Nueva York 1997; J. M. Schwartz, «A role for volition and attention in the generation of new brain circuitry: Toward a neurobiology of mental force», en B. Libet, A. Freeman y K. Sutherland (Eds.), «The volitional brain: Towards a neuroscience of free will»: *Journal of Consciousness Studies*, 6(89) (1999), 115–142.
37. J. M. Schwartz, «A role for volition and attention in the generation of new brain circuitry: Toward a neurobiology of mental force», *art. cit.*

independiente de los contenidos de la conciencia que el proceso de la enfermedad está creando. Las personas con TOC pueden entrenar sus mentes para *no* identificarse con estas experiencias, para verse a sí mismas separadas de los contenidos mentales problemáticos[38].

El *modo consciente* [*mindful mode*] es un término empleado en la literatura del *mindfulness* y hace referencia a un modo de procesar la información, pero el concepto no es muy diferente del término más general *mindfulness*. Es lo opuesto al piloto automático, e implica prestar atención y aceptar lo que realmente está sucediendo en el momento presente. Se trata de una regulación fluida voluntaria e intencional de los estados de atención y conciencia. Permite que una persona «esté» en el presente en vez de reaccionar a él o procesarlo a través de filtros conceptuales[39]. El modo consciente es incompatible con los procesos y los estados mentales del TOC, dado que, por lo general, en situaciones que provocan ansiedad, los individuos obsesivos son incapaces de prestar atención a lo que están experimentando en el momento presente sin juzgarlo o reaccionar a ello. Por eso, la práctica del *mindfulness* puede ayudar a los individuos con TOC a crear nuevos modos y hábitos mentales y conductuales que neutralicen o eviten los estados mentales y los síntomas obsesivos.

Por otra parte, varios autores coinciden en que el *mindfulness* facilita el control del comportamiento al servicio de los fines adaptativos[40]. El *mindfulness* se caracteriza por un procesamiento receptivo de la información interna y externa. Este tipo de procesamiento facilita la regulación saludable de la acción al permitir una decisión informada por las necesidades, por los valores y los sentimientos y por cómo encajan con las opciones y las demandas de la situación. Dicho con otras palabras, la mayor conciencia que las personas logran mediante la práctica del *mindfulness* les permite tener respuestas más flexibles y adaptativas a los acontecimientos y, al mismo tiempo, reducir al mínimo las reacciones automáticas, habituales o impulsivas y/o compulsivas[41].

En las siguientes secciones examinamos más a fondo las relaciones y los efectos de la práctica del *mindfulness* en algunas de las características fenomenológicas y de los procesos cognitivos típicos que caracterizan al TOC.

---

38. *Ibíd.*
39. K. W. Brown, R. M. Ryan y D. Creswell, «Mindfulness: Theoretical foundations and evidence for its salutary effects»: *Psychological Inquiry*, 18(4) (2007), 211–237; R. Crane, *Mindfulness-based cognitive therapy: Distinctive features*, Routledge, Nueva York 2017².
40. C. E. Lakey, W. K. Campbell, K. W. Brown y A. S. Goodie, «Dispositional mindfulness as a predictor of the severity of gambling outcomes»: *Personality and Individual Differences*, 43(7) (2007), 1698–1710; R. M. Ryan, «The developmental line of autonomy in the etiology, dynamics, and treatment of borderline personality disorders»: *Development and Psychopathology*, 17 (2005), 987–1006.
41. S. R. Bishop, M. Lau, S. Shapiro, L. Carlson, N. D. Anderson, J. Carmody et al., «Mindfulness: A proposed operational definition»: *Clinical Psychology: Science and Practice*, 11(3) (2004), 230–241; R. M. Ryan y E. L. Deci, «Autonomy is no illusion: Self-determination theory and the empirical study of authenticity, awareness, and will», en S. L. Koole, J. Greenberg y T. Pyszczynski (Eds.), *Handbook of experimental existential psychology*, Guilford Press, Nueva York 2004.

Mindfulness y rumiación

Para creer con certeza debemos comenzar con la duda.

—Stanislaw Leszczynski

La rumiación es uno de los principales procesos cognitivos en muchas enfermedades psicológicas, incluido el TOC. Aunque muchas personas creen que el hecho de rumiar una experiencia difícil les ayuda a hacerle frente, en realidad ocurre lo contrario: en realidad se están alejando de una percepción directa de la naturaleza de la dificultad, porque rumiar siempre implica emitir un juicio sobre la experiencia. El entrenamiento en *mindfulness* puede contrarrestar esta tendencia, porque favorece la actitud de dejar ir los propios pensamientos. Este dejar ir promueve el bienestar psicológico y físico ayudando a las personas a evitar quedar atrapadas en círculos viciosos perjudiciales. La rumiación puede ser muy destructiva porque el pensamiento rumiativo se alimenta continuamente, generando emociones y pensamientos reactivos que se vuelven cada vez más intensos y que se alejan de la situación real, lo que hace difícil a largo plazo diferenciar la realidad del juicio que emitimos sobre ella. Por eso es tan importante que los pacientes aprendan la manera de desidentificarse de sus propios pensamientos[42].

Parece que el *mindfulness* puede intervenir directamente en varios aspectos de los pensamientos rumiativos valiéndose de la naturaleza repetitiva de los mismos. Las personas que rumian sienten un fuerte apego hacia el pensamiento por el simple hecho de pensar; dependen de la conversación mental incesante que tiene lugar en sus cabezas. Es frecuente que estas personas se sientan bien únicamente cuando su mente está pensando, y están convencidas de que la solución a todos sus problemas solo puede venir al pensar en ellos. Es como si tuvieran una especie de fe ciega en un presunto poder mágico del pensar y el repensar. Aprender a desidentificarse de sus propios pensamientos puede liberarlas de este apego fuerte y profundamente arraigado. La meditación basada en el *mindfulness* nos ayuda a aprender a despojar a los pensamientos de la importancia que les atribuimos y a darnos cuenta de que no tienen sustancia, de que su verdadera naturaleza no tiene necesariamente nada que ver con la realidad. Una vez que seamos capaces de hacer esto, podremos superar el obstáculo del apego y el riesgo de que degenere en los efectos negativos de la rumiación.

Nuestra conciencia evoluciona gradualmente a medida que practicamos regularmente el desapego de nuestros propios pensamientos y suspendemos intencionalmente cualquier juicio o evaluación sobre lo que sucede a nuestro alrededor y dentro de nosotros. A medida que aprendemos a observar y aceptar las cosas tal como son, sin sentir la necesidad de cambiarlas. De hecho, el principal objetivo de los programas basados en el *mindfulness* es ayudar a las personas a transformar radicalmente la relación que tienen con los pensamientos,

---

42. F. Didonna, «Introduction: Where new and old paths to dealing with suffering meet», *op. cit.*

con los sentimientos y con las sensaciones físicas que contribuyen a activar y mantener sus síntomas del TOC[43].

Varios autores[44] coinciden en que las prácticas del *mindfulness* permiten inhibir el procesamiento elaborativo secundario de la experiencia interna que surge en la corriente de la conciencia. Por ello, el entrenamiento en *mindfulness* puede ayudar a mejorar la inhibición cognitiva, especialmente en el ámbito de la selección de estímulos[45]. Por medio de la práctica del *mindfulness*, las personas, en vez de quedar atrapadas en corrientes de pensamiento rumiativas y elaborativas sobre su experiencia y sus orígenes, sobre las implicaciones y sobre las asociaciones, experimentan los acontecimientos en sus mentes y en sus cuerpos directamente, sin ningún tipo de filtro[46]. El modo consciente no es un ejercicio de supresión de pensamientos, sino más bien de observación, en el que todas las experiencias internas y externas se consideran objetos de observación, y no distracciones. En el modo consciente, una vez que se han reconocido y observado los pensamientos, las sensaciones y las emociones, llevamos nuestra atención de vuelta a nuestro centro de atención (p. ej., la respiración), evitando así cualquier elaboración posterior de los mismos[47].

Como dijimos en el capítulo 1, otro aspecto negativo de la rumiación es que es un proceso metacognitivo reactivo que provoca un efecto negativo cuando una persona percibe una discrepancia negativa entre los estados actuales y los deseados[48]. Los modos reactivos de la mente tienden a intensificar el nivel de estrés y el malestar emocional de una persona y/o a perpetuar el trastorno (esto es, los modos reactivos actúan como factores de mantenimiento)[49]. Las intervenciones basadas en el *mindfulness* son un tipo de ejercicio mental destinado a reducir esta vulnerabilidad cognitiva entrenando a los pacientes para que pasen de un «modo hacer», con el que se pretende reducir las discrepancias entre los estados reales y los deseados, a un «modo ser», que se caracteriza por la experiencia directa e inmediata del presente, en la que uno acepta y permite lo que es[50]. En un modo consciente de la mente, en lugar de pensar *en* sus estados internos, la gente experimenta sus pensamientos, sus emociones y sus sensaciones directamente.

---

43. F. Didonna, (Ed.), *Clinical handbook of mindfulness*, *op. cit.*
44. Z. V. Segal, J. M. Williams y J. D. Teasdale, *Mindfulness-based cognitive therapy for depression: A new approach to preventing relapse*, Guilford Press, Nueva York 2013² (trad. esp.: *MBCT. Terapia cognitiva basada en el mindfulness para la depresión*, Edición revisada, Kairós, Barcelona 2017).
45. S. R. Bishop, M. Lau, S. Shapiro, L. Carlson, N. D. Anderson, J. Carmody et al., «Mindfulness: A proposed operational definition», *art. cit.*
46. J. D. Teasdale, Z. V. Segal y J. M. Williams, «Mindfulness training and problem formulation»: *Clinical Psychology: Science and Practice*, 10 (2003), 157–160.
47. S. R. Bishop, M. Lau, S. Shapiro, L. Carlson, N. D. Anderson, J. Carmody et al., «Mindfulness: A proposed operational definition», *art. cit.*
48. A. Borders, M. Earleywine y A. Jajodia, «Could mindfulness decrease anger, hostility, and aggression by decreasing rumination?»: *Aggressive Behavior*, 36 (2010), 28–44.
49. Z. V. Segal, J. M. Williams y J. D. Teasdale, *Mindfulness-based cognitive therapy for depression: A new approach to preventing relapse*, *op. cit.*
50. *Ibíd.*

La práctica del *mindfulness* puede ayudar a prevenir los procesos rumiativos enseñando a las personas la manera de controlar intencionadamente su atención para establecer una especie de modo cognitivo o de procesamiento alternativo de la información que es incompatible con los factores que mantienen el trastorno. Durante la práctica del *mindfulness* se invita a los pacientes a centrarse en un objeto de atención específico, que normalmente es una experiencia interna que siempre está disponible (p. ej., las sensaciones físicas de la respiración), y a mantener la conciencia en él intencionalmente[51]. La mente deambula de manera natural por los pensamientos, las emociones, los sonidos y otras sensaciones físicas, y cuando lo hace, los pacientes advierten los contenidos de su conciencia y luego, de manera suave pero firme, llevan su atención de vuelta al objeto original en el que se estaban centrando. Este enfoque funciona como un «ancla» para los pacientes, ofreciéndoles algo que trae de vuelta su conciencia cada vez que la mente deambula[52]. La elección de un foco primario de atención no cognitivo (generalmente corporal), sobre el que la experiencia de los pensamientos pueda registrarse como un simple acontecimiento en la conciencia, ayuda a que los pacientes aprendan a relacionarse con los pensamientos como eventos pasajeros e impermanentes en la mente y no como la «materia» primaria de la mente o del yo[53]. Al practicar regularmente este proceso de observar el contenido de los pensamientos a medida que surgen y al darse permiso para regresar al foco de atención original, los pacientes aprenden a desarrollar una relación descentrada y desapegada con todo tipo de cogniciones. Numerosos estudios[54] realizados con muestras no clínicas y clínicas han demostrado que las intervenciones basadas en el *mindfulness* conducen a una disminución de la rumiación, lo que, a su vez, explica la reducción de los síntomas depresivos y ansiosos.

Para concluir, la meditación basada en el *mindfulness* puede ser un modo efectivo de prevenir o neutralizar la tendencia a rumiar de los pacientes con TOC. Esta práctica les ayuda a permanecer en contacto con sus sensaciones, sus emociones y sus pensamientos intrusivos sin reaccionar ante ellos de

51. J. D. Teasdale, «Metacognition, mindfulness and the modification of mood disorders»: *Clinical Psychology and Psychotherapy*, 6 (1999), 146-155.
52. *Ibíd.*
53. *Ibíd.*
54. A. M. van der Velden, W. Kuyken, U. Wattar, C. Crane, K. J. Pallesen, J. Dahlgaard et al., «A systematic review of mechanisms of change in mindfulness-based cognitive therapy in the treatment of recurrent major depressive disorder»: *Clinical Psychology Review*, 37 (2015), 26-39; L. Hawley, D. Schwartz, P. J. Bieling, J. Irving, K. Corcoran y N. A. S. Farb, «Mindfulness practice, rumination and clinical outcome in mindfulness-based treatment»: *Cognitive Therapy and Research*, 38 (2014), 1-9; S. L. Shapiro, D. Oman, C. E. Thoresen, T. G. Plante y T. Flinders, «Cultivating mindfulness: Effects on well-being»: *Journal of Clinical Psychology*, 64(7) (2008), 840-862; N. L. Kocovski, J. E. Fleming y N. A. Rector, «Mindfulness and acceptance-based group therapy for social anxiety disorder: An open trial»: *Cognitive and Behavioral Practice*, 16(3) (2009), 276-289; W. Ramel, P. R. Goldin, P. E. Carmona y J. R. McQuaid, «The effects of mindfulness meditation on cognitive processes and affect in patients with past depression»: *Cognitive Therapy and Research*, 28(4) (2004), 433-455.

manera disfuncional y contraproducente (véase también la sección: «Un modelo de cómo el entrenamiento en *mindfulness* puede afectar al TOC», más adelante en este mismo capítulo).

Mindfulness y creencias de fusión

Muévete en tu interior, pero no en el sentido en que te mueve el miedo.

—RUMI

Como explicamos en el capítulo 1, la *fusión pensamiento-acción* y la *fusión pensamiento-evento* son las modalidades de creencias de fusión con que nos encontramos en el TOC. Probablemente solo son formas extremas de fenómenos cognitivos normales presentes en los seres humanos que involucran el modo conceptual de la mente y los consiguientes procesos de identificación. La identificación es un proceso nuclear en el desarrollo de las creencias de fusión.

La mente humana intenta de manera continua y automática conceptualizar los fenómenos, y ha desarrollado muchas maneras diferentes, inteligentes y complejas de hacerlo. Si dejáramos que nuestras mentes se salieran con la suya, cada pequeña experiencia interna desencadenaría una oleada de pensamiento conceptual. Cuando estamos absortos en ese pensamiento, a menudo no somos conscientes de lo que realmente está sucediendo en el mundo que nos rodea. Por ejemplo, cuando experimentamos una fuerte sensación en una determinada parte del cuerpo, la mente conceptualiza este evento como dolor y terminamos pensando en él como «el dolor». Gunaratana explica este proceso de desidentificación de manera muy clara:

> El dolor es un concepto. Es una etiqueta, algo añadido a la pura sensación. Lo más probable es que acabes pensando: «[Yo] siento dolor en mi pierna». Ese «yo» es un concepto, algo añadido a la experiencia pura. Cuando introduces el «yo» en el proceso, estás abriendo una brecha conceptual entre la realidad y la conciencia que la percibe. Pensamientos tales como «mí», «mi» o «mío» no tienen cabida en la conciencia directa. Cuando el «mí» entra en escena, estás identificándote con el dolor. Le estás dando más énfasis. Si dejas el «yo» fuera de la operación, el dolor no es doloroso. Es simplemente un flujo de energía emergente y pura. Al desarrollar el *mindfulness*, suspendemos temporalmente el proceso de conceptualización y nos centramos en la naturaleza pura de los fenómenos mentales[55].

En la psicología budista y en la práctica de *mindfulness*, se considera que la mente pensante es similar a los cinco sentidos que registran (pero no causan) estímulos visuales, auditivos y otros estímulos entrantes. Por lo tanto, así como los sonidos se registran como estímulos auditivos, los pensamientos negativos se registran y se advierten como «estímulos de pensamiento» que ocurren en la mente. Mientras no personifiquemos en exceso los pensamientos negativos, estos no dictarán los sentimientos y las actividades subsiguientes

55. B. GUNARATANA, *Mindfulness in plain English*, *op. cit.*, 126.

(p. ej., rituales, neutralizaciones). Únicamente serán una de las muchas cogniciones que tenemos como parte del comportamiento natural y normal de la mente, y no definen de manera inherente el yo[56].

A través de la práctica de *mindfulness* de *automonitorizar* pensamientos y otros eventos mentales, los individuos aprenden a identificarse menos con su propia experiencia privada («pensamientos sin un pensador»)[57], sin importar lo molestos o entretenidos que puedan ser. La meditación consciente ayuda a las personas a desarrollar un sentido de ecuanimidad o de equilibrio y a evitar ser absorbidas por sus propios procesos mentales. Este proceso ha recibido el nombre de *desidentificación mental*[58]. Goleman sugiere: «Lo primero que debe comprenderse en la meditación es que los fenómenos contemplados son distintos de la mente que los contempla»[59]. A medida que los individuos empiezan a desidentificarse con los estados mentales, empiezan a ver que los pensamientos y los sentimientos que observan ocurren por casualidad, que no constituyen una parte orgánica de lo que son y que, por tanto, no tienen que dictar ningún tipo de comportamiento[60].

En un modo consciente entrenamos a la mente para que experimente cada estado mental de forma plena, exactamente como es, sin añadir nada y sin perder ninguna parte de él mismo. Experimentamos estados internos en su forma natural y no adulterada, y la relación con ellos nunca es de pasado o futuro, sino siempre del ahora inmediato[61]. Por eso, los pensamientos, las emociones y las sensaciones se experimentan sin ningún tipo de concepto asociado a ellos y como un simple patrón de energía transitoria e inofensiva que fluye.

Las investigaciones han demostrado que la práctica del *mindfulness* conduce a un cambio significativo de perspectiva[62]. En los últimos años se han acuñado varios conceptos para definir los procesos metacognitivos en los que los pacientes aprenden a observar y a presenciar sus estados internos de una manera desapegada y no reactiva: *descentramiento*[63], también denominado

56. G. A. Marlatt y J. L. Kristeller, «Mindfulness and meditation», en W. R. Miller (Ed.), *Integrating spirituality into treatment*, American Psychological Association, Washington, DC 1999; M. Epstein, *Thoughts without a thinker: Psychotherapy from a Buddhist perspective*, Basic Books, Nueva York 1996 (trad. esp.: *Pensamientos sin pensador: psicoterapia desde una perspectiva budista*, Gaia Ediciones, Móstoles 2011).
57. M. Epstein, *Thoughts without a thinker: Psychotherapy from a Buddhist perspective*, *op. cit.*
58. G. A. Marlatt y J. L. Kristeller, «Mindfulness and meditation», *op. cit.*
59. D. Goleman, «Foreword», en R. Herink (Ed.), *The psychotherapy handbook*, New American Library, Nueva York 1980, 146.
60. J. Snelling, *The Buddhist handbook*, Inner Traditions, Rochester, VT 1991, 55.
61. B. Gunaratana, *Mindfulness in plain English*, *op. cit.*
62. S. L. Shapiro, L. E. Carlson, J. A. Astin y B. Freedman, «Mechanisms of mindfulness»: *Journal of Clinical Psychology*, 62 (2006), 373-386.
63. J. D. Safran y Z. V. Segal, *Interpersonal process in cognitive therapy*, Basic Books, Nueva York: 1990 (trad. esp.: *El proceso interpersonal en la terapia cognitiva*, Ediciones Paidós Ibérica, Barcelona 1994).

distanciamiento y *desautomatización*[64]; *repercepción*[65]; *defusión cognitiva*[66]; el proceso de la *desidentificación*[67]; y *desapego*[68].

Safran y Segal definen el *descentramiento* como la capacidad de «distanciarse de la propia experiencia inmediata, cambiando así la índole misma de esa experiencia»[69]. El descentramiento también puede definirse como la capacidad de observar los propios pensamientos y los sentimientos como eventos impermanentes en la mente, más que como reflejos del yo que han de ser necesariamente verdaderos[70]. Cuando practicamos el descentramiento, adoptamos una postura no crítica y centrada en el presente con respecto a nuestros pensamientos y sentimientos, aceptándolos tal y como son. Por tanto, podemos ser conscientes de nuestras experiencias sin identificarnos con ellas o sin dejarnos arrastrar por ellas[71]. Segal et al.[72] han sugerido que las intervenciones basadas en el *mindfulness*, como la MBCT, pueden conducir a un cambio clínico, no tanto a través de la alteración del contenido del pensamiento como del «descentramiento». Deikman describe la *desautomatización* como «una anulación de los procesos automáticos que controlan la percepción y la cognición»[73].

La *repercepción*[74] se conceptualiza como un metamecanismo con el que las personas pueden desidentificarse con el contenido de sus pensamientos, emociones y sensaciones corporales observándolos desde una metaperspectiva. Los individuos terminan por comprender que pueden limitarse a estar con sus pensamientos, más que a ser definidos por ellos, dándose cuenta de que «este dolor no soy yo», de que «esta depresión no soy yo», de que «yo no soy estos pensamientos»[75]. Otro proceso cognitivo relacionado con esto, en el que el enfoque se centra en cambiar la relación de las personas con sus pensamientos en lugar de intentar alterar el contenido de los pensamientos en sí mismos, es el concepto de *defusión cognitiva*[76]. Los investigadores que

64. A. J. Deikman, *The observing self*, Beacon Press, Boston 1982; J. D. Safran y Z. V. Segal, *Interpersonal process in cognitive therapy*, *op. cit.*
65. S. L. Shapiro, L. E. Carlson, J. A. Astin y B. Freedman, «Mechanisms of mindfulness», *op. cit.*
66. S. C. Hayes, K. D. Strosahl y K. G. Wilson, *Acceptance and commitment therapy*, *op. cit.*
67. G. A. Marlatt y J. L. Kristeller, «Mindfulness and meditation», *op. cit.*
68. A. Bohart, *Detachment: A variable common to many psychotherapies?* Ponencia presentada en la 63ª convención anual de la Western Psychological Association, San Francisco, CA 1983.
69. J. D. Safran y Z. V. Segal, *Interpersonal process in cognitive therapy*, *op. cit.*, 117 (trad. esp.: 156).
70. D. M. Fresco, Z. V. Segal, T. Buis y S. Kennedy, «Relationship of posttreatment decentering and cognitive reactivity to relapse in major depression»: *Journal of Consulting and Clinical Psychology*, 75 (2007), 447-455.
71. *Ibíd.*
72. Z. V. Segal, J. M. Williams y J. D. Teasdale, *Mindfulness-based cognitive therapy for depression: A new approach to preventing relapse*, *op. cit.*
73. A. J. Deikman, *The observing self*, *op. cit.*, 137.
74. S. L. Shapiro, L. E. Carlson, J. A. Astin y B. Freedman, «Mechanisms of mindfulness», *op. cit.*
75. *Ibíd.*
76. S. C. Hayes, K. D. Strosahl y K. G. Wilson, *Acceptance and commitment therapy*, *op. cit.*

acuñaron este término han observado que la capacidad de prestar atención a la experiencia privada y de convertirse en un observador desapegado se asocia a menudo a un cambio en el sentido del yo. A través de este cambio de perspectiva, la propia identidad comienza a desplazarse del «yo como contenido» (lo que se puede observar como un objeto en la conciencia) al «yo como contexto» (lo que está observando la conciencia misma)[77]. Los individuos pueden desarrollar un sentido del yo como un sistema cambiante de constructos, conceptos, sensaciones, imágenes y creencias que son impermanentes y transitorias, y no como una entidad estable. Un concepto similar es el de *desidentificación*, en el que los individuos se dan cuenta de que el fenómeno contemplado (pensamientos, emociones y sensaciones) es distinto de la mente que lo contempla[78]. A través de este proceso cognitivo, las personas pueden ver que no son sus estados internos y que estos no son una parte orgánica de ellos. Los pensamientos ocurren accidentalmente; no son la realidad, y no estamos obligados a hacer lo que nos dicen que hagamos. Un concepto relacionado es el proceso de *desapego*[79], que «abarca los procesos interrelacionados de ganar distancia, adoptar una actitud fenomenológica y la expansión del espacio atencional»[80].

Los procesos metacognitivos examinados aquí pueden desarrollarse a través de la práctica del *mindfulness* y han demostrado ser clínicamente relevantes en el tratamiento de la patología obsesiva. El problema en el TOC es que los individuos tienden a *cosificar* sus pensamientos y a considerar que son ciertos y una representación permanente de la realidad o del *yo* (especialmente en los pacientes con un escaso *insight*). Luego exageran la importancia de estos pensamientos «reales»[81]. Cuando las personas que padecen TOC se dan cuenta de que todos los estados mentales son impermanentes, aprenden a relacionarse con su experiencia probada con una sensación de *desapego*. A través de este proceso se les hace más fácil desarrollar una mayor tolerancia a los estados internos desagradables y desentenderse de los patrones de comportamiento automáticos (neutralizaciones, compulsiones, confirmaciones) que mantienen el síndrome obsesivo. Por lo tanto, puede suponerse que estos mecanismos pueden conducir a una mejora a través del aumento del nivel de *insight* y de la distonía del ego de las personas con TOC. Esto puede disminuir, a su vez, sus tendencias (1) a juzgar y reaccionar a las experiencias cognitivas, cmocionales y sensoriales, y (2) a activar la fusión pensamiento-acción.

77. *Ibíd.*
78. G. A. MARLATT Y J. L. KRISTELLER, «Mindfulness and meditation», *op. cit.*; D. GOLEMAN, *The meditative mind*, Tarcher, Los Ángeles 1988.
79. A. BOHART, *Detachment: A variable common to many psychotherapies?*, *art. cit.*
80. J. R. MARTIN, «Limbering across cognitive-behavioral, psychodynamic and systems orientations», en J. R. Martin (Chair), *Retooling for integration: Perspectives on the training of post-licensed psychotherapists*. Simposio presentado en la 13ª conferencia anual de la Society for the Exploration of Psychotherapy Integration, Toronto, Canadá abril de 1997.
81. OBSESSIVE COMPULSIVE COGNITIONS WORKING GROUP, «Cognitive assessment of obsessive–compulsive disorder»: *Behaviour Research and Therapy*, 35 (1997), 667–681.

Según Brown et al.[82], varias características del procesamiento consciente, incluidas las que hemos descrito en este capítulo, fomentan el reconocimiento de que todos los fenómenos percibidos de manera consciente son de naturaleza insustancial, de modo que los pensamientos se convierten en «meros pensamientos» y los sentimientos en «meros sentimientos», más que en reflejos exactos de la realidad[83]. Muchas consecuencias psicológicas y conductuales del *insight* metacognitivo que provienen de esta perspectiva descentrada pueden ayudar a las personas con TOC a cambiar su relación con el trastorno. Por ejemplo, un mayor *insight* metacognitivo puede desalentar la activación de patrones de pensamiento automáticos y habituales, incluidas la rumiación y la obsesión, y los rígidos estados psicológicos y comportamientos a los que conducen[84]. También se puede desalentar la tendencia a ser controlado por demandas o presiones internas o externas; más específicamente, la comprensión de los deseos, las necesidades y los valores de uno mismo puede abrir un mayor rango de opciones en el comportamiento[85]. Al mismo tiempo, esta comprensión puede fomentar la disposición a hacer frente y a aceptar las emociones y los pensamientos amenazadores y facilitar la comprobación de la realidad. El no apego y la no identificación con los pensamientos y los sentimientos son la base de los enfoques del *mindfulness* y uno de los principales enfoques del programa de la MBCT para el TOC.

Mindfulness y sesgos de interpretación: desarrollar un sentido de la responsabilidad saludable

Uno de los principales factores que activa y mantiene el síndrome obsesivo en el TOC es la tendencia persistente de los individuos a interpretar su experiencia interna o externa desde el punto de vista de la amenaza o el peligro. Este sesgo de interpretación está impulsado por las creencias disfuncionales específicas de una persona, que se han reforzado progresivamente a través de la experiencia de la vida, a menudo a lo largo de muchos años, y por los comportamientos de búsqueda de seguridad de una persona y la evitación experiencial en la que participa (véase la sección sobre el

82. K. W. Brown, R. M. Ryan y D. Creswell, «Mindfulness: Theoretical foundations and evidence for its salutary effects», *art. cit.*
83. S. C. Hayes, «Acceptance and commitment therapy and the new behavior therapies: Mindfulness, acceptance, and relationship», en S. C. Hayes, V. M. Follette y M. M. Linehan (Eds.), *Mindfulness and acceptance: Expanding the cognitive-behavioral tradition*, Guilford Press, Nueva York 2004; J. Kabat-Zinn, *Full catastrophe living*, Delacorte, Nueva York 1990 (trad. esp.: *Vivir con plenitud las crisis: cómo utilizar la sabiduría del cuerpo y de la mente para enfrentarnos al estrés, el dolor y la enfermedad*, Kairós, Barcelona 2016); M. Linehan, *Cognitive-behavioral treatment of borderline personality disorder*, Guilford Press, Nueva York 1993.
84. P. ej., J. D. Teasdale, R. G. Moore, H. Hayhurst, M. Pope, S. Williams y Z. V. Segal, «Metacognitive awareness and prevention of relapse in depression: Empirical evidence»: *Journal of Consulting and Clinical Psychology*, 70 (2002), 275-287.
85. E. L. Deci y R. M. Ryan, *Intrinsic motivation and self-determination in human behavior*, Plenum Press, Nueva York 1985; R. M. Ryan, «The developmental line of autonomy in the etiology, dynamics, and treatment of borderline personality disorders», *art. cit.*

modelo cognitivo-evolutivo en el capítulo 1). El modo consciente puede considerarse como una *actitud* o un *proceso premetacognitivo* que permite a los pacientes reconocer y aceptar conscientemente los pensamientos y los sentimientos no deseados, un proceso que también evita que caigan en metaevaluaciones y en sesgos específicos que activan y mantienen los problemas psicológicos. Este modo permite a las personas reconocer y aceptar sus pensamientos intrusivos, en lugar de saltar a las interpretaciones automáticas y a los comportamientos compulsivos que perpetúan el trastorno. Enseña a los pacientes cómo *observar* su experiencia sin entrar en el modo de metaevaluación o sin advertir cuándo entran en él[86].

Varias de las actitudes y las habilidades cognitivas cultivadas a través de los procesos de descentramiento, desidentificación, aceptación y de no juzgar pueden tener un poderoso efecto en las creencias disfuncionales y en los sesgos de interpretación. Dado que el *mindfulness* implica entrenar nuestras mentes para que vean la realidad tal y como es, en el momento presente, la fuerza y la credibilidad de las creencias disfuncionales se debilitan progresivamente cuanto más se practica el *mindfulness*. Este desempoderamiento de las creencias disfuncionales puede ayudar, a su vez, a limitar la tendencia de las personas con TOC a pensar en términos extremos y absolutos, y puede ayudarles a ver los pensamientos no como hechos, sino como eventos mentales simples, inofensivos y transitorios. El conocimiento sin prejuicios que promueve el *mindfulness* también puede beneficiar a estos pacientes, ya que tienden a criticar su experiencia interna, así como a criticarse a sí mismos, por tener emociones o pensamientos irracionales o inapropiados[87]. Las investigaciones sobre el *mindfulness* disposicional –esto es, una inclinación natural a ser consciente en la vida– indicaron que los individuos que exhibían un nivel más alto de este rasgo informaban de menos pensamientos negativos y creían que podían dejar de lado los pensamientos si así lo deseaban[88].

Un sentido de responsabilidad exagerado es, a buen seguro, una creencia disfuncional cardinal en el TOC, especialmente entre los pacientes cuyo principal problema es la comprobación, y tiende a generar una culpa y una rumiación intensas. Un ejemplo de esta modalidad de creencia es el siguiente: «Si no actúo cuando pienso que algo malo va a suceder, seré culpable de las malas consecuencias». Cuando nos encontramos en un estado consciente en el que prestamos atención al momento presente sin juzgarlo, estamos en mejores condiciones de comprender claramente nuestra propia implicación real en situaciones problemáticas y, por lo tanto, de tomar medidas y decisiones más útiles. Por eso, un sentido de la responsabilidad auténtico y saludable implica,

86. F. Didonna, «Mindfulness and obsessive–compulsive disorder: Developing a way to trust and validate one's internal experience», *op. cit.*
87. *Ibíd.*
88. P. A. Frewen, E. M. Evans, N. Maraj, D. J. A. Dozois y K. Partridge, «Letting go: Mindfulness and negative automatic thinking»: *Cognitive Therapy and Research*, 32(6) (2008), 758–774.

en primer lugar, ser conscientes de nuestras verdaderas intenciones en todo lo que hacemos, así como ser conscientes del impacto real de nuestras acciones y estar dispuestos a sentir cómo nuestro comportamiento nos afecta realmente a nosotros mismos y a los demás.

El entrenamiento en *mindfulness* ayuda a las personas a tomar una mayor conciencia de lo que realmente quieren en cada situación, a ver los efectos reales de su comportamiento y de sus decisiones con mayor claridad, y a aceptar las consecuencias reales de cualquier medida que tomen. Por ende, el entrenamiento en *mindfulness* puede ayudar a los individuos con TOC a desarrollar un sentido de la responsabilidad más maduro, funcional y realista.

Como veremos en algunas de las siguientes secciones y de los próximos capítulos, uno de los modos de desarrollar un sentido de la responsabilidad más maduro es mejorar la confianza en uno mismo. Cuando las personas con TOC aprenden a confiar en lo que están experimentando, se encuentran en mejores condiciones de hacer frente a los desafíos de la vida y de tomar las decisiones y correr los riesgos necesarios para vivir una vida plena y completa.

Mindfulness y sesgo atencional

Uno de los principales factores de mantenimiento del TOC es el sesgo atencional, que también podría ser definido como un déficit de *mindfulness*. El *mindfulness* ha sido definido como un proceso de «traer la atención plena a la experiencia actual momento a momento»[89], o como un estado mental en el que los individuos prestan atención al momento presente, intencionalmente y sin juzgarlo[90]. A través del *mindfulness*, los individuos se entrenan para dirigir la atención a su experiencia interna o externa de una manera saludable, funcional y eficiente.

La práctica del *mindfulness* también ha sido descrita como una monitorización abierta de la atención[91]. La meditación consciente comienza con un enfoque concentrado en la respiración. Una vez que un persona se siente anclada en la respiración, en el aquí y ahora, entonces puede ampliar el foco de atención más allá de la respiración y hacia una monitorización constante de lo que surja de los estados sensoriales, mentales o emocionales.

El primer componente de la definición operacional del *mindfulness* de Bishop et al.[92] es la autorregulación de la atención, a fin de que esta se centre en la experiencia inmediata. Los pacientes aprenden a observar y a prestar atención a la corriente continua de pensamientos, sentimientos y sensaciones que

89. G. A. Marlatt y J. L. Kristeller, «Mindfulness and meditation», *op. cit.*, 68.
90. J. Kabat-Zinn, *Wherever you go, there you are: Mindfulness meditation in everyday life*, Hyperion, Nueva York 1994 (trad. esp.: *Mindfulness en la vida cotidiana: donde quiera que vayas, ahí estás*, Ediciones Paidós Ibérica, Barcelona 2009).
91. A. Lutz, H. A. Slagter, J. D. Dunne y R. J. Davidson, «Attention regulation and monitoring in meditation»; *Trends in Cognitive Sciences*, 12(4) (2008), 163–169.
92. S. R. Bishop, M. Lau, S. Shapiro, L. Carlson, N. D. Anderson, J. Carmody et al., «Mindfulness: A proposed operational definition», *art. cit.*

experimentan momento a momento al regular el foco de su atención. Para ello se necesitan dos habilidades y componentes específicos: la habilidad para *mantener la atención* y la habilidad para *desplazarla*. La primera se refiere a la capacidad de mantener un estado de alerta durante largos períodos de tiempo[93] –es decir, lo que necesitamos hacer para mantener la conciencia de nuestra experiencia actual–. La segunda se refiere a la capacidad de traer nuestra atención de vuelta a un enfoque consciente como la respiración, una vez que se ha reconocido una experiencia interna. Esta flexibilidad de la atención requiere una capacidad de cambiar el enfoque de un objeto a otro[94]. Los pacientes con TOC carecen de estas habilidades, pero tienen una gran capacidad para prestar atención de manera selectiva a los estímulos amenazantes. La experiencia directa de los acontecimientos en la mente y el cuerpo que fomenta el *mindfulness* puede considerarse como lo contrario de lo que experimentan normalmente los pacientes con TOC –esto es, quedar atrapados en corrientes de pensamientos rumiativos y elaborativos sobre sus experiencias y sus orígenes, sus implicaciones y sus asociaciones–[95].

La observación clínica sugiere que las compulsiones de comprobación tienden a ser más comportamientos sin sentido en los que se presta atención a las acciones de comprobación, que tienen por objeto cambiar o evitar una experiencia, que los resultados reales de la comprobación. Las personas con TOC son incapaces de llevar su atención consciente a su experiencia interna y luego a los rituales. El desarrollo del *mindfulness* puede mejorar la atención constante y las habilidades a la hora de desplazar esta atención, algo que puede medirse objetivamente usando pruebas de vigilancia estándar[96] y tareas que requieren que el sujeto desplace la atención[97].

Algunos estudios[98] que han investigado los efectos del entrenamiento en *mindfulness* en muestras clínicas (en particular, TDAH) y no clínicas han

93. R. Parasuraman, *The attentive brain*, MIT Press, Cambridge, MA 1998; M. I. Posner y M. K. Rothbart, «Attentional mechanisms and conscious experience», en A. D. Milner y M. D. Rugg (Eds.), *The neuropsychology of consciousness*, Academic Press, Toronto, ON, Canadá 1992.

94. M. I. Posner, «Orienting of attention»: *Quarterly Journal of Experimental Psychology*, 32(1) (1980), 3-25.

95. J. D. Teasdale, Z. V. Segal, J. M. G. Williams y G. Mark, «How does cognitive therapy prevent depressive relapse and why should attentional control (mindfulness) training help?»: *Behaviour Research and Therapy*, 33 (1995), 25-39.

96. P. ej., S. H. Klee y B. D. Garfinkel, «The computerized continuous performance task: A new measure of inattention»: *Journal of Abnormal Psychology*, 11 (1983), 487-495.

97. R. D. Rogers y S. Monsell, «Costs of a predictable switch between simple cognitive tasks»: *Journal of Experimental Psychology*, 124 (1995), 207-231.

98. S. L. Smalley, S. K. Loo, T. S. Hale, A. Shrestha, J. McGough, L. Flook et al., «Mindfulness and attention deficit hyperactivity disorder»: *Journal of Clinical Psychology*, 65(10) (2009), 1087-1098; L. Zylowska, D. L. Ackerman, M. H. Yang, J. L. Futrell, N. L. Horton, T. S. Hale et al., «Mindfulness meditation training in adults and adolescents with ADHD: A feasibility study»: *Journal of Attention Disorders*, 11(6) (2008), 737-746; A. P. Jha, J. Krompinger y M. J. Baime, «Mindfulness training modifies subsystems of attention»: *Cognitive, Affective, and Behavioral Neuroscience*, 7(2) (2007), 109-119.

demostrado que este puede dar lugar a cambios cognitivos significativos, sobre todo los relacionados con la reducción de diversas mediciones de los procesos atencionales, incluidas la alerta, la orientación y la atención a los conflictos (véase también el capítulo 1)[99]. Estos primeros hallazgos sugieren que el entrenamiento en *mindfulness* también podría ser eficaz a la hora de mejorar los déficits atencionales en el TOC, cuando los sesgos atencionales son factores de activación y mantenimiento del trastorno.

Desde un punto de vista neurobiológico, se sabe que el córtex prefrontal (CPF) está implicado en la atención a los conflictos[100], y es interesante advertir que los estudios de imágenes cerebrales tanto del TOC como de las funciones del *mindfulness* también sugieren la participación de la estructura cortical prefrontal[101].

Mindfulness y aceptación del TOC

No podemos cambiar nada hasta que lo aceptamos.

—Carl G. Jung

Uno de los temas centrales en las personas con TOC es la aceptación. La aceptación implica una actitud intencional y activa mediante la cual una persona reconoce una experiencia interna (pensamientos, emociones o sensaciones físicas) o una externa (percepciones, hechos, eventos) con calma y claridad, y decide permanecer en contacto con ella, sin reaccionar de manera automática o tratar de cambiarla, especialmente cuando el cambio no es posible o incluso puede ser contraproducente. En resumen, implica reconocer la experiencia desagradable y darle la bienvenida de manera intencional, consciente y no reactiva.

A las personas con TOC les resulta sumamente difícil, si no imposible, aceptar muchas de las experiencias internas relacionadas con su problema: pensamientos obsesivos o intrusivos, consecuencias imaginarias o temidas de no prevenir el daño o de hacer las cosas de manera incorrecta, emociones desagradables (ansiedad, culpa, vergüenza, asco), percepciones sensoriales

99. Y. Y. Tang, Y. Ma, J. Wang, Y. Fan, S. Feng, Q. Lu et al., «Short-term meditation training improves attention and self-regulation»: *Proceedings of the National Academy of Sciences*, 104(43) (2007), 17152–17156.

100. M. I. Posner y M. K. Rothbart, «Attention, self-regulation and consciousness»: *Philosophical Transactions of the Royal Society of London*, 353(1377) (1998), 1915–1927.

101. R. J. Davidson, J. Kabat-Zinn, J. Schumacher, M. Rosenkranz, D. Muller, S. F. Santorelli et al., «Alterations in brain and immune function produced by mindfulness meditation»: *Psychosomatic Medicine*, 65(4) (2003), 564–570; J. N. Giedd, J. Blumenthal, E. Molloy y F. X. Castellanos, «Brain imaging of attention deficit/hyperactivity disorder»: *Annals of the New York Academy of Sciences*, 931 (2001), 33–49; B. K. Hölzel, U. Ott, H. Hempel, A. Hackl, K. Wolf, R. Stark et al., «Differential engagement of anterior cingulate and adjacent medial frontal cortex in adept meditators and non-meditators»: *Neuroscience Letters*, 421(1) (2007), 16–21; S. W. Lazar, C. E., Kerr, R. H. Wasserman, J. R. Gray, D. N. Greve et al., «Meditation experience is associated with increased cortical thickness»: *NeuroReport*, 16(17) (2005), 1893–1897.

perturbadoras, y sensaciones físicas difíciles. Son incapaces de aceptar experiencias potencialmente normales y definitivamente inofensivas, y no amenazantes para las personas sanas[102].

Los sujetos con TOC también tienen dificultades para aceptar la responsabilidad de sus acciones, o para aceptar su imperfección humana, el hecho de que son seres humanos que cometen errores. Les cuesta aceptar la incertidumbre de la realidad y el futuro, que las cosas a menudo no son como les gustaría que fueran, que no pueden controlarlo todo, que los demás también son seres ordinarios imperfectos, y que no tienen que hacer lo que ellos sienten que deben hacer. La no aceptación de todos estos factores se convierte claramente en un importante mecanismo de activación y mantenimiento en el caso de las personas con TOC, ya que intentan prevenir, neutralizar o evitar una y otra vez lo que no son capaces de aceptar.

El desarrollo de la aceptación es uno de los principales componentes de los enfoques basados en el *mindfulness*[103]. A través de la aceptación, los individuos observan los eventos internos que experimentan y renuncian a cualquier esfuerzo por evitarlos o cambiarlos, y, al mismo tiempo, aprenden a responder a lo que realmente ocurre más que a la experiencia interna ocasionada por ello[104]. En el caso de los pacientes con TOC, la aceptación implica el abandono consciente de los comportamientos que han desarrollado para dedicarse a la evitación experiencial y a la disposición a experimentar sus emociones y sus cogniciones a medida que van surgiendo, sin generar ningún proceso elaborativo secundario (juicio, interpretación, valoración o metaevaluación). A través del entrenamiento en *mindfulness,* los pacientes aprenden a observar con calma su experiencia interna con una sensación de claridad y sin responder a ella[105]. El mismo proceso de observación ayuda a las personas a comprender cada vez más que pueden cambiar las respuestas a sus pensamientos de maneras adaptativas. Gunaratana ha explicado muy bien este proceso:

> Resulta psicológicamente imposible obtener con objetividad lo que sucede en nuestro interior sin aceptar, al mismo tiempo, la existencia en nosotros de diferentes estados mentales; algo aplicable sobre todo a los estados mentales desagradables. Para poder observar nuestro temor debemos empezar aceptando el hecho de que tenemos miedo. Es imposible examinar nuestra depresión sin aceptarla plenamente. Y lo mismo podríamos decir con respecto a la irritación, la agitación, la frustración y todos los estados emocionales desagradables. Resulta imposible examinar algo completamente si tratamos, al mismo tiempo, de rechazar su existencia. Cualquier experiencia es, para la

---

102. F. Didonna, «Mindfulness and obsessive–compulsive disorder: Developing a way to trust and validate one's internal experience», *op. cit.*
103. S. C. Hayes, K. G. Wilson, E. V. Gifford, V. M. Follette y K. Strosahl, «Experiential avoidance and behavioral disorders: A functional dimensional approach to diagnosis and treatment», *art. cit.*
104. *Ibíd.*
105. J. M. Schwartz y B. Beyette, *Brain lock: Free yourself from obsessive–compulsive behavior, op. cit.*

atención plena, otra circunstancia de la vida de la que cobrar conciencia. No existe, en ese estado, orgullo, vergüenza ni nada personal salvo lo que, en ese instante, está presente[106].

La aceptación no significa que no se pueda cambiar lo que se está tratando de aceptar. Al contrario, la aceptación y el cambio están firmemente unidos; de hecho, la aceptación podría considerarse como el primer paso efectivo hacia el cambio.

A través de la aceptación, las personas con TOC son capaces de advertir los acontecimientos internos a medida que suceden y, al mismo tiempo, renunciar intencional y conscientemente a cualquier intento de reaccionar, evitar o cambiar estos acontecimientos, permitiendo más bien que sucedan, independientemente de su contenido. Además, también son capaces de cultivar la voluntad de permanecer en contacto con sus emociones y sus pensamientos a medida que ocurren, sin asignarles ningún significado o juicio.

Dado que la aceptación implica observar y permanecer en contacto con los estados internos sin juzgarlos, la aceptación significa tratar de crear la mejor relación posible con una experiencia percibida como incómoda e inevitable, al menos en ese momento dado. Esto es especialmente importante en el caso de las personas con TOC porque, por lo general, cuando les surgen experiencias incómodas, experimentan una sensación de rechazo y un deseo de que las sensaciones desagradables o los pensamientos perturbadores desaparezcan. También pueden sentir vergüenza o culpa por tener estas experiencias. A través del *mindfulness*, estos individuos aprenden que, si están dispuestos a mantenerse presentes en lo que está sucediendo, surgirá una calidad de la atención diferente. Esta actitud intencional de permitir que las cosas sean como son, y luego de dejarlas ir cuando terminan de manera espontánea, es el primer paso importante hacia el cambio –hacia la superación de los problemas del TOC–.

A través de este proceso, las personas con TOC aprenden a suavizar sus defensas y a experimentar una sensación liberadora de apertura hacia el flujo continuo de experiencias a medida que suceden. En vez de gastar energías pensando en lo que sienten e intentando cambiar algo que en ese momento no se puede cambiar, ahorran energías para cambiar lo que es posible y resulta útil cambiar. En la vida, lo único que podemos hacer con las cosas que no podemos cambiar es aceptarlas, porque hacer cualquier otra cosa simplemente lleva a más problemas, como perpetuar el problema inicial (p. ej., ansiedad) o crear uno nuevo (p. ej., frustración o ira). Las personas con TOC dedican mucha energía, tiempo y compromiso a luchar contra sus síntomas y a tratar de controlar lo incontrolable, por lo que uno de los objetivos del programa de la MBCT para el TOC es ayudar a los pacientes a dirigir toda esta energía, este tiempo y este compromiso hacia objetivos saludables y soluciones efectivas, que deben ser claras para cada individuo.

106. B. GUNARATANA, *Mindfulness in plain English*, *op. cit.*, 83.

Mindfulness y el desarrollo de la autoconfianza

Si confías demasiado podrán engañarte,
pero si no confías suficiente vivirás atormentado.

—Frank Crane

Como vimos en el capítulo 1, la desconfianza cognitiva puede considerarse como un factor central de activación y mantenimiento del TOC. La práctica del *mindfulness* puede ser un medio poderoso para ayudar a las personas con TOC a desarrollar una verdadera autoconfianza. La verdadera confianza es un sentimiento similar al que teníamos de niños: única y exclusivamente vivíamos en el momento presente, sin saber qué era el futuro o el pasado. Y estábamos en permanente contacto con la realidad que nos comunicaban nuestros sentidos, y no con la que creaba nuestra mente, una mente que, en una infancia típica y no traumática, aún no había sido condicionada por las experiencias de la vida.

Cultivar este tipo de confianza puede ayudar a las personas con TOC a alejarse poco a poco de las dudas, de los comportamientos de búsqueda de seguridad, de las preocupaciones y de la ira, y a acercarse a una autoconfianza más profunda y a un sentido de la responsabilidad más realista y maduro. La confianza hace posible que los individuos se permitan emociones perturbadoras, frustraciones y obstáculos para comprender mejor la realidad y crecer. De esta manera, la gente llega a ver y a sentir la verdadera plenitud y la belleza de la vida y las experiencias enriquecedoras que ofrece, las cuales se habían visto gravemente comprometidas y se habían evitado a causa de su trastorno.

El sentimiento de confianza se ha incluido en la fundamentación actitudinal nuclear del *mindfulness*[107]. Si echamos un vistazo a las dimensiones nucleares de la autoconfianza descritas en el capítulo 1 (APLICCAS), podremos ver que tienen una fuerte relación, y a menudo se cruzan y coinciden, con las actitudes y los modos cultivados a través de la práctica del *mindfulness*.

- **Aceptación.** Con respecto a la autoconfianza, podemos decir que la aceptación nos permite observar y permanecer en contacto con nuestra experiencia interna, reconociéndola como lo que es, y nos permite darnos cuenta de que es básicamente inofensiva. Esta actitud, a su vez, permite que no tengamos que preocuparnos por lo que está sucediendo, sino que más bien nos centremos en lo que está tratando de comunicarse con nosotros, y si y cómo podría sernos útil (p. ej., la función adaptativa de las emociones o del dolor físico). La autoconfianza también nos permite aceptar que en la vida cometemos errores y que, en determinadas ocasiones, nuestras decisiones y acciones pueden tener resultados

107. J. Kabat-Zinn, *Mindfulness for beginners: Reclaiming the present moment—and your life*, Sounds True, Boulder, CO 2016 (trad. esp.: *Mindfulness para principiantes*, Kairós, Barcelona 2013).

negativos. Solo cuando alcanzamos este nivel de aceptación somos capaces de correr riesgos y de enfrentarnos a los desafíos que nos presenta la vida.

- **Positividad**. A través de la meditación *mindfulness*, desarrollamos un tipo de sabiduría que nos permite comprender las causas de nuestro sufrimiento y, al mismo tiempo, reconocer que hasta las experiencias humanas más duras y los acontecimientos más desafiantes pueden enseñarnos algo importante que contribuye significativamente a nuestro crecimiento y a nuestra comprensión del verdadero significado de la vida. Esta sabiduría puede conducir a una visión más positiva de la vida.
- **Libertad.** Nuestra capacidad de prestar atención al aquí y ahora, sin juzgar, nos libera de los condicionamientos y de las barreras internas (p. ej., creencias disfuncionales) que las experiencias de la vida nos han llevado a forjar a lo largo del tiempo y que han impedido que alcancemos nuestro pleno potencial como individuos sanos.
- **confianza Interna.** A través de la práctica del *mindfulness*, desarrollamos una conciencia y una comprensión más claras de nuestros sentimientos y nuestras emociones, de lo que el cuerpo nos está comunicando en realidad, momento a momento. De este modo, estamos equipados para dar más valor a nuestra experiencia de la realidad y a la información que nos proporcionan los sentidos, que es, básicamente, verdadera y real. Al mismo tiempo, damos menos valor a lo que nos dice nuestra mente, y vemos nuestras cogniciones como eventos mentales inofensivos y transitorios que son potencialmente útiles para alcanzar nuestros objetivos –aunque a menudo no lo son–.
- **Conciencia.** Nuestra conciencia, que es la característica principal del modo consciente, ahora respaldada por la confianza, se expande para incluir nuestras necesidades e intenciones, así como los recursos personales que podemos usar para hacer frente a los desafíos y a las situaciones de riesgo.
- **Control.** Cuando aprendemos a observar nuestra experiencia interna sin juzgarla y sin reaccionar a ella, podemos desarrollar un manejo más saludable de nuestras emociones y de nuestras acciones.
- **Apertura.** Cuando practicamos el *mindfulness*, nos abrimos tanto a la experiencia interna como a la externa, lo que nos permite hacer frente a los desafíos y a los cambios con que se nos presenta la vida, incluidos aquellos que pueden mejorarla. El *mindfulness* es lo opuesto a la evitación experiencial y a los comportamientos de búsqueda de seguridad que caracterizan al TOC. La apertura es también una característica de la *mente del principiante*, uno de los pilares del *mindfulness*[108], a través de la cual podemos ver las cosas como si lo hiciéramos por primera vez.

108. *Ibíd.*

- **Seguridad.** Cuando somos capaces de ver la realidad interna y externa tal y como es, tomamos una mayor conciencia de qué es seguro y de qué no lo es. Esta conciencia puede ayudar a prevenir la inútil activación del sistema de amenaza/autoprotección y hacernos sentir más seguros y confiados en situaciones inofensivas. También estamos en mejores condiciones de comprender qué habilidades se necesitan para afrontar con eficacia las diferentes situaciones de la vida, y nos permite saber si contamos con las habilidades necesarias para tomar ciertas decisiones y asumir riesgos meditados.

Al ayudarnos a desarrollar una mayor claridad con respecto a nuestra propia experiencia interna, el *mindfulness* nos ayuda a desarrollar la autoconfianza. Al hacerlo, aprendemos a dejar de intentar controlar nuestras acciones o los acontecimientos que experimentamos y a aceptar la inevitable incertidumbre de los resultados y las consecuencias vinculadas a ellos. La autoconfianza comienza prestando atención a los sentidos y validando la información que estos detectan, momento a momento. Como decíamos anteriormente, las personas con TOC, sobre todo las que realizan comprobaciones de manera compulsiva, podrían tener dificultades para prestar atención y para validar la información sensorial con respecto a situaciones en las que se activan las cogniciones obsesivas. Se ha propuesto que este problema podría tener un papel decisivo en la activación de la duda patológica y en la promoción del desarrollo de la desconfianza en uno mismo. El entrenamiento en *mindfulness*, con su atención constante y cuidadosa a los sentidos en el aquí y ahora (un modo no conceptual y experiencial), puede tener un impacto positivo significativo en la capacidad de los pacientes obsesivos para validar la memoria de su experiencia perceptiva y confiar en ella. De esta manera, la práctica del *mindfulness* puede servir como antídoto para la activación de la ideación obsesiva, neutralizando o previniendo así las dudas patológicas.

El desarrollo de la autoconfianza también puede ser descrito desde el punto de vista de los procesos cerebrales ascendentes y descendentes. Cuando hablamos de procesos ascendentes, nos referimos a la forma en que el cerebro capta información sensorial básica, la organiza en percepciones y luego construye experiencias de la realidad a partir de estos elementos básicos (p. ej., desde la percepción del aroma de una flor hasta disfrutar del olor). Cuando participamos en procesos descendentes, utilizamos facultades corticales superiores tales como la razón, el juicio y los marcos conceptuales, que son, inevitablemente, el resultado presente de la experiencia pasada[109]. Las personas que padecen TOC suelen participar en procesos descendentes, ya que recurren a sus creencias, a sus evaluaciones, a la autocrítica y a las interpretaciones para comprender la realidad y luego

109. R. D. SIEGEL Y C. K. GERMER, «Wisdom and compassion: Two wings of a bird», en C. K. Germer y R. D. Siegel (Eds.), *Wisdom and compassion in psychotherapy: Deepening mindfulness in clinical practice*, Guilford Press, Nueva York 2012.

actuar (p. ej., con rituales o evitaciones) sobre la base de esos procesos cognitivos, independientemente de la información sensorial que hayan recibido.

Al suspender regularmente el modo conceptual, a través del cual los individuos tienden a interpretar lo que perciben, el entrenamiento en *mindfulness* puede cambiar de manera adaptativa la relación que los pacientes con TOC tienen con sus sentidos; y lo hace validando y dando prioridad a los sentidos, desarrollando así una comprensión más clara y verdadera de la realidad. Indirectamente, este cambio también puede ayudar a ajustar o a prevenir los sesgos y los mecanismos cognitivos disfuncionales que inevitablemente llevan a los individuos con TOC a realizar estrategias y comportamientos de búsqueda de seguridad para hacer frente a su malestar emocional.

Algunas prácticas y técnicas propuestas en este programa (p. ej., la «Validación de la experiencia perceptiva», la práctica de la «Percepción consciente») están dirigidas específicamente a entrenar a las personas con TOC, especialmente a las comprobadoras, para que presten atención de manera consciente a su propia experiencia perceptiva y *validen* su conciencia y su memoria de la misma, usando la información sensorial como una herramienta poderosa contra la activación de la ideación obsesiva y las dudas.

El papel de la autocompasión y el autoperdón en el TOC

Si hay sentido en la vida, entonces debe haber sentido en el sufrimiento.
Sufrir es una parte inseparable de la vida como [lo es] el destino y la muerte.
Sin sufrimiento y muerte humana la vida no puede estar completa.

—Viktor E. Frankl

¿Qué es la autocompasión?

La compasión es un término derivado del latín *com* y *pati*, que quiere decir «sufrir con» y que se ha definido como «una profunda conciencia del sufrimiento unida al deseo y al esfuerzo de aliviarlo»[110], o como «una profunda sensibilidad y comprensión del sufrimiento de los demás asociada a un profundo compromiso y responsabilidad para tratar de aliviarlo»[111]. La compasión es una cualidad de la mente, un sentimiento y un componente central de todos los enfoques basados en el *mindfulness*.

Antes de que podamos ser compasivos con otras personas, necesitamos aprender a aceptar no solo nuestras cualidades positivas, sino también las menos deseables. Si no lo hacemos, tendremos una tendencia a criticar y a rechazar en los demás lo que no aceptamos en nosotros mismos[112]. Cultivar

110. P. Gilbert, *The compassionate mind: A new approach to life's challenges*, New Harbinger, Oakland, CA 2009, 11 (trad. esp.: *La mente compasiva: una nueva forma de enfrentarse a los desafíos vitales*, Eleftheria, Barcelona 2018).

111. Dalai Lama, *An open heart: Practicing compassion in everyday life*, Little, Brown, Boston 2001.

112. R. D. Siegel y C. K. Germer, «Wisdom and compassion: Two wings of a bird», *op. cit.*

esta actitud de compasión hacia nosotros mismos, o autocompasión, puede suponer todo un desafío para muchas personas, pero resulta especialmente difícil para las personas que padecen TOC. Neff[113] describe la autocompasión como una relación saludable con uno mismo, y la define como «ser tocado por el propio sufrimiento y estar abierto al mismo, no evitarlo ni desconectarse de él, generar el deseo de aliviar el propio sufrimiento y curarse uno mismo con bondad. La autocompasión también implica ofrecer una comprensión sin prejuicios del dolor, de las insuficiencias y de los fracasos de cada uno, de modo que la experiencia sea considerada como parte de la experiencia humana más amplia[114]. La autocompasión abarca la capacidad de abrirnos a nuestro propio sufrimiento, de tolerarlo y de comprenderlo y la capacidad de encontrar y reconocer modos de aliviarlo y, en última instancia, de hacer desaparecer sus causas[115].

El cultivo de una relación compasiva para con uno mismo y para con su propio sufrimiento está considerado como un mecanismo subyacente en las intervenciones basadas en el *mindfulness*[116]. Este componente terapéutico se incluye de manera implícita en los programas de *mindfulness* a través del estilo y la actitud del instructor[117] y se cultiva y se aprende de manera explícita a través de las prácticas formales[118]. Hay varias conexiones entre la compasión y el *mindfulness*: el entrenamiento de la compasión se basa en la atención plena[119], y, de manera similar, «es necesario ser plenamente consciente del sufrimiento personal para poder extender la compasión a uno mismo»[120].

---

113. K. D. NEFF, «The development and validation of a scale to measure self-compassion»: *Self and Identity*, 2 (2003), 223-250; K. D. NEFF, «Self-compassion: An alternative conceptualization of a healthy attitude toward oneself»: *Self and Identity*, 2 (2003), 85-102.
114. K. D. NEFF, «Self-compassion: An alternative conceptualization of a healthy attitude toward oneself», *art. cit.*, 87.
115. P. GILBERT Y K. CHODEN, *Mindful compassion: Using the power of mindfulness and compassion to transform our lives*, Robinson, Londres 2013.
116. W. KUYKEN, E. WATKINS, E. HOLDEN, K. WHITE, R. S. TAYLOR, S. BYFORD ET AL., «How does mindfulness-based cognitive therapy work?»: *Behaviour Research and Therapy*, 48(11) (2010), 1105-1112.
117. J. KABAT-ZINN, *Full catastrophe living*, *op. cit.*; J. KABAT-ZINN, *Coming to our senses: Healing ourselves and the world through mindfulness*, Hyperion Books, Nueva York 2005 (trad. esp.: *La práctica de la atención plena*, Kairós, Barcelona 2007); Z. V. SEGAL, J. M. WILLIAMS Y J. D. TEASDALE, *Mindfulness-based cognitive therapy for depression: A new approach to preventing relapse*, *op. cit.*
118. P. GILBERT, *The compassionate mind: A new approach to life's challenges*, *op. cit.*; K. D. NEFF Y C. K. GERMER, «A pilot study and randomized controlled trial of the mindful self-compassion program»: *Journal of Clinical Psychology*, 69(1) (2013), 28-44; T. DECKERSBACH, B. HÖLZEL, L. EISNER, S. W. LAZAR Y A. A. NIERENBERG, *Mindfulness-based cognitive therapy for bipolar disorder*, Guilford Press, Nueva York 2014.
119. H. JAZAIERI, K. MCGONIGAL, T. JINPA, J. R. DOTY, J. J. GROSS Y P. R. GOLDIN, «A randomized controlled trial of compassion cultivation training: Effects on mindfulness, affect, and emotion regulation»: *Motivation and Emotion*, 38(1) (2013), 23-35.
120. K. D. NEFF Y C. K. GERMER, «A pilot study and randomized controlled trial of the mindful self-compassion program», *art. cit.*, 29.

Los datos de las investigaciones han demostrado que las intervenciones basadas en el *mindfulness* están vinculadas al aumento de la autocompasión[121] y que la autocompasión puede ser un mecanismo clave con el que el entrenamiento en *mindfulness* mejora el bienestar[122]. Según Neff y Germer[123], la autocompasión implica tranquilizarse y consolarse uno mismo cuando surgen experiencias angustiosas, reconociendo que el sufrimiento forma parte del ser humano. Actualmente existe una gran cantidad de datos que proporcionan pruebas empíricas de que las personas que son autocompasivas están más sanas a nivel psicológico que las que no lo son. Por ejemplo, se ha descubierto sistemáticamente que una mayor autocompasión predice una reducción de la depresión y la ansiedad[124] y una mayor resiliencia al estrés[125], lo que puede estar relacionado con el descubrimiento de que la autocompasión tiende a disminuir los niveles de cortisol y a aumentar la variabilidad de la frecuencia cardiaca, lo que se asocia con la capacidad que tiene uno mismo de calmarse cuando experimenta estrés[126]. La mayor autocompasión también se ha relacionado con la disminución de la rumiación, del perfeccionismo y del miedo al fracaso[127]. Las investi-

121. K. Birnie, M. Speca y L. E. Carlson, «Exploring self-compassion and empathy in the context of mindfulness-based stress reduction (MBSR)»: *Stress and Health*, 26(5) (2010), 359–371; E. Krüger, *Effects of a meditation-based programme of stress reduction on levels of self-compassion*. Tesis de máster no publicada, Facultad de Psicología, Universidad de Bangor, Gales, UK 2010; S. L. Shapiro, J. A. Astin, S. R. Bishop y M. Cordova, «Mindfulness-based stress reduction for health care professionals: Results from a randomized trial»: *International Journal of Stress Management*, 12(2) (2005), 164–176; S. L. Shapiro, K. W. Brown y G. M. Biegel, «Teaching self-care to caregivers: Effects of mindfulness-based stress reduction on the mental health of therapists in training»: *Training and Education in Professional Psychology*, 1(2) (2007), 105–115; W. K. Lee y H. J. Bang, «The effects of mindfulness-based group intervention on the mental health of middle-aged Korean women in community»: *Stress and Health*, 26(4) (2010), 341–348; K. A. Rimes y J. Wingrove, «Pilot study of mindfulness-based cognitive therapy for trainee clinical psychologists»: *Behavioural and Cognitive Psychotherapy*, 39(2) (2011), 235–241.

122. R. A. Baer (Ed.), *Assessing mindfulness and acceptance processes in clients: Illuminating the theory and practice of change*, New Harbinger, Oakland, CA 2010; B. K. Hölzel, J. Carmody, M. Vangel, C. Congleton, S. M. Yerramsetti, T. Gard et al., «Mindfulness practice leads to increases in regional brain gray matter density»: *Psychiatry Research*, 191(1) (2011), 36–43; W. Kuyken, E. Watkins, E. Holden, K. White, R. S. Taylor, S. Byford et al., «How does mindfulness-based cognitive therapy work?», *art. cit.*

123. K. D. Neff y C. K. Germer, «A pilot study and randomized controlled trial of the mindful self-compassion program», *art. cit.*

124. S. G. Hofmann, P. Grossman y D. E. Hinton, «Loving-kindness and compassion meditation: Potential for psychological interventions»: *Clinical Psychology Review*, 31(7) (2011), 1126–1132; K. D. Neff, «The science of self-compassion», en C. Germer y R. Siegel (Eds.), *Wisdom and compassion in psychotherapy*, Guilford Press, Nueva York 2012.

125. P. ej., P. Gilbert, «The nature and basis for compassion focused therapy»: *Hellenic Journal of Psychology*, 6 (2009), 273–291; C. Feldman y W. Kuyken, «Compassion in the landscape of suffering»: *Contemporary Buddhism*, 12 (2011), 143–155.

126. H. Rockliff, P. Gilbert, K. McEwan, S. Lightman y D. Glover, «A pilot exploration of heart rate variability and salivary cortisol responses to compassion-focused imagery»: *Clinical Neuropsychiatry*, 5(3) (2008), 132–139.

127. K. D. Neff, «The development and validation of a scale to measure self-compassion», *art. cit.*; K. D. Neff, Y. P. Hsieh y K. Dejitterat, «Self-compassion, achievement goals, and coping with academic failure»: *Self and Identity*, 4 (2005), 263–287.

gaciones también han demostrado que las personas que son autocompasivas están más dispuestas a reconocer sus emociones negativas y es menos probable que supriman sus pensamientos no deseados[128].

Las diferentes facetas de la autocompasión

Desarrollar la autocompasión requiere el cultivo de varias facetas o cualidades. Todas ellas están interconectadas, son interdependientes y a menudo se solapan, y pueden cultivarse durante la práctica formal (véase el capítulo 13).

- **Sabiduría.** La *sabiduría* se refiere a la conciencia de la naturaleza de las cosas, una comprensión clara y profunda de las causas del sufrimiento y de los factores que llevan al bienestar[129]. Se origina en las experiencias personales que hemos tenido en la vida y en las lecciones que hemos sacado de las mismas. Todas ellas son el resultado de nuestra propia historia, especialmente de nuestras primeras experiencias en la vida. No las elegimos, pero modelaron nuestras mentes y el modo en que reaccionamos a los eventos. La sabiduría nos permite ver la realidad tal como es, liberando esta visión de nuestros filtros y de estos condicionamientos mentales.
- **Aceptación.** Como decíamos, la *aceptación* es la voluntad de permitir que aparezcan emociones, sensaciones y pensamientos perturbadores, reconociendo que las experiencias dolorosas son una parte normal e inevitable de la vida humana[130]. Esta es una actitud de abandonar la lucha contra lo que no nos gusta (de *dejar ir*)[131]. Incluye la aceptación de nosotros mismos tal como somos, incluidos nuestros límites, nuestras debilidades y nuestras imperfecciones. La aceptación también implica la voluntad de suspender el juicio y la crítica hacia nosotros mismos y hacia nuestra experiencia interna, reconociendo que a menudo son inútiles y pueden ser altamente autodestructivos.
- **Confianza.** La *confianza* es la voluntad de abrirse a la experiencia interna y externa sin demasiadas defensas, dándonos cuenta de que tenemos los recursos necesarios para hacer frente a diversas formas de sufrimiento y confiando en el hecho de que el sufrimiento es impermanente. La confianza también nos ayuda a dejar ir la necesidad de controlarnos a nosotros mismos y nuestras vidas en busca de un ideal perfeccionista.
- **Una sensación de calidez y amabilidad.** La autocompasión implica desarrollar una sensación de calidez y amabilidad no solo en la manera en que nos relacionamos con el mundo exterior, sino sobre todo con

128. M. R. Leary, E. B. Tate, C. E. Adams, A. B. Allen y J. Hancock, «Self-compassion and reactions to unpleasant self-relevant events: The implications of treating oneself kindly»: *Journal of Personality and Social Psychology*, 92(5) (2007), 887–904; K. D. Neff, «The development and validation of a scale to measure self-compassion», *art. cit.*
129. R. D. Siegel y C. K. Germer, «Wisdom and compassion: Two wings of a bird», *op. cit.*
130. *Ibíd.*
131. K. D. Neff, «Self-compassion: An alternative conceptualization of a healthy attitude toward oneself», *art. cit.*

nosotros mismos, dirigiendo estos sentimientos hacia nuestras emociones, nuestros pensamientos y nuestras sensaciones físicas, y hacia todo lo que está sucediendo dentro de nosotros mismos, momento a momento[132]. Con esta actitud somos capaces de cuidar de forma amorosa de nuestros sentimientos difíciles. La calidez es la base de los sentimientos positivos de tranquilizar, calmar y ser tranquilizado, y con esta actitud somos capaces de moderar las emociones defensivas (p. ej., ansiedad, asco, ira) y los comportamientos de búsqueda de seguridad (p. ej., rituales, evitación, confirmación) y, al mismo tiempo, de apagar las conductas de búsqueda, de realización, de logro y de adquisición (p. ej., conductas de orden, acaparamiento, perfeccionismo).

- **Compromiso.** El *compromiso* es la intención clara y la voluntad concreta de hacer todo lo posible por aliviar y cuidar nuestro sufrimiento, suspendiendo cualquier hábito, actitud y comportamiento que lo active, lo alimente y lo mantenga continuamente.

Con respecto a este último punto, como bien ha señalado Gilbert[133], es importante ayudar a los pacientes a comprender que, aunque la manera en que funciona su mente y las emociones y pensamientos negativos que experimentaron pueden no ser culpa suya, solo *ellos* pueden asumir la responsabilidad de entrenar la mente para lograr su propia felicidad y la de los demás.

La autocompasión como manera de equilibrar y regular la sobreactivación del sistema de amenaza/autoprotección

La autocompasión puede ser definida en términos evolutivos[134] analizando la interacción entre el sistema de amenaza/autoprotección, el sistema de activación, búsqueda de incentivos y recompensa, y el sistema de satisfacción/confortamiento y seguridad (véase el capítulo 1), todos ellos mediados por distintos sustratos neurales[135]. Como vimos en el capítulo 1, el sistema de amenaza/autoprotección está diseñado para detectar la amenaza y activar los mecanismos de supervivencia a fin de proteger a los individuos del peligro[136]. Este sistema desempeña un papel importante en algunas emociones nucleares en el TOC, incluidos el miedo, el asco, la ira y la vergüenza.

132. *Ibíd.*; P. Gilbert, *Compassion focused therapy: Distinctive features*, *op. cit.*
133. P. Gilbert, *Compassion focused therapy: Distinctive features*, *op. cit.*
134. *Ibíd.*
135. R. A. Depue y J. V. Morrone-Strupinsky, «A neurobehavioral model of affiliative bonding: Implications for conceptualizing a human trait of affiliation»: *Behavioral and Brain Sciences*, 28(3) (2005), 313–349; G. Liotti y P. Gilbert, «Mentalizing, motivation, and social mentalities: Theoretical considerations and implications for psychotherapy»: *Psychology and Psychotherapy*: Theory, Research, and Practice, 84 (2011), 9–25.
136. R. A. Depue y J. V. Morrone-Strupinsky, «A neurobehavioral model of affiliative bonding: Implications for conceptualizing a human trait of affiliation», *art. cit.*; G. Liotti y P. Gilbert, «Mentalizing, motivation, and social mentalities: Theoretical considerations and implications for psychotherapy», *art. cit.*

Gilbert[137] ha propuesto un modelo evolutivo en el que el potencial de la compasión evolucionó con el aspecto que se ocupa del cuidado del sistema de apego. Por eso, recibir compasión tiene los mismos efectos que el hecho de que alguien nos cuide, es decir, estimula el sistema de satisfacción/confortamiento y seguridad de la persona que recibe la compasión y el cuidado, y le ayuda a sentirse segura y calmada (véase la figura 1.2 en el capítulo 1). En este modelo, nuestra capacidad para sentir compasión proviene de habilidades motivacionales, emocionales y cognitivas específicas que pueden mejorar a través del entrenamiento.

A diferencia del *mindfulness*, que no está diseñado para estimular de manera directa ningún sistema afectivo particular, sino más bien para desactivar el sistema de amenaza por medio del desarrollo de una postura observadora y no crítica, la autocompasión está diseñada para estimular el sistema de satisfacción/confortamiento y seguridad que evolucionó con el apego. Esto se debe a que, como señalamos en el capítulo 1, el sistema de satisfacción/confortamiento es un regulador natural del sistema de amenaza/autoprotección y del sistema de activación, búsqueda de incentivos y recompensa, y sostiene los sentimientos de satisfacción, seguridad, confianza y bienestar[138]. Por ende, la compasión puede entenderse como un sistema motivacional que ha evolucionado para regular el afecto negativo a través de la capacidad de detectar nuestros propios sentimientos y los de los demás así como de expresar y comunicar sentimientos de calidez y seguridad[139].

De manera similar, Siegel y Germer[140] sostienen que los subsistemas del cerebro que regulan la amenaza/autoprotección (lucha-huida-paralización) y la activación, la búsqueda de incentivos y recompensa (competición-recompensa) están equilibrados por un subsistema tranquilizador (seguridad)[141]. Parece que el sistema de seguridad, que se asocia con el cuidado y el alivio, está relacionado con los neurotransmisores de la oxitocina y la vasopresina. Los estados mentales compasivos son, por lo general, calmantes, y se caracterizan por respuestas fisiológicas específicas, como la

137. P. Gilbert, *Human nature and suffering*, Lea, Londres 1989; P. Gilbert «Compassion and cruelty: A biopsychosocial approach», en P. Gilbert (Ed.), *Compassion: Conceptualisations, research and use in psychotherapy*, Routledge, Londres 2005; P. Gilbert, *Psychotherapy and counselling for depression*, SAGE Londres 2007[3]; P. Gilbert, «Evolved minds and compassion in the therapeutic relationship», en P. Gilbert y R. Leahy (Eds.), *The therapeutic relationship in the cognitive behavioural psychotherapies*, Routledge, Londres 2007.

138. P. Gilbert y D. Tirch, «Emotional memory, mindfulness and compassion», *op. cit.*

139. P. Gilbert, *Human nature and suffering*, *op. cit.*; P. A. Spikins, H. E. Rutherford y A. P. Needham, «From homininity to humanity: Compassion from the earliest archaics to modern humans»: *Time and Mind*, 3(3) (2010), 303–325.

140. R. D. Siegel y C. K. Germer, «Wisdom and compassion: Two wings of a bird», *op. cit.*

141. R. A. Depue y J. V. Morrone-Strupinsky, «A neurobehavioral model of affiliative bonding: Implications for conceptualizing a human trait of affiliation», *art. cit.*

desaceleración del ritmo cardiaco[142], la menor conductividad de la piel[143] y la activación del nervio vago[144]. Estas respuestas son lo contrario de lo que sucede cuando experimentamos ansiedad, tristeza o asco[145]. La investigación ha demostrado que es posible que la gente cambie gradualmente el modo en que funciona el neocórtex: por ejemplo, pasando de la activación automática del miedo y la autopreservación de la amígdala a estados mentales compasivos y al «sistema de conservación de la especie»[146].

Cultivar una autocompasión consciente implica ayudar a que las personas aprendan a dirigir su atención de forma no crítica a fin de entrenar la mente a organizarse por medio de la compasión, y a fin de activar el sistema de satisfacción/confortamiento y seguridad como un regulador afectivo clave[147]. Por tanto, la práctica de la autocompasión tiene como objetivo la activación del sistema de satisfacción/confortamiento y seguridad para que se pueda acceder a él con mayor facilidad y para que pueda emplearse para equilibrar la sobreactivación del sistema de amenaza/autoprotección, así como del sistema de activación, búsqueda de incentivos y recompensa; además, ayuda a regular las emociones basadas en la amenaza del miedo, es asco, la ira y la vergüenza. Es importante señalar que el hecho de centrarse en cambiar el sistema de amenaza/autoprotección ignora el de que es igualmente importante equilibrar los otros sistemas de regulación afectiva y, en particular, el escaso rendimiento del sistema de satisfacción/confortamiento y seguridad. Solo cuando se desarrolle este sistema de relajación podrán establecerse los demás[148].

Autocompasión y TOC

Una de las cosas que más les cuesta a los individuos con TOC es ser amables con el sufrimiento creado por su propio trastorno y ser amables, cálidos, cuidadosos y comprensivos con su propia experiencia interna difícil.

142. N. Eisenberg, R. A. Fabes, D. Bustamante, R. M. Mathy, P. A. Miller y E. Lindholm, «Differentiation of vicariously induced emotional reactions in children»: *Developmental Psychology*, 24 (1988), 237–246.
143. N. Eisenberg, R. A. Fabes, M. Schaller, G. Carlo y P. A. Miller, «The relations of parental characteristics and practices to children's vicarious emotional responding»: *Child Development*, 62(6) (1991), 1393–1408.
144. C. Oveis, E. J. Horberg y D. Keltner, «Compassion, pride, and social intuitions of self–other similarity»: *Journal of Personality and Social Psychology*, 98(4) (2009), 618–630; S. W. Porges, «Orienting in a defensive world: Mammalian modifications of our evolutionary heritage—a polyvagal theory»: *Psychophysiology*, 32(4) (1995), 301–318; S. W. Porges, «The polyvagal theory: Phylogenetic substrates of a social nervous system»: *International Journal of Psychophysiology*, 42(2) (2001), 123–146.
145. J. L. Goetz, D. Keltner y E. Simon-Thomas, «Compassion: An evolutionary analysis and empirical review»: *Psychological Bulletin*, 136(3) (2010), 351–374.
146. W. Wang, «Protein aggregation and its inhibition in biopharmaceutics»: *International Journal of Pharmaceutics*, 289(1–2) (2005), 1–30.
147. P. Gilbert y K. Choden, *Mindful compassion: Using the power of mindfulness and compassion to transform our lives*, *op. cit.*; K. D. Neff y C. K. Germer, «A pilot study and randomized controlled trial of the mindful self-compassion program», *art. cit.*
148. P. Gilbert, *Compassion focused therapy: Distinctive features*, *op. cit.*

Podemos entender fácilmente que las personas con TOC pueden tener dificultades para cultivar la mayoría de las cualidades bajo el paraguas de la autocompasión. Por ejemplo, como vimos en el capítulo 1, las personas afectadas por el TOC pueden tener dificultades importantes en sus esfuerzos encaminados a cultivar la autoconfianza, la aceptación de la experiencia privada, el propósito de no emitir juicios y la sabiduría, ya que les resulta difícil ver la realidad de manera objetiva y adaptativa y comprender las causas de su sufrimiento.

Con respecto a la calidez, sabemos que esta sensación es posible cuando los individuos se sienten seguros los unos con los otros y confían. Los individuos que a menudo se sienten amenazados y reaccionan adoptando una postura defensiva pueden tener problemas para sentir o expresar calidez[149]. De hecho, las personas con TOC (en especial las que tienen miedo a la contaminación) suelen considerarse como «frías» o «reservadas» y tienen dificultades para mostrar o darse permiso para recibir afecto, expresiones emocionales y contacto físico[150].

Las personas que padecen TOC tienden a tener una actitud agresiva hacia sus propios pensamientos, sus emociones y sus sensaciones físicas: luchan contra ellos, los ahuyentan, los suprimen o los critican. Esta tendencia a experimentar la culpa, la crítica, la autoculpabilización y la autocondena es la antítesis de la autocompasión; estas actitudes y estas reacciones alimentan el sufrimiento, ya sea consciente o inconscientemente, directa o indirectamente. Por eso, uno de los primeros pasos que las personas con TOC pueden dar para superar su sufrimiento es dejar de luchar contra todo esto. La autocompasión es una manera de hacerlo. Es una manera de ser y sentir que puede desactivar los sentimientos de ansiedad, de asco, de culpa, de ira o de desconfianza en las situaciones inofensivas, y, al hacerlo, activar una sensación de satisfacción, seguridad y confianza[151].

Para desarrollar la autocompasión, las personas que padecen TOC tienen que aprender, en primer lugar, a desvincularse de los estimuladores internos de la amenaza (p. ej., rumiación, autocrítica, interpretaciones negativas) y centrarse en las percepciones y los sentimientos de la compasión. En segundo lugar, tienen que aprender a activar el sistema de satisfacción/confortamiento y seguridad, que es el regulador natural de las amenazas en el cerebro, pasando a un reenfoque y unas imágenes compasivas[152]. Una vez que se ha activado el sistema de satisfacción/confortamiento y seguridad, los individuos pueden relajarse (seguridad pasiva) o redirigir la atención para explorar el entorno de una manera adaptativa y no defensiva (seguridad activa)[153]. Para poder hacer esto, las personas tienen que aprender a prestar una atención consciente a sus

149. *Ibíd.*
150. F. Didonna, «Ruolo dell'invalidazione dell'esperienza sensoriale nell'attivazione e mantenimento del dubbio ossessivo»: *Psicopatologia Cognitiva*, 2(2) (2005), 73-81.
151. P. Gilbert y D. Tirch, «Emotional memory, mindfulness and compassion», *op. cit.*
152. P. Gilbert, *Compassion focused therapy: Distinctive features*, *op. cit.*
153. *Ibíd.*

propios miedos, reconociéndolos y aceptándolos sin reaccionar ante ellos ni luchar contra ellos. Luego tienen que aprender a atender a esos miedos con una bondad amorosa similar al modo en que un padre tranquiliza a su hijo asustado. Por esta razón, en la práctica de la autocompasión (véase el capítulo 13), se ayuda a los participantes a crear activamente imágenes, sentimientos y pensamientos compasivos y tranquilizadores que puedan estimular y desarrollar sentimientos de satisfacción, de seguridad y de confianza[154].

Como hemos explicado anteriormente, una de las características clave del TOC es un sentido exagerado de la responsabilidad. De hecho, parece que podría haber una relación inversa entre ese sentido exagerado y la autocompasión, dado que el primero implica básicamente no aceptarse uno mismo, las propias limitaciones y la falibilidad como ser humano así como la incapacidad de ver la realidad objetivamente. Brach sostiene: «Sentir compasión por nosotros mismos no nos libera de la responsabilidad de nuestras acciones. Más bien nos libera del odio hacia nosotros mismos que nos impide responder a nuestra vida con claridad y equilibrio»[155].

Por todas estas razones, la práctica de la autocompasión se introduce en el programa de la MBCT para el TOC como una práctica formal de la meditación que puede ayudar a las personas obsesivas a desarrollar un enfoque diferente hacia su propio sufrimiento y hacia todo lo que lo alimenta. Esta práctica puede normalizar o suavizar significativamente muchos de los mecanismos reactivos del TOC.

Autoperdón y TOC

Tanto en la cultura oriental como en la occidental, el perdón se considera como un acto liberador, ya que aceptamos un pasado que no podemos cambiar, así como la naturaleza imperfecta de los seres humanos. El perdón nos libera de las emociones y de los sentimientos que no hacen más que hacernos revivir el pasado una y otra vez. El autoperdón es una actitud de aceptación profunda de nuestra naturaleza como seres humanos, con nuestros límites, con nuestras debilidades y con los errores que cometemos de manera inevitable. Al ayudar a prevenir las actitudes excesivamente críticas y perfeccionistas, así como los sentimientos disfuncionales de culpa y un sentido exagerado de la responsabilidad, el autoperdón puede ser un antídoto para varios mecanismos del TOC. El autoperdón está estrechamente relacionado con la autocompasión, ya que ambos implican una mayor conciencia y sensibilidad hacia el sufrimiento y un compromiso para encontrar alivio del mismo.

154. P. Gilbert, «Social mentalities: Internal "social" conflicts and the role of inner warmth and compassion in cognitive therapy», en P. Gilbert y K. G. Bailey (Eds.), *Genes on the couch: Explorations in evolutionary psychotherapy*, Psychology Press, Hove, UK 2000.

155. T. Brach, *Radical acceptance: Awakening the love that heals fear and shame*, Rider, Nueva York 2003, 207 (trad. esp.: *Aceptación radical: abrazando tu vida con el corazón de un buda*, Gaia Ediciones, Móstoles 2014).

El TOC suele caracterizarse por la existencia de creencias disfuncionales sobre la responsabilidad excesiva que implica dañar a los demás, y las preocupaciones típicas que surgen de estas creencias se centran en el daño que las personas que sufren el trastorno creen haber causado, o podrían causar, a los demás y a sí mismos[156]. Cuando piensan en accidentes o en delitos imaginarios, los sujetos con TOC pueden estar especialmente preocupados por aquellas personas a las que no han pedido perdón o a las que han pedido perdón de manera incorrecta[157]. Estos individuos tienden a ser implacables consigo mismo y a condenarse. Esta actitud puede estar, claramente, conectada con su seguridad y sus creencias perfeccionistas y con sus comportamientos consecuentes. Por ejemplo, a menudo creen que si alguna vez hicieran algo, o dejaran de hacer algo, que causara daño a alguien, nunca se lo perdonarían. Lo que no pueden ver es que las únicas personas que realmente se ven perjudicadas en todas las situaciones relacionadas con su trastorno son ellas mismas –a causa de las consecuencias emocionales, conductuales y sociales de sus problemas–. Por esa razón, al abordar el tema del autoperdón en personas con TOC, el instructor debe centrarse, paradójicamente, en estimular la conciencia del sufrimiento que se causan a sí mismos (así como a sus allegados) a través de sus emociones negativas, de sus preocupaciones constantes y de sus comportamientos de búsqueda de seguridad, y luego en pedirles perdón por este sufrimiento inútil.

El perdón suele estar relacionado con la reconciliación; es decir, el proceso de apoyo a la reconexión después de que una persona haya hecho daño a otra[158]. En este sentido, el autoperdón puede considerarse como una forma de reconciliación con uno mismo –una especie de «reseteo» y «reinicio» emocional después del dolor y el malestar autoinfligidos por el trastorno–. Por todas estas razones, el autoperdón se introduce como una práctica formal en el programa de la MBCT para el TOC.

Integrar la TCC y la intervención basada en el *mindfulness*

En el capítulo 1 advertimos que la TCC se ha establecido como el modelo de referencia para el tratamiento del TOC, pero también que había demostrado tener algunas limitaciones. Por ejemplo, alrededor del 50% de las personas que padecen este trastorno no se benefician de manera significativa y duradera de la TCC y tienen dificultades para seguir el programa. Hasta ahora, el material de este capítulo 2 ha explicado los modos en que el *mindfulness* podría ser útil para las personas que padecen TOC. El programa descrito en este libro, que comienza en el capítulo 3, integra algunas de las herramientas y de los principios más útiles de la TCC con los del entrenamiento en *mindfulness* y compasión.

156. A. L. Wroe y P. M. Salkovskis, «Causing harm and allowing harm: A study of beliefs in obsessional problems»: *Behaviour Research and Therapy*, 38(12) (2000), 1141-1162.
157. E. L. Worthington Jr., L. E. O'Connor, J. W. Berry, C. Sharp, R. Murray y E. Yi, «Compassion and forgiveness: Implications for psychotherapy», en P. Gilbert (Ed.), *Compassion: Conceptualisations, research and use in psychotherapy*, Brunner-Routledge, Londres 2005.
158. *Ibíd.*

El objetivo de la TCC estándar consiste en cambiar el contenido de las cogniciones de las personas; el objetivo de las intervenciones basadas en el *mindfulness* es *cambiar el modo de relacionarse con ese contenido*. Esto se hace ayudando a los pacientes a que aprendan a dejar de centrarse en el pasado y en el futuro –un enfoque que está condicionado por los recuerdos, las dudas, las preocupaciones y la rumiación– y comiencen a centrarse en el momento presente a través de un proceso de descentramiento y desidentificación con su experiencia privada[159]. Lo importante en los tratamientos basados en el *mindfulness* es alterar el *impacto* y la *respuesta* de los pacientes a los pensamientos, a las emociones y a las sensaciones. Este enfoque resulta particularmente efectivo en un trastorno como el TOC, que, como hemos visto, se caracteriza por la intolerancia de los pacientes a la experiencia interna negativa y la consecuente evitación del comportamiento[160]. Dicho esto, no es sencillo implementar intervenciones de *mindfulness* con pacientes obsesivos, especialmente cuando se trata de pacientes con un sufrimiento severo y crónico. Por lo general, estos individuos tienen esquemas negativos rígidos y sesgos con respecto a su experiencia interna y a sus comportamientos incapacitantes e invalidantes que pueden dificultar que permanezcan en un estado meditativo durante mucho tiempo[161]. Por esta razón, es importante encontrar modos de facilitar el cumplimiento y la aceptación de este tipo de prácticas –modos en los que se centran los siguientes capítulos–.

Exposición consciente: aliviar los desafíos que supone enfrentarse a los propios miedos y a la realidad

Haz siempre lo que tengas miedo de hacer.

—Ralph Waldo Emerson

La práctica de la exposición con prevención de respuesta (EPR) constituye uno de los modos más útiles de integrar las intervenciones basadas en el *mindfulness* y la TCC para el TOC. Como ya dijimos en el capítulo 1, la EPR ha sido considerada durante más de cuatro décadas como la intervención terapéutica más efectiva para el TOC en la mayoría de los pacientes. El problema que presenta este tipo de intervención es que la exposición suele inducir altos niveles de ansiedad que no son bien tolerados por las personas con TOC, y, por consiguiente, da lugar a altas tasas de abandono. Por otro lado, la práctica del *mindfulness* es, en sí misma, un modo efectivo de exposición porque ayuda a los individuos a enfrentarse intencionalmente a sus propios pensamientos, emociones y sensaciones a medida que surgen, pero sin reaccionar

159. Z. V. Segal, J. M. Williams y J. D. Teasdale, *Mindfulness-based cognitive therapy for depression: A new approach to preventing relapse*, *op. cit.*
160. F. Didonna, (Ed.), *Clinical handbook of mindfulness*, *op. cit.*
161. F. Didonna, «Mindfulness and obsessive–compulsive disorder: Developing a way to trust and validate one's internal experience», *op. cit.*

ante ellos[162]. En vez de eso, aprenden a aceptar esos pensamientos, emociones y sensaciones como los eventos mentales inofensivos e impermanentes que son. De hecho, en la última década, el *mindfulness* se ha usado para complementar las técnicas de la EPR porque puede conducir: (1) a una regulación afectiva más efectiva mediante la reducción de la reactividad emocional, y (2) a una mayor tolerancia y aceptación de los estados desagradables[163].

El uso de la EPR se basa en investigaciones que han sugerido que la exposición voluntaria a experiencias y a acontecimientos desagradables o desafiantes conduce a la disminución de las perturbaciones emocionales y cognitivas así como a respuestas conductuales más adaptativas[164]. Por el contrario, las estrategias de regulación que suelen emplear las personas con TOC, como la evitación experiencial, obstaculizan la extinción de las respuestas emocionales[165], y la introspección, en particular la de carácter rumiativo, puede conducir a la psicopatología[166]. Algunos datos procedentes de la investigación muestran que la práctica del *mindfulness* conduce a la exposición voluntaria[167], y, de hecho, la exposición es un componente fundamental de las principales intervenciones basadas en el *mindfulness*. Lo que todavía no se ha investigado empíricamente de forma significativa es si la exposición desempeña un papel operativo a la hora de explicar los efectos y las intervenciones del *mindfulness*.

162. *Ibíd.*
163. T. D. Borkovec, «Life in the future versus life in the present»: *Clinical Psychology: Science and Practice*, 9(1) (2002), 76–80; K. W. Brown, R. M. Ryan y D. Creswell, «Mindfulness: Theoretical foundations and evidence for its salutary effects», *art. cit.*; F. Didonna, «Mindfulness and obsessive–compulsive disorder: Developing a way to trust and validate one's internal experience», *op. cit.*; H. Fairfax, «The use of mindfulness in obsessive compulsive disorder: Suggestions for its application and integration in existing treatment»: *Clinical Psychology and Psychotherapy*, 15(1) (2008), 53–59.
164. M. T. Feldner, M. J. Zvolensky, G. H. Eifert y A. P. Spira, «Emotional avoidance: An experimental test of individual differences and response suppression using biological challenge»: *Behaviour Research and Therapy*, 41(4) (2003), 403–411; J. T. Levitt, T. A. Brown, S. M. Orsillo, y D. H. Barlow, «The effects of acceptance versus suppression of emotion on subjective and psychophysiological response to carbon dioxide challenge in patients with panic disorder»: *Behavior Therapy*, 35(4) (2004), 747–766; D. M. Sloan, «Emotion regulation in action: Emotional reactivity in experiential avoidance»: *Behaviour Research and Therapy*, 42(11) (2004), 1257–1270.
165. P. C. Broderick, «Mindfulness and coping with dysphoric mood: Contrasts with rumination and distraction»: *Cognitive Therapy and Research*, 29(5) (2005), 501–510; L. Campbell-Sills, D. H. Barlow, T. A. Brown y S. G. Hofmann, «Effects of suppression and acceptance on emotional responses on individuals with anxiety and mood disorders»: *Behaviour Research and Therapy*, 44 (2006), 1251–1263; D. Cioffi, «Sensate body, directive mind: Physical sensations and mental control», en D. M. Wegner y J. W. Pennebaker (Eds.), *Handbook of mental control*, Prentice Hall, Englewood Cliffs, NJ 1993.
166. S. Nolen-Hoeksema, J. Morrow y B. L. Frederickson, «Response styles and the duration of episodes of depressed mood»: *Journal of Abnormal Psychology*, 102(1) (1993), 20–28.
167. J. J. Arch y M. G. Craske, «Mechanisms of mindfulness: Emotion regulation following a focused breathing induction»: *Behaviour Research and Therapy*, 44(12) (2006), 1849–1858; C. P. Niemiec, K. W. Brown, T. B. Kashdan, P. J. Cozzolino, W. E. Breen, C. Levesque-Bristol et al., «Being present in the face of existential threat: The role of trait mindfulness in reducing defensive responses to mortality salience»: *Journal of Personality and Social Psychology*, 99(2) (2010), 344–365.

La «Exposición consciente» es una práctica que yo mismo he desarrollado[168] para integrar la EPR estándar y las prácticas del *mindfulness* (véase el capítulo 12). Los principales objetivos de la «Exposición consciente» son:

- Reducir los desafíos típicos que experimentan las personas con TOC durante la EPR (p. ej., resistencia, evitación, angustia excesiva, ansiedad).
- Aumentar la conciencia de las experiencias internas (patrones habituales de pensamiento, pensamientos intrusivos, emociones, sentimientos, sensaciones físicas) o externas (la información verdadera procedente de los sentidos) reales durante la exposición.
- Prevenir o reducir la tendencia a interpretar o a dar sentido a (modo conceptual) los estados internos o a los estímulos externos a los que se exponen los individuos.
- Neutralizar o reducir la tendencia a reaccionar o a identificarse con los eventos cognitivos (pensamientos intrusivos, creencias, evaluaciones) que surgen durante la exposición.
- Prevenir o reducir la tendencia a ritualizar y a neutralizar durante la exposición o después de la misma.
- Mejorar los efectos de la exposición.

La «Exposición consciente» puede ayudar a las personas que padecen TOC a exponerse directamente a estímulos estresantes o que provocan ansiedad en un estado consciente. Al aprender a concentrarse en los sentidos y/o en la respiración como un ancla que les permite permanecer profundamente arraigados en el aquí y ahora, estos individuos están en mejores condiciones de ver la realidad tal como es, independientemente de los pensamientos que surjan, momento a momento, previniendo o reduciendo así su necesidad de neutralizar o evitar los estímulos negativos internos o externos.

A diferencia de las técnicas estándar de la EPR, durante la «Exposición consciente» los pacientes tratan de mantenerse en contacto directo con su experiencia interna, prestando especial atención a las experiencias cognitivas, sensoriales y emocionales que surgen sin juzgarlas, sin evaluarlas o sin reaccionar a ellas. De este modo, los pacientes previenen intencionalmente cualquier proceso metacognitivo con respecto a las experiencias, viendo las metacogniciones como simples pensamientos, dejándolos ir y venir[169]. De esta manera, los individuos aprenden a neutralizar o a debilitar la fuerza de las creencias disfuncionales subyacentes, de las interpretaciones y de los sesgos cognitivos que llevarían a la activación de las compulsiones y a los comportamientos de búsqueda de seguridad durante o después de la exposición.

Al igual que en el caso de la EPR estándar, la «Exposición consciente» tiene también el efecto de desafiar y normalizar las creencias disfuncionales

168. F. Didonna, «Mindfulness and obsessive–compulsive disorder: Developing a way to trust and validate one's internal experience», *op. cit.*
169. *Ibíd.*

típicas del TOC[170] y las evaluaciones y las interpretaciones que las personas con TOC hacen de los pensamientos intrusivos. Los pacientes pueden demostrarse a sí mismos que el modelo del TOC es correcto (véanse los capítulos 1 y 6), ya que predice que la prevención de los rituales y su neutralización dará lugar a una disminución tanto de la ansiedad como de las creencias negativas. La «Exposición consciente» también ayuda a las personas con TOC a comprender que las consecuencias temidas no se producen cuando no practican sus comportamientos de búsqueda de seguridad[171].

El sentido exagerado de la responsabilidad que tienen las personas con TOC se ve mantenido por la idea de que las compulsiones les protegerán del daño temido. Así que, mientras continúen realizando compulsiones y vean que no pasa nada malo, seguirán creyendo que estas son necesarias y que son responsables de prevenir el temido daño. Sin embargo, cuando se exponen a las verdaderas consecuencias de no realizar un comportamiento compulsivo, toman conciencia de que el sentido de protección que pensaban que les daba el comportamiento era falso, y esto, a su vez, disminuye su sentido exagerado de responsabilidad.

La «Exposición consciente» también permite a los individuos experimentar el proceso de *habituación*, un fenómeno en el que la ansiedad disminuye espontánea y progresivamente, sin hacer nada, después de un periodo en el que uno se expone a los estímulos que provocan ansiedad. Sin embargo, es útil señalar que el nivel de ansiedad en la «Exposición consciente» suele ser más bajo (a menudo mucho más bajo) que en la EPR estándar, debido al hecho de que los individuos aprenden a exponerse a la realidad tal como es, y no a la manera en que está «contaminada» por sus sesgos y sus mecanismos cognitivos disfuncionales.

El uso de las metáforas y la intervención basada en el mindfulness para el TOC

En las intervenciones basadas en la aceptación y en el *mindfulness*, así como en la terapia cognitiva, se suelen emplear metáforas, un lenguaje figurativo o ejercicios de visualización guiada[172]. Las metáforas tienen el propósito de permitir que los pacientes interioricen algunos principios del *mindfulness* (p. ej., la «Metáfora del río» en la «Meditación de la mente observadora»; véase el capítulo 10). Estas metáforas pueden transformarse posteriormente en poderosos recursos. El uso de metáforas se propone y se integra en las prácti-

170. Obsessive Compulsive Cognitions Working Group, «Psychometric validation of the Obsessive Belief Questionnaire and Interpretation of Intrusions Inventory: Part 2. Factor analyses and testing of a brief version», *art. cit.*

171. P. M. Salkovskis, «Understanding and treating obsessive–compulsive disorder»: *Behaviour Research and Therapy*, 37 (1999), S29–S52.

172. S. C. Hayes, K. D. Strosahl y K. G. Wilson, *Acceptance and commitment therapy*, *op. cit.*; P. M. Salkovskis, E. Forrester, C. Richards y N. Morrison, «The devil is in the detail: Conceptualising and treating obsessional problems», en N. Tarrier, A. Wells y G. Haddock (Eds.), *Treating complex cases: The cognitive behavioural therapy approach*, Wiley, Nueva York 1998.

cas de la meditación como una herramienta terapéutica para desarrollar y mejorar algunas habilidades metacognitivas importantes, como los procesos de descentramiento, de desidentificación y de defusión, y algunos principios y actitudes del *mindfulness*, como el dejar ir, el no juzgar, la aceptación y la impermanencia. Las metáforas también sirven de apoyo a la intervenciones terapéuticas para el TOC, mejorando el déficit metacognitivo que los individuos con TOC parecen tener en las situaciones relacionadas con sus problemas obsesivos[173]. Por último, las metáforas también parecen ser efectivas como herramienta terapéutica para aumentar el nivel de *insight*[174].

Investigación sobre los efectos del entrenamiento en *mindfulness* para el TOC

Aunque en la actualidad no existen estudios aleatorizados y ensayos controlados que investiguen la eficacia del tratamiento basado en el *mindfulness* para el TOC, hay algunos datos procedentes de la investigación que, directa o indirectamente, apoyan la fundamentación y la relevancia clínica del enfoque del *mindfulness* para este trastorno[175]. Como dijimos anteriormente, también se ha sugerido que la terapia basada en el *mindfulness* para el TOC podría reducir las tasas de abandono o disminuir el desgaste en la terapia psicológica para este tipo de trastorno, aunque por el momento no hay muchas pruebas empíricas que respalden esta posibilidad[176].

Sin embargo, hay datos procedentes de la investigación que sugieren que los tratamientos basados en el *mindfulness* para el TOC pueden tener un efecto terapéutico positivo en los factores de predisposición, activación y mantenimiento del trastorno, y que el *mindfulness* podría ser el principal mecanismo

---

173. P. M. Salkovskis, E. Forrester, C. Richards y N. Morrison, «The devil is in the detail: Conceptualising and treating obsessional problems», *op. cit.*

174. F. Didonna, «La formulazione del problema e le tecniche d'intervento nella psicoterapia cognitive del disturbo ossessivo-compulsivo [The problem formulation and the intervention techniques in cognitive therapy of obsessive compulsive disorder]»: *Psicobiettivo*, 12(3) (2006), 131-164; F. Didonna, «Mindfulness and obsessive-compulsive disorder: Developing a way to trust and validate one's internal experience», *op. cit.*

175. Didonna, M. Lanfredi, E. Xodo, C. Ferrari, R. Rossi y L. Pedrini, «Mindfulness-based cognitive therapy for obsessive-compulsive disorder: A pilot-study», *art. cit.*; F. Didonna, R. Rossi, C. Ferrari, L. Iani, L. Pedrini, N. Rossi et al., «Relations of mindfulness facets and psychological symptoms among individuals with a diagnosis of obsessive-compulsive disorder, major depressive disorder, or borderline personality disorder», *art. cit.*; L. Hale, C. Strauss, B. L. Taylor, «The effectiveness and acceptability of mindfulness-based therapy for obsessive compulsive disorder: A review of the literature», *art. cit.*; M. Hanstede, Y. Gidron e I. Nyklícek, «The effects of a mindfulness intervention on obsessive-compulsive symptoms in a non-clinical student population», *art. cit.*; E. J. Bluett, K. J. Homan, K. L. Morrison, M. E. Levin, y M. P. Twohig, «Acceptance and commitment therapy for anxiety and OCD spectrum disorders: An empirical review»: *Journal of Anxiety Disorders*, 28(6) (2014), 612-624.

176. L. Hale, C. Strauss, B. L. Taylor, «The effectiveness and acceptability of mindfulness-based therapy for obsessive compulsive disorder: A review of the literature», *art. cit.*

de cambio[177]. Se ha realizado un estudio con 35 pacientes con TOC que tenía como objetivo evaluar los efectos del programa de la MBCT para el TOC presentado en este libro sobre los síntomas obsesivos y otras esferas psicológicas[178]. Los autores investigaron si la relación entre el *mindfulness* y los síntomas del TOC estaba mediada por variables clínicas específicas. El programa de la MBCT para el TOC se presentó en un formato grupal a los pacientes, que fueron evaluados al inicio del estudio, a mitad del tratamiento y después del mismo. Los resultados mostraron que todos los pacientes completaron el tratamiento, y se observaron reducciones significativas en los síntomas del TOC, con tamaños del efecto grandes (todos $p < 0{,}001$; d de Cohen = –0,72 a –1,55). Además, se descubrieron mejoras significativas en la depresión, en la preocupación, en la alexitimia, en la disociación y en la psicopatología general en comparación con la fase inicial del tratamiento. El aumento de las habilidades del *mindfulness* se asoció a la reducción en los síntomas del TOC, y esta relación estuvo mediada por una mejora en los síntomas depresivos. Aunque no hubo un grupo de control en este estudio, esta investigación proporciona una evidencia preliminar de que el programa de la MBCT para el TOC puede conducir a una reducción significativa de los síntomas del TOC y de otros tipos de síntomas psicológicos, y de que el *mindfulness* puede funcionar como un mecanismo de cambio.

En un ensayo controlado con una población estudiantil no clínica, Hanstede et al.[179] constataron una reducción significativa en los síntomas del TOC después de una breve intervención basada en el *mindfulness*, consistente en ocho sesiones grupales de una hora de duración que incluían la práctica de la respiración meditativa, una secuencia de cuatro pasos para responder a las experiencias psicológicas, la práctica del «Escáner corporal» y el uso de la metáfora. El estudio mostró una reducción significativa en los síntomas del TOC en el grupo de intervención al final del tratamiento en comparación con el grupo de control. Además, tanto el *mindfulness* como la fusión pensamiento-acción mostraron una mejora significativa en los participantes en la intervención de *mindfulness* en comparación con los participantes del grupo de control.

177. S. R. Patel, J. Carmody y H. Blair Simpson, «Adapting mindfulness-based stress reduction for the treatment of obsessive–compulsive disorder: A case report»: *Cognitive and Behavioral Practice*, 14(4) (2007), 375–380; M. Wilkinson-Tough, L. Bocci, K. Thorne y J. Herlihy, «Is mindfulness-based therapy an effective intervention for obsessive–intrusive thoughts?: A case series»: *Clinical Psychology and Psychotherapy*, 17(3) (2010), 250–268; M. Hanstede, Y. Gidron e I. Nyklícek, «The effects of a mindfulness intervention on obsessive–compulsive symptoms in a non-clinical student population», *art. cit.*; F. Didonna, M. Lanfredi, E. Xodo, C. Ferrari, R. Rossi y L. Pedrini, «Mindfulness-based cognitive therapy for obsessive–compulsive disorder: A pilot-study», *art. cit.*; F. Didonna, R. Rossi, C. Ferrari, L. Iani, L. Pedrini, N. Rossi et al., «Relations of mindfulness facets and psychological symptoms among individuals with a diagnosis of obsessive–compulsive disorder, major depressive disorder, or borderline personality disorder», *art. cit.*

178. F. Didonna, M. Lanfredi, E. Xodo, C. Ferrari, R. Rossi y L. Pedrini, «Mindfulness-based cognitive therapy for obsessive–compulsive disorder: A pilot-study», *art. cit.*

179. M. Hanstede, Y. Gidron e I. Nyklícek, «The effects of a mindfulness intervention on obsessive–compulsive symptoms in a non-clinical student population», *art. cit.*

La terapia de aceptación y compromiso (ACT, por sus siglas en inglés, *acceptance and commitment therapy*), un enfoque terapéutico dotado de un importante componente basado en el *mindfulness*, también resultó ser tan eficaz como la TCC en los pacientes con trastornos del espectro obsesivo-compulsivo[180]. Algunos estudios[181] centrados en la experiencia de los pacientes con TOC que habían completado intervenciones basadas en el *mindfulness* también ofrecieron resultados alentadores: cuando se les pidió que ordenaran varias técnicas según su preferencia, los pacientes calificaron el *mindfulness* como una de sus preferidas.

En un estudio experimental que comparó la eficacia de una estrategia basada en el *mindfulness* con una estrategia de distracción durante la exposición breve a los pensamientos obsesivos en pacientes con TOC[182], los participantes experimentaron un mayor descenso de la ansiedad y un impulso a neutralizar después de aplicar la primera estrategia en comparación con la segunda. Estos resultados coinciden (1) con los estudios que han demostrado que existe una evidencia preliminar de que las intervenciones basadas en la aceptación y el *mindfulness* son efectivas a la hora de reducir los síntomas obsesivo-compulsivos[183], y (2) con un metaanálisis de los efectos de la terapia basada en el *mindfulness* sobre la ansiedad y la depresión[184].

En un estudio de caso clínico, Singh et al.[185] presentaron el caso de una paciente que recurrió al *mindfulness* para mejorar su calidad de vida reformulando su TOC como un punto fuerte e incorporándolo a su vida cotidiana.

180. E. J. Bluett, K. J. Homan, K. L. Morrison, M. E. Levin, y M. P. Twohig, «Acceptance and commitment therapy for anxiety and OCD spectrum disorders: An empirical review», *art. cit.*
181. N. R. Hertenstein, U. Voderholzer, T. Heidenreich, C. Nissen, N. Thiel, N. Herbst et al., «Mindfulness-based cognitive therapy in obsessive–compulsive disorder: A qualitative study on patients' experiences», *art. cit.*; H. Fairfax, «The use of mindfulness in obsessive compulsive disorder: Suggestions for its application and integration in existing treatment», *art. cit.*
182. K. Wahl, J. O. Huelle, B. Zurowski y A. Kordon, «Managing obsessive thoughts during brief exposure: An experimental study comparing mindfulness-based strategies and distraction in obsessive–compulsive disorder»: *Cognitive Therapy and Research*, 37(4) (2012), 752–761.
183. M. Hanstede, Y. Gidron e I. Nyklíček, «The effects of a mindfulness intervention on obsessive–compulsive symptoms in a non-clinical student population», *art. cit.*; S. R. Patel, J. Carmody y H. Blair Simpson, «Adapting mindfulness-based stress reduction for the treatment of obsessive–compulsive disorder: A case report», *art. cit.*; N. N. Singh, R. G. Wahler y A. S. W. Winton, «A mindfulness-based treatment of obsessive–compulsive disorder»: *Clinical Case Studies*, 3(4) (2004), 275–287; M. P. Twohig, S. C. Hayes, J. C. Plumb, L. D. Pruitt, A. B. Collins, H. Hazlett-Stevens et al., «A randomized clinical trial of acceptance and commitment therapy vs. progressive relaxation training for obsessive–compulsive disorder»: *Journal of Consulting and Clinical Psychology*, 78 (2010), 705–716; M. Wilkinson-Tough, L. Bocci, K. Thorne y J. Herlihy, «Is mindfulness-based therapy an effective intervention for obsessive–intrusive thoughts?: A case series», *art. cit.*
184. S. G. Hofmann, A. T. Sawyer, A. A. Witt y D. Oh, «The effect of mindfulness-based therapy on anxiety and depression: A meta-analytic review», *art. cit.*
185. N. N. Singh, R. G. Wahler y A. S. W. Winton, «A mindfulness-based treatment of obsessive–compulsive disorder», *art. cit.*

Esta paciente superó con éxito su TOC debilitante y dejó toda la medicación a los seis meses de la intervención. Tres años de seguimiento mostraron que había logrado adaptarse y mantenerse bien con un estilo de vida completo y saludable, y aunque seguía teniendo algunos pensamientos obsesivos, estos no controlaban su comportamiento.

Otro estudio de caso que demuestra la eficacia de las intervenciones basadas en el *mindfulness* involucra a un paciente con TOC que, después de rechazar el tratamiento con medicamentos o con EPR, fue tratado con un programa de MBSR adaptado[186]. Tras ocho semanas de este programa adaptado, la evaluación final mostró reducciones clínicamente significativas en los síntomas del TOC y una mayor capacidad para evocar un estado de conciencia plena [*mindfulness*].

A pesar de la fundamentación clara que justifica el uso del entrenamiento en *mindfulness* para el TOC y del hecho de que los descubrimientos preliminares resultan alentadores, todavía hay una escasez de investigaciones sobre las intervenciones basadas en el *mindfulness* para el TOC[187]. Es necesario realizar más investigaciones mediante ensayos controlados y aleatorizados con muestras amplias para confirmar los efectos y los mecanismos de que hemos hablado anteriormente, y para comprender cómo los componentes del *mindfulness* pueden afectar verdaderamente a los resultados de la terapia y mejorarlos.

Efectos neurobiológicos del mindfulness en el TOC

Aunque las investigaciones sobre los resultados clínicos de las intervenciones basadas en el *mindfulness* para el TOC todavía están dando sus primeros pasos, los hallazgos neurobiológicos sobre los efectos de la práctica del *mindfulness* y la compasión en la afectación adaptativa de las estructuras y las funciones neuronales implicadas en el TOC parecen ser más claros y significativos. Como vimos en el capítulo anterior, sabemos que los cambios físicos tienen lugar en el cerebro en respuesta a la experiencia, y que el hecho de centrarse en la conciencia y en la atención puede conducir al desarrollo de nuevas habilidades mentales. La experiencia activa el disparo neuronal, que, a su vez, conduce a la síntesis de proteínas que crean las condiciones para nuevas conexiones entre neuronas en un proceso llamado *neuroplasticidad*[188]. También sabemos que este fenómeno no se limita a una etapa específica del desarrollo humano, como la infancia, sino que más bien puede tener lugar en cualquier momento a lo largo de la vida[189].

186. S. R. Patel, J. Carmody y H. Blair Simpson, «Adapting mindfulness-based stress reduction for the treatment of obsessive–compulsive disorder: A case report», *art. cit.*
187. L. Hale, C. Strauss, B. L. Taylor, «The effectiveness and acceptability of mindfulness-based therapy for obsessive compulsive disorder: A review of the literature», *art. cit.*
188. D. Siegel, *Mindsight: The new science of personal transformation*, Random House, Nueva York 2010 (trad. esp.: *Mindsight*, Ediciones Paidós Ibérica, Barcelona 2011).
189. J. M. Schwartz y S. Begley, *The mind and the brain: Neuroplasticity and the power of mental force*, Regan Books, Nueva York 2002.

Schwartz, Stoessel, Baxter, Martin y Phelps[190] emplearon técnicas de imágenes cerebrales (tomografía por emisión de positrones [TEP]) para investigar los efectos de una intervención cognitivo-conductual integrada con componentes basados en el *mindfulness* para un grupo de pacientes con TOC. Los resultados de este estudio mostraron un cambio estructural y funcional significativo en las disfunciones cerebrales en las áreas conectadas con el trastorno (denominado *neuroplasticidad autodirigida*)[191]. Otras investigaciones mediante neuroimagen muestran que la adopción de métodos basados en el *mindfulness* permite que los pacientes con TOC «reconstruyan» los circuitos neuronales asociados al trastorno[192]. Algunas investigaciones[193] han demostrado que la reorganización cerebral que conduce a un funcionamiento cerebral y conductual más adaptativo puede producirse como resultado de una atención dirigida conscientemente. Se ha formulado la hipótesis de que la práctica regular del *mindfulness* podría establecer circuitos en los *ganglios basales*, la parte del cerebro que crea hábitos[194], y reconectar el cerebro de modos que puedan calmar los circuitos del córtex orbitofrontal, del giro cingulado anterior y del núcleo caudado mediante la *neuroplasticidad autodirigida*[195]. Mediante la práctica del *mindfulness*, los

190. J. M. SCHWARTZ, P. W. STOESSEL, L. R. BAXTER, K. M. MARTIN Y M. E. PHELPS, «Systematic changes in cerebral glucose metabolic rate after successful behavior modification treatment of obsessive–compulsive disorder»: *Archives of General Psychiatry*, 53 (1996), 109–113.

191. J. M. SCHWARTZ Y B. BEYETTE, *Brain lock: Free yourself from obsessive–compulsive behavior, op. cit.*; J. M. SCHWARTZ Y S. BEGLEY, *The mind and the brain: Neuroplasticity and the power of mental force, op. cit.*; J. M. SCHWARTZ, E. Z. GULLIFORD, J. STIER Y M. THIENEMANN, «Mindful awareness and self-directed neuroplasticity: Integrating psychospiritual and biological approaches to mental health with focus on obsessive–compulsive disorder», en S. G. Mijares y G. S. Khalsa (Eds.), *The psychospiritual clinician's handbook: Alternative methods for understanding and treating mental disorders*, Haworth Press, Binghamton, NY 2005.

192. J. M. SCHWARTZ Y B. BEYETTE, *Brain lock: Free yourself from obsessive–compulsive behavior, op. cit.*; J. M. SCHWARTZ, «Neuroanatomical aspects of cognitive-behavioral therapy response in obsessive–compulsive disorder: An evolving perspective on brain and behavior»: *British Journal of Psychiatry*, 173(35, Supl.) (1998), 39–45.

193. A. M. GRAYBIEL, «The basal ganglia and chunking of action repertoires»: *Neurobiology of Learning and Memory*, 70 (1998), 119–123; A. M. GRAYBIEL Y S. L. RAUCH, «Toward a neurobiology of obsessive–compulsive disorder»: *Neuron*, 28 (2000), 343–347; M. BEAUREGARD, J. LEVESQUE Y P. BOURGOUIN, «Neural correlates of the conscious self-regulation of emotion»: *Journal of Neuroscience*, 21(18) (2001), RC165; K. N. OCHSNER, S. A. BUNGE, J. J. GROSS Y J. D. E. GABRIELLI, «Rethinking feelings: An fMRI study of the cognitive regulation of emotion»: *Journal of Cognitive Neuroscience*, 14(8) (2002), 1215–1229; V. PAQUETTE, J. LEVESQUE, B. MENSOUR, J. M. LEROUX, G. BEAUDOIN, P. BOURGOUIN ET AL., «Change the mind and you change the brain: Effects of cognitive-behavioral therapy on the neural correlates of spider phobia»: *NeuroImage*, 18 (2003), 401–409; J. M. SCHWARTZ, «A role for volition and attention in the generation of new brain circuitry: Toward a neurobiology of mental force», *art. cit.*

194. A. M. GRAYBIEL, «The basal ganglia and chunking of action repertoires», *art. cit.*

195. J. M. SCHWARTZ, «A role for volition and attention in the generation of new brain circuitry: Toward a neurobiology of mental force», *art. cit.*

mecanismos corticales prefrontales pueden ser influenciados y reestructurados de maneras altamente adaptativas[196]. Estos estudios, que se valieron de la investigación de neuroimágenes (p. ej., TEP, imágenes por resonancia magnética funcional [IRMf]), demuestran las diversas formas en que el *mindfulness* puede tener un impacto significativo sobre el metabolismo cerebral en el córtex orbitofrontal[197].

Un estudio[198] con una muestra no clínica mostró que, en comparación con las personas que no practican la meditación, las que sí la practican tienen una mayor conectividad funcional en estado de reposo entre el núcleo caudado y diversas regiones del cerebro, incluida una conectividad funcional más fuerte dentro de los ganglios basales y los bucles de retroalimentación córtico-talámicos. Otros estudios de imágenes estructurales del cerebro[199] mostraron que, tras ocho semanas de intervenciones basadas en el *mindfulness*, los pacientes aumentaron el volumen/densidad de la materia gris en el núcleo caudado. Estos datos podrían respaldar todavía más la hipótesis y los descubrimientos de que el entrenamiento en *mindfulness* puede mejorar la activación disfuncional del núcleo caudado que se encuentra en los individuos con TOC[200].

Además, la investigación ha demostrado que los efectos de la práctica del *mindfulness* están estrechamente correlacionados con la disminución de la actividad en la red neuronal por defecto (RND), un conjunto de regiones neuronales que está activo durante los estados de reposo o cuando se realizan tareas cognitivas internas. La RND incluye regiones en el córtex prefrontal medial (CPFm), en el lóbulo temporal medial y en el córtex cingulado posterior[201]. Se ha demostrado que la reducción de la actividad en la RND está correlacionada con una menor generación de pensamientos independientes

196. M. Beauregard, J. Levesque y P. Bourgouin, «Neural correlates of the conscious self-regulation of emotion», *art. cit.*; K. N. Ochsner, S. A. Bunge, J. J. Gross y J. D. E. Gabrielli, «Rethinking feelings: An fMRI study of the cognitive regulation of emotion», *art. cit.*; V. Paquette, J. Levesque, B. Mensour, J. M. Leroux, G. Beaudoin, P. Bourgouin et al., «Change the mind and you change the brain: Effects of cognitive-behavioral therapy on the neural correlates of spider phobia», *art. cit.*

197. J. M. Schwartz y S. Begley, *The mind and the brain: Neuroplasticity and the power of mental force*, *op. cit.*

198. T. Gard, M. Taquet, R. Dixit, B. K. Hölzel, B. C. Dicherson y S. W. Lazar, «Greater widespread functional connectivity of the caudate in older adults who practice Kripalu yoga and Vipassana meditation than in controls», *art. cit.*

199. N. A. S. Farb, Z. V. Segal y A. K. Anderson, «Mindfulness meditation training alters cortical representations of interoceptive attention»: *Social Cognitive and Affective Neuroscience*, 8(1) (2012), 15–26; B. A. Pickut, W. Van Hecke, E. Kerckhofs, P. Mariën, S. Vanneste, P. Cras et al., «Mindfulness based intervention in Parkinson's disease leads to structural brain changes on MRI: A randomized controlled longitudinal trial»: *Clinical Neurology and Neurosurgery*, 115(12) (2013), 2419–2425.

200. J. M. Schwartz, «A role for volition and attention in the generation of new brain circuitry: Toward a neurobiology of mental force», *art. cit.*; A. M. Graybiel, «The basal ganglia and chunking of action repertoires», *art. cit.*

201. R. L. Buckner, J. R. Andrews-Hanna, y D. L. Schacter, «The brain's default network»: *Annals of the New York Academy of Sciences*, 1124(1) (2008), 1–38.

de los estímulos (esto es, deambulación de la mente)[202] y de una rumiación desadaptativa[203]. Ambos procesos están clínicamente sobreactivados en el TOC, y, como dijimos en el capítulo 1, algunas regiones clave de la RND están involucradas en este trastorno.

También se cree que la regulación adaptativa de esta red desempeña un papel importante en la objetivación de la experiencia de los pensamientos automáticos y en la capacidad de ver los pensamientos disfuncionales como meros sucesos mentales inofensivos y no como hechos[204]. Esta conciencia objetiva de los pensamientos automáticos está considerada como uno de los principales mecanismos de cambio con los que el entrenamiento en *mindfulness* afecta a los síntomas de la depresión y la ansiedad[205].

Como vimos en el capítulo 1, los estudios de neuroimagen han mostrado una actividad metabólica anormal y una actividad basal excesiva en el córtex cingulado anterior (CCA) de los pacientes con TOC[206]. Mientras que la hiperactividad del CCA aumenta cuando se provocan los síntomas[207], esta se normaliza después de un tratamiento exitoso del TOC[208]. Varios estudios

---

202. J. A. Brewer, P. D. Worhunsky, J. R. Gray, Y. Y. Tang, J. Weber y H. Kober, «Meditation experience is associated with differences in default mode network activity and connectivity»: *Proceedings of the National Academy of Sciences of the USA*, 108(50) (2011), 20254–20259; M. F. Mason, M. I. Norton, J. D. Van Horn, D. M. Wegner, S. T. Grafton y C. N. Macrae, «Wandering minds: The default network and stimulus-independent thought»: *Science*, 315(5810) (2007), 393–395.
203. J. P. Hamilton, D. J. Furman, C. Chang, M. E. Thomason, E. Dennis y I. H. Gotlib, «Default-mode and task-positive network activity in major depressive disorder: Implications for adaptive and maladaptive rumination»: *Biological Psychiatry*, 70(4) (2011), 327–333.
204. W. R. Marchand, «Neural mechanisms of mindfulness and meditation: Evidence from neuroimaging studies»: *World Journal of Radiology*, 6(7) (2014).
205. W. R. Marchand, «Mindfulness-based stress reduction, mindfulness-based cognitive therapy, and Zen meditation for depression, anxiety, pain, and psychological distress»: *Journal of Psychiatry Practice*, 18 (2012), 233–252.
206. K. D. Fitzgerald, R. C. Welsh, W. J. Gehring, J. L. Abelson, J. A. Himle, I. Liberzon et al., «Error-related hyperactivity of the anterior cingulate cortex in obsessive–compulsive disorder»: *Biological Psychiatry*, 57(3) (2005), 287–294; A. M. Graybiel y S. L. Rauch, «Toward a neurobiology of obsessive–compulsive disorder», *art. cit.*; D. L. Feygin, J. E. Swain y J. F. Leckman, «The normalcy of neurosis: Evolutionary origins of obsessive–compulsive disorder and related behaviors»: *Progress in Neuro-Psychopharmacology and Biological Psychiatry*, 30 (2006), 854–864.
207. C. M. Adler, P. McDonough-Ryan, K. W. Sax, S. K. Holland, S. Arndt y S. M. Strakowski, «fMRI of neuronal activation with symptom provocation in unmedicated patients with obsessive compulsive disorder»: *Journal of Psychiatric Research*, 34(4) (2000), 317–324; H. C. Breiter, N. L. Etcoff, P. J. Whalen, W. A. Kennedy, S. L. Rauch, R. L. Buckner et al., «Response and habituation of the human amygdala during visual processing of facial expression»: *Neuron*, 17(5) (1996), 875–887; W. McGuire, A. V. Hill, C. E. Allsopp, B. M. Greenwood y D. Kwiatkowski, «Variation in the TNF-alpha promoter region associated with susceptibility to cerebral malaria»: *Nature*, 371(6497) (1994), 508–510; S. L. Rauch, M. A. Jenike, N. M. Alpert, L. Baer, H. C. Breiter, C. R. Savage et al., «Regional cerebral blood flow measured during symptom provocation in obsessive–compulsive disorder using oxygen 15-labeled carbon dioxide and positron emission tomography»: *Archives of General Psychiatry*, 51(1) (1994), 62–70.
208. D. Perani, S. F. Cappa, V. Bettinardi, S. Bressi, M. Gorno-Tempini, M. Matarrese et al., «Different neural systems for recognition of animals and man made tools»: *NeuroReport*, 6 (1995), 1637–1641.

han demostrado que el entrenamiento en *mindfulness* puede afectar de forma adaptativa al CCA[209].

Un estudio de Ives-Deliperi et al.[210] que empleaba la IRMf descubrió una disminución significativa en la activación del CCA durante la meditación *mindfulness* en las estructuras corticales de la línea media asociadas con la interocepción, incluido el CCA ventral izquierdo y el CPFm derecho. Este hallazgo concuerda con los descubrimientos de Farb et al. [211], que apoyan el papel que desempeñan estas estructuras en el pensamiento autorreferencial. Se cree que el CCA está implicado en los circuitos encargados de la regulación de la atención para el procesamiento cognitivo y el procesamiento emocional, así como en los circuitos encargados del autocontrol. La disminución de la actividad del CCA podría reflejar el hecho de que se está adoptando una orientación abierta y sin prejuicios hacia la experiencia, como la que se enseña en los enfoques basados en el *mindfulness*. Estos hallazgos apoyan la teoría de que los resultados positivos del *mindfulness* son, al menos en parte, el resultado de un proceso de desidentificación[212].

La investigación mediante neuroimagen ha mostrado también que el cambio en el sentido del yo percibido que se experimenta durante la meditación puede tener un papel en su eficacia. Los estudios de la IRMf han puesto de manifiesto que, por medio de la práctica del *mindfulness*, los individuos pueden distinguir mejor entre las dos formas de experiencia autorreferencial: (1) autoconciencia momentánea o «experiencial», centrada en la experiencia presente e inmediata (p. ej., el modo ser o modo consciente); y (2) la autorreferencia extendida o «narrativa», que refleja visiones del yo duraderas, generalizadas y coherentes, independientemente del momento y de las situaciones (p. ej., «Soy una persona débil»; «Por lo general soy optimista»)[213]. Un posible impacto terapéutico de la meditación *mindfulness* es la disociación de

209. J. A. Brewer, P. D. Worhunsky, J. R. Gray, Y. Y. Tang, J. Weber y H. Kober, «Meditation experience is associated with differences in default mode network activity and connectivity», *art. cit.*; V. L. Ives-Deliperi, M. Solms y E. M. Meintjes, «The neural substrates of mindfulness: An fMRI investigation»: *Journal Social Neuroscience*, 6(3) (2011), 231–242; B. K. Hölzel, U. Ott, H. Hempel, A. Hackl, K. Wolf, R. Stark et al., «Differential engagement of anterior cingulate and adjacent medial frontal cortex in adept meditators and non-meditators», *art. cit.*; T. Gard, N. Brach, B. K. Hölzel, J. J. Noggle, L. A. Conboy y S. W. Lazar, «Effects of a yoga-based intervention for young adults on quality of life and perceived stress: The potential mediating roles of mindfulness and self-compassion»: *Journal of Positive Psychology*, 7(3) (2012), 165–175.

210. V. L. Ives-Deliperi, M. Solms y E. M. Meintjes, «The neural substrates of mindfulness: An fMRI investigation», *art. cit.*

211. N. A. S. Farb, Z. V. Segal, H. Mayberg, J. Bean, D. McKeon, Z. Fatima et al., «Attending to the present: Mindfulness meditation reveals distinct neural modes of self-reference»: *Social Cognitive and Affective Neuroscience Advance*, 2(4) (2007), 313–322.

212. V. L. Ives-Deliperi, M. Solms y E. M. Meintjes, «The neural substrates of mindfulness: An fMRI investigation», *art. cit.*

213. N. A. S. Farb, Z. V. Segal, H. Mayberg, J. Bean, D. McKeon, Z. Fatima et al., «Attending to the present: Mindfulness meditation reveals distinct neural modes of self-reference», *art. cit.*

las dos redes neuronales autorreferenciales que normalmente están integradas (esto es, la disociación de la experiencia presente del sentido del yo narrativo a largo plazo), y un fortalecimiento de la red experiencial. Las investigaciones han descubierto que existe una relación entre el modo narrativo de la autorreferencia y la actividad de la RND, especialmente el CPFm, que está involucrado en el mantenimiento del sentido del yo a lo largo del tiempo, en la comparación de uno mismo con los demás, y en el mantenimiento del conocimiento del yo[214]. Farb et al.[215] examinaron los dos aspectos del autoconcepto usando la IRMf con personas que habían asistido a un curso de ocho semanas sobre el entrenamiento de la MBSR y con personas que no habían recibido ningún entrenamiento en *mindfulness*. Aunque estas últimas mostraron una reducción de la actividad del CPFm al mismo tiempo que mantenían un enfoque experiencial, lo que puede reflejar una reducción en el sentido narrativo de la autorreferencia, el primer grupo no solo exhibió mayores reducciones del CPFm, sino también un aumento de la actividad en el córtex lateral derecho. Los meditadores más experimentados mostraron una conexión más débil entre el CPFm y la ínsula derecha, lo que puede estar implicado en la traducción de los estados emocionales viscerales en sentimientos conscientes. Esta conexión más débil puede reflejar que estos individuos han cultivado una capacidad para interrumpir la conexión habitual entre un sentido identificado del yo a lo largo del tiempo y el procesamiento de las memorias emocionales, lo que llevaría a los aspectos beneficiosos ya descritos de la práctica del *mindfulness*. Dicho con otras palabras, los participantes que recibieron el entrenamiento en *mindfulness* estuvieron en mejores condiciones de participar en una modalidad objetiva de la autorreferencia que se centra en el presente y está separada de la propia narrativa histórica de uno mismo. Este descubrimiento refleja la importancia que el entrenamiento en *mindfulness* concede al hecho de aprender a estar en sintonía con la experiencia presente de una manera abierta y acogedora, sin un procesamiento del pensamiento elaborado.

Es bien sabido que las personas con TOC presentan una actividad metabólica anormal en el CPFm que se activa en un grado disfuncional[216]. También sabemos que los individuos con TOC se ven continuamente involucrados en una autorreferencia narrativa (dependiendo de las actividades de la RND) en su relación con la experiencia cotidiana y con la realidad. De hecho, a menudo se involucran en una rumiación y en un procesamiento elaborativo de los pensamientos, recordando el pasado o imaginando el futuro de manera negativa

214. P. Gilbert y D. Tirch, «Emotional memory, mindfulness and compassion», *op. cit.*; N. A. S. Farb, Z. V. Segal, H. Mayberg, J. Bean, D. McKeon, Z. Fatima et al., «Attending to the present: Mindfulness meditation reveals distinct neural modes of self-reference», *art. cit.*

215. N. A. S. Farb, Z. V. Segal, H. Mayberg, J. Bean, D. McKeon, Z. Fatima et al., «Attending to the present: Mindfulness meditation reveals distinct neural modes of self-reference», *art. cit.*

216. A. M. Graybiel y S. L. Rauch, «Toward a neurobiology of obsessive–compulsive disorder», *art. cit.*; D. L. Feygin, J. E. Swain y J. F. Leckman, «The normalcy of neurosis: Evolutionary origins of obsessive–compulsive disorder and related behaviors», *art. cit.*

(p. ej., responsabilidad exagerada, perfeccionismo, importancia excesiva de los pensamientos, y una fuerte necesidad de controlarlos), y este proceso del recuerdo conduce inevitablemente a la sintomatología obsesiva.

El autoconcepto que se experimenta durante la práctica del *mindfulness* es similar a la autoconciencia experiencial que surge cuando la atención se centra en la experiencia inmediata. Por esta razón, el entrenamiento en *mindfulness* puede ayudar a que los individuos con TOC separen los dos modos de autorreferencia. Ese entrenamiento también puede ayudarles a aumentar la activación del modo de autorreferencia experiencial y a relacionarse con su experiencia interna y externa, disociándola de la narrativa del yo conectada con las creencias disfuncionales y con los sesgos cognitivos de su TOC. De hecho, los estudios han demostrado que mientras que el enfoque narrativo aumenta la vulnerabilidad a la enfermedad, la capacidad de desconectar temporalmente las narraciones prolongadas y de activar modos neurales de autofoco más pasajeros puede ayudar al tratamiento de los trastornos del estado de ánimo y de la ansiedad[217].

Por último, como ya vimos en el capítulo 1, la amígdala desempeña un papel fundamental en la detección de la amenaza y en la evitación del daño[218], así como en el desarrollo del miedo y de la excitación[219]. La hiperactivación de la amígdala en respuesta a la amenaza percibida puede contribuir a una reacción emocional excesiva en respuesta a los estímulos negativos que exhiben los individuos con TOC[220]. Hay pruebas fehacientes de que el entrenamiento en *mindfulness* afecta de manera adaptativa a la amígdala en muestras normales[221] y en muestras de personas con trastornos de ansiedad[222].

---

217. Z. V. Segal, S. Kennedy, M. Gemar, K. Hood, R. Pedersen y T. Buis, «Cognitive reactivity to sad mood provocation and the prediction of depressive relapse»: *Archives of General Psychiatry*, 63(7) (2006), 749–755; N. A. S. Farb, Z. V. Segal, H. Mayberg, J. Bean, D. McKeon, Z. Fatima et al., «Attending to the present: Mindfulness meditation reveals distinct neural modes of self-reference», *art. cit.*
218. J. LeDoux, «The emotional brain, fear, and the amygdala»: *Cellular and Molecular Neurobiology*, 23(4–5) (2002), 727–738.
219. M. Davis, «The role of the amygdala in fear and anxiety»: *Annual Review of Neuroscience*, 15 (1992), 353–375.
220. D. Mataix-Cols, S. Cullen, K. Lange, F. Zelaya, C. Andrew, E. Amaro et al., «Neural correlates of anxiety associated with obsessive–compulsive symptom dimensions in normal volunteers»: *Biological Psychiatry*, 53(6) (2003), 482–493.
221. J. Lutz, U. Herwig, S. Opialla, A. Hittmeyer, L. Jäncke, M. Rufer et al., «Mindfulness and emotion regulation: An fMRI study»: *Social Cognitive and Affective Neuroscience*, 9 (2014), 776–785; A. Lutz, D. R. McFarlin, D. M. Perlman, T. V. Salomons y R. J. Davidson, «Altered anterior insula activation during anticipation and experience of painful stimuli in expert meditators»: *NeuroImage*, 64 (2013), 538–546; G. Desbordes, L. T. Negi, T. W. Pace, B. A. Wallace, C. L. Raison y E. L. Schwartz, «Effects of mindful-attention and compassion meditation training on amygdala response to emotional stimuli in an ordinary, non-meditative state»: *Frontiers in Human Neuroscience*, 6 (2012), 292.
222. B. K. Hölzel, E. A. Hoge, D. N. Greve, T. Gard, J. D. Creswell, K. W. Brown et al., «Neural mechanisms of symptom improvements in generalized anxiety disorder following mindfulness training»: *NeuroImage: Clinical*, 2 (2013), 448–458; P. R. Goldin y J. J. Gross, «Effects of mindfulness-based stress reduction (MBSR) on emotion regulation in social anxiety disorder»: *Emotion*, 10(1) (2010), 83–91.

Las investigaciones que recurren a diferentes tipos de análisis, desde los estudios de resultados clínicos hasta la neuroimagen, han demostrado la eficacia del entrenamiento basado en el *mindfulness* para ayudar a los individuos a cambiar de manera adaptativa su relación con las dimensiones cognitivas, emocionales y físicas de su experiencia. Estos cambios dependen de la interacción específica entre varios sistemas neurofisiolólógicos[223]. Aunque en la actualidad solo hay unos pocos estudios que han investigado directamente los efectos neurobiológicos del entrenamiento en *mindfulness* en las personas con TOC, los descubrimientos examinados anteriormente parecen respaldar directa o indirectamente la hipótesis de que la práctica basada en el *mindfulness* puede afectar, de una manera adaptativa y funcional, a las áreas neurales implicadas en el trastorno. Estos hallazgos también respaldan la hipótesis cognitivo-evolutiva de que existe una estrecha relación entre las intervenciones basadas en el *mindfulness* y los cambios neurobiológicos adaptativos en las regiones y circuitos cerebrales conectados con los sistemas de regulación emocional, cuya interacción desempeña, supuestamente, un papel importante en el TOC.

A través de la práctica del *mindfulness*, las personas con TOC pueden aprender a equilibrar mejor sus sistemas de regulación afectiva. De hecho, este tipo de práctica puede afectar de manera adaptativa a las regiones cerebrales implicadas tanto en el TOC como en la activación del sistema de amenaza/ autoprotección; al sistema de activación, búsqueda de incentivos y recompensa; y al sistema de satisfacción/confortamiento y seguridad, de manera específica al CPF, al CCA y a la amígdala[224]. Una activación más funcional y adaptativa de estas estructuras neuronales está relacionada con una activación mayor y más estable del sistema de satisfacción/confortamiento y seguridad (asociado a los sentimientos de seguridad, satisfacción, confianza, tranquilidad) y, al mismo tiempo, con una desactivación del sistema de amenaza/autoprotección (asociado a los sentimientos de ansiedad, asco, ira, vergüenza)[225].

Resumen de los efectos del entrenamiento en *mindfulness* para el TOC

Desde una perspectiva basada en el *mindfulness*, el TOC puede ser definido como un estado severo de falta de conciencia (*mindlessness*) (p. ej., sesgos atencionales, rumiación, fusión pensamiento-acción, responsabilidad

223. P. Gilbert y D. Tirch, «Emotional memory, mindfulness and compassion», *op. cit.*
224. J. J. Gross, «Emotion regulation: Affective, cognitive, and social consequences»: *Psychophysiology*, 39(3) (2002), 281–291; M. R. Delgado, J. Li, D. Schiller y E. A. Phelps, «Review: The role of the striatum in aversive learning and aversive prediction errors»: *Philosophical Transactions of the Royal Society B*, 363 (2008), 3787–3800; B. K. Hölzel, E. A. Hoge, D. N. Greve, T. Gard, J. D. Creswell, K. W. Brown et al., «Neural mechanisms of symptom improvements in generalized anxiety disorder following mindfulness training», *art. cit.*
225. P. Gilbert y D. Tirch, «Emotional memory, mindfulness and compassion», *op. cit.*; M. D. Lieberman, «Social cognitive neuroscience», en R. F. Baumeister y K. D. Vohs (Eds.), *Encyclopedia of social psychology*, SAGE, Thousand Oaks, CA 2007; R. J. Davidson, J. Kabat-Zinn, J. Schumacher, M. Rosenkranz, D. Muller, S. F. Santorelli et al., «Alterations in brain and immune function produced by mindfulness meditation», *art. cit.*

exagerada, autoinvalidación de la experiencia sensorial, autodesconfianza). Un enfoque basado en el *mindfulness* puede ayudar a que los pacientes con TOC desarrollen habilidades básicas de la conciencia plena que puedan actuar como antídotos de la sintomatología obsesiva[226]. En resumen, el entrenamiento basado en el *mindfulness* puede tener los siguientes efectos:

- Favorecer y fortalecer las experiencias de exposición, ya que el *mindfulness* enseña a las personas a «experimentar» sus estados internos en vez a «pensar en» ellos, ayudando por tanto a desarrollar una actitud antirrumiativa y antievitativa[227]. El *mindfulness* ofrece una integración efectiva y menos aterradora gracias a la intervención de la EPR («Exposición consciente»), reduciendo el riesgo de abandono.
- Mejorar la autorregulación de la atención (aprender a observar de manera consciente)[228].
- Desarrollar la aceptación y la permisividad de las actitudes (modo no reactivo frente a los estímulos problemáticos); ayudar a las personas con TOC a experimentar la *impermanencia* de los pensamientos, de las sensaciones y de las emociones.
- Ayudar a las personas que padecen TOC a validar la experiencia sensorial como un antídoto contra la duda obsesiva.
- Desarrollar los procesos de descentramiento, defusión y desidentificación y una sensación de *no apego*, sin que exista la necesidad de controlar o reaccionar a la experiencia interna, lo que puede llevar a una mejora en el *insight*[229].
- Desarrollo metacognitivo; prevenir el procesamiento elaborativo secundario o las metaevaluaciones de las cogniciones intrusivas y de la experiencia perceptiva; y aumentar el *insight* de los pacientes, las comprobaciones de la realidad y el funcionamiento general.
- Desarrollar un sentido de la responsabilidad más saludable, funcional y realista.
- Desarrollar una sensación de autoconfianza profunda y estable o duradera.
- Inhibir o debilitar significativamente los sesgos cognitivos obsesivos y las creencias disfuncionales, previniendo así o «suavizando» la activación de los procesos metacognitivos y de las reacciones emocionales y conductuales que caracterizan y mantienen el TOC.

---

226. F. Didonna, «Mindfulness and obsessive–compulsive disorder: Developing a way to trust and validate one's internal experience», *op. cit.*
227. Z. V. Segal, J. M. Williams y J. D. Teasdale, *Mindfulness-based cognitive therapy for depression: A new approach to preventing relapse, op. cit.*
228. S. R. Bishop, M. Lau, S. Shapiro, L. Carlson, N. D. Anderson, J. Carmody et al., «Mindfulness: A proposed operational definition», *art. cit.*
229. S. L. Shapiro, L. E. Carlson, J. A. Astin y B. Freedman, «Mechanisms of mindfulness», *op. cit.*; Z. V. Segal, J. M. Williams y J. D. Teasdale, *Mindfulness-based cognitive therapy for depression: A new approach to preventing relapse, op. cit.*

- Prevenir o debilitar la activación inútil del sistema de amenaza/autoprotección en situaciones inofensivas.
- Desarrollar sentimientos y actitudes de autocompasión y autoperdón que puedan activar el sistema de satisfacción/confortamiento y seguridad de una manera estable y adaptativa y regular una activación funcional de los sistemas de amenaza/autoprotección y activación, búsqueda de incentivos y recompensa.

Las intervenciones basadas en el *mindfulness*, en caso de estar integradas con la terapia cognitiva, pueden ofrecer un tratamiento más completo que las técnicas conductuales estándar, ya que su objetivo no es cambiar un síntoma específico, sino más bien ayudar a los individuos con TOC a desarrollar una actitud, un estilo mental y una forma diferentes de prestar atención a toda su experiencia privada. Este cambio puede ser relevante desde el punto de vista clínico para el tratamiento de un trastorno tan heterogéneo que también tiene altas tasas de comorbilidad con otros trastornos psiquiátricos. Como veremos en los siguientes capítulos, el objetivo de la MBCT para el TOC no es cambiar o cuestionar directamente las creencias disfuncionales, las interpretaciones erróneas o los pensamientos intrusivos (los contenidos cognitivos del TOC), sino más bien cambiar la relación que los pacientes tienen con ellos a fin de neutralizar o debilitar el poder y la credibilidad que ejercen, ayudando en última instancia a los pacientes a comprender y experimentar la verdadera naturaleza y las funciones de los pensamientos.

Entrenar la mente de esta manera puede normalizar y equilibrar el funcionamiento del sistema de amenaza/autoprotección, activándolo de una manera más útil y realista y, al mismo tiempo, aumentando la activación y la estabilización del sistema de satisfacción/confortamiento y seguridad con respecto a las experiencias internas y externas inofensivas. Este entrenamiento también puede conducir indirectamente a algunos cambios en los contenidos cognitivos del TOC, ya que el desarrollo de actitudes y procesos específicos mediante el entrenamiento en *mindfulness* –como el descentramiento[230], la defusión, la desidentificación, la aceptación, la autocompasión, el dejar ir, el no juicio y la autovalidación perceptiva– ayuda a prevenir la activación del sistema de amenaza/autoprotección en situaciones inofensivas, evitando así el refuerzo de los contenidos cognitivos obsesivos. A través de este proceso, las personas con TOC experimentan de un modo más natural que sus cogniciones son, en gran medida, disfuncionales e irrealistas, de modo que esas cogniciones se pueden ir debilitando y neutralizando progresivamente.

En conclusión, la investigación respalda la hipótesis de que el entrenamiento en *mindfulness* es capaz de desarrollar y estabilizar estados mentales

230. Z. V. Segal, J. M. Williams y J. D. Teasdale, *Mindfulness-based cognitive therapy for depression: A new approach to preventing relapse*, *op. cit.*

que son incompatibles con los estados mentales que se activan en el TOC. La experiencia clínica y la observación tras más de 15 años usando la MBCT con cientos de pacientes con TOC sugiere que, en general, no hay contraindicaciones para integrar las intervenciones basadas en el *mindfulness* en los protocolos establecidos para este trastorno, incluso en los casos de las personas con problemas severos y con diferentes tipos de modalidades obsesivas (véanse los capítulos 3 y 4).

Un modelo de cómo el entrenamiento en *mindfulness* puede afectar al TOC

El entrenamiento en *mindfulness* puede ser efectivo cuando los pacientes son capaces de desarrollar visiones alternativas de sus problemas que son coherentes con su experiencia real. Según Teasdale, Segal y Williams[231], cuando se ofrece una intervención basada en el *mindfulness* a personas afectadas por trastornos específicos, es particularmente útil compartir con los pacientes, tanto en contextos individuales como grupales, un modelo claro que les permita comprender los factores que activan y mantienen el trastorno, y, por consiguiente, el posible papel del entrenamiento en *mindfulness* en la prevención y la neutralización de esos factores. Al aclararse mejor los objetivos de la intervención en el programa de la MBCT para el TOC, se proporciona un modelo para facilitar esa comprensión y para mejorar la motivación y el compromiso de los pacientes.

La mayoría de los modelos psicoterapéuticos coinciden en que los síntomas de los trastornos psiquiátricos giran en torno a la amenaza y a los mecanismos de defensa y protección[232]. Como explicamos en el capítulo 1, las personas con TOC tienden a activar continuamente un conjunto de mecanismos y comportamientos que mantienen y refuerzan el trastorno, incluida la hiperactivación del sistema de amenaza/autoprotección (véase la figura 1.3 en el capítulo 1). Los comportamientos de búsqueda de seguridad se establecen y se refuerzan por los beneficios percibidos a corto plazo (p. ej., el alivio, la disminución del sentido de responsabilidad), que también sirven para reforzar las creencias disfuncionales que mantienen el trastorno[233]. Las estrategias y los comportamientos de búsqueda de seguridad tienen por objetivo evitar las amenazas tanto externas como internas y, por lo tanto, son los principales reguladores del sistema de amenaza/autoprotección.

Los trastornos de ansiedad, así como el TOC, se activan y se mantienen por medio de metacogniciones disfuncionales centradas en la amenaza sobre

231. J. D. Teasdale, Z. V. Segal y J. M. G. Williams, «Mindfulness training and problem formulation», *art. cit.*
232. P. Gilbert, «Defence and safety: Their function in social behaviour and psychopathology»: *British Journal of Clinical Psychology*, 32 (1993), 131–154.
233. P. M. Salkovskis, «The cognitive approach to anxiety: Threat beliefs, safety-seeking behavior, and the special case of health anxiety and obsessions», *op. cit.*

eventos mentales normales e inofensivos. La relevancia clínica del entrenamiento en *mindfulness* en el tratamiento de diversas formas de patología, y también para el TOC, radica en el hecho de que interviene en un nivel jerárquicamente superior, en una etapa temprana de los procesos de activación y mantenimiento del trastorno, con independencia de cuál sea[234]. Esto significa que, si tomamos en consideración el modelo descrito en la figura 1.3 del capítulo 1, vemos que el *mindfulness* puede intervenir en el punto de transición entre los estímulos desencadenantes y los procesos metacognitivos del individuo (creencias disfuncionales, sesgos cognitivos, desconfianza en uno mismo), que contribuyen a la angustia psicológica y a los comportamientos de búsqueda de seguridad.

A fin de comprender cómo el *mindfulness* puede beneficiar a las personas con TOC, examinemos la figura 2.1. Podemos ver que el lado izquierdo describe el funcionamiento del TOC y explica cómo los procesos metacognitivos llevan a los participantes a interpretar las experiencias normales e inofensivas como peligrosas y amenazantes –lo que, a su vez, activa comportamientos de búsqueda de seguridad y emociones perturbadoras–. Según esta explicación (recordemos, una vez más, la figura 1.3), los síntomas del TOC pueden considerarse como defensas y reacciones *normales* cuando las personas se sienten amenazadas y activan constantemente el sistema de amenaza/autoprotección.

Cuando se cultiva y se mantiene a lo largo del tiempo mediante la práctica regular, el modo consciente puede conducir a una inhibición o a un debilitamiento progresivo de las creencias disfuncionales y de los sesgos cognitivos del TOC, que, en consecuencia, pierden su poder de activación. Esto, a su vez, previene las interpretaciones o las metaevaluaciones negativas que activan el sistema de amenaza/autoprotección y, por consiguiente, las reacciones conductuales (comportamientos de búsqueda de seguridad) y emocionales que alimentan y mantienen el TOC.

El *mindfulness*, que es un *modo experiencial* y un *modo ser*, puede cultivarse para inhibir, prevenir o desactivar los procesos metacognitivos (el *modo conceptual*) que llevan a los pacientes a los círculos viciosos de obsesiones y a los comportamientos contraproducentes asociados[235]. En este proceso terapéutico, el *mindfulness* tiene como objetivo cultivar y desarrollar el modo observador y desapegado de la mente a nivel cognitivo, y la autocompasión (incluida explícita o implícitamente en la práctica del *mindfulness*) está destinada específicamente a activar el sistema de satisfacción/confortamiento y seguridad a nivel emocional, estimulando sentimientos de autocuidado y de autoconfianza[236].

234. F. Didonna, «Mindfulness and obsessive–compulsive disorder: Developing a way to trust and validate one's internal experience», *op. cit.*

235. *Ibíd.*

236. P. Gilbert, *Compassion focused therapy. Distinctive features*, *op. cit.*, P. Gilbert y D. Tirch, «Emotional memory, mindfulness and compassion», *op. cit.*

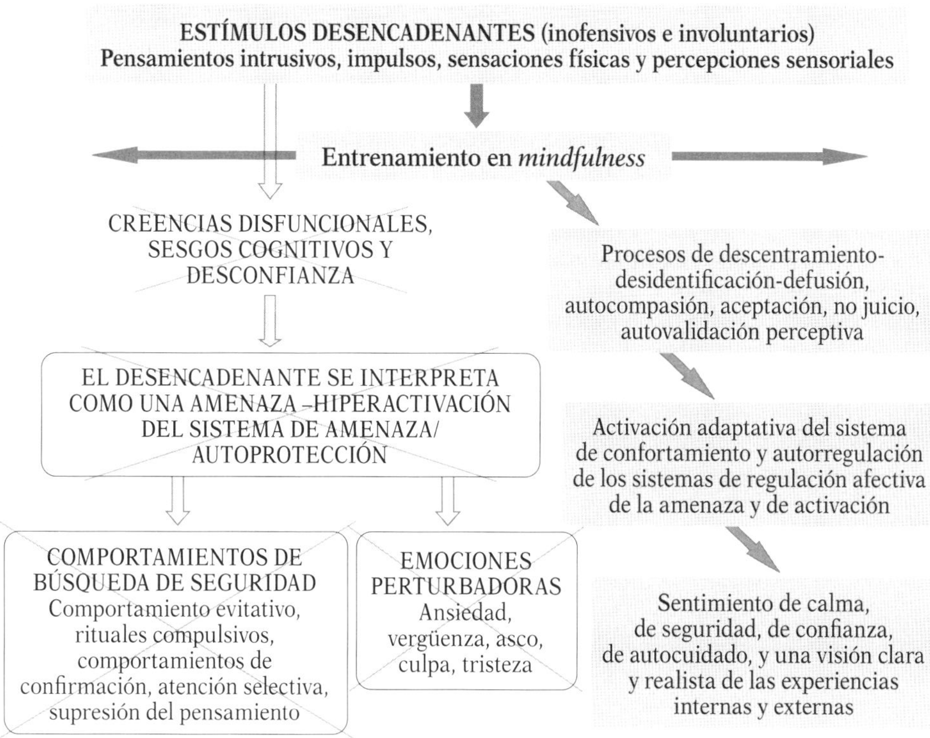

Figura 2.1. Los efectos hipotéticos del entrenamiento en *mindfulness* para neutralizar los mecanismos y los sesgos cognitivos del TOC y para cambiar de manera adaptativa los sistemas de regulación afectiva

Según Siegel y Germer[237], cuando la gente no está en un estado consciente, muchas de sus reacciones son impulsivas. Estas reacciones son instintivas o se ven condicionadas por la recompensa y el castigo y/o el modelado. A través del entrenamiento en *mindfulness*, los individuos pueden aprender a observar los detalles de sus procesos automáticos de estímulo-respuesta de una manera más amplia: pueden experimentar una sensación, un pensamiento o una emoción a medida que surge y luego observar el impulso a actuar en respuesta a ellos, así como el comportamiento manifiesto o encubierto que vendría a continuación. Una vez que son capaces de hacer esto, en lugar de llevar a cabo esta secuencia automática, pueden desarrollar, con la práctica, la capacidad de hacer una pausa, de tomarse un respiro y de evaluar si la acción conduciría realmente a resultados deseables[238].

237. R. D. Siegel y C. K. Germer, «Wisdom and compassion: Two wings of a bird», *op. cit.*
238. *Ibíd.*

En conclusión, la práctica del *mindfulness* pone a los individuos con TOC en contacto directo con la realidad como una forma natural de corregir las creencias y las interpretaciones disfuncionales. Poco a poco van adquiriendo una actitud y una perspectiva diferentes –una mezcla de aceptación sin juicios y de autovalidación– hacia las experiencias desencadenantes internas normales (pensamientos, impulsos, sensaciones) desde el momento en que toman conciencia de ellas. Si se practica de manera regular, el *mindfulness* ayuda a las personas afectadas por el TOC a desarrollar un nuevo hábito mental: suspender cualquier juicio o significado que normalmente atribuyen a ese desencadenante del TOC. Aprenden a observar la experiencia interna sin reaccionar a ella o sin interpretarla, aceptándola como lo que realmente es: una serie de eventos impermanentes e inofensivos que simplemente desaparecerán si no hacen nada para alimentarlos y avivarlos.

3 El programa de la MBCT para el TOC
Fundamentación, estructura y principios básicos

Cuando ya no somos capaces de cambiar una situación,
nos encontramos ante el desafío de cambiarnos a nosotros mismos.

—VIKTOR E. FRANKL

Como dijimos en la introducción, este manual es la culminación de veinte años de trabajo con cientos de personas afectadas por el TOC, de alrededor de dos décadas de práctica y enseñanza de la meditación, especialmente la MBCT, y de muchos debates con numerosos expertos destacados en el campo del *mindfulness* y de la TCC. Al desarrollar este programa a lo largo de los años, he tratado de entender lo que es más efectivo y lo que es menos útil en el tratamiento de las personas con TOC por medio de la MBCT. Mediante un proceso de ensayo y error al emplear el *mindfulness* en sesiones individuales y grupales, he tratado de identificar lo que podría ser más útil para tratar de manera eficaz los complejos mecanismos de este desafiante trastorno en lo que respecta a los tipos de prácticas o ejercicios, a la información psicoeducacional, al estilo de dirección del instructor, al marco teórico, etc. Analicé y revisé el razonamiento, los contenidos y el material de las sesiones muchas veces, con la inestimable ayuda de los pacientes y de mis asistentes y colegas, con el fin de crear un formato que se ajustara a la mayoría de las personas con este trastorno y que les resultara lo más útil posible. De hecho, una de las cosas más importantes que tuve que entender al desarrollar el programa fue lo que tienen en común los pacientes con TOC, a pesar de su diversa sintomatología y fenomenología (véanse los capítulos 1 y 2). Es importante que los pacientes comprendan que los orígenes de estos comportamientos del TOC son, en realidad, muy similares (p. ej., desconfianza en sí mismos, una relación disfuncional con el pensamiento, una tendencia a reaccionar a la experiencia privada, dificultad para aceptar estados internos normales e inocuos).

El programa de la MBCT para el TOC deriva claramente de la MBCT para la depresión, y se inspira en ella, especialmente con respecto al marco, al alcance y a varios ejercicios, y, como tal, puede considerarse como un descendiente del modelo. Sin embargo, la MBCT para el TOC tiene una fundamentación diferente a la de la MBCT para la depresión, y se han modificado o añadido muchas prácticas, ejercicios, temas y materiales para trabajar con esta población clínica específica. Por ejemplo, el componente conductual (p. ej., *Exposición consciente* o EPR basada en el *mindfulness*) es un aspecto esencial de la TCC para el TOC que no puede excluirse de un programa de tratamiento integral y eficaz para este tipo de trastorno. El componente del programa de la autocompasión está presente de manera implícita y se cultiva tanto en el programa de MBSR como en el de la MBCT, pero en la MBCT para el TOC se propone explícitamente como una práctica formal que se enseña y se practica de manera regular durante al menos tres semanas durante el curso. Con el paso del tiempo y a través de la práctica intensiva durante las sesiones terapéuticas y las actividades para casa, este programa terapéutico estandarizado tiene como objetivo ayudar a que los individuos con TOC reconozcan y superen, paso a paso, los sesgos y mecanismos disfuncionales que activan y mantienen su trastorno, aprendan nuevas estrategias efectivas para neutralizar esos mecanismos, y desarrollen maneras estables y saludables de relacionarse con su experiencia interna.

Número de sesiones y duración

La MBCT para la depresión fue desarrollada para personas que estaban en remisión de un episodio depresivo, mientras que la MBCT para el TOC es un programa desarrollado para pacientes que se encuentran en una fase aguda de su trastorno y que, por consiguiente, presentan características y condiciones más desafiantes. Por esa razón fue necesario aumentar el número y la duración de las sesiones en comparación con los protocolos estándar de 8 semanas de la MBCT y de la MBSR. Con el fin de proporcionar un mayor entrenamiento y de cubrir todos los contenidos necesarios, la MBCT para el TOC se compone de 11 sesiones grupales, cada una de ellas de 3 horas de duración –a excepción de la sesión 3, que se realiza con familiares y/o parejas y dura una hora y media, y la sesión 11, que es una sesión de práctica intensiva y de revisión que dura un día–.

En nuestros ensayos controlados regulamos las sesiones grupales de manera estricta, manteniéndolas en dos horas y media. Sin embargo, hemos descubierto que, por lo general, resulta prudente y es más eficiente planificar las sesiones para que duren más tiempo, algo que han confirmado otros pacientes. Teniendo en cuenta todo lo que los instructores de los grupos y sus clientes tienen que hacer y discutir en cada sesión, recomendamos que los instructores planifiquen las sesiones para que duren 3 horas.

Los instructores de los grupos deben valerse de su ojo clínico para decidir cuánto tiempo deben dedicar en cada sesión a un determinado contenido de la agenda y para ser lo bastante flexibles como para poder responder en cada momento a lo que está sucediendo en el grupo.

Características clave del programa de la MBCT para el TOC

> Nuestros pacientes nunca desesperan realmente por el sufrimiento en sí mismo. Más bien su desesperación surge en cada caso de la duda sobre si tiene sentido sufrir. El hombre está dispuesto y quiere soportar un sufrimiento solo si y en la medida en que es capaz de verle sentido.
>
> —VIKTOR E. FRANKL

El programa de la MBCT para el TOC se basa principalmente en siete componentes clave (figura 3.1) que respaldan la fundamentación y hacen que el programa sea único. Es importante tener en cuenta estos componentes al dirigir cada sesión.

Comprensión

Durante cada sesión, el grupo y el instructor ayudan a los participantes a desarrollar poco a poco una comprensión más profunda y más clara de cómo funciona el TOC (p. ej., los factores y mecanismos causales, de activación y mantenimiento) y de cómo el entrenamiento en *mindfulness* puede intervenir de manera efectiva en la sustitución de esos factores y mecanismos por nuevos modos saludables y adaptativos –es decir, por estilos y estados mentales que son incompatibles con los sesgos y los mecanismos emocionales y cognitivos obsesivo-compulsivos–. A menudo les digo a los participantes: «La comprensión es el primer paso para la sanación». Los miembros del grupo se dan cuenta de que la mayoría de las «soluciones» que han empleado una y otra vez para hacer frente a su experiencia interna perturbadora se han convertido en un trastorno –*el remedio al problema se ha convertido en el verdadero problema*–. De esta forma, están en mejores condiciones y más motivados para usar y practicar las enseñanzas, los principios y los ejercicios basados en *mindfulness*, que pueden considerarse como antídotos de las «soluciones» anteriores y modos eficaces de salir del túnel obsesivo.

Las tres primeras sesiones del programa tienen como objetivo principal ayudar a los pacientes a comprender los procesos básicos que intervienen en el TOC mediante el uso de enseñanzas y de material psicoeducativo, mediante la formulación de problemas (sesión 2) y compartiendo momentos durante cada sesión. Algunos de los momentos de entendimiento más fructíferos se producen de forma espontánea mientras los pacientes practican el *mindfulness* en casa o durante las sesiones grupales; la comprensión adquirida se comparte luego con los demás durante la práctica de grupo y durante la revisión de las tareas para casa.

Normalizar la experiencia obsesiva

Uno de los objetivos y de los efectos más importantes tanto de la terapia cognitiva como de las intervenciones basadas en el *mindfulness* es que normalicen los problemas de las personas que tienen un trastorno psicológico.

Las personas con TOC vienen a menudo al programa con una visión hiperpatologizada de su problema y con la sensación de que nunca mejorarán. Esta situación puede llevar a una sensación de impotencia, que luego conduce a un problema secundario de depresión.

A través del proceso de normalización, los participantes llegan a ver que sus reacciones no son tan inusuales, extrañas o locas como habían pensado anteriormente[1]. Cuando las ideas, las convicciones y los comportamientos que se consideran normales para la mayoría de las personas se vuelven extremadamente frecuentes e intensos, uno de los posibles resultados es el desarrollo del TOC (a tal efecto, durante las sesiones se sugieren algunos ejemplos, anécdotas, historias y metáforas útiles). Normalizar significa ayudar a un participante en el programa a entender que una persona que hubiera tenido sus mismas experiencias de vida y que hubiera llevado a cabo los mismos comportamientos de protección y de búsqueda de seguridad probablemente hubiera desarrollado también un problema obsesivo-compulsivo.

Una de las estrategias más útiles a la hora de tratar el TOC es ayudar a las personas a desarrollar una explicación alternativa y no amenazante de su problema y una comprensión de que son personas que, por razones válidas, son sensibles a las preocupaciones por un evento peligroso o dañino en particular. Además, son personas que reaccionan a esas preocupaciones de modos que suelen aumentar –más que controlar– la frecuencia de los pensamientos intrusivos, sus niveles de angustia y el impulso a neutralizar sus pensamientos (p. ej., comprobar o lavar excesivamente), todo lo cual tiene un impacto negativo en su calidad de vida[2].

El objetivo es ayudar a que los participantes pasen de la idea de que existe un peligro real de daño a la de que el verdadero problema es la preocupación excesiva por el posible daño, una preocupación que se mantiene, e incluso aumenta, a causa de emociones perturbadoras tales como la ansiedad, el asco, la vergüenza, etc. El programa también tiene como objetivo ayudar a los participantes a comprender que, dado que su preocupación es un factor cognitivo, no tiene una relación directa con las acciones y los eventos temidos (véase la sección sobre la fusión pensamiento-acción en el capítulo 1).

Uno de los modos más efectivos de promover el proceso de normalización es, una vez más, reiterar el modelo/formulación del problema (véanse los capítulos 1, 2 y 6). Mediante el descubrimiento guiado y el uso de material psicoeducativo, los participantes llegan a comprender cómo se ha ido desarrollando su problema a lo largo del tiempo, y qué factores lo han activado y mantenido hasta ese momento. Toman conciencia de que el hecho de activar

1. P. M. Salkovskis, «Understanding and treating obsessive–compulsive disorder»: *Behaviour Research and Therapy*, 37 (1999), S29–S52.
2. P. M. Salkovskis, E. Forrester, C. Richards y N. Morrison, «The devil is in the detail: Conceptualising and treating obsessional problems», en N. Tarrier, A. Wells y G. Haddock (Eds.), *Treating complex cases: The cognitive behavioural therapy approach*, Wiley, Nueva York 1998; P. M. Salkovskis, «Psychological treatment of obsessive–compulsive disorder»: *Psychiatry*, 6(6) (2007), 229–233; D. Veale, «Cognitive behavioural therapy for obsessive–compulsive disorder»: *Advances in Psychiatric Treatment*, 13 (2007), 438–446.

los comportamientos de búsqueda de seguridad, las compulsiones y las emociones desafiantes puede ser normal y lógico cuando la gente activa continuamente su sistema de amenaza/autoprotección en sus cerebros. Aprenden que este sistema se activa por las creencias disfuncionales a través de las cuales interpretan los estímulos y los eventos normales e inofensivos (sensaciones físicas, percepciones y pensamientos intrusivos) de maneras peligrosas y amenazantes (véase el capítulo 6, sesión 2, documentos 5A y 5B). Mediante los procesos de descentramiento, desidentificación, defusión, equilibrio, aceptación y atención a los sentidos, la práctica del *mindfulness* puede servir como una herramienta poderosa en el proceso de normalización, porque permite a los participantes ver la realidad tal como es y comprender cómo la mente la distorsiona de maneras que los lleva, en última instancia, a adoptar estrategias y comportamientos inútiles y contraproducentes.

Desarrollar la confianza y la autovalidación

Como recalcamos de manera detallada en varios capítulos de este libro, la desconfianza puede ser considerada como un componente básico del TOC y como aquel que activa y mantiene la mayoría de los síntomas obsesivos. Una de las intervenciones más poderosas en el tratamiento de este tipo de trastorno es ayudar a los participantes a desarrollar un sentimiento real y maduro de autoconfianza, en particular con respecto a su memoria y a su experiencia perceptiva, así como a autovalidar su experiencia interna y sus sentidos. Este aspecto se desarrolla a lo largo del programa, especialmente en las sesiones 4 y 5. El objetivo es ayudar a que los participantes comprendan, en la medida de sus posibilidades, qué factores han favorecido el desarrollo de su sentimiento de desconfianza y aprendan nuevas maneras de desarrollar un verdadero sentimiento de confianza. La confianza es, asimismo, un importante factor para ayudar a que los pacientes aprendan a permitir la exposición a estímulos obsesivos sin incurrir en comportamientos protectores contraproducentes (p. ej., rituales compulsivos) y a desarrollar una actitud de aceptación de su experiencia desafiante e incómoda.

Intervención cognitiva

Como en la MBCT para la depresión, la intervención cognitiva es un componente central de este programa, y en ella se proponen una serie de ejercicios derivados de la terapia cognitiva. Estos ejercicios son importantes porque muestran a los participantes los vínculos existentes entre el pensamiento y el sentimiento, y porque les ayudan a reconocer el modo mental en el que se encuentran. Pueden elegir entonces cambiar de un modo conceptual, narrativo o de pensamiento excesivo a uno más directo, sensorial o experiencial.

A diferencia de la terapia cognitiva estándar, en la MBCT para el TOC el objetivo no es cambiar el contenido de los pensamientos, sino más bien ayudar a que los participantes cambien su relación con sus propios pensamientos, sus emociones y sus sensaciones físicas. A través de este cambio de perspectiva, los pacientes se dan cuenta de que, independientemente de su contenido, los pensamientos son acontecimientos mentales transitorios e inofensivos que no necesitan cambiarse, fijarse, combatirse o evitarse; en vez de ello, pueden ser observados desde una posición descentrada y desidentificada para ver cuáles de ellos podrían ser útiles para que los pacientes alcancen sus metas o satisfagan sus necesidades saludables y cuáles no.

Además, a través de la psicoeducación y de los ejercicios cognitivos, la MBCT para el TOC ayuda a que los participantes comprendan mejor los patrones de la mente –de manera específica, los sesgos cognitivos y las creencias disfuncionales que activan y mantienen el trastorno. Pueden llegar a reconocer, momento a momento, cuándo están activos estos procesos cognitivos. Cuando son capaces de hacer esto, los participantes pueden desconectarse de ellos, volviendo al aquí y ahora a través de la respiración o de otro centro de atención en el que se hayan enfocado, y pueden ver la realidad desde una perspectiva diferente.

Entrenamiento intensivo en mindfulness y autocompasión

La práctica regular del *mindfulness* resulta indispensable para ayudar a los participantes a desarrollar nuevos hábitos, actitudes y estados mentales que puedan ayudarles a (1) tratar de manera efectiva, directa e indirecta con sus mecanismos y sus sesgos obsesivos; y (2) evitar o suspender cualquier juicio o significado que atribuirían normalmente a los estímulos desencadenantes. Aprenden a observar los pensamientos, las dudas, los impulsos y los deseos sin reaccionar ante ellos ni interpretarlos, aceptándolos como lo que realmente son –esto es, eventos inofensivos e impermanentes que desaparecerán si los pacientes no los alimentan–. El descentramiento y la aceptación también ayudan a desarrollar una percepción no amenazante y más realista y equilibrada de la experiencia interna.

La práctica regular de la autocompasión y del autoperdón es importante para neutralizar de manera progresiva, o al menos para reducir, la sobreactivación patológica de la autoculpabilización, del perfeccionismo y del sentido de responsabilidad exagerado que, a menudo, está presente en las personas con TOC. A través de este proceso aprenden a asumir la plena responsabilidad de sus propias vidas de una manera saludable y realista. La práctica del *mindfulness* y de la compasión ayuda a los pacientes a desarrollar un estado mental estable que puede prevenir o desactivar la activación innecesaria del sistema de amenaza/autoprotección (es decir, en condiciones de un peligro percibido que no es real) y promueven una activación más estable del sistema de satisfacción/confortamiento y seguridad[3].

3. P. GILBERT, *Compassion focused therapy: Distinctive features*, Routledge/Taylor & Francis Group, Nueva York 2010 (trad. esp.: *Terapia centrada en la compasión: Características distintivas*, Desclée De Brouwer, Bilbao 2015); P. GILBERT Y D. TIRCH, «Emotional memory, mindfulness and compassion», en F. Didonna (Ed.), *Clinical handbook of mindfulness*, Springer, Nueva York 2009 (trad. esp.: «Memoria emocional, mindfulness y compasión», en *Manual clínico de mindfulness*, Desclée De Brouwer, Bilbao 2011).

Exposición consciente

La práctica del *mindfulness* es, en sí misma, una forma de exposición, directa e indirecta, a la experiencia interna y externa[4] debido a su directriz implícita de no reaccionar ante ella. Por eso, a lo largo del programa se entrena progresivamente a los participantes para que se expongan y se mantengan en contacto con lo que normalmente evitarían, combatirían o tratarían de neutralizar. A fin de mejorar los efectos de la exposición y reducir la activación de las emociones negativas, en este programa se ofrece una integración específica del *mindfulness* con la EPR (véase el capítulo 12). A través de esta práctica se ayuda a los participantes a exponerse directamente a los estímulos desafiantes en un estado consciente, lo que les permite ver la realidad tal como es, suspendiendo toda interpretación o juicio de pensamientos intrusivos o de otros estímulos desencadenantes. Aprenden a usar sus sentidos lo mejor que pueden al encontrarse con una experiencia externa difícil a fin de poder prevenir cualquier reacción inútil y contraproducente a esos estímulos (véanse los comportamientos de búsqueda de seguridad en el capítulo 1).

Compartir

Las personas que padecen TOC suelen sentir vergüenza por su problema o no reconocer sus síntomas como patológicos o incapacitantes. En cualquier caso, con frecuencia suelen ocultar su problema a otras personas, en muchos casos durante años, y a veces incluso a sus familias y a sus amigos cercanos. En los grupos de la MBCT para el TOC, los participantes se encuentran, por primera vez, en una situación en la que pueden compartir su problema con otras personas que sufren el mismo trastorno, y esto, por sí solo, puede ser terapéutico. Formar parte de un grupo de TOC permite a los individuos darse cuenta de que no están solos con este extraño e incapacitante problema. El grupo puede proporcionar apoyo en momentos difíciles, diferentes maneras de pensar las cosas, comprensión y sugerencias útiles procedentes de aquellos miembros que más han mejorado. Los miembros del grupo también pueden apoyarse mutuamente y compartir dentro y fuera de las sesiones de grupo.

Fundamentación, objetivos y contenidos del programa de 11 sesiones

Al igual que en la MBCT para la depresión, cada sesión de este programa está dedicada a un tema específico que se considera fundamental para desarrollar las habilidades del *mindfulness* y para superar los problemas obsesivos. Las sesiones y el contenido se han ordenado cuidadosamente de

4. F. DIDONNA, «Mindfulness and obsessive–compulsive disorder: Developing a way to trust and validate one's internal experience», en F. Didonna (Ed.), *Clinical handbook of mindfulness*, Springer, Nueva York 2009 (trad. esp.: «Mindfulness y trastorno obsesivo compulsivo: desarrollando una manera de confiar y validar la experiencia interna», en *Manual clínico de mindfulness*, Desclée De Brouwer, Bilbao 2011).

manera que se pase, gradual y racionalmente, de una fase inicial, en la que uno de los principales objetivos consiste en comprender los principales aspectos del *mindfulness* y del TOC, a una fase más práctica destinada a desarrollar las habilidades del *mindfulness* útiles para hacer frente a los principales problemas relacionados con el TOC de manera efectiva y reflexiva. Los siguientes apartados presentan la fundamentación, los objetivos y los principales contenidos de cada sesión

Sesión 1: Comprender qué es el mindfulness

El formato y los contenidos de esta sesión siguen básicamente el esquema de la sesión 1 de la MBCT para la depresión[5] y de la MBSR[6]. La atención se centra en la comprensión de lo que es el *mindfulness*, especialmente mediante

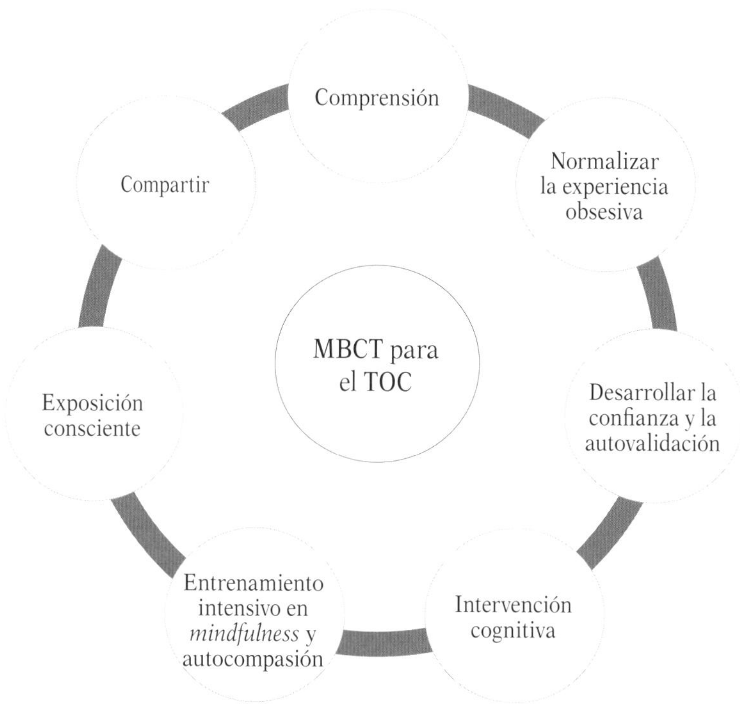

Figura 3.1. Características clave del programa de la MBCT para el TOC

5. Z. V. Segal, J. M. G. Williams y J. D. Teasdale, *Mindfulness-based cognitive therapy for depression*, Guilford Press, Nueva York 2013² (trad. esp.: *MBCT. Terapia cognitiva basada en el mindfulness para la depresión*, Edición revisada, Kairós, Barcelona 2017).
6. J. Kabat-Zinn, *Full catastrophe living*, Delacorte, Nueva York 1990 (trad. esp.: *Vivir con plenitud las crisis: cómo utilizar la sabiduría del cuerpo y de la mente para enfrentarnos al estrés, el dolor y la enfermedad*, Kairós, Barcelona 2016).

prácticas básicas, como el «Ejercicio de la uva pasa» y el «Escáner corporal», y en compartir una definición del *mindfulness* y de sus componentes nucleares. Esta sesión pone de relieve uno de los principales objetivos del programa: ayudar a los miembros del grupo a aumentar su conciencia para poder elegir cómo responder a los eventos en lugar de reaccionar automáticamente a ellos (p. ej., los rituales). Aprenderán a hacerlo siendo más conscientes de cómo y en qué se centra su atención, advertirán su relación única con sus cuerpos y sus mentes, y llevarán su atención de vuelta al aquí y ahora intencionadamente.

Esta sesión ofrece a los participantes la primera de las muchas oportunidades de examinar cómo el *mindfulness* puede ser un «antídoto» para el TOC, para sus mecanismos obsesivos (rituales, comportamientos de búsqueda de seguridad) y las reacciones del piloto automático. Los participantes pueden comenzar a darse cuenta, sin que se exprese claramente, de que los hábitos obsesivos de sus mentes son una especie de piloto automático intensivo y frecuente, y que el hecho de prestar atención a sus sentidos y al cuerpo a través del *mindfulness* puede ser una manera efectiva de regresar con seguridad al aquí y ahora y de tomar conciencia de la realidad *tal como es*. Esta sesión tiene también un importante objetivo motivacional: los participantes deben comprender que la eficacia del programa depende de la asistencia regular a las sesiones grupales y de la práctica del *mindfulness* en casa, todos los días, mientras dure el programa.

Sesión 2: Comprender el TOC y cómo el mindfulness sirve de ayuda

El objetivo de esta sesión es examinar y ayudar a los participantes a comprender la relación entre el *mindfulness* y el TOC: en pocas palabras, los problemas obsesivos pueden definirse como una grave falta de habilidades *mindfulness* (sesgos cognitivos, fusión pensamiento-acción, rumiación, malinterpretación, actitud de no aceptación). A través de la práctica del *mindfulness* y de la psicoeducación, los pacientes comienzan a comprender los mecanismos cognitivos que activan y mantienen su problema obsesivo (el modelo del problema) y cómo la práctica del *mindfulness* puede desempeñar un papel en la modificación efectiva de esos mecanismos.

El modelo del problema compartido en esta sesión reúne la teoría cognitiva de los problemas emocionales y las explicaciones cognitivo-evolutivas y neurobiológicas del TOC de una manera que los participantes pueden entender. Esto se hace para normalizar la experiencia obsesiva. Ayuda asimismo a que los participantes comprendan cómo los comportamientos de búsqueda de seguridad y las emociones desafiantes pueden ser lógicos, e incluso esperados, cuando uno activa continuamente el sistema de amenaza/autoprotección.

Durante esta sesión, los participantes comparten y reconocen los síntomas, las características y las creencias disfuncionales típicas del TOC a fin de comprender mejor lo que puede abordarse y mejorarse a través de este programa. Al principio de esta sesión, los participantes aprenden también la importancia de la postura para influir en nuestros estados de ánimo, para preparar el cuerpo y la mente para la meditación, así como para equilibrar, estabilizar y calmar. Se les muestran varias posturas de meditación que pueden ayudar a que la mente descanse en un estado de calma y presencia que les permita alcanzar un estado de atención y un sentimiento de confianza y arraigo en el aquí y ahora.

Sesión 3: Ayudar a los familiares y a las parejas a apoyar a los pacientes con TOC

El TOC es un problema psicológico que se caracteriza por la presencia de síntomas y comportamientos que pueden afectar a toda la familia del paciente, directa o indirectamente. Especialmente en los casos más graves, los familiares y la pareja pueden soportar a menudo una carga emocional y financiera difícil de aguantar, lo que provoca sentimientos de frustración, ira, agotamiento e impotencia. Tarde o temprano, hacer frente a este estrés puede conducir a una complicidad involuntaria con el comportamiento del paciente o, en el otro extremo, a reacciones críticas y hostiles contraproducentes que pueden aumentar la desconfianza y reforzar o empeorar el trastorno.

Por estas razones, para que un participante se recupere es útil que varios familiares o que sus parejas participen en el programa. En primer lugar, deben aprender cómo pueden cambiar gradualmente su respuesta a los síntomas obsesivos de tal manera que ayuden a que la persona con TOC comprenda y acepte la necesidad de estos cambios fuera de las sesiones del programa. Esta sesión psicoeducativa con los participantes y con sus familiares y/o parejas tiene como objetivo ayudar a ambos grupos a comprender y prevenir los «obstáculos ambientales» (esto es, los comportamientos de los familiares/parejas que suelen reforzar y mantener el trastorno).

En esta sesión, el instructor proporciona información básica sobre el TOC, explica la fundamentación del programa y los mecanismos cognitivos que activan y mantienen los problemas obsesivos (el modelo del problema), que a menudo se ven alimentados y reforzados de manera involuntaria por los miembros de la familia (p. ej., por medio de comportamientos de confirmación, participando en comportamientos compulsivos, crítica excesiva). La sesión explica a continuación cómo la práctica regular del *mindfulness* puede desempeñar un papel en la transformación de estos mecanismos, lo que conduce a una mejora clínica. Este punto también puede transmitirse compartiendo algunas prácticas del *mindfulness* con todos los participantes. Por último, los participantes y sus seres queridos examinan y aprenden lo que es útil hacer y lo que no en cuanto a la relación con las personas afectadas por el TOC.

Sesión 4: Comprender la propia desconfianza y desarrollar una confianza real

En esta sesión, los participantes exploran y profundizan la comprensión de su propia desconfianza y el papel de esta en el TOC. Luego comienzan a aprender algunas estrategias para desarrollar una confianza saludable y real. Como explicamos en el primer capítulo, el TOC puede conceptualizarse como un *trastorno de la confianza*. Desde este punto de vista, la confianza en uno mismo puede considerarse como uno de los mejores antídotos para las preocupaciones y las dudas obsesivas. Con este tipo de confianza interna, los participantes pueden comenzar a desarrollar un sentido de la responsabilidad más maduro y realista y a hacer frente con mayor seguridad a los riesgos que la vida les impone para poder vivir una vida plena, libre de miedos y de preocupaciones inútiles.

Un primer paso para superar la desconfianza consiste en ayudar a los participantes a comprender sus posibles causas. Entonces pueden, con compasión y aceptación, comenzar a hacer frente a las pérdidas del pasado, a los condicionamientos negativos o a las necesidades no satisfechas que podrían haber ocasionado la mayor parte de esta desconfianza. Como parte de este proceso, también analizan sus respuestas a los elementos del «Cuestionario de las causas de la desconfianza», que se completa antes de empezar el programa (véase el capítulo 4). Otro paso consiste en ayudar a los participantes a que dejen de involucrarse, de manera consciente, en cualquier hábito, comportamiento o mecanismo que actualmente refuerce y mantenga la falta de confianza. Al centrar la atención en los sentidos, en la respiración, en el cuerpo, en los sonidos, en las emociones y en los pensamientos de una manera consciente, la meditación sentada se enseña como una práctica útil para desarrollar la confianza hacia la experiencia interna. También ayuda a los participantes a manejar la exposición a los estímulos desafiantes sin incurrir en reacciones inútiles.

Sesión 5: Usar los sentidos para desarrollar la confianza

Las personas con problemas obsesivos suelen confiar muy poco en sus propios sentidos y les prestan muy poca atención. Por eso, cuando intentan entender la realidad, solo pueden confiar en sus pensamientos y en sus creencias, a menudo distorsionados. En este punto del programa, necesitan aumentar su comprensión de cómo desarrollar un sentimiento de confianza en sí mismos y, lo que es más importante, en su experiencia sensorial, en su memoria, en sus sensaciones físicas y en sus intenciones.

Esta sesión se centra en la experiencia sensorial y en el desarrollo de una nueva relación con los propios sentidos, validándolos y usándolos para experimentar una visión profunda, clara y verdadera de la realidad. Esta nueva relación ayuda a prevenir los mecanismos cognitivos disfuncionales que inevitablemente llevan a las personas a recurrir a estrategias obsesivas para hacer frente a la angustia y la ansiedad. El primer ejercicio de esta sesión es la práctica de la «Percepción consciente», en la que se guía a los participantes para que presten atención a la experiencia sensorial (especialmente a la que procede de la vista, del tacto y del oído), mirando el mundo como lo haría un niño pequeño, libre de condicionamientos y suspendiendo las ideas preconcebidas. En esta sesión también se presenta una nueva técnica cognitiva basada en el *mindfulness*, la «Validación de la experiencia perceptiva», para ayudar a que los participantes aprendan a poner en valor y a dar prioridad, de manera intencional, a los sentidos y a lo que comunican, momento a momento, en particular durante las situaciones relacionadas con el TOC. Esto puede llevar a desarrollar una mejor relación con la realidad y a neutralizar las dudas obsesivas. El objetivo de este ejercicio es entrenar a las personas con TOC para que presten una atención consciente a su experiencia perceptiva y validen la memoria y la conciencia de esta experiencia perceptiva en la medida de sus posibilidades, usando la información sensorial como antídoto contra la activación de las dudas obsesivas. El mensaje clave para los participantes en esta sesión es que *los sentidos son el mejor antídoto contra la duda*.

La «Meditación sentada» propuesta en esta sesión introduce una invitación a los participantes a activarse deliberadamente y a exponerse a un estado difícil (una sensación, una emoción o un pensamiento perturbador). Este es otro paso hacia una exposición cada vez más profunda y directa a los estímulos desafiantes.

Sesión 6: Desarrollar una relación saludable con los pensamientos

En esta sesión se guía a los participantes de manera más directa y específica hacia una exploración más profunda del funcionamiento de su mente y del papel que desempeñan los pensamientos en su trastorno. *Pensar* es el funcionamiento normal de la mente, y los pensamientos son su producto normal (y potencialmente útil); por eso, no son un problema en sí mismos. El verdadero problema es la relación única que las personas (especialmente las que padecen TOC) crean con sus mentes y sus pensamientos. Por lo general, las personas con TOC mantienen una relación desafiante y disfuncional con sus pensamientos. Uno de los efectos del entrenamiento en *mindfulness* es la reducción de la vulnerabilidad cognitiva a los *modos reactivos de la mente* (p. ej., rumiación, obsesión), que pueden activar e intensificar el nivel de angustia y ansiedad de un individuo y perpetuar el trastorno a través de comportamientos de búsqueda de seguridad.

Una de las cosas más efectivas que las personas con problemas obsesivos pueden hacer para superar su trastorno es desarrollar un cambio progresivo y radical en la perspectiva y en su relación con los contenidos cognitivos y con la mente en su conjunto. A través de la práctica del *mindfulness*, los participantes se dan cuenta progresivamente de que pueden introducir un cambio radical en la manera en que se relacionan con los pensamientos, con los sentimientos y con las sensaciones y, en general, desarrollar una relación sana y funcional con sus propias mentes. Se les ayuda a crear la mejor correspondencia posible entre lo que comunican sus sentidos y el modo en que sus procesos cognitivos elaboran e interpretan la información sensorial a fin de desarrollar la mejor relación posible con la realidad.

El objetivo de esta sesión es ayudar a que los participantes comprendan mejor su relación única con sus propios pensamientos (p. ej., identificación, fusión pensamiento-acción, rumiación, juicios) y desarrollen un *estado mental y una actitud metacognitiva* diferentes hacia las cogniciones, las sensaciones y los estados emocionales «problemáticos» y perturbadores. Esto se hace a través de la observación sin juicios, de la aceptación y del descentramiento. Esta nueva actitud es incompatible con el comportamiento desadaptativo (compulsiones, neutralizaciones, etc.) y la evitación experiencial (comportamientos de reafirmación, evitación, etc.) a los que los pacientes recurren normalmente para hacer frente a estas cogniciones y a estos estados.

La «Meditación de la mente observadora» se introduce en esta sesión para ayudar a los participantes a desarrollar el descentramiento y la desidentificación con los estados internos, especialmente los pensamientos. Esta práctica del *mindfulness* proporciona, a través de las metáforas y las imágenes, entrenamiento mental y un proceso de observación neutral que está libre de juicios hacia los pensamientos. También refuerza el *componente observador* de la mente y, por tanto, debilita la fuerza y el poder del *componente pensante,* que, por lo general, desempeña un papel dominante en todas las personas, pero especialmente en las que padecen TOC.

Sesión 7: Desarrollar la aceptación como un paso esencial para el cambio

La aceptación es un tema central en el caso de los individuos obsesivos: es extremadamente difícil, si no a menudo imposible, que acepten las experiencias relacionadas con su problema, como los pensamientos intrusivos u obsesivos, las consecuencias imaginadas y temidas por el hecho de no prevenir el daño o de hacer las cosas de manera incorrecta, las emociones perturbadoras y ciertas sensaciones físicas. Por eso, las personas con TOC son incapaces de aceptar las experiencias potencialmente normales, inofensivas y transitorias. Esta vulnerabilidad percibida les lleva a adoptar los comportamientos repetitivos de búsqueda de seguridad que dan origen a los síntomas incapacitantes provocados por el reto que supone su trastorno.

Un mensaje clave que se da en esta sesión es que cuando nos resistimos, evitamos o rechazamos el malestar interno, lo aumentamos drásticamente y, al hacerlo, creamos sufrimiento. El TOC es una modalidad de sufrimiento particular en la que las personas se esfuerzan por resistirse a los pensamientos perturbadores o a la angustia emocional y, al hacerlo, los empeoran exponencialmente en lugar de liberarse del problema. Al cultivar la aceptación, las personas con TOC aprenden a advertir los acontecimientos internos a medida que surgen, *permitiendo* que sean tal como son. Al mismo tiempo, abandonan intencional y conscientemente cualquier intento de reaccionar, evitar o cambiar estos eventos, con independencia de su contenido; no les atribuyen ningún significado, interpretación o juicio, e inhiben cualquier comportamiento que funcione como una evitación experiencial. Esta actitud de aceptación es una parte importante del hecho de cuidar de uno mismo y de ver con mayor claridad lo que, en caso necesario, debe cambiarse.

En esta sesión se guía a los participantes hacia la comprensión de lo que supone realmente la aceptación, de cómo una de las principales dificultades en el TOC es aprender a aceptar los acontecimientos internos inofensivos e impermanentes, y de cómo la aceptación puede ser el primer paso en la creación de un cambio efectivo y estable. Con el fin de ayudar a los participantes a cultivar y desarrollar la aceptación, se introduce una nueva práctica clave, denominada «Aceptación R.E.A.L.» (un acrónimo de **R**econocer; **E**xpandir y Explorar; **A**ceptar; y **L**iberar y dejar ir). En esta práctica de cuatro pasos, los participantes empiezan a cultivar una exploración profunda de su experiencia privada desafiante. El objetivo es aprender a desarrollar gradualmente y a fondo la aceptación de la experiencia de los estados internos que activan y mantienen el problema. A través de este tipo de meditación formal, los participantes se enfrentan y se exponen a su propia experiencia interna perturbadora de manera directa y exhaustiva, y aprenden a prevenir los modos reactivos que suelen activar y que perpetúan su problema.

Sesión 8: «Hacer consciente» y exposición consciente

En los pacientes con TOC, el modo «hacer» se centra a menudo, si no siempre, en la prevención del daño y tiene como objetivo reducir un sentido de responsabilidad exagerado y la angustia emocional (a través de la neutralización, de los rituales, de los comportamientos de confirmación, de la rumiación y de los comportamientos de búsqueda de seguridad). Además, debido a los sesgos atencionales, las compulsiones surgen como comportamientos sin sentido en los que se presta atención a las acciones rituales más que a las percepciones y a los resultados derivados de los rituales o a aquello que el individuo aprende a partir del comportamiento. Al adoptar un estado consciente –es decir, al prestar atención al momento presente sin juzgarlo–, los pacientes están cada vez en mejores condiciones de comprender claramente su propia implicación real en la situación problemática y las funciones y los efectos reales de sus propios comportamientos.

Esta sesión está dirigida a ayudar a los participantes a comprender cómo la práctica del *mindfulness* puede permitirles desarrollar un «modo hacer» funcional (*modo hacer consciente*) y un sentido de responsabilidad más realista. A través de la práctica consciente aprenden a crear relaciones saludables entre sus intenciones y sus acciones; aprenden a alejarse de las acciones y los rituales sin sentido típicos (compulsiones) que caracterizan su trastorno, y desarrollan un sentido de responsabilidad más adecuado y maduro.

La *intención* es un contenido importante que se examina en esta sesión. Los temores que caracterizan al TOC implican con frecuencia el miedo a hacer cosas que son exactamente lo contrario de las intenciones, los deseos y los anhelos reales y conscientes del paciente, especialmente en el caso de los que temen poder lastimar a otros o a sí mismos. Este miedo implica que los individuos con TOC no son conscientes de que lo que hacen o podrían hacer en el futuro o en cualquier momento de su vida depende en realidad de sus *intenciones* y no de sus miedos. Por esta razón, en esta sesión se guía a los participantes para que reflexionen sobre la importancia que tiene ser conscientes de sus intenciones con respecto al modo en que desean reaccionar ante las experiencias internas y externas, pensar en ellas, hablar de ellas, etc.

La «Práctica de las intenciones saludables», un ejercicio específico que forma parte de esta sesión, se asigna como tarea para casa a fin de ayudar a que los participantes tomen conciencia de sus intenciones reales cada día, dándoles una mayor capacidad de influir en su propio *modo hacer* y de cultivar resoluciones coherentes con el modo en que quieren actuar, pensar, hablar y sentir. Esta práctica también ayuda a los participantes a aprender qué acciones pueden adoptar para poner en práctica sus intenciones cada día. La «Técnica de la discrepancia», otro ejercicio útil que se examina durante la sesión y que se asigna como tarea para casa, ayuda a que los participantes sean más conscientes de sus intenciones y a que, en consecuencia, desarrollen confianza y un sentido de responsabilidad más equilibrado.

En este punto del programa, los participantes están más preparados y en mejores condiciones de enfrentarse directamente a sus estímulos obsesivos desafiantes y a las situaciones temidas de la vida diaria, y por eso la «Exposición consciente» (véanse los capítulos 2 y 12), una práctica terapéutica básica de la MBCT para el TOC, se presenta en esta sesión y se asigna como tarea para casa. A través de esta práctica, los participantes son capaces de afrontar situaciones y estímulos problemáticos en un estado consciente, de ver de manera clara lo que realmente está sucediendo en las situaciones problemáticas, y de prevenir cualquier ritual o comportamiento de búsqueda de seguridad. Pueden usar lo que han aprendido hasta ahora para prestar atención a lo que sus sentidos están comunicando en realidad en el aquí y ahora, sin perseguir los mensajes distorsionados de sus mentes o creer en ellos, distanciándose y dejando ir cualquier pensamiento intrusivo que pueda sabotear su experiencia real.

En esta sesión también se introduce la práctica del «Paseo consciente con estabilizadores», que es una integración útil de la *meditación caminando* clásica (véase el capítulo 8), en la que se invita a los participantes a conectar mentalmente con algunas palabras o frases específicas (estabilizadores, o *gathas* en sánscrito) y a sincronizarlas con la experiencia de caminar y respirar. Este ejercicio puede ayudar a que los participantes se sientan más estables, más arraigados y más equilibrados en el aquí y ahora.

Sesión 9: Desarrollar la autocompasión y el autoperdón

Uno de los componentes básicos de cualquier intervención basada en el *mindfulness* es la compasión[7]. Con el fin de ayudar a los participantes a

7. P. Gilbert y D. Tirch, «Emotional memory, mindfulness and compassion», *op. cit.*; G. K. Germer, *The mindful path to self-compassion: Freeing yourself from destructive thoughts and emotions*, Guilford Press, Nueva York 2009 (trad. esp.: *El poder del mindfulness: libérate de los pensamientos y las emociones autodestructivas*, Ediciones Paidós Ibérica, Barcelona

desarrollar un enfoque diferente para tratar el sufrimiento y aprender a cuidarse de manera activa, se enseñan la autocompasión y el autoperdón durante esta sesión como meditaciones formales. La actitud del instructor y su modo de interactuar con los participantes, que se caracteriza por la amabilidad, la calidez y el cuidado, también transmiten indirectamente estos conceptos durante el transcurso de la intervención. Como ya pusieron de manifiesto Segal et al.[8], la compasión es una actitud y un sentimiento que ya están presentes de forma indirecta y que se cultivan durante el entrenamiento en *mindfulness* a través del modo en que el instructor encarna este atributo y lo transmite al grupo en su forma de dirigir la meditación y de relacionarse con los participantes en cualquier momento.

Gracias a mi propia experiencia trabajando con personas que padecen TOC en este programa, he descubierto que la calidez personal y la actitud compasiva del instructor son condiciones necesarias, aunque no siempre suficientes, para transmitir los componentes básicos de este programa y para abordar las creencias y los pensamientos disfuncionales de los participantes, que a menudo son la antítesis de la autocompasión (p. ej., autoculpabilización, autocrítica, perfeccionismo, sentido de responsabilidad exagerado). Por eso es importante permitir que los participantes (1) experimenten la autocompasión y el autoperdón de manera más directa, a través de prácticas y ejercicios formales específicos que puedan ayudarles progresivamente a cultivar una actitud y una relación más amable, más suave, más indulgente, flexible y compasiva para con ellos mismos, y (2) desarrollar una sensación profunda y estable de aceptación para con su naturaleza imperfecta y falible como seres humanos.

Como ya pusimos de manifiesto en el capítulo 2, varios autores[9] coinciden en que la autocompasión y el autoperdón son hábitos y estados mentales que pueden desactivar e inhabilitar el sistema de amenaza/autoprotección en el cerebro, que por lo general está inútilmente sobreactivado en el TOC, en particular en relación con los sentimientos de ansiedad, asco, ira, culpa o desconfianza en situaciones inofensivas. Al mismo tiempo, la autocompasión puede estimular la activación y la estabilización del sistema de satisfacción/confortamiento y seguridad, que está conectado con una sensación de calma, seguridad, tranquilidad y confianza[10].

Por medio de la meditación de la autocompasión, los participantes llegan a comprender la importancia de los componentes básicos de la compasión

2011); K. D. Neff, «Self-compassion, self-esteem, and well-being»: *Social and Personality Psychology Compass*, 5(1) (2011), 1–12.

8. Z. V. Segal, J. M. Williams y J. D. Teasdale, *Mindfulness-based cognitive therapy for depression: A new approach to preventing relapse*, *op. cit.*
9. R. A. Depue y J. V. Morrone-Strupinsky, «A neurobehavioral model of affiliative bonding: Implications for conceptualizing a human trait of affiliation»: *Behavioral and Brain Sciences*, 28(3) (2005), 313–349; G. Liotti y P. Gilbert, «Mentalizing, motivation, and social mentalities: Theoretical considerations and implications for psychotherapy»: *Psychology and Psychotherapy*: Theory, Research, and Practice, 84 (2011), 9–25; P. Gilbert, «The nature and basis for compassion focused therapy»: *Hellenic Journal of Psychology*, 6 (2009), 273–291.
10. P. Gilbert y D. Tirch, «Emotional memory, mindfulness and compassion», *op. cit.*

para su propio bienestar y se les invita a cultivar activamente una relación amable consigo mismos, repitiendo para sus adentros frases en las que se desean el bien de manera honesta. El autoperdón es tanto un importante ejercicio de *mindfulness* como una actitud y un estado mental, relacionados con la autocompasión, que pueden ser un antídoto eficaz contra varios mecanismos del TOC. Tiene por objeto ayudar a los participantes a normalizar o a reducir su patológico, y a menudo crónico e incondicional, sentimiento de culpa, perfeccionismo y autocrítica. La experiencia ha demostrado que cuando los participantes llegan a este punto del programa, están más preparados que al principio del mismo para integrar las actitudes de autocompasión y de autoperdón en su práctica del *mindfulness* y en su vida diaria.

Sesión 10: Aprender a asumir riesgos

En esta penúltima sesión, se ayuda a los participantes a dar nuevos pasos hacia el desarrollo de la confianza, reforzando un sentido de responsabilidad maduro y aumentando la exposición consciente a las situaciones y a los estímulos amenazantes. Al mismo tiempo, continúan reforzando las habilidades y las actitudes del *mindfulness* que han cultivado durante las semanas anteriores. A lo largo de los años, debido a la naturaleza específica de sus problemas, los individuos con TOC, sobre todo los que presentan síntomas más severos, han descuidado varias áreas de sus vidas. Por eso, a medida que aprenden a superar los problemas asociados a su trastorno, necesitan involucrarse más en áreas importantes descuidadas de sus vidas, y desafiarse a sí mismos asumiendo riesgos. El objetivo es vivir una vida plena y evitar la invasión de una sensación de vacío potencialmente peligrosa que podría conducir a estados depresivos. Para ello, se pide a los participantes que planifiquen e implementen ciertas decisiones «arriesgadas» en varios aspectos de sus vidas que hayan evitado hasta ese momento.

Una de las mejores maneras de que los participantes desarrollen un sentido de la responsabilidad apropiado y aumenten la sensación de confianza real consiste en asumir riesgos constructivos y útiles en su vida diaria. Entre estos se incluyen los riesgos que no están conectados con problemas obsesivos específicos. Los participantes detectan las acciones y las decisiones que han evitado a causa del miedo y la ansiedad, pero que les gustaría cambiar a fin de conquistar sus problemas y mejorar su calidad de vida. Este tipo de comportamiento consciente de asunción de riesgos puede empoderar a los participantes y también resulta útil para prevenir la evitación experiencial y las estrategias y los comportamientos de búsqueda de seguridad. La asunción consciente de riesgos también ayuda a los participantes a superar el problema de la sobrestimación de la amenaza que se presenta con tanta frecuencia en el TOC (véase el capítulo 1).

Los rituales son una parte normal y útil del comportamiento humano a lo largo de nuestra vida; los utilizamos para poner de relieve la importancia de un evento o de un logro, para celebrar un cambio significativo en la vida de una persona o de un grupo, para establecer el orden y la organización de la vida diaria, para homenajear a figuras religiosas o divinidades, entre otros. Desafortunadamente, los rituales se han convertido para la mayoría de las personas con TOC en un problema invalidante y perturbador y en una de las principales características de su trastorno.

Los «Rituales de dejar ir», un ejercicio aparentemente paradójico, es una especie de antídoto para los rituales del TOC. Este ejercicio se ilustra y se propone como tarea para casa en esta parte final del programa con cuatro propósitos: (1) ayudar a los participantes a comprender la normalidad y la utilidad de los comportamientos rituales en todas las sociedades y las culturas humanas, (2) dejar ir los malos hábitos que refuerzan y mantienen su trastorno, (3) reforzar de manera saludable los cambios que han hecho, y (4) fortalecer su motivación para comprometerse a un mayor cambio y a la práctica de la meditación de manera regular.

Sesión 11: Afrontar la vida con confianza y hacer frente a los obstáculos de manera efectiva – Una sesión de un día de práctica del mindfulness y revisión del curso

En esta última sesión, que tiene una duración de un día, se guía a los miembros del grupo a través de una práctica intensiva de *mindfulness* para refrescar, resumir y potenciar lo que se ha enseñado y lo que se ha aprendido durante el programa. Los participantes comparten las mejoras que han logrado, las dificultades con que se han encontrado, y el modo en que han podido hacer frente a los obstáculos y desafíos durante las semanas anteriores. También se invita a los participantes a reflexionar sobre cómo podrían prepararse mejor para enfrentarse a la vida con una sensación de confianza, de confianza en sí mismos y de libertad. Durante la sesión se hace especial hincapié en la importancia de la práctica regular del *mindfulness* como forma de mantener los cambios que han logrado, de seguir mejorando y de evitar las recaídas.

El formato de la sesión se organiza como una especie de breve retiro de *mindfulness* en el que los participantes revisan aquello en lo que han trabajado durante el programa y lo que ha cambiado para ellos en los dos meses y medio anteriores. También reflexionan y debaten sobre la forma en que las prácticas del *mindfulness* les han ayudado a afrontar, a superar y a prevenir sus problemas obsesivos. Se da a los participantes mucho espacio, mucho tiempo y muchas oportunidades para compartir lo que desean comunicar o lo que podrían necesitar comprender de una manera más profunda que en las sesiones anteriores. Esta sesión también ofrece una oportunidad única para proporcionar momentos de silencio durante los cuales se invita a los participantes a abstenerse de hablar o de comunicarse entre ellos de cualquier otra manera. Estos momentos les permiten centrar su atención y su energía en su propia experiencia en el aquí y ahora, mientras se mantienen en contacto con las dificultades que todavía podrían tener presentes. Por primera vez en el programa, los participantes pueden solicitar una breve sesión de asesoramiento individual si necesitan compartir algo privado con el instructor.

Durante la sesión se proponen varias prácticas básicas del programa con el fin de refrescar la comprensión de los participantes y de destacar su importancia, alternando meditaciones estáticas o sentadas con prácticas en movimiento. También se proponen nuevas meditaciones que pueden ayudar a los participantes a comprender mejor lo que se ha enseñado, aprendido y compartido durante las 10 semanas anteriores. El «Ejercicio del conductor de autobús», una experiencia de imágenes guiada basada en una metáfora inspirada en el enfoque de la terapia de aceptación y compromiso (ACT, por sus siglas en inglés, *acceptance and commitment therapy*)[11], proporciona un resumen útil de

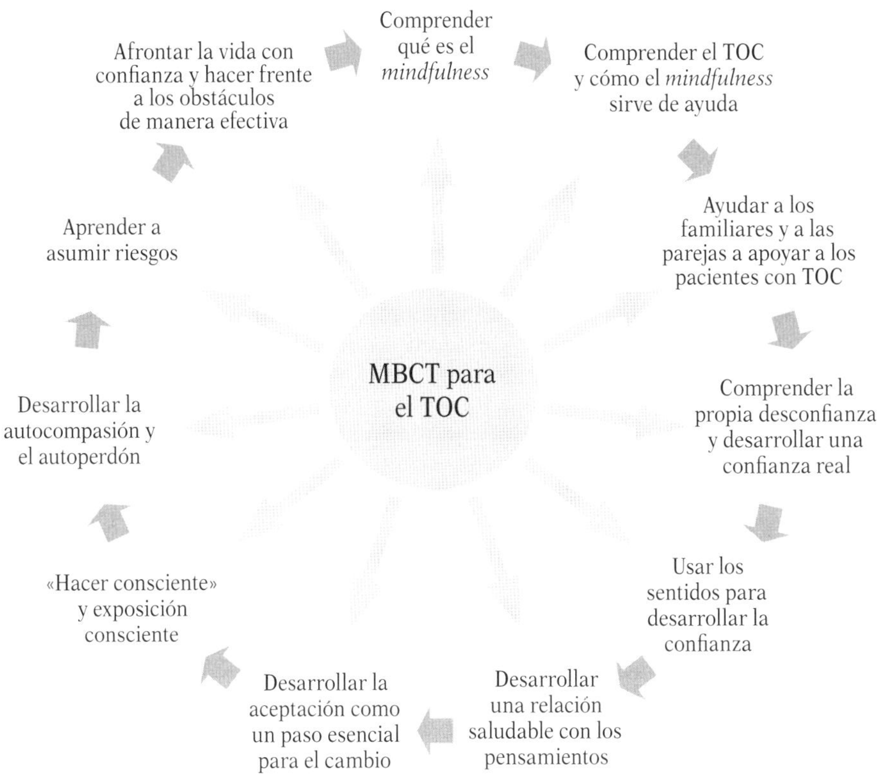

Figura 3.2. Temas y contenidos básicos del programa de la MBCT para el TOC

11. S. C. Hayes, K. D. Strosahl y K. G. Wilson, *Acceptance and commitment therapy*, Guilford Press, Nueva York 2012 (trad. esp.: *Terapia de aceptación y compromiso. Proceso y práctica del cambio consciente [Mindfulness]*, Desclée De Brouwer, Bilbao 2015).

los diferentes temas y enseñanzas centrales (véase la figura 3.2) en este programa y ofrece información útil sobre los obstáculos reales en las vidas de los participantes y las mejores formas de abordarlos. El «*Mindfulness* relacional compasivo» es un ejercicio en el que los participantes ejecutan una actividad juntos por primera vez, sentados uno frente al otro en parejas, y, de manera alternativa, entran en contacto y en sintonía el uno con el otro por medio de su respiración, a fin de desarrollar la bondad y la compasión hacia los demás. Por último, existe una meditación de conclusión, que es una especie de ritual de dejar ir para celebrar el final de este viaje terapéutico y para reforzar la motivación a fin de mantener la práctica como un modo de vida después de que el curso termine.

Estructura de la sesión

Por lo general, cada sesión del programa sigue una estructura y un horario estándar, que, como se ha comprobado, optimizan el tiempo disponible y distribuyen los contenidos de la mejor manera posible. A continuación esbozamos la estructura típica de una sesión (ocasionalmente se producen ligeros cambios en el orden de las actividades y los contenidos):

- Ejercicios estáticos/sin moverse (meditar en posición sentada o tumbada): es la mejor manera de ayudar a los participantes a centrar su atención en el aquí y ahora desde el principio de la sesión.
- Revisión de las prácticas y puesta en común de las dificultades y los beneficios experimentados.
- Revisión de la práctica en casa (una de las partes más importantes de la sesión) para motivar a los participantes a practicar a diario, para ayudarles a superar cualquier dificultad con la que puedan encontrarse, y para informar sobre los beneficios que experimentaron al hacer las tareas para casa.
- Descanso de 10 minutos.
- Ejercicios dinámicos o meditación activa que promueve la integración mente-cuerpo, permitiendo que los participantes tomen conciencia de sus sensaciones corporales y se reactiven, se estiren y aflojen las tensiones que puedan haberse acumulado durante la meditación estática.
- Leer y compartir material escrito para profundizar y comprender mejor los contenidos presentados durante la sesión.
- Leer y compartir citas relacionadas con los contenidos y el tema de la sesión para estimular los procesos metacognitivos de los participantes y promover el *insight* y la comprensión de los contenidos y los objetivos de la sesión.
- Distribución de documentos y materiales de la sesión que todavía no se hayan distribuido.
- Asignación de la práctica en casa, en la que el instructor (1) ilustra las prácticas y las actividades que se espera que los participantes realicen

diariamente durante la semana siguiente, y (2) los alienta a que informen y a que comenten cualquier experiencia que puedan tener mientras realizan los ejercicios.

- Meditación de conclusión para facilitar que el grupo procese todo lo que se ha cubierto durante la sesión en un momento de unidad, conexión y silencio compartido.

Los grupos de seguimiento

Al igual que en la MBSR y en la MBCT para la depresión, después del final de este programa es muy recomendable que los instructores ofrezcan algunas sesiones de seguimiento programadas, posiblemente de forma regular. Estas pueden ayudar a que los participantes mantengan la práctica del *mindfulness* y reconecten con el ambiente motivador que ofrece el grupo. Estas sesiones también son útiles para manejar los problemas que siguen estando presentes tras el final del curso. Este grupo puede estar abierto a todos los participantes de los programas anteriores de la MBCT para el TOC.

En nuestro Centro de la MBCT para el TOC en Vicenza, Italia, solemos ofrecer una reunión mensual regular. El formato de dos horas hace hincapié tanto en la práctica como en el debate. La sesión suele seguir un programa como el que describimos a continuación.

Bienvenida a los participantes
Meditación sentada (p. ej., «Meditación de la mente observadora», «Aceptación R.E.A.L.», «Práctica de la autocompasión»)
Revisión de la práctica
Revisión de las tareas de casa
Meditación en acción/movimiento (p. ej., «Ejercicio de carga y descarga», «Meditación caminando», «Círculo consciente»)
Descanso
Meditación sentada
Revisión de la práctica
«Práctica de la respiración consciente» en un «Círculo consciente» a modo de conclusión

¿Quién está cualificado para dirigir la MBCT para el TOC?

Trabajar con el TOC usando un enfoque basado en el *mindfulness* puede ser una tarea desafiante y requiere experiencia clínica con este tipo de trastorno, formación y experiencia en la dirección de grupos de *mindfulness*, y una práctica de la meditación personal regular. Por eso, los profesionales de la salud mental que quieren recibir formación y poder ofrecer la MBCT para el TOC deberían tener, preferiblemente, las siguientes características:

- Haber sido entrenados y haber obtenido una certificación en salud mental, como psicólogos clínicos, terapeutas y psiquiatras, y tener

experiencia en el tratamiento de personas con TOC o haber recibido formación en el uso de un modelo de tratamiento efectivo, preferiblemente la TCC, para ayudar a las personas con este tipo de trastorno.
- Ser instructores de *mindfulness* experimentados.

Para aprender a emplear la MBCT para el TOC e implementar de manera eficaz el programa en un contexto grupal o individual, es importante que los futuros instructores:

- Asistan a un programa de formación profesional formal en la MBCT para el TOC con profesores diplomados.
- Practiquen el *mindfulness* con regularidad.
- Asistan a un grupo de la MBCT para el TOC de 11 sesiones (o, alternativamente, a un grupo de la MBCT o de la MBSR) como participantes.
- Busquen y consigan la supervisión de un supervisor de la MBCT para el TOC diplomado, siempre que sea posible en persona –o a través de un vídeo en directo o de un vídeo grabado cuando eso no sea posible–.

Para más información sobre el entrenamiento en la MBCT para el TOC, véase el apéndice y, asimismo, www.mbctforocd.com.

El estilo del instructor y la relación terapéutica en la dirección de la MBCT para el TOC

> El enfoque centrado en la persona [...] depende de la tendencia
> actualizadora presente en todos los organismos vivos –la tendencia
> a crecer, desarrollarse y realizarse en todo su potencial–.
> Esta forma de ser confía en el flujo direccional constructivo
> del ser humano hacia un desarrollo más completo.
> Es este flujo direccional el que pretendemos liberar.
>
> —CARL R. ROGERS

Una de las herramientas terapéuticas más importantes y efectivas a la hora de tratar a las personas con TOC, sobre todo en los casos más severos, es el desarrollo de una buena relación entre el instructor y los participantes desde el principio. El establecimiento de un «empirismo colaborativo»[12] permite a los participantes confiar en el instructor y trabajar junto a él incluso en los momentos más difíciles, limitando así el riesgo de que los participantes se den por vencidos ante el primer obstáculo que se les presente. Esto es importante porque hay una alta frecuencia de abandono en los pacientes con TOC. Este tipo de relación también ayuda a desarrollar (1) la confianza en el potencial terapéutico de lo que está proponiendo el programa, y (2) la

12. A. T. BECK, A. J. RUSH, B. F. SHAW Y G. EMERY, *Cognitive therapy of depression*, Guilford Press, Nueva York 1987 (trad. esp.: *Terapia cognitiva de la depresión*, Desclée De Brouwer, Bilbao 1998).

aceptación de las dificultades inherentes en el proceso terapéutico –algo que, en ocasiones, puede resultar angustioso para los participantes–.

La cualidad más importante que debe tener un instructor que se dedique a las intervenciones basadas en el *mindfulness* es la encarnación de las cualidades, el espíritu, los principios y las actitudes que definen las enseñanzas propuestas a través de la práctica de la meditación. Esta encarnación puede mostrarse durante las sesiones por medio de la presencia, la calma, el equilibrio y la compasión que el instructor es capaz de expresar a través de la forma en que interactúa y escucha a los miembros del grupo. El instructor debe practicar una escucha consciente, que se caracteriza por una atención y un interés cálidos, por la amabilidad, por la empatía, por la curiosidad, por la validación, por la flexibilidad, por la paciencia, por la humildad y por una capacidad para inspirar confianza y seguridad en uno mismo.

La mayoría de estas cualidades están en contraste directo con la forma en que las personas que padecen el TOC se enfrentan a sus propios problemas y al mundo que les rodea. Estas cualidades solo pueden aprenderse y comunicarse a los demás si el instructor practica la meditación de forma regular y es capaz de vivir su vida siguiendo los mismos principios y actitudes que el programa enseña a los participantes. Cuando el instructor puede relacionarse con el grupo de manera consciente, proporciona un entorno validador y no amenazante y una base segura desde la que los participantes pueden darse permiso para explorar y exponerse a su experiencia interna y a sus problemas. De esta manera, los participantes pueden experimentar un tipo de relación que a menudo es cualitativamente diferente de las relaciones anteriores que pueden haber dado lugar a su problema o haberlo empeorado[13]. En resumen, el estilo del instructor y su relación con los participantes debería ofrecer el contexto y la relación interpersonal necesarios para contribuir al cambio.

Prevenir las discusiones de los participantes

Salkovskis[14] observó que, en ocasiones, los pacientes obsesivos pueden volverse discutidores o confrontativos durante las sesiones, sobre todo cuando buscan la confirmación del terapeuta. Cuando esto sucede, rara vez puede proceder la intervención de manera productiva, especialmente porque en ese momento el paciente deja de procesar la información procedente del terapeuta y comienza a buscar los defectos y las deficiencias en la información que se le proporciona. A fin de prevenir este tipo de reacción, los instructores deberían, en la medida de lo posible, tratar de no aparentar ser profesores y

13. W. P. Henry y H. H. Strupp, «The therapeutic alliance as interpersonal process», en A. O. Horvath y L. S. Greenberg (Eds.), *The working alliance: Theory, research, and practice*, Wiley, Nueva York 1994; según se cita en J. Howe, *Early childhood, family, and society in Australia: A reassessment*, Social Science Press, Katoomba, Australia 1999.
14. P. M. Salkovskis, «Cognitive-behavioural factors and the persistence of intrusive thoughts in obsessional problems»: *Behaviour Research and Therapy*, 27(6) (1989), 677–682.

adoptar un enfoque de diálogo socrático que use principalmente preguntas, en lugar de declaraciones. De este modo, la información viene directamente de los participantes a través de sus respuestas a las preguntas planteadas por el instructor.

Tan pronto como exista el riesgo de que una sesión se convierta en antagónica por naturaleza (p. ej., cuando un paciente y el instructor empiezan a discutir), el instructor debe resumir el contenido que se ha examinado hasta ese momento en la sesión, y luego decir que el paciente podría tener razón, y que el objetivo del programa es trabajar juntos para descubrir cómo son realmente las cosas, en lugar de limitarse a admitir que una u otra persona tiene razón. Por ejemplo, si un paciente está firmemente convencido de que el hecho de comprobar algo una vez más –por ejemplo, si la puerta o la llave del gas están cerradas– cambiaría la situación en la que se encuentra, esta convicción debe tomarse en serio como una posibilidad real. En este caso podríamos plantear estas preguntas: «¿Qué pruebas tenemos en comparación con tu experiencia pasada? ¿Alguna vez creíste eso en el pasado, antes de la aparición de tu TOC, o todas las veces que fallaste o te rendiste al ritual? ¿Cómo podemos averiguar si todo esto es cierto en este caso?». Tanto en la TCC como en la MBCT, el instructor y los pacientes recurren a las preguntas y al resumen como una forma de aclarar los contenidos cada cierto tiempo y de concluir juntos, y de manera definitiva, lo que constituye la realidad. Mediante este proceso de descubrimiento guiado, el instructor ayuda a los participantes a comprender las experiencias compartidas durante las sesiones o experimentadas fuera de las mismas desde una nueva perspectiva y de maneras que desactiven sus mecanismos patológicos y aumenten sus sentimientos de confianza y de seguridad. Como bien han afirmado Segal et al.: «El objetivo central del proceso de indagación consiste en la oportunidad de un aprendizaje experiencial directo de nuevas formas de ver y entender nuestra experiencia, el modo en que generamos sufrimiento y lo que podemos hacer para liberarnos de él»[15].

Sin embargo, hay ciertos casos en que puede ser más útil que el instructor proporcione información u opiniones de manera más clara y directa con un enfoque psicoeducativo. El instructor puede aprovechar su propia experiencia y su conocimiento para hablar de cosas con las que los pacientes pueden no estar familiarizados, como, por ejemplo, el funcionamiento de los procesos cognitivos, emocionales, sensoriales o neurofisiológicos, o de cuáles son los efectos reales de los rituales compulsivos y de los comportamientos de búsqueda de seguridad. Este enfoque resulta particularmente útil cuando algunos participantes, a veces precisamente a causa de su problema, parecen tener dificultades para comprender o para seguir las reflexiones que se desarrollan en el grupo.

15. Z. V. SEGAL, J. M. WILLIAMS Y J. D. TEASDALE, *Mindfulness-based cognitive therapy for depression: A new approach to preventing relapse*, *op. cit.*, 254.

La escucha activa frente a la facilitación directiva y con autoridad

Trabajar con personas afectadas por el TOC significa ayudar a personas que a menudo se ven atrapadas en sus mentes errantes y en sus mecanismos de afrontamiento mental crónico. El objetivo del instructor es ayudar a estas personas a permanecer en contacto con el momento presente, tal cual es, tanto como sea posible. Esta no siempre es una tarea fácil. Para lograrlo, el instructor debe adoptar dos enfoques aparentemente opuestos. Por un lado, debe dirigir la sesión y el diálogo con los participantes con una actitud de amabilidad, de compasión y de respeto, permitiéndoles encontrar sus propias respuestas y su propia comprensión a través de preguntas abiertas. Por otro lado, debe mostrarse directivo y firme para ayudar a los participantes a comprender cómo funcionan sus problemas y cómo desarrollar una nueva forma de ser que les ayude a superarlo. Esta postura más firme es necesaria porque cuando los pacientes comunican su propia experiencia, tienden a abrumarse por lo que sucede en su mente: pueden describir las cosas con detalles poco útiles, intentar explicar algo de una «manera perfecta», o sentir que necesitan más respuestas de las que realmente tienen.

El instructor debe aprender a detener con amabilidad a los participantes cuando se hace evidente que están activando sus mecanismos obsesivos para relacionarse con ellos mismos, con el instructor o con el grupo. El instructor tiene que ayudarles entonces a entender lo que está sucediendo y traerles de vuelta al aquí y ahora tantas veces como sea necesario. Por eso, a diferencia del tratamiento de otros trastornos mentales, cuanto más graves son los síntomas del paciente con TOC, más directivo debe mostrarse el instructor y mantener un comportamiento cálido y empático. Especialmente al comienzo del programa o en momentos de crisis (algo muy raro durante las sesiones grupales), los participantes necesitan encontrar una figura de referencia que sea acogedora y empática, así como autorizada y directiva. Necesitan a alguien que pueda ayudar a organizar y a equilibrar una experiencia obsesiva que crea desequilibrio y desorganización en sus vidas. Durante las sesiones, los participantes pueden tratar de satisfacer sus necesidades o impulsos obsesivos y hacer que el instructor colabore con su problema buscando confirmaciones o incluso una aprobación parcial e indirecta. En estos casos, es responsabilidad del instructor señalar lo que está sucediendo de manera clara y directa. La mejor manera de hacerlo es recurriendo al humor, cuando sea posible, y ayudando al paciente a entender lo inútiles y contraproducentes que son estos intentos, a comprender también cómo refuerzan y empeoran el problema, y qué clase de comportamientos serían más saludables. Especialmente durante la indagación y la revisión de la práctica en casa, cuando es probable que los pacientes se detengan en detalles meticulosos, el instructor puede usar un enfoque directo, aunque también validador, y ayudar a los pacientes a entender que no tienen que decir todo lo que les gustaría decir o saber todo lo que les gustaría saber, y que su mensaje ha sido lo suficientemente claro. El instructor puede explicar que es útil aprender a convivir con la incertidumbre, sabiendo que no todo en la vida puede aclararse por completo. Uno de los mensajes más importantes que se desarrolla gradualmente a lo largo del programa es que *no hay necesidad de escapar de lo que es, sin lugar a dudas, inofensivo* (esto es, los pensamientos, las emociones y las sensaciones).

Los materiales del curso

Los participantes reciben, en cada sesión del programa, documentos adaptados para ayudarles a comprender mejor el contenido del curso y cómo usar los principios y los ejercicios enseñados durante las sesiones. Parte de este material está inspirado, tomado o adaptado del programa original de la MBCT para la depresión, específicamente para personas con problemas derivados del TOC. Sin embargo, se han desarrollado muchos otros documentos específicamente para este programa.

Como vimos en la página 30, el material también incluye una serie de pistas de audio, en lengua inglesa, con las meditaciones *mindfulness* del programa que permiten a los participantes practicar en casa entre sesiones. Especialmente durante las primeras semanas del programa, los participantes pueden tener alguna dificultad para practicar los ejercicios de meditación solos, sin una guía vocal que les dé instrucciones claras. Pueden quedar atrapados con cierta facilidad en su mente errante. Las pistas de audio pueden ser un ancla que ayude a los participantes a permanecer en el aquí y ahora, y, en caso de desviarse, volver al momento presente.

Práctica en casa

Es bien sabido que existen correlaciones significativas entre el tiempo que dedicamos a la práctica formal en casa y los cambios en la conciencia y en el funcionamiento psicológico[16]. Eso significa que los participantes deben venir al grupo motivados y dispuestos a dedicar después al menos una hora diaria a la práctica del *mindfulness* en casa, por lo menos mientras dure el programa. Los instructores también deben alentar regularmente a los participantes a practicar en casa y reforzar la importancia que esto tiene para mejorar su situación clínica y su calidad de vida. Durante la indagación y el proceso de compartir que tiene lugar en las sesiones debe dedicarse una cantidad considerable de tiempo a los problemas y a las dificultades con que se han encontrado los participantes al practicar en casa y a las soluciones que pueden ayudarles a superar estos desafíos. Si no se da suficiente tiempo e importancia a estas discusiones durante cada sesión, tarde o temprano los participantes acabarán perdiendo la motivación para practicar, lo que inevitablemente

16. J. Carmody y R. A. Baer, «Relationships between mindfulness practice and levels of mindfulness, medical and psychological symptoms, and well-being in a mindfulness-based stress reduction program»: *Journal of Behavioral Medicine*, 31 (2008), 23-33.

tendrá consecuencias negativas en el resultado del programa. Por eso es especialmente importante dar espacio en cada sesión a los participantes que practican todos los días para que compartan sus experiencias y los efectos que esto tiene en sus vidas. También es útil sugerir formas en que los participantes pueden organizar mejor su tiempo durante el día y cómo podrían sustituir las actividades que no son necesarias, o incluso contraproducentes, para la práctica del *mindfulness*. Vale la pena recordar a los participantes que las personas con TOC suelen pasar entre 2 y 16 horas al día centradas en sus obsesiones o en sus rituales compulsivos, por lo que el tiempo que dedican a la práctica en casa siempre será significativamente inferior al que dedican a su problema.

Ayudar a los familiares y a las parejas a ser un apoyo

Como dijimos anteriormente, el TOC suele afectar a toda la familia. De manera particular en los casos graves, los miembros de la familia suelen participar en los comportamientos del TOC pensando que son útiles o porque se sienten exasperados o aterrados por la ansiedad y la ira de su ser querido. La práctica clínica ha demostrado con demasiada frecuencia que la eficacia de las intervenciones durante las sesiones se ve comprometida por la habilitación contraproducente en el hogar o por los mensajes hipercríticos e invalidantes que los familiares envían al paciente. Este comportamiento comprometedor da lugar al llamado *efecto Penélope*. En la *Odisea*, el poema épico griego, la mujer de Odiseo, Penélope, espera durante más de veinte años el regreso de su marido. Para permanecer fiel a su marido, Penélope inventa trucos para retrasar a los muchos pretendientes que la visitan –uno de los cuales es fingir que está tejiendo una mortaja y afirmar que elegirá pretendiente cuando haya terminado–. Cada noche deshace parte de la mortaja que ha tejido durante el día. De la misma manera, las nuevas respuestas que se aprenden durante las sesiones de psicoterapia a menudo se destejen en casa debido a las actitudes y los comportamientos colusorios de la familia. Por ejemplo, una madre o un cónyuge podrían comprobar la regularidad o la precisión de un comportamiento, ayudar a realizar una acción de forma correcta, estar de acuerdo en limpiar algunos objetos o habitaciones, o comprobar la llave del gas o las cerraduras una y otra vez. Los individuos con TOC piden a menudo a los miembros de la familia que les ayuden a prevenir situaciones o a evitar las cosas que les provocan ansiedad, o que les tranquilicen continuamente.

Es un hecho bien sabido que esta complicidad y esta colusión involuntaria con los comportamientos obsesivos de un paciente refuerzan el trastorno al fortalecer los miedos obsesivos y al evitar que los individuos con TOC se expongan a situaciones perturbadoras. Este tipo de comportamiento familiar cómplice puede limitar el compromiso del paciente a participar y a involucrarse en el programa terapéutico. Los miembros de la familia también pueden tener reacciones contraproducentes, como la crítica excesiva, la irritación y las respuestas hostiles al comportamiento del TOC, que pueden causar estrés y aumentar la autoculpabilización, la desconfianza y la culpa que empeora los síntomas del TOC. En definitiva, el comportamiento de las personas cercanas a un paciente puede desempeñar un papel determinante en el mantenimiento o el empeoramiento de la patología y sabotear involuntariamente el resultado del programa terapéutico. Al mismo tiempo, si reciben la formación apropiada y aprenden sobre el programa, los miembros de la familia y las parejas pueden proporcionar ayuda, aliento y apoyo durante el proceso terapéutico.

Por eso, es importante identificar desde el principio a los seres queridos de un participante, en particular los familiares y las parejas (aunque a veces también pueden ser los buenos amigos), que pueden prestar una verdadera ayuda apoyando al participante en los momentos difíciles e implementando las prácticas y los ejercicios que se enseñan en el programa. El hecho de involucrar a estas personas de manera activa en el programa terapéutico puede resultar ser un componente esencial, especialmente en el caso de los pacientes con problemas más graves; aunque pueda parecer que han comprendido y aprendido a usar ciertas técnicas durante la sesión, podrían tener dificultades para emplearlas de manera efectiva fuera del grupo. De hecho, estos pacientes muestran a menudo pocos o ningún síntoma obsesivo durante las sesiones debido al efecto tranquilizador del entorno terapéutico.

Por todas estas razones, es útil invitar a las personas que pueden ayudar al participante a asistir con él a la entrevista previa al ingreso en el grupo y a la sesión 3, en la que se incluye a familiares y parejas. En caso necesario puede haber entrevistas familiares adicionales.

4 Prepararse para dirigir la MBCT para el TOC y evaluación de los participantes

Has de saber que no es fácil que un principio se convierta
en algo propio de un hombre, a menos que cada día lo mantenga
y oiga que se mantiene, así como que lo trabaje en la vida.

—EPICTETO

Prepararse para el grupo

El entorno

Una vez que se ha planificado el curso de la MBCT para el TOC, es útil proporcionar un entorno informal en el que celebrar las reuniones de grupo. Este tipo de escenario ayuda a suavizar las tendencias a menudo rígidas, inflexibles y perfeccionistas de los participantes. Para contrarrestar aún más estas tendencias, el instructor y los participantes pueden cambiar de asiento de una sesión a otra y usar cojines y esterillas de diferentes colores. La disposición de los objetos en la habitación también puede variar con el tiempo. Estos cambios pueden ayudar a los pacientes a sentirse cómodos y a trabajar con eficacia sin ejercer un control total en sus intentos de imponer la regularidad y la previsibilidad.

Se recomienda que haya un coinstructor o ayudantes durante las sesiones a fin de proporcionar una mayor ayuda y un apoyo terapéutico a los participantes en caso de dificultad. Esta adición de asistentes cualificados también ayuda a contrarrestar las creencias de los participantes de que la mejora se debe a lo que el instructor hace o dice y no a sus propios esfuerzos. El mensaje es que la responsabilidad última del cambio recae en los participantes a través de sus propios esfuerzos y de su compromiso dentro y fuera de las sesiones.

En los casos más severos del TOC, la experiencia clínica ha demostrado que la cooperación de los participantes con los otros profesionales clínicos

(p. ej., psicoterapeuta o psiquiatra particular) durante todo el programa resulta beneficiosa. Estos profesionales pueden ayudar a aumentar la efectividad de la intervención y a reducir al mínimo el riesgo de abandono, en gran parte porque las dificultades experimentadas por los participantes en el grupo o en la práctica en casa cuentan con más tiempo para ser procesadas en un entorno individual externo que en las sesiones grupales.

En algunos casos, y en caso de que un participante lo necesite, el instructor podría ofrecer su tiempo fuera del entorno de la clase. Sin embargo, los pacientes con TOC tienden a experimentar los síntomas principalmente, si no de manera exclusiva, en situaciones en las que perciben un posible daño hacia ellos mismos o hacia los demás, como en el hogar o en el trabajo. Estas situaciones rara vez se presentan en los entornos terapéuticos, que a menudo se experimentan como entornos protectores y tranquilizadores. Por esta razón, la capacidad de los pacientes para usar técnicas, actitudes terapéuticas y principios terapéuticos durante las sesiones parece muy diferente de su capacidad para emplearlos en situaciones externas.

Tamaño del grupo

El tamaño del grupo recomendado varía entre un mínimo de cuatro (algo que se sugiere en el caso de los instructores de la MBCT para el TOC principiantes o para grupos de pacientes con síntomas severos) hasta un máximo de doce personas (solo para instructores expertos y para grupos *sin* pacientes que presenten síntomas severos).

El grupo no debe ser demasiado pequeño, porque entonces deriva con cierta facilidad hacia la «terapia», en lugar de mantenerse en el «modo de clase» deseado, como advierten Segal et al.[1] y muchos instructores de la MBSR. Por otro lado, un grupo grande puede ser todo un desafío y en ocasiones puede ser difícil de manejar cuando se trabaja con personas que tienen un TOC severo y crónico. Además, los participantes podrían sentirse más inhibidos a la hora de compartir y de hablar en grupos más grandes. Por ello, el mejor tamaño es entre seis y ocho participantes por clase. Con este tamaño, las sesiones son más interactivas y atractivas y el instructor puede estar seguro de que todos los miembros del grupo están en condiciones de participar activamente y de experimentar el mejor ambiente de aprendizaje que el instructor puede proporcionar. Como veremos en la siguiente sección principal, este programa también puede llevarse a cabo de manera efectiva en un ambiente individual cuando un individuo no puede o no quiere asistir a las sesiones de grupo.

1. Z. V. Segal, J. M. G. Williams y J. D. Teasdale, *Mindfulness-based cognitive therapy for depression*, Guilford Press, Nueva York 2013² (trad. esp.: *MBCT. Terapia cognitiva basada en el mindfulness para la depresión*, Edición revisada, Kairós, Barcelona 2017).

Material para instructores y participantes

En cada una de las sesiones que presentamos en la parte II incluimos un programa de la sesión, cuadros para uso del instructor y documentos para los participantes. Antes de cada sesión, el instructor debe revisar el programa y preparar copias de los documentos para los participantes. El instructor también debe traer una pequeña campana o gong para señalar el comienzo y el final de cada práctica.

En la habitación también debería haber cojines de meditación y esterillas. Sin embargo, también se invita a los participantes a tener los suyos propios antes del comienzo del curso, para que puedan usarlos también durante la práctica en casa. También serán necesarias unas sillas cómodas para quienes tengan dificultades para sentarse en un cojín en el suelo o para quienes prefieren sentarse en ellas.

Por qué, cuándo y cómo implementar la MBCT para el TOC en un formato individual

El programa de la MBCT para el TOC se ha desarrollado y se ha probado principalmente en un entorno grupal. Sin embargo, este programa también puede ofrecerse en un entorno individual, en particular cuando se dan las siguientes condiciones.

Cuándo tratar a los pacientes en un formato individual

- La persona tiene dificultades para cumplir con el horario del grupo (p. ej., a causa de problemas de trabajo). Las sesiones individuales pueden programarse con más flexibilidad.
- El paciente está tan inhibido por el grupo que no puede comprometerse y compartir experiencias durante las sesiones y no está dispuesto a hacer frente a este obstáculo, por ejemplo, a causa de las experiencias traumáticas o de la fobia social.
- El paciente necesita más tiempo con el terapeuta del que el grupo puede ofrecer debido a la gravedad del problema o a los muchos asuntos personales que debe confrontar, examinar y compartir con el terapeuta.
- El paciente tiene dificultades para llegar al lugar donde se celebra el curso debido a la distancia o a problemas de transporte.
- El paciente no está dispuesto o motivado a trabajar en grupo.

Cuando hay un cambio favorable en una de las condiciones anteriores, se hace posible la inclusión del paciente en el programa grupal de la MBCT para el TOC. A los que viven lejos del lugar de reunión se les podría ofrecer la posibilidad de unirse al grupo por videoconferencia[2]. La tabla 4.1 enumera las

2. Véase también Z. V. SEGAL, J. M. G. WILLIAMS Y J. D. TEASDALE, *Mindfulness-based cognitive therapy for depression*, *op. cit.*

Tabla 4.1. Factores a favor y en contra de ofrecer la MBCT para el TOC en un formato individual o grupal

Formato individual		Formato grupal	
Ventajas	**Desventajas**	**Ventajas**	**Desventajas**
Más tiempo para compartir con el paciente	Mayor coste de la intervención	Menor coste de la intervención	Tiempo limitado para dedicar a cada uno de los participantes
Análisis más profundo de los problemas personales del paciente (p. ej., formulación de problemas)	Ausencia de intercambio con otros pacientes con TOC	Intercambio con otros pacientes con TOC	El grupo no puede proporcionar un análisis más profundo de las necesidades individuales
Mayor asistencia del terapeuta para trabajar en las dificultades individuales	Ausencia del factor motivacional proporcionado por el grupo	Motivación proporcionada por el grupo	Menor nivel de asistencia del terapeuta para trabajar las dificultades
Oportunidad de seguir ampliando la utilidad y la fundamentación de las prácticas	Ausencia de ayuda y apoyo del grupo	Apoyo y ayuda proporcionados por el grupo	Menos posibilidades de ampliar la utilidad y la fundamentación de las prácticas
Menos contraindicaciones (p. ej., las sesiones individuales pueden programarse con mayor flexibilidad; el entorno es menos inhibidor)	Determinados ejercicios pueden ser difíciles de practicar en la sala (p. ej, «Meditación caminando») o son ineficaces sin el grupo (p. ej., «Ejercicio de los pensamientos y los sentimientos»)	El grupo ofrece un entorno más apropiado para practicar los ejercicios de *mindfulness*	Más contraindicaciones (p. ej., el programa no puede modificarse; el entorno del grupo puede resultar inhibidor para algunos individuos)

ventajas y las desventajas de los formatos individual y grupal para el programa de la MBCT para el TOC.

Cómo implementar el programa en un formato individual

En las sesiones individuales puede seguirse el mismo programa que en el formato grupal, al menos en su mayor parte. Sin embargo, un ejercicio –el «Ejercicio de los pensamientos y los sentimientos», de la sesión 2– precisa de un intercambio con los demás participantes, de modo que no puede ofrecerse en el formato individual. Este ejercicio puede omitirse, o describirse únicamente a efectos ilustrativos.

En el caso de una persona, normalmente se requieren dos sesiones de 50 minutos (o una sola sesión de 100 minutos) para cubrir los contenidos y las prácticas de cada sesión grupal de tres horas.

Al igual que en el grupo, es fundamental que el instructor proporcione suficiente espacio para practicar los ejercicios, tanto si se llevan a cabo en el suelo (p. ej., «Escáner corporal», «Ejercicio de carga y descarga») como si requieren movimiento (p. ej., «Paseo consciente», «Movimientos conscientes y estiramientos»). El cojín y la esterilla también resultan esenciales, en caso de que el participante no tenga los suyos propios.

La última sesión de un día completo del formato grupal puede reducirse a una sesión de cuatro horas (con un descanso tras dos horas), durante la cual se pueden llevar a cabo todas las prácticas y los ejercicios establecidos en el programa. El ejercicio del «*Mindfulness* relacional compasivo», realizado en parejas en la modalidad grupal, lo practican el participante y el instructor, en la modalidad individual.

Evaluación previa al ingreso en el grupo

Como sugirieron Jon Kabat-Zinn[3] en el programa de MBSR y Segal et al.[4] en su modelo de la MBCT, es importante evaluar la idoneidad de los pacientes para el programa grupal y motivarlos para que se comprometan y perseveren en él. Cada candidato recibe una sesión individual previa de 90 minutos antes de ingresar en el grupo. Para optimizar el tiempo dedicado a la entrevista, es útil enviar de antemano a los futuros pacientes una descripción del programa de la MBCT para el TOC (véase el «Documento introductorio» al final de este mismo capítulo). El documento proporciona una explicación del TOC, de la fundamentación y los contenidos del programa de la MBCT para el TOC, e información importante sobre cómo y por qué este programa puede mejorar el TOC.

La entrevista previa al ingreso en el grupo debe llevarla a cabo un profesional de la salud mental bien preparado, a fin de evaluar adecuadamente la presencia y la severidad del TOC, la presencia potencial de trastornos comórbidos y de rasgos de la personalidad que puedan influir en la idoneidad del paciente para entrar en el programa grupal. Aunque no hay criterios de exclusión validados en la bibliografía sobre el tema[5], los pacientes que estén extremadamente angustiados deberán ser evaluados cuidadosamente. En la tabla 4.2 se enumeran los criterios comunes de exclusión que se aplican en

3. J. Kabat-Zinn, *Full catastrophe living*, Delacorte, Nueva York 1990 (trad. esp.: *Vivir con plenitud las crisis: cómo utilizar la sabiduría del cuerpo y de la mente para enfrentarnos al estrés, el dolor y la enfermedad*, Kairós, Barcelona 2016).
4. Z. V. Segal, J. M. Williams y J. D. Teasdale, *Mindfulness-based cognitive therapy for depression: A new approach to preventing relapse*, *op. cit.*
5. P. L. Dobkin, J. A. Irving y S. Amar, «For whom may participation in a mindfulness-based stress reduction program be contraindicated?»: *Mindfulness*, 3(1) (2012), 44–50.

la práctica[6]. Si el paciente acude a terapia individual, resulta extremadamente útil obtener su consentimiento para contactar con el terapeuta que le trata a fin de recabar información sobre el problema del paciente y de evaluar su idoneidad para participar en este programa.

Evaluación estandarizada de los problemas del participante

La evaluación completa de los problemas del paciente comienza con el uso de mediciones estandarizadas válidas. Hay una serie de mediciones validadas disponibles para evaluar las características clínicas y los síntomas del TOC más importantes y la posible comorbilidad, y cada instrumento tiene un enfoque y un objeto de investigación ligeramente diferentes. A continuación presentamos algunas de las muchas mediciones válidas que se usan normalmente en la evaluación clínica. Esta lista no pretende ser exclusiva o exhaustiva, y el instructor puede optar por usar una o más mediciones en función del contexto específico.

- Escala Obsesivo-Compulsiva de Yale-Brown (Y-BOCS, por sus siglas en inglés, *Yale–Brown Obsessive Compulsive Scale*)[7]. Esta es una entrevista semiestructurada que se ha convertido en la medición de referencia de la severidad de los síntomas del TOC. Hay dos tipos de formularios Y-BOCS: la Entrevista del Inventario de Síntomas [*Symptom Checklist Interview*] (que examina los tipos de obsesiones y de compulsiones presentes y pasados) y la Escala de Severidad de los Síntomas [*Symptom Severity Scale*] (para evaluar la severidad de los síntomas). También hay una versión autoadministrable de la Y-BOCS que ha mostrado buenas propiedades psicométricas.
- Inventario de 90 Síntomas–Revisado (SCL-90-R, por sus siglas en inglés, *Symptom Checklist-90–Revised*)[8]. Esta herramienta se usa para evaluar los síntomas psiquiátricos generales y las dimensiones psicopatológicas (p. ej., depresión, síntomas psicóticos, síntomas de ansiedad).
- Entrevista Clínica Estructurada para los trastornos de Personalidad del Eje II del DSM-IV/Cuestionario de Personalidad (SCID-II/PQ, por sus siglas en inglés, *The Structured Clinical Interview for DSM-IV Axis II Personality Disorders/Personality Questionnaire*). Esta herramienta se emplea para evaluar la posible comorbilidad con los trastornos de la personalidad[9].

---

6. F. Didonna y S. Bhattacherjee, «Mindfulness-based training in residential settings: Rationale, advantages and obstacles»: *Advances in Psychiatric Treatment*, 20 (2014), 422–430; F. Didonna, «Mindfulness-based interventions in an inpatient setting», en F. Didonna (Ed.), *Clinical handbook of mindfulness*, Springer, Nueva York 2009 (trad. esp.: «Intervenciones basadas en mindfulness con pacientes hospitalizados», en *Manual clínico de mindfulness*, Desclée De Brouwer, Bilbao 2011).
7. W. K. Goodman, L. H. Price, S. A. Rasmussen, C. Mazure, P. Delgado, G. R. Heninger et al., «The Yale–Brown Obsessive Compulsive Scale (Y-BOCS): Part I. Development, use, and reliability»: *Archives of General Psychiatry*, 46 (1989), 1006–1011.
8. L. R. Derogatis, *Symptom Checklist 90–R: Administration, scoring, and procedures manual*, National Computer Systems, Minneapolis, MN 1994[3].
9. American Psychiatric Association, *DSM-IV: manual diagnóstico y estadístico de los trastornos mentales*, 1994[4]. Trad. esp.: Elsevier Masson, Barcelona 1995.

Para ahorrar tiempo durante esta sesión, también es posible administrar y calificar estas mediciones usando la versión autoadministrable antes de reunirse con el paciente, y examinar los resultados con él durante la sesión. También es importante que los futuros participantes completen el «Cuestionario sobre las Causas de la Desconfianza» (véase el formulario 4.1 al final de este mismo capítulo). Las mediciones deben recogerse y puntuarse antes de comenzar la entrevista. El «Cuestionario sobre las Causas de la Desconfianza» enumera 66 situaciones y trastornos psicológicos y sociales diferentes que la persona podría haber experimentado durante la infancia o la adolescencia y que podrían estar relacionadas de manera directa o indirecta con una sensación de desconfianza en la edad adulta; estas deben medirse en una escala de Likert de cinco puntos. Este cuestionario se desarrolló analizando los informes de varios cientos de pacientes psiquiátricos que identificaron las causas de su propia desconfianza percibidas subjetivamente. El objetivo de la sesión es ayudar a los participantes a reflexionar sobre las situaciones del cuestionario con puntuaciones más altas (4 o 5). Estas podrían estar relacionadas con las posibles causas de su propia desconfianza. Los cuestionarios se devuelven a los participantes en la sesión 3 para ayudarles a comprender y reflexionar sobre las posibles causas de su desconfianza.

Información que debe obtenerse durante la entrevista

- **¿Qué ha llevado al paciente a pedir ayuda ahora? ¿Por qué este programa?** Las respuestas a estas preguntas iniciales, sugeridas también por Segal et al.[10], ayudan al instructor a comprender la motivación de la persona para buscar este tipo de tratamiento en este momento específico. También es útil preguntar si ha existido presión por parte de otras personas para iniciar este tratamiento –por ejemplo, de un psiquiatra, de un terapeuta, de un médico o de los familiares–.

- **Evaluar los problemas del paciente.** Pedir una descripción de los síntomas actuales y de un episodio reciente de TOC.

- **Antecedentes del trastorno.** Reconstruir, junto con el paciente, el inicio del trastorno (gradual o episódico) y la forma en que se ha desarrollado y/o cambiado a lo largo del tiempo; analizar también los posibles factores desencadenantes y los factores de mantenimiento actuales.

- **Evaluar el nivel de *insight* del paciente.** ¿Es alto, bajo o está ausente con respecto a las ideas y los rituales obsesivos? Dicho con otras palabras, ¿en qué grado es consciente el paciente de la severidad del problema y de que este está poniendo en peligro su vida? Un *insight* muy bajo o ausente (ilusorio), un criterio de exclusión (como se muestra en la tabla 4.2), indica que la persona no es una buena candidata para el programa.

10. Z. V. Segal, J. M. Williams y J. D. Teasdale, *Mindfulness-based cognitive therapy for depression: A new approach to preventing relapse, op. cit.*

Tabla 4.2. Criterios de exclusión del entrenamiento grupal basado en el *mindfulness*

- Intoxicación por sustancias y otros estados de confusión aguda.
- Déficit o deterioro cognitivo severo.
- Síntomas psicóticos agudos activos o estado delirante amplio y estable.
- Agitación o retraso psicomotor severos.
- Euforia e hiperactividad en el trastorno afectivo bipolar.
- Episodio depresivo agudo con incapacidad para entablar una relación con un terapeuta o un grupo.
- Crisis disociativas severas o frecuentes.
- Escaso *insight* de la necesidad de tratamiento.
- Baja motivación.
- Actitudes excesivamente críticas, hostiles o adversas que socavarían la capacidad de colaborar en los procesos grupales.

Nota. Adaptación de F. Didonna y S. Bhattacherjee, «Mindfulness-based training in residential settings: Rationale, advantages and obstacles», *art. cit.*

- **Tratamiento psicológico y médico anterior y actual.** ¿Está el paciente actualmente en psicoterapia o tomando medicación? Si el paciente está tomando medicación, pregúntele el tipo y la dosis, a fin de comprender los posibles efectos en la capacidad del paciente para permanecer en el grupo y practicar los ejercicios. Si el paciente ha probado el tratamiento psicológico en el pasado, averigüe por qué suspendió la terapia (¿baja motivación, resistencia al tratamiento, mala adaptación al profesional de la salud mental, obstáculos económicos o familiares?) y cuál fue el resultado.

- **Evaluar la comorbilidad.** Como dijimos en el capítulo 2, dos terceras partes de los pacientes con TOC, en particular los que presentan síntomas severos, tienen algún tipo de comorbilidad. Ciertos trastornos asociados al TOC pueden poner en peligro de manera significativa la efectividad del programa. Este es el caso de la depresión severa, que debe tratarse antes de trabajar con el TOC, y de ciertos trastornos de la personalidad (p. ej., trastorno de la personalidad límite, trastorno de la personalidad antisocial), que podrían necesitar otras formas de tratamiento.

- **Compartir con el paciente los resultados de las mediciones completadas anteriormente.** Los resultados, así como las preguntas de la entrevista que examinamos anteriormente, proporcionarán una mejor comprensión de los problemas psicológicos del paciente, incluidas la severidad y la cronicidad del trastorno y cualquier comorbilidad.

- **Relaciones familiares.** Investigar si hay algún problema familiar que actúe como factor de mantenimiento del trastorno o como obstáculo para la participación del paciente o para la eficacia del programa. Además, ¿hay algún familiar o algún ser querido que pueda estar directa o indirectamente involucrado en el programa? Como dijimos anteriormente, una característica del programa es la participación de los miembros de la familia, a menudo los progenitores o las parejas. La sesión 3 está dedicada precisamente a ellos. Con los pacientes jóvenes o con aquellos que presenten un TOC extremadamente severo, puede ser útil realizar con sus familiares u otras personas cercanas (con su consentimiento) la entrevista previa al ingreso en el grupo.

También debe evaluarse la posible presencia de beneficios secundarios para el paciente como consecuencia del trastorno.

Otras tareas de evaluación

- **Explicar los objetivos, la fundamentación y la efectividad del programa de tratamiento.** El entrenamiento en *mindfulness* puede contrarrestar los síntomas del TOC ayudando a los pacientes a desarrollar la atención consciente, la aceptación, la autovalidación de los sentidos, la autocompasión y un sentido de responsabilidad y de autoconfianza realista. Las investigaciones científicas han demostrado que el *mindfulness* combinado con la TCC puede ser efectivo para los problemas obsesivos[11].
- **Mejorar la motivación y las expectativas realistas hacia el programa.** Las expectativas realistas son factores importantes para el éxito del programa; el paciente debe comprometerse a asistir a las 11 sesiones y a cumplir con la práctica en casa todos los días durante una hora. Para evitar los abandonos, se debe entender la motivación real y la capacidad del paciente para participar en el programa.

11. F. Didonna, M. Lanfredi, E. Xodo, C. Ferrari, R. Rossi y L. Pedrini, «Mindfulness-based cognitive therapy for obsessive–compulsive disorder: A pilot-study»: *Journal of Psychiatric Practice*, 25(2) (2019), 156–170; F. Didonna, R. Rossi, C. Ferrari, L. Iani, L. Pedrini, N. Rossi et al., «Relations of mindfulness facets and psychological symptoms among individuals with a diagnosis of obsessive–compulsive disorder, major depressive disorder, or borderline personality disorder»: *Psychology and Psychotherapy: Theory Research and Practice*, 92(1) (2019), 112–130; E. J. Bluett, K. J. Homan, K. L. Morrison, M. E. Levin, y M. P. Twohig, «Acceptance and commitment therapy for anxiety and OCD spectrum disorders: An empirical review»: *Journal of Anxiety Disorders*, 28(6) (2014), 612–624; L. Hale, C. Strauss, B. L. Taylor, «The effectiveness and acceptability of mindfulness-based therapy for obsessive compulsive disorder: A review of the literature»: *Mindfulness*, 4 (2013), 375–382; M. Hanstede, Y. Gidron e I. Nyklícek, «The effects of a mindfulness intervention on obsessive–compulsive symptoms in a non-clinical student population»: *Journal of Nervous and Mental Disease*, 196(10) (2008), 776–779.

La MBCT es un programa muy intensivo. Es necesario que los participantes que padecen un trastorno invalidante practiquen varios ejercicios al día para encontrar alivio a sus problemas. No se debe presumir que todos los pacientes con TOC están listos para hacer esto. Los pacientes podrían haber venido a la entrevista contra su voluntad, instados por sus psiquiatras, por sus médicos de familia, o por los miembros de su familia que están exhaustos a causa de su patología del TOC. Los participantes también pueden tener expectativas irrealistas o incongruentes; por ejemplo, tal vez deseen reducir solo algunos rituales, y no otros, o su frecuencia. Para evaluar la motivación del paciente, puede ser útil describir algunos de los procedimientos de intervención que se emplearán (p. ej., «Exposición consciente»), explicando que lo que se propone nunca es algo que el paciente no pueda hacer, y que cada procedimiento se implementará de manera gradual. Debido al importante compromiso que se requiere, la falta de motivación podría conducir fácilmente al abandono o al fracaso del tratamiento. La baja motivación que no puede remediarse es un criterio de exclusión del programa.

Es fundamental que haya una intervención motivacional preliminar, de modo que el paciente comprenda cada vez más el trastorno y desarrolle la idea de que el cambio es un objetivo factible y realista. Esto puede hacerse transmitiendo confianza en los procedimientos terapéuticos del programa –por ejemplo, a través de las pruebas de la investigación clínica–, y explicando que, independientemente de la severidad del problema, la mejoría es siempre posible.

También se puede señalar a los pacientes que el coste de vivir con un TOC no tratado y que el tiempo que dedican todos los días a las obsesiones y a las compulsiones son mucho mayores que lo que el programa requiere de ellos. El TOC compromete gravemente varias áreas de la vida del paciente: desperdicia tiempo y energía, interfiere en el éxito académico y profesional, y supone una gran amenaza para las relaciones y la felicidad. El coste psicológico y el tiempo empleado en el programa no son nada en comparación con esto. Se pide a los participantes que dediquen tres horas a la semana a las sesiones y una media de una hora al día a la práctica en casa.

- **Evaluar la disposición del paciente a compartir sus comentarios y sus sentimientos en el grupo.** El debate y la puesta en común entre participantes después de los ejercicios es una de las características más importantes de las sesiones grupales. Esto no siempre es fácil para los pacientes que tienden a evitar sus experiencias internas y que no están acostumbrados a compartir sus problemas con los demás. Si bien la falta de participación en los debates grupales no es un criterio de exclusión, al instructor y a los demás participantes les resulta difícil ayudar a las personas que no comparten lo que sienten durante las sesiones y la práctica en casa. Esto también perpetúa las dificultades que impiden que la persona encuentre alivio a través del grupo y de la práctica en casa.

Si se considera que el paciente es apto para el grupo, el instructor tratará de motivar repetidamente a los participantes, durante la entrevista y en cada sesión, para que se comprometan y se involucren en el programa. El instructor recuerda una y otra vez a los miembros del grupo que los grandes resultados y los logros en la vida no se alcanzan gracias al uso de la fuerza, sino de la perseverancia.

Una vez que se considera que el paciente es apto para el programa, puede ser útil resumir y compartir una formulación cognitiva del TOC que ponga de relieve los factores que causan, activan y mantienen el trastorno y el modo en que el *mindfulness* puede ser útil para neutralizar esos factores (véanse los capítulos 2 y 6).

Si se considera que un paciente no es apto para el programa grupal, se pueden sugerir sesiones individuales con el fin de mejorar la capacidad o la motivación del paciente para entrar en el programa de grupo y beneficiarse de él. De manera alternativa, puede ser más adecuado ofrecer el programa de 11 sesiones en un formato individual en vez del grupal. Véase el debate anterior sobre la MBCT para el TOC en un formato individual.

Si el paciente no está medicado, en ocasiones la farmacoterapia adecuada puede mejorar los síntomas que son un obstáculo para la inclusión en el programa de la MBCT. Este puede ser el caso del TOC extremadamente severo, con síntomas muy invalidantes y una comorbilidad importante. No es raro que un paciente que presenta una crisis aguda grave no asista a las sesiones o que, en caso de estar presente, no pueda concentrarse en los contenidos de la sesión y usarlos en su beneficio, o que tenga dificultades para llevar a cabo las tareas asignadas y las prácticas meditativas.

Los pacientes que han sido excluidos pueden llegar a ser aptos para la MBCT para el TOC en caso de mejorar su trastorno o con otras formas de tratamiento.

Documento introductorio. Terapia cognitiva basada en *mindfulness* para el trastorno obsesivo-compulsivo: un programa terapéutico intensivo de 11 sesiones

Por favor, lea este documento antes de la entrevista previa al ingreso en el grupo.

Las personas con trastorno obsesivo-compulsivo (TOC) tienen pensamientos, imágenes o impulsos incómodos que se repiten una y otra vez, y que reciben el nombre de *obsesiones*. Las obsesiones crean una sensación de amenaza, a menudo irrealista, que desencadena emociones perturbadoras tales como la ansiedad, el asco, la culpa y la vergüenza. Estas emociones pueden llevar a la repetición innecesaria de comportamientos, denominados *compulsiones* o *rituales*. Su objetivo es intentar evitar el daño a la persona o a los demás, y reducir la intensidad de dichas emociones perturbadoras. Estos comportamientos del TOC pueden ocasionar problemas serios en el trabajo y en las relaciones familiares, causan angustia a las personas que están cerca de quienes padecen TOC.

Alrededor del 2-3% de la población general presenta TOC. A menudo se manifiesta por primera vez durante la adolescencia y los primeros años de la edad adulta. Los pensamientos intrusivos, la rumiación y las obsesiones suelen ser las principales características del TOC, aunque no siempre. Sin embargo, la mayoría de las personas que padecen este trastorno tienen también una relación problemática con su experiencia interna: recuerdos, atención, percepciones sensoriales, emociones y sensaciones físicas. Esta relación problemática desempeña un papel importante en el mantenimiento del trastorno. Una de las características que a menudo encontramos en el TOC es una profunda **desconfianza**, particularmente hacia la propia memoria, las intenciones, las acciones y las sensaciones. Esta desconfianza alimenta las dudas obsesivas y justifica los rituales destinados a reparar o prevenir el daño. Con el tiempo, los rituales obsesivos se vuelven automáticos, y la persona deja de ser consciente de su significado y sus consecuencias reales.

El ***mindfulness*** es la capacidad de mantener la atención centrada en el presente en cada experiencia, tanto interna como externa. Implica no juzgar y no reaccionar a lo que se observa. El *mindfulness* es lo contrario de muchos síntomas obsesivos. Un problema obsesivo puede definirse como un *estado severo de falta de conciencia* (*mindlessness*), el concepto opuesto a *mindfulness*.

Este programa terapéutico combina la terapia cognitivo-conductual (TCC) con la práctica secular del *mindfulness*. Se considera que la TCC es el tratamiento más eficaz para los problemas obsesivos. Las investigaciones científicas también han demostrado que el *mindfulness* resulta eficaz en el tratamiento del TOC.

La práctica del *mindfulness* puede ayudarle a mejorar radicalmente la relación con sus pensamientos, con sus emociones y con sus sensaciones físicas.

De la misma manera que las personas pueden lograr una buena forma física a través de los ejercicios físicos regulares, usted puede lograr una buena forma mental practicando regularmente los ejercicios de *mindfulness*. El *mindfulness* se desarrolla a través de la práctica de la meditación, que entrena la atención y muchas otras habilidades y actitudes terapéuticas.

Las personas que practican el *mindfulness* aprenden a ver la realidad tal como es, sin distorsiones. El simple hecho de tomar conciencia de lo que ocurre dentro y fuera de uno mismo es el primer paso para liberarse de las preocupaciones mentales y de las emociones difíciles de manejar.

¿Cómo puede ayudarle este programa?

Puede ayudarle:

- A comprender el TOC. A aprender qué lo activa y lo alimenta. A comprender cómo las obsesiones crean angustia y cómo los intentos de reducir la angustia alimentan los síntomas, creando un círculo vicioso.
- A cambiar los hábitos mentales que le han llevado a sus problemas obsesivos.
- A aprender a permanecer anclado en el presente y a mantenerse en contacto con la realidad, tomando conciencia de lo que es real y de lo que la mente distorsiona.
- A desarrollar la capacidad de reconocer y aceptar las emociones, las sensaciones y los pensamientos incómodos sin reaccionar de la manera habitual; las obsesiones y las compulsiones solo alimentan los síntomas.
- A observar sus experiencias internas y externas sin juzgarlas.
- A desarrollar una relación saludable con sus pensamientos, de modo que se conviertan en una herramienta útil para su vida, y no en el enemigo.
- A desarrollar una confianza real, el antídoto más poderoso contra las dudas obsesivas.
- A hacer frente de manera gradual y consciente a las situaciones temidas sin ningún tipo de ritual o evitación. Puede aprender a hacer esto a través de la «Exposición consciente». Este es un procedimiento terapéutico efectivo para superar sus miedos de forma permanente.
- A desarrollar una mayor conciencia de sus acciones y sus intenciones, lo que lleva a un sentido de responsabilidad más realista y maduro.
- A cuidar de su propio sufrimiento de una manera terapéutica y a liberarse de la culpa. A aceptar sus límites como ser humano.

Comprometerse con el programa

Cambiar los comportamientos y los hábitos mentales no es fácil. Requiere tiempo, motivación y un esfuerzo continuo. Para lograr el éxito en este programa, comprométase desde el principio a asistir a todas las sesiones y a practicar regularmente en casa.

El programa consta de 11 sesiones semanales. Las sesiones 1, 2 y 4-10 tienen una duración de tres horas cada una. La sesión 3, en la que los miembros de la familia y la pareja se reúnen con los participantes, dura una hora y media. La sesión 11 dura todo un día, ocho horas y media.

La práctica en casa requerirá una hora al día, siete días a la semana.

En la tercera sesión, los participantes en el programa se reunirán con los miembros de su familia que quieran ayudarles. Los objetivos de la sesión son ayudar a los familiares a comprender mejor el TOC y sugerir maneras de apoyarles en el programa terapéutico.

Información sobre el programa

Maestro/Instructor: ______

Número de participantes (máximo 12 participantes): ______

Lugar: ______

Día y hora: ______

Materiales: Su instructor le proporcionará documentos que usted leerá y usará para la práctica en casa y transcripciones de las prácticas que le guiarán por los ejercicios.

Deberá acudir a las sesiones vestido con ropa cómoda y traer una esterilla y un cojín rígido que también podrá usar en su práctica diaria en casa.

Formulario 4.1. Cuestionario sobre las Causas de la Desconfianza

Nombre: ______________________ **Fecha:** __________

Instrucciones: Por favor, revise todas las afirmaciones que figuran a continuación (experiencias, eventos, actitudes, comportamientos, sentimientos, etc.) que se aplicaron a usted **durante su infancia y adolescencia** (de los 0 a los 18 años) y evalúe en qué medida está de acuerdo con cada una de ellas dibujando una marca de verificación en la casilla correspondiente –de 1 («totalmente en desacuerdo») a 5 («totalmente de acuerdo»)–.

	Totalmente en desacuerdo	En desacuerdo	Neutral	De acuerdo	Totalmente de acuerdo
1. Otras personas no me creyeron	1	2	3	4	5
2. No me permitieron cometer errores o tomar mis propias decisiones	1	2	3	4	5
3. Recibí poca protección de mi familia o de mis cuidadores	1	2	3	4	5
4. Cuando les hablé a los demás de mis pensamientos y de mis sentimientos, no me creyeron	1	2	3	4	5
5. Me dieron demasiada responsabilidad (como tener que cuidar de mis padres o de mis hermanos/as)	1	2	3	4	5
6. Confiaba en que otras personas tomaran mis decisiones por mí	1	2	3	4	5
7. Fui maltratado/a físicamente	1	2	3	4	5
8. Personas importantes para mí me hicieron promesas que no cumplieron	1	2	3	4	5
9. Fui maltratado/a verbalmente	1	2	3	4	5
10. Experimenté pérdidas significativas, como la muerte o el divorcio de mis padres o la pérdida de otra persona importante para mí	1	2	3	4	5
11. Alguien importante para mí me traicionó	1	2	3	4	5
12. Mis padres (u otros cuidadores) decían mentiras	1	2	3	4	5

(cont.)

	Totalmente en desacuerdo	En desacuerdo	Neutral	De acuerdo	Totalmente de acuerdo
13. Cuando era un/a niño/a, la gente esperaba mucho de mí	1	2	3	4	5
14. Yo mismo/a esperaba mucho de mí	1	2	3	4	5
15. Me trataron de forma diferente a los demás miembros de mi familia	1	2	3	4	5
16. No conté con buenos modelos a los que seguir	1	2	3	4	5
17. No me apreciaban por lo que hacía	1	2	3	4	5
18. No me aceptaron tal como era	1	2	3	4	5
19. Alguien importante para mí me abandonó	1	2	3	4	5
20. Tuve muchas experiencias de fracaso o falta de éxito	1	2	3	4	5
21. Experimenté dificultades en mis primeras relaciones íntimas	1	2	3	4	5
22. Me compararon desfavorablemente con otras personas (p. ej., hermanos/as, compañeros/as)	1	2	3	4	5
23. No me sentí apoyado/a por personas a las que consideraba importantes	1	2	3	4	5
24. Algunas personas importantes para mí me decepcionaron	1	2	3	4	5
25. Tuve experiencias traumáticas	1	2	3	4	5
26. Fui testigo de experiencias traumáticas que les sucedieron a otras personas	1	2	3	4	5
27. Fui rechazado/a o excluido/a por los demás	1	2	3	4	5
28. Me culparon por cosas que no hice	1	2	3	4	5
29. Me humillaron o se burlaron de mí	1	2	3	4	5
30. Mis compañeros/as me acosaron	1	2	3	4	5
31. Me sentí abandonado/a por alguien importante para mí	1	2	3	4	5
32. Me criticaban con frecuencia	1	2	3	4	5

(cont.)

	Totalmente en desacuerdo	En desacuerdo	Neutral	De acuerdo	Totalmente de acuerdo
33. Me sentí incomprendido/a	1	2	3	4	5
34. Me sentí culpable de causar un daño grave a los demás	1	2	3	4	5
35. No me sentí querido/a	1	2	3	4	5
36. Me castigaron de maneras injustas o injustificadas	1	2	3	4	5
37. Fui maltratado/a emocionalmente (insultos o amenazas incluidos)	1	2	3	4	5
38. No me sentí escuchado/a	1	2	3	4	5
39. Recibí mensajes negativos o críticos de personas importantes para mí	1	2	3	4	5
40. Me sentí ignorado/a	1	2	3	4	5
41. En mi casa no había un trato físico cariñoso	1	2	3	4	5
42. Tuve defectos o discapacidades físicas	1	2	3	4	5
43. Mis padres eran personas inseguras, ansiosas o estaban preocupadas	1	2	3	4	5
44. Me dejaban solo/a durante largos períodos de tiempo antes de los 12 años	1	2	3	4	5
45. Recibí mensajes incoherentes de personas importantes para mí	1	2	3	4	5
46. Experimenté la separación o continuas amenazas de separación por parte de mis padres	1	2	3	4	5
47. La gente no me creía cuando les decía la verdad	1	2	3	4	5
48. Mis padres (u otros cuidadores) me dijeron que mis pensamientos, mis sentimientos o mis sensaciones eran erróneas, malas o inapropiadas	1	2	3	4	5
49. Fui culpable de causar un daño grave a los demás	1	2	3	4	5
50. No me sentí querido por personas importantes para mí	1	2	3	4	5

(cont.)

	Totalmente en desacuerdo	En desacuerdo	Neutral	De acuerdo	Totalmente de acuerdo
51. Mis padres eran demasiado protectores	1	2	3	4	5
52. Me sentí engañado por personas importantes para mí	1	2	3	4	5
53. En mi familia siempre me trataban como si fuera más pequeño/a de lo que en realidad era	1	2	3	4	5
54. Sentí que no me respetaban	1	2	3	4	5
55. No me pusieron reglas y límites claros	1	2	3	4	5
56. No me animaron a desarrollar mis talentos	1	2	3	4	5
57. Mi entorno familiar carecía de expresiones verbales de afecto	1	2	3	4	5
58. Cuando expresaba mis preferencias o mis opiniones, no se tenían en cuenta	1	2	3	4	5
59. Fui testigo de muchas peleas y de mucha violencia familiar	1	2	3	4	5
60. Fui separado/a de mis padres durante largos períodos de tiempo antes de los 12 años	1	2	3	4	5
61. Me familia me culpaba constantemente	1	2	3	4	5
62. Las personas importantes para mí no confiaban en mí	1	2	3	4	5
63. En mi familia había muchos secretos o cosas importantes que no se decían	1	2	3	4	5
64. Mis compañeros/as me marginaban	1	2	3	4	5
65. Sufrí enfermedades de larga duración en la infancia o la adolescencia	1	2	3	4	5
66. Uno de mis padres, o los dos, sufrieron enfermedades graves y duraderas durante mi infancia o mi adolescencia	1	2	3	4	5

II El programa de la MBCT para el TOC

5 Sesión 1
Comprender qué es el *mindfulness*

El verdadero viaje del descubrimiento no consiste en buscar nuevos paisajes, sino en tener nuevos ojos.

—MARCEL PROUST

Sobre esta sesión

En la sesión 1 de la MBCT para el TOC, el grupo se reúne por primera vez. El objetivo principal de esta sesión es ayudar a los participantes a comprender qué es el *mindfulness* y comenzar a probar sus efectos no solo en el TOC, sino también en su relación con la experiencia interna y externa (véase Sesión 1–Documento 1). El instructor necesita crear un entorno acogedor y motivador que facilite el intercambio de comentarios, dudas, dificultades, emociones y otras sensaciones en el grupo. Resulta útil invitar a los participantes a llegar antes de la hora de inicio programada para que se familiaricen con el entorno y con las personas con las que compartirán este curso de 10 semanas.

Introducción al curso

El instructor comienza introduciendo el programa como un viaje que los participantes están emprendiendo para comprender los problemas que los afligen, así como para descubrir cómo funcionan el cuerpo y la mente y nuevas maneras de superar sus problemas desafiantes. Esta comprensión es un primer paso hacia el desarrollo de un bienestar estable y duradero. Aunque en este programa el instructor será el guía en este viaje, conviene poner de manifiesto desde el principio que los participantes son los principales responsables de su mejoría –que solo se producirá con la participación activa en las sesiones y un profundo compromiso con la práctica diaria del *mindfulness*–.

Cuadro 5.1.

Programa de la sesión 1
Tema: Permanecer en el momento presente como primer paso hacia la libertad

Breve resumen

El formato de esta sesión sigue el esquema de la sesión 1 de la MBCT para la depresión[1] y de la MBSR[2]. La atención se centra en comprender lo que es el *mindfulness*, en comenzar a entender cómo puede ser un antídoto para el TOC, y en comprender la relación que existe entre los mecanismos obsesivos (rituales, comportamientos de búsqueda de seguridad) y el funcionamiento del piloto automático,

A través de los ejercicios de la sesión, los participantes comienzan a reconocer la tendencia de sus mentes a deambular, dado que todas las mentes deambulan. El *mindfulness* puede practicarse tomando conciencia repetidamente de los momentos en que la mente deambula y regresando al aquí y ahora.

Esquema de la sesión

- ❑ Introducción al curso.
- ❑ Orientar a los participantes en la sesión y establecer las normas básicas.
- ❑ Emparejar a los participantes para la introducción.
- ❑ «Ejercicio de la uva pasa».
- ❑ Debate sobre el «Ejercicio de la uva pasa».
- ❑ El *mindfulness* y el piloto automático.
- ❑ Descanso.
- ❑ Ejercicio del «Escáner corporal».
- ❑ Debate sobre el ejercicio del «Escáner corporal».
- ❑ Lectura y debate de las citas de la sesión 1.
- ❑ «Conciencia de la respiración».
- ❑ Distribución de documentos a los participantes y asignación de tareas para hacer en casa a lo largo de la siguiente semana:
  - ❑ «Escáner corporal»: 6 días de 7.
  - ❑ «Conciencia de la respiración»: 6 días de 7.
  - ❑ Hacer una cosa al día de modo consciente.
  - ❑ Leer los documentos de la sesión 1.
- ❑ Terminar con un «Círculo consciente» centrado en la respiración.

(cont.)

1. Z. V. Segal, J. M. Williams y J. D. Teasdale, *Mindfulness-based cognitive therapy for depression: A new approach to preventing relapse*, Guilford Press, Nueva York 2013[2] (trad. esp.: *MBCT. Terapia cognitiva basada en el mindfulness para la depresión*, Edición revisada, Kairós, Barcelona 2017).
2. J. Kabat-Zinn, *Full catastrophe living*, Delacorte, Nueva York 1990 (trad. esp.: *Vivir con plenitud las crisis: cómo utilizar la sabiduría del cuerpo y de la mente para enfrentarnos al estrés, el dolor y la enfermedad*, Kairós, Barcelona 2016).

Materiales y recursos

- Un bol, uvas pasas y una cuchara.
- Transcripción de la «Introducción del programa», del «Escáner corporal» y del ejercicio de la «Conciencia de la respiración».

Documentos para los participantes

Sesión 1–Documento 1. Resumen de la sesión 1: Permanecer presente en el momento presente como un primer paso hacia la libertad.

Sesión 1–Documento 2. Normas básicas del grupo de la MBCT para el TOC.

Sesión 1–Documento 3. Una definición del *mindfulness*.

Sesión 1–Documento 4. Citas de la sesión 1.

Sesión 1–Documento 5. Práctica en casa para la semana siguiente a la sesión 1.

Sesión 1–Documento 6. Formulario de registro de la práctica en casa para la sesión 1.

Orientar a los participantes en la sesión y establecer las normas básicas

El instructor hace hincapié en que el objetivo de este programa es ayudar a los miembros del grupo a aumentar su autoconciencia para poder elegir cómo responder a los eventos en lugar de reaccionar automáticamente a ellos (p. ej., rituales). Los participantes pueden alcanzar este nivel de elección tomando una mayor conciencia de cómo y en qué se centra su atención momento a momento, y devolviendo intencionalmente la atención al aquí y ahora.

El objetivo principal de la sesión 1 es ayudar a los participantes a comprender qué es el *mindfulness*. El instructor explica que nos encontramos en un estado consciente cuando somos capaces de reconocer la tendencia de nuestras mentes a deambular y a funcionar con el piloto automático, y a continuación llevamos nuestras mentes repetidamente de vuelta al momento presente.

Los ejercicios que realizan durante esta sesión ayudarán a los participantes a tomar conciencia de cómo se relacionan con las señales de sus cuerpos y sus mentes y a aprender nuevas formas de volver al momento presente de manera segura. A través de estos ejercicios, los participantes comenzarán a ver cómo el *mindfulness* puede servir como un «antídoto» para sus obsesiones y sus rituales. También empezarán a entender la relación entre los mecanismos obsesivos (rituales, obsesiones, evitación) y la falta de conciencia (*mindlessness*) del piloto automático.

Emparejar a los participantes para las presentaciones

El instructor invita a los participantes a ponerse por parejas y a presentarse el uno al otro diciendo sus nombres de pila, explicando lo que les ha traído aquí y describiendo lo que esperan conseguir del curso. A continuación regresan al grupo y comparten las respuestas a las preguntas: «¿Por qué estoy aquí?» y: «¿Qué espero o deseo lograr del curso?». Esta última pregunta se reexaminará en la última sesión del programa para ayudar a que los participantes comprendan lo que consideran que han obtenido a partir del curso.

Ejercicio de la uva pasa

El «Ejercicio de la uva pasa», desarrollado por Jon Kabat-Zinn[3], es una excelente manera de introducir el *mindfulness* al principio del programa. No es una práctica formal, no requiere mucho tiempo, y permite que los participantes experimenten lo difícil que resulta centrar la atención en un objeto debido a lo mucho que deambula la mente. Cuando nuestras mentes vagan hacia el pasado o hacia el futuro, es como si nos deslizáramos hacia el piloto automático.

El «Ejercicio de la uva pasa» ofrece la oportunidad de examinar la relación entre el piloto automático y los mecanismos del TOC. Los participantes pueden empezar a comprender, sin que esto se exprese claramente, que los hábitos obsesivos de sus mentes son una especie de piloto automático intensivo. Prestar atención a los sentidos puede ser una forma efectiva de estar en el aquí y ahora o de regresar a él, a la realidad tal como es.

Este ejercicio, que constituye la primera práctica de *mindfulness* del programa, ayuda a los participantes que se muestran escépticos sobre la utilidad y la efectividad de la meditación a la hora de tratar su TOC a entender que la meditación es, básicamente, una manera saludable de regular su atención, con curiosidad y amabilidad. Durante esta meditación con comida, al igual que con todas las demás prácticas de este programa, es importante que el instructor guíe a los participantes encarnando y transmitiendo una sensación de gentileza y amabilidad cálidas, y también una curiosidad genuina hacia cualquier aspecto de la experiencia interna y externa del participante, momento a momento. Véase el cuadro 5.2 para consultar paso a paso el proceso de la realización del «Ejercicio de la uva pasa».

Debate sobre el «Ejercicio de la uva pasa»

Después del ejercicio, el instructor dirige un debate sobre las emociones, los pensamientos, las sensaciones, los impulsos, etc. de los participantes en respuesta al ejercicio, con una postura no crítica y centrada en el presente, acogiendo con flexibilidad lo que los participantes describan. El instructor puede hacer preguntas abiertas o dar información útil, mostrando un verdadero interés en lo que se está compartiendo.

3. *Ibíd.*

Cuadro 5.2.

Ejercicio de la uva pasa

El instructor camina por la sala con un bol lleno de uvas pasas y ofrece una a cada participante, valiéndose de una cuchara para colocarlas en las manos de cada uno de ellos. Durante todo el ejercicio el instructor debe referirse a la uva pasa como «el objeto», para evitar crear expectativas sobre la experiencia o condicionar el modo en que los participantes perciben la uva pasa. El instructor puede decir lo siguiente:

Ahora voy a caminar por la habitación y voy a poner un objeto en la palma de sus manos. Por favor, hagan todo lo posible por mantener una actitud curiosa, gentil e ingenua mientras observan y sienten el objeto. Imaginen, por ejemplo, que acaban de llegar de otro planeta y nunca antes han visto un objeto como este.

Sostener

En primer lugar, cojan este objeto y sosténgalo en la palma de su mano o entre el dedo índice y el pulgar.

Ver

Ahora, tómense su tiempo para observarlo realmente; miren el objeto con cuidado y con atención plena.

Dejen que sus ojos exploren cada parte de él, examinando dónde brilla la luz, los huecos más oscuros, los pliegues y las crestas, así como cualquier asimetría o característica única.

Tocar

En un momento dado, hagan girar el objeto entre sus dedos, explorando su textura, tal vez con los ojos cerrados si eso mejora su sentido del tacto. Sientan la consistencia, la suavidad, la aspereza, la rugosidad, la blandura o la dureza.

Pensar

Adviertan cualquier pensamiento que puedan tener sobre este objeto –tal vez juicios sobre si les gusta o les disgusta– o sobre lo que están haciendo en este momento.

Oler

A continuación, coloquen lentamente el objeto debajo de la nariz, eligiendo primero una fosa nasal, y con cada inhalación adviertan cualquier olor, aroma o fragancia que puedan percibir, observando mientras tanto cualquier cosa interesante que pueda estar sucediendo en su boca o en su estómago. Asimismo, pueden cerrar los ojos si eso mejora su sentido del olfato. Coloquen luego el objeto debajo de la otra fosa nasal y vean si el olor es diferente –más o menos intenso– que en la otra.

(cont.)

Escuchar

Cuando estén listos, pueden acercar suavemente el objeto a una oreja y luego comenzar a frotar su superficie con la punta de los dedos. Presten mucha atención a los sonidos que provienen de este objeto.

Colocar

Lleven ahora lentamente el objeto a los labios, advirtiendo cómo la mano y el brazo saben exactamente cómo y dónde posicionarlo. Coloquen suavemente el objeto en la boca, sin masticarlo, notando cómo entra en ella en primer lugar. Dediquen un momento a explorar las sensaciones que se producen al tenerlo en la boca, al explorarlo con la lengua.

Probar

Cuando estén listos para continuar, prepárense para masticar el objeto, notando dónde debe estar en la boca para poder masticarlo. Luego, y de una manera muy consciente, denle uno o dos mordiscos y adviertan lo que sucede a continuación, experimentando las oleadas de sabor que emanan de este objeto mientras continúan masticando. Todavía sin tragarlo, adviertan las sensaciones de sabor y textura en la boca y en cómo estas pueden cambiar con el tiempo, momento a momento, y noten también cualquier cambio en el objeto mismo.

Tragar

Cuando estén listos para tragar el objeto, intenten detectar primero la intención de tragarlo cuando esta aparezca, de modo que incluso esto se experimente conscientemente antes de tragar realmente el objeto.

Seguir

Por último, traten de sentir lo que queda del objeto bajando al estómago, y observen cómo se siente todo su cuerpo después de completar este ejercicio de alimentación consciente.

De J. M. G. Williams, J. Teasdale, Z. Segal y J. Kabat-Zinn, *The mindful way through depression: Freeing yourself from chronic unhappiness*, Guilford Press, Nueva York 2007 (trad. esp.: *Vencer la depresión: descubre el poder de las prácticas del mindfulness*, Ediciones Paidós Ibérica, Barcelona 2009). Copyright © 2007 The Guilford Press. Adaptado con permiso.

Los participantes suelen compartir experiencias muy diferentes, aunque también similares. Estas experiencias ayudan a que el grupo comprenda algunas características básicas de la mente y algunas tendencias específicas de la mente con TOC.

He aquí algunos comentarios y preguntas de los participantes en un grupo de la MBCT para el TOC.

INSTRUCTOR: Ahora me gustaría invitaros a compartir vuestras impresiones sobre esta experiencia. ¿Alguien quiere comentar la experiencia que ha tenido?

GEORGE: Hemos analizado lenta y minuciosamente un pequeño evento cotidiano.

ALICE: Me concentré en comprender lo que había en mi mano y qué podía hacer con el objeto. Llegué a un cierto punto en el que no podía tragarlo, dado que el pensamiento de tragar me bloqueaba debido a mis muchas fobias relacionadas con la comida... el miedo a no ser capaz de manejar este objeto si me lo tragaba.

INSTRUCTOR: Entonces, ¿tuvisteis alguna dificultad para confiar?

ALICE: Sí, cuando ya no podía controlar lo que estaba haciendo.

EDWARD: Yo lo probé, y sabía bien. Al continuar mirando la uva pasa vi la cabeza de un lobo –estaba empeñado en ver algo en ella–. Noté que la uva pasa tenía áreas más claras y áreas más oscuras, pero quería ver imágenes en ella. Entonces sentí que se podía comer, y eso es todo.

INSTRUCTOR: ¿Por qué sentiste una necesidad tan fuerte de ver algo?

EDWARD: Porque cuando la aplasté, parecía como si hubiera algo dentro.

ISABEL: Concentrarme en esta uva pasa alejó mi atención de los otros pensamientos que tenía.

INSTRUCTOR: ¿Conseguiste mantener tu atención en el objeto todo el tiempo?

ISABEL: No... por supuesto que no, a menudo deambulaba.

INSTRUCTOR: ¿Qué sucedía cuando tu mente deambulaba?

ISABEL: Llevaba mi atención de vuelta al objeto. Trataba de seguir las instrucciones.

INSTRUCTOR: ¿Y te diste cuenta de que tu mente deambulaba cuando sucedió esto?

ISABEL: Sí, pero no todas las veces.

JULIA: Cuando comí la uva pasa después de seguir estos pasos, creo que la probé de una manera diferente a como lo habría hecho normalmente. El sabor era más intenso.

INSTRUCTOR: Interesante. Así que en el momento en que te diste permiso para permanecer con el objeto, lo experimentaste de manera más intensa.

NICOLE: Mis pensamientos siempre volvían a lo mío, y me di cuenta de lo poco que saboreo las cosas. Intenté volver al objeto, pero después de un tiempo seguí perdiéndome de nuevo.

ANDREW: Al principio, cuando tenía la uva pasa en mi mano, estaba perdido en mis obsesiones, pensando en la suciedad, pero luego, mientras la masticaba, presté atención a la acción de masticar y a la sensación que se producía en mi boca. Cuando el objeto estaba en el exterior, me resultaba más difícil mantenerme concentrado. Me decía a mí mismo que mi mano no estaba sucia, pero el pensamiento de que sí lo estaba seguía tratando de distraerme.

GEORGE: Tenía mucha curiosidad, porque al principio no podía entender lo que era; no había juicio porque no tenía con qué compararlo. Al mismo tiempo, todavía había un elemento de perturbación, pensamientos inútiles o algo así, tratando de distraerme y preocuparme –por ejemplo, «Me siento incómodo sentado así»– y veía este pensamiento como un obstáculo para lo que tenía que hacer.

Durante el debate, la mayoría de los participantes señalaron que el «Ejercicio de la uva pasa» fue una experiencia enriquecedora. También advirtieron su tendencia a pasar al piloto automático y a volver a caer en el pensamiento obsesivo.

DOMINIC: Bueno, lo que me pasó fue algo que nunca antes había notado: cuando me llevé la uva pasa a los labios, noté que mi salivación aumentó, y me sorprendió. Nunca había notado esto antes de comer, probablemente porque siempre he comido de manera inconsciente, sin prestar atención a lo que estaba haciendo. Esto es lo principal que noté.

LEWIS: Puede que no tenga nada que ver con esto, pero cuando la uva pasa entró en contacto con mi boca pensé en mi hija de cuatro meses en casa. Esta mañana estábamos juntos y empezamos a darle fruta, así que pensé en ella. Otra cosa que noté es que no solemos usar todos nuestros sentidos al comer; esto fue diferente.

INSTRUCTOR: De modo que la mente crea espontáneamente asociaciones con el pasado, el futuro u otras áreas. Este es otro punto importante.

LISA: A mí me resultó un poco más difícil, porque ya había hecho este ejercicio y conocía su finalidad, y tuve problemas, por ejemplo, con el aspecto visual. Lo que me vino a la mente fue decir: «Esto es una uva pasa», y me quedé sin ver los detalles. Así que me esforcé por ver las luces y las sombras en el objeto, que este brilla... Lo que quiero decir es que no es fácil centrarse en lo que realmente es el objeto en comparación con lo que nuestra mente ya sabe (lo que es una uva pasa). Así que en esta ocasión traté de verlo tal como es, aunque me di cuenta de que mi mente me decía que era una uva pasa. Incluso cuando me la tragué traté de sentir cómo bajaba por mi garganta y su dulzura. También me percaté de mi salivación y de su sabor –verdaderamente lo sentí–. Pero lo interesante es que estamos acostumbrados a definir las cosas con un nombre, con una etiqueta, porque es lo que nos han enseñado, en lugar de advertir el brillo, la dulzura, los colores y las características y dar valor a estos aspectos en vez de al recuerdo que tenemos del objeto de nuestra atención.

INSTRUCTOR: Lo que estás diciendo es muy importante. ¿En qué medida estamos realmente en contacto con una experiencia en el momento presente, y en qué medida estamos involucrados con nuestras mentes? Nuestras mentes nos llevan a lugares que nada tienen que ver con la experiencia real en el momento presente. Esa es la diferencia entre estar en contacto con lo que está sucediendo en el momento presente y centrarse en lo que nuestras mentes nos dicen de lo que está pasando.

FREDERICK: Percibí la belleza de tener la uva pasa en mi mano. Fue una distracción, pero creo que fue positiva porque pensé en lo agradable que es recibir algo y en todas las reflexiones acerca de recibir un regalo, etc. Sin embargo, todavía puede considerarse como una distracción. Así que tuve que volver a dirigir mi mirada a la uva pasa; tal vez la mente no siempre nos lleva a algo negativo.

INSTRUCTOR: Con mucha frecuencia transformamos la mente, una herramienta útil y poderosa, en un problema, en un enemigo. Pero la mente no es, definitivamente, un enemigo; es una herramienta a nuestro servicio. El problema radica en cómo usamos nuestras mentes. La mente es como un caballo salvaje que tenemos que domar, algo que no podemos lograr fustigándolo. Tenemos que tratarlo con una gran amabilidad y respeto. En ocasiones resulta útil darle instrucciones firmes y resueltas, pero por encima de todo debemos hacer que se sienta tranquilo y a gusto. Eso es lo que queremos hacer con nuestras mentes a través de la práctica del *mindfulness*.

Recordad: Si mantenéis una actitud agresiva o punitiva hacia vuestros pensamientos, emociones y sensaciones físicas, estos aumentarán. Si sois gentiles y amables con ellos, desaparecerán por sí solos, a menudo rápidamente.

¿En qué se diferenciaba comer la uva pasa de vuestra forma habitual de comer?

GEORGE: Cuando como, casi nunca soy consciente de lo que estoy comiendo. Mi mente está en otra parte… Puedo hablar con quien esté sentado en la mesa conmigo, pero lo más frecuente es que mi mente vuelva a mis preocupaciones y a mis miedos.

LAURA: Cuando un animal entra en contacto con un objeto que no conoce, lo que hace es instintivo: camina a su alrededor, lo huele, lo toca, trata de probarlo. ¿Por qué digo esto? Según mi experiencia, a menudo me enfrento a la decisión de explorar algo de manera instintiva o de explorarlo sobre la base de las experiencias, las precauciones, las memorias, los miedos, etc. En ocasiones, esta elección complica la situación porque algo que es instintivo y fácil se vuelve complejo a causa de la planificación. Aunque en ciertas ocasiones mi planificación obsesiva puede ser una carga –y a veces ha sido una carga para mí–, en otras me ha sido de gran ayuda. Es difícil saber si tenemos que escuchar ciertos pensamientos o no, y esto me asusta aún más que mi problema. Lo que quiero decir es que cuando tengo que decidir si comer o no algo que no conozco, normalmente prefiero no hacerlo, en lugar de seguir mi instinto y simplemente comérmelo, porque creo que puede ser venenoso. En este caso, no lo es. Solo es una uva pasa, pero este es el momento en el que le doy un significado. Y otra cosa: tienes que tratar de permanecer en tu mente y no ir a otro lugar, pero cuando pierdes de vista algo, terminas no entendiendo qué más tienes que hacer o qué es importante. Así que creo que tengo que trabajar en ello. Soy consciente de que no es fácil, pero quería decirlo ahora porque podría ser útil.

INSTRUCTOR: Gracias, Laura. Lo que has dicho es muy importante. ¿Puedo preguntarte qué sentiste en el momento en que os dije que pusierais la uva pasa en la boca?

LAURA: Sentí como si no fuera lo correcto, pero también lo hice siendo plenamente consciente, tomando conciencia de un pensamiento que suelo tener.

INSTRUCTOR: Permitidme decir que no hay nada obligatorio en estos ejercicios, pero es importante que tratéis siempre de tomar conciencia de la decisión de hacer o no hacer algo. Nunca habrá nada malo en lo que hacemos, pensamos o sentimos aquí en el grupo, o incluso en los ejercicios que practicaréis en casa. Lo importante es que dirijamos nuestra atención hacia lo que estamos haciendo, hacia la intención que nos está guiando y hacia las emociones y las sensaciones físicas que se ven desencadenadas dentro de nosotros en ese momento.

¿De qué manera creéis que este ejercicio puede ser útil para vuestro problema?

ROBERT: Ya que tragar es parte de mi problema –en el sentido de que necesito notar cada partícula de comida que baja y si baja de la manera que quiero–, puedo ver las cosas de una manera diferente con este ejercicio. Puedo percibir la ruta real de la partícula, y no mi idea de ella.

LAURA: Creo que a menudo no vemos las cosas tal como son, sino como nuestros pensamientos, nuestros recuerdos, nuestras asociaciones o nuestras emociones nos hacen ver. Puede haber momentos en que esté tensa o ansiosa y tienda a notar ciertas cosas cuando estoy comiendo –por ejemplo, cómo se ha cocinado o si me recuerda a algo del pasado–. A veces, cuando no estoy bien, recuerdo lo que he comido otras veces en las que tampoco estaba bien. Y lo mismo cuando estoy bien; recuerdo otra comida que tomé cuando estaba bien. En ocasiones no quiero tomar cierta comida porque aunque el sabor no me moleste, puede haber otras cosas que sí, como su color, su textura, su apariencia, o quizás porque me recuerda algo negativo del pasado. No creo que normalmente hagamos las cosas o las experimentemos independientemente de los pensamientos, los recuerdos o las asociaciones; depende de la situación y de cómo percibimos las cosas en ese momento. Este ejercicio podría ayudarnos a intentar cambiar el modo en que vemos la realidad. En este caso lo hicimos sobre la alimentación, pero creo que también podemos aplicar el principio a nuestros problemas de la misma manera.

En esta parte del debate está claro que Laura está dominando el diálogo de grupo. Aunque está compartiendo pensamientos que son relevantes para el debate, en este punto el instructor necesita interrumpirla de una manera amable pero firme, especialmente porque ella puede estar compartiendo con buenas intenciones, aunque sin ser consciente de que está adoptando una actitud dominante. Si el instructor no interviene, otros participantes podrían sentirse menos motivados a compartir, o incluso sentir que no pueden hacerlo porque no son capaces, por sí mismos, de hacer espacio para que su voz sea escuchada. Si permitimos que un participante domine la conversación también corremos el riesgo de no poder mantenernos dentro de los límites de tiempo de la sesión. Para mantener el equilibrio en el grupo, el instructor debe pronunciarse lo antes posible, expresando el valor de las contribuciones del participante (en este caso, de Laura) y haciendo un breve resumen que también incluya lo que han dicho los demás participantes, destacando que todas las contribuciones han sido útiles para comprender mejor los aspectos importantes que se pretendía que surgieran en el debate.

> Muchas gracias de nuevo, Laura. Todo lo que habéis dicho es importante. Estáis diciendo que nuestras mentes crean asociaciones continuamente y dan sentido a lo que experimentamos. A través de un ejercicio como el que acabamos de practicar podemos ser conscientes de lo que realmente está sucediendo y no de lo que nuestras mentes nos dicen que está sucediendo.
>
> En general, de vuestros comentarios se desprende la idea compartida de que nuestras mentes están constantemente guiadas por una especie de piloto automático, esto es, por mecanismos mentales involuntarios que influyen en la forma en que vemos las cosas, en lo que sentimos y en lo que hacemos. Es como si nuestros cuerpos estuvieran aquí y nuestras mentes estuvieran en otra parte. Todos nosotros pasamos la mayor parte de nuestro tiempo perdidos en los recuerdos del pasado o en las preocupaciones y los planes para el futuro, lo que no es tan diferente de lo que sucede al tener pensamientos obsesivos o intrusivos. Tomar conciencia de este piloto automático es el primer paso para aprender a distanciarnos de él y liberarnos del poder que tiene sobre uno. Este es uno de los puntos más importantes que aprenderéis en este programa.

El *mindfulness* y el piloto automático

El «Ejercicio de la uva pasa» y el debate sobre el mismo ayudan a los participantes a tomar conciencia de cómo la mente tiende a ser guiada por una especie de piloto automático, que nos lleva a desviar continuamente nuestra atención del momento presente y de aquello en lo que tratamos de centrarnos en ese momento. Este piloto automático es más fuerte en las personas con TOC y determina constantemente cómo experimentan la realidad.

Otro punto importante examinado con los participantes es cómo el «Ejercicio de la uva pasa», y la práctica del *mindfulness* en general, ayudan a las personas a pasar de un «modo hacer» a un «modo ser». Normalmente pasamos la mayor parte del tiempo en el modo hacer, en el que nos centramos en los logros y los resultados y en reducir las discrepancias entre los estados reales y los deseados. Este es un modo orientado a los objetivos en el que constantemente pensamos, analizamos, recordamos, planificamos y comparamos, sin ser plenamente conscientes de lo que sucede a nuestro alrededor. El modo ser se caracteriza por una experiencia directa, inmediata e íntima del presente no orientado a objetivos, y en la que se acepta y se permite lo que hay (véase Sesión 1–Documento 3)[4]. El modo ser no se refiere al objetivo último o al resultado. Se centra en el proceso, no en el resultado.

4. Z. V. Segal, J. M. Williams y J. D. Teasdale, *Mindfulness-based cognitive therapy for depression: A new approach to preventing relapse*, *op. cit.*

En este punto es útil introducir una definición de *mindfulness* que resuma la mayoría de los comentarios compartidos por los participantes a fin de ayudarles a comprender mejor lo que experimentaron durante el ejercicio y cómo esta experiencia está relacionada con el *mindfulness*.

> El *mindfulness* es la conciencia que aflora al prestar atención
> de manera deliberada, en el momento presente,
> y sin juicios, a las cosas tal como son[5].

El instructor presenta esta definición del *mindfulness* al grupo. A continuación dirige un debate sobre cómo esta actitud de centrar la atención en el momento presente, de manera deliberada y sin juzgar la experiencia interna y externa, es diferente de la manera típica en que las personas con TOC prestan atención:

INSTRUCTOR: ¿Cómo soléis prestar atención a lo que experimentáis? ¿Es diferente de la descripción de esta definición?

JANE: Indudablemente. Me doy cuenta de que, en realidad, nunca estoy presente en el momento presente; mi mente juzga lo que pienso, lo que siento, lo que percibo una y otra vez... y, verdaderamente, esto tiene serias consecuencias en mi vida.

Las personas con TOC suelen tener **dificultades para prestar atención de manera intencional** a las experiencias o a los estímulos no relacionados con su problema que podrían falsar sus miedos u obsesiones. También tienen **dificultades para mantenerse centradas en el presente** y, muy a menudo, si no siempre, se preocupan por las consecuencias futuras o pasadas de su comportamiento. Además, como veremos de forma más clara en la sesión 2, **los individuos con obsesiones juzgan una y otra vez su experiencia interna** (pensamientos, sentimientos, sensaciones físicas), y este juicio acarrea consecuencias cognitivas, emocionales y conductuales que perpetúan el trastorno.

Descanso

Los participantes hacen una breve pausa de 10 minutos en este punto de la sesión. Los miembros del grupo pueden mezclarse y establecer lazos sociales ahora. Si fuera posible, el instructor puede ofrecerles bebidas para el descanso.

Ejercicio del escáner corporal: explorar el cuerpo, entender la mente

Al igual que en los programas de MBSR y de la MBCT, el «Escáner corporal» es un ejercicio importante que se practica durante la primera sesión de este programa. A través de esta práctica los participantes aprenden a escuchar lo que el cuerpo está comunicando en realidad, sin las distorsiones de la

---

5. J. M. G. WILLIAMS, J. TEASDALE, Z. SEGAL Y J. KABAT-ZINN, *The mindful way through depression: Freeing yourself from chronic unhappiness*, *op. cit.*, 47.

mente. El cuerpo puede ser un ancla poderosa que lleva la atención de vuelta al aquí y ahora cada vez que la mente deambula. Esto resulta particularmente relevante en el caso de las personas afectadas por el TOC.

Esta práctica debe mantenerse durante 25-30 minutos. El hecho de observar sus cuerpos puede ser todo un desafío para las personas con TOC, que podrían permanecer inmóviles durante más tiempo en las sesiones o en casa. Los participantes pueden ser introducidos en el «Escáner corporal» de este modo:

> El ejercicio de meditación del «Escáner corporal» es una especie de viaje, un viaje que emprenderéis a fin de descubrir las sensaciones que experimentáis en vuestros cuerpos. Os pediré que advirtáis las sensaciones presentes en cada parte de vuestro cuerpo. Hacedlo con cuidado.
>
> Es importante que intentéis no quedaros dormidos. Por mucho que os relajéis, tratad de permanecer despiertos mientras dure el ejercicio. Para hacerlo, puede ser útil mantener los ojos abiertos durante el mismo, o al menos en los momentos en que sintáis que estáis a punto de quedaros dormidos. Si sois incapaces de permanecer despiertos, podéis cambiar de posición o incluso sentaros.
>
> No os preocupéis por tener que lograr algún resultado específico. No tenéis que relajaros o sentiros más tranquilos, aunque esto puede suceder de manera espontánea. El objetivo del ejercicio es, simplemente, que os deis tiempo para convertiros en observadores de las sensaciones de vuestro cuerpo, observando lo que hay, momento a momento, sin esperar que suceda nada, acogiendo cualquier experiencia que surja en ese momento. Podría ser una sensación, un pensamiento, una emoción o un sonido. Pase lo que pase, advirtáis lo que advirtáis, limitaos a darle la bienvenida sin emitir ningún juicio. Lo que sintáis o advirtáis no está ni bien ni mal. Aceptadlo como lo que está pasando en el momento presente. A continuación, volved a advertir qué más está pasando en la parte del cuerpo que estéis observando. En este ejercicio, vuestros cuerpos son vuestro punto de referencia, vuestro centro, vuestra ancla poderosa.
>
> El ejercicio del «Escáner corporal» es también una invitación a salir del «modo hacer» habitual, que os lleva a sentir que tenéis que lograr algún tipo de resultado, y a adoptar el «modo ser», en el que observáis lo que está sucediendo en vuestro interior de una manera no crítica. Este ejercicio es una oportunidad de sacar tiempo para que podáis nutriros y dedicar una atención especial a lo que resulta más preciado para vosotros: vuestro cuerpo y vuestra respiración. Recordad siempre que no hay un modo «correcto» de hacer este ejercicio; lo que sentís no es más que vuestra experiencia en un momento dado. Aceptadla tal como es, sin reaccionar, tal vez repitiéndoos: «Estoy bien. Estoy bien con lo que siento».

Véase el cuadro 5.3 para observar el proceso de realización del «Escáner corporal» paso a paso.

Debate sobre el ejercicio del «Escáner corporal»

El instructor invita a los participantes a hablar del ejercicio –esto es, de lo que han experimentado y advertido mientras lo practicaban–.

Cuadro 5.3.

Escáner corporal: conciencia del cuerpo

Escoja un lugar tranquilo en el que no le molesten. Trate de evitar consciente e intencionalmente cualquier contacto con el mundo exterior –por ejemplo, apagando el teléfono móvil–. Cuando esté listo, túmbese y trate de encontrar una posición cómoda, a ser posible tumbado sobre su espalda. Puede tumbarse en una cama, en una alfombra o en una esterilla. Intente relajar todo su cuerpo y establecer un contacto completo con la superficie sobre la que esté tumbado.

Mantenga los brazos extendidos a lo largo del cuerpo; puede mantener las piernas extendidas sobre la superficie o doblar las rodillas, de modo que los pies entren en contacto con la superficie sobre la que está tumbado. También puede optar por no colocar una almohada debajo de la cabeza, para que el cuerpo esté completamente horizontal y en contacto con la superficie. Cuando esté listo, puede optar por cerrar suavemente los ojos para dirigir su atención con más facilidad a lo que esté sintiendo.

Dedique un momento a tomar conciencia de lo que está sintiendo su cuerpo y a advertir el contacto del mismo con la superficie que lo sostiene; perciba la sensación de enraizamiento y de presión. Sienta la fuerza de la gravedad que le mantiene anclado en el suelo. Advierta cómo se siente su cuerpo mientras yace tranquilamente estirado sobre una superficie.

Una vez que haya tomado conciencia de las sensaciones globales que está experimentando su cuerpo, guíe suavemente su atención hacia la respiración: céntrese en lo que siente en su abdomen mientras inspira y espira, y advierta cómo estas sensaciones cambian constantemente con cada respiración [pausa de 10 segundos]. Su abdomen se eleva y se expande suavemente mientras inspira, y baja y se desinfla mientras espira [pausa de 10 segundos]. Permanezca en profundo contacto con estas dos fases que le mantienen anclado en el presente, en este momento único. Advierta también la pausa que tiene lugar después de inspirar y antes de espirar y la que tiene lugar después de espirar y antes de inspirar [pausa de 10 segundos].

Es normal que los pensamientos surjan y le alejen de la conciencia de sus sensaciones. Cuando esto suceda, limítese a observar lo que está pasando y, una vez que lo haya advertido, vuelva a centrarse en el cuerpo [pausa de 10 segundos].

Durante este ejercicio, no se preocupe por tener que lograr algún resultado o algún estado del ser específico. No tiene que relajarse o sentirse más tranquilo, si bien esto puede suceder de manera espontánea. El objetivo del ejercicio es que se dé tiempo para convertirse en observador y testigo de las sensaciones de su cuerpo observando lo que hay ahí, lo que está sucediendo momento a momento, sin esperar que suceda nada, pero dando la bienvenida a cualquier experiencia que surja en ese momento. Puede ser una sensación, pensamientos, una emoción o sonidos. Pase lo que pase, advierta lo que advierta, limítese a darle la bienvenida sin emitir ningún juicio. Lo que sienta o advierta no está ni bien ni mal. Simplemente acéptelo como lo que está pasando en el momento presente y obsérvelo desde la distancia [pausa de 5 segundos].

(cont.)

A continuación, vuelva a advertir qué más está pasando en la parte del cuerpo que esté observando. En este ejercicio, su cuerpo es su punto de referencia, su centro, su ancla poderosa [pausa de 5 segundos].

Ahora, respire de manera un poco más profunda e imagínese dirigiendo el aire hacia la parte inferior de su cuerpo, hacia sus pies. Desplace su atención y su respiración hacia los dedos de los pies, observando con cuidado las sensaciones presentes en cada dedo del pie; trate de ponerle un nombre a estas sensaciones; advierta las sensaciones de contacto entre los dedos de los pies mientras canaliza la respiración hacia ellos [pausa de 5 segundos].

Desplace su atención lentamente desde los dedos de los pies hacia la parte superior de los pies [pausa de 10 segundos], luego hacia las plantas de los pies, un área muy rica en terminaciones nerviosas que es casi como si estuviera conectada a cada parte del cuerpo. Observe si hay diferentes sensaciones entre un área de las plantas de los pies y otra [pausa de 10 segundos].

Lleve ahora su atención a los talones, notando quizás una sensación de contacto, de presión con la superficie sobre la que están tumbados. Imagine que está observando las sensaciones por primera vez en su vida [pausa de 5 segundos].

Desplace ahora su atención a los tobillos [pausa de 10 segundos], después a sus pantorrillas, y experimente cualquier sensación que pueda estar presente: tensión, hormigueo, calor, relajación, cualquier cosa que sientan. Desplace su conciencia de las pantorrillas a las rodillas [pausa de 10 segundos], y después a los muslos, dirigiendo el aire de su respiración hacia ellos y apreciando las diferentes sensaciones que experimenta en el cuerpo [pausa de 10 segundos].

Suba hasta su área pélvica, dando la bienvenida y experimentando cualquier sensación de la que tome conciencia en esta parte del cuerpo [pausa de 10 segundos]. Intente dirigir el aire de la inspiración hacia su pelvis, hacia la parte baja de la espalda y advierta las sensaciones de contacto y presión que pueda experimentar en esta parte del cuerpo en contacto con la superficie de la cama o de la esterilla. Luego suba por la espalda, notando la diferencia en las sensaciones entre un área y otra. Entre en sintonía con cualquier sensación sin juzgarla, con un sentido de la curiosidad, como si fuera un explorador que observa un paisaje por primera vez [pausa de 10 segundos].

Dirija ahora su atención a la parte frontal del cuerpo, hacia el abdomen. Como ya hizo antes, advierta cómo cambian las sensaciones en función de si está inspirando o espirando. Imagine que durante la inspiración el aire se mueve hacia el abdomen y durante la espiración fluye desde el abdomen hacia las fosas nasales [pausa de 10 segundos].

Desplace su atención hacia el pecho y sienta cómo la experiencia de inspirar y espirar resulta diferente. El pecho se expande al inspirar y luego se contrae de forma delicada al soltar el aire. Puede imaginarse la ruta que sigue el aire cuando entra por las fosas nasales y se desplaza hacia el pecho, y luego toma la ruta opuesta durante la espiración, desde el pecho hasta las fosas nasales [pausa de 5 segundos].

(cont.)

Dese permiso para sostener su cuerpo de esta manera suave, curiosa y sin juzgarlo [pausa de 10 segundos]. Desplace ahora su conciencia por los brazos, hasta los dedos, advirtiendo el contacto entre sus dedos y la superficie que los sostiene, notando el contacto entre sus dedos y cualquier otra sensación presente en cada uno de ellos. Dirija su conciencia hacia las palmas de sus manos, y luego hacia el dorso de las mismas, subiendo hacia las muñecas, los antebrazos, los codos y la parte superior de sus brazos, respirando a través de cada una de estas partes [dedique al menos 10 segundos a cada una de estas partes; pausa de 10 segundos].

Desplace su atención hacia los hombros y advierta cualquier sensación, tal vez tensión o rigidez; puede que sus hombros estén sueltos y relajados, o que experimenten una sensación de hormigueo [pausa de 10 segundos].

A continuación, dirija toda su atención al cuello y experimente las sensaciones en la piel. Note el aire moviéndose arriba y abajo dentro de su garganta, dándole energía y vida en cada momento. Desplace su atención hacia las sensaciones en la parte posterior del cuello, que tal vez esté descansando ahora delicadamente en el suelo o en la almohada, y note las sensaciones de contacto y presión en esa zona [pausa de 10 segundos].

Expanda ahora lentamente esta conciencia a todo su cráneo y a su cuero cabelludo [pausa de 10 segundos], hasta la parte superior de la cabeza y luego a la cara. Explore las sensaciones que experimenta en la frente [pausa de 10 segundos], y desplace su atención desde su frente a sus ojos, comenzando por los párpados, esa piel que protege fielmente sus ojos. Luego observe las sensaciones en sus globos oculares, la parte interna de sus ojos [pausa de 10 segundos]. Desplace su atención de sus ojos a sus mejillas y a sus pómulos [pausa de 10 segundos], y luego a su nariz, advirtiendo las sensaciones en su piel y también las creadas por el flujo de aire, ya que entra lleno de oxígeno por sus fosas nasales y luego sale [pausa de 10 segundos]. Desplace ahora su atención a la boca, comenzando por sus labios [pausa de 5 segundos], su mandíbula [pausa de 5 segundos], el hueso de la mandíbula [pausa de 5 segundos], la piel interior de la boca [pausa de 5 segundos], su lengua y su paladar [dedique al menos 10 segundos a cada una de estas partes]. Desplace ahora su atención a sus orejas y advierta cuidadosamente las sensaciones que provienen de este extraordinario órgano, que le permite percibir los sonidos [pausa de 10 segundos].

Ahora que ha «viajado» por todo su cuerpo, explorando las sensaciones en cada una de sus partes, intente llevar un sentido de conciencia global al cuerpo en su conjunto. Tome conciencia de su cuerpo como un todo, desde las plantas de los pies a la coronilla, y, al mismo tiempo, advierta también su respiración; intente crear armonía entre su respiración y su cuerpo, una respiración que ahora inspira y espira por todas partes, por todo su cuerpo. Durante la inspiración, sienta cómo el aire fluye a cada parte de su cuerpo y entra en cada célula del mismo, y, en un determinado momento, tal vez sienta que todo su cuerpo está respirando [pausa de 10 segundos].

Sea amable consigo mismo, aceptando cualquier sensación, sentimiento o pensamiento que pueda surgir, momento a momento. Puede que desee dirigir un sentimiento de profunda gratitud a cada parte de su cuerpo que haya observado durante esta exploración. Cada parte es indispensable para su vida, independientemente

(cont.)

de su forma o su apariencia externa, y porque sin cualquiera de estas partes su vida no sería la misma [pausa de 10 segundos]. Piense en todos los aspectos del mundo exterior que ha podido descubrir y reconocer gracias a todos sus extraordinarios órganos. Nada de esto debe darse por hecho [pausa de 10 segundos].

A medida que este ejercicio se aproxima hacia su conclusión natural, puede que desee tomarse un momento para felicitarse por haber dedicado tiempo a alimentarse de esta manera. Tal vez este ejercicio pueda ayudarle a desarrollar una fuerte intención de seguir practicando regularmente en los días y los meses venideros [pausa de 5 segundos]. La conciencia desarrollada en este ejercicio puede transferirse fuera de las limitaciones temporales de la práctica del «Escáner corporal». Siempre está disponible: puede acceder a ella en cualquier momento de su vida [pausa de 5 segundos].

Permanezca quieto y en silencio durante unos minutos más, permitiendo que las cosas sean simplemente como son, momento a momento, mientras permanece plenamente despierto, completamente vivo, en contacto con su respiración.

Basado en J. KABAT-ZINN, *Full catastrophe living, op. cit.*, y en Z. V. SEGAL, J. M. WILLIAMS Y J. D. TEASDALE, *Mindfulness-based cognitive therapy for depression: A new approach to preventing relapse, op. cit.*

INSTRUCTOR: Siento curiosidad por saber qué advertisteis durante esta experiencia. ¿Alguien quiere hacer algún comentario?

ALBERT: Noté que el aire estaba frío al entrar por la nariz y más caliente al salir. Nunca me había dado cuenta de eso. La atención prestada a las sensaciones en cada parte de mi cuerpo también era diferente. Mi mente no deambulaba demasiado, ya que me concentraba en las sensaciones.

JOSEPH: Sentí una fuerza que irradiaba desde el centro de mi pecho hasta las puntas de los dedos de las manos y de los pies.

SERENA: Mi mente deambulaba un poco y volvía a concentrarme. Intenté relajarme, aunque siempre estoy muy tensa, como el tronco de un árbol. En este caso quizás me sentía más en armonía de lo habitual.

ANDREW: Mis pensamientos me distraían mucho, pero cada vez que sucedía intentaba escuchar las instrucciones. Mi atención se mantenía durante un breve lapso de tiempo, y a continuación se alejaba. Traté de no moverme, por ejemplo, traté de no rascarme si sentía picor al pensar en esa parte del cuerpo en particular.

JOSEPH: Tuve dificultades con mis piernas; parecía que les estuvieran lanzando dardos. Normalmente presto atención a mi cuerpo mientras hago ejercicio, pero no cuando estoy relajado. Fue una experiencia muy diferente a lo que estoy acostumbrado.

INSTRUCTOR: ¿De qué manera la relación con tu cuerpo y con las sensaciones físicas fueron diferentes a las habituales durante este ejercicio?

JENNIFER: Esta ha sido la primera vez que he observado mi cuerpo sin juzgarlo. Por eso ha sido una experiencia muy extraña, pero agradable.

SARA: Me he dado cuenta de lo mucho que tiendo a juzgar constantemente mi cuerpo y a darle un significado a las sensaciones que experimento. No me ha resultado fácil volver a tus instrucciones.

INSTRUCTOR: Lo que decís es realmente interesante. Cada uno de vosotros ha tenido una experiencia diferente porque cada uno tiene un cuerpo y una mente diferentes. Lo importante es que nos demos cuenta de que es absolutamente normal que nuestras mentes deambulen. Esta deambulación no supone un problema en sí misma; es lo que hacen nuestras mentes. Lo que intentamos hacer al principio de este entrenamiento es simplemente observar cómo se comportan nuestras mentes, advertir cómo juzgamos a menudo nuestra experiencia y los efectos de este juicio constante de nuestras emociones y nuestros comportamientos.

¿Cómo creéis que puede ayudaros este ejercicio en vuestros problemas?

KATY: Puede enseñarme a apreciar más mi cuerpo, algo que no hago. Normalmente no lo trato muy bien. Debería amarlo y cuidarlo. En este ejercicio he sentido que estaba cuidando la cosa más preciosa que tengo.

JOHN: Como me estaba centrando en el aquí y ahora, escuchaba mi cuerpo, podía sentir los latidos de mi corazón, escuchaba mi respiración y permanecía en el momento presente. La atención centrada en mi cuerpo me permitió mantenerme o volver al momento presente cada vez que mi mente vagaba por otra parte, y cuando mi mente vaga demasiado es cuando empiezan los problemas para mí.

JESSICA: Creo que el «Escáner corporal» podría ayudarme a separarme de mis pensamientos perturbadores y de mis juicios continuos, manteniéndome así profundamente arraigada en el momento presente. Aprender a estar anclada en mi cuerpo y en la respiración podría ayudarme a centrar mi atención en lo que realmente estoy haciendo o percibiendo en un momento dado.

INSTRUCTOR: Vuestras observaciones son realmente importantes. La semana que viene tendréis la oportunidad de empezar a notar estos u otros efectos del *mindfulness* a través de la práctica en casa.

Durante el debate, el instructor pone de manifiesto que el «Escáner corporal» y el «Ejercicio de la uva pasa» son maneras útiles de tomar conciencia de la mente que deambula, y que esto es algo normal. Tratar de deshacerse de lo que es normal e inofensivo no es útil, e incluso es contraproducente.

Nuestros cuerpos nos mantienen arraigados en el momento presente. Cada vez que nuestras mentes vagan hacia el pasado o el futuro, nuestros cuerpos pueden servir de ancla ayudándonos a volver al aquí y ahora, a la realidad tal como es.

Lectura y debate de las citas de la sesión 1

Hacia el final de cada sesión, el instructor lee a los participantes citas seleccionadas que están directa o indirectamente relacionadas con el tema de la sesión (véase Sesión 1–Documento 4).

Estas citas provienen normalmente de filósofos, escritores o figuras históricas y pueden resumir los temas examinados o cómo el *mindfulness* es relevante para los problemas del TOC. Las citas son también herramientas útiles para mejorar las habilidades y los procesos metacognitivos en los participantes, y pueden ayudar a que estos recuerden las lecciones de la sesión durante su práctica diaria.

Posiblemente la cita más importante compartida durante la sesión 1 sea la siguiente, tomada de un antiguo texto budista, *Anguttara Nikaya*:

> No es ni con acciones ni con palabras como nos liberamos de las contaminaciones mentales, sino viéndolas y reconociéndolas una y otra vez.

Esta cita señala la manera en que los participantes pueden superar sus obsesiones. No es a través de sus formas habituales y poco útiles (rituales, comportamientos de confirmación o comportamientos de búsqueda de seguridad), sino simplemente aprendiendo a observar su experiencia interna, una y otra vez, sin reaccionar a ella o juzgarla.

Conciencia de la respiración: una breve meditación sentada

En esta práctica relativamente corta los participantes tienen su primera experiencia con una meditación sentada. Dado que durante este ejercicio la atención debe centrarse en la respiración de los participantes, es importante realizarlo en una posición sentada cómoda. Los participantes pueden sentarse en una silla, en cuyo caso deben mantener la espalda recta, pero no rígida, sin apoyarse en el respaldo de la silla y apoyando las manos en su regazo. También pueden optar por sentarse en el suelo, en cuyo caso lo mejor sería sentarse en un cojín, manteniendo de nuevo la espalda recta, pero no rígida, con las manos apoyadas suavemente en su regazo. Los participantes deben concentrarse en su respiración y considerarla como un ancla que les ayude a volver al aquí y ahora cuando sus mentes deambulen (véase el cuadro 5.4). A continuación, el instructor dirige un breve debate sobre el ejercicio, a medida que los participantes relatan sus experiencias.

Distribución de documentos a los participantes y asignación de tareas para hacer en casa a lo largo de la siguiente semana

El instructor distribuye a continuación a los participantes los documentos de la sesión 1 y revisa las tareas que debe hacer en casa (Sesión 1–Documento 5 y Sesión 1–Documento 6). Es preciso animar calurosamente a los participantes a que practiquen todos los ejercicios introducidos en la sesión y ayudarles a compartir cualquier dificultad u obstáculo con que puedan encontrarse en la práctica regular. Conviene explicar que es difícil cambiar los hábitos mentales que se han repetido y reforzado durante muchos años. Estos hábitos solo pueden sustituirse mediante la práctica regular.

Cuadro 5.4.

Conciencia de la respiración

Escoja una posición que le permita permanecer presente, anclado y en contacto con todo lo que está soportando su cuerpo. Concéntrese por un momento en cómo se siente su cuerpo en contacto con la superficie sobre la que está sentado o tumbado y sienta que la fuerza de la gravedad le mantiene arraigado, momento a momento.

Durante este ejercicio, como en cualquier experiencia de *mindfulness*, no hay ningún estado que debamos lograr, ningún objetivo que debamos cumplir. Limítese a darse permiso para acoger cualquier experiencia de la que tome conciencia, momento a momento, con una actitud de aceptación, amabilidad y curiosidad sana. Una vez que se haya acomodado, puede decidir llevar su atención a la respiración, de modo que esta se convierta en su centro, en su principal referencia, en su ancla [pausa de 30 segundos].

No tiene que respirar de una manera específica, sino dejar que la respiración respire ella misma, como siempre lo hace y lo ha hecho, desde el primer momento de su vida. Limítese a escuchar su respiración, tanto si es lenta como si es rápida, mientras esta continúa respirando [pausa de 30 segundos].

Podrían aparecer pensamientos que tiendan a alejar su atención de la conciencia de su respiración y de su cuerpo en este momento. Cuando esto suceda, limítese a advertir que está sucediendo, observe qué pensamientos están pasando, deles la bienvenida, pero intente devolver la atención a su cuerpo y a su respiración lo antes posible, observando sus pensamientos a medida que pasan. Por muchas veces que deambule la mente, regrese cada vez al aquí y ahora centrándose en su respiración [pausa de 30 segundos].

Para otorgar una mayor conciencia a su respiración, puede ser útil advertir cuidadosamente los sentimientos que la respiración crea en su abdomen, fijarse en cómo se mueve en función de si está inspirando o espirando [pausa de 30 segundos].

Al inspirar, el abdomen se eleva y se expande; al espirar, se desinfla y se relaja. También puede observar las breves pausas entre una inspiración y la siguiente espiración, y entre cada espiración y la siguiente inspiración. Escuche profundamente este flujo continuo de vida, interminable, imparable [pausa de 1 minuto].

La respiración puede convertirse verdaderamente en su ancla, porque es lo más real, concreto y presente que tiene. Siempre está presente, momento a momento, siempre está disponible, no tiene que buscarla, no tiene que pedírsela a nadie. Simplemente tomamos conciencia de ella y estamos con ella, de una manera acogedora y amable. Conviértase en testigo de su respiración [pausa de 1 minuto].

También puede imaginarse viendo o sintiendo el aire lleno de oxígeno a medida que entra por las fosas nasales o por la boca y baja hacia la parte inferior del abdomen, y luego durante la espiración, cuando hace el viaje de vuelta desde el abdomen hasta las fosas nasales o la boca. A medida que el aire entra y sale, observe continuamente lo que aparece en su mente y en su cuerpo sin juzgarlo o quedar atrapado en ello, acogiéndolo y permitiéndolo, sea lo que sea. Si le resulta más fácil, también puede

(cont.)

optar por observar la respiración de su pecho, advirtiendo cómo este se expande suavemente al inspirar y cómo se contrae al espirar. O puede optar por centrar la atención en sus fosas nasales y advertir las sensaciones que el aire crea al entrar por sus fosas nasales cargado de oxígeno y luego al salir libre de oxígeno [pausa de 1 minuto].

Ahora trate de expandir su conciencia para incluir un sentido del cuerpo tomado como un todo. Tome conciencia de este sentimiento de unidad total, desde las plantas de los pies hasta la coronilla, notando cómo fluye su respiración por todo su cuerpo, sintiendo cada parte de su cuerpo llena de energía y de vida en cada respiración, sintiendo ahora como si todo su cuerpo estuviera respirando.

Basado en Z. V. Segal, J. M. Williams y J. D. Teasdale, *Mindfulness-based cognitive therapy for depression: A new approach to preventing relapse, op. cit.*

Círculo consciente

La sesión 1 termina con los miembros del grupo sentados en círculo. Si el instructor lo considera apropiado y todos los participantes están dispuestos (normalmente todos los pacientes lo están), pueden unir sus manos para sentir mejor que no están solos en este desafiante viaje hacia la liberación de sus problemas. El instructor pide entonces a los participantes que se concentren en la respiración durante 3-4 minutos.

Esta práctica final también puede ser un interludio útil para *digerir* y *metabolizar* los muchos temas, ideas, sentimientos y sensaciones que han emergido a lo largo de la sesión, y para terminar la clase con una mayor sensación de equilibrio y calma. Con este fin, el instructor puede invitar a los participantes a reflexionar sobre los temas principales de la sesión y a preguntarse qué sienten que han aprendido y/o qué les ha resultado útil.

El instructor también puede optar por repetir una o más citas de esta sesión.

Si el tiempo lo permite, cada miembro del grupo podría decir unas pocas palabras sobre cómo se siente, sin más comentarios.

Sesión 1–Documento 1. Resumen de la sesión 1: Permanecer presente en el momento presente como un primer paso hacia la libertad

¿Qué es el mindfulness?

Todos nosotros pasamos la mayor parte de nuestro tiempo perdidos en recuerdos o preocupaciones o en planes sobre el futuro. Esto no es muy diferente de lo que sucede cuando tenemos pensamientos obsesivos o intrusivos. Es como si estuviéramos con el piloto automático, como si nuestros cuerpos experimentaran rutinas diarias mientras nuestras mentes están en otro lugar.

El *mindfulness* es la conciencia que aflora al prestar atención a nuestra experiencia, interna o externa, en el momento presente y al suspender los juicios sobre lo que percibimos. Es una actitud mental que puede reducir el sufrimiento, preservar y mantener el bienestar, y conducir a una transformación personal positiva. Puede cambiar la manera en que respondemos a las dificultades inevitables de la vida –no solo a las luchas cotidianas, sino también a problemas más significativos como el TOC–.

Del mismo modo que podemos mejorar nuestro bienestar físico a través del ejercicio regular, el *mindfulness* puede mejorar nuestro bienestar mental a través de la práctica regular de ejercicios mentales. El *mindfulness* se cultiva y se desarrolla a través de la práctica de la meditación (esto es, entrenamiento mental y atencional) y puede producir efectos positivos, como han demostrado las investigaciones científicas.

El *mindfulness* es un estado inherentemente poderoso que nos permite ver la realidad tal como es. El mero hecho de tomar conciencia de lo que está sucediendo, dentro de nosotros y a nuestro alrededor, es el primer paso para liberarnos de las preocupaciones y las emociones que hacen difíciles nuestras vidas. El objetivo de este grupo es ayudarle a tomar una mayor conciencia de lo que en realidad está sucediendo para que pueda elegir cómo responder a las situaciones en lugar de reaccionar automáticamente –por ejemplo, con rituales–. Tomar conciencia requiere práctica, pero le ayudará a centrar su atención en un momento dado y a dirigirla hacia donde usted decida.

Practique el *mindfulness* cuando reconozca que su mente ha vagado en el pasado o en el futuro, y llévela de vuelta, cada vez, al aquí y ahora, a la realidad tal cual es en el presente.

Esta sesión se centra en experimentar qué es el *mindfulness* y en comenzar a ver cómo podría convertirse en un antídoto para sus obsesiones. Existe una relación entre los mecanismos obsesivos –como los rituales, las obsesiones y la evitación– y la falta de conciencia (*mindlessness*) o el piloto automático. Los ejercicios de esta sesión le ayudarán a aprender nuevos modos de regresar al momento presente de forma segura.

Sesión 1–Documento 2. Normas básicas del grupo de la MBCT para el TOC

Confidencialidad y privacidad

1. Lo que se comparte en el grupo, se queda en el grupo. Los miembros del grupo y el instructor o los instructores se comprometen a mantener en privado, en la más estricta confidencialidad, todo lo que se diga en clase.
2. No revelar la identidad de los miembros del grupo a personas ajenas al mismo.
3. No hablar con un miembro del grupo sobre otro miembro del mismo.

Asistencia

4. Comprometerse a asistir a todas las sesiones del programa.
5. Llegar puntual.
6. Quedarse toda la sesión.
7. Informar con antelación al instructor o a los instructores si sabe que se perderá una sesión grupal, si llegará tarde o si se irá antes de que acabe.

Respeto

8. Ser respetuoso y sensible con los demás.
9. No interrumpirse unos a otros. Pueden cuestionarse unos a otros, pero de manera respetuosa.
10. Criticar las ideas, no a las personas. Evitar las ofensas (incluso las que sean graciosas).
11. Aceptar a los demás sin juzgarlos. Abstenerse de usar un lenguaje ofensivo.
12. Intentar no distraer o molestar a los demás participantes.
13. Respetar las restricciones físicas y los límites del propio cuerpo durante los ejercicios en movimiento.
14. No monopolizar el debate.
15. Permitir que todo el mundo tenga la oportunidad de descubrir las experiencias por sí mismos.
16. Escuchar a los demás de manera activa y atenta. Dar a los demás participantes la oportunidad de compartir y prestar toda su atención a la persona que está hablando.
17. Evitar interrumpir o entablar conversaciones paralelas.
18. Apagar todos los teléfonos, las tabletas y los dispositivos electrónicos.

Papel del instructor o los instructores y de los participantes

19. El papel del instructor o de los instructores consiste en aplicar su formación para facilitar las experiencias terapéuticas en el contexto grupal. Esto puede incluir dirigir los ejercicios del programa, compartir observaciones, proporcionar *feedback* y apoyo, crear una atmósfera segura y encontrar el equilibrio para que todos los miembros del grupo tengan la oportunidad de participar.
20. Se le anima a:
    a. Plantear preguntas o pedir aclaraciones si está confundido o si necesita pedir ayuda durante las sesiones de grupo.
    b. Comprometerse activamente a participar, a informar al instructor o a los instructores (y al grupo) si surge algo que requiera atención adicional, recordando y trabajando en los objetivos de su grupo en cada sesión.
    c. Compartir sentimientos y experiencias, pero absteniéndose de dar consejos a los demás participantes.
    d. Aprovechar los comentarios de los demás.
    e. Trabajar a fin de conseguir una comprensión compartida.
    f. Hablar desde la propia experiencia, sin generalizar.
    g. Ser amable y tener una actitud positiva para consigo mismo y para con los demás participantes.
    h. Apoyarse y animarse unos a otros.
    i. Seguir estas directrices.

Sesión 1–Documento 3. Una definición del *mindfulness*

El *mindfulness* es la conciencia que aflora
al prestar atención
de manera deliberada,
en el momento presente,
y sin juicios
a las cosas tal como son.

Sesión 1–Documento 4. Citas de la sesión 1

No es ni con acciones ni con palabras
como nos liberamos de las contaminaciones mentales,
sino viéndolas y reconociéndolas
una y otra vez.

—Anguttara Nikaya

El verdadero viaje del descubrimiento
no consiste en buscar nuevos paisajes,
sino en tener nuevos ojos.

—Marcel Proust

Al igual que la respiración se presenta en etapas,
también lo hacen los estados mentales.
Cada respiración tiene un principio, un medio y un final.
Cada estado mental tiene un nacimiento, un crecimiento
y un declive.
Deberías esforzarte en ver estas etapas con claridad.

—Gunaratana

No dejes que el ayer utilice mucho el hoy.

—Proverbio cherokee

La vida no se pierde al morir;
la vida se pierde minuto a minuto,
se arrastra día a día,
en mil pequeños descuidos.

—Steven Vincent Benét

El secreto para la salud de la mente y el cuerpo
no es lamentarse por el pasado,
no preocuparse por el futuro
y no anticipar los problemas,
sino en vivir en el momento presente sabia y provechosamente.

—Gautama Buda

Los niños no tienen pasado ni futuro;
por eso gozan del presente,
cosa que rara vez nos ocurre a nosotros.

—Jean de la Bruyère

Sesión 1–Documento 5. Práctica en casa para la semana siguiente a la sesión 1

Cuando practique los ejercicios indicados en este documento, recuerde que debe tomarse el tiempo necesario; escoja un lugar cálido, seguro, cómodo y tranquilo en el que no le molesten ni le interrumpan. Antes de comenzar, apague su teléfono móvil para «proteger» este momento en el que desea estar a solas consigo mismo. Colóquese en una posición cómoda, ya sea de pie, sentado o tumbado. Las instrucciones no son el aspecto más importante de estos ejercicios; es la conciencia de su experiencia única, momento a momento, sea la que sea: agradable, desagradable o neutral. Aprenda a enriquecerse y a nutrirse de las experiencias placenteras, pero también a acoger y aceptar las desagradables, evitando así que le hagan más daño. No tiene que lograr ningún resultado durante los ejercicios, no tiene que perseguir ningún objetivo; limítese a acoger cualquier experiencia que se presente, momento a momento, tal como es, sin querer cambiarla y sin tratar de desafiarla o evitarla. En lugar de ello, conviértase en testigo y observador.

1. Antes de la siguiente sesión, practique el ejercicio del «**Escáner corporal**», cuya transcripción le facilitará su instructor, durante 6 de los próximos 7 días. No espere sentir nada en particular durante el ejercicio o después del mismo. Es importante que abandone cualquier expectativa que tenga en relación con este ejercicio. Limítese a escuchar sus sensaciones físicas, sin juzgar lo que observa. Poco a poco se dará cuenta de que su cuerpo puede ser una herramienta fiable a través de la cual permanecer en contacto con la realidad, más allá de sus pensamientos.
2. Practique el ejercicio de la «**Conciencia de la respiración**», cuya transcripción le facilitará su instructor, durante 6 de los próximos 7 días.
3. Complete el «Formulario de registro de la práctica en casa para la sesión 1» (Sesión 1–Documento 6) cada vez que haga uno de estos ejercicios. Anote todo lo que perciba durante el ejercicio para poder debatir sobre ello en la siguiente sesión.
4. Escoja una actividad rutinaria en su vida diaria y, cada vez que la realice, haga un esfuerzo deliberado por tomar conciencia de esa actividad momento a momento, tal como lo hizo durante el «Ejercicio de la uva pasa». Puede optar, por ejemplo, por pasear por la carretera, cepillarse los dientes, ducharse, secarse, vestirse, comer, conducir, hablar con alguien, etc.
5. Ingiera *al menos una comida* de una *manera consciente* (esto es, tomando conciencia de ello), de la misma forma que comió la uva pasa. Advierta cada ocasión en que se dé cuenta de que está comiendo de la misma manera que durante el «Ejercicio de la uva pasa».

6. Si tiene un problema con los rituales compulsivos, empiece a advertir en qué medida es **consciente** de lo que está pasando mientras los realiza y después.
7. Lea cuidadosamente el material que se le ha proporcionado en este sesión, al menos una vez. Los documentos son una importante fuente de apoyo en este programa terapéutico.

De Z. V. Segal, J. M. Williams y J. D. Teasdale, *Mindfulness-based cognitive therapy for depression: A new approach to preventing relapse, op. cit.* Copyright © 2013 The Guilford Press. Adaptado con permiso.

Sesión 1–Documento 6. Formulario de registro de la práctica en casa para la sesión 1

Nombre: ....

Rellene este formulario cada vez que practique. Anote todo lo que suceda durante el ejercicio a fin de que podamos hablar de ello durante la siguiente sesión.

Día/Fecha	Ejercicio	Comentarios
Jueves Fecha:	Escáner corporal Conciencia de la respiración Práctica informal	
Viernes Fecha:	Escáner corporal Conciencia de la respiración Práctica informal	
Sábado Fecha:	Escáner corporal Conciencia de la respiración Práctica informal	
Domingo Fecha:	Escáner corporal Conciencia de la respiración Práctica informal	
Lunes Fecha:	Escáner corporal Conciencia de la respiración Práctica informal	
Martes Fecha:	Escáner corporal Conciencia de la respiración Práctica informal	
Miércoles Fecha:	Escáner corporal Conciencia de la respiración Práctica informal	

6 Sesión 2
Comprender el TOC y cómo el *mindfulness* sirve de ayuda

Al hombre no le destruye el sufrimiento,
sino el sufrimiento sin sentido.

—VIKTOR E. FRANKL

Sobre esta sesión

En la sesión 1 se presentó a los participantes la experiencia del *mindfulness* y sus efectos potenciales sobre la mente y el cuerpo. En la sesión 2 los participantes examinan los modos en que la práctica consciente puede actuar de manera terapéutica para modificar los mecanismos del TOC (véase Sesión 2–Documento 1). Los mecanismos cognitivos que activan, perpetúan y refuerzan los problemas del TOC se describen en una serie de documentos psicoeducativos que se examinan con los participantes. La información incluye los síntomas típicos del TOC, las creencias distorsionadas típicas, un modelo cognitivo de cómo funciona el TOC, y la manera en que el *mindfulness* puede influir en estos mecanismos. El instructor debería valerse de una pizarra o de diapositivas de PowerPoint para presentar la información e involucrar a los participantes en el debate. Véase en el cuadro 6.1 el programa de la sesión.

Los participantes llegan a la sesión 2 después de una semana de práctica intensiva de *mindfulness*. Puede que ya hayan experimentado los beneficios de esta práctica, pero lo que suelen contar es que han tenido dificultades para tratar de mantenerse en el momento presente y la frustración que les produce el hecho de que su piloto automático tome continuamente el control.

Cuadro 6.1.

Programa de la sesión 2
Tema: Permanecer en el momento presente como primer paso hacia la libertad

Breve resumen

Esta sesión se centra en ayudar a los participantes a comprender la relación entre el *mindfulness* y el TOC: esto es, que los problemas obsesivos pueden definirse como una falta de habilidades básicas de *mindfulness* (sesgo atencional, fusión pensamiento-acción, rumiación, interpretación excesiva, etc.). Mediante la práctica del *mindfulness* y las explicaciones psicoeducativas, los pacientes comienzan a comprender los mecanismos cognitivos que activan y perpetúan un problema obsesivo (formulación del problema) y el modo en que la práctica de *mindfulness* puede desempeñar un papel en la modificación de estos mecanismos. Centrarse en la respiración y el cuerpo ayuda a los participantes a tomar una mayor conciencia de su mente errante (pensamientos intrusivos, obsesiones) y su tendencia a controlar sus reacciones a los acontecimientos cotidianos (p. ej., rituales y compulsiones).

Esquema de la sesión

- ❑ Acerca de la postura.
- ❑ «Meditación sentada: conciencia de la respiración y del cuerpo».
- ❑ Revisión de la práctica.
- ❑ Revisión de la práctica en casa.
- ❑ Síntomas del TOC y creencias distorsionadas.
- ❑ «Ejercicio de los pensamientos y los sentimientos».
- ❑ Comprender cómo funciona el TOC y cómo el *mindfulness* sirve de ayuda.
- ❑ Descanso.
- ❑ Informe de un paciente y debate.
- ❑ Las tres causas del sufrimiento.
- ❑ Lectura y debate de las citas de la sesión 2.
- ❑ Distribución de documentos a los participantes y asignación de tareas para hacer en casa:
    - ❑ 30 minutos de la práctica del «Escáner corporal»: 6 días de 7.
    - ❑ 15 minutos de «Meditación sentada: conciencia de la respiración y del cuerpo»: 6 días de 7.
    - ❑ Conciencia de una actividad rutinaria.
- ❑ Terminar con un «Círculo consciente» centrado en la respiración.

(cont.)

Materiales y recursos

- Campanas.
- Transcripción del ejercicio de «Conciencia de la respiración y del cuerpo».
- Pizarra y rotulador.

Documentos para los participantes

Sesión 2–Documento 1. Resumen de la sesión 2: Comprender el TOC y cómo el *mindfulness* sirve de ayuda.

Sesión 2–Documento 2. Instrucciones prácticas sobre la postura.

Sesión 2–Documento 3. Síntomas típicos del TOC.

Sesión 2–Documento 4. Tipos de creencias distorsionadas en el TOC.

Sesión 2–Documento 5A. Cómo funciona el TOC y cómo el *mindfulness* puede servir de ayuda.

Sesión 2–Documento 5B. Cómo funciona el TOC (figura).

Sesión 2–Documento 5C. Cómo puede ayudar el *mindfulness* a mi TOC (figura).

Sesión 2–Documento 6. Informe de un paciente: «El *mindfulness* como solución sanadora para mi TOC».

Sesión 2–Documento 7. Las causas del sufrimiento.

Sesión 2–Documento 8. Citas de la sesión 2.

Sesión 2–Documento 9. Práctica en casa para la semana siguiente a la sesión 2.

Sesión 2–Documento 10. Formulario de registro de la práctica en casa para la sesión 2.

Sesión 2–Documento 11. Información para los miembros de la familia y las parejas.

Acerca de la postura

El enfoque básico para entender la mente es un proceso gradual de hacernos amigos de nosotros mismos.

—Chögyam Trungpa

La sesión 2 comienza con el instructor compartiendo la cita anterior como un modo de introducir las posturas de la meditación en la preparación del cuerpo para la meditación y a fin de equilibrar, estabilizar y calmar el cuerpo y la mente (véase Sesión 2–Documento 2). El instructor explica que el hecho de encontrar una postura cómoda y estable (que constituye el primer paso en la meditación) es un modo de ser amable y amistoso con el cuerpo y, por consiguiente, con uno mismo. Además, el modo en que nos sentimos en nuestras mentes se expresa a través de nuestros cuerpos: por ejemplo, cuando estamos tensos, nuestros hombros están rígidos y elevados. La postura del cuerpo tiene un efecto directo y poderoso en nuestros estados mentales. Sabemos que el cuerpo y la mente están interrelacionados: la mente influye en el cuerpo y el cuerpo influye en la mente en una relación interdependiente. Por esta razón, el estado consciente surge espontáneamente cuando la postura física y la actitud mental se apoyan mutuamente. Un cuerpo en una posición equilibrada simétrica ayuda a equilibrar la mente: si tranquilizamos el cuerpo, ayudamos a nuestra mente a calmarse. Una postura erguida y cómoda ayuda a que la mente descanse en un estado de calma y presencia[1].

La postura es el modo en que preparamos nuestro cuerpo para la meditación. Según Jon Kabat-Zinn, «una postura sentada digna es, en sí misma, una afirmación de la libertad, así como de la armonía, la belleza y la riqueza de la vida, y la postura en sí misma es meditación»[2]. La postura es una forma de comunicar no solo cómo nos sentimos, sino también qué estados queremos cultivar y desarrollar. Por ejemplo, las personas muy ansiosas suelen adoptar una postura con los hombros tensos y curvados hacia delante, la espalda doblada, la cabeza colgando y los brazos cruzados, lo que indica una postura cerrada para protegerse del mundo exterior. La postura adoptada durante la meditación, en cambio, puede proporcionarnos una sensación de apertura, de confianza, de perseverancia, de calma y de seguridad. La adopción de una postura es también una forma de disciplina o, más exactamente, una mezcla entre disciplina y relajación –requiere un esfuerzo continuo dirigido a calmar el cuerpo y la mente, no solo durante la práctica formal, sino también en la vida cotidiana–.

Un *soporte* de la meditación es algo en nuestra experiencia interna o externa en lo que podemos centrar nuestra atención. Se usa como un punto de referencia o como un ancla para la mente, reduce la distracción y ayuda a llevar la atención al aquí y ahora. Entre los ejemplos de estos soportes que se usan normalmente en la meditación encontramos la postura y las sensaciones corporales, la respiración, los sonidos o cualquier otra modalidad de experiencia sensorial que percibimos en un momento dado. El soporte es útil porque es algo real, concreto y siempre está disponible en el momento presente.

«Meditación sentada: conciencia de la respiración y del cuerpo»

Después de explicar la postura, el instructor dirige a los participantes en una meditación sentada centrada en su respiración y en su cuerpo. Este ejercicio es una expansión de la práctica de la «Conciencia de la respiración» de la sesión 1. Tras estabilizar el cuerpo y la mente mediante la conciencia de la respiración, se invita a los participantes a explorar cualquier sensación que surja en sus cuerpos con una actitud de gentileza, de curiosidad, de aceptación y de no juicio. Use el cuadro 6.2 para guiar la meditación.

1. T. Bien y F. Didonna, «Appendix A: Mindfulness practice», en F. Didonna (Ed.), *Clinical handbook of mindfulness*, Springer, Nueva York 2009 (trad. esp.: «Anexo A: La práctica del mindfulness», en *Manual clínico de mindfulness*, Desclée De Brouwer, Bilbao 2011).
2. J. Kabat-Zinn, *Wherever you go, there you are: Mindfulness meditation in everyday life*, Hyperion, Nueva York 1994, 46 (trad. esp.: *Mindfulness en la vida cotidiana: donde quiera que vayas, ahí estás*, Ediciones Paidós Ibérica, Barcelona 2009).

Cuadro 6.2.

Meditación sentada: Conciencia de la respiración y del cuerpo

Siéntese en una posición cómoda con la espalda recta pero no rígida, con los hombros y el pecho relajados, con la cabeza alineada con la espalda, con las manos descansando cómodamente en las rodillas, o con la palma de la mano izquierda acogiendo suavemente el dorso de la mano derecha y con las puntas de los dedos pulgares tocándose. Si decide sentarse en una silla, intente no apoyarse en el respaldo. Mantenga los pies paralelos entre sí, planos en el suelo. Descanse sus manos cómodamente en el apoyabrazos o en su regazo. También puede optar por sentarse en el suelo, pero coloque un cojín grueso debajo de la pelvis para elevar el cuerpo entre 8 y 10 centímetros del suelo. También puede usar un banco de meditación si tiene uno.

Escoja una posición que le permita sentirse presente, arraigado y en contacto con todo lo que le sostiene. Opte por una postura que le proporcione una sensación de calma y tranquilidad, de estar presente consigo mismo, una posición que le proporcione un profundo sentido de dignidad. Céntrese durante un momento en cómo se siente su cuerpo allí donde está en contacto con la superficie sobre la que está sentado; sienta la fuerza de la gravedad que lo mantiene en tierra, momento a momento.

Al igual que en cualquier práctica de *mindfulness*, no hay ningún estado que deba lograr, ningún objetivo que deba perseguir; limítese a dar la bienvenida a cualquier experiencia de la que tome conciencia, momento a momento, con un sentido de aceptación, compasión y suave curiosidad. Una vez que haya tomado conciencia de su postura y se haya asentado, puede llevar su atención a la respiración, de modo que esta se convierta en su centro, en su principal referencia, en su ancla [pausa de 30 segundos].

No tiene que respirar de ningún modo específico, solo deje que la respiración respire ella misma, como siempre hace y como siempre ha hecho, desde su primer día de vida. Limítese a escuchar su respiración, sea rápida o lenta, mientras esta continúa respirando [pausa de 30 segundos].

En cualquier momento pueden aparecer pensamientos que desvíen su atención de su respiración y de su cuerpo. Cuando esto suceda, limítese a advertir que está sucediendo, perciba que los pensamientos están pasando, obsérvelos mientras pasan y deles la bienvenida, pero tan pronto como sea posible intente traer de vuelta su atención hacia su cuerpo y su respiración. Por muchas veces que deambule su mente, regrese cada vez al aquí y ahora con su respiración [pausa de 1 minuto].

También puede notar las cortas pausas entre una inspiración y la siguiente espiración, y entre cada espiración y la siguiente inspiración. Escuche profundamente este flujo de vida, interminable e imparable.

La respiración puede convertirse en su ancla porque es la cosa más real, tangible y presente que tiene. Siempre está presente, momento a momento, siempre está disponible. No tiene que buscarla, no tiene que pedírsela a nadie. Limítese a tomar conciencia de su respiración y a estar con ella de un modo acogedor y amable. Conviértase en testigo de su respiración.

(cont.)

Sienta el aire lleno de oxígeno a medida que entra por las fosas nasales y fluye hacia la parte inferior del abdomen, y luego cuando hace el viaje opuesto desde el abdomen hasta las fosas nasales durante la espiración. El aire entra y el aire sale [pausa de 1 minuto].

Acoja cualquier sentimiento o experiencia que observe. Si le resulta más fácil, también puede optar por observar su respiración en el pecho, notando cómo este se expande suavemente al inspirar y luego se contrae al espirar.

También puede optar por centrar su atención en las fosas nasales y notar cuidadosamente las sensaciones que crea el aire al entrar por ellas, lleno de oxígeno, y luego al salir libre de oxígeno [pausa de 1 minuto].

Sin perder completamente el contacto con su respiración, trate de desplazar su conciencia a su cuerpo, a las sensaciones que están presentes en su cuerpo en este momento. Intente dirigir su atención hacia una sensación particular que esté presente en este momento, advirtiendo dónde la está sintiendo y dónde la experimenta de manera más intensa.

Intente guiar su atención con una curiosidad amable, acogiendo cualquier sentimiento que pueda surgir. Trate de llevar una sensación de profunda aceptación a las sensaciones desagradables que experimente. Imagínese dirigiendo el aire hacia la parte del cuerpo en la que la sensación resulta más intensa. La inspiración es como apuntar con una luz poderosa hacia esa parte del cuerpo; la espiración de esa sensación intensa supone dejarla ir.

Ahora puede dirigir su atención a otra parte del cuerpo, a otra sensación presente en este momento, dirigiendo el aire de la inspiración hacia la sensación, hacia esa parte del cuerpo [pausa de 1 minuto].

Intente dar la bienvenida a cualquier sentimiento que pueda surgir. Aunque resulte desagradable, intente permanecer con él, intente ver cuánto tiempo puede permanecer con él antes de decidirse a hacer algo para deshacerse del sentimiento desagradable. Limítese a observar qué está sucediendo, momento a momento, en vez de reaccionar a lo que está pasando, a lo que no le gusta.

Intente liberar su experiencia de cualquier juicio: no hay sensaciones correctas o erróneas. Lo que siente es, simplemente, lo que está sucediendo en este momento. Lo que siente puede ser agradable o desagradable. Es la vida misma: una mezcla de eventos agradables, desagradables y neutrales. Acoja cualquier evento con el mismo nivel de conciencia y aceptación, tratando de acogerlo y de hacerlo sin reaccionar [pausa dc 1 minuto].

Ahora intente expandir su conciencia para incluir una percepción de su cuerpo como un todo. Tome conciencia de esta sensación de unidad total desde las plantas de los pies hasta la coronilla, advirtiendo cómo fluye su respiración por todo su cuerpo, sintiendo que cada parte del mismo se llena de energía y de vida en cada respiración, sintiendo ahora como si todo su cuerpo estuviera respirando.

Basado en Z. V. SEGAL, J. M. WILLIAMS Y J. D. TEASDALE, *Mindfulness-based cognitive therapy for depression: A new approach to preventing relapse*, Guilford Press, Nueva York 2013[2] (trad. esp.: *MBCT. Terapia cognitiva basada en el mindfulness para la depresión*, Edición revisada, Kairós, Barcelona 2017).

Revisión de la práctica

INSTRUCTOR: Tengo mucha curiosidad por escuchar cualquier comentario que tengáis sobre esta práctica. ¿Alguien quiere decir algo?

LUCAS: Ha sido muy relajante. Realmente sentí que la energía y la tensión desaparecían.

DANIEL: No he podido encontrar la posición adecuada. Tal vez hubiera sido más fácil si hubiera estado sentado en una silla. Pude concentrarme, aunque no del todo, porque no sentía que mi espalda estuviera recta.

INSTRUCTOR: Me gustaría sugeriros que si, durante una meditación, sentís que la posición que habéis adoptado os resulta incómoda, tratéis de considerar esta sensación como una oportunidad. Lo que quiero decir es que intentéis relacionaros con esa sensación de manera consciente, manteniéndoos en contacto con ella pero sin reaccionar a ella de manera impulsiva. No se trata de sufrir. De hecho, si la posición os resulta demasiado incómoda, cambiadla. Pero antes de reaccionar, en ese mismo momento, intentad al menos posponer la reacción durante unos segundos para ver qué pasa al permanecer con esa sensación. Tenemos una tendencia a aliviar cualquier forma de incomodidad tan pronto como nos resulta posible. Es importante aprender a no reaccionar inmediatamente a algo que consideramos incómodo. Pronto quedará claro cómo esta actitud tiene fuertes implicaciones en el tratamiento de los síntomas del TOC.

KATY: He encontrado la posición correcta en la silla y el ejercicio ha ido bien. Me he dado cuenta de que la postura es fundamental para mantener una buena concentración. Me he sentido calmada y en la posición correcta; mis pensamientos no deambulaban, y he permanecido en el momento presente. Este ejercicio ha ido bien, estaba tranquila.

INSTRUCTOR: Así que el hecho de mantener una postura cómoda te ha resultado de ayuda. Os insto a que consideréis la meditación no como algo que puede ir bien o mal; nunca es una actividad que funciona o que no funciona. Un ejercicio nunca sale «mal» porque, pase lo que pase, no es más que nuestra experiencia en ese momento. La meditación no tiene como objetivo ningún resultado específico; simplemente consiste en estar plenamente presente en el momento actual, con independencia de lo que esté pasando. Intentemos liberarnos ahora mismo de las expectativas y los objetivos que debemos alcanzar durante la práctica porque esto supondría, a buen seguro, un obstáculo.

DOMINIC: En cuanto a la idea de que es importante que hagamos todo lo posible, de que el ejercicio no es una actividad y de que debemos limitarnos a aceptar lo que venga, creo que algunas veces sale mejor que otras. Me doy cuenta de que no puedo observar las cosas sin más; me involucro. Si los pensamientos siguen surgiendo, me pierdo en ellos y luego, de repente, vuelvo a mi respiración. Algunos días estos viajes mentales son más frecuentes, y por eso tiendo a pensar que no lo estoy haciendo bien.

INSTRUCTOR: La tendencia a deambular es un rasgo normal de la mente humana, no un problema. Está en la naturaleza de nuestras mentes desviarse del foco hacia el que dirigimos nuestra atención. Es como un barco que se queda sin ancla: en algún momento irá a la deriva, se verá arrastrado por el viento o la marea. Juzgar este deambular de la mente o luchar contra él no es útil. Una de las lecciones fundamentales que nos enseñan estos ejercicios es el hábito de *suspender el juicio*. El hecho de pensar que el ejercicio ha ido mal constituye un juicio. Casi nunca necesitamos juicios, sobre todo los juicios negativos que emitimos sobre nosotros mismos y sobre lo que sentimos o pensamos. Para contrarrestar esto, en primer lugar podemos advertir la frecuencia con la que juzgamos nuestra experiencia, tal vez anotando en un cuaderno el número de juicios que emitimos cada día y observándolos de una manera desapegada. Hacer esto es un modo de disminuir los juicios hasta que finalmente desaparecen.

DENNIS: Pero si pierdes capacidad de juzgar, pierdes tus valores personales.

INSTRUCTOR: ¡Interesante! ¿Qué sientes que necesitas juzgar?

DENNIS: Por ejemplo, decir: «No me gusta ese color» es un juicio que podría ser necesario en una situación determinada.

INSTRUCTOR: ¡Sí, estás en lo cierto! En ocasiones juzgar puede ser útil. Ciertamente, el juicio tiene una función en nuestras vidas, pero ¿cómo lo usamos? ¿Recurrimos a él para dar sentido a la vida y establecer nuestras prioridades, o para vernos de un modo negativo? Me estoy refiriendo, en particular, a los juicios que os ocasionan problemas a cada uno de vosotros.

ELIZABETH: Durante el ejercicio me dije a mí misma que fuera paciente y dejara pasar los pensamientos. Me concentré en la respiración y en las sensaciones, y me dije: «Qué extraño, no me estoy moviendo».

LISA: Yo he tenido muchas dificultades para concentrarme en la respiración. Volver a la respiración ha sido todo un problema, porque no podía sentirla.

INSTRUCTOR: ¿Había algo que te distrajera?

LISA: Tal vez la postura sentada. Al tumbarme pude sentir los movimientos de mi abdomen mucho mejor. Sentí una picazón en el pie y empecé a agitarme, y me resultó difícil volver a la respiración.

INSTRUCTOR: ¿Qué hay de la picazón que te hacía sentirte agitada?

LISA: En realidad no lo sé, porque traté de no hacer nada. Incluso en casa, cuando sentí una picazón en mi mano no hice nada y después de un tiempo pasó. Pero en mi pie no pasó, y cada vez me sentí más agitada, aunque el picor seguía siendo el mismo. Así que empecé a moverme para ver si pasaba.

INSTRUCTOR: ¿Qué problema había con el picor que quedaba?

LISA: Me molestaba y me alejaba. No tenía nada en lo que anclarme porque no podía sentir mi respiración correctamente.

INSTRUCTOR: La próxima vez que te suceda algo así, haz todo lo posible por sentir curiosidad por esa picazón en lugar de agitarte: advierte su intensidad, dónde se localiza y obsérvala desde la distancia; es solo una sensación, y ni siquiera es dolorosa. Evalúa tu capacidad para permanecer con esa sensación en lugar de intentar eliminarla. El hecho de querer eliminarla es una reacción común a todos los seres humanos; si hay algo malo, queremos eliminarlo. En cambio, la idea principal aquí es que si hay algo que no nos gusta, tratamos de permanecer con ello. Como seres humanos reaccionamos continuamente a los eventos, especialmente a los eventos que en realidad son inofensivos y a menudo útiles.

Recordad que hay pocas certezas en la vida. Una es el dolor, la otra es que la respiración nos acompaña desde el primer hasta el último momento de la vida. La segunda de ellas es la herramienta más poderosa con la que podemos superar la primera.

Revisión de la práctica en casa

Los participantes dan, por primera vez, su opinión sobre cómo fue la práctica en casa. Comparten sus experiencias con el grupo, describen lo que pasó durante las prácticas diarias y el espacio de tiempo comprendido entre ellas, así como lo que han aprendido. Normalmente hablan de las dificultades y los obstáculos con que se han encontrado, pero a veces también surgen beneficios e *insights* interesantes. A continuación presentamos el extracto de una revisión de la práctica en casa.

INSTRUCTOR: ¿Alguien quiere decir algo sobre su experiencia durante la práctica de la semana?

DANIEL: Intenté hacer los ejercicios por la mañana y por la tarde, y me di cuenta de que me concentraba más por la mañana.

DOMINIC: Yo practico por la mañana y, cuando me siento bien tras meditar, advierto que me resulta más fácil permanecer en el momento presente. Es como si hubiera un mecanismo con el que todo se vuelve más fácil. Y he notado que durante el día se pierde un poco. Otra cuestión es que si la experiencia me hace comprender algo, tiendo a trasladarlo a un nivel conceptual y se convierte en un pensamiento. No puedo conformarme con sentir las cosas, necesito entenderlas. Mi cabeza me dice que necesito comprender, y me cuesta no tener en cuenta ese pensamiento, así que tiendo a rumiar y a pensar que ciertos pensamientos obsesivos me llevan a entender cosas que me hacen sentir bien, pero entonces pierdo la cabeza.

INSTRUCTOR: Basándome en lo que estás diciendo, parece haber una fuerte necesidad de alcanzar una comprensión conceptual, como así la llamas. En realidad, el tipo de meditación que practicamos va en la dirección opuesta: estamos tratando de *ser*, no de comprender durante la meditación. Estamos intentando *sentir* lo que está sucediendo, y no pensar en ello. Estamos intentando vivir en un nivel experiencial. En la meditación *mindfulness*, la experimentación de la realidad ocurre sin tener que entrar en un modo conceptual, todo lo contrario: a menudo somos capaces de experimentar la realidad de manera precisa porque no entramos en este modo conceptual.

FREDERICK: Creo que el hecho de detenerse en el nivel de las sensaciones es demasiado simplista. Tengo que intervenir con algo que es mío. Es como si necesitara añadir mis pensamientos a una simple observación.

INSTRUCTOR: Es natural y a menudo resulta útil detenerse a pensar durante la práctica de la meditación y fuera de ella. Ahora bien, ¿es este modo de pensar útil siempre o a menudo nos lleva a obsesiones del TOC de las que no podemos salir? No cabe duda de que la mente es una herramienta útil –de lo contrario no se habría desarrollado a este nivel en los seres humanos–, pero debemos comprender la manera de usarla mejor. En el TOC, la mente suele usarse de modos que no son útiles. Incluso puede actuar contra uno mismo. Queremos que vuelva a ser una herramienta a nuestro servicio. Es como tener un martillo en la mano: es una herramienta útil si la uso para clavar un clavo en la pared, pero puede ocasionarme graves daños si la uso para golpearme en la cabeza. La práctica del *mindfulness* no nos impide pensar. De hecho, nos ayuda a ver cuándo es útil permanecer en un nivel experiencial, cuándo es útil pensar en la experiencia y saber con qué pensamientos resulta útil permanecer. El hecho de pensar nos caracteriza como seres humanos y es útil, pero ¿cómo nos ayuda con nuestros problemas? Esto es lo que tenemos que considerar y discutiremos.

GINA: No ha sido una semana fácil para mí. Hice los ejercicios pero experimenté ciertas dificultades con las sensaciones: sentía frío y quería que el ejercicio terminara. También había algo particular: empecé el ejercicio con un picor irritante en el pie, y por primera vez fui capaz de distinguir entre el cuerpo y la mente. Mi picor corporal resultaba molesto; mi mente estaba amplificando el picor, y sentí como si no pudiera deshacerme de eso –mi mente estaba invadiendo mi sensación física y, por consiguiente, mi ser–. Así que me di cuenta de que esta es una tendencia mía. Me percaté de que cuando se produce una situación incómoda, tiendo a amplificarla. Pero ¿cómo se ve afectada negativamente esta situación por mis pensamientos? Si examino una sensación en sí misma, puede que no sea tan negativa. Sé que a veces puede haber grandes descubrimientos a través de la meditación, a veces la relajación, y otras veces nada.

INSTRUCTOR: ¡Sí! Eso es muy importante.

FREDERICK: A mí me costó mucho practicar el «Escáner corporal». Puse el despertador temprano y me las arreglé para hacer el ejercicio sin seguir la transcripción de la práctica. También intenté aplicar este ejercicio a las emociones y comprender las dificultades que experimento –al observar mis emociones de manera desapegada– para ir más allá de las sensaciones.

TRACY: A mí me resultó difícil: me costó mucho hacer los ejercicios por mi cuenta sin entrar en pánico. Tengo miedo de no hacerlos de la manera correcta y de no poder practicarlos como lo haría aquí en el grupo. Así que creo que no lo estoy haciendo bien y no consigo ningún resultado.

DOMINIC: No tiene importancia. Tenemos que partir de la base de que estamos haciendo todo lo posible y no juzgarlo como si estuviera bien o mal.

LOUIS: Al final del ejercicio, no deberías preguntarte si lo has hecho bien. No necesitas lograr un resultado; lo importante es hacerlo.

INSTRUCTOR: ¡Eso es! Como dije antes de la meditación, el ejercicio nunca es una actividad. Tan solo es un momento en el que estamos con nosotros mismos, observándonos sin esperar nada. Por eso, cualquier cosa que suceda está bien porque esa es nuestra experiencia en ese momento.

MARY: La primera vez fue difícil permanecer allí todo el tiempo, pero luego se hizo cada vez menos difícil. En ciertos momentos conseguí desarrollar un sentido de aceptación de mis estados emocionales desagradables, considerándolos como eventos internos a los que no necesitaba reaccionar o por lo que no tenía que preocuparme mucho. Los días que practiqué experimenté destellos de conciencia durante las actividades que suelo realizar de forma automática, y en esos momentos experimenté los colores, los olores y los perfumes como algo muy real. Me di cuenta de que a menudo vivo sin experimentar estas sensaciones. En vez de eso, por lo general parece que solo mis ansiedades y mis preocupaciones merecen mi atención. Mientras comía, por ejemplo, me detuve y me pregunté qué estaba comiendo realmente en ese momento, y pude notar el sabor de lo que estaba comiendo. Nunca antes había hecho eso.

INSTRUCTOR: ¿Hiciste eso varias veces?

MARY: Sí, pero pude hacerlo mejor los días que había hecho los ejercicios.

CLAUDIA: A menudo me distraía y tenía dificultades para centrarme en mi respiración. Sentí que mi corazón latía por todas partes y me sentí agitada. No podía quedarme quieta y sentí un gran peso en mi pecho. Esto me distrajo mucho. La segunda vez me costó distanciarme de mis pensamientos, especialmente durante las largas pausas del ejercicio. Cuando tuve que tomar conciencia de mi cuerpo como un todo, mis pensamientos no me distrajeron porque me pareció que todo era una cosa. Esa fue la única vez que no pude distraerme con mis pensamientos. Ayer practiqué antes de salir a hacer un recado, y este recado me distrajo porque no dejé de pensar en dónde tenía que ir.

JENNIFER: Yo practiqué en tres ocasiones, pero me costó hacerme a la idea de que tenía que hacer el ejercicio. No conseguí mantener la posición. Me movía mucho; no podía quedarme quieta.

INSTRUCTOR: ¿Qué es lo que te molestaba?

JENNIFER: Me sentía obligada a permanecer en esa posición mientras leía la práctica, y entonces decidí parar. Me sentí más presente al acostarme en el suelo, y logré completar el ejercicio. A veces me saltaba los ejercicios aunque tuviera tiempo, porque no me sentía motivada para hacerlos.

INSTRUCTOR: Es muy importante encontrar un horario regular cada día para practicar los ejercicios. Sé que puede ser difícil encajar estas prácticas en días ya de por sí ajetreados. Sin embargo, a menudo llenamos nuestros días con cosas que en realidad no son importantes o que incluso pueden ser dañinas. Si intentamos eliminarlas o dedicarles menos tiempo, podemos sacar un tiempo precioso para practicar el *mindfulness*. Puede ser útil programar una reunión con nosotros mismos en nuestra agenda para hacer los ejercicios a la misma hora todos los días, como si tuviéramos una reunión con otra persona. Elegid un momento en el que sea más fácil o más útil hacer los ejercicios. Practicar a menudo por la mañana, nada más despertarnos, puede ser útil porque es bueno comenzar el día de una manera consciente. Hacer los ejercicios por la noche puede hacer que os quedéis dormidos, ya que podríais estar cansados. Esto es lo opuesto de estar presente.

GEORGE: Intenté hacer los ejercicios por la mañana y sentí que no tenía muchos pensamientos. Al día siguiente probé a hacerlos por la noche para ver si era diferente. Durante el día habían pasado muchas cosas, y durante el ejercicio pensaba en ellas y no era capaz de concentrarme mucho. Tenía muchas cosas en la cabeza.

INSTRUCTOR: Ese es un punto importante. El hecho de tener muchas cosas en la cabeza no es un obstáculo en lo más mínimo, y no debe considerarse como algo negativo. Podemos observar un cielo nublado o despejado, y advertir simplemente cómo es en ese momento. Lo mismo podemos hacer con los pensamientos: notamos si están ahí. Practicamos observando lo que está ahí. No practicamos con la esperanza de que nuestra mente esté vacía. Lo importante no es cuántos o qué pensamientos tenemos, sino cómo nos relacionamos con ellos.

LOUIS: Yo practiqué por la tarde porque antes de eso tengo que hacer mis rituales. Es decir, por lo general, cuando me despierto, tengo que llevar a cabo mis rituales durante las primeras dos horas.

INSTRUCTOR: ¿Por costumbre?

LOUIS: Sí.

INSTRUCTOR: Trata de encajar esta práctica poco a poco en la parte del día que dedicas a tus rituales. No hay nada en tu vida que te obligue a hacer estos rituales justo en ese momento, y así puedes tratar de introducir un nuevo hábito saludable. Intenta introducir los ejercicios antes de los rituales y observa luego si el estado mental creado por los ejercicios cambia tu visión de los rituales.

LOUIS: De acuerdo, lo intentaré... A veces me sentía muy cansado cuando hacía los ejercicios, tal vez por la postura. También hubo momentos en los que no podía sentir las manos. Hacía el ejercicio sentado porque estar acostado supondría un problema, porque me llevaría a romper algunas de las reglas de mis rituales.

INSTRUCTOR: Recordad que una de las ideas que desarrollaremos en este programa es romper las reglas. Me refiero a las reglas que definen vuestro TOC. Las habéis construido a lo largo de los años y deben quedar hechas pedazos.

Síntomas del TOC y creencias distorsionadas

El instructor distribuye ahora el documento 3 de la sesión 2 sobre los síntomas que normalmente están presentes en las personas que padecen TOC. Es importante que los participantes tomen una mayor conciencia de sus propios síntomas relacionados con el TOC. Tras repasar la lista del documento, el instructor presenta los contenidos como una forma de aumentar la conciencia de los participantes sobre los aspectos clínicos que pueden ser abordados y mejorados a través de este programa. Es útil dar tiempo a los participantes para que examinen brevemente la lista y piensen en los síntomas que podrían tener, y luego entablar un debate activo con todos ellos.

El TOC es un trastorno extremadamente heterogéneo, de modo que los síntomas de los participantes pueden variar en gran medida. Por esta razón, es útil que cada participante tenga un momento de conciencia clara sobre los síntomas específicos que deben ser abordados en esta parte del programa. También es útil compartir esta cuestión de la heterogeneidad con los participantes, examinando el hecho de que, independientemente de las diferentes formas en que pueda manifestarse el TOC, todos los síntomas se caracterizan por algunos componentes básicos comunes (p. ej., creencias disfuncionales, desconfianza en uno mismo, hiperactivación del sistema de amenaza en el cerebro). También es una oportunidad para hablar sobre las mejores formas de utilizar los ejercicios o las técnicas que se enseñan en el programa para los síntomas específicos de los participantes (véase Sesión 2–Documento 3).

Creencias distorsionadas del TOC

Como dijimos en el capítulo 1, las personas afectadas por el TOC han desarrollado una serie de creencias distorsionadas a lo largo de los años. Hay que explicar al grupo que estas creencias funcionan como «filtros» que condicionan la forma en que las personas con TOC interpretan sus experiencias internas y externas. El instructor debe distribuir el documento 4 de la sesión 2, que enumera los tipos de creencias distorsionadas en el TOC, e invitar a los participantes a reflexionar brevemente (2 o 3 minutos) sobre qué creencias de la lista reconocen como las que condicionan la forma en que interpretan su experiencia.

Ejercicio de los pensamientos y los sentimientos

La siguiente actividad puede presentarse a los miembros del grupo como una manera de demostrar cómo las creencias distorsionadas pueden dar lugar a un sentido distorsionado de la realidad y desencadenar los síntomas del TOC. El «Ejercicio de los pensamientos y los sentimientos» ayuda a que los participantes comiencen a ver la relación entre los eventos, los pensamientos y las emociones. Usa el modelo cognitivo básico ABC de la angustia emocional para guiar a los participantes en el descubrimiento de cómo la interpretación de un evento influye en el estado de ánimo, en los sentimientos, en las reacciones y en las sensaciones físicas.

Primero se pide a los participantes que observen sus respuestas iniciales a un evento ambiguo. Luego se les pide que identifiquen y distingan los sentimientos, los pensamientos, las sensaciones físicas y los impulsos resultantes. Como sugieren Bowen, Chawla y Marlatt[3], es importante mantener el estímulo clave ambiguo; es decir, el escenario imaginado debe presentarse en un tono de voz neutro que no atribuya ningún significado al comportamiento. Esta neutralidad permite a la mente del oyente proyectar su propia historia y sus patrones sobre la situación. El «Ejercicio de los pensamientos y los sentimientos» puede introducirse a los participantes de la siguiente manera:

> El modo en que interpretamos un evento tiene una enorme influencia en nuestras emociones y en nuestro estado de ánimo. Este ejercicio proporciona un ejemplo que le ayudará a comprender la relación entre sus pensamientos y sus emociones. Intente concentrarse en el ejemplo que voy a darle e imagine que está experimentando la situación que estoy a punto de describir.
>
> Siéntese en una posición cómoda y cierre los ojos. Imagínese ahora el siguiente escenario:
>
> **Está caminando por la calle... y en un momento dado, ve a alguien que conoce al otro lado de la calle, caminando en sentido contrario... Es alguien que le alegra ver y a quien sonríe y saluda... Esta persona no responde a su saludo y pasa de largo... ¿Cómo se siente?... ¿Qué pensamientos pasan por su mente en este preciso momento? ¿Qué le apetece hacer? ¿Experimenta alguna sensación corporal? ¿Tiene el impulso de actuar de una manera particular?**

Cuando los participantes abran sus ojos, el instructor les invita a describir cualquier sentimiento o sensación corporal que hayan experimentado, así como cualquier pensamiento o imagen que haya atravesado sus mentes. El instructor enumera estas reacciones al escenario en la pizarra valiéndose de tres columnas con el encabezamiento *Situación*, *Pensamiento* y *Sentimiento*.

Debate del «Ejercicio de los pensamientos y los sentimientos»

A medida que se examinan los comentarios de los participantes, debería quedar claro que lo que cada uno piensa que ocurrió en el escenario determina cómo se sienten al respecto –y esto afecta directamente a la forma en que reaccionan–. Lo contrario también puede ser cierto: una emoción preexistente puede influir en los pensamientos. Cuando ya sentimos vergüenza o ansiedad, podemos interpretar un evento de acuerdo con lo que estamos sintiendo. El instructor debe poner de manifiesto la tendencia normal a considerar los pensamientos y los sentimientos como hechos, y no como experiencias subjetivas. También resulta útil investigar si las reacciones de los participantes son patrones de pensamientos y reacciones familiares. ¿Son la respuesta típica de

---

3. S. Bowen, N. Chawla y G. A. Marlatt, *Mindfulness-based relapse prevention for addictive behaviors: A clinician's guide*, Guilford Press, Nueva York 2011 (trad. esp.: *Prevención de recaídas en conductas adictivas basada en mindfulness: guía clínica*, Desclée De Brouwer, Bilbao 2013).

un participante a una situación ambigua? Este es uno de los puntos de partida de los problemas del TOC. Los siguientes extractos de ese debate deberían ayudar a poner de relieve los modos en que este ejercicio resulta útil.

JOHN: Estaba seguro de haberle hecho algo a esa persona. A menudo me siento responsable si algo sale mal, si algo malo sucede, o si alguien no se da cuenta de mi presencia.
INSTRUCTOR: Y ¿cómo te sentiste cuando esa persona no respondió a tu saludo?
JOHN: Me sentí culpable.
JENNIFER: Yo he tenido a veces pensamientos similares, es decir, que debo de haber hecho algo malo, y me siento culpable. Pero también me sentí ansiosa porque no fui capaz de conectar con la persona. Incluso llegué a pensar que merecía su negativa a interactuar conmigo. Al mismo tiempo, me hubiera gustado aclarar las cosas, haber arreglado las cosas con esa persona.
SARAH: Me sentí culpable. Me sentí excluida y abandonada –algo que me resultó inaceptable–.
INSTRUCTOR: ¿Advertisteis si el modo en que interpretasteis el comportamiento de la otra persona os resultó familiar, si era el modo en que soléis reaccionar?
[Muchos participantes responden «sí»].
INSTRUCTOR: Este ejercicio es muy interesante porque nos ayuda a comprender que a menudo nuestras reacciones y las cosas que sentimos en determinadas situaciones no dependen de lo que en realidad está sucediendo a nuestro alrededor o de lo que hacen otras personas, sino más bien de las ideas que tenemos sobre nosotros mismos, sobre quiénes somos, qué somos o cómo deberíamos ser o comportarnos. ¿Alguno de vosotros ha reconocido en esta situación una o más de las creencias distorsionadas de las que hablamos anteriormente?
JENNIFER: Sí, la responsabilidad exagerada.
ANDREW: Reconocí mi tendencia a dar demasiada importancia a un posible peligro.
SARAH: Me recordó mi intolerancia a la incertidumbre. No podía soportar ni saber lo que realmente sucedía en la situación.

Implicaciones para los problemas del TOC

La lección clave para los participantes del «Ejercicio de los pensamientos y los sentimientos» es que nuestros sentimientos y nuestros comportamientos son los efectos de un evento *más una interpretación*. Las personas afectadas por el TOC tienden a malinterpretar los estímulos normales, inofensivos y ambiguos como altamente peligrosos, con consecuencias amenazantes de las que podrían ser responsables. Después del ejercicio, los miembros del grupo son más conscientes de cómo funciona el TOC y de cómo el *mindfulness* puede tener una influencia terapéutica en su problema.

Comprender cómo funciona el TOC y cómo el mindfulness sirve de ayuda

Comprender cómo funciona el TOC implica comprender los factores que desencadenan, refuerzan y perpetúan los problemas de los participantes con TOC. Una vez que los participantes entiendan este proceso, serán capaces de ver por qué y cómo la práctica del *mindfulness* puede influir en sus síntomas. Debería ayudar a motivar a practicar de forma regular a fin de cambiar esos síntomas. Una de las cosas que el instructor dice al principio de la sesión es: «El primer paso para sanar es comprender».

Para este bloque hay que dar a los participantes los documentos 5A, 5B y 5C de la sesión 2.

Estos documentos emplean una formulación del problema cognitivo destinado a normalizar la experiencia obsesiva. Para asegurarse de que los participantes comprenden plenamente los contenidos de esta formulación del problema, el instructor debe usar una pizarra y construir la formulación junto con ellos siguiendo los siguientes pasos.

En primer lugar, debe explicar cómo las creencias distorsionadas llevan a los participantes a interpretar las experiencias normales e inofensivas (p. ej., pensamientos intrusivos) como peligrosas y amenazantes, lo que, a su vez, activa los comportamientos de búsqueda de seguridad, las compulsiones y las emociones desafiantes (véase Sesión 2–Documento 5B). Estos síntomas del TOC pueden considerarse normales cuando las personas activan constantemente el sistema de amenaza/autoprotección del cerebro (esto es, la respuesta de lucha, huida o paralización).

El instructor debe explicar, a continuación, que hay dos modos en que el *mindfulness* ayuda a contrarrestar el TOC (véase Sesión 2–Documento 5C). Primero, la práctica de *mindfulness* pone a los participantes en contacto directo con la realidad como respuesta correctiva a las creencias y a los pensamientos distorsionados. Si se practica con regularidad, el *mindfulness* puede ayudar a los participantes a suspender cualquier juicio que normalmente atribuyan a los desencadenantes del TOC. Aprenden a observar los pensamientos, las dudas y los impulsos sin reaccionar a ellos o interpretarlos, sino más bien aceptándolos como lo que son en realidad: experiencias inofensivas e impermanentes que desaparecerán si no se los alimenta de energía. Esta aceptación ayuda a prevenir una activación innecesaria del sistema de amenaza/autoprotección (es decir, en condiciones en que el peligro no es real). Segundo, el *mindfulness* puede favorecer la activación del sistema de satisfacción/confortamiento y seguridad, lo que favorece los sentimientos de calma, seguridad y confianza (véase Sesión 2–Documento 5C).

El instructor invita a cada uno de los miembros a examinar con qué aspectos del diagrama del documento 5B de la sesión 2 se identifican.

INSTRUCTOR: ¿Algún comentario o alguna pregunta? ¿Qué aspectos de vuestros problemas reconocéis en esta formulación del problema?

GEORGE: Me identifico con casi todo. Ahora tengo claro por qué sigo haciendo cosas que sé que no tienen sentido, pero mientras siga dándole significado a esas cosas, de alguna manera tienen sentido.

LARA: En realidad, ya empecé a entender esto gracias a los ejercicios de la semana pasada. Tendía a darle menos importancia a mis pensamientos perturbadores cuando aparecían, y luego tendía a reaccionar menos.

INSTRUCTOR: Al practicar regularmente el *mindfulness*, se comienza a romper una serie de hábitos mentales, que para algunos de vosotros se han consolidado a lo largo de muchos años, y se crea un nuevo hábito mental. Un nuevo modo mental os permite suspender todos los juicios y valoraciones sobre lo que ocurre en vuestro interior (p. ej., pensamientos, sentimientos, sensaciones), dándoles la bienvenida sin reaccionar a ellos, observándolos desde la distancia y reconociéndolos como lo que son: eventos mentales simples, inocuos e impermanentes. Pero para que este nuevo modo mental se convierta en vuestro, para que forme parte de vosotros, tenéis que practicar el *mindfulness* a diario, al menos durante unos meses. Si no lo hacéis, vuestros viejos hábitos mentales tenderán a volver a vuestras mentes. Por eso os invito encarecidamente a que os comprometáis a hacer la práctica en casa durante las próximas semanas y a que os toméis los ejercicios en serio.

Descanso

Los participantes hacen una breve pausa de 10 minutos en este punto de la sesión.

Informe de un paciente y debate

El instructor puede aumentar la comprensión que los participantes tienen de estos conceptos centrales sobre el TOC y el *mindfulness* leyendo en alto y debatiendo sobre el informe de un paciente (véase Sesión 2–Documento 6), en el que describe su experiencia en el grupo y cómo y por qué le ha resultado útil comprender su problema obsesivo para superarlo a través de la práctica de *mindfulness*.

Las tres causas del sufrimiento

El instructor presenta a continuación las tres principales causas del sufrimiento humano identificadas por la psicología budista –apego o codicia, aversión e ilusión, e ignorancia o distorsión– y ayuda a los participantes a encontrar conexiones y relaciones entre los problemas del TOC y cada uno de estos tres factores. Por ejemplo, los mecanismos y los síntomas del TOC son una forma de *apego* a pensamientos, creencias y comportamientos particulares (p. ej., rituales) y/o a objetos (p. ej., acaparamiento), de modo que el instructor podría animar a los participantes a pensar en sus apegos. Si fueran incapaces de pensar en nada, el instructor podría pedir a los participantes que reflexionen sobre si tienen o no rituales que se sientan obligados a realizar. Las compulsiones son una especie de *aversión* hacia algunos sentimientos (p. ej., ansiedad, vergüenza, asco), pensamientos (obsesiones), sensaciones físicas u objetos. Para examinar la aversión, el instructor pide a los participantes que consideren si hay pensamientos, sentimientos o cosas que les disgusten mucho y que traten de evitar, y les ofrece ejemplos en caso de que tengan dificultades para encontrar uno por su cuenta. Las creencias disfuncionales, el pensamiento mágico y la fusión pensamiento-acción son modalidades de las distorsiones de la realidad. Basándose en lo que se ha discutido hasta ahora en el programa, el instructor pregunta a los participantes si pueden pensar en situaciones en las que se dieron cuenta de que tenían una visión distorsionada de lo que estaban sintiendo, lo que estaba sucediendo a su alrededor, lo que realmente estaba pasando.

Una vez que al menos algunos participantes han podido relacionar las tres causas del sufrimiento con su propio TOC, el instructor examina y ayuda a los miembros del grupo a comprender cómo las prácticas del *mindfulness* resultan particularmente efectivas para prevenir o debilitar los tres modos mentales que causan sufrimiento y para reemplazarlos por actitudes más saludables.

Como parte de su práctica en casa, los participantes deben repasar cuidadosamente el documento 7 de la sesión 2 para comprender mejor y reflexionar sobre estos temas en casa.

Lectura y debate de las citas de la sesión 2

Como hizo en la sesión 1 y como hará en el resto de sesiones, el instructor comparte una serie de citas (Sesión 2–Documento 8) y pide a los participantes que reflexionen y compartan cómo podrían relacionarlas con lo que se ha debatido durante la sesión.

Distribución de documentos a los participantes y asignación de tareas para hacer en casa a lo largo de la siguiente semana

El instructor distribuye los documentos que todavía no ha compartido con los participantes durante la sesión, comenzando por el documento 1 de la sesión 2, que resume los contenidos básicos y los objetivos de esta sesión, y que los participantes tienen que leer en casa. A continuación, el instructor debe prestar especial atención al documento 9 –las tareas que los participantes deben hacer en casa durante esa semana– y al documento 10, el «Formulario de registro de la práctica en casa para la sesión 2». Se pide a los participantes que practiquen el «Escáner corporal» durante 6 de los próximos 7 días, así como la «Conciencia de la respiración y del cuerpo», también durante 6 de los próximos 7 días. También se les pide que practiquen la conciencia plena de una actividad rutinaria (práctica informal) y que registren su práctica de la meditación usando el «Formulario de registro de la práctica en casa para la sesión 2» (documento 10). De igual manera, se pide a los participantes que lean detenidamente los documentos proporcionados en la sesión por lo menos una vez a lo largo de la semana, y que reflexionen sobre la forma en que la información puede ser útil para comprender y abordar sus problemas actuales.

El instructor también da a los participantes el documento 11 de la sesión 2 para que lo compartan con sus familiares, con su pareja o con los amigos que puedan y estén dispuestos a apoyar el proceso terapéutico. El documento 11 de la sesión 2 está personalizado y se presenta en formato de carta, y cada uno tiene el nombre de un participante. El objetivo de este documento es proporcionar a las personas cercanas al participante una serie de directrices, recomendaciones, consejos e información sobre la fundamentación, los objetivos y los principios básicos del programa de la MBCT para el TOC. En el caso de los participantes que lleven a sus seres queridos a la sesión 3, esta carta sirve para preparar el debate que tendrá lugar en ese momento (véase el capítulo 7).

Círculo consciente

Al igual que en la sesión anterior, la sesión 2 termina con los miembros del grupo sentados en círculo. El instructor hace sonar la campana de la meditación para dar comienzo a un a meditación en silencio de 3-4 minutos centrada en la respiración. Al final, el instructor puede decidir repetir una o más citas de esta sesión e invitar a cada miembro del grupo a compartir, por turnos, y en pocas palabras, su experiencia del momento presente, sin más comentarios.

Sesión 2–Documento 1. Resumen de la sesión 2: Comprender el TOC y cómo el *mindfulness* sirve de ayuda

El TOC se caracteriza por la presencia de pensamientos, imágenes o impulsos recurrentes, intrusivos y angustiosos (obsesiones) y de actos repetitivos (compulsiones o rituales). Los pacientes creen que estos actos repetitivos reducirán el malestar y la ansiedad causados por los pensamientos obsesivos y evitarán cualquier consecuencia perjudicial que se perciba. Alrededor del 2-3% de la población mundial padece TOC. La mayoría de las personas afectadas por este trastorno tienen una relación problemática no solo con sus pensamientos, sino también con toda su experiencia interna (percepciones sensoriales, emociones y sensaciones físicas). Esta relación disfuncional puede desempeñar un papel significativo en la perpetuación del trastorno.

Se considera que el *mindfulness* es lo contrario de muchos síntomas y mecanismos obsesivos. Los síntomas obsesivos pueden definirse como un estado severo de *falta de conciencia* (*mindlessness*). Con el tiempo, los rituales obsesivos se vuelven automáticos, y la persona ya no es consciente de su sentido y de sus consecuencias reales. La práctica del *mindfulness* le permite **desarrollar la capacidad de reconocer y de optar por no reaccionar a las emociones, a las sensaciones y a los pensamientos no deseados. Los modos automáticos y habituales de reaccionar (obsesiones y compulsiones) alimentan los síntomas del trastorno** (véanse Sesión 2–Documentos 5A, 5B, 5C y 6).

Cultivar el *mindfulness* significa aprender a **permanecer arraigado en el momento presente**, en contacto con la realidad tal como es, y no tan distorsionada por la mente. Nos enseña a **observar nuestra propia experiencia sin juzgarla**. La práctica de *mindfulness* y todos los ejercicios de este curso pueden mejorar drásticamente la relación que usted tiene con sus estados internos –ya sean pensamientos, emociones o sensaciones físicas– y, por consiguiente, le ayuda a liberarse poco a poco de los hábitos y los sentimientos obsesivos y compulsivos.

Sesión 2–Documento 2. Instrucciones prácticas sobre la postura

La mejor postura de la meditación es aquella en la que se siente cómodo, despierto, estable y centrado, aquella que puede seguir manteniendo cómodamente durante un rato. Este tipo de postura le permite practicar con menos distracciones u obstáculos derivados de la incomodidad física, la somnolencia y el vagabundeo de la mente. Permite que el cuerpo se mantenga en equilibrio, quieto y despierto. Es posible lograrlo si el cuerpo encuentra equilibrio, serenidad, estabilidad y un estado de alerta.

Cuando practique, ya sea en una meditación sentada, en yoga o en algún otro ejercicio, es una buena idea usar ropa suelta, sin nada apretado alrededor de la cintura y con los pies descalzos. La mayoría de las prácticas de la meditación de este libro le permiten sentarse en una silla con el respaldo recto o en el suelo, usando un cojín de meditación (como un *zafu*) o un banco de meditación para apoyar sus glúteos.

Mantenga su espalda recta, pero no rígida, con la nuca alineada con la columna vertebral. Mantenga una postura erguida. Imagine que una cuerda atada a la parte superior de su cabeza levanta su cuerpo. Si está usted en una silla, puede sentarse cerca del borde de la misma a fin de no apoyarse en el respaldo. Apoye los pies en el suelo. A propósito, no hay nada en el hecho de sentarse en el suelo que lo haga preferible a sentarse en una silla. El hecho de usar una silla es extremadamente útil para las personas con problemas físicos o con unas articulaciones especialmente rígidas.

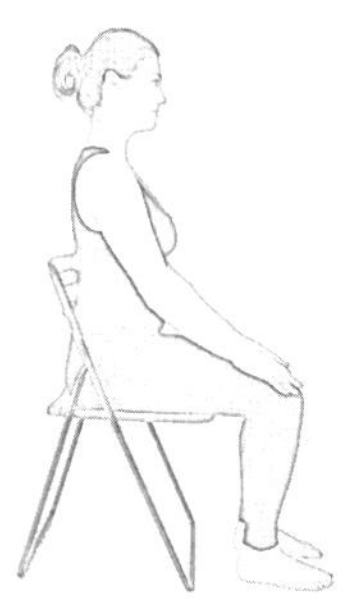

Una postura de la meditación en el suelo común, especialmente para los principiantes, es la posición birmana.

En esta posición, siéntese en el suelo con las piernas cruzadas. Las rodillas deben tocar preferiblemente el suelo, pero esto dependerá de la flexibilidad muscular de cada individuo, y no es un requisito. Puede ser útil usar un cojín debajo de las rodillas.

Como alternativa, puede sentarse en un banco o en un cojín con las rodillas apoyadas en el suelo y los brazos y las manos sobre los muslos.

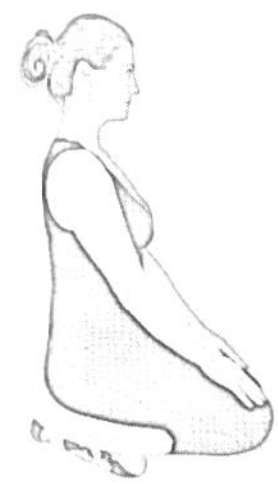

Sea cual sea el modo en que se siente, encuentre la posición más equilibrada, relajada y fija que permita que su mente profundice en el proceso de meditación. Intente ser amable consigo mismo.

Deje que sus manos descansen sobre sus rodillas, o ponga una mano en la otra, con las palmas hacia arriba y los pulgares tocándose suavemente a la altura del ombligo.

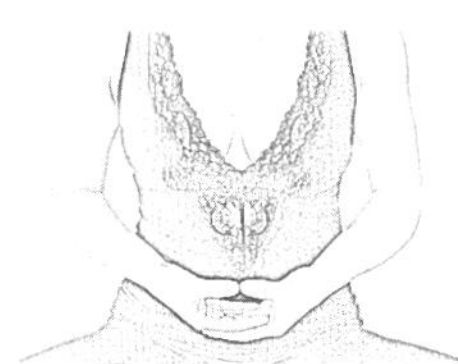

Relaje los hombros. Puede mantener los ojos abiertos o cerrarlos para evitar distracciones externas.

Basado en T. Bien y F. Didonna, «Appendix A: Mindfulness practice», *op. cit.*

Sesión 2–Documento 3. Síntomas típicos del TOC

¿Qué síntomas y rasgos enumerados a continuación reconoce que están presentes en su caso? ¿Qué características crean más dificultades? Estos síntomas pueden mejorar a través de este programa.

Las **obsesiones** son imágenes, escenas, impulsos, dudas y pensamientos recurrentes, persistentes, no deseados e intrusivos que causan ansiedad, angustia u otros sentimientos negativos. La persona trata de deshacerse de estos sentimientos o de neutralizarlos realizando una acción ritualista.

Entre los temas típicos de las obsesiones se encuentran:

- Miedo a contaminarse, o a contaminar a los demás, con infecciones o sustancias u objetos asquerosos.
- Miedo a dañarse uno mismo o a dañar a los demás.
- Atención excesiva a las ideas morales o religiosas.
- Pensamientos sexuales o violentos desagradables.
- Una necesidad de orden y simetría.
- Dudas sobre si se ha cerrado o no la puerta con llave, las ventanas, el gas o los grifos o de si se han apagado o no las luces.
- Miedo a un mal comportamiento vergonzoso o a actuar de forma inapropiada.
- Pensamiento mágico y creencias supersticiosas (p. ej., «Si no cuento hasta 87 cuando camino por la calle algo terrible le sucederá a mi amada»; «Tengo miedo del número 6 y tengo que evitarlo porque se dice que el 666 es el número del diablo»).

Las **compulsiones** son comportamientos o rituales que el individuo se siente obligado a llevar a cabo una y otra vez. Estos comportamientos están destinados a prevenir o reducir la angustia de las obsesiones o a hacerlas desaparecer.

Sin embargo, estos comportamientos son excesivos o no pueden prevenir de manera realista el evento temido. Por lo general, solo ofrecen un alivio temporal de la angustia. Las obsesiones suelen volver más fuertes. Además, estos rituales a menudo terminan causando angustia, ya que se vuelven más exigentes y requieren más tiempo.

Las compulsiones pueden ser **manifiestas**, cuando otras personas pueden observarlas (p. ej., lavar, comprobar), o **encubiertas**, cuando son acciones mentales inobservables (p. ej., contar en silencio o decir una y otra vez palabras, frases u oraciones para sus adentros).

Entre los ejemplos de compulsiones típicas y de otros comportamientos de búsqueda de seguridad se incluyen:

- Lavar (las manos, el cuerpo) y limpiar (la casa, la ropa, los objetos).
- Comprobar (si las puertas, el gas o un grifo están cerrados, o si las luces están apagadas; deshacer el camino recorrido con el coche para cerciorarse de que no se ha atropellado a nadie).
- Contar siguiendo ciertos patrones.
- Búsqueda continua de confirmaciones.
- Ordenar y arreglar cosas, perfeccionismo.
- Repetir palabras o frases especiales en silencio.
- Recitar oraciones en exceso o llevar a cabo comportamientos desencadenados por creencias religiosas o por miedo.
- Lentitud excesiva a la hora de completar las tareas –y los consiguientes retrasos–.
- Repetir tareas de manera excesiva.
- Emplear en exceso pensamientos «neutralizantes» para contrarrestar los obsesivos.
- No permitir que alguien entre en la propia casa (p. ej., por miedo a la contaminación).
- Evitar lugares, situaciones, personas o actividades que podrían desencadenar pensamientos obsesivos.

La mayoría de las personas con TOC tienen obsesiones y compulsiones, pero puede que algunos individuos solo tengan unas u otras.

Por lo general, los síntomas empeoran cuando la persona experimenta más estrés.

La mayoría de las personas con TOC reconocen que sus obsesiones y sus compulsiones son irracionales e irrealistas, pero se sienten incapaces de resistirse o de librarse de ellas.

En las personas con TOC, estos pensamientos y comportamientos causan una angustia extrema, requieren mucho tiempo e interfieren en su vida diaria, en su trabajo y en sus relaciones.

Sesión 2–Documento 4. Tipos de creencias distorsionadas en el TOC

Muchas personas que padecen TOC desarrollan creencias distorsionadas o irrealistas que comienzan durante la infancia. Estas creencias guían su interpretación de las experiencias de la vida de un modo problemático. Funcionan como «filtros» que dan significados particulares a la experiencia interna y externa. Estas creencias activan las obsesiones, la rumiación y, en consecuencia, los rituales compulsivos.

A partir de la siguiente lista de tipos o categorías de creencias, trate de identificar aquellas que ha desarrollado usted.

1. **Perfeccionismo**. Una creencia irrealista de que tiene que hacerlo todo de manera perfecta, sea cual sea el coste. Esta creencia suele llevar a la rumiación, a las obsesiones, al acaparamiento y a rituales de control, orden, precisión y simetría.
2. **Responsabilidad exagerada por daños potenciales y/o por omisión**. La idea errónea de que si se produce o se ha producido un evento perjudicial grave, usted es completamente responsable de él. Por eso, debe hacer todo lo que esté en su mano para evitar que vuelva a ocurrir o determinar por qué sucedió. También puede tener la creencia de que no ha hecho lo suficiente o ha evitado hacer lo necesario para evitar daños mayores. Esta creencia suele desencadenar obsesiones, rituales de control, limpieza y rumiaciones.
3. **Control de los pensamientos**. Una creencia irrealista de que necesita y debe ser capaz de controlar sus pensamientos –por ejemplo, que puede evitar que los pensamientos aparezcan o deshacerse de ellos cuando no son deseables. A menudo esta creencia lleva a rituales de orden y simetría, al acaparamiento, a rituales mentales, a la rumiación y a las obsesiones.
4. **Dar demasiada importancia a los pensamientos**. La idea errónea de que sus pensamientos pueden tener un impacto directo en su vida y decir algo real sobre quién es usted como persona. Esto puede incluir la creencia de que, en realidad, los pensamientos tienen el poder de determinar su bienestar y sus acciones. Esta creencia puede activar la rumiación y las obsesiones; los rituales de control, orden y simetría; y el acaparamiento.
5. **Dar demasiada importancia a las amenazas y al peligro percibidos**. La creencia de que un evento perjudicial tiene una mayor probabilidad de ocurrirle a usted que a otros o que puede ser más severo de lo que es en realidad. Esta convicción a menudo conduce a la rumiación y a rituales de control.
6. **Intolerancia a la incertidumbre**. Dificultad significativa para aceptar y permanecer en situaciones impredecibles o inciertas. Puede incluir

la creencia poco realista de que siempre podrá estar seguro de lo que está pasando. Esta creencia conduce a menudo a rumiaciones/obsesiones y a rituales de control, orden y precisión.

Basado en OBSESSIVE COMPULSIVE COGNITIONS WORKING GROUP, «Cognitive assessment of obsessive-compulsive disorder»: *Behaviour Research and Therapy*, 35 (1997), 667–681.

Sesión 2–Documento 5A. Cómo funciona el TOC y cómo el *mindfulness* puede servir de ayuda

Si observa con cuidado su TOC, se dará cuenta de que existen mecanismos específicos que activan y mantienen sus problemas a lo largo del tiempo. Comprender estos mecanismos le ayudará a cambiarlos.

Los problemas del TOC comienzan con una experiencia que la mayoría de las personas considera como inocua. La experiencia puede ser un **pensamiento** en forma de *duda* (p. ej., «¿He cerrado la puerta principal?»; «¿Me he lavado las manos adecuadamente?») o de *imagen* o *escena* (p. ej., el recuerdo de algo que usted hizo o no hizo, o de algo que teme), **sensaciones físicas** (p. ej., «Me pica la espalda») o **percepciones** que pueden ser visuales, auditivas, táctiles, etc. (p. ej., «He visto una mancha en el suelo»; «He oído un ruido») (véase Sesión 2–Documento 5B). En las personas con TOC, estas experiencias desencadenan una cascada de acontecimientos. En primer lugar, la duda, la imagen o la percepción se interpreta (*modo de juzgar*) según las **creencias distorsionadas o irracionales** desarrolladas anteriormente en la vida (véase Sesión 2–Documento 4 sobre los tipos de creencias distorsionadas). La interpretación activa entonces los temores de que la situación podría ser muy peligrosa.

Juzgar estos desencadenantes como peligrosos y **desconfiar** de la experiencia interna (sobre todo de la memoria y la percepción) activa la respuesta cerebral y corporal de lucha, huida o paralización. Esto forma parte del sistema de **amenaza/autoprotección**, un conjunto de áreas y estructuras en el cerebro. Este sistema prepara el cuerpo para tomar medidas defensivas en presencia de un peligro real. Puede salvar su vida en caso de que verdaderamente se encuentre en una situación peligrosa. Sin embargo, el sistema también puede activarse en presencia de un desencadenante no peligroso en caso de que usted crea que el peligro es real. La activación frecuente del sistema resulta estresante porque genera **emociones angustiosas** (ansiedad, asco, culpa, vergüenza, etc.) que le llevan a intentar protegerse del peligro temido. Suscita **comportamientos de autoprotección o de búsqueda de seguridad**, como las reafirmaciones o la realización de rituales compulsivos de comprobación o lavado. También podría evitar ciertas situaciones, o buscar constantemente el peligro sin darse cuenta de que en realidad no existe tal peligro.

Una vez activados, los comportamientos protectores y las emociones angustiosas alimentan aún más la interpretación del peligro que se da a los pensamientos inocuos. Esto aumenta su frecuencia y rápidamente se convierten en una **obsesión** (esto es, un pensamiento continuo y perturbador), y se siente la necesidad de adoptar medidas defensivas. Ahora existe un círculo vicioso que activa y perpetúa los problemas obsesivo-compulsivos a lo largo del tiempo.

El *mindfulness* ayuda a prevenir la activación innecesaria del sistema de amenaza/autoprotección (véase Sesión 2–Documento 5C). Cuando se practica regularmente todos los días, el *mindfulness* puede ayudar a **suspender el juicio** que usted podría emitir sobre cualquier desencadenante. Aprenderá a observar el desencadenante sin interpretarlo ni reaccionar a él, y lo aceptará como lo que es –un evento inofensivo que simplemente desaparecerá si no hace nada por alimentarlo–. El *mindfulness* también activa el **sistema de satisfacción/confortamiento y seguridad**, que calma y promueve una sensación de seguridad y confianza.

El *mindfulness* le ayuda a reducir los síntomas del TOC (comportamientos de búsqueda de seguridad y emociones, sensaciones y pensamientos angustiosos) y a cultivar un sentido de calma, estabilidad y equilibrio.

Sesión 2–Documento 5B

CÓMO FUNCIONA EL TOC

DESENCADENANTE (inofensivo e involuntario)
Dudas, imágenes, impulsos, sensaciones físicas, percepciones y pensamientos intrusivos
(¿He dejado abierto el gas? ¿Me he lavado las manos lo suficiente?
¿He cerrado la puerta principal? ¿He visto una mancha en el suelo?
¡He sentido algo en mi espalda!)

CREENCIAS DISTORSIONADAS Y DESCONFIANZA

EL DESENCADENANTE SE INTERPRETA COMO UN PELIGRO O UNA AMENAZA
(Creer que sus pensamientos son ciertos y sentirse culpable de haber causado un daño grave: «Si he dejado el gas abierto, ocurrirá una tragedia y será por mi culpa»).

HIPERACTIVACIÓN (INÚTIL) DEL SISTEMA DE AMENAZA/AUTOPROTECCIÓN DEL CEREBRO. MUCHAS FALSAS ALARMAS

COMPORTAMIENTOS DE BÚSQUEDA DE SEGURIDAD
Evitación, rituales compulsivos (p. ej., lavar, comprobar), búsqueda de confirmaciones, estar en alerta por situaciones temidas, intentos de suprimir los pensamientos.

EMOCIONES ANGUSTIOSAS
Ansiedad, vergüenza, asco, culpa, tristeza.

Sesión 2–Documento 5C

CÓMO PUEDE AYUDAR EL MINDFULNESS A MI TOC

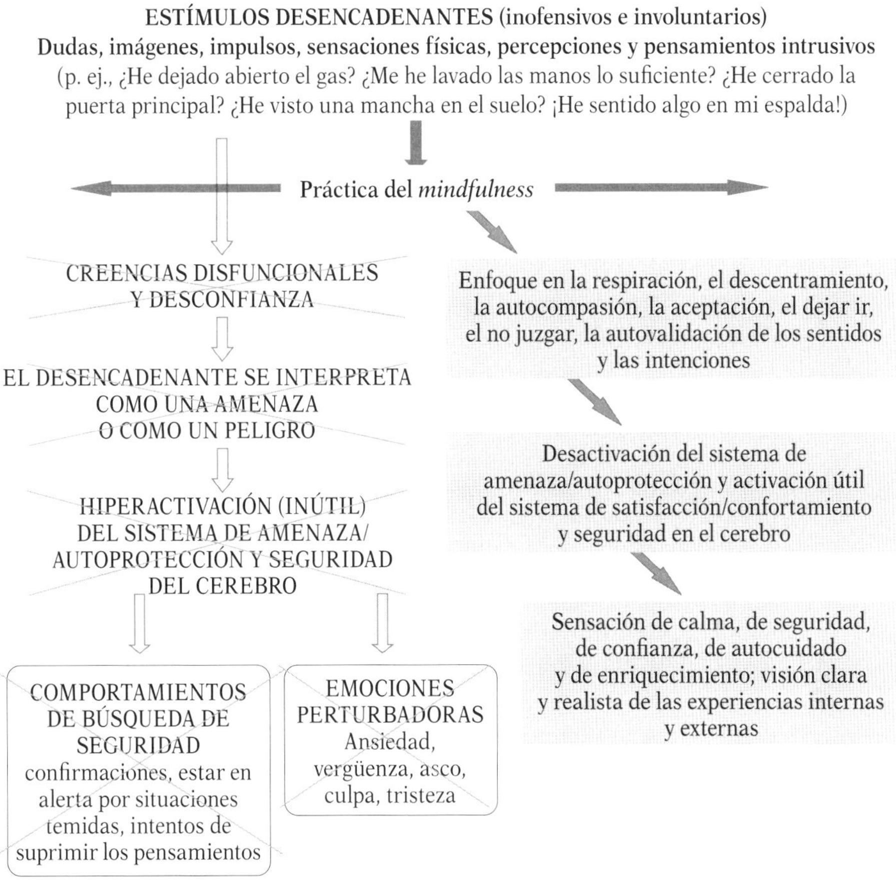

Sesión 2–Documento 6. Informe de un paciente: «El mindfulness como solución sanadora para mi TOC»

La práctica de *mindfulness* me ha ayudado a tratar de forma diferente mis pensamientos intrusivos, mis dudas, mis obsesiones y mis imágenes. Normalmente reacciono a mis pensamientos obsesivos como si fueran órdenes reales y urgentes que no puedo rechazar. Actúo sobre ellos tan pronto como aparecen porque no hacerlo sería demasiado arriesgado, y porque algo malo pasaría y sería por mi culpa.

El *mindfulness* me permite detener la progresión de los pensamientos intrusivos antes de que se conviertan en pensamientos críticos –si no realizo mi ritual, algo malo sucederá–. Ahora, cuando tengo pensamientos intrusivos, es como si pudiera observarlos a cierta distancia, verlos como lo que son –meros pensamientos–. También soy consciente de lo que está sucediendo en realidad, y como casi nunca entraña un verdadero riesgo, ya no tengo que reaccionar.

Esta capacidad de no reaccionar me ha hecho darme cuenta de que no necesito llevar a cabo mis rituales. Ya no creo en la importancia de los pensamientos que me dicen: «Tienes que comprobar tres veces o tienes que asegurarte diez veces». Sé que solo son pensamientos, así que los dejo estar hasta que desaparecen, como nubes que atraviesan el cielo. La capacidad de observar mis pensamientos sin hacer nada –sin juzgar, sin reaccionar– me permite interrumpir los mecanismos que siempre me han conducido a mis rituales.

—Sara (una mujer joven afectada por el TOC)

Sesión 2–Documento 7. Las causas del sufrimiento

El dolor es una condición normal en la vida de todo ser humano. Cuando nacemos, experimentamos un gran dolor al pasar de la comodidad del útero al mundo, una transición impuesta por la naturaleza. La pérdida, la enfermedad, los accidentes y las expectativas frustradas conducen a diversas formas de sufrimiento. Afortunadamente, la vida también puede ofrecer muchos momentos de alegría y largos períodos de serenidad y paz. Todo lo que podemos hacer como seres humanos es crear la mejor relación posible con el dolor cuando se produce para tratar de evitar que aumente y hacer todo lo posible para que finalmente desaparezca. El dolor, como todo en la vida, no es permanente. El desarrollo de la conciencia nos permite reconocer y prevenir nuestros modos automáticos habituales de reaccionar y de responder de forma consciente y más efectiva. Para todos los seres humanos, pero especialmente para las personas afectadas por el TOC, el sufrimiento se genera y se ve aumentado por la tendencia a reaccionar a las experiencias dolorosas o perturbadoras en una o más de las siguientes tres maneras.

1. **Apego/aferramiento.** Una tendencia a considerar algunos elementos o experiencias (personas, objetos o situaciones) como «esenciales» para nuestras vidas, a aferrarnos a algo (incluso a pensamientos o creencias) o a alguien, a tener la esperanza de experimentar la vida de una manera diferente a como la vivimos en el momento presente, a querer continuamente lo que no tenemos y a no darnos permiso para dejar ir la experiencia agradable cuando tenemos que dejarla ir. Este aferramiento es la base de todas las adicciones que pueden crear ansiedad por perder algo o no conseguir algo que consideramos esencial. A su vez, esta ansiedad puede generar rituales compulsivos o comportamientos de búsqueda de confirmación; puede llevarnos a la ira, a la tristeza o a la desesperación si hemos perdido ese «algo». Un proverbio budista dice: «Todo lo que realmente necesitas en la vida ya está aquí».
2. **Aversión.** Una tendencia a resistirse, a luchar, a negar, a oponerse y a evitar las experiencias desagradables, incluso las experiencias normales que son inevitables. La aversión se produce cuando no aceptamos las cosas que no son como nos gustaría que fueran, incluidos nuestros propios pensamientos, emociones o sensaciones. Intentamos cambiar o prevenir lo que, en realidad, no puede cambiarse o prevenirse. Todo esto lleva a una enorme e innecesaria pérdida de energía que puede generar sentimientos de ira, de resentimiento, de vergüenza, de ansiedad, de culpa o de estrés prolongado, y activar rituales compulsivos en reacción a esos sentimientos no deseados.
3. **Ilusión o distorsión.** Una tendencia a perder el contacto con la realidad o a distorsionarla fantaseando, viendo (o temiendo) lo que no está ahí, y no viendo lo que está ahí. Cuando no estamos en el momento presente, podemos quedar atrapados por los recuerdos del pasado o por las preocupaciones

sobre el futuro que no nos permiten ver las cosas de manera objetiva y realista. Esta condición puede generar emociones que son muy difíciles de manejar, y es una de las causas del TOC.

Cada uno de estos tres modos de reaccionar causan, aumentan y mantienen el sufrimiento y la mayoría de los trastornos psicológicos. A través de la práctica de *mindfulness* estamos cada vez en mejores condiciones de reconocer cuándo una de estas tres tendencias se ha activado en nuestras mentes. Entonces podemos intentar interrumpirlas o, al menos, reducir su intensidad y su frecuencia, y acabar impidiendo que ocurran en el futuro.

Sesión 2–Documento 8. Citas de la sesión 2

El enfoque básico para entender la mente es un proceso gradual
de hacernos amigos de nosotros mismos.

—Chögyam Trungpa

No vemos las cosas tal como son,
sino tal como somos.

—El Talmud

Entre el estímulo y la respuesta hay un espacio.
En ese espacio se inserta nuestra capacidad de elegir nuestra respuesta.
En nuestra respuesta subyace nuestro crecimiento y nuestra libertad.

—Viktor E. Frankl

Soy un hombre viejo y he conocido muchos problemas,
pero la mayoría de ellos nunca sucedieron.

—Mark Twain

En la quietud antes de que surjan nuestros hábitos
nos volvemos libres.

—Jack Kornfield

Es difícil luchar contra un enemigo que está en tu propia cabeza.

—Sally Kempton

Una creencia no es implemente una idea que la mente posee.
Es una idea que posee a la mente.

—Robert Oxton Bolton

Los hombres no son prisioneros del destino,
sino prisioneros de su propia mente.

—Franklin D. Roosevelt

Si te preguntas qué podría ser,
y te preguntas qué podría haber sido,
ignorarás lo que es.

—Autor desconocido

Sesión 2–Documento 9. Práctica en casa para la semana siguiente a la sesión 2

1. Practique el ejercicio del «Escáner corporal», cuya transcripción le facilitará su instructor, durante 6 de los próximos 7 días, y tome nota de sus impresiones y observaciones en el «Formulario de registro de la práctica en casa».
2. Practique el ejercicio de la «Conciencia de la respiración y del cuerpo», cuya transcripción le facilitará su instructor, cada día, a diferentes horas, durante 6 de los próximos 7 días. El hecho de mantenerse en contacto con su respiración todo el día le dará la oportunidad de tomar conciencia de lo que se siente cuando está en contacto con el momento presente.
3. Cada vez que practique alguno de los ejercicios de esta sesión, informe de su experiencia en el «Formulario de registro de la práctica en casa para la sesión 2» (documento 10), y tome nota de cualquier comentario, impresión o dificultad que experimente.
4. Lea cuidadosamente el material proporcionado en los documentos, al menos una vez, y reflexione sobre las ideas presentadas, tratando de hacerlas suyas y usándolas todos los días para desarrollar una nueva relación con sus pensamientos, con sus sentimientos y con sus sensaciones físicas.
5. Escoja una actividad rutinaria de su vida diaria de la que pueda ser especialmente consciente (p. ej., cepillarse los dientes, ducharse, fregar los platos, sacar la basura, leer, ir de compras, comer).

Cuando practique los ejercicios, intente no tener expectativas específicas sobre lo que sucederá durante los mismos. Cuando practique el *mindfulness*, piense en sí mismo como un buen agricultor que prepara y siembra su tierra, confiando en que verá crecer y florecer el fruto de este trabajo después de unos pocos meses. Haga lo posible para abordar los ejercicios no como si fueran deberes que tiene que realizar, sino como una actividad saludable que desea convertir en un hábito permanente en su vida.

Recuerde siempre que el grado de compromiso con que asuma este programa le ayudará a conseguir resultados significativos a largo plazo y que, con el tiempo, el *mindfulness* puede convertirse en una elección de vida y en un modo de estar en el mundo.

Sesión 2–Documento 10. Formulario de registro de la práctica en casa para la sesión 2

Nombre: ....

Rellene este formulario cada vez que practique. Anote todo lo que suceda durante el ejercicio a fin de que podamos hablar de ello durante la siguiente sesión.

Día/Fecha	Ejercicio	Comentarios
Jueves Fecha:	Escáner corporal Conciencia de la respiración y del cuerpo Actividad rutinaria	
Viernes Fecha:	Escáner corporal Conciencia de la respiración y del cuerpo Actividad rutinaria	
Sábado Fecha:	Escáner corporal Conciencia de la respiración y del cuerpo Actividad rutinaria	
Domingo Fecha:	Escáner corporal Conciencia de la respiración y del cuerpo Actividad rutinaria	
Lunes Fecha:	Escáner corporal Conciencia de la respiración y del cuerpo Actividad rutinaria	
Martes Fecha:	Escáner corporal Conciencia de la respiración y del cuerpo Actividad rutinaria	
Miércoles Fecha:	Escáner corporal Conciencia de la respiración y del cuerpo Actividad rutinaria	

Sesión 2–Documento 11. Información para los miembros de la familia y las parejas

Querido familiar o pareja de ______________________.

Me gustaría proporcionarle información sobre el proceso terapéutico por el que está pasando su ser querido como parte de este programa y explicarle lo que ayuda y lo que no ayuda a los problemas de su ser querido.

El trastorno obsesivo-compulsivo (TOC) es un trastorno de la confianza, en el sentido de que las personas que lo padecen no pueden confiar en lo que hacen, lo que perciben o lo que recuerdan. Las personas con problemas obsesivos no confían en su atención, en su memoria o en sus sentidos, especialmente durante las situaciones que provocan ansiedad. Tienden a interpretar las situaciones como peligrosas o amenazantes. Piensan que deben hacer algo, como pedir confirmaciones o realizar rituales compulsivos, a fin de prevenir las consecuencias temidas. Los comportamientos de búsqueda de confirmación y los rituales reducen la ansiedad intensa de la persona pero no abordan la raíz del problema.

Las personas con TOC piden a menudo a su familia o a sus amigos que les den confirmaciones; esto delega la responsabilidad de aquello que se teme en la persona encargada de dar dichas confirmaciones. Y el efecto de recibir esta confirmación es lo que, en realidad, alimenta y fortalece el problema obsesivo. Aumenta la desconfianza de la persona en sí misma.

En este curso de 11 sesiones, su ser querido aprenderá un nuevo modo de relacionarse con sus pensamientos, sus sensaciones y sus emociones. Aprenderá a observar estos estados internos sin tener que reaccionar a ellos con rituales compulsivos. Reconocerá los pensamientos, las emociones y las sensaciones físicas como eventos simples, inofensivos y transitorios, sin darles ningún significado.

Los ejercicios de *mindfulness* ayudan a que las personas con TOC desarrollen esta nueva relación con sus experiencias internas y externas. Cultivan una nueva relación con sus sentidos (vista, oído, tacto, gusto y olfato) que fomenta la confianza en sí mismas, lo que constituye un antídoto fundamental contra las obsesiones.

A fin de ayudar mejor a su ser querido y de reforzar los efectos del programa terapéutico, haga el favor de seguir estas directrices:

1. *Lea todo el material* que su ser querido lleve a casa después de cada sesión. Reflexionen juntos sobre ello y traten de entender cómo usarlo mejor en la vida diaria y en situaciones difíciles.
2. *Nunca confirme nada a su ser querido*. Esto solo aumenta la inseguridad de su ser querido y alimentan el trastorno.
3. *Transmita a su ser querido mensajes de confianza* en los que le comunique que confía en él y en lo que piensa, siente, quiere, escucha y recuerda, y dígale que será capaz de mejorar o de superar el TOC.

4. *No ayude nunca a su ser querido en los rituales*. Por ejemplo, no le ayude con las duchas o la limpieza; no intente asegurarse de que todo está en su sitio y no organice los objetos. Este tipo de ayuda solo refuerza y magnifica el problema. En vez de ello, recuérdele que ponga en práctica las ideas, los principios y las herramientas que le ha proporcionado el grupo de *mindfulness*. Por ejemplo, pregúntele: «¿Qué has aprendido en el grupo que podría ayudarte en esta situación?», o: «¿Qué ejercicio o actitud podrías usar para superar esta dificultad?».
5. *Anime, motive y, en caso necesario, ayude a su ser querido a recordar que haga la práctica diaria* de los ejercicios asignados en cada sesión. Usted también puede practicar los ejercicios con él o ella, leyendo juntos las prácticas de los ejercicios de *mindfulness*. La efectividad de este programa *depende* en gran medida de la práctica regular de los ejercicios en casa.
6. *Ayude a su ser querido a ser independiente* y a tomar decisiones en la vida diaria, asumiendo toda la responsabilidad de dichas decisiones. Este es un elemento fundamental del tratamiento para el trastorno obsesivo-compulsivo, porque las personas que padecen este trastorno suelen tener dificultades para responsabilizarse de sus propias acciones y decisiones.
7. *Ofrezca siempre apoyo y elogios* cuando su ser querido haga algo difícil por sí mismo, sin rituales ni confirmaciones.
8. *Crea en la capacidad de su ser querido para manejar y superar los problemas obsesivo-compulsivos*. Ayúdele a desarrollar su confianza en la capacidad de cambiar.

Espero que la información proporcionada aquí sea clara; estoy a su disposición en caso de que precise alguna aclaración adicional.

7 Sesión 3
Ayudar a los familiares y a las parejas a apoyar a los pacientes con TOC

La paz no puede mantenerse por la fuerza;
solamente puede alcanzarse por medio del entendimiento.

—Albert Einstein

Sobre esta sesión

Después de la segunda sesión, los participantes deberían sentirse cómodos y comprometidos con el programa. En este punto resulta útil involucrar a los miembros de la familia y a las parejas en el proceso. Ellos también experimentan dificultades causadas por el TOC de su ser querido y a menudo quieren saber qué pueden hacer para ayudar a que tenga éxito en este programa terapéutico. Al final de la sesión 2, los participantes recibieron una carta (Sesión 2–Documento 11) que debían llevar a casa y dársela a sus familiares, a sus parejas o a sus amigos cercanos, una carta que hablaba de cómo funciona el TOC. Durante esta sesión, el terapeuta y las personas cercanas a los participantes examinarán y reflexionarán sobre el contenido de la carta.

Los padres, los cónyuges, otros miembros de la familia y los amigos se ven arrastrados frecuentemente a los rituales de los pacientes, y es así como quedan enredados en el trastorno. Esto puede suceder, por ejemplo, cuando las personas cercanas a los pacientes les reconfortan constantemente sobre sus miedos o les ayudan directamente en sus rituales. También pueden colaborar realizando las compulsiones de los pacientes, persuadidos por los ruegos desesperados de estos o, en no pocas ocasiones, por un comportamiento agresivo de este si rechazan las súplicas de ayuda. Los miembros de la familia que actúan como cómplices involuntarios en el TOC crean un círculo vicioso que fortalece y perpetúa el trastorno.

Además, la mayoría de las personas afectadas por el TOC manifiestan sus problemas principalmente en sus hogares, y no en el entorno terapéutico. Los pacientes, sobre todo los que padecen un TOC más severo, tienden a pasar la mayor parte de su tiempo en casa, en contacto con las personas con las que conviven, de modo que los miembros de la familia no pueden permanecer neutrales ante los problemas del TOC de los pacientes. Debido a la relación típicamente colusiva entre los pacientes con TOC y sus familias, las mejoras alcanzadas laboriosamente durante las sesiones terapéuticas a menudo se ven comprometidas en casa. Por eso, es importante intentar involucrar de manera constructiva en el programa a las personas cercanas al paciente.

Durante la entrevista previa al ingreso en el grupo, el instructor pregunta qué miembros de la familia del participante están interesados en ayudarle con el programa terapéutico. Si lo estima necesario, el instructor puede solicitar sesiones individuales con los miembros de la familia antes del comienzo del programa, a fin de comprender mejor la relación entre el paciente y su familia. Sin embargo, hay algunos ejemplos en los que es mejor no invitar a los miembros de la familia a la sesión 3: por ejemplo, los participantes con un nivel de severidad del TOC bajo o moderado; los miembros de la familia que no están directamente involucrados en el trastorno del paciente; o los participantes que tienen serios problemas en sus relaciones con los miembros de la familia. Queda a discreción del instructor determinar qué seres queridos de los participantes sería mejor invitar a esta sesión conjunta.

Los objetivos de la sesión son ayudar a la familia y a las parejas a comprender cómo funciona el TOC, cuáles son los factores que lo activan y lo mantienen, y prevenir las confirmaciones por parte de los familiares y otros obstáculos que refuerzan el trastorno. El instructor ayuda a los miembros de la familia a pasar de ser cómplices involuntarios del TOC a ser coterapeutas voluntarios. La familia puede proporcionar asistencia y apoyo útiles de manera regular a los participantes durante el programa, e incluso después de que este haya terminado.

El instructor explica en esta sesión, en primer lugar, la fundamentación del programa, los mecanismos cognitivos que activan y mantienen los problemas obsesivos (véase Sesión 2–Documento 5B), y cómo la práctica de *mindfulness* puede desempeñar un papel efectivo para cambiar estos mecanismos (véase Sesión 2–Documento 5C). El ejercicio de *mindfulness* presenta a los miembros de la familia la técnica y, a continuación, tiene lugar un debate. A reglón seguido, el instructor muestra que los familiares pueden ayudar a los pacientes y les hace ver también qué es lo que *no* les ayuda (cuadro 7.1). La sesión dura 90 minutos, siendo más corta que las demás sesiones del programa.

Cuadro 7.1.

Programa de la sesión 3 con los miembros de la familia y las parejas

Tema: Ayudar a los familiares y a las parejas a apoyar a los pacientes con TOC

Breve resumen

Esta es una sesión grupal psicoeducativa con los pacientes y sus familiares o las personas cercanas a ellos. El objetivo es evitar que la familia se adapte al trastorno (p. ej., mediante confirmaciones), y enseñar a los miembros de la familia lo que es útil para su ser querido. Durante esta sesión se explica la fundamentación del programa, así como los mecanismos cognitivos que activan y mantienen un problema obsesivo (formulación del problema). Los miembros de la familia aprenderán cómo la práctica de *mindfulness* puede desempeñar un papel importante a la hora de cambiar estos mecanismos y de lograr una mejora clínica.

Esquema de la sesión (Duración de la sesión: 1 hora y 30 minutos)

- ❑ Bienvenida a los participantes y a sus familiares.
- ❑ Información básica sobre el TOC y explicación de la fundamentación del programa.
- ❑ Ejercicio de *mindfulness*: «Meditación sentada: conciencia de la respiración y del cuerpo».
- ❑ Revisión de la práctica: comprender cómo puede desempeñar el *mindfulness* un papel en el TOC.
- ❑ Qué es útil y qué no lo es: directrices para los familiares y las parejas (Sesión 3–Documento 1).
- ❑ Turno de preguntas y debate.
- ❑ Distribución de documentos a los participantes y asignación de tareas para hacer en casa.
- ❑ Terminar con un «Círculo consciente» centrado en la respiración.

Materiales y recursos

- Campanas.
- Pizarra.
- Videoproyector o retroproyector (si es posible).

Documentos para los participantes

Documento introductorio: MBCT para el TOC (capítulo 4).

Sesión 3–Documento 1. TOC: Qué hacer y qué no hacer.

Resúmenes de las sesiones 1 a 11:

- Sesión 1–Documento 1.
- Sesión 2–Documento 1.
- Sesión 3–Documento 1.
- Sesión 4–Documento 1.
- Sesión 5–Documento 1.

(cont.)

- Sesión 6–Documento 1.
- Sesión 7–Documento 1.
- Sesión 8–Documento 1.
- Sesión 9–Documento 1.
- Sesión 10–Documento 1.
- Sesión 11–Documento 1.

Sesión 2–Documento 3. Síntomas típicos del TOC.

Sesión 2–Documentos 5A, 5B y 5C. Cómo funciona el TOC y cómo el *mindfulness* puede servir de ayuda.

Bienvenida a los participantes y a sus familiares

El instructor da la bienvenida a los participantes y a sus familiares y señala que esta sesión compartida tiene como objetivo fomentar una mejor comprensión de cómo funciona el TOC y de cómo los familiares pueden ayudar a los participantes a sacar el máximo provecho del programa y a apoyarlos de manera productiva en momentos de necesidad.

El instructor suele empezar la sesión de la siguiente manera:

> Gracias por estar hoy aquí. El primer paso hacia la curación es la comprensión. Esta sesión es muy importante porque vamos a tener la oportunidad de comprender mejor cómo funciona el TOC y cómo podemos trabajar en equipo para sacar el máximo provecho de este programa y evitar todos los comportamientos que podrían poner en peligro los resultados positivos y reforzar el trastorno.

Información básica sobre el TOC y explicación de la fundamentación del programa

El instructor explica, a continuación, los efectos y la fundamentación del programa de la MBCT para el TOC a los familiares y a las parejas. Esto abarca el contenido de la carta que se les envió después de la sesión 2, así como el material del documento 6 de la sesión 2. A continuación presentamos un ejemplo de lo que el instructor podría decir:

> El TOC es, básicamente, un trastorno de la confianza, en el sentido de que las personas que lo padecen no pueden confiar en lo que hacen, en lo que les dicen sus sentidos o en lo que recuerdan. Cuando las personas con TOC experimentan un desencadenante, incluso uno imaginario, vinculado a un significado obsesivo, entran en lo que podría llamarse el «piloto automático». Interpretan la situación desencadenante o el pensamiento como peligroso y amenazante y reaccionan sintiendo que tienen que hacer algo –como realizar rituales compulsivos, prevenir las consecuencias temidas y reducir su intensa ansiedad–. No entienden o no confían en su recuerdo de lo que realmente ha sucedido o

de lo que percibieron a través de sus sentidos. En vez de ello, creen ciegamente en sus pensamientos obsesivos y en sus creencias distorsionadas.

Las personas con TOC piden a menudo a su familia o a sus amigos que les reconforten. Esto delega la responsabilidad de aquello que se teme en la persona encargada de reconfortarlas. Sin embargo, el efecto de recibir esta confirmación reconfortante es lo que, en realidad, alimenta y fortalece los problemas obsesivos, porque aumenta la inseguridad y la desconfianza de los pacientes en sí mismos.

En este programa de 11 sesiones, los participantes aprenderán un nuevo modo de relacionarse con sus pensamientos, con sus sensaciones y con sus emociones. Aprenderán a observar sus emociones o sus pensamientos sin reaccionar a ellos con rituales compulsivos. Reconocerán estos estados internos como eventos inofensivos y transitorios, sin darles ningún sentido (p. ej., «El mero hecho de tener este pensamiento no quiere decir que vaya a lastimar a alguien»).

Los ejercicios de *mindfulness* ayudan a que las personas con TOC desarrollen esta nueva relación con las experiencias internas y externas. Les ayudan a cultivar una nueva relación con sus propios sentidos, pensamientos y emociones que fomenta una sensación de confianza en sí mismas –lo que constituye un antídoto fundamental contra las obsesiones–.

A través del programa de la MBCT para el TOC ayudamos a las personas que padecen TOC a desarrollar nuevos hábitos mentales saludables que reemplacen los viejos hábitos obsesivos y las compulsiones. Para alcanzar este objetivo, la gente necesita practicar los ejercicios del programa a diario. Usted, como familiar o pareja, puede proporcionar un apoyo muy útil a su ser querido:

- Permitiendo o creando las mejores condiciones en las que practicar los ejercicios de *mindfulness* (incluso practicando juntos en ocasiones).
- Recordándole el sentido y los objetivos del programa.
- Motivándole y animándole a poner en práctica lo que ha aprendido durante el curso, incluso en los momentos más difíciles.
- Dejando de confirmar nada o de ayudarle con las compulsiones.

En este punto, es importante que el instructor deje espacio para el debate. Aunque tanto los participantes como sus familiares ya deben haber leído el material en su casa antes de la sesión, pueden tener preguntas o dudas, por ejemplo, sobre cómo evitar ayudar a sus seres queridos con las compulsiones cuando estos últimos están enfadados o se muestran agresivos. Si los presentes se muestran renuentes a hablar, el instructor debe tener preguntas preparadas para provocar algún debate sobre las preocupaciones más comunes que la gente podría tener. Por ejemplo, el instructor podría preguntar a los familiares si se identifican con lo que se ha dicho por lo que respecta a dar confirmaciones a sus seres queridos o si se sentirán cómodos proporcionando el apoyo que se ha recomendado y, de no ser así, por qué no. Los miembros de la familia podrían sentirse también poco familiarizados con lo que implica en realidad el *mindfulness*, por lo que la siguiente parte de la sesión consiste en realizar juntos una actividad de *mindfulness*.

Ejercicio de *mindfulness*: «meditación sentada: conciencia de la respiración y del cuerpo»

Para ayudar a que los miembros de la familia y las parejas comprendan los efectos de la práctica de *mindfulness*, el instructor les invita a practicar una meditación sentada guiada centrada en la respiración y en el cuerpo (use el ejercicio del cuadro 6.2). Practicar esta meditación junto con sus seres queridos puede hacer que los miembros de la familia sean más conscientes de los beneficios potenciales de la práctica, así como de los retos que puede suponer. El instructor debe guiar el debate que sigue a la meditación para sacar a relucir ambos aspectos, incitando a los miembros de la familia a compartir cómo experimentaron el ejercicio de *mindfulness*.

Revisión de la práctica: comprender cómo puede desempeñar el *mindfulness* un papel en el TOC

INSTRUCTOR: ¿Algún comentario que quieran compartir con el grupo sobre su experiencia en este ejercicio? ¿Qué han advertido?

FAMILIAR DE GLORIA (mujer): Yo he experimentado una sensación de calma, de dejar ir, de relajación, aunque en mi mente han aparecido imágenes relacionadas con los ruidos externos e internos y se me han pasado otras cosas por la cabeza. Una sensación de bienestar. He intentado reconocer estas imágenes y dejarlas ir para seguir experimentando esta sensación de bienestar.

FAMILIAR DE JACK (hombre): Yo también he experimentado una sensación de bienestar. Mis pensamientos eran muy ligeros.

INSTRUCTOR: Esa es una observación interesante. En realidad, todos los pensamientos son ligeros cuando surgen, y lo siguen siendo si no hacemos nada con ellos. Sin embargo, cuando los juzgamos o los consideramos como hechos, adquieren un peso y una fuerza que los convierten en un problema, o incluso en una obsesión.

FAMILIAR DE JENNIFER (mujer): Yo también he intentado practicar este ejercicio una vez en casa, pero hoy estaba un poco perdida. El hecho de cerrar los ojos me ha ayudado a concentrarme.

FAMILIAR DE DENNIS (hombre): También yo he practicado recientemente ejercicios similares. Lo principal que he advertido es que me estaba escuchando a mí mismo. Dijo usted que hay que distanciarse de los pensamientos y observarlos como si fueran del exterior, algo que también me parece importante.

INSTRUCTOR: Sí, eso es lo importante. Básicamente, estos ejercicios nos ayudan a ver la realidad tal como es en el momento presente, momento a momento: tanto nuestra experiencia interna –pensamientos, emociones y sensaciones físicas– como la externa, lo que sucede alrededor de nosotros. La realidad creada por la mente es, en ciertas ocasiones, irreal y distorsionada, particularmente en el caso de las personas que padecen TOC, por lo que es difícil tratar con ella. Cuando estamos en contacto directo con la realidad –con lo que nos comunican nuestros sentidos, por ejemplo–, estamos en mejores condiciones de hacer frente a las dificultades que podemos encontrar en nuestra vida.

Tras este debate, vale la pena dedicar un tiempo a analizar cuáles son los posibles desafíos a los que se van a enfrentar los miembros de la familia que tratan de apoyar a sus seres queridos en la práctica de *mindfulness* de manera regular. El instructor les invita a compartir cualquier preocupación o duda que puedan tener.

Qué es útil y qué no lo es: directrices para los familiares y las parejas

El instructor distribuye el documento 1 de la sesión 3 y lo usa como una guía para examinar con los familiares y las parejas qué deben hacer y qué no para ayudar con los problemas desafiantes creados por los pacientes con TOC. Entre los puntos clave se incluyen los siguientes:

- Nunca confirmar nada.
- No ayudar nunca con los rituales.
- No poner en riesgo y limitar su propia vida a causa de los problemas del TOC de su ser querido.
- No criticar nunca a su ser querido por sus problemas del TOC.
- No desanimarse si hay recaídas tras un período de mejora.
- Leer todos los materiales del programa con su ser querido.
- Dar a su ser querido mensajes de confianza y seguridad en su recuperación.
- Practicar los ejercicios de *mindfulness* usted mismo y con su ser querido, si es posible.
- Ayudar a su ser querido a ser independiente.
- Reconocer, animar y elogiar a su ser querido por las pequeñas mejoras.
- Creer en la capacidad de su ser querido para manejar y superar el TOC.
- Usar el humor.
- Intentar reconocer las señales que indican que el TOC de su ser querido podría estar activo.

Turno de preguntas y debate

Por lo general, el debate sobre los puntos que acabamos de enumerar lleva a los miembros de la familia a compartir los numerosos y a veces dramáticos desafíos que han experimentado al tratar de lidiar con el TOC de su ser querido. Esta sesión constituye a menudo la primera oportunidad que han tenido de hacer esto con otras personas que experimentan desafíos similares. Si varios miembros de la familia creen que necesitarán ayuda o apoyo adicional de manera continua, el instructor puede ofrecerse a organizar reuniones mensuales adicionales con los participantes y sus familiares después de la finalización del programa o, en caso necesario, a ofrecer sesiones individuales.

El siguiente debate proporciona algunos ejemplos de las dificultades que han experimentado los miembros de la familia y de cómo el instructor puede ofrecerles algo de ayuda y apoyo.

FAMILIAR DE LAURA (mujer): ¿Si evito una situación que sé que puede desencadenar los pensamientos extraños de Laura o causarle sufrimiento se consideraría una conducta de confirmación?

INSTRUCTOR: La evitación tiene el mismo efecto que confirmar y, por desgracia, no ayuda. Entiendo que, a veces, evitar resulta más fácil que desencadenar obsesiones y rituales, pero al final terminan por confirmarse los miedos de su ser querido. Le envía el mensaje de que usted está evitando algo porque puede causar que suceda algo malo. Tenga siempre en cuenta que la mejor manera de superar un temor es enfrentarse a él directamente. Podemos ayudar a nuestros seres queridos a afrontar estas situaciones que causan ansiedad de una manera consciente usando las estrategias y las directrices que enseñamos en este programa. El término técnico que usamos para hacer frente a los miedos es el de *exposición* a los mismos, y pediremos a los miembros del grupo que practiquen algunos ejercicios de exposición en una etapa posterior del programa. Cuando lo hagamos, sus seres queridos compartirán la experiencia y el material con ustedes para ayudarles a comprender mejor lo que están aprendiendo a hacer y cómo pueden apoyarles en el aprendizaje y la gestión de cómo enfrentarse a sus miedos.

JENNIFER (participante): Creo que si me enfrento a una situación difícil, mi familia debe poner de su parte. Si hago algo que desencadene mi ansiedad o mi angustia, mi familia no puede limitarse a decir: «Tienes que enfrentarte al problema aunque te resulte desagradable. No es mi problema, depende de ti hacerle frente». Es como echarme la culpa a mí. En cambio, me siento mejor cuando hay simpatía, respeto y comprensión y cuando siento que quieren ayudarme.

INSTRUCTOR: Es un buen argumento. Ayudar a un familiar con TOC a enfrentarse a situaciones difíciles es una de las cosas más alentadoras y difíciles que puede hacer la familia. Esto no significa que nadie deba fomentar las situaciones angustiosas de una persona y luego dejarla sola para que se valga por sí misma. Sin embargo, cuando te enfrentas a una situación difícil, tu familia puede ayudarte recordándote las herramientas que estás aprendiendo en este programa y haciéndote sentir que no estás sola al enfrentarte a tus dificultades. Al mismo tiempo, el familiar debe evitar proporcionar cualquier tipo de confirmación. La idea es que ustedes, los familiares, estén con sus seres queridos y les transmitan su confianza en que son capaces de hacer frente y superar situaciones difíciles.

FAMILIAR DE THOMAS (hombre): Entonces, lo importante es tratar de encontrar un término medio para Thomas porque tiene un problema. Por desgracia, a menudo me siento prisionero en mi propia casa debido a su trastorno. Me descubro haciendo las mismas cosas que él hace para no causarle ninguna angustia. Por ejemplo, él quiere que el baño esté de cierta manera, las toallas de cierta manera, el lavabo siempre seco, etc.

THOMAS (participante): ¿De «cierta manera», o de una manera bastante equilibrada?

FAMILIAR DE THOMAS (hombre): Quiero decir que, por ejemplo, si el lavabo tiene una mancha, es un problema para Thomas; si la toalla se ha usado una vez, debe cambiarse.

THOMAS (participante): Pero si las toallas están sucias, no me parece bien, y no tiene sentido que digas que acabas de poner unas nuevas cuando sé que no es cierto, o que tengo que usar mi propia toalla. ¡No debería tener que preguntarme si has usado la toalla o no, porque sabes que, de haberlo hecho, me resultaría asqueroso!

INSTRUCTOR: Espera un momento. El objetivo aquí no es decidir quién tiene razón o no, sino darse cuenta de que existe un problema llamado *TOC*. El objetivo es comprender cómo podemos ser útiles avanzando en la misma dirección. Estamos aquí porque algunos de vosotros padecéis TOC, y debemos comprender qué conductas caen dentro de la esfera normal del comportamiento humano y cuáles pertenecen a este problema. Este programa os ayudará a entender esta distinción. En un caso como este, tu problema, Thomas, es manejar una toalla que ya se ha usado. Usar una toalla que alguien de tu familia, en tu casa, ya ha usado para, digamos, secarse las manos, entra dentro de los comportamientos normales de una familia, y lo más útil que tu familia puede hacer es, por ejemplo, no cambiar la toalla y decir de forma cariñosa: «Escucha, Thomas, entiendo tu miedo, pero como sabemos que esto es parte de tu problema, tal como nos dijeron en las sesiones de grupo, si satisficiera tu petición no te estaría ayudando. ¿Qué te parece si intentamos dejar esta toalla como está y aceptamos que está ahí sin cambiarla? ¿Por qué no practicamos juntos un ejercicio de *mindfulness* y luego intentamos permanecer en esta situación, usando nuestros sentidos para entender lo que está pasando en realidad? Usemos todas las herramientas que nos proporciona el programa para ayudarnos a superar esto».

Del mismo modo que la familia se compromete a no participar en las obsesiones, en los rituales y en las compulsiones de sus seres queridos, cada uno de vosotros, de las personas que pasáis por este programa, tenéis que aprender a no esperar que vuestra familia haga o no haga cosas que son parte de vuestro problema del TOC. Si no permitís a vuestros familiares que sigan las indicaciones que proporcionamos en esta sesión, entonces continuaréis reforzando o incluso empeorando vuestro trastorno.

THOMAS (participante): Estoy de acuerdo, pero no puedo aceptarlo porque tengo un problema, y no quiero tener que hacer lo que ellos quieren que haga...

INSTRUCTOR: De acuerdo Thomas, la cuestión aquí no es comportarse como los miembros de tu familia quieren, sino actuar como la mayoría de la gente sana lo haría. La idea es «normalizar» tu vida, no adaptarse a las peticiones de tu familia. Quienes forman parte de este grupo deben comprometerse a no esperar que los miembros de su familia hagan cosas debido al trastorno y que lo alimenten. Los familiares deben comprometerse a *no* confirmar nada y, de ser posible, a ayudar a su ser querido a manejar las situaciones difíciles.

FAMILIAR DE GEORGE (mujer): Gracias a esta reunión me doy cuenta de que me he equivocado; me he equivocado porque siempre he tratado de confirmar las peticiones de mi hijo o he seguido sus miedos –p. ej., no se me ocurriría abrir la ventana porque eso le pondría ansioso–. Y lo hacía porque, de otra manera, él pasaría horas haciendo sus rituales...

INSTRUCTOR: Lo que está diciendo es importante y me da la oportunidad de decirles a todos los miembros de la familia aquí presentes que no deben sentirse culpables por lo que han hecho hasta ahora. No tienen la culpa. En algunas situaciones, el trastorno es tan intenso que, por el bien de la paz y la tranquilidad, se han adaptado a él porque creen que es el mal menor, o para proporcionar un alivio temporal y no porque quieran empeorar la situación. Podemos dejar todo eso a un lado ahora y empezar de nuevo de una manera diferente. Actúen con normalidad y de manera similar a la mayoría de las personas; adopten una actitud cariñosa y no crítica con la conciencia de lo que es útil y lo que no, para así ayudar a su ser querido a superar ese problema.

FAMILIAR DE LAURA (mujer): Creo que todas las personas que estamos en esta habitación nos encontramos en una situación difícil y muy angustiosa. Terminamos confirmando demandas de nuestros seres queridos y recurriendo a la evitación para nuestro propio beneficio personal; de otra manera sentiríamos que estamos enloqueciendo también.

INSTRUCTOR: Claro, lo entiendo. Pero seguir actuando así es como cavar más rápido o encontrar una pala más grande para salir de un agujero. No te das cuenta de que estás cayendo aún más en el abismo.

Distribución de documentos a los participantes y asignación de tareas para hacer en casa a lo largo de la siguiente semana

A continuación, el instructor distribuye una serie de documentos que se entregaron a los participantes en las sesiones anteriores para debatirlos en grupo, con los participantes y sus familiares. Entre estos se incluyen el documento introductorio que explica el programa (véase el capítulo 4, «Documento introductorio»), varios documentos que explican cómo funciona el TOC y cómo el *mindfulness* puede servir de ayuda (Sesión 2–Documentos 5A, 5B y 5C), y uno que proporciona una descripción de los síntomas típicos del TOC (Sesión 2–Documento 3). También se distribuyen documentos para las sesiones posteriores, junto con los resúmenes de las sesiones 1-11 (el primer documento de cada sesión). Como tarea para casa, se pide a los familiares y a las parejas que lean detenidamente todo este material y que compartan con su ser querido (el participante en el programa) el material entregado en esta sesión, tratando de hacer todo lo posible por apoyarle y ayudarle en el programa terapéutico.

Dedicamos algún tiempo a explicar las directrices básicas y la importancia del ejercicio de la «Exposición consciente» (que es un tema primordial en el capítulo 12, sesión 8). Una de las mejores maneras en que los miembros de la familia pueden ayudar a sus seres queridos es animándolos a practicar la «Exposición consciente» en situaciones críticas, sin tranquilizarlos de ningún modo. Los participantes compartirán con sus familiares los documentos sobre la «Exposición consciente» que reciban en la sesión 8 (no se ditribuyen antes para evitar el riesgo de que los miembros de la familia pidan a sus seres queridos que practiquen la «Exposición consciente» antes de que estén listos para hacerlo).

Círculo consciente

Como en el resto de sesiones del programa, esta clase termina con el instructor guiando a los participantes en una meditación sentada centrada en la respiración durante 3-4 minutos. El hecho de finalizar la sesión con una actividad de *mindfulness* no solo proporciona a los miembros de la familia otra oportunidad de practicar un ejercicio de meditación, sino de hacerlo con sus seres queridos y salir de la sesión con una mayor confianza en que serán capaces de apoyarles en el programa. Este momento también puede transmitir el mensaje de que los familiares y los participantes solo pueden superar el TOC si se comprometen y se empeñan en afrontarlo juntos como un equipo.

Sesión 3–Documento 1. TOC: Qué hacer y qué no hacer

Lo que no es útil

1. **Nunca confirmar nada.** Las confirmaciones aumentan la inseguridad de la persona y alimentan el trastorno. De hecho, constituyen uno de los factores de perpetuación del TOC más poderosos. Cuando su ser querido le pida que le confirme algo, puede recordarle cómo las confirmaciones fueron de poca ayuda en el pasado y cómo reducen la ansiedad únicamente durante unos pocos minutos. Si su ser querido, en cambio, se da permiso para sentir ansiedad, se dará cuenta de que, con el tiempo, desaparece por sí sola. Además, al no ofrecer confirmaciones envía el mensaje de que su ser querido –y no usted– tiene la mejor respuesta a la duda. Al usar las técnicas y los ejercicios del programa, los participantes aprenderán a confiar cada vez más en sí mismos.
2. **No ayudar nunca a su ser querido con los rituales.** Por ejemplo, no ayudarle con las duchas o los lavados, no asegurarse de que algo está en su sitio, y no organizando objetos. Esto solo fortalece y magnifica el problema, reforzando los temores obsesivos y evitando que su ser querido experimente las consecuencias reales de abandonar las compulsiones. Recuérdele a su ser querido que recurra a las ideas y a las herramientas proporcionadas por el programa de la MBCT para el TOC. Por ejemplo, pregunte: «¿Qué has aprendido en el grupo que pueda ayudarte en esta situación?», o: «¿Qué ejercicio o estrategia podrías usar para superar esta dificultad?».
3. **No permitir que su ser querido ponga en riesgo y limite la vida de usted**, en particular la vida de los familiares menores de edad. Acuérdese de cuidar de usted mismo y, en caso necesario, busque apoyo o asistencia mental para usted mismo.
4. **No criticar nunca a su ser querido por su problema.** El TOC no es culpa suya. Su ser querido es una víctima del trastorno y únicamente necesita ayuda. Vea los comportamientos del TOC de su ser querido como síntomas del trastorno y no como defectos de su carácter. Acuérdese de considerar a su familiar o a su amigo como un individuo que es más que un trastorno, que está sano y es una persona capaz en muchas otras cosas. Vea a su ser querido como una persona en su totalidad.
5. **No desanimarse o enfadarse si su ser querido tiene una caída** o una recaída tras un período de mejora. Esto es normal, particularmente durante períodos o situaciones estresantes. El camino hacia la recuperación es, en ocasiones, largo. Incluso cuando su ser querido se muestra mejor o parece haberse recuperado, necesita practicar regularmente los ejercicios del programa.

Lo que es útil

1. **Leer todo el material proporcionado en este programa.** Reflexionar sobre él juntos; tratar de entender la mejor manera de usarlo cada día y durante las situaciones difíciles.
2. **Dar a su ser querido mensajes de confianza.** Decirle que confía en lo que piensa, siente, quiere, escucha y recuerda, y que cree que superará el TOC.
3. **Practicar los ejercicios de *mindfulness* usted mismo** a fin de permanecer calmado y centrado.
4. Animar, motivar y **ayudar a su ser querido a practicar diariamente los ejercicios** asignados en cada sesión. A veces puede ser útil practicar los ejercicios junto a su familiar o a su amigo –por ejemplo, leer los ejercicios de *mindfulness*–. La eficacia de este programa depende en gran medida del nivel de práctica y del ejercicio realizado en casa.
5. **Ayudar a su ser querido a ser independiente, a tomar decisiones cotidianas** por lo que respecta a su vida y a las vidas de los demás, y asumir la plena responsabilidad de esas decisiones. Este es un elemento fundamental del tratamiento del TOC, porque las personas que padecen este trastorno suelen tener dificultades para responsabilizarse de sus propias acciones y decisiones.
6. **Reconocer, alentar y felicitar** incluso las «pequeñas» mejoras y los progresos, como reducir un ritual unos minutos, o resistir el impulso de pedir confirmaciones una vez más. Aunque estas mejoras no parezcan significativas para los familiares, pueden ser pasos difíciles para sus seres queridos. Reconocer estos pasos vitales hacia la mejora puede ser un poderoso motivador que anima a su ser querido a seguir intentándolo.
7. **Apoyar y elogiar** siempre a su ser querido cuando consiga hacer algo que normalmente le genere obsesiones pero luego se abstenga de los rituales y de pedir que le confirme nada.
8. **Creer en la capacidad de su ser querido para manejar y superar el TOC.** Esto ayuda a la persona a desarrollar la confianza en su capacidad de cambiar, día a día.
9. **Usar el humor** cuando cuida o ayuda a su ser querido. El humor puede ayudar a que su familiar o su pareja vea los síntomas desde una perspectiva más descentrada y a que no se los tome demasiado en serio.
10. **Advertir las señales que indican que el TOC de su ser querido está activo.** Algunas de las señales más claras podrían ser: comprobaciones o lavados excesivos; búsqueda repetida de tranquilizaciones; lentitud excesiva a la hora de completar las tareas y, por consiguiente, llegar tarde a menudo; no permitir que otras personas entren en su casa (p. ej., por miedo a la contaminación); evitar a ciertas personas, actividades o lugares; experimentar un sentido exagerado de la responsabilidad por lastimarse a sí mismo o a otras personas; repetir las tareas una y otra vez.

8 Sesión 4
Comprender la propia desconfianza y desarrollar una confianza real

Si confías demasiado podrán engañarte,
pero si no confías lo suficiente vivirás un tormento.

—Frank Crane

Sobre esta sesión

Como dijimos anteriormente en este libro, uno de los principales problemas de las personas afectadas por el TOC es la sensación de desconfianza, sea en general o sea específica. La desconfianza es lo que lleva a estos individuos a comprobar algo o a lavarse una y otra vez, o a buscar continuamente la confirmación para eventos de los que muy a menudo solo ellos son conscientes. Por estas razones, el TOC puede definirse como un *trastorno de la confianza*. Las personas con problemas obsesivos tienen una falta de confianza en su experiencia privada, especialmente en su memoria y en su percepción. Al mismo tiempo que desconfían de los pensamientos relacionados con la memoria o la experiencia sensorial, creen ciegamente en sus pensamientos obsesivos y en sus creencias distorsionadas –a través de las cuales interpretan la experiencia como peligrosa–. Por eso, realizan alguna acción repetidamente a fin de evitar un posible resultado temido. Este modo particular de relacionarse con los estados internos en el TOC puede considerarse como una grave carencia de las habilidades del *mindfulness*.

El objetivo de la sesión 4 es ayudar a los participantes a comprender el posible origen de su desconfianza, a detectar los factores que pueden haber causado que se haya desarrollado con el paso de los años, y a empezar a reconocer cómo crear una confianza real.

Desarrollar la confianza en las propias percepciones es el mejor antídoto contra las preocupaciones y las dudas obsesivas. Centrar la atención intencionalmente de manera consciente en la respiración, los sentidos, el cuerpo, las emociones y los pensamientos es un paso importante para hacerlo y estar más presente en el aquí y ahora.

Cuadro 8.1.

Programa de la sesión 4
Tema: Ayudar a los familiares y a las parejas a apoyar a los pacientes con TOC

Breve resumen

El TOC puede definirse como un «trastorno de la confianza». Las personas con problemas obsesivos tienden a no confiar en su experiencia privada, a desconfiar de ella. Este modo específico de relacionarse con los estados internos puede considerarse como una carencia de habilidades de *mindfulness*. El primer paso para desarrollar la confianza en uno mismo es cultivar la conciencia de la propia experiencia interna.

En esta sesión, los participantes explorarán y comprenderán los diferentes aspectos de su desconfianza y el papel que esta desempeña esta en el TOC, y comenzarán a desarrollar una confianza saludable. Como parte de este proceso, también reflexionarán sobre sus respuestas al «Cuestionario sobre las Causas de la Desconfianza» que completaron antes de comenzar el programa.

Esquema de la sesión

- ❑ Esquema de la sesión
- ❑ «Meditación sentada: conciencia de la respiración, del cuerpo, de los sonidos, de las emociones y de los pensamientos».
- ❑ Revisión de la práctica.
- ❑ Revisión de la práctica en casa.
- ❑ Debate sobre la desconfianza en el TOC y sus causas (Sesión 4–Documentos 1 a 4).
- ❑ Debate sobre el «Cuestionario sobre las Causas de la Desconfianza» (completado por cada miembro del grupo antes de la sesión 1).
- ❑ Meditación del «Espacio para respirar» y revisión.
- ❑ Revisión de la práctica.
- ❑ Descanso.
- ❑ Lectura y debate de las citas de la sesión 4.
- ❑ Meditación del «Paseo consciente».
- ❑ Revisión de la práctica.
- ❑ Distribución de los documentos restantes a los participantes y asignación de tareas para casa:
  - ❑ «Meditación sentada»: a diario.
  - ❑ «Paseo consciente»: a diario.
  - ❑ «Espacio para respirar»: tres veces al día.
  - ❑ Dar un paso diario para desarrollar la confianza.
  - ❑ Leer los documentos de esta sesión.
- ❑ Terminar con un «Círculo consciente» centrado en la respiración.

(cont.)

Materiales y recursos

- Campanas.
- Transcripciones de la meditación del «Espacio para respirar», de la «Meditación sentada» y del «Paseo consciente».
- «Cuestionario sobre las Causas de la Desconfianza» completado previamente por cada participante.

Documentos para los participantes

Sesión 4–Documento 1. Resumen de la sesión 4: Comprender la propia desconfianza y desarrollar una confianza real.

Sesión 4–Documento 2. Reconocer las causas de la desconfianza.

Sesión 4–Documento 3. ¿Qué es la confianza real?

Sesión 4–Documento 4. Cómo desarrollar la confianza.

Sesión 4–Documento 5. Citas de la sesión 4.

Sesión 4–Documento 6. Práctica en casa para la semana siguiente a la sesión 4.

Sesión 4–Documento 7. Formulario de registro de la práctica en casa para la sesión 4.

Meditación sentada: conciencia de la respiración, del cuerpo, de los sonidos, de las emociones y de los pensamientos

La meditación sentada que marca el comienzo de esta sesión incluye la conciencia de la respiración y del cuerpo, que se practicó durante la segunda semana. Luego añade otros tres elementos: la atención a la experiencia sensorial (sonidos), las emociones, y las cogniciones en cualquier forma y contenido que puedan ocurrir. La relación de los participantes con estos tipos de experiencias son cruciales para crear o, por el contrario, para prevenir los mecanismos que conducen a los problemas obsesivos.

A diferencia de la meditación sentada clásica de los programas MBSR y de la MBCT, esta versión introduce una pieza de música durante la fase de escuchar los sonidos. Preferentemente se usa música clásica (p. ej., *El lago de los cisnes*, de Tchaikovski) porque tiene una gama de variaciones y tonos que resultan evocadores desde el punto de vista emocional. Se invita a los participantes a escuchar atentamente la música, a que hagan todo lo posible por concentrarse en los sonidos, sin dejarse llevar por las imágenes o las escenas que podrían evocar la música. Este uso de la música evocadora desde el punto de vista emocional constituye un primer paso hacia la exposición consciente a las emociones y a las sensaciones.

Cuadro 8.2.

Meditación sentada:
Conciencia de la respiración, del cuerpo, de los sonidos, de las emociones y de los pensamientos

- Practique la «Meditación sentada: conciencia de la respiración y del cuerpo» hasta que se sienta cómodo [pausa de 10 segundos].
- Desplace ahora la conciencia de las sensaciones en su cuerpo a su sentido del oído. Dirija suavemente su atención a los sonidos que escuche, momento a momento, y suspenda cualquier juicio que pueda tener sobre ellos [pausa de 10 segundos].
- Haga todo lo posible por advertir cada sonido sin nombrar su origen o su fuente, pero sí reconociendo y describiendo sus características físicas: sonidos cercanos, sonidos distantes, sonidos que vienen de una determinada dirección, sonidos fuertes y sonidos suaves, sonidos agudos y sonidos profundos, sonidos continuos y sonidos discontinuos. Mantenga una actitud de apertura hacia toda la variedad de sonidos que le rodean. Tome conciencia de los sonidos más evidentes y más claros, y también de los más sutiles [pausa de 10 segundos], del espacio que hay entre los sonidos [pausa de 10 segundos], de los silencios [pausa de 20 segundos].
- Cuando note que está pensando en los sonidos, vuelva a conectar lo mejor que pueda con la conciencia directa de sus características sensoriales (su tono, su volumen, su duración), y evite juzgar los sonidos o vincularlos a cualquier recuerdo que pueda tener [pausa de 10 segundos].
- Cuando perciba que su conciencia ya no se centra en los sonidos del momento presente, reconozca suavemente hacia dónde se ha dirigido su mente, luego vuelva a prestar atención a los sonidos que le rodean y tome conciencia de ellos en el momento en que surjan y a medida que cambian momento a momento y luego desaparecen.
- [La pieza de música empieza aquí] Escuche la música de manera consciente.
- Cuando se sienta preparado, deje ir la conciencia de los sonidos y lleve su atención a la emoción o a las emociones que siente en este momento. Advierta sus sentimientos y descríbalos poniéndoles un nombre, sin reaccionar a ellos o juzgarlos. No son correctos ni erróneos; simplemente son lo que usted está experimentando en este momento [pausa de 30 segundos].
- Después de tomar conciencia de sus emociones, haga todo lo posible por abrir su conciencia a sus pensamientos [pausa de 10 segundos]. Con su conciencia auditiva centró su atención en los sonidos que se producían, advirtiendo cuándo aparecían, cuándo se desarrollaban y cuándo desaparecían. Dirija ahora del mismo modo su conciencia a los pensamientos que aparecen en su mente, advirtiendo cuándo surgen, centrando su atención en el momento en que cruzan el espacio de su mente y, en última instancia, desaparecen [pausa de 10 segundos]. No hay necesidad de recordar ciertos pensamientos o de hacerlos desaparecer. Simplemente deje que ocurran de manera natural, del mismo modo en que se relacionó con los sonidos que espontáneamente vinieron y se fueron [pausa de 10 segundos].

(cont.)

- Al dirigir su conciencia a los pensamientos, a algunas personas les resulta útil imaginar que están cómodamente sentadas en un cine, viendo sus pensamientos proyectados en la pantalla como si fueran los créditos finales de una película. Siéntese cómodamente, mire la pantalla y espere a que aparezca un pensamiento o una imagen. Cuando esto ocurra, preste atención a él mientras esté «en la pantalla», y déjelo ir cuando desaparezca de la misma [pausa de 30 segundos].
- Cuando sus pensamientos sean particularmente intensos o frecuentes, puede resultarle útil imaginarse detrás de una cascada, en los huecos o las grietas tallados en la roca, e imaginar que el agua de la cascada que cae delante de usted son sus pensamientos: una intensa y pesada masa de agua que brama hacia el fondo, mientras usted permanece en un lugar seguro, observando sus pensamientos a medida que se precipitan inexorablemente [pausa de 30 segundos].
- Y ahora, al final de este viaje interior, intente expandir su conciencia e incluir el sentido de su cuerpo como un todo. Desde las plantas de los pies hasta la coronilla, tome conciencia de este sentimiento de unidad total, advirtiendo cómo fluye su respiración por todo su cuerpo, sintiendo que cada parte de este se llena de energía y de vida en cada respiración, sintiendo ahora como si todo su cuerpo estuviera respirando.

De Z. V. Segal, J. M. Williams y J. D. Teasdale, *Mindfulness-based cognitive therapy for depression: A new approach to preventing relapse*, Guilford Press, Nueva York 2013[2] (trad. esp.: *MBCT. Terapia cognitiva basada en el mindfulness para la depresión*, Edición revisada, Kairós, Barcelona 2017). Copyright © 2013 The Guilford Press. Adaptado con permiso.

Revisión de la práctica

Julia: Cuando has dicho que nos centráramos en las sensaciones, yo he tenido varias: he advertido un dolor en mi ojo, pero no he reaccionado a él y ha terminado por desvanecerse. Desde que empecé a hacer los ejercicios, he sido capaz de permanecer tranquila, con mis pensamientos también, aunque todavía no soy capaz de hacerlo en la vida cotidiana.

Instructor: ¡Interesante! Advertid que, en ocasiones, somos capaces de no reaccionar a las sensaciones físicas; sin embargo, a menudo nos cuesta mucho más no reaccionar a los pensamientos que no son reales.

Mary: Al principio me sentía insegura y mareada. Luego me sentía cada vez más tranquila, y, al concentrarme en la respiración, mi cabeza dejó de dar vueltas. Ha sido una de las pocas veces en que el hecho de observar mi respiración no me ha causado ansiedad. Por lo general, si me centro en la respiración se me hace raro y me agito, o trato de controlarla para sentir que lo estoy haciendo bien, pero cuanto más trato de controlarla, más agitada me siento. En esta ocasión he podido sentirme relajada y he conseguido controlarme a mí misma, mi respiración y mis sensaciones.

Instructor: Ese es un punto importante. Prestad atención a los juicios, de manera particular a los que se refieren a nuestros estados internos. El hecho de juzgar nuestra respiración –por ejemplo, diciéndonos a nosotros mismos que nuestra respiración es extraña o que estamos respirando de forma incorrecta– es una de las cosas más inútiles y contraproducentes que podemos hacer. Podemos juzgar la respiración de todo tipo de maneras, pero esta seguirá jugando un papel vital de todos modos, dándonos vida en todo momento.

MARY: Esta vez no pensaba que mi respiración era extraña. Lo que pensaba era que quería observar mi respiración, para no agitarme.

INSTRUCTOR: Interpretar a menudo nuestras sensaciones, sobre todo las que están relacionadas con la respiración, puede aumentar la ansiedad y, en algunos casos, causar incluso un ataque de pánico. La respiración es correcta con independencia de cómo se respire. Esta es una de las pocas certezas que tenemos en la vida. En algún momento aceptaremos la respiración tal como es, porque no la hemos alimentado con nuestros miedos. Así que hagamos todo lo posible por eliminar los juicios y dejemos que la respiración simplemente respire.

DANIEL: La música era muy hermosa e intensa, y me he sentido un poco confuso. He experimentado algunas sensaciones muy agradables, pero, según el ejercicio, se supone que no tenía que juzgar mis emociones, e incluso el mero hecho de decir que la música era hermosa es un juicio. Entiendo que no es útil juzgar las emociones negativas, pero ¿qué pasa cuando se producen emociones positivas? No sabía si debía apreciarlas o no.

INSTRUCTOR: El *mindfulness* no nos lleva a aplanar las emociones: es lo contrario. Si siento una emoción agradable, puedo experimentarla de forma más intensa a través del *mindfulness*. Si experimentamos una cierta emoción podemos reconocerla y describirla, pero no necesitamos juzgarla, simplemente podemos sentirla. Esta es la diferencia entre juzgar y experimentar: siento una emoción y la disfruto, pero no necesito añadir un pensamiento, darle un significado o valor. Suspender el juicio no es reprimir las emociones; es sentirlas como lo que realmente son. Démonos permiso para sentir las cosas tal como son, y no del modo en que nuestros pensamientos hacen que las veamos.

JENNIFER: Si experimentamos una sensación o evocamos un recuerdo que no nos gusta, podemos decidir no juzgarlo; ahora bien, ¿qué pasa si es tan intenso que nos hace sentir incómodos? ¿Qué podemos hacer si queremos reducir la intensidad de nuestra experiencia interna que estamos teniendo sin luchar contra ella?

INSTRUCTOR: Tenemos que comprender por qué no nos gusta –qué es lo que la hace desagradable–.

JENNIFER: Porque me lleva de vuelta a una experiencia o a un recuerdo negativo.

INSTRUCTOR: Bueno, en ese momento puedes preguntarte: ¿Es realmente el pensamiento en sí lo que resulta dañino y debe ser eliminado, o es la asociación con algo que no está sucediendo ahora? Estoy aquí y ahora, en esta habitación, y tengo un pensamiento. El pensamiento está relacionado con un evento pasado, pero eso no lo convierte en un hecho o en algo real. Advertid y comprended que el contenido del pensamiento no es lo que está sucediendo aquí y ahora. Haced todo lo posible por volver al momento presente, a la respiración, al cuerpo y a los sonidos. Y si los pensamientos vuelven a aparecer, limitaos a tratar de volver aquí, una y otra vez.

JENNIFER: ¿Y si, en vez de ello, estoy en un lugar que considero dañino porque no estoy acostumbrada a él o porque está repleto de todo tipo de peligros? ¿Qué puedo hacer para enfrentarme mejor a la situación? Me acordaría y tendría miedo de volver a un lugar así, aunque fuera un lugar al que los demás no temen.

INSTRUCTOR: El *mindfulness* no nos impide saber si una situación es peligrosa. No se trata de permanecer indiferentes, como si no existiera el peligro. La práctica de *mindfulness* nos ayuda, en primer lugar, a separar lo que está relacionado con nuestro TOC de los miedos normales que cualquier persona tendría. Cuando nos enfrentamos a un peligro real, sentiremos lo que todos sienten. Necesitaremos dejar ir todos los miedos conectados con el TOC. Entonces, cuando nos encontremos en una situación verdaderamente amenazadora, sabremos que el miedo no está relacionado con el TOC. Nos enfrentaremos a él si creemos que tenemos la capacidad en ese momento, o lo evitaremos si es demasiado difícil para nosotros.

Ahora, tratemos de reflexionar de nuevo sobre la práctica que acabamos de terminar: ¿cómo puede este ejercicio ser útil en vuestra vida y en relación con vuestro problema?

EDUARD: Los altibajos de la música han sido como identificar qué es y qué no es el TOC.

INSTRUCTOR: ¡Me gusta esa comparación!

LARA: Como me sucede a veces en la práctica informal, me detengo y reflexiono sobre lo que estoy haciendo; paso del piloto automático al *mindfulness* y me doy cuenta de cómo abordo las cosas. También quería decir que he escuchado el sonido del silencio y me ha gustado mucho. Lo he escuchado incluso en la música. Por otro lado, dices que un pensamiento aparecerá y morirá lentamente y que solo es un pensamiento. Bueno, empiezo a entenderlo porque, en realidad, un pensamiento es solo un pensamiento. Nuestra mente produce pensamientos, así que démosles el peso que tienen –no son reales–. Lo entiendo cada vez más mientras hago los ejercicios.

Revisión de la práctica en casa

Al final de la segunda semana del programa, los participantes tienen ya cierta experiencia en la práctica de *mindfulness*. La relación que tienen con su experiencia interna, en particular con sus pensamientos, se vuelve cada vez más consciente, pero también más desafiante, como así lo demuestran algunos de los comentarios de los participantes. Una vez más, el instructor pide a los participantes que relaten cómo ha ido su práctica en casa y que compartan cualquier experiencia positiva o negativa que hayan tenido con ella.

LARA: Al principio me costaba quedarme quieta, pero con el tiempo me di cuenta de que me movía menos y era capaz de mirar mi cuerpo con nuevos ojos. Nunca antes lo había considerado como un todo. Un día estaba inquieta y quise terminar el ejercicio rápidamente, pero entonces sentí que las plantas de los pies estaban firmemente asentadas y me sentí arraigada en el suelo.

STEPHEN: Yo me di cuenta de la variabilidad de los pensamientos: vienen y van, y cuando vienen puedo dejarlos ir. Es una relación diferente. Hubo un día que algunos sonidos me resultaron molestos, pero luego pensé que intentaría aceptarlos, así que volví a centrarme en la respiración sin darle ningún valor o significado a los sonidos. Entonces, una noche, sucedió algo bastante desagradable. Me vi atrapado en una situación que había evitado durante mucho tiempo y que me causó mucha ansiedad; no tenía el control. Fue una exposición involuntaria, y los días siguientes volví sobre los rituales involuntarios y sentí una gran angustia. Noté que, tras esa exposición, había surgido un pensamiento. Me produjo una sensación de incomodidad, pero me esforcé por establecer una buena relación con ella. Le di demasiado poder al pensamiento, lo cargué de significado. Pude decirme a mí mismo que tenía que darme más tiempo y confianza.

INSTRUCTOR: Me gusta tu actitud. Te diste cuenta de algo importante. Naturalmente, habrá algunos momentos difíciles. Lo importante aquí es que entendiste qué estaba sucediendo y por qué estaba ocurriendo. Pronto aprenderás a llevar a cabo la «Exposición consciente», como dije en la última sesión. Una actitud consciente como esta te permitirá enfrentarte a las experiencias difíciles de maneras útiles.

DANIEL: Al terminar la última sesión me sentía bien, y seguí sintiéndome así durante la primera parte de la semana. Era como si ciertas cosas se hubieran asentado en mi cabeza. Pero después, pensando en cómo juzgamos, empecé a analizar espontáneamente cada pensamiento que tenía, y esto se convirtió en una especie de obsesión. Me sentí atrapado por diferentes pensamientos en varias ocasiones. Eso me ha hecho darme cuenta de que el miedo me cambia. Luego fui capaz de salir de este estado dejando las cosas como estaban.

INSTRUCTOR: Lo que advertiste, Daniel, es interesante: notaste que no hacer nada tenía un efecto positivo y te permitía dejar de pensar. ¿Estoy en lo cierto?

DANIEL: Sí, pero no fue fácil, porque me sentía confundido y tenía los pensamientos habituales que me perturbaban; sin embargo, traté de aceptar el momento y de que, de alguna manera, pasara. Lo que me bloqueaba era el mido a que la situación se repitiera... quizá debería haber considerado esto como otro pensamiento.

INSTRUCTOR: Excelente, ahora has reconocido que incluso eso era simplemente otro pensamiento, nada más.

DANIEL: Pero fue difícil...

INSTRUCTOR: Es normal que sea difícil. Va en contra de un hábito mental que ha estado ahí quizás durante años. Pero has entendido lo importante que era en ese momento no hacer nada con ese pensamiento, sino limitarte a dejarlo estar, dejándolo pasar, y también entendiste que incluso la idea sobre el miedo era solo un pensamiento.

GEORGE: Por la noche me cuesta mucho concentrarme, mientras que el fin de semana me las arreglo bien si hago los ejercicios por la mañana.

JESSICA: También yo he advertido que por la noche me siento más agitada, cansada y me cuesta más, mientras que por la mañana me siento mejor.

INSTRUCTOR: Echemos un vistazo a esto, porque es importante para vuestro viaje. Si tenéis dificultades para encontrar tiempo para practicar durante el día, haced todo lo posible por levantaros un poco antes por la mañana para hacer los ejercicios. Intentad programar la hora en que los lleváis a cabo y anotadla en vuestra agenda como una cita importante con vosotros mismos. A continuación, pensad en vuestra actitud. Si hacéis un ejercicio con la idea de que es una tarea o una obligación, no funcionará. Pensad en ellos como un momento que os resultará beneficioso, no como una obligación exigente. Si estáis cansados, evitad hacer ejercicios largos o acortadlos. No faltéis a vuestra cita diaria con la práctica.

PAUL: Creo que es un error ver el ejercicio como una cura para algo o como una píldora que me hará sentir mejor. Si conectamos los ejercicios para obtener buenos resultados específicos, no funcionará. En vez de ello, el ejercicio debe considerarse como algo interesante que podemos hacer –como salir a correr por la mañana–: lo hacemos porque nos sentimos mejor en general, no porque sea una cura para una enfermedad. Si pienso en ello como si fuera una cura, ya no tendré ganas de hacerlo.

INSTRUCTOR: ¡Gracias, Paul! Este es otro punto interesante: es realmente importante no tener ninguna expectativa sobre lo que sucederá cuando practiquemos. Las expectativas son siempre un obstáculo para la práctica. Los efectos de la meditación se pueden apreciar con el tiempo y a través de la práctica regular, y no tanto en el momento en que estamos practicando o inmediatamente después. Es útil considerar el *mindfulness* no como una técnica que debe dar resultados, sino como una forma de ser, de permanecer y de relacionarnos con el mundo exterior y con nosotros mismos.

Debate sobre la desconfianza en el TOC y sus posibles causas

Tras la revisión de la práctica en casa, se guía a los participantes para que exploren la importancia del sentimiento de confianza y para que profundicen en la comprensión de su propia desconfianza. El instructor comparte varios documentos psicoeducativos (Sesión 4–Documentos 1 a 4) que proporcionan explicaciones, y guía la lectura y el debate del contenido de los documentos. Por medio de una pizarra, de una serie de indicaciones y de las siguientes preguntas, el instructor ayuda al grupo a entender los siguientes temas clave:

- ¿Por qué la gente se vuelve cada vez más desconfiada con el paso de los años? En vuestra opinión, ¿qué situaciones o circunstancias, especialmente durante la infancia y la adolescencia, pueden llevar a un sentimiento de desconfianza con respecto a nosotros mismos en la edad adulta?
- ¿Qué efectos puede tener esta condición de desconfianza en vuestras vidas y en el desarrollo del TOC? (véase Sesión 4–Documento 2). ¿Cómo creéis que la desconfianza puede condicionar vuestras vidas y fomentar el desarrollo del TOC?
- ¿Cómo se puede desarrollar una confianza real para vivir una vida significativa, libre de pensamientos y comportamientos útiles? (véanse Sesión 4–Documentos 3 y 4).

A medida que el grupo trabaja con el material, el instructor debe alentar a los miembros del mismo a identificar los elementos de los documentos que concuerdan con su propia experiencia personal y que pueden ser factores clave para su trastorno. Puede que los participantes no siempre sean capaces de recordar o reconocer los factores clave en el desarrollo de su TOC o en su falta de confianza; los factores relevantes en la etiología de su TOC podrían haber acontecido demasiado pronto en la infancia. Sin embargo, la mayoría de los participantes se dan cuenta de la relevancia que estas cuestiones tienen para sus problemas, y este enfoque puede conducir a menudo a importantes *insights* que aumentan su motivación para usar las herramientas que ofrece el programa.

INSTRUCTOR: ¿Podéis pensar en alguna situación o circunstancia que forme parte de vuestras experiencias pasadas, especialmente durante la infancia y la adolescencia, que, de algún modo, pueda explicar la desconfianza que sentís hoy o que pueda explicar en cierta manera su TOC?

ALLISON: Crecí en una familia con reglas muy estrictas. Desde muy joven, nunca sentí que lo que hacía fuera suficiente para mi madre, pero especialmente para mi padre. Sentía que todo lo que hacía estaba mal. Por eso, aunque me esforzara siempre y lo diera todo, sentía inevitablemente que había fallado.

BEN: En mi casa siempre me acusaban o me castigaban por cosas que no había hecho. Y nadie me creían nunca, o casi nunca, cuando trataba de defender mi inocencia. A menudo me sentía culpable sin siquiera saber por qué. Me sentía como me siento hoy en situaciones en las que me siento responsable de algo con lo que sé, a nivel racional, que no tengo nada que ver.

Debate sobre el «Cuestionario sobre las Causas de la Desconfianza»

A fin de reforzar la conciencia de las posibles causas de la desconfianza, el instructor vuelve ahora sobre el Cuestionario sobre las Causas de la Desconfianza (véase formulario 4.1, pp. 203-206), que los participantes completaron antes de comenzar el programa. Se pide a los participantes que reflexionen sobre los elementos del cuestionario que marcaron con puntuaciones altas de 4 o 5 (en una escala de Likert de cinco puntos) y que compartan con el grupo cualquier comentario sobre las posibles conexiones de esos elementos con el TOC.

Entre las preguntas que el instructor puede plantear a los participantes después de que estos hayan reflexionado sobre sus cuestionarios se incluyen las siguientes:

> ¿Podéis encontrar algún vínculo entre los elementos que habéis marcado con un 4 o un 5 y vuestra desconfianza actual?
> ¿Encontrasteis alguna conexión entre esos elementos y vuestro TOC?
> ¿Hay algún comentario al respecto?

Un punto clave que los instructores deben señalar durante este debate sobre las causas de la desconfianza es que el entrenamiento en *mindfulness* permite a los participantes, siendo ya adultos, recuperarse de los acontecimientos negativos de la infancia. Uno de los modos en que se produce esta recuperación es tomando conciencia del hecho de que muchos de nuestros comportamientos como adultos son el resultado de condicionamientos pasados, y que el entrenamiento mental en la práctica de *mindfulness* puede reemplazar los viejos hábitos desadaptativos con nuevos modos mentales, actitudes y hábitos saludables y funcionales que nos ayuden a alcanzar nuestros objetivos en la vida. La práctica de *mindfulness* también puede fortalecer las capacidades, los recursos y las habilidades de afrontamiento de los miembros del grupo, y ayudarles a desarrollar una confianza y un bienestar reales, como se describe en el documento 4 de la sesión 4.

Al final de este debate, el instructor comparte los elementos del documento 4 de la sesión 4, «Cómo desarrollar la confianza». Se pedirá a los participantes que practiquen al menos uno de estos elementos cada día como parte de la práctica que deben hacer en casa esta semana.

Meditación del «espacio para respirar» y revisión

Una de las prácticas centrales del programa de la MBCT[1] es una breve meditación denominada «Espacio para respirar». Esta minimeditación puede considerarse como un puente entre las meditaciones más largas y formales descritas en este programa y los desafíos y obstáculos de la vida cotidiana. La meditación del «Espacio para respirar» sintetiza los elementos centrales del programa de *mindfulness* en tres pasos –conciencia, enfoque y expansión–, cada uno de los cuales dura aproximadamente un minuto. Al igual que en la MBCT, esta práctica proporciona a los participantes una herramienta que siempre está disponible y que puede ayudarles a encontrar el equilibrio y una mejor relación con la realidad.

1. Z. V. SEGAL, J. M. WILLIAMS Y J. D. TEASDALE, *Mindfulness-based cognitive therapy for depression: A new approach to preventing relapse*, *op. cit.*

La utilidad de este ejercicio radica en su corta duración y en su aplicabilidad a la vida cotidiana. Puede practicarse en diferentes momentos a lo largo del día como una forma de adoptar una postura y una relación conscientes con la realidad. También puede ser particularmente útil para prevenir o disolver los patrones de pensamientos obsesivos antes de que se hagan con el control. El espacio para respirar permite a los pacientes hacer una pausa y ver con claridad lo que está sucediendo en realidad, momento a momento, durante las situaciones críticas o desafiantes, y así recuperar una perspectiva consciente, enraizándose en el aquí y ahora.

El instructor guía a los participantes a través del «Espacio para respirar» siguiendo las instrucciones del cuadro 8.3.

Revisión de la práctica

Después del ejercicio, el instructor pide a los participantes que reflexionen sobre su experiencia con él.

INSTRUCTOR: ¿Hay algún comentario sobre esta práctica?

MEGAN: Es asombroso cuántas cosas pueden suceder en un ejercicio tan breve. Me ha sorprendido el hecho de que en unos pocos minutos he podido calmarme, sobre todo porque me sentía un poco ansiosa después del debate que habíamos tenido sobre la desconfianza.

INSTRUCTOR: Este es un punto importante. Después de solo unas pocas semanas practicando este breve ejercicio a diario, estos 3 minutos pueden convertirse en vuestra forma natural de responder, no de reaccionar, a las experiencias estresantes o a los estresores internos o externos. Con el tiempo, este hábito puede reemplazar otras conductas reactivas automáticas inadaptadas que son parte de vuestro problema.

Descanso

Los participantes hacen una breve pausa de 10 minutos en este punto de la sesión.

Lectura y debate de las citas de la sesión 4

A continuación, el instructor lee y examina las citas de la sesión (Sesión 4–Documento 5; tal como se explica para la sesión 1). Por ejemplo, he aquí algunas cuestiones que el instructor podría plantear para iniciar el debate:

¿En qué os hace pensar esta cita?
¿Qué nos ayuda a comprender?
¿Cómo podéis vincular esta cita con el tema de esta sesión?
¿Qué conexiones podéis establecer entre la cita y el TOC?

Si los participantes tienen dificultades para comprender el significado de las citas, el instructor puede ofrecer una explicación con palabras sencillas y/o con ejemplos.

Cuadro 8.3.

Espacio para respirar

Durante este breve ejercicio, elija primero una posición que le permita sentirse despierto y presente. Puede estar con la espalda recta, experimentando una clara sensación de contacto con la tierra, con el suelo. De lo contrario, puede sentarse, manteniendo la espalda erguida y recta, pero no rígida, y tratando de no apoyarse en el respaldo de la silla. O puede acostarse en una cama, en una alfombra o en una esterilla.

Una vez que haya elegido una posición, puede decidir si prefiere mantener los ojos abiertos o cerrados, en función de lo que le haga sentirse más cómodo. En este punto, adéntrese lentamente en el primer paso de este ejercicio, la fase de la *conciencia*.

Paso 1: Conciencia

Libérese del piloto automático y concéntrese en el presente, en el aquí y ahora. Luego comience a dirigir su atención a las sensaciones físicas de su cuerpo. Intente advertir si hay una sensación específica en alguna parte de su cuerpo y dirija toda su atención allí. Observe dónde se localiza esta sensación, dónde es más intensa, intentando distanciarse ligeramente del sentimiento sin juzgarlo, simplemente aceptándolo dentro de su experiencia [pausa de 10 segundos].

De la misma manera, lleve su atención a la emoción que siente en este preciso momento. Intente nombrar el estado de ánimo en el que está ahora mismo. No hay emociones correctas o incorrectas. Sea cual sea la emoción presente, dele la bienvenida, escúchela [pausa de 10 segundos].

Lleve ahora el mismo tipo de atención a sus pensamientos. Trate de observar qué pensamientos, en su caso, atraviesan su mente en este preciso momento; mírelos moverse delante de usted como si fueran pájaros volando o nubes blancas flotando en un cielo azul. Acoja cada pensamiento como un mero hecho mental: inofensivo, transitorio y fugaz [pausa de 10 segundos].

Paso 2: Enfoque

Una vez que haya tomado conciencia de sus sensaciones físicas, de sus emociones y de sus pensamientos, desplace su atención a su propia respiración. Céntrese completamente en su respiración, advirtiendo las sensaciones que esta crea en usted, como su abdomen subiendo y bajando mientras inspira y espira [pausa de 10 segundos].

La respiración es ahora su centro, su ancla; todo gira a su alrededor, como si esta fuera el sol y como si sus emociones, sus pensamientos y sus sensaciones fueran planetas. Ningún planeta puede apagar o debilitar la luz del sol que le llega, de igual manera que ningún pensamiento o sentimiento puede extinguir su respiración. Manténgase profundamente centrado en su respiración [pausa de 10 segundos].

(cont.)

Paso 3: Expanxión

Abra ahora el campo de su conciencia desde la respiración e incluya todo el cuerpo, desde las plantas de los pies hasta la coronilla. Tome conciencia de su cuerpo y de su respiración, juntos, de la respiración fluyendo por todo su cuerpo [pausa de 5 segundos].

Sienta en cada inspiración el aire que fluye libremente por su cuerpo, trayendo vida y energía [pausa de 5 segundos]. A medida que abre su conciencia a todo su cuerpo-mente, se abre a la vida tal como es, preparándose para lo que puede suceder en su día con un sentido de equilibrio, de presencia y de completitud.

De Z. V. Segal, J. M. Williams y J. D. Teasdale, *Mindfulness-based cognitive therapy for depression: A new approach to preventing relapse, op. cit.*

Meditación del «Paseo consciente»

El «Paseo consciente» es una forma de meditación en acción. Las personas con TOC suelen tener dificultades para permanecer sentadas mucho tiempo durante la meditación, por lo que pueden descubrir que el desarrollo de la atención consciente resulta más sencillo con esta forma de meditación. Para algunas personas, la experiencia física de caminar proporciona un objeto más claro y vívido para la meditación en comparación con el hecho de estar sentado o tumbado. Durante el «Paseo consciente», centramos nuestra atención en las sensaciones que se producen al caminar. A diferencia de la «Meditación sentada», durante esta práctica mantenemos los ojos abiertos y somos más conscientes del mundo exterior, de los sonidos, de los estímulos visuales, del tiempo, del viento, del sol, etc.

El «Paseo consciente» puede practicarse de *manera formal*, caminando muy despacio durante un período de tiempo determinado (p. ej., 15-20 minutos, o más), o de *manera informal*, cuando nos desplazamos de un lugar a otro durante nuestras actividades rutinarias diarias. En el «Paseo consciente» informal, caminamos a nuestro ritmo habitual, y nos limitamos a tomar conciencia de que estamos caminando. Esto nos permite desarrollar una mayor conciencia en nuestras vidas diarias[2].

El ejercicio del «Paseo consciente» realizado en esta sesión (véase el cuadro 8.4) es formal y, en caso de ser posible, debe practicarse al aire libre. Antes de comenzar la meditación, el instructor describe qué es el «Paseo consciente» y por qué se practica, y para ello se basa en la descripción que acabamos de proporcionar. En este punto, el instructor pregunta si hay alguna cuestión y luego guía a los participantes por un camino que ha elegido de antemano. Los participantes caminan de un lado para otro o alrededor de un círculo.

2. Basado en T. Bien y F. Didonna, «Appendix A: Mindfulness practice», en F. Didonna (Ed.), *Clinical handbook of mindfulness*, Springer, Nueva York 2009 (trad. esp.: «Anexo A: La práctica del mindfulness», en *Manual clínico de mindfulness*, Desclée De Brouwer, Bilbao 2011).

Cuadro 8.4.

Meditación del paseo consciente

En caso de ser posible, haga este ejercicio al aire libre la primera vez que lo practique. Encuentre un lugar tranquilo, como un jardín o un parque, donde pueda caminar durante 15-20 minutos sin muchas distracciones. Al principio, intente caminar como si fuera a cámara lenta y elija un camino corto por el que pueda ir y venir [pausa de 10 segundos].

Postura

Comience por comprobar su postura, que puede considerar como una meditación en sí misma. Estando de pie, adopte la «Postura de la Montaña» [véase el cuadro 9.5 en el capítulo 9]. Mantenga su espalda erguida, pero no rígida, y sus hombros y su pecho relajados. Mantenga su cabeza alineada con su columna vertebral, separe los pies a la misma anchura de sus hombros, y deje que las rodillas estén relajadas, no bloqueadas. Podría advertir que, al doblar ligeramente sus rodillas, se siente más estable y toma conciencia de la fuerza de la gravedad que le mantiene en contacto con la tierra, momento a momento [pausa de 10 segundos]. Deje que sus brazos descansen a los dos lados de su cuerpo, o ponga sus manos delante o detrás de usted [pausa de 10 segundos].

La conciencia del cuerpo que permanece de pie

La conciencia de su cuerpo es el primer *eje del mindfulness*, así que mientras esté de pie, centre toda su atención en las sensaciones de su cuerpo, especialmente en las sensaciones de sus pies. Tome conciencia del peso que soportan las plantas de sus pies, y advierta que hay diferentes grados de presión en diferentes partes de las plantas de sus pies a medida que entran en contacto con el suelo [pausa de 10 segundos].

También puede advertir los ligeros movimientos que hace con los pies, con las piernas y con otras partes del cuerpo para mantenerse erguido [pausa de 10 segundos].

Fíjese en estos ajustes constantes que hace para mantener el equilibrio; normalmente damos por sentada esta habilidad (como muchas otras). Cuando preste más atención, comprenderá por qué necesitó un año para aprender a ponerse y mantenerse de pie cuando era pequeño [pausa de 10 segundos].

Dirija su mirada hacia el suelo, a poca distancia de usted. Advierta el momento en que se siente preparado para dar un paso [pausa de 30 segundos].

Caminar

Comience a caminar levantando lentamente el talón de un pie del suelo. Cuando inicie este movimiento, note cómo el peso de su cuerpo empieza a desplazarse hacia su otra pierna. Cuando su pie haya perdido por completo el contacto con el suelo, advierta que todo el peso de su cuerpo recae en el otro pie y en la otra pierna. Tome conciencia de lo que siente cuando su pie se levanta y se mueve hacia delante. Continúe este primer paso hasta que su pie llegue suavemente al suelo: el talón aterriza suavemente en primer lugar, seguido del resto del pie. Al mismo tiempo, lleve su conciencia al otro pie cuando comience a levantarse del suelo para comenzar el segundo paso [pausa de 10 segundos].

(cont.)

Perciba también cualquier otra sensación en su cuerpo y cualquier emoción que pueda estar sintiendo, ya sea placer, calma, aburrimiento, curiosidad, o lo que sea, momento a momento [pausa de 1 minuto].

Durante esta meditación, podría reconocer momentos particulares, como cuando el pie deja el suelo, la fase en que este se mueve por el aire, y el momento en que se asienta en el suelo una vez más [pausa de 10 segundos]. Para centrar su atención en estas tres fases, podría decirse a sí mismo las palabras «levantar», «desplazar» y «apoyar». Cuando llegue al final de su camino, dé la vuelta lentamente y tome conciencia de las diferentes sensaciones que tienen lugar mientras su cuerpo gira en la dirección opuesta [pausa de 10 segundos].

Una vez que se haya dado la vuelta, deténgase y respire de manera consciente y reemprenda la marcha, siendo consciente de las diferentes sensaciones que experimenta. Intente abordar el «Paseo consciente» con una curiosidad sana, como si fuera un niño dando sus primeros pasos. Cada paso es un logro, una nueva experiencia [pausa de 1 minuto].

Puede variar su ritmo durante la meditación para observar cómo aumenta o disminuye su conciencia. Por ejemplo, ¿qué siente al pasar de un paseo consciente muy lento a una carrera consciente? [pausa de 30 segundos].

O puede optar por dar algunos pasos con los ojos cerrados o parcialmente cerrados, y notar cómo cambia su sentido del equilibrio [pausa de 30 segundos].

También puede intentar sonreír mientras camina, y notar lo que siente al caminar con una sonrisa [pausa de 10 segundos]. Una sonrisa puede traer una sensación de calma y recordarle que está caminando simplemente por el placer de caminar sin rumbo, sin una meta o un propósito [pausa de 1 minuto].

Al igual que con las otras prácticas, si su mente deambula, limítese a darse cuenta de ello y, tan pronto como pueda, haga todo lo posible por traerla suavemente al presente y a todas las sensaciones físicas creadas al caminar, paso a paso [pausa de 10 segundos]. *Experimente* las sensaciones en lugar de *pensar* en ellas (p. ej., «Mis hombros están tensos, pero deberían estar relajados»). Dese permiso para dejar de lado los juicios y los estados mentales negativos como la ansiedad, el aburrimiento, la vergüenza o la tristeza [pausa de 10 segundos]. Experimentar una sensación –como la sensación del peso del cuerpo en las plantas de los pies o una emoción– significa simplemente observarla, ser consciente de ella en el momento presente y percibirla sin darle ningún significado [pausa de 10 segundos]. Del mismo modo que la respiración consciente conecta su cuerpo y su mente para que su atención no se pierda en una nube de preocupaciones por el futuro o de arrepentimientos por el pasado, el «Paseo consciente» crea una integración del cuerpo y la mente en el momento presente, ya que simplemente nota lo que está sucediendo y nada más [pausa de 1 minuto].

Cuando termine de caminar, quédese quieto durante unos momentos y observe si las sensaciones físicas y las emociones que experimentó al principio de la meditación son similares o diferentes.

Basado en T. Bien y F. Didonna, «Appendix A: Mindfulness practice», *op. cit.*

Revisión de la práctica

Después de practicar el ejercicio, el instructor pide a los participantes que reflexionen sobre su experiencia con él.

INSTRUCTOR: ¿Alguien quiere compartir algo sobre esta práctica? ¿Qué habéis percibido?

SHEILA: He visto que me sentía más calmada. El temblor y la sensación de perder el equilibrio significaba permanecer en el aquí y ahora. No eran sentimientos negativos, como así los habría considerado en casa.

JENNIFER: Cuando caminamos de la manera habitual, siempre estamos pensando; no nos damos cuenta de la manera en que caminamos. Aquí me he centrado en cómo estaba moviendo mis pies. He notado que a veces aparecían pensamientos obsesivos, pero me he dado cuenta de que caminar siempre me traía de vuelta al aquí y ahora y que las sensaciones de mis pies en contacto con el suelo eran mucho más intensas y reales que mis pensamientos.

MARK: No creo que el hecho de que la mente deambule mientras caminamos sea algo negativo. Nos permite entrenarnos para volver al momento presente con pensamientos no obsesivos. Así, cuando aparezca un pensamiento obsesivo, podemos tratarlo de la misma manera.

Estos comentarios muestran que las personas que padecen TOC experimentan a menudo el paseo consciente como una forma concreta de permanecer en el presente o de volver a él cada vez que sus mentes deambulan o distorsionan la realidad.

Distribución de los documentos restantes a los participantes y asignación de tareas para casa

El instructor distribuye los documentos de la sesión 4 que todavía no ha repartido. Para la práctica en casa durante la semana posterior a la sesión 4, se invita a los participantes a practicar la «Meditación sentada: conciencia de la respiración, del cuerpo, de los sonidos, de las emociones y de los pensamientos» y la meditación del «Paseo consciente» una vez al día; la meditación del «Espacio para respirar» tres veces al día, todos los días; y a practicar diariamente por lo menos un paso del documento 4 de la sesión 4 para desarrollar la confianza.

El instructor recuerda a los participantes que la práctica regular de *mindfulness* es esencial para lograr los objetivos del programa.

Círculo consciente

El grupo termina, como de costumbre, con 3-4 minutos de meditación centrada en la respiración. El instructor puede entonces optar por repetir una o más de las citas e invitar a cada miembro a compartir brevemente su experiencia del momento presente.

Sesión 4–Documento 1. Resumen de la sesión 4: Comprender la propia desconfianza y desarrollar una confianza real

El TOC puede definirse como un trastorno de la confianza. Las personas con problemas obsesivos tienden a desconfiar de sus experiencias internas y/o de sus capacidades mentales, especialmente de las percepciones, las intenciones, la memoria y la atención.

Un primer paso para superar la desconfianza es tratar de comprender sus posibles causas y cultivar la aceptación y la compasión por las pérdidas pasadas, por las heridas emocionales o las necesidades insatisfechas, cualquiera de las cuales puede generar desconfianza. Un segundo paso es detener conscientemente cualquier hábito, comportamiento o mecanismo que refuerce y mantenga la desconfianza –y, por consiguiente, los problemas obsesivos–.

La confianza es un sentimiento de seguridad y apertura a la vida. Se basa en la profunda comprensión de que cualquier experiencia que encontremos, ya sea positiva o negativa, agradable o dolorosa, forma parte de nuestro desarrollo como seres humanos. Crecemos como personas y mejoramos nuestro bienestar al no luchar contra el dolor, los pensamientos, los sentimientos y las sensaciones que la vida trae inevitablemente consigo. Podemos vivir en el momento presente con confianza aprendiendo a aceptar todo lo que experimentamos, pensamos y sentimos en cada momento porque esta es simplemente nuestra experiencia. Una vez que hacemos esto, llegamos a comprender que nuestra experiencia interna es casi siempre inofensiva.

Con este tipo de confianza en nuestra experiencia interna, podemos comenzar a desarrollar un sentido de la responsabilidad más maduro y realista, así como a hacer frente a los riesgos que la vida nos impone con un mayor sentimiento de seguridad. Vivir una vida plena, libre de miedos y de preocupaciones es una consecuencia de la aparición de la confianza. Sentir una *confianza real* no significa vivir con una actitud cándida con respecto a los problemas y a las dificultades a los que nos enfrentamos en la vida; sino que, por el contrario, nos permite comprender con mayor claridad los verdaderos peligros y desafíos que se nos presentan, protegernos a nosotros mismos y a los demás de los daños, y no perder tiempo ni energía en lo que es irrelevante, inofensivo y transitorio.

El hecho de prestar atención en el presente a nuestros sentidos, a nuestras sensaciones físicas, a nuestra respiración y a nuestro cuerpo de una manera consciente nos ayuda a desarrollar la confianza en la realidad *tal como es*, y no en cómo podría verla nuestra mente.

Sesión 4–Documento 2. Reconocer las causas de la desconfianza

Para entender cómo se ha desarrollado nuestra desconfianza, necesitamos considerar con gran honestidad aquello por lo que hemos pasado. Puede ser difícil recordar y ver con claridad lo que nos pasó cuando éramos niños. Sin embargo, al advertir lo desconfiados que somos hoy, podemos reconstruir poco a poco el origen de nuestra desconfianza.

Muchas personas con TOC han desarrollado una creencia muy arraigada de que algo terrible les sucederá si bajan sus defensas, o de que podrían hacerse algo terrible a sí mismas o a otras personas. Esta creencia puede afectarnos hasta el punto de que el miedo puede llegar a paralizarnos. Puede que no nos demos permiso para intimar con los demás y que tengamos dificultades para expresar nuestra creatividad, para enfrentarnos a los demás o para ser honestos con otras personas. Puede que no nos demos permiso para sentir alegría o placer, solo la compulsión de repetir un comportamiento (rituales). Podríamos tener ataques de pánico, insomnio u otros síntomas físicos inexplicables. Por lo general, ningún estímulo procedente de nuestro interior o de otras personas puede hacernos sentir mejor. El miedo y la desconfianza nos mantienen bloqueados.

Algunos de nuestros problemas pueden haber sido causados por eventos completamente aleatorios durante nuestra infancia, como una enfermedad o un accidente, el hecho de que nos dejaran solos en un hospital, o la muerte o la ausencia de uno de nuestros padres. Estos eventos pueden afectar profundamente a la forma en que nos relacionamos con el mundo, con los demás y con nosotros mismos.

La desconfianza también se desarrolla como resultado de las experiencias de la infancia en las que no nos sentimos amados o apreciados, o en las que nuestras necesidades no fueron reconocidas ni satisfechas. En retrospectiva, estas experiencias pueden parecer insignificantes; para muchos, fueron solo una parte del crecimiento, pero para un niño sensible pueden ser devastadoras. No es necesario que se produzca un abuso físico o la violencia psicológica. Si bien la desconfianza puede verse causada por tales abusos, también puede desarrollarse a partir de traumas más pequeños y aparentemente insignificantes: por ejemplo, los adultos nos exigen constantemente, desde pequeños, que hagamos cosas y seamos responsables de cosas que van mucho más allá de nuestra madurez y de nuestra capacidad. Este tipo de trato puede afectarnos de manera muy negativa más adelante en la vida. Si pudiéramos ver una película de nuestra propia crianza, nos sorprendería la cantidad de cosas que hemos tenido que gestionar.

Estos tipos de traumas comienzan con el marco en el que nacimos. Puede que nuestra madre tuviera problemas o el entorno familiar fuera estresante. Tal vez los traumas tuvieran su origen en las presiones, las expectativas, los miedos y las frustraciones de nuestros padres, en los roles que nos obligaron a desempeñar –como tener que cuidar de los padres y prestarles apoyo emocional–. Las expectativas más agobiantes provienen a menudo de padres frustrados que quieren ver a sus hijos hacer lo que ellos nunca pudieron hacer.

Los traumas también pueden provenir de cualquier forma de abandono físico o emocional. Aunque estas experiencias de abandono puedan parecer triviales en retrospectiva, para un niño indefenso pueden resultan abrumadoras. Normalmente asociamos el abandono con la separación física, pero los niños experimentan un profundo abandono cuando sienten que no son escuchados o comprendidos, o cuando se les pide que se comporten de una manera propia de una persona mayor que ellos. Los efectos de estos traumas se manifiestan a lo largo de sus vidas.

De K. Trobe y A. Trobe, *From fantasy trust to real trust: Learning from our disappointments and betrayals*, Osho Publikaties, Ámsterdam 2005 (trad. esp.: *De la confianza ficticia a la confianza real: aprender de las decepciones y de las traiciones*, Gulaab, Móstoles 2007).

Sesión 4–Documento 3. ¿Qué es la confianza real?

Una definición de autoconfianza

La autoconfianza es el sentimiento conectado con la creencia de que uno mismo es fiable y capaz de hacer frente a situaciones de riesgo en las que se requiere la confianza. Es un sentimiento de apertura, seguridad, aceptación, libertad y positividad para con la vida y para con el mundo. Abarca un sentimiento de ser capaz de manejar las propias acciones y sentimientos; de confianza en las percepciones y en la memoria de uno mismo; y de conciencia de las necesidades, las intenciones y los recursos con que uno cuenta.

Por definición, la autoconfianza es un constructo multifacético que incluye varios elementos importantes, o lo que el Dr. Fabrizio Didonna, el creador de este programa, llama APLICCAS. Son los siguientes:

- **Aceptación**: la capacidad y la disposición a dar la bienvenida a las experiencias internas y externas tal como son, aceptando que podemos cometer errores y que, en ocasiones, los resultados de nuestras decisiones y de nuestras acciones pueden ser negativos. Esta aceptación es lo que nos permite asumir riesgos y lidiar con los desafíos y los cambios a los que nos enfrentamos en la vida.
- **Positividad**: la voluntad de encontrar los aspectos positivos inherentes a muchas experiencias humanas y la idea de que incluso las experiencias vitales más duras y desafiantes pueden ayudarnos a crecer.
- **Libertad**: un sentimiento de no estar limitado o restringido por las barreras internas y por las experiencias de la vida condicionadas que nos han llevado a desarrollar, unas barreras y unas experiencias que nos impiden alcanzar nuestro potencial pleno y saludable.
- **confianza Interna**: la creencia de que lo que percibimos a través de nuestros sentidos es verdadero y real; de que nuestras emociones son inofensivas, nunca erróneas, y potencialmente útiles; y de que nuestros valores y nuestras intenciones (y las acciones relacionadas) son fundamentalmente válidas y/o apropiadas. Esta confianza implica una conciencia clara y desapegada de nuestra experiencia interna.
- **Conciencia**: ser conscientes de nuestros pensamientos, de nuestras emociones y de nuestras sensaciones; de nuestras verdaderas necesidades e intenciones; y de los recursos personales que poseemos para hacer frente a los desafíos y a las situaciones de riesgo.
- **Control**: la autoconfianza implica ser capaz de manejar y autorregular nuestras emociones y nuestras acciones.
- **Apertura**: una actitud que nos permite hacer frente a nuevas experiencias y a los cambios que requiere la vida para mejorar la nuestra.
- **Seguridad**: el sentimiento de que tenemos las habilidades necesarias para hacer frente a las diferentes situaciones de la vida de manera efectiva y para tomar decisiones.

La autoconfianza deriva, en primer lugar, de la conciencia de lo que percibimos a través de los sentidos, una conciencia que informa nuestras emociones y nuestros pensamientos, que es válida y real. Por eso, la confianza implica una sensación de claridad y seguridad en la experiencia interna de uno mismo. Es un sentimiento que nos permite dejar de intentar controlar los resultados de nuestras acciones o los acontecimientos que experimentamos y aceptar la inevitable incertidumbre de las consecuencias vinculadas a ellos. Esta incertidumbre implica aceptar que cualquier cosa que hagamos entraña un riesgo de fracaso potencial.

En la edad adulta, la confianza en nosotros mismos es el puente que nos conecta con la confianza en los demás. Entendemos que, en general, los demás y el mundo son básicamente seguros e inofensivos, y que incluso los acontecimientos más difíciles pueden ser recursos valiosos para el desarrollo y la mejora personal.

La mayoría de los seres humanos nacemos confiados; durante la infancia nos mostramos confiados porque usamos principalmente nuestros sentidos, y no nuestras mentes, para comprender la realidad, y nuestras mentes aún no se han visto modeladas por los altibajos y los condicionamientos de la vida. Sin embargo, a medida que vamos creciendo, perdemos gran parte de esta confianza porque empezamos a confiar menos en los sentidos y más en la mente con sus pensamientos, sus preocupaciones y sus recuerdos. Perdemos confianza porque no aprendemos las herramientas esenciales necesarias para mantener la confianza en nosotros mismos; en nuestra intuición, en nuestros sentidos y en nuestras emociones; y en nuestra capacidad para distinguir entre la realidad y nuestros miedos.

La mayoría de las personas con TOC no viven con una sensación de confianza, y si la experimentan se trata en realidad de una **confianza ilusoria** o falsa. Usan rituales compulsivos o confirmaciones tranquilizadoras para convencerse a sí mismos de que si hacen todo lo que está en sus manos para asegurarse de que las cosas están bajo control, entonces nada malo les sucederá y podrán sentirse seguros. Pero esta no es una confianza real.

Este tipo de confianza es similar a aquellas palabras infames –*Arbeit macht frei*, «el trabajo libera»– que figuraban en la entrada de muchos campos de concentración nazis durante la Segunda Guerra Mundial para engañar y desorientar a los prisioneros que, en realidad, iban de camino a su propia muerte. Muchas personas con TOC se dicen a sí mismas: «Este ritual me libera» –de la ansiedad, de las preocupaciones y del miedo a ser responsable de que algo malo suceda–. Pero se están engañando a sí mismas.

La confianza ilusoria se basa en la creencia falsa de que las personas podemos tener el control total de todo lo que hacemos o experimentamos, y que teniendo ese control podemos evitar cualquier daño o peligro contra nosotros mismos o contra los demás. Naturalmente, cuando la gente se da cuenta de que este ideal no puede alcanzarse, cae en la desconfianza y el miedo, y recurre estrategias inútiles –como los rituales o las confirmaciones– para recuperar esa confianza ilusoria.

La confianza ilusoria surge de una parte herida dentro de nosotros, que probablemente se originó durante la infancia o la adolescencia. Cuando nos encontramos en situaciones que conectan directa o indirectamente con las heridas, los traumas o las privaciones del pasado, entonces el miedo y la inseguridad pueden reactivarse de manera poderosa. Debemos escuchar y comprender esta herida, pero es importante reconocer que es solo una parte de lo que somos.

Hay algo más dentro de nosotros que es más profundo y más sabio, y que puede crecer y volverse más fuerte: la **confianza real**. La confianza real puede desarrollarse por medio de la práctica de *mindfulness*. Es similar a la confianza que teníamos cuando éramos niños, cuando vivíamos en el momento presente sin ser conscientes del futuro y del pasado, cuando vivíamos a través de nuestros sentidos, y no de nuestras mentes.

La **confianza real** puede ayudarnos a pasar gradualmente de las dudas, las preocupaciones y la búsqueda de tranquilidad a una autoconfianza más profunda y a un sentido de la responsabilidad más realista y maduro. Puede enseñarnos a aceptar las decepciones, las frustraciones y los obstáculos como oportunidades para comprender mejor la realidad, para crecer y para cuidarnos. De esta manera, seremos capaces de ver y sentir la verdadera plenitud y la belleza de la vida y las experiencias que la acompañan.

Para poder hacerlo, en primer lugar debemos prestar atención consciente a nuestros miedos, reconociéndolos y aceptándolos sin reaccionar o combatirlos, siendo amables con ellos, con la misma bondad amorosa que un padre muestra cuando abraza a su hijo asustado.

Muchos de los ejercicios de este programa le ayudarán a lograr este objetivo.

Sesión 4–Documento 4. Cómo desarrollar la confianza

Para recorrer el camino del desarrollo de la confianza, primero en nosotros mismos y luego en los demás, cultive los siguientes pasos cada día con convicción, compromiso y perseverancia.

1. **Escuche conscientemente** sus sentimientos, sus emociones y sus pensamientos sin reaccionar a ellos, sino con amabilidad, respeto y aceptación. Intente cuidar de sus estados internos sin juzgarlos. No son correctos ni incorrectos: simplemente son su experiencia en ese momento.
2. **Confíe en sus sentidos** –lo que ve, lo que oye, lo que toca, lo que huele y lo que saborea–. Crea en su experiencia sensorial (aunque, ocasionalmente, algunos pensamientos podrían decirle que no puede hacerlo) y viva de acuerdo con ella. Sus sentidos son la guía más objetiva y verdadera de la realidad. Recuerde las veces que en su vida sus sentidos le han dicho la verdad sobre los acontecimientos (puede que todas las veces); recuerde las veces que sus dudas, sus miedos y sus preocupaciones se han hecho realidad o han demostrado ser reales.
3. **Reconozca, escuche, dé voz y valore sus verdaderas intenciones** (lo que realmente quiere y no lo que *no* quiere); este enfoque puede guiar todas sus acciones. En cada momento, sus verdaderas intenciones pueden llevarle a hacer lo que cree que es correcto y a no hacer lo que teme o lo que no quiere hacer.
4. **Deje de buscar las confirmaciones de los demás**. Cuando deja este hábito, se refuerza la confianza en uno mismo; cuando busca las confirmaciones por parte de los demás, aumenta la inseguridad y la desconfianza en sí mismo. Ya tiene todas las respuestas a la mayoría de sus dudas, pero si no busca esas respuestas en su interior, siempre dependerá de fuentes externas que le tranquilicen.
5. **Reconozca, valore y valide sus propios recursos**, no solo sus habilidades y sus capacidades, sino también sus propios valores personales, sus ideales y lo que le hace único en este mundo.
6. **Redescubra y recree la energía vital natural** que tenía durante su infancia antes de ser condicionado por el mundo exterior. Descubra o recupere del pasado las actividades que le dan energía –por ejemplo, escuchar música, hacer ejercicio, mantenerse en contacto con la naturaleza–. Los ejercicios de *mindfulness* también son efectivos de esta manera.
7. **Aprenda a permanecer en el momento presente** sin dejar que su mente vagabundee demasiado en el pasado o en el futuro. Sienta y acepte cualquier experiencia que se presente en cualquier momento. La práctica de *mindfulness* le ayudará a hacer esto.

8. **Aprenda a trazar los límites** que determinan quién puede entrar en su espacio y cuándo, evitando así que personas no deseadas invadan su espacio, su tiempo y su libertad.
9. **Reconozca y exprese sus necesidades** y comprométase a satisfacerlas con sus propios recursos, sin esperar o pedir a otras personas que lo hagan por usted.
10. **Acepte cualquier cosa en la vida que no pueda cambiar** y use su energía, sus recursos y sus intenciones para cambiar lo que sería útil y lo que puede cambiar de manera realista.
11. **Centre su atención tan a menudo como le sea posible de manera consciente y deliberada en sus sensaciones físicas, en su respiración y en su postura**. Esto le permite estar más presente, arraigado y centrado en el aquí y ahora.
12. **Reconozca, respete y acepte sus límites e imperfecciones** como ser humano; esto es importante para vivir una vida plena y libre.
13. **Alimente su creatividad**. Cultívela de cualquier manera que pueda. Este es uno de los modos más importantes de expresar su unicidad a sí mismo y al mundo.
14. **Nunca espere demasiado de los demás**; los demás no nacieron para satisfacer sus expectativas y sus necesidades.
15. **Asuma riesgos razonables** que crea que pueden ser útiles o incluso necesarios para su vida y su desarrollo personal, pero que sus miedos, su desconfianza y su inseguridad siempre le hayan impedido asumir.
16. **Asuma la plena responsabilidad de sí mismo**, de su vida y de sus acciones, sin tratar de protegerse con confirmaciones o rituales. Es mejor confiar en uno mismo y cometer errores (que le ayudarán a aprender y a crecer) que buscar fuera de uno mismo la orientación y las confirmaciones (lo que aumenta sus inseguridades).
17. **Tome decisiones cada día** sobre su vida, ya sean grandes o pequeñas, y dese permiso para cometer errores y, así, aprender y crecer. Nunca deje que sus dudas y sus preocupaciones inhiban sus elecciones y sus decisiones. Una vez que haya tomado sus decisiones, acepte con calma las consecuencias.

Al cultivar y desarrollar estas actitudes y estos principios, seguirá un camino que le abrirá a la vida y que le devolverá a sí mismo y a su sentimiento original de confianza.

Sesión 4–Documento 5. Citas de la sesión 4

Si confías demasiado podrán engañarte,
pero si no confías suficiente vivirás atormentado.

—Frank Crane

Que experimentemos lo que ocurre como un obstáculo y un enemigo,
o como un profesor y un amigo, depende totalmente de nuestra percepción de la realidad. Depende de nuestra relación con nosotros mismos.

—Pema Chödrön

La realidad es aquello que, aunque no la veas
o la transformes a través de la mente,
sigue siendo exactamente lo que es.

—Anónimo

Tan pronto como confíes en ti mismo.
sabrás cómo vivir.

—Johann Wolfgang von Goethe

Cuando caminamos con prisa, dejamos huellas de ansiedad
y tristeza en la tierra.
Tenemos que caminar de una manera que solo deje huellas de paz y serenidad.
Ten conciencia del contacto entre tus pies y la tierra.
Camina como si la estuvieras besando con tus pies.

—Thich Nhat Hanh

Sesión 4–Documento 6. Práctica en casa para la semana siguiente a la sesión 4

1. Practique la «Meditación sentada: conciencia de la respiración, del cuerpo, de los sonidos, de las emociones y de los pensamientos», cuya transcripción le facilitará su instructor, **todos los días**, una vez al día, y tome nota de sus impresiones y observaciones en el «Formulario de registro de la práctica en casa para la sesión 4 (Sesión 4–Documento 7)».
2. Practique el «Paseo consciente», cuya transcripción le facilitará su instructor, **todos los días**, una vez al día.
3. Practique el ejercicio del «Espacio para respirar», cuya transcripción le facilitará su instructor, **todos los días** en tres momentos diferentes del día. Mantenerse en contacto con su respiración a lo largo del día le da la oportunidad de tomar conciencia de lo que se siente cuando está en contacto con el momento presente, sin tener que *hacer* nada.
4. Cada día, haga lo posible por poner en práctica al menos uno de los pasos para desarrollar la confianza enumerados en el documento 4 de la sesión 4.
5. Cada vez que practique alguno de los ejercicios de esta sesión, informe de su experiencia en el «Formulario de registro de la práctica en casa para la sesión 4» (Sesión 4–Documento 7), y tome nota de cualquier comentario, impresión o dificultad que experimente. Haga un círculo sobre la abreviatura **ER** cada vez que practique el ejercicio del «Espacio para respirar».
6. Lea cuidadosamente el material proporcionado en la sesión 4 al menos una vez, y reflexione sobre los contenidos, tratando de hacerlos suyos y usándolos día tras día a fin de desarrollar la confianza.

Elija una hora y un lugar en el que no le molesten para practicar los ejercicios formales. Haga lo posible por abordar los ejercicios no como si fueran un deber que debe cumplir, sino como un hábito saludable que espera que se convierta en una rutina permanente en su vida. Recuerde siempre que el grado de compromiso con que asuma este programa le ayudará a conseguir resultados significativos a largo plazo.

Sesión 4–Documento 7. Formulario de registro de la práctica en casa para la sesión 4

Nombre:

Rellene este formulario cada vez que practique. Haga un círculo sobre la abreviatura ER cada vez que practique el ejercicio del «Espacio para respirar». Asimismo, anote todo lo que suceda durante el ejercicio a fin de que podamos hablar de ello durante la siguiente sesión.

Día/Fecha	Ejercicio	Comentarios
Jueves Fecha:	Meditación sentada Paseo consciente ER ER ER Cómo desarrollar la confianza	
Viernes Fecha:	Meditación sentada Paseo consciente ER ER ER Cómo desarrollar la confianza	
Sábado Fecha:	Meditación sentada Paseo consciente ER ER ER Cómo desarrollar la confianza	
Domingo Fecha:	Meditación sentada Paseo consciente ER ER ER Cómo desarrollar la confianza	
Lunes Fecha:	Meditación sentada Paseo consciente ER ER ER Cómo desarrollar la confianza	
Martes Fecha:	Meditación sentada Paseo consciente ER ER ER Cómo desarrollar la confianza	
Miércoles Fecha:	Meditación sentada Paseo consciente ER ER ER Cómo desarrollar la confianza	

9 Sesión 5
Usar los sentidos para desarrollar la confianza

Todo nuestro conocimiento tiene su origen en nuestra percepción.
—LEONARDO DA VINCI

Sobre esta sesión

Las personas con TOC, en particular las que incurren en comportamientos de comprobación y de limpieza, tienden a prestar poca atención a sus sentidos y a no confiar en ellos. Así que cuando tratan de comprender la realidad, solo pueden confiar en sus creencias y en sus pensamientos, a menudo distorsionados. En este punto del programa, los participantes necesitan fortalecer sus habilidades para desarrollar la confianza en sí mismos y en su mundo interior: sus experiencias sensoriales, su memoria, sus sensaciones físicas y sus intenciones.

Esta sesión se centra en la experiencia sensorial. Fomenta el desarrollo de una nueva relación con los sentidos propios *validándolos* y usándolos para tener una visión profunda, clara y verdadera de la realidad. Esta validación sensorial ayuda a corregir las cogniciones disfuncionales que conducen a las estrategias obsesivas. El mensaje clave para los participantes es que los *sentidos son el mejor antídoto contra la duda* (véase el documento 1 de la sesión 5).

«Percepción consciente»: prestar una atención consciente a los sentidos

El primer ejercicio de esta sesión es un entrenamiento intensivo en prestar atención a la experiencia perceptiva. Los participantes aprenden a dar valor intencionalmente a sus sentidos y a lo que estos les comunican momento a momento. El objetivo de esta práctica es que los participantes creen un nuevo hábito para relacionarse con las experiencias de la vida que no se base en lo que la mente les dice, sino en la realidad sensorial.

Cuadro 9.1.

Programa de la sesión 5

Tema: Usar los sentidos para desarrollar la confianza

Breve resumen

Las personas con problemas obsesivos suelen tener poca confianza en sus propios sentidos y les prestan poca atención. Así que cuando intentan comprender la realidad, solo pueden confiar en sus creencias y en sus pensamientos, a menudo distorsionados. Esta sesión se centra en la experiencia sensorial: en la manera de desarrollar una nueva relación con los sentidos propios validándolos y usándolos para tener una visión profunda, clara y verdadera de la realidad. Esta visión sensorial previene contra los mecanismos cognitivos distorsionados que conducen, inevitablemente, a las soluciones obsesivas. Los sentidos son el mejor antídoto contra la duda.

Esquema de la sesión

- ❑ «Percepción consciente: prestar una atención consciente a los sentidos» (al aire libre si es posible).
- ❑ Revisión de la práctica.
- ❑ Revisión de la práctica en casa (incluidos la «Meditación sentada», el «Paseo consciente» y el «Espacio para respirar»).
- ❑ Ejercicio de la «Validación de la experiencia perceptiva».
- ❑ «Espacio para respirar: afrontar los sentimientos y los pensamientos desagradables».
- ❑ Revisión de la práctica.
- ❑ Descanso.
- ❑ «Meditación sentada: conciencia de la respiración, del cuerpo, de los sonidos, de las emociones y de los pensamientos, y exposición a un estado difícil».
- ❑ Revisión de la práctica.
- ❑ Lectura y debate de las citas de la sesión 5.
- ❑ «Movimientos conscientes y estiramientos».
- ❑ Revisión de la práctica.
- ❑ Distribución de los documentos restantes a los participantes y asignación de tareas para hacer en casa:
  - ❑ «Meditación sentada: conciencia de la respiración, del cuerpo, de los sonidos, de las emociones y de los pensamientos, y exposición a un estado difícil»: 6 días de 7.
  - ❑ «Movimientos conscientes y estiramientos»: 6 días de 7.
  - ❑ Práctica de la «Percepción consciente»: a diario.
  - ❑ Ejercicio de la «Validación de la experiencia perceptiva»: siempre que sea necesario hacer frente a pensamientos obsesivos relacionados con eventos pasados.
  - ❑ «Espacio para respirar–normal»: tres veces al día.
  - ❑ «Espacio para respirar–afrontamiento»: siempre que se adviertan pensamientos y sentimientos desagradables.
  - ❑ Atención sensorial: prestar atención a los sentidos y usarlos para comprender la realidad, a diario, de manera informal.
- ❑ Terminar con un «Círculo consciente» centrado en la respiración.

(cont.)

Materiales y recursos

- Campanas.
- Transcripción del ejercicio «Movimientos conscientes y estiramientos».
- Objetos para la práctica de la «Percepción consciente»: suficientes para cada miembro del grupo.

Documentos para los participantes

Sesión 5-Documento 1. Resumen de la sesión 5: Usar los sentidos para desarrollar la confianza.

Sesión 5-Documentos 2A y 2B. Técnica de la «Validación de la experiencia perceptiva»: Ejemplo, y Técnica de la «Validación de la experiencia perceptiva»: Hoja para practicar en casa.

Sesión 5-Documento 3. Citas de la sesión 5.

Sesión 5-Documento 4. Práctica en casa para la semana siguiente a la sesión 5.

Sesión 5-Documento 5. Formulario de registro de la práctica en casa para la sesión 5.

En el «Ejercicio de la uva pasa» se introdujo a los participantes en un uso consciente de los sentidos, especialmente de la vista, el tacto, el olfato y el gusto. Este ejercicio se centra, de manera específica, en la vista consciente, en el tacto consciente y en la escucha consciente. El instructor introduce el ejercicio diciendo a la clase que van a participar en una experiencia de «Percepción consciente», lo que implica ponerse en contacto con el mundo exterior usando los sentidos de la manera más pura posible. Para ello, se invita a los participantes a evitar definir, juzgar o etiquetar los objetos que observen o con los que entren en contacto y a limitarse a describir sus cualidades o características físicas. A continuación, se pide a los participantes que, primero, observen cuidadosamente un objeto del entorno (sería mejor hacer este ejercicio al aire libre durante unos minutos, imaginando que están viendo el objeto por primera vez en su vida. Más tarde, el instructor invita a los miembros del grupo a desplazar su atención hacia el sentido del tacto durante unos minutos más y a explorar un objeto con sus manos. Por último, se pide a los participantes que permanezcan quietos, preferiblemente con los ojos cerrados, y que presten atención consciente a los sonidos que les rodean, sin nombrar cuáles son esos sonidos o de dónde vienen, sino simplemente advirtiendo las cualidades físicas de estos.

Cuadro 9.2.

Percepción consciente

Con demasiada frecuencia, tendemos a tener encendido el piloto automático y no somos realmente conscientes de lo que nos dicen nuestros sentidos. A menudo no vemos ni oímos las cosas de forma vívida y completa, y percibimos solo una pequeña parte de nuestra experiencia interior y exterior. Con el fin de ahorrar energía, nuestros cerebros crean categorías que nos ayudan a dar sentido al mundo que nos rodea y, así, en lugar de percibir las cosas como son en realidad, a menudo percibimos solo las categorías. Por ejemplo, no vemos una rosa, sino nuestro concepto de rosa. No escuchamos los sonidos que hace un coche al pasar, sino solo el concepto del ruido de un coche. También juzgamos y clasificamos instantáneamente las cosas como positivas, negativas o neutras/no excitantes. La percepción consciente puede liberarnos de estos hábitos mentales superficiales y automáticos. El objetivo de esta práctica informal es abrir nuestros sentidos para establecer una conexión profunda con nuestras formas de conciencia visual, táctil y auditiva en el momento presente.

Vista consciente

(Esta parte del ejercicio dura 7 minutos).

Para empezar, mire por una ventana o salga fuera. Cuando esté listo, elija un objeto (que esté cerca de usted o a cierta distancia) en el que pueda centrar su atención y comience a observarlo cuidadosamente [pausa de 15 segundos]. Mientras lo observa, trate de no nombrar o clasificar el objeto (p. ej., una planta). En lugar de ello, trate de advertir solo lo que ve –por ejemplo, la forma, el tamaño, el color, si es áspero o liso, si está quieto o en movimiento, a qué distancia se encuentra de usted, si hay partes iluminadas y otras en la sombra, las diferentes partes del objeto y sus diferencias y relaciones– [pausa de 15 segundos].

Si es posible, sostenga el objeto. Mírelo de cerca. Mientras hace esto, su mente podría apartarse de su atención visual. Cuando esto suceda, limítese a advertir que su mente está deambulando, reconózcalo; a continuación, restablezca de manera suave e intencional su contacto visual con el objeto. Permanezca con el objeto hasta que sienta que ha alcanzado una conciencia visual completa de él [pausa de 1 minuto].

Ahora puede concentrar su mirada en un objeto diferente y verlo de la misma manera [pausa de 1 minuto]. Durante este ejercicio, también puede tomar conciencia de los estados emocionales o de las sensaciones físicas que experimenta al observar los objetos de este modo. Cuando esto suceda, puede describir estos estados y sensaciones y volver a mirar el objeto de forma consciente [pausa de 15 segundos].

Traiga una sensación de sana curiosidad a este ejercicio, como si estuviera viendo el objeto por primera vez, y cada vez que tome conciencia de que está empezando a pensar en lo que está observando, lleve su atención de vuelta, una vez más, a la mera observación [pausa de 15 segundos].

Puede ser útil imaginarse a usted mismo mirando las cosas como lo haría un perro sentado en un parque: todo lo que puede ver es interesante y vibrante. No tiene que etiquetar nada. Su vista es directa, está llena de apertura y curiosidad. Ningún pensamiento interfiere con el acto de ver [pausa de 15 segundos].

(cont.)

En relación con esta forma particular de ver, se dice que un día, mientras paseaban por el bosque, un niño le preguntó al maestro zen Thich Nhat Hanh de qué color era la corteza de un árbol. El maestro quería evitar interferir en la visión real del niño, como hubiera ocurrido si se hubiera limitado a decir algo como «marrón». Así que respondió: «Es del color que ves», trayendo al niño de vuelta a su propia experiencia.

Tacto consciente

(Esta parte del ejercicio dura 7 minutos).

En este ejercicio, centrará su conciencia en su experiencia táctil de una manera directa. También puede cerrar los ojos durante algunas partes de este ejercicio para concentrarse mejor en el sentido del tacto. Cuando esté listo, empiece tomando conciencia de las sensaciones que experimenta en su piel. Dirija su atención a su mano y frote ligeramente el pulgar contra la punta de su dedo índice. Luego, muy despacio, frote suavemente su pulgar contra las otras puntas de los dedos, advirtiendo el tipo de sensación presente en su piel. ¿Está su piel seca, húmeda, suave, aceitosa, áspera, fría, caliente o pegajosa? También está bien si no nota ninguna sensación particular [pausa de 1 minuto].

Recuerde hacer todo lo posible para no pensar en las sensaciones que está experimentando (p. ej., «Mis manos están sucias») o por no juzgar lo que está sintiendo (p. ej., «No me gusta esta sensación, es asquerosa»). Limítese a experimentar la sensación exactamente del modo en que su sentido del tacto le está comunicando, tal como es [pausa de 15 segundos].

Cuando se sienta preparado, puede coger un objeto y, a ser posible, con los ojos cerrados, comenzar a explorarlo con los dedos. Haga lo posible por no nombrar el objeto. Imagine que nunca antes se ha encontrado con un objeto similar a este, que es la primera vez que lo tiene entre sus manos. Advierta con cuidado su forma, su temperatura, las características de su superficie (lisa, seca, suave o dura, continua o discontinua) [pausa de 15 segundos].

Posponga cualquier juicio (p. ej., «Esto es aburrido»; «No me gusta lo que se siente») o preocupación (p. ej., «¿Estará sucio?»; «¿Podría estar contaminado?») que pueda aparecer durante esta exploración, reconociendo tales juicios como meros pensamientos, como eventos mentales transitorios e inofensivos. Si nota que su mente comienza a alejarse de la conciencia del objeto y de las sensaciones, limítese a advertir lo que está sucediendo y lleve suavemente su atención de vuelta al objeto y a lo que está percibiendo [pausa de 15 segundos].

Cuando crea que ha explorado el objeto de manera completa, puede tomar la decisión de tocar otro objeto y explorarlo de la misma manera [pausa de 1 minuto].

Por último, como ya hizo al comienzo del ejercicio, frote la punta de su pulgar con la punta de su dedo índice, y luego muy lentamente las otras puntas de los dedos, advirtiendo las sensaciones que experimenta ahora en estas partes del cuerpo. ¿Son las mismas que antes? ¿Son diferentes? Haga lo posible por responder a estas preguntas limitándose a escuchar lo que le dice su sentido del tacto y no lo que le dice su mente (dudas, pensamientos, preocupaciones) [pausa de 30 segundos].

(cont.)

Escucha consciente

(Esta parte del ejercicio dura 7 minutos).

Cuando se sienta listo, deje de hacer lo que esté haciendo, dondequiera que esté, y comience a intentar escuchar los sonidos que le rodean [pausa de 15 segundos].

Haga todo lo posible por evitar etiquetar o clasificar la fuente de los sonidos, o el tipo de sonidos que escucha. Limítese a advertir sus características –el volumen, el tono, el ritmo, la distancia con respecto a usted, las pausas entre sonidos, los momentos de silencio– [pausa de 1 minuto]. Si siente que su mente está vagando, tome conciencia por un momento de dónde está deambulando y, a continuación, lleve su atención de vuelta a los sonidos del presente. Deje de juzgar el sonido que perciba (p. ej., agradable o desagradable) y limítese a percibir de forma pura y directa lo que le esté diciendo su sentido del oído [pausa de 1 minuto].

En caso de que se decida a escuchar una canción de esta misma manera, repare en los sonidos y en los instrumentos, sea consciente de cómo cambia la música, momento a momento. Advierta cómo los diferentes instrumentos se unen y se mezclan de manera armoniosa, cómo interactúan. Pero no etiquete o categorice los instrumentos. Si alguien está cantando, perciba las cualidades exactas de la voz del cantante. Intente escuchar estos sonidos como si acabara de llegar de otro mundo y nunca antes hubiera escuchado algo parecido. No importa si le gusta la música. Incluso la estática de los altavoces puede ser atractiva si se escucha sin juzgarla y con una curiosidad sana.

Basado en F. DIDONNA, (Ed.), *Clinical handbook of mindfulness*, Springer, Nueva York 2009 (trad. esp.: *Manual clínico de mindfulness*, Desclée De Brouwer, Bilbao 2011).

Revisión de la práctica

Tras la práctica de la «Percepción consciente», el instructor invita a los participantes a comentar la experiencia y a reaccionar a ella.

CAROLINE: El objeto que elegí tenía dos características: una era positiva y otra no, así que la vista era muy importante para mí. Intenté estar más en el momento presente y observarlo en todos sus detalles para ver cómo había sido creado, pero sin juzgarlo y manteniéndome siempre centrado en el objeto.

INSTRUCTOR: ¿Así que exploraste el objeto y comenzaste a pensar en su historia?

CAROLINE: Sí, es algo que me pasa a menudo con los objetos: me hacen pensar en su origen y en lo que me gusta y lo que no me gusta de ellos. Este ejercicio, en cambio, me hizo permanecer en el momento presente. Me resultó de ayuda.

PAUL: Decidí observar un candelabro de techo. Pensé en su complejidad, y en que quien lo había fabricado tenía mucho talento. Luego, mientras observaba las bombillas que emiten luz, pensé también en su función. O sea, las bombillas irradian luz en el ambiente; todo esto lo comprendí con mi vista.

Después, al tocarlo, tomé conciencia de su fragilidad porque estaba hecho de componentes ligeros y de vidrio, que es frágil, y entonces pensé que la persona que había creado un objeto tan complejo y delicado debía de ser muy inteligente.

CARL: Usé una silla como punto de referencia, y, al mirarla, me di cuenta de que normalmente miramos las cosas de manera superficial; ahora bien, si nos tomamos más tiempo, podemos observar una serie de detalles que normalmente no advertimos. Luego, al tocarla, noté lo robusta que era y el material del que estaba hecho, y experimenté estas sensaciones diferentes con mi mano. Gracias a mi oído percibí en un primer momento el roce de la ropa contra la silla y gente moviéndose a mi alrededor, luego el sonido de sus pasos, y después de eso noté el silencio. Podía oír el sonido del silencio y era muy relajante –algo que nunca antes había notado–.

FREDERICK: Descubrí que mi vista era limitada. El objetivo era analizar la apariencia y la forma, sin considerar su función, los materiales y la fabricación –algo que me sale de forma natural–. Así que tuve que detenerme y observar las formas como si fuera un extraterrestre, sin ponerles nombre. Me esforcé por no categorizar la geometría. Usar mi tacto fue un descubrimiento, porque primero usé la punta de un dedo, luego dos, y luego la palma de mi mano. Hubo una evolución, y noté la diferencia entre tocar con los ojos abiertos y con los ojos cerrados.

A través de este ejercicio, los participantes empiezan a comprender que existe un modo diferente de percibir la realidad, un modo que nos lleva de vuelta a la experiencia tal como es, y no a cómo nuestras mentes, en particular nuestros miedos, la deforman a menudo. Lo que observamos siempre puede ser visto desde múltiples perspectivas.

El instructor puede explicar que el hecho de entrenar nuestras mentes para dirigir la atención consciente a lo que nos dicen nuestros sentidos nos enseña una manera desapegada y no reactiva de permanecer en contacto con la realidad. Esta «Percepción consciente» puede neutralizar los hábitos que juzgan lo que percibimos.

Revisión de la práctica en casa

El instructor pregunta a los participantes cómo ha ido la práctica en casa durante la semana.

FREDERICK: Me he dado cuenta de que esta semana le daba más espacio a los pensamientos útiles, por lo que esta tarea no implica dejar de pensar por completo. Tenía miedo de perder algo, pero me di cuenta de que *puedo* pensar con más calma.

LISA: Me encuentro en medio de una fase de cambio y he percibido un sentimiento de bondad. He estado más atenta, más abierta que antes, porque me siento diferente. Lidié con una discusión que quería que fuera bien, y me di cuenta de que no me pasé el rato pensando en ello, sino que simplemente lo hice. Experimenté lo que había en ese momento y me sentí bien. Creo que, gracias al *mindfulness*, puedo sacar provecho de lo que pasó.

Y siento una creciente necesidad de practicar, porque después me siento relajada o en contacto conmigo misma. Si me molestan los ruidos, me enfado un poco porque siento que no lo estoy haciendo bien. Así que repito el ejercicio, pero luego me digo a mí misma que esto tampoco está bien porque la primera experiencia fue como fue, ni bien ni mal.

INSTRUCTOR: ¡Eso es! Hemos de sacarnos de la cabeza que tenemos que hacer los ejercicios de la manera correcta o que deben llevar a algún resultado. El mensaje clave es, simplemente, que tenemos que hacerlo lo mejor posible. Hay momentos en que podemos percibir algún beneficio; por ejemplo, podemos sentir que nuestra mente está libre o podemos sentirnos llenos de energía, pero a veces esto no sucede, y también eso está bien. Nuestras mentes podrían estar llenas; podríamos sentirnos confundidos, distraídos, ansiosos; y de todos modos sigue siendo correcto. El segundo intento no es mejor que el primero; ambos son solo nuestra experiencia en ese momento específico. Es importante que aprendamos a aceptar que el momento es lo que es, y hemos dedicado tiempo a sentarnos y a observarnos a nosotros mismos. El objetivo es observarnos a nosotros mismos, observar lo que sucede, y no transformarlo. Es exactamente esta observación la que cambia lentamente la experiencia, pero lo hace indirectamente.

DANIEL: Me resulta difícil deshacerme de la expectativa... No espero que suceda nada por hacer algo una sola vez, pero no puedo deshacerme de la expectativa de que algo mejorará a través de la repetición. La tentación siempre está ahí.

INSTRUCTOR: Las expectativas son una de las principales causas de desconfianza en los seres humanos. Cuanto menos esperamos de las cosas, de los demás y de nosotros mismos, menos nos arriesgamos a que nos decepcionen y, por tanto, a desanimarnos. La idea es dar la bienvenida a la experiencia por lo que es. Esta aceptación, en sí misma, puede provocar un cambio, pero no sabemos cómo y cuándo se producirá.

Ejercicio de la «Validación de la Experiencia Perceptiva»

El instructor introduce una nueva técnica cognitiva basada en el *mindfulness* denominada «Validación de la Experiencia Perceptiva»[1]. Esta técnica ayuda a los participantes a usar sus sentidos para desarrollar una mejor relación con la realidad y para neutralizar las obsesiones y los pensamientos disfuncionales.

1. F. DIDONNA, «Mindfulness and obsessive–compulsive disorder: Developing a way to trust and validate one's internal experience», en F. Didonna (Ed.), *Clinical handbook of mindfulness*, Springer, Nueva York 2009 (trad. esp.: «Mindfulness y trastorno obsesivo compulsivo: desarrollando una manera de confiar y validar la experiencia interna», en *Manual clínico de mindfulness*, Desclée De Brouwer, Bilbao 2011).

Como dijimos anteriormente, las personas con TOC, en particular las que incurren en comportamientos de comprobación y de limpieza, suelen tener dificultades para confiar y para emplear la información sensorial en situaciones obsesivas. El objetivo de la «Validación de la Experiencia Perceptiva» es entrenar a los individuos con TOC para que presten una atención consciente a su experiencia perceptiva y para que *validen* su recuerdo de la experiencia. Usa la información sensorial como un «antídoto» contra los pensamientos obsesivos. Este ejercicio es particularmente útil para las personas que temen haber hecho algo perjudicial para ellas mismas o para los demás y que, por esta razón, necesitan encontrar alivio a través de las compulsiones o de las confirmaciones.

El objetivo de esta técnica es ayudar a los pacientes a validar intencionalmente la información de su experiencia perceptiva en situaciones críticas. Esto les permite confiar en esta memoria sensorial como real y minimizar la duda. La «Validación de la Experiencia Perceptiva» es particularmente útil para los participantes que temen no recordar lo que han hecho o dejado de hacer (no confían en su memoria sensorial) y, por consiguiente, sienten la necesidad de comprobar continuamente algo o repetir una acción, o a veces lavar una parte de su cuerpo de manera obsesiva. Dado que la «Validación de la Experiencia Perceptiva» tiene aplicaciones específicas, no todos los participantes estarán interesados en usar esta técnica como parte de sus tareas para casa.

El instructor puede introducir esta técnica diciendo o escribiendo en una pizarra: «**Los sentidos son el mejor antídoto contra la duda porque nunca mienten, pero la mente a veces lo hace**». El instructor distribuye a continuación los documentos 2A y 2B de la sesión 5 y explica que esta técnica implica los siguientes pasos.

1. Se invita a los participantes a redactar una descripción precisa de un pensamiento intrusivo y angustioso (duda, obsesión, imagen) relacionado con un evento pasado en el que les gustaría trabajar. A continuación, indican su nivel de convicción (%) de que el evento temido haya ocurrido realmente o de que ellos puedan ser responsables de ello y de su nivel de malestar o de ansiedad (0-100) al pensar en ello. Asimismo, se invita a los participantes a poner por escrito en la columna izquierda del documento 2B de la sesión 5 todo lo que mantiene activa la duda obsesiva pero que no está basado en su experiencia obsesiva (p. ej., inferencias, suposiciones, hipótesis, razonamiento selectivo). En la columna derecha del documento 2B de la sesión 5 deben escribir toda la información que recuerden sobre su experiencia perceptiva en la situación dada que entre en conflicto con su duda obsesiva (p. ej., «*Vi* que la ventana estaba cerrada»). La columna derecha no incluye nada que provenga de confirmaciones externas o de rituales.
2. El instructor pide a los participantes que *validen* activa e intencionalmente *cada elemento de la columna derecha* –o sea, que *consideren* lo que vieron, oyeron, etc., como *real y verdadero y que le den valor y prioridad*–.
3. A continuación, se pide a los participantes que comparen los elementos en las dos columnas y que decidan cuáles describen y explican mejor la situación. Esto casi siempre llevará a los participantes a dar menos importancia,

si es que le dan alguna, a los elementos de la columna izquierda, que alimentan la duda. A menudo se usa esta frase para ayudarles en este proceso: «Recuerde que sus sentidos nunca mienten, pero la mente a veces lo hace».

4. Tras validar los elementos en la columna derecha, se pide a los participantes, una vez más, que evalúen su nivel de convicción de que el pensamiento angustioso es cierto, así como su nivel de incomodidad al pensar en él. Luego comparan su nivel inicial de malestar con el nivel actual. Si los niveles de convicción y de malestar no han disminuido de manera significativa (por lo menos un 20%), los participantes deben validar los elementos de la columna derecha con más cuidado y con una mayor convicción.

5. Por último, se invita a los participantes a que observen cómo el pensamiento intrusivo inicial ha cambiado en su contenido o frecuencia. Luego lo reformulan y lo reemplazan por un nuevo pensamiento coherente con lo que han aprendido del ejercicio.

A continuación, el instructor explica a los participantes que, después de llevar a cabo una serie de ejercicios de «Validación de la Experiencia Perceptiva», habrá cada vez menos elementos en la columna izquierda. Asimismo, el instructor debe aclarar que los participantes no deben colocar demasiados elementos perceptivos en la columna derecha, ya que esto puede conducir a rumiaciones inútiles y resultar contraproducente. Un solo elemento perceptivo relacionado con la experiencia debe considerarse suficiente por la mayoría de las personas para neutralizar la duda y poner fin a un ritual obsesivo. Los participantes deben ser conscientes de que esto es lo que hacen realmente en situaciones no relacionadas con sus obsesiones. Por ejemplo, uno de los siguientes recuerdos puede considerarse suficiente: «No *escuché* ningún choque»; «*Vi* que la habitación estaba oscura cuando salí de la casa»; «No *escuché* el llanto de un recién nacido que venía de esa pila de basura»; etc.

Además, a fin de reforzar la validación de la experiencia sensorial, el instructor pide también a los participantes que observen su experiencia sensorial de un modo consciente y que la *autovaliden* mientras tiene lugar, a lo largo del día con la mayor frecuencia posible, primero con situaciones normales y luego con acontecimientos a los que teman –por ejemplo, «Creo en lo que vi», «Estoy seguro de lo que escuché»–. De este modo, los participantes se entrenan a sí mismos para usar sus sentidos y confiar en ellos sin que sean necesarias las confirmaciones externas. La memoria sensorial puede usarse para determinar si los miedos son realistas.

En el estudio del caso[2] empleado en el documento 2A de la sesión 5, una mujer de 28 años estaba gravemente obsesionada con la idea de que mien-

2. F. DIDONNA, «Ruolo dell'invalidazione dell'esperienza sensoriale nell'attivazione e mantenimento del dubbio ossessivo»: *Psicopatologia Cognitiva*, 2(2) (2005), 73–81; F. DIDONNA, «Mindfulness and obsessive–compulsive disorder: Developing a way to trust and validate one's internal experience», *op. cit.*

tras conducía su coche, podría haber chocado con otro vehículo *–sin darse cuenta de ello–* y que los daños resultantes habían causado más tarde un accidente de tráfico y la muerte del otro conductor. Durante una sesión terapéutica, la paciente completó el formulario de la «Validación de la Experiencia Perceptiva», y se examinó su recuerdo del evento temido. Tenía un recuerdo claro de su experiencia sensorial, que podría haber neutralizado y evitado cualquier duda obsesiva: «No oí el ruido de ningún coche estrellándose»; «Vi que la furgoneta estaba lo suficientemente lejos como para causarme algún problema». Sin embargo, la paciente fue incapaz de limitarse a validar y a usar estos recuerdos sensoriales durante sus crisis obsesivas.

El terapeuta la ayudó a creer y a valorar el recuerdo de su experiencia real, que era bastante claro (columna derecha). Esto llevó a la mujer a dar menos importancia a los elementos subjetivos que habían alimentado su duda obsesiva (columna izquierda). Al final del ejercicio, tanto su nivel de convicción en relación con el pensamiento obsesivo como su nivel de angustia habían disminuido de manera significativa. La paciente declaró finalmente: «Hoy he comprendido que pensar en todas las cosas que alimentan mis dudas y mis obsesiones [columna izquierda] solo conduce a nuevas dudas y obsesiones; a partir de ahora quiero dar más importancia a mi experiencia perceptiva real».

La paciente repitió este procedimiento en varias ocasiones. También se le pidió que llevara a cabo este procedimiento en casa cada vez que tuviera ideas obsesivas, y que intentara mantener una actitud de validación consciente hacia su propia experiencia perceptiva a lo largo del día, incluso cuando no se encontrara en una situación que le provocara ansiedad. Al final solo necesitaba escribir una cierta información sensorial en la columna derecha para neutralizar los elementos obsesivos anotados en el lado izquierdo de la hoja y, por consiguiente, el pensamiento intrusivo angustioso. Los beneficios del tratamiento se mantuvieron durante los tres meses de seguimiento.

La «Validación de la Experiencia Perceptiva» puede considerarse, más que como una técnica terapéutica, como un estilo o una actitud consciente. Es un modo alternativo de que los individuos con TOC se relacionen consigo mismos y con su propia experiencia, ayudándoles también a ver que la certeza es innecesaria porque la información que ya poseen sobre los acontecimientos es suficiente.

Espacio para respirar: afrontar los sentimientos y los pensamientos desagradables

Después de practicar el ejercicio del «Espacio para respirar» tres veces al día durante la semana anterior, se invita ahora a los participantes a usarlo para afrontar los sentimientos o los pensamientos desagradables. El «Espacio para respirar» puede ayudar a los participantes a salir del piloto automático y a responder hábilmente a las situaciones difíciles. Proporciona a los participantes una herramienta útil y rápida para recuperar el equilibrio y establecer una mejor relación con la realidad cada vez que surgen pensamientos y sentimientos perturbadores.

En este punto de la sesión, se guía a los participantes para que lleven a cabo una versión adaptada del «Espacio para respirar» que aprendieron en la sesión anterior: se les pide que conecten con una experiencia interior incómoda que estén teniendo en ese momento. Si no sienten nada angustioso en el momento presente, se pide a los participantes que imaginen o evoquen algo que recientemente les haya hecho sentirse incómodos (p. ej., una sensación física, una emoción o un pensamiento). La práctica se introduce de la siguiente manera:

> Ahora me gustaría invitarle a compartir conmigo el ejercicio del «Espacio para respirar» que usaremos para afrontar situaciones difíciles y del que podría valerse durante las próximas semanas para abordar mejor las experiencias perturbadoras, como los pensamientos intrusivos o los sentimientos difíciles. Por lo tanto, durante este ejercicio es importante que fije su atención en algo que le esté perturbando en este preciso momento –una sensación física, una emoción o un pensamiento–. Si no hay nada que le moleste ahora mismo, puede imaginar o evocar algo perturbador que haya experimentado recientemente.

Revisión de la práctica

Después de completar la práctica, el instructor pregunta: «¿Alguien quiere hacer algún comentario sobre esta práctica?».

ELISABETH: Antes de hacer el ejercicio me sentía muy ansiosa porque tenía un pensamiento perturbador, al igual que siempre. Pero ha sido asombroso cómo sentí que mi ansiedad disminuía en un período de tiempo tan corto, ya que mi pensamiento se ha vuelto menos intenso y frecuente.

GEORGE: No he podido conectar con algo perturbador, pero he sentido algo durante este ejercicio, aunque haya sido durante un momento muy breve: mi estado mental y mi humor han cambiado un poco. Ha sido interesante.

INSTRUCTOR: El objetivo de este ejercicio es precisamente ese: permitirnos recuperar la sensación de estabilidad, de equilibrio y de calma en pocos minutos cuando nos enfrentamos a situaciones difíciles. Si practicáis este ejercicio con regularidad, será más fácil, e incluso podrá convertirse en una herramienta interna que podáis usar para hacer frente a experiencias internas incómodas y perturbadoras.

Descanso

Los participantes hacen una breve pausa de 10 minutos en este punto de la sesión.

Cuadro 9.3.

Espacio para respirar–afrontamiento: hacer frente a sentimientos y a pensamientos desagradables

Puede ser útil usar este ejercicio del «Espacio para respirar–afrontamiento» siempre que experimente pensamientos y sentimientos perturbadores. Esta breve práctica puede ayudarle a salir del piloto automático y a responder hábilmente a situaciones difíciles. Puede proporcionarle una herramienta útil y rápida para recuperar el equilibrio y una mejor relación con la realidad siempre que tenga sentimientos o pensamientos perturbadores.

Durante este breve ejercicio, elija primero una posición que le permita sentirse despierto y presente. Puede estar con la espalda recta, experimentando una clara sensación de contacto con la tierra, con el suelo. De lo contrario, puede sentarse, manteniendo la espalda erguida, pero no rígida, y tratando de no apoyarse en el respaldo de la silla. O puede acostarse en una cama, en una alfombra o en una esterilla.

Una vez que haya elegido una posición, puede decidir si prefiere mantener los ojos abiertos o cerrados, en función de lo que le haga sentirse más cómodo; adéntrese lentamente en el primer paso de este ejercicio, la fase de la *conciencia*.

Paso 1: Conciencia

Deje de lado el piloto automático y traiga su atención al momento presente, al aquí y ahora [pausa de 10 segundos].

A continuación, enfoque su conciencia en su experiencia interna y pregúntese: «¿Qué está pasando en mi interior en este momento?»; «¿Qué es realmente perturbador y está causando malestar en mi interior en este momento?» [pausa de 10 segundos]. Advierta lo que está sucediendo en sus sensaciones corporales, en sus sentimientos y en sus pensamientos [pausa de 10 segundos].

Exprese con palabras su experiencia, diciendo para sus adentros, por ejemplo: «Aquí hay una sensación de tensión»; «Aquí hay sentimientos de ansiedad o de asco», o: «Aquí hay pensamientos perturbadores». Dele un nombre a su experiencia, suspenda cualquier juicio sobre ella, sea lo que sea [pausa de 10 segundos].

Si es una sensación física lo que le perturba, intente advertir la calidad particular de esa sensación. Perciba en qué parte de su cuerpo se localiza, dónde es más intensa, y dirija toda su atención allí. Intente distanciarse ligeramente del sentimiento, sin juzgarlo, limitándose a aceptarlo dentro de su experiencia [pausa de 10 segundos].

Si es una emoción lo que le perturba, intente ponerle nombre a la emoción particular que está sintiendo en este preciso momento. No hay emociones correctas o incorrectas. Independientemente de la emoción que esté presente, dele la bienvenida y escúchela [pausa de 10 segundos].

(cont.)

Si es un pensamiento lo que le perturba, trate de observar y de identificar el contenido del pensamiento que está pasando por su mente en este mismo momento. Observe cómo se mueve frente a usted como si fuera un pájaro o una nube blanca moviéndose por un cielo azul. Acoja cada pensamiento como un mero hecho mental, inofensivo, transitorio y fugaz [pausa de 10 segundos].

Limítese a permanecer con esa experiencia, permitiendo que esté ahí sin juzgarla y sin reaccionar a ella, solo durante unos momentos [pausa de 10 segundos].

Paso 2: Enfoque

Una vez que haya tomado conciencia de su experiencia interna, desplace su atención a su propia respiración. Céntrese completamente en su respiración, advirtiendo las sensaciones que esta crea en usted, como su abdomen subiendo y bajando mientras inspira y espira [pausa de 10 segundos].

La respiración es ahora su centro, su ancla; todo gira a su alrededor, como si esta fuera el sol y como si sus emociones, sus pensamientos y sus sensaciones fueran planetas. Ningún planeta puede apagar o debilitar la luz del sol que le llega, de igual manera que ningún pensamiento o sentimiento puede extinguir su respiración. Manténgase profundamente centrado en su respiración [pausa de 1 minuto].

Paso 3: Expansión

Abra ahora el campo de su conciencia de la respiración e incluya todo el cuerpo, desde las plantas de los pies hasta la coronilla, fijando la atención en cualquier sensación de malestar o de tensión que pueda experimentar, allí donde la esté experimentando. Si se encuentra con esas sensaciones, dirija el aire de la inspiración hacia ellas y luego exhálelas con la espiración, liberando la tensión, dejando ir el malestar [pausa de 10 segundos]. Durante la espiración podría decirse a sí mismo: «Está bien experimentar esta sensación. Sea lo que sea, está bien. Deja que la experimente» [pausa de 10 segundos].

Dese permiso para experimentar una sensación de tranquilidad, de bienvenida, y déjese llevar hacia su experiencia interna ahora mismo [pausa de 15 segundos].

A medida que abre su conciencia a todo su cuerpo-mente y al espacio que le rodea, está abriéndose a la vida tal como es, llevando esta conciencia expandida a los siguientes momentos de su día con un sentido de tolerancia, de equilibrio y de presencia.

De Z. V. Segal, J. M. Williams y J. D. Teasdale, *Mindfulness-based cognitive therapy for depression: A new approach to preventing relapse*, Guilford Press, Nueva York 2013[2] (trad. esp.: *MBCT. Terapia cognitiva basada en el mindfulness para la depresión*, Edición revisada, Kairós, Barcelona 2017).

Meditación sentada: conciencia de la respiración, del cuerpo, de los sonidos, de las emociones y de los pensamientos, y exposición a un estado difícil

En esta sesión, así como durante la práctica en casa durante la próxima semana, la meditación sentada añade un nuevo elemento: la exposición a un estado difícil. Esta práctica puede considerarse como una versión más larga y profunda del ejercicio del «Espacio para respirar–afrontamiento» que practicamos antes del descanso. El instructor pide a los participantes que activen o permanezcan deliberadamente con una sensación, con un pensamiento o con una emoción desagradable, y que adviertan los efectos de los mismos en sus cuerpos y sus reacciones a esos efectos.

Como vimos en los capítulos 1 y 2, uno de los procedimientos terapéuticos más efectivos para el TOC es la exposición a los estímulos temidos y la prevención de cualquier comportamiento manifiesto o encubierto destinado a neutralizar cualquier ansiedad o angustia activada por los estímulos. Esta práctica de la meditación sentada puede considerarse como una exposición imaginaria consciente a estados internos difíciles; los participantes aprenden a estar en contacto con sus pensamientos, sus emociones o sus sensaciones desagradables, y hacen todo lo posible por no reaccionar del modo en que normalmente lo hacen (p. ej., con rituales, confirmaciones, evitaciones). Este es también un primer paso hacia la actitud y la práctica de la aceptación, así como hacia la práctica de la «Exposición consciente», introducidas en las sesiones 7 y 8, respectivamente.

Durante la etapa de la escucha consciente, el instructor también puede servirse de una pieza musical evocadora (p. ej., *El lago de los cisnes*) a modo de estímulo sonoro, a fin de facilitar la activación de sentimientos y sensaciones particulares que ayuden a los participantes a cultivar una actitud de permisividad y de aceptación.

Revisión de la práctica

Después de completar la práctica, el instructor pide a los participantes que debatan sobre cómo se han sentido.

GERARD: Mirar los pensamientos de un modo desapegado ha sido como cuando miramos los objetos de manera consciente, suspendiendo cualquier juicio o significado. Este paralelismo me ha resultado de ayuda.

INSTRUCTOR: Es una comparación interesante, Gerard.

GERARD: Sí, recordé que en el ejercicio de la «Percepción consciente» observé los objetos sin ponerles nombre, que me limité a mirarlos. Los pensamientos también pueden verse un poco de esta manera.

CAROLINE: He observado que es bastante complejo y que hay que empezar despacio. He intentado mantener distancia con respecto a mis pensamientos. Lo he intentado con un pensamiento incómodo que era menos

Cuadro 9.4.

Meditación sentada: conciencia de la respiración, del cuerpo, de los sonidos, de las emociones y de los pensamientos, y exposición a un estado difícil

Practique la «Meditación sentada: conciencia de la respiración, del cuerpo, de los sonidos, de las emociones y de los pensamientos» como describimos en las sesiones anteriores [pausa de 5 segundos].

Cada vez que advierta algo desagradable durante esta práctica (sensaciones físicas, pensamientos o emociones), dese permiso para permanecer en contacto con esa experiencia durante algún tiempo, advirtiendo con todo detalle lo que le está incomodando en ese momento y describiendo la calidad de la experiencia con una actitud permisiva y sin prejuicios.

Durante la etapa de la escucha consciente, recurra a una pieza de música que le resulte evocadora (p. ej., *El lago de los cisnes*, de Tchaikovski).

- Si lo que está creando un estado desagradable es una **sensación**, advierta exactamente dónde la está experimentando y dónde la siente de manera más intensa en su cuerpo. Describa la cualidad de la sensación tal como es (p. ej., tensión, frío, presión, hormigueo, dolor) y suspenda cualquier juicio sobre ella, como: «Es terrible», «Es insoportable» o: «Podría ser peligrosa» [pausa de 10 segundos].
- Permanezca en contacto con esta sensación desagradable de la mejor manera que pueda, acogiendo cualquier sentimiento que aparezca y tratando de llevar una profunda sensación de aceptación de ella. Puede que decida quedarse con ella durante algún tiempo aunque le resulte incómoda –considerando cuánto tiempo permanece con esta sensación desagradable antes de decidir hacer algo para deshacerse de ella–. Haga todo lo posible por cultivar suavemente un estado en el que se limite a observar lo que está sucediendo, momento a momento, absteniéndose de reaccionar a ello, a lo que no le gusta, a lo que quiere cambiar, a lo que no debería estar ahí. No hay sensaciones correctas o incorrectas; lo que siente es solo su experiencia en este momento: una sensación inofensiva, aunque desagradable, en su cuerpo [pausa de 10 segundos].
- También puede usar su respiración para amplificar y expandir la conciencia de lo que está sintiendo, dirigiendo el aire de la inspiración hacia esa sensación, hacia esa área del cuerpo. Durante la inspiración puede experimentar una sensación fortalecedora y energía que entra en esa parte el cuerpo, mientras que durante la espiración puede experimentar una profunda sensación de dejar ir y de libertad [pausa de 10 segundos].
- Si lo que está creando un sentimiento desagradable es un **pensamiento**, limítese a advertir su forma (palabra o frase, imagen, escena o un sonido imaginario) y su contenido (p. ej., «Mi pensamiento ahora es: "¡No he cerrado la puerta"»). Observe el pensamiento no como algo que debe creerse, obedecerse o cumplirse, sino como lo que realmente es: un evento mental pasajero, impermanente e inofensivo, que no tiene ninguna fuerza o poder si usted decide no dárselo [pausa de 10 segundos].

(cont.)

- No es necesario hacer nada o reaccionar o evitar el pensamiento ahora, aunque esté acostumbrado a hacerlo, o lo haya hecho durante años. Simplemente deje que el pensamiento surja de manera natural, y déjelo estar, de la misma manera que se relaciona con los sonidos que vienen y van de manera espontánea.
- Para crear una relación desapegada y descentrada con sus pensamientos, puede recordar metáforas que le resultaron útiles en la meditación sentada –por ejemplo, los créditos de las películas que se desplazan por la pantalla, o una cascada [pausa de 10 segundos].
- Si lo que está experimentando es demasiado estresante, recuerde que siempre puede volver a prestar atención a su respiración y a su postura, que en cualquier momento puede volver a aterrizar en el momento presente, en el aquí y ahora inofensivos. Más adelante, cuando esté listo, vuelva a dirigir suavemente su atención hacia el pensamiento desagradable [pausa de 10 segundos].
- Si está en contacto con una **emoción** desagradable (p. ej., la ansiedad), haga todo lo posible por separar el sentimiento en sus dos componentes básicos: las sensaciones físicas y los pensamientos. A continuación, preste una atención consciente a las sensaciones corporales que componen esta emoción (p. ej., palpitaciones, sudores, malestar estomacal, mareos, falta de aliento, temblores y sacudidas, tensión muscular). Tenga siempre presente que aunque todos estos síntomas resulten desagradables o intensos, son completamente inofensivos. No es más que su cuerpo reaccionando a una cierta emoción y no a algo a lo que tenga que reaccionar, cambiar o rechazar. Limítese a advertir los síntomas en sus cualidades físicas inocuas, y no considere los significados o los juicios que probablemente esté acostumbrado a darles [pausa de 10 segundos].
- Ahora tome conciencia del otro componente: los pensamientos que surgen con la emoción –pensamientos que están relacionados con la emoción o pensamientos sobre la emoción–. Limítese a advertir que son eventos mentales inofensivos, pasajeros y sin fuerza que no necesitan cambiarse, arreglarse o combatirse de ninguna manera [pausa de 10 segundos].
- Si no se han producido experiencias desagradables durante la práctica, puede optar por traer deliberadamente a la mente un estado que cree angustia o incomodidad. Escoja un pensamiento o una emoción que experimentara en el pasado que no sea demasiado desafiante, solo algo que active sentimientos desagradables a un nivel medio (como 50-60 en una escala 0-100) [pausa de 10 segundos].
- Cuando entre en contacto con la experiencia desagradable, siga las mismas sugerencias que le proporcionamos anteriormente. Advierta los dos componentes –sensaciones físicas y pensamientos–. Fíjese entonces únicamente en las sensaciones físicas. Obsérvelas desde la distancia, como si fuera un observador externo que simplemente percibe lo que está viendo sin juzgarlo y sin darle ningún significado [pausa de 10 segundos]. A continuación, tome conciencia de los pensamientos. Limítese a reconocerlos como eventos mentales pasajeros e inofensivos. Podría imaginarlos como nubes que pasan por el cielo. Todo lo que tiene que hacer es observarlos hasta que cada uno de ellos desaparezca de su mente [pausa de 10 segundos].

(cont.)

- Y ahora, al finalizar este desafiante viaje interior, trate de expandir la conciencia para incluir un sentido de su cuerpo como un todo. Desde las plantas de los pies hasta la coronilla, tome conciencia de este sentimiento de unidad total, de completitud, notando cómo su respiración se expande ahora por todo su cuerpo, sintiendo cómo cada parte del mismo, cada célula, se llena de energía y vida con cada respiración, sintiendo ahora como si todo su cuerpo estuviera respirando.

De Z. V. Segal, J. M. Williams y J. D. Teasdale, *Mindfulness-based cognitive therapy for depression: A new approach to preventing relapse, op. cit.*

perturbador que otros... Me he distanciado de este pensamiento, pero lo he encontrado bastante desafiante... Tendré que acostumbrarme a ello y practicar con los más difíciles.

Julia: Me he dado cuenta de que mi mente carga un pensamiento con energía, en el sentido de que le doy mucho valor. Así que he tratado de restarle valor y de considerarlo de una manera diferente –en resumen, de desmantelarlo–. Me ha gustado comprender que le estaba dando importancia sin una razón real. También he intentado cambiar de posición, pero no he podido encontrar ninguna cómoda. Pero incluso entonces he pensado que estaba dando demasiado valor a la sensación física que estaba experimentando, e incluso en este caso la estaba sobrecargando. Ha habido momentos en los que he sentido que no estaba sufriendo y otros en los que sí, probablemente influenciada por mis pensamientos. Pero entonces he decidido cambiar de posición.

Instructor: Lo que estás diciendo es extremadamente importante, Julia. Una de las habilidades más importantes que queremos desarrollar a través de la práctica de *mindfulness* es la capacidad de restar poder y fuerza a nuestros pensamientos.

Caroline: A veces notaba esta diferencia: si hay un pensamiento que no considero útil y está cargado de significado, distanciarme de este pensamiento significa oponerme a él. Se vuelve más difícil alejarlo o no seguirlo. Oponerme a él lo llena de energía, y lo mejor para mí es no seguirlo. Pero debo tener cuidado, porque cuando me distancio de él, lo cargo.

Instructor: El objetivo es no alejar los pensamientos. Eso sería un acto agresivo. Alejarse significa observar algo sin hacer nada, y esto nos permite quedarnos con cualquier pensamiento sin darle valor o fuerza o sin verse abrumado por él. Si tengo que alejar un pensamiento, significa que ya lo considero como algo negativo o peligroso. Pero en realidad ningún pensamiento es realmente negativo o peligroso si no le damos ninguna energía, poder o significado. Sigue siendo un simple evento mental, inofensivo y transitorio. Recordad que cada vez que intentamos hacer algo contra un pensamiento, o cuando mostramos una actitud agresiva hacia él, ese pensamiento se alimenta a sí mismo y se vuelve más intenso y frecuente.

En este momento, el instructor escribe lo siguiente en la pizarra: «**Lo más útil que podemos hacer es dejar de dar poder y significado a un pensamiento inútil**».

ROBERT: Ya, pero en ese momento no veo que un pensamiento perturbador sea inútil... solo me doy cuenta de lo poco útil que es después de que haya causado algún daño.

INSTRUCTOR: El que un pensamiento sea muy perturbador y demasiado frecuente, tal vez esté demostrando que no es útil.

GEORGE: Siento un dolor muy intenso en mi espalda, y trato de mantenerlo porque me proporciona un fuerte anclaje. En esta ocasión intenté acoger las sensaciones, y cuanto más las acogía, menos fuerte era el dolor, como si lo sintiera menos. También fui capaz de no asociar el sonido con su fuente. Al final pude situar los pensamientos en los «créditos finales» [metáfora de la película] o en la «cascada» [metáfora de la cascada].

STEVEN: Nunca había escuchado la música de esta manera, pero cuando el tono subió me sentí como si estuviera en un torbellino, y mi mente buscó algo de alivio. Estaba muy involucrado en mis pensamientos, y me resultaba difícil centrarme en el aquí y ahora. Los pensamientos eran más fuertes.

INSTRUCTOR: Esto es importante: creéis que los pensamientos son más fuertes, pero en realidad nunca es así. Otorgamos este poder a los pensamientos porque así lo hemos hecho durante muchos años, y se ha convertido en un hábito. ¿Cuánto poder damos a nuestros pensamientos?

STEVEN: ¡Es cierto! Les damos todo el poder.

INSTRUCTOR: Así que empecemos a darles menos poco a poco. Practicamos esto ejerciendo una intención muy consciente y activa hacia esta actitud. Cuando les damos poder a los pensamientos, pueden convertirse o bien en cosas útiles en nuestras vidas, o bien en cosas irrelevantes. Solo entonces nos liberamos de la tiranía de nuestras mentes.

Lectura y debate de las citas de la sesión 5

El instructor reparte las citas del documento 4 de la sesión 5. Estas citas tienen que ver con los sentidos. Destacan la importancia de la experiencia perceptiva para desarrollar la confianza y superar los problemas obsesivos. Conducen al siguiente ejercicio, «Movimientos conscientes y estiramientos».

Movimientos conscientes y estiramientos

A partir de la sesión 4, cada sesión del programa de la MBCT para el TOC incluye meditaciones que involucran al cuerpo en movimiento. Estos ejercicios permiten que los participantes experimenten la meditación no solo como un estado estático, sino también como una experiencia dinámica del cuerpo en acción.

Como dijimos anteriormente, a las personas con TOC les suele resultar más fácil cultivar el *mindfulness* cuando el cuerpo está en movimiento. Varios participantes han dicho que cuando sus mentes están agitadas o cuando se sienten abrumados por sus pensamientos, es más fácil mantenerse en el presente mediante un ejercicio que implique el movimiento del cuerpo que mediante uno con meditaciones estáticas. El movimiento y la conciencia del cuerpo pueden ser un ancla para crear una relación diferente con estados internos difíciles.

El ejercicio «Movimientos conscientes y estiramientos» es particularmente útil para aprender a desarrollar una relación amable, desapegada y de aceptación con las sensaciones corporales, lo que a su vez fomenta la integración y el equilibrio del cuerpo y la mente. Los participantes también aprenden a observar los cambios en sus cuerpos, sin reaccionar a ellos ni juzgarlos –lo cual suele ser una cuestión importante para las personas con TOC–.

Al principio de esta práctica se hace mucho hincapié en la postura. El cultivo de una postura firme, digna, enraizada y estable en la vida diaria contribuye a una sensación de confianza, seguridad y equilibrio y a una buena relación con la realidad.

La instrucción básica aquí es que debemos advertir cuidadosamente los cambios que se producen en el cuerpo, sobre todo cuando este pasa de la tensión a la relajación y al estiramiento. Estos movimientos conscientes se introducen al final de la sesión para despertar y estirar el cuerpo después de pasar un largo período de tiempo sentado –y, por tanto, casi quieto–.

Revisión de la práctica

El instructor pide ahora a los participantes que compartan su experiencia con la práctica de «Movimientos conscientes y estiramientos».

JENNIFER: Nunca me detengo a escuchar mi cuerpo excepto cuando algo me duele. La forma en que lo he observado hace un momento ha sido muy extraña; era nueva. Observar las sensaciones sin juzgarlas te lleva a normalizarlas.

ALBERT: Me he dado cuenta de que a menudo interpreto las sensaciones de mi cuerpo de manera muy negativa y preocupante, incluso si, al final, termino por darme cuenta de que no era nada serio. Creo que esta nueva forma de estar con mis sensaciones corporales me ayudará mucho.

JUDITH: Observar cómo cambiaban las sensaciones momento a momento durante los diferentes ejercicios me ha permitido comprender que las experiencias están cambiando siempre –nunca son las mismas–, y ahora me doy cuenta de que ocurre lo mismo con los pensamientos. Tal vez deberíamos aprender a esperar a que pasen las sensaciones y los pensamientos negativos, limitándonos a observarlos.

INSTRUCTOR: Todo lo que estáis diciendo es muy importante. Observar el cuerpo y cómo cambia momento a momento, como acabáis de hacer, nos permite comprender que todas las experiencias internas, incluidos los pensamientos y las emociones, son impermanentes y transitorios incluso si no hacemos nada para alimentarlos. El *mindfulness* nos enseña esto día a día.

Cuadro 9.5.

Movimientos conscientes y estiramientos

Este ejercicio consiste en un conjunto de estiramientos suaves, realizados lentamente al mismo tiempo que prestamos atención a la respiración y a las sensaciones del cuerpo. Uno de los propósitos de esta práctica es aprender a prestar atención a los mensajes del cuerpo, a respetarlos y a desarrollar un profundo sentido de aceptación para con ellos. Otro objetivo es desarrollar un sentido de la integridad del cuerpo y estar presente, precisamente, con el cuerpo. Este es el primer paso para cuidarlo, independientemente de que se encuentre en un estado de sufrimiento o en uno de bienestar. Además, esta experiencia meditativa le permite cultivar la unidad de mente y cuerpo a través de una práctica disciplinada. Tomará conciencia de sus límites con un enfoque curioso y sutil, sin excederlos o violarlos.

Durante esta práctica aprenderá a ser consciente de su experiencia corporal. De manera más específica, dirigirá la atención a los movimientos de su cuerpo y al cambio de sensación que se produce al tensar y relajar suavemente las diferentes partes de su cuerpo.

Estos ejercicios no están pensados para ejercitar el cuerpo. No intente esforzarse o ejercer presión al practicarlos. El objetivo es, simplemente, que usted se convierta en un observador consciente de los cambios que experimenta en su cuerpo, momento a momento, a medida que este se mueve, se contrae y se relaja. Esta es una modalidad de meditación en movimiento.

Si algún movimiento le resulta difícil, agotador o doloroso, deténgalo o avance al siguiente ejercicio.

Recuerde siempre que no hay una forma correcta o incorrecta de hacer el ejercicio. Hágalo como pueda y estará bien. No debe lograr ningún resultado, no debe sobresalir en ningún aspecto.

Postura de la montaña

Al igual que en todas las prácticas de meditación, la postura desempeña un papel importante en este ejercicio, porque el modo en que posiciona su cuerpo momento a momento tiene un efecto significativo en sus estados mentales y emocionales. Mantener una postura que transmita una sensación de presencia, de calma, de estabilidad, de arraigo y de profunda dignidad es, en sí misma, una forma de meditación [pausa de 10 segundos]. Adopte la posición erguida conocida como la *Postura de la montaña*, en la que mantiene la espalda recta pero no rígida, los pies paralelos y con una separación aproximada de 20 centímetros, los hombros y el pecho relajados, el cuello y la cabeza alineados con la columna vertebral, las rodillas relajadas y ligeramente flexionadas, y los brazos extendidos a su lado con las palmas abiertas y sueltas [pausa de 10 segundos]. Ahora intente cerrar los ojos y advertir la sensación de contacto entre las plantas de sus pies y el suelo, y tome conciencia de que hay diferentes niveles de presión en las diferentes áreas de las plantas de los pies, simplemente por el mero hecho de que la mayoría de ellos no son del todo planos [pausa de 10 segundos].

(cont.)

Al concentrarse con mayor atención, también puede notar los micromovimientos de cambio que su cuerpo lleva a cabo para mantener una posición erguida, ayudándole a darse cuenta de que esta postura no es algo que «simplemente sucede», sino que debe mantenerse activamente y debe monitorearse continuamente con su cuerpo –algo que tardó más de un año de su vida en aprender–. Si dobla las rodillas un poco más, puede que experimente un mayor contacto, una mayor sensación de presión en el suelo [pausa de 10 segundos].

Como en todas las experiencias meditativas, durante esta práctica pueden aparecer pensamientos, y su mente tenderá a vagar en otra parte, alejándole de la conciencia de sus sensaciones corporales. Cuando esto suceda, limítese a advertir que está sucediendo, tome conciencia de dónde está vagando su mente, de qué pensamientos están atravesándola en ese momento, y luego, tan pronto como sea posible, lleve intencionalmente su atención de vuelta a las sensaciones en su cuerpo y al movimiento que está haciendo en el momento presente. Incluso si su mente vaga mil veces, tráigala mil veces de vuelta al cuerpo, a los sentimientos, al momento presente [pausa de 10 segundos].

Movimiento de brazos

Cuando esté listo, abra sus ojos y mire al frente y, mientras inspira, intente levantar suavemente los brazos a 90°, en paralelo al suelo [pausa de 5 segundos].

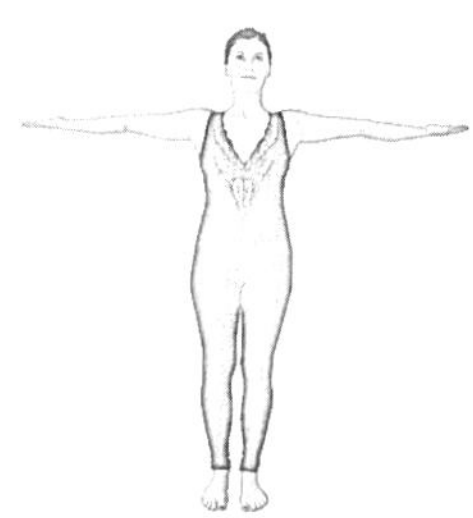

Tras una breve pausa, advierta la tensión en sus piernas y, mientras espira, lleve lentamente los brazos de vuelta al lado de su cuerpo y permanezca en esa posición durante unos segundos [pausa de 5 segundos].

Inspire ahora profundamente y levante sus brazos de nuevo; manténgalos estirados un rato mientras aguanta la respiración, como si estuviera «extendiendo sus alas para despegar»... [pausa de 5 segundos] y, a continuación, traiga suavemente los brazos de vuelta al lado de su cuerpo mientras espira [pausa de 5 segundos].

Repita este movimiento una vez más, por tercera vez, inspirando cuando abra y estire los brazos, y espirando cuando los lleve de vuelta suavemente al lado de su cuerpo [pausa de 10 segundos].

(cont.)

Manos sobre los hombros, brazos abiertos

Ponga ahora las manos sobre sus hombros, con los codos y la parte superior de los brazos abiertos. A medida que inspira profundamente, abra los brazos hacia los lados con las palmas hacia arriba, conteniendo la respiración durante unos segundos [pausa de 5 segundos]. Luego, lentamente, mientras espira, y sin ninguna prisa, deje que sus brazos y sus manos vuelvan a sus hombros [pausa de 5 segundos].

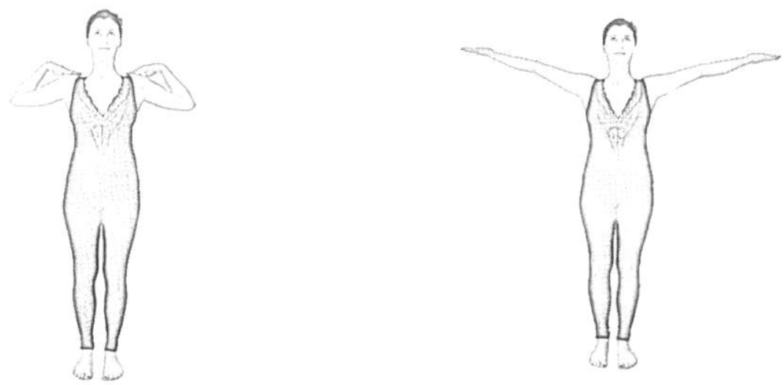

Recuerde dirigir su atención al cambio de sensaciones entre la fase de tensión y la fase de relajación.

Repita este movimiento una vez más, abriendo los brazos hacia fuera mientras inspira, como si se abriera como una hermosa flor... [pausa de 5 segundos] y luego ciérrelos suavemente mientras espira, llevando sus manos de vuelta a los hombros [pausa de 5 segundos].

Intente de nuevo este movimiento por tercera vez, notando cuidadosamente cómo los sentimientos cambian momento a momento [pausa de 10 segundos].

Movimiento de la mano, del brazo y del pie izquierdos

Ahora mueva su pie izquierdo un poco por delante del pie derecho, en una posición oblicua, distanciando sus pies unos 20 centímetros; apoye suavemente su mano sobre su muslo izquierdo, mientras su mano derecha se extiende a lo largo del lado derecho de su cuerpo. Cuando esté listo, comience a levantar su mano izquierda muy lentamente, cerrando ligeramente el puño con el dedo índice extendido, como si estuviera apuntando. Mientras levanta el brazo, mantenga la vista en la punta del dedo índice, advirtiendo cómo cambian las sensaciones en el brazo a medida que lo levanta [pausa de 5 segundos].

(cont.)

Recuerde que el movimiento es tan lento que, considerado desde la posición de los observadores, el brazo debería parecer casi inmóvil [pausa de 5 segundos]. Levante el brazo tan alto como pueda, con el dedo índice apuntando hacia arriba, estirándolo hasta donde pueda sin hacer ningún esfuerzo adicional, como si estuviera tratando de tocar las nubes imaginarias del cielo que está sobre usted [pausa de 5 segundos]. Cuando perciba una sensación de tensión o malestar, puede bajar lentamente el brazo, con la misma lentitud con la que lo levantó, manteniendo su atención visual centrada en la punta del dedo índice y en las sensaciones que está experimentando en el brazo mientras lo baja suavemente [pausa de 5 segundos].

Lleve su pie izquierdo atrás, permanezca en la postura de la montaña durante unos segundos, y concéntrese en las sensaciones de su cuerpo [pausa de 10 segundos].

Movimiento de la mano, del brazo y del pie derechos

Cuando esté listo, repita el mismo ejercicio pero, en esta ocasión, lleve su pie derecho hacia delante, en posición oblicua; apoye su mano derecha sobre el muslo derecho, y mantenga su mano izquierda estirada a lo largo del lado izquierdo del cuerpo. Cuando esté listo, comience a levantar su mano derecha muy lentamente, cerrando ligeramente el puño con el dedo índice extendido, como si estuviera señalando; mantenga la vista en la punta del dedo índice mientras lo levanta, advirtiendo cómo cambian las sensaciones en el brazo derecho a medida que lo levanta [pausa de 5 segundos]. Levante el brazo y la mano tan alto como pueda, estirando el brazo hacia arriba sin un esfuerzo excesivo por su parte, y permanezca con esta sensación de tensión durante unos segundos [pausa de 10 segundos].

Cuando esté listo, baje su brazo lentamente, a la misma velocidad que lo levantó, manteniendo la vista en la punta del dedo índice y la atención en las sensaciones que experimenta en el brazo mientras lo baja suavemente [pausa de 10 segundos].

Quédese quieto y observe durante unos segundos lo que siente en su cuerpo en este momento [pausa de 10 segundos].

Levantar los brazos, mantener el equilibrio sobre la pierna izquierda

Permanezca ahora de pie con los pies juntos y mantenga un equilibrio firme y estable que desplace su peso a la pierna izquierda. Mantenga la rodilla izquierda ligeramente doblada y la planta del pie firmemente enraizada en el suelo, y abra lentamente los brazos hacia los lados y manténgalos estirados en un ángulo de 90º; al mismo tiempo, estire la pierna derecha lateralmente, levantando el pie derecho unos centímetros del suelo mientras inspira [pausa de 5 segundos].

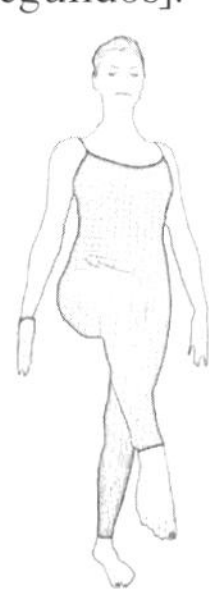

(cont.)

Aguante la respiración durante algún tiempo; luego, al espirar, lleve lentamente su pie derecho de vuelta al suelo y acérquelo al pie izquierdo mientras baja lentamente sus brazos y los vuelve a colocar a ambos lados del cuerpo [pausa de 5 segundos].

Ahora, una vez más, abra los brazos lateralmente mientras inspira y, al mismo tiempo, cuando se sienta estable, levante el pie derecho unos centímetros del suelo, colocando todo su peso sobre la pierna izquierda. Mantenga esta posición de tensión, aguante la respiración durante un momento y luego deje salir el aire mientras baja lentamente el pie derecho hasta el suelo [pausa de 5 segundos].

Levantar los brazos, mantener el equilibrio sobre la pierna derecha

Intente repetir ahora este ejercicio, manteniendo el equilibrio sobre la pierna derecha: extienda los brazos lateralmente mientras inspira y, al mismo tiempo, levante el pie izquierdo del suelo, manteniendo la pierna izquierda en el aire [pausa de 5 segundos].

A continuación, cuando esté listo, al espirar, traiga lentamente su pie izquierdo de vuelta al suelo y acérquelo al pie derecho mientras baja lentamente sus brazos y los coloca al lado de su cuerpo [pausa de 10 segundos].

El siguiente ejercicio le permite observar su sentido del equilibrio en este momento, pero también desarrollarlo a lo largo del tiempo a través de la práctica.

Postura del árbol: equilibrio sobre la pierna derecha, deslizar el pie izquierdo a la rodilla

Permanezca en una posición estable y bien asentada, con la espalda recta, las manos a ambos lados del cuerpo o sobre las caderas, las rodillas relajadas y los pies cerca uno del otro; mantenga la mirada en un punto del suelo, unos tres metros por delante de usted. Cuando esté preparado, intente mantener el equilibrio apoyándose solo en la pierna derecha, manteniendo la planta del pie derecho firmemente en el suelo mientras levanta ligeramente el pie izquierdo y lo desliza a lo largo de la pierna hasta alcanzar la rodilla derecha.

Permanezca en esta posición todo el tiempo que pueda y, si cree que puede mantener fácilmente el equilibrio, puede optar por mover las manos, situadas a ambos lados del cuerpo o sobre las caderas, levantarlas hacia fuera y por encima de la cabeza, juntarlas y estirarlas tanto como sea posible. Intente mantener esta posición, como si fuera un árbol, con su pie derecho manteniendo las raíces en la tierra, y con sus manos y sus brazos estirados hacia arriba como hojas y ramas hacia el cielo.

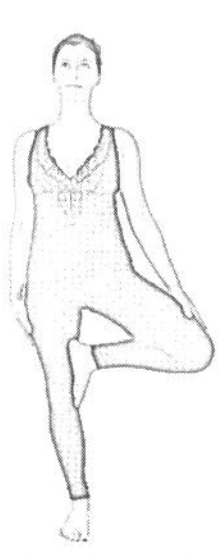

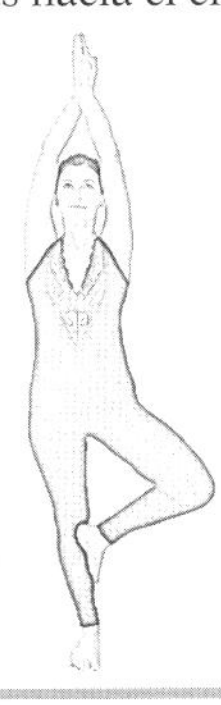

(cont.)

Si puede, intente permanecer unos segundos en esta posición, respire hondo mientras mantiene su postura del árbol [pausa de 10 segundos] y, cuando esté listo, separe sus manos, dejando que sus brazos y sus manos vuelvan al lado de su cuerpo, y deslice lenta y suavemente su pie derecho hacia el suelo. Permanezca quieto durante unos segundos y observe lo que siente en su cuerpo en este momento [pausa de 10 segundos].

Postura del árbol: equilibrio sobre la pierna izquierda, deslizar el pie derecho a la rodilla

Repita el ejercicio, esta vez tratando de mantener el equilibrio sobre la pierna izquierda y deslizando el pie derecho hasta la rodilla izquierda, pasando por la pantorrilla. Cuando esté listo, levante las manos desde ambos lados de su cuerpo o desde sus caderas, por encima de su cabeza, entrelazando los dedos como las ramas de un árbol y estirándolos suavemente hacia arriba. Mantenga esta posición tanto tiempo como pueda, centre la atención en su respiración, en sus sentimientos y en su postura [pausa de 5 segundos] y, cuando esté listo, vuelva a colocar los brazos y las manos a ambos lados del cuerpo o sobre las caderas, y deslice lentamente el pie derecho de vuelta al suelo.

Permanezca quieto durante unos segundos y limítese a observar lo que sucede en su cuerpo en el presente, momento a momento, respiración a respiración [pausa de 10 segundos].

Postura del pájaro-perro

Colóquese como si estuviera a punto de gatear, con las manos y las rodillas apoyadas en una alfombra o en una esterilla, y mantenga la espalda perfectamente recta, en paralelo al suelo. Levante la cabeza y mire hacia delante; cuando esté listo, mientras inspira lentamente, extienda su brazo derecho enfrente de usted con el dedo índice apuntando hacia delante y, al mismo tiempo, levante y estire la pierna izquierda detrás de usted, manteniendo la mirada centrada en la punta del dedo índice extendido de la mano derecha.

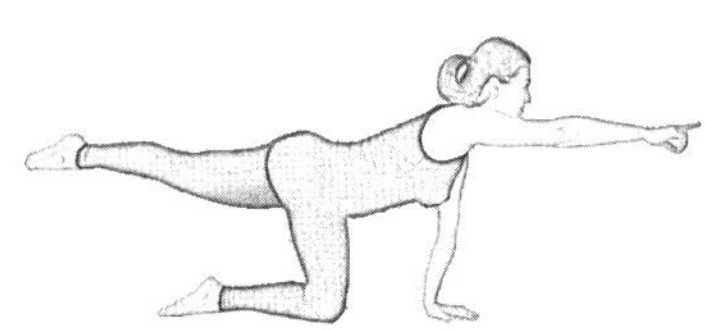

Permanezca en esta posición durante unos segundos, aguante la respiración, sin crear ninguna molestia, y luego espire mientras lleva su brazo derecho y su pierna izquierda de vuelta el suelo [pausa de 5 segundos].

Repita este movimiento una vez más con su mano y su brazo derechos y con su pie izquierdo, suavemente, sin demasiado esfuerzo, y conecte la fase de inspiración con la extensión de las extremidades y la fase de espiración con la vuelta a la posición original. Mientras tanto, observe cómo cambian los sentimientos en estas dos fases. Repita este movimiento por tercera vez, inspirando y espirando conscientemente pausa de 10 segundos].

(cont.)

Intente ahora el mismo movimiento, pero esta vez estirando su brazo izquierdo y su pierna derecha mientras inspira [pausa de 5 segundos] y relajándolos suavemente mientras espira [pausa de 5 segundos]. Repita este movimiento una vez más, inspirando mientras estira sus extremidades [pausa de 5 segundos] y espirando mientras las relaja [pausa de 5 segundos]. Luego, por última vez, estire suavemente su brazo y su pierna mientras inspira [pausa de 5 segundos] y relájelos mientras espira [pausa de 5 segundos].

Tumbarse

Por último, túmbese boca arriba en la esterilla o en la alfombra con las piernas estiradas, con las puntas de los dedos hacia afuera y con las palmas de las manos mirando hacia arriba.

Si esto no le crea ninguna molestia, deje que sus ojos se cierren suavemente y preste atención a las sensaciones de su cuerpo tras los movimientos anteriores [pausa de 5 segundos]. Advierta lo que le está diciendo su cuerpo, momento a momento [pausa de 10 segundos].

Durante esta fase de reposo, pueden aparecer diferentes pensamientos que tenderán a alejarle de la conciencia de sus sensaciones en el momento presente. Cuando esto suceda, limítese a advertir que su mente está deambulando por otra parte y vuelva lo antes posible a las sensaciones de su cuerpo, momento a momento [pausa de 10 segundos].

Dese permiso para estar consigo mismo en este modo de observación sin juicios, en el que no hay nada que necesite hacer; simplemente esté consigo mismo, aceptando cualquier experiencia que ocurra en su interior y en el exterior, momento a momento.

Distribución de los documentos restantes a los participantes y asignación de tareas para hacer en casa

El instructor distribuye el resto de los documentos de la sesión 5, y revisa la práctica semanal para hacer en casa del documento 4. Invita a los participantes a practicar 20 minutos de la «Meditación sentada: conciencia de la respiración, del cuerpo, de los sonidos, de las emociones y de los pensamientos» durante 6 de los próximos 7 días. Deben tratar de introducir deliberadamente alguna dificultad en la práctica, como un pensamiento o un sentimiento perturbador, y anotar sus efectos y sus reacciones. También se les pide que practiquen durante 15-20 minutos el ejercicio de «Movimientos conscientes y estiramientos» durante 6 de los próximos 7 días, anotando sus impresiones y sus observaciones en el «Formulario de registro de la práctica en casa para la sesión 5».

Esta semana se centra en los sentidos, por lo que se invita a los participantes a practicar la técnica de la «**Validación de la experiencia perceptiva**» siempre que tengan dudas, obsesiones y pensamientos perturbadores que les hagan sentir inseguros sobre lo que realmente han hecho en una situación particular. A fin de desarrollar esta importante relación con sus sentidos, los participantes practicarán a diario, asimismo, la «**Percepción consciente**», alternando la «Vista consciente», la «Escucha consciente» y el «Tacto consciente». También se pide a los participantes que presten atención a sus sentidos de manera informal, que dirijan su atención tantas veces como puedan a lo que sus sentidos les comunican durante las actividades diarias y que usen esta información para comprender la realidad.

Esta semana, el ejercicio del «Espacio consciente» se practica tres veces al día en diferentes momentos preestablecidos, pero también cuando se adviertan pensamientos y sentimientos perturbadores y desagradables («Espacio para respirar–afrontamiento»). Esta práctica ayudará a los participantes a lidiar con estos momentos de manera efectiva y a reconectar con el aquí y ahora (véase Sesión 5–Documento 4).

Como en cada sesión, es importante invitar a los participantes a leer cuidadosamente el material proporcionado en los documentos al menos una vez y a reflexionar sobre cómo pueden ser útiles para sus problemas. Recuérdeles la importancia de practicar los ejercicios de *mindfulness* diariamente y de forma regular a fin de alcanzar los objetivos de este programa terapéutico (véase Sesión 5–Documento 5).

Círculo consciente

Como en las demás sesiones, la sesión 5 termina con los miembros del grupo sentados en círculo, centrados en la respiración y en silencio durante 3-4 minutos.

Sesión 5–Documento 1. Resumen de la sesión 5: Usar los sentidos para desarrollar la confianza

Las personas con TOC rara vez prestan atención a sus sentidos (olfato, tacto, gusto, oído, vista) y confían muy poco en ellos. Por eso, cuando intentan comprender la realidad (p. ej., lo que han hecho o no), confían en sus dudas, en sus creencias y en sus pensamientos, a menudo distorsionados e irrealistas. Este hábito de no prestar atención a sus sentidos y de sobrestimar la importancia de los pensamientos se aprende a menudo durante la infancia.

Esta sesión se centra en la **percepción consciente**; es decir, en **cómo atraer la atención a nuestros sentidos** y desarrollar una relación constructiva con ellos. Podemos usar nuestros sentidos para crear confianza y lograr una visión profunda, clara y verdadera de la realidad. La confianza en nuestros sentidos puede prevenir el pensamiento distorsionado que conduce a los síntomas obsesivos. La percepción consciente es uno de los antídotos más poderosos contra las dudas obsesivas.

La desconfianza alimenta las dudas y los comportamientos obsesivos. El primer paso para abandonar la desconfianza y desarrollar una verdadera confianza consiste en llamar la atención de nuestros sentidos y validar la información que nos proporcionan, momento a momento, y dar menos importancia y poder a lo que nos dice nuestra mente, una información que a menudo es falsa.

Sesión 5–Documento 2A. Técnica de la «Validación de la Experiencia Perceptiva»: Ejemplo

Fecha: ______________

1. Pensamiento intrusivo: *Me temo que choqué con la camioneta que había detrás de mí al salir de la plaza de aparcamiento.*
2. Nivel de creencia en el pensamiento (0-100%): *75%*
3. Nivel de angustia (0-100): *80*

Información que <u>no</u> proviene de mi experiencia perceptiva (¿Qué me **preocupa**? ¿Qué **creo** que ha pasado?). Enumere todo lo que fomenta el pensamiento obsesivo y no está basado en sus sentidos (dudas, suposiciones, inferencias, p. ej., «Puede que no me hayan visto/oído»).	**Información que proviene de mi experiencia perceptiva** (¿Qué **vi**, **oí**, **olí**, **sentí**, **toqué** y **saboreé** en esa situación?) (¿Qué me dicen mis sentidos –**vista**, **oído**, **tacto**, **olfato**, **gusto**–?). Enumere todo lo que le comunicaron sus sentidos en la situación (p. ej., «Vi…»; «No escuché…») y valore esta información. Cultive la confianza en sus sentidos y en lo que le dicen. Cuando haya terminado, compare las dos listas y decida cuál de las dos quiere valorar.
<u>Creo</u> que conduje hacia atrás en sentido inverso. *El conductor <u>podría no</u> haberse dado cuenta de que choqué contra la furgoneta.* *<u>Creo</u> que estaba en el ángulo correcto para golpearlo.*	*<u>No escuché</u> el sonido de ningún coche chocando.* *Cuando miré por el espejo retrovisor, <u>vi</u> que la camioneta estaba lo suficientemente lejos como para no causarme problemas.* *Cuando me fui, <u>oí</u> un ruido, pero no era el típico ruido al chocar con un coche.* *<u>Vi</u> que el parachoques no estaba dañado.* *<u>Vi</u> que la camioneta salió a la carretera sin ningún problema.*

Nivel de creencia al final del ejercicio (0-100%): *20%*

Nivel de angustia (0-100): *15*

¿Cómo cambió el pensamiento intrusivo al final del ejercicio? (cambios en su contenido o su frecuencia o reemplazo por otros pensamientos): *Teniendo en cuenta lo que me han dicho mis sentidos, creo que es prácticamente imposible que golpeara la furgoneta.*

Sesión 5–Documento 2B. Técnica de la «Validación de la Experiencia Perceptiva»: hoja para practicar en casa

Fecha: ____________

1. Pensamiento intrusivo: ____
____
2. Nivel de creencia en el pensamiento (0-100%): ______
3. Nivel de angustia (0-100): ______

Información que <u>no</u> proviene de mi experiencia perceptiva (¿Qué me **preocupa**? ¿Qué **creo** que ha pasado?). Enumere todo lo que fomenta el pensamiento obsesivo y no está basado en sus sentidos (dudas, suposiciones, inferencias, p. ej., «Puede que no me hayan visto/oído»).	**Información que proviene de mi experiencia perceptiva** (¿Qué **vi, oí, olí, sentí, toqué** y **saboreé** en esa situación?) (¿Qué me dicen mis sentidos –**vista, oído, tacto, olfato, gusto**–?). Enumere todo lo que le comunicaron sus sentidos en la situación (p. ej., «Vi…»; «No escuché…») y valore esta información. Cultive la confianza en sus sentidos y en lo que le dicen. Cuando haya terminado, compare las dos listas y decida cuál de las dos quiere valorar.

Nivel de creencia al final del ejercicio (0-100%): ______

Nivel de angustia (0-100): ______

¿Cómo cambió el pensamiento intrusivo al final del ejercicio? (cambios en su contenido o su frecuencia o reemplazo por otros pensamientos): ____________
____
____

Sesión 5–Documento 3. Citas de la sesión 5

Todo nuestro conocimiento tiene su origen en nuestra percepción.

—LEONARDO DA VINCI

Nuestros sentidos no nos engañan, pero el juicio sí.

—JOHANN WOLFGANG VON GOETHE

La razón es la causa de que falseemos la evidencia proporcionada por los sentidos. Mostrando el devenir, el perecer, el cambio, los sentidos no mienten.

—FRIEDRICH NIETZSCHE

La naturaleza no nos engaña; somos nosotros los que nos engañamos a nosotros mismos.
No es la sensación lo que está mal,
sino el juicio formado con respecto a ella.

— JEAN-JACQUES ROUSSEAU

Sesión 5–Documento 4. Práctica en casa para la semana siguiente a la sesión 5

1. Practique **6 días de 7** la «Meditación sentada: conciencia de la respiración, del cuerpo, de los sonidos, de las emociones y de los pensamientos», cuya transcripción le facilitará su instructor, además de la exposición a un estado difícil (p. ej., un pensamiento o un sentimiento perturbador). Advierta los efectos de la exposición en su cuerpo y sus reacciones a ella.
2. Practique el ejercicio «Movimientos conscientes y estiramientos», cuya transcripción le facilitará su instructor, **6 días de 7**, durante 15-20 minutos. Tome nota de sus impresiones y sus observaciones en el «Formulario de registro de la práctica en casa para la sesión 5».
3. Practique la técnica de la «**Validación de la experiencia perceptiva**» siempre que tenga pensamientos, dudas u obsesiones (p. ej., «¿He cerrado la puerta?»; «¿He atropellado a alguien?») que le hagan sentir inseguro sobre lo que hizo realmente en una situación particular que le llevó a realizar sus rituales (lavar, comprobar, repetir acciones, etc.).
4. Practique la «**Percepción consciente**» cada día, usando el siguiente ciclo para alternar los ejercicios: el primer día practique el ejercicio de la «**Vista consciente**» durante 7 minutos; el siguiente día, el ejercicio de la «**Escucha consciente**» durante 7 minutos; y el siguiente día, el ejercicio del «**Tacto consciente**» durante 7 minutos. Empiece otra vez con el ejercicio de la «Vista consciente».
5. Practique la **atención sensorial cada día**, tantas veces como pueda (al menos una vez cada hora), para dirigir su atención a lo que sus **sentidos** le dicen durante sus actividades diarias (p. ej., «Oigo este sonido»; «Veo el color de esta flor»; «Siento la calidez de este objeto», «Percibo el olor [o el sabor] de esta comida»). Dé valor intencionalmente a esta información.
6. **Lea** con cuidado **el material** proporcionado en esta sesión, al menos una vez, y reflexione sobre los contenidos para hacerlos suyos.
7. Practique **a diario** el ejercicio del «Espacio para respirar», cuya transcripción le facilitará su instructor, al menos tres veces al día en diferentes momentos preestablecidos. Cada vez que lo haga, informe de su experiencia en el «Formulario de registro de la práctica en casa para la sesión 5» haciendo un círculo sobre la abreviatura **ER**. Al tomar conciencia de su respiración de forma regular, puede **aprender a dejar** de pensar y **tomar conciencia** de lo que está sintiendo en el momento presente, **sin tener que reaccionar** (por ejemplo, con rituales) a los pensamientos y a las emociones.

8. Practique el ejercicio del «Espacio para respirar–afrontamiento» **cada vez** que sienta emociones desagradables o tenga pensamientos perturbadores. Informe de su experiencia en el «Formulario de registro de la práctica en casa para la sesión 5» haciendo un círculo sobre una *X*.
9. Cada vez que practique cualquier ejercicio en esta sesión, informe de su experiencia en el «Formulario de registro de la práctica en casa para la sesión 5», tomando nota de cualquier comentario, impresión o dificultad que pueda haber experimentado.

Elija una hora y un lugar en el que no le molesten al practicar los ejercicios formales. Asegúrese de estar en una posición estable y cómoda. Haga lo posible por enfocar los ejercicios no como algo que *tiene que hacer* porque alguien se lo ha impuesto, sino como algo que *quiere* hacer porque le ayudará a mejorar.

Recuerde siempre que su compromiso de practicar estos ejercicios ahora le dará resultados significativos a largo plazo.

Sesión 5–Documento 5. Formulario de registro de la práctica en casa para la sesión 5

Nombre: ....

Rellene este formulario cada vez que practique. Haga un círculo sobre la abreviatura **ER** cada vez que practique el ejercicio del «Espacio para respirar» de manera regular, y haga un círculo sobre una X cuando lo practique, ocasionalmente, para responder a las situaciones difíciles («Espacio para respirar–afrontamiento»). Asimismo, anote todo lo que suceda mientras realiza el ejercicio (beneficios para la salud, dificultades, observaciones) a fin de que podamos hablar de ello durante la siguiente sesión.

Día/Fecha	Ejercicio	Comentarios
Jueves Fecha:	Meditación sentada Movimientos conscientes Validación de la experiencia perceptiva Vista, oído, tacto ER ER ER X X X X X X	
Viernes Fecha:	Meditación sentada Movimientos conscientes Validación de la experiencia perceptiva Vista, oído, tacto ER ER ER X X X X X X	
Sábado Fecha:	Meditación sentada Movimientos conscientes Validación de la experiencia perceptiva Vista, oído, tacto ER ER ER X X X X X X	
Domingo Fecha:	Meditación sentada Movimientos conscientes Validación de la experiencia perceptiva Vista, oído, tacto ER ER ER X X X X X X	

(cont.)

Lunes Fecha:	Meditación sentada Movimientos conscientes Validación de la experiencia perceptiva Vista, oído, tacto ER ER ER X X X X X X	
Martes Fecha:	Meditación sentada Movimientos conscientes Validación de la experiencia perceptiva Vista, oído, tacto ER ER ER X X X X X X	
Miércoles Fecha:	Meditación sentada Movimientos conscientes Validación de la experiencia perceptiva Vista, oído, tacto ER ER ER X X X X X X	

10 Sesión 6
Desarrollar una relación saludable con los pensamientos

> Nada es más peligroso que una idea
> cuando no se tiene más que una.
> —ÉMILE CHARTIER

Sobre esta sesión

Pensar es el funcionamiento normal de la mente, y los pensamientos son su producto normal (y potencialmente útil); por eso, no son un problema en sí mismos. El problema es la relación particular que las personas que padecen TOC tienen con sus mentes y sus pensamientos. El entrenamiento en *mindfulness* tiene como objetivo la reducción de la vulnerabilidad a los *modos reactivos de la mente* (p. ej., rumiación y obsesión) que pueden activar e intensificar el nivel de angustia y ansiedad, así como perpetuar el trastorno a través de rituales, neutralizaciones, evitaciones, etc. Una de las cosas más efectivas que las personas con TOC pueden hacer es desarrollar un cambio radical en su relación con los contenidos cognitivos y con la mente en su conjunto. A través de la práctica de *mindfulness,* los participantes en el programa pueden introducir un cambio radical en la manera en que se relacionan con los pensamientos, los sentimientos y las sensaciones, y desarrollar una relación saludable y funcional con sus propias mentes.

El objetivo de esta sesión es ayudar a que los participantes comprendan mejor cómo funcionan sus mentes al descubrir la relación particular que las personas con TOC tienen con sus pensamientos. Las relaciones problemáticas incluyen juicios altamente negativos, fusión pensamiento-acción (véase el capítulo 1) e identificación (véase el capítulo 2). A través de la observación desapegada, de la desidentificación y de la aceptación (véase capítulo 2), las personas con TOC pueden desarrollar y mantener un *estilo mental consciente y una actitud metacognitiva saludable* con las cogniciones, las sensaciones y los estados emocionales problemáticos. Estas actitudes conscientes de *observar*

Cuadro 10.1.

Programa de la sesión 6
Tema: Desarrollar una relación saludable con los pensamientos

Breve resumen

Pensar es el funcionamiento normal de la mente, y los pensamientos son su producto normal (y potencialmente útil); no son un problema en sí mismos. El problema es la relación que las personas con TOC tienen con sus propias mentes. Las personas que padecen TOC tienen una relación desafiante y anormal con sus pensamientos. El objetivo de esta sesión es ayudar a que los participantes comprendan mejor la relación específica que mantienen con sus pensamientos, como explicamos en los capítulos 1 y 2 (p. ej., identificación, fusión pensamiento-acción, juicios) y adoptar una actitud mental desapegada y neutral con respecto a sus cogniciones, sus sensaciones y sus estados emocionales «problemáticos», que son incompatibles con los comportamientos desadaptativos del TOC.

Esquema de la sesión

- ❑ «Meditación de los círculos conscientes con las manos».
- ❑ Revisión de la práctica.
- ❑ Revisión de la práctica en casa.
- ❑ «Espacio para respirar».
- ❑ ¿Qué son los pensamientos en realidad?
- ❑ «Ejercicio de las emociones y los pensamientos».
- ❑ Descanso.
- ❑ «La mente pensante y la mente observadora».
- ❑ «Meditación de la mente observadora».
- ❑ Revisión de la práctica.
- ❑ Lectura y debate de las citas de la sesión 6.
- ❑ Distribución de los documentos restantes a los participantes y asignación de tareas para hacer en casa:
  - ❑ «Meditación de los círculos conscientes con las manos»: 6 días de 7.
  - ❑ «Meditación de la mente observadora»: 6 días de 7.
  - ❑ Completar la lista de «Mi *top 10* de pensamientos obsesivos».
  - ❑ Técnica de la «Validación de la experiencia perceptiva».
  - ❑ Práctica de la «Percepción consciente»: a diario.
  - ❑ Atención sensorial.
  - ❑ Tres minutos de «Espacio para respirar–afrontamiento»: siempre que se adviertan pensamientos y sentimientos desagradables.
- ❑ Terminar con un «Círculo consciente» centrado en la respiración.

Materiales y recursos

- Folios en blanco y bolígrafos para el «Ejercicio de las emociones y los pensamientos».
- Campanas.
- Transcripción de la «Meditación de la mente observadora».

(cont.)

Documentos para los participantes

Sesión 6–Documento 1. Resumen de la sesión 6: Desarrollar una relación saludable con los pensamientos.

Sesión 6–Documento 2. La mente pensante y la mente observadora.

Sesión 6–Documento 3. Citas de la sesión 6.

Sesión 6–Documento 4. Mi *top 10* de pensamientos obsesivos.

Sesión 6–Documento 5. Práctica en casa para la semana siguiente a la sesión 6.

Sesión 6–Documento 6. Formulario de registro de la práctica en casa para la sesión 6.

sin reaccionar son incompatibles con los comportamientos desadaptativos (compulsiones, rituales, etc.) y con la evitación experiencial (comportamientos de confirmación, evitación) que caracterizan el TOC (véase Sesión 6–Documento 1).

Meditación de los círculos conscientes con las manos

El primer paso para cambiar radicalmente la relación con nuestros pensamientos es calmar y apaciguar nuestros cuerpos y nuestras mentes. La «Meditación de los círculos conscientes con las manos» es una meditación sentada que tiene como objetivo ayudar a los participantes a crear un equilibrio interior y a tranquilizar el cuerpo y la mente al centrar la atención en los movimientos de las manos y en las sensaciones físicas que se derivan de ellos. Es una adaptación de una antigua práctica de la meditación tibetana empleada para desarrollar el centramiento (esto es, equilibrio y armonía mente-cuerpo).

Los movimientos circulares de las manos se usan para calmar nuestras mentes y conectar con la realidad. El cuerpo es siempre más real, concreto y verdadero que los productos de la mente. Esta práctica también es útil para desarrollar una actitud de *observador neutral* –es decir, la postura de observar lo que sucede en el interior sin juicios, reacciones o preferencias–. Esta es una de las actitudes más útiles que pueden cultivar los individuos con TOC para superar su problema.

La práctica dura un total de 12 minutos y se divide en tres fases. Puede practicarse en cualquier momento del día. Puede introducirse a los participantes de la siguiente manera:

> Ahora, me gustaría compartir con ustedes una práctica nueva denominada *Meditación de los círculos conscientes con las manos*, que tiene como objetivo cultivar y desarrollar la mejor integración y la mejor armonía posibles entre la mente y el cuerpo, de la cual procede gran parte de nuestro bienestar y de nuestra salud. Esta práctica también nos ofrece una manera efectiva de centrarnos y asentarnos de manera profunda en el aquí y ahora.

Cuadro 8.3.

Meditación de los círculos conscientes con las manos

La «Meditación de los círculos conscientes con las manos» es una meditación sentada en la que centramos la atención en los movimientos circulares de las manos, hechos lentamente, y en sus sensaciones. Ayuda a desarrollar un equilibrio interior, un arraigo sólido en el aquí y ahora, así como una estabilidad y una armonía mente-cuerpo. La práctica dura 12 minutos y se divide en tres etapas. Puede practicarse en cualquier momento del día.

Siéntese en una posición cómoda y estable sobre un cojín o una silla, y asegúrese de mantener la espalda recta, pero no rígida; cuando esté cómodo, tiene la opción de cerrar los ojos o de mantenerlos abiertos.

Etapa 1 (4 minutos)

Cuando esté listo, junte sus manos con las palmas hacia abajo. Partiendo de la altura del ombligo, abra sus manos, creando dos grandes círculos idénticos a ambos lados de su cuerpo; luego junte las manos frente a usted, llévelas al punto de partida y, sin detenerse, continúe recreando este movimiento.

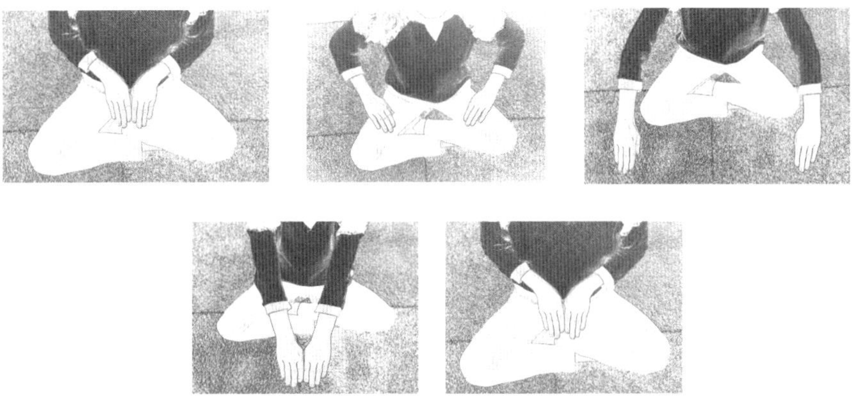

El movimiento debe ser lento, casi imperceptible. Si durante el movimiento aparecen pensamientos, adviértalos, pero haga todo lo que pueda por volver a prestar atención al movimiento lo antes posible, e incorpore esos pensamientos en él, como si el movimiento fuera el centro de todo. No impida ningún movimiento pequeño, lento y espontáneo en el resto de su cuerpo mientras permanece sentado.

Etapa 2 (4 minutos)

Ahora gire las manos, de modo que las palmas miren hacia arriba, y júntelas. Comience de nuevo desde el ombligo y mueva sus manos en dirección opuesta –hacia delante, y luego ábralas–, creando círculos, uno hacia la derecha y el otro hacia la izquierda, que se cierran en el punto de partida, a la altura de su abdomen. Continúe recreando este movimiento sin detenerse.

(cont.)

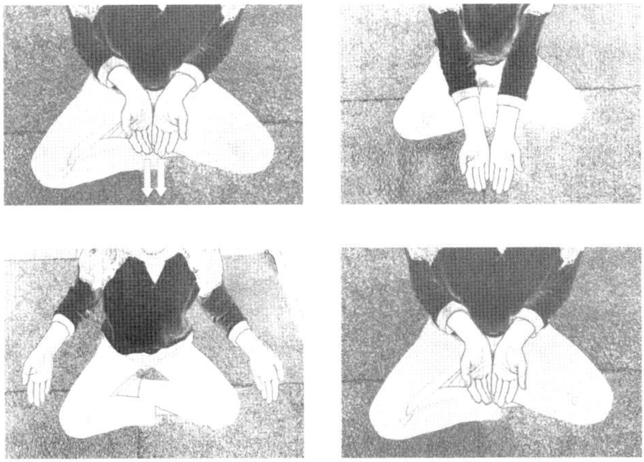

Al llevar a cabo este movimiento, algo que debe hacerse muy lentamente–, trate de mantenerse en el mismo nivel todo el tiempo, como si sus manos y sus brazos se deslizaran sobre una mesa. Continúe este movimiento e intente no detenerlo. Use el movimiento como un ancla que lo mantenga anclado en el momento presente.

Etapa 3 (4 minutos)

Con los ojos cerrados, acuéstese y limítese a quedarse quieto, observando su experiencia interna momento a momento, sin juzgarla; conviértase en testigo de sus pensamientos, de sus emociones y de sus sensaciones físicas.

Revisión de la práctica

Después de la «Meditación de los círculos conscientes con las manos», el instructor invita a los participantes a expresar sus comentarios y sus reacciones.

INSTRUCTOR: Tengo mucha curiosidad por saber cómo habéis reaccionado a esta práctica. ¿Qué habéis notado en vuestra experiencia?

KATY: He notado que cuando practico ejercicios que implican un movimiento, experimento una sensación de paz interior. Al estar concentrada en el movimiento y estar tan enfocada, no le doy importancia a los pensamientos. Me siento serena, y si aparece un pensamiento este pasa desapercibido, porque el movimiento es así... me proporciona una sensación de paz interior que me hace sentir bien.

JOHN: He podido concentrarme más en este ejercicio que en el de la respiración; he sido capaz de permanecer más centrado.

HEATHER: A mí me fue así así, porque me sentí rígida... Esto me pasa a menudo durante estas prácticas. Mis manos están agarrotadas, muy rígidas.

Mientras practicaba la meditación estaba centrada en el movimiento, pero de vez en cuando aparecían pensamientos y me daba cuenta de que estaba perdiendo la concentración en el movimiento. La sensación que experimenté en mis manos no era nada buena. Luego fue extraño, porque la emoción que sentí fue tristeza, y cuando terminamos el movimiento me eché a llorar. La sensación fue de frío, la emoción fue tristeza, y me di cuenta de que estaba llorando.

INSTRUCTOR: Esto es muy interesante, Heather. Practicaste una serie de movimientos circulares con las manos y, en un momento dado, sentiste tristeza.

HEATHER: Sí, es interesante.

INSTRUCTOR: Pero ¿advertiste si el movimiento te mantenía conectada de alguna manera al momento presente?

HEATHER: Sí, solo que a veces esos pensamientos me decían que ese movimiento podía hacerme daño. Este juicio aparecía, y yo quería detenerlo porque me molestaba un poco. Pero luego estuvo bien que pudiera concentrarme en el movimiento y sentir, en cierto punto, que el movimiento prácticamente cuidaba de sí mismo, sin ningún esfuerzo. Esto me ayudó a permanecer en el ejercicio.

INSTRUCTOR: El hecho de haber notado que suceden tantas cosas durante el ejercicio (incluido el juicio, decir que el ejercicio fue «así así» y que el movimiento podía hacerte daño) parece importante.

DONALD: Al principio había muchos pensamientos. Cuando aparecían, era como si los lanzara al círculo, como cuando echas los ingredientes a la olla de sopa que estás removiendo. Esto me transmitió una sensación positiva. Luego, cuando giramos las manos, experimenté una sensación que a veces tengo cuando estoy angustiado con mis pensamientos. Es una sensación de agitación que viene de dentro. Es como si esta poseyera mi mente y no me dejara continuar... mi mente reaccionó diciendo que en ese momento podría estar haciendo cosas mucho más importantes que ese movimiento; reaccionó de manera dominante. La agitación se apoderó de mí, y cuando terminé la práctica ya no podía soportarlo más.

INSTRUCTOR: En momentos como estos es muy importante darse cuenta de que lo que está sucediendo en ese preciso momento es que ha aparecido un pensamiento y que también hay sensaciones físicas en algún lugar del cuerpo. Cuando apareció este pensamiento, ¿te percataste de que era un pensamiento?

DONALD: Bueno... sí, pero es un pensamiento que implica un sentimiento. No solo es un pensamiento, es el sentimiento que luego se apodera de mí.

INSTRUCTOR: Durante la meditación, observamos nuestros estados internos en silencio. Esto nos permite darnos cuenta de que cuando una emoción toma el control, en ocasiones esto es una consecuencia, no una causa. La emoción no quiere tomar el control. Depende siempre de la relación que elijamos tener con nuestras emociones, con nuestros pensamientos y con nuestras sensaciones físicas. Recordad que las emociones son siempre, y únicamente, reacciones inofensivas y potencialmente útiles a lo que percibimos y pensamos, y consisten en una simple combinación de sensaciones físicas y pensamientos inocuos. Lo que podrías hacer es limitarte a advertir en ese momento específico el pensamiento que surge en relación con el ejercicio; por ejemplo: «Podría estar haciendo cosas más importantes». Una vez que lo hayas advertido y reconocido, puedes decirte a ti mismo: «Oh, esto es solo un pensamiento»; «No es algo que necesariamente tenga que seguir solo porque haya surgido». Luego haz todo lo posible por atraer tu atención suavemente de vuelta a la respiración, o a cualquier cosa que en ese momento sea tu ancla. La mente siempre deambulará, y quizá experimentes el mismo pensamiento de nuevo, y podrías decirte a ti mismo: «Oh, el mismo pensamiento otra vez», y regresar intencionalmente a la respiración. Es solo un pensamiento; no es algo que tengas que seguir o creer. Sé que no siempre es fácil comprender este punto al principio, pero es extremadamente importante darse cuenta de que somos nosotros los que decidimos permanecer en el momento presente o dejarnos llevar por ese pensamiento. El pensamiento no tiene voluntad ni poder. Si adviertes sensaciones físicas en ese momento –agitación, por ejemplo–, puedes observarlas sin juzgar su cualidad; por ejemplo, podrías notar tensión, hormigueos y rigidez en el cuerpo. Puedes notar dónde se localizan estas sensaciones y darte cuenta muy pronto de que son completamente inofensivas. Tan pronto como sea posible, vuelva a centrar tu atención suavemente en las sensaciones de la respiración. No hay nada que tengamos que cambiar con respecto a nuestros estados internos; es simplemente nuestra experiencia en ese momento. El acto de reconocer cuándo deambulan nuestras mentes y de seguir regresando al aquí y ahora son las cosas más importantes que podemos hacer en relación con nuestros pensamientos, con nuestras emociones y con nuestras sensaciones físicas.

EVELIN: Al final del ejercicio experimenté una sensación de tranquilidad, como si mi cuerpo no estuviera ahí –así es como practiqué el dejar ir–. Tuve una imagen de mí misma en un río, y resultaba muy agradable.

INSTRUCTOR: ¿Te sentiste de manera diferente a como te sentías antes de comenzar la práctica?

EVELIN: Sí. Era como si me sintiera por encima de todo... no sé cómo expresarlo. Sentí como si mi cuerpo estuviera más en armonía hacia el final.

PAUL: Cuando giré las manos, fue como si hubiera un colchón de aire debajo de ellas. Después del ejercicio cambié mi respiración, como si mi cuerpo fuera más elástico, y experimenté una sensación de apertura.

ANDREW: Yo me sentí cargado de energía.

LARA: Lo encontré muy incómodo. Todo el tiempo tuve un pensamiento perturbador del que no podía deshacerme y que seguía llevando mi mente a otra parte. No podía esperar a que el ejercicio terminara.

INSTRUCTOR: ¿Era un pensamiento que habías tenido antes de empezar el ejercicio?

LARA: Sí. Es mi pensamiento obsesivo habitual. Lo tenía antes de comenzar el ejercicio, durante el mismo, después...

INSTRUCTOR: De acuerdo, Lara. Lo que estás diciendo me brinda la oportunidad de señalar algo muy importante: cuando practicamos el *mindfulness*, es importante recordarnos a nosotros mismos que debemos centrarnos en aquello en lo que se supone que debe enfocarse nuestra atención, como nuestra respiración o nuestras sensaciones corporales durante el «Escáner corporal» o el movimiento circular de las manos en este ejercicio. Este enfoque es un acto constante e intencional que tenemos que decidir hacer, momento a momento, porque no ocurre por sí solo. Puede considerarse como una decisión consciente que tomamos activamente. Por eso, si tenemos un pensamiento intrusivo o perturbador, es fundamental que en ese momento decidamos volver a llevar nuestra atención de vuelta a nuestro punto de referencia. En realidad, ningún pensamiento puede impedirnos hacer esto. Y si no lo hacemos, entonces ese pensamiento nos llevará adonde quiera llevarnos. Independientemente de lo intenso o frecuente que sea un pensamiento, siempre podemos decidir traer nuestra atención de vuelta a nuestra ancla con confianza y amabilidad.

Revisión de la práctica en casa

En este punto de la sesión, el grupo revisa la práctica de la semana pasada en casa.

INSTRUCTOR: Ahora me gustaría escuchar vuestros reportes y vuestros comentarios sobre cómo ha ido la práctica en casa esta semana. ¿Quién quiere comenzar?

DANIEL: Esta semana he hecho más ejercicios prácticos. He probado esta nueva forma de abordar mis pensamientos anclándome en mis sentidos y en la respiración, y pasé dos o tres días en los que abordé mi experiencia de esta manera, y quedé bastante satisfecho. Luego sucedió algo extraño, y me gustaría entenderlo. Aparecieron algunos pensamientos y supe que tenía dos opciones: concentrarme en mi respiración o en mis sentidos. Ambos parecían funcionar y mis pensamientos se marcharon. El último día empecé a respirar, esperando que los pensamientos desaparecieran, pero se quedaron, y esto me confundió. Es como si lo hubiera planeado todo, en lugar de usarlo libremente, y sentí la necesidad de demostrarme a mí mismo que había funcionado.

INSTRUCTOR: Si entiendo bien lo que estás diciendo, Daniel, estabas buscando un método para superar tus pensamientos, o se te ocurrió la idea de que hay una técnica patentada para hacer que nuestros pensamientos desaparezcan. Pero el *mindfulness* no es eso. A través del *mindfulness* aprendemos a *observar* los estados internos, incluidos nuestros pensamientos, sin juzgarlos ni reaccionar a ellos, y esta neutralidad permite que los pensamientos desaparezcan de manera espontánea tarde o temprano, precisamente porque no hemos hecho nada a favor o en contra de ellos. Estamos aquí para aprender una nueva manera de permanecer con nuestros pensamientos, y, como hemos dicho una y otra vez, los pensamientos son eventos mentales inofensivos y temporales. No hay ninguna necesidad de alejarlos o de luchar contra ellos. ¿Qué pasó en realidad cuando notaste que los pensamientos ya no se quedaban atascados? ¿Qué clase de relación estableciste con esos pensamientos en ese momento? Intenta observar cuándo vuelve a suceder esto. La idea es desarrollar una nueva forma de relacionarte con tus pensamientos, no desarrollar una fuerza contra ellos. La actitud que estamos desarrollando con respecto a nuestros pensamientos es útil para cualquier situación, en cualquier momento y con cualquier pensamiento, pero no es una técnica o un método.

DANIEL: Entonces, ¿cómo debo comportarme teniendo en cuenta que estos pequeños esquemas mentales vienen a mí de manera automática? Los observo, los reconozco, aunque no sea fácil, porque cambian constantemente.

INSTRUCTOR: Sí, los pensamientos cambian, pero tu reacción a ellos es, básicamente, siempre la misma. En esos momentos, reconoce, tan pronto como sea posible, que tu forma de relacionarte con tus pensamientos es un hábito mental. Una vez que lo hayas hecho, haz todo lo posible por volver a regresar con suavidad y sin esfuerzo a los ejercicios de *mindfulness*. Debemos practicar continuamente estas nuevas modalidades, cada día, para que reemplacen nuestros viejos hábitos mentales.

LISA: Los sentidos me son muy útiles, pero resulta que ayer miré por la ventana y vi un árbol que es hermoso ahora en otoño. Inmediatamente emití este juicio y luego pensé que no debería haberlo hecho. Lo que no logro entender de los sentidos es cómo puedo ver algo sin juzgarlo. O sea, le doy una forma, un color, pero incluso esto implica asignarle algo.

INSTRUCTOR: Este es un punto importante. Cuando percibimos cualidades o características de un objeto es una descripción, no un juicio. Lo que hacemos a través del ejercicio de la «Percepción consciente» es cultivar un sentido particular –por ejemplo, «Vista consciente»– y nos mantenemos en un nivel descriptivo. Podemos describir algo tomando como base sus características físicas: forma, color, tamaño, movimientos, distancia entre el objeto y yo, etc.

LISA: Es cierto, es una descripción. Me faltaba esa distinción, y sin ella no sería capaz de entender lo que veo. Puede que el hecho de ver de una manera más pura me ayude con mi problema. Pero todavía no logro comprender por qué juzgar no es útil. Si el juicio es positivo, me hace sentir bien.

INSTRUCTOR: Es importante comprender el efecto de juzgar. No estamos vetando los juicios positivos. El problema en el TOC es la fuerte tendencia a emitir juicios negativos, a menudo muy destructivos. Necesitamos liberarnos de los juicios tanto como sea posible, pero si algo os proporciona placer, disfrutad de ello. En realidad no hay necesidad de juzgar algo para apreciarlo. Si veo un hermoso atardecer no necesito decir: «Es un hermoso atardecer» para apreciarlo. Intentad traer de vuelta vuestra atención a lo que estáis sintiendo en ese momento, a las sensaciones del cuerpo, a vuestras emociones: «Siento placer», «Siento alegría». Esta es vuestra experiencia en ese preciso momento. No necesitáis juzgarla.

DANIEL: En cuanto a la técnica de la «Validación de la experiencia perceptiva», pude completar con éxito los ejercicios para tratar unas cuantas obsesiones. Fue útil. Comprendí cosas que antes ni siquiera pensaba. Desde el punto de vista práctico, me di cuenta de que ya no compruebo las cosas diez veces, como antes. Intenté hacer el ejercicio con cuatro pensamientos diferentes, y en los cuatro me resultó beneficioso; el nivel de ansiedad ha cambiado.

ANDREW: En la última parte de la «Meditación sentada» en la que observé mis pensamientos, apliqué la misma técnica de la «Percepción consciente», considerando las cosas como lo que son, y fui capaz de no juzgar mis pensamientos. En lugar de ahuyentarlos, me limité a observarlos y vi que estos pensamientos perturbadores son como los otros. La diferencia entre los pensamientos que me perturban y los que no es solo el juicio –su naturaleza es la misma–. Si aprendes a no juzgarlos, son iguales. Ver las cosas de esta manera me ayuda a tener menos miedo, porque entiendo que no hay motivo para temer a un pensamiento. Lo comprendí gracias al entrenamiento en la «Percepción consciente». De lo contrario, juzgo automáticamente y ni siquiera me doy cuenta de que lo estoy haciendo.

ALICE: El ejercicio de la «Percepción consciente» es muy útil. Presté atención a lo que mis sentidos me comunicaban, sin etiquetar lo que veía u oía. Me fue más difícil hacer esto con el tacto. Sin embargo, cuando miraba algo, me decía a mí misma: «Esto es azul», «Esto es amarillo», sabiendo que no debía hacerlo. No solo vi la diferencia de color, que es de lo que trata el ejercicio, sino que también etiqueté el color.

INSTRUCTOR: En realidad, describir las cualidades físicas de los objetos, incluido el color, es de lo que trata el ejercicio. Es el primer tipo de contacto que tenemos con el mundo exterior. Lo importante es notar si pasamos de describir el color, el tamaño y la forma a juzgar. Porque es el juicio lo que marca la diferencia y cambia la experiencia, activando una serie de consecuencias importantes: emociones, acciones, decisiones. Pero si estamos describiendo, seguimos observando la realidad de manera objetiva, sin preferencias.

PILAR: Encontré muy útil el ejercicio del «Espacio para respirar», porque durante el día corro el riesgo de que los pensamientos se apoderen de mí. El hecho de poner los pensamientos, las emociones y las sensaciones físicas en orden me fue muy útil porque a veces me siento vagamente incómoda y no puedo entender lo que ocurre. Parar de vez en cuando y preguntarme a mí misma: «¿Es un dolor de estómago?», o: «¿Estoy tensa o triste?», o: «¿He tenido un pensamiento?», resulta muy útil. Trato de entender, de poner las cosas en orden y de detenerlas donde están. También he descubierto que las experiencias sensoriales eran muy importantes. Lo que solía suceder en el pasado era que me sentía desconectada de lo que me estaba sucediendo. Volver a los sentidos es algo muy obvio.

SARAH: Una de las cosas que encontré muy útil es la asociación de los sonidos con los pensamientos. Un sonido puede ser intenso, tener ciertos tonos, pero dura una cierta cantidad de tiempo, y también lo hace un pensamiento.

DONALD: ¿Cuál es el vínculo entre la autoconfianza y el equilibrio físico? ¿Es el estado mental el que lleva a un estado físico, o viceversa? ¿Cuál es la relación?

INSTRUCTOR: No es fácil entender cuál es, exactamente, la relación. Creo que la confianza está básicamente ligada al equilibrio y la armonía en nuestras mentes y nuestros cuerpos. Cuando sentimos una armonía interior, nos sentimos seguros al abrirnos a la experiencia de la vida porque nada nos amenaza desde el interior. Cuando hay armonía dentro de nosotros, podemos encontrarla más fácilmente en el mundo exterior. Cuando estamos desanimados, evitamos el contacto con el mundo exterior. Estamos en un estado de cerrazón; experimentamos una sensación de parálisis, o tenemos miedo de lo que nos dicen nuestro cuerpo o nuestros pensamientos. La confianza comienza desde dentro, en particular desde nuestros sentidos. Estos nos permiten crear una relación más precisa con la realidad, una relación que a menudo hemos perdido porque le damos mucho poder a nuestra mente.

EVELIN: Cuando me siento un poco desanimada, es difícil practicar. Me digo a mí misma que tal vez no sea útil. Todavía lo hago, pero no siempre me siento igual por dentro.

INSTRUCTOR: Es bastante normal que esto ocurra. Nos lleva de vuelta al problema de las expectativas. Cuando practicamos, hacemos todo lo posible por evitar uno de los obstáculos más poderosos para la práctica: las expectativas –es decir, la idea de que estos ejercicios deben cambiar inmediatamente algo dentro de nosotros, o hacer que nos sintamos mejor al instante–. A veces esto sucede, pero otras veces no. Es importante que no esperemos nada. Nos limitamos a decirnos a nosotros mismos que estas prácticas son una cita con nosotros mismos. No pensemos que siempre hay algo más importante que hacer. Ese pensamiento es el resultado del hábito, que a menudo no nos da nada y nos quita algo. La práctica del *mindfulness* es un poco como el trabajo de un agricultor preparando la tierra y luego sembrando la semilla. El agricultor no espera ver trigo inmediatamente después de la siembra, pero confía en que algo crecerá en el momento adecuado.

ELISA: Cuando me desanimo, también pienso que se desencadenarán todas mis obsesiones. Pero entonces me digo a mí misma que tengo que hacer el ejercicio sin expectativas, aceptando incluso las sensaciones negativas. Me digo a mí misma que tengo que hacerlos. No estoy bien, pero no importa. Creo que esta semana he aceptado más que la semana pasada. Pero no espero sentirme mejor cuando termine el ejercicio, aunque a menudo lo hago.

Espacio para respirar

Tras la revisión de la práctica en casa, la actividad del «Espacio para respirar» permite que todos los miembros del grupo traigan su atención de vuelta al aquí y ahora. El instructor invita a los participantes a hacer una pausa y a participar en el ejercicio.

¿Qué son los pensamientos en realidad? Desarrollar una nueva relación con los pensamientos

En este punto de la sesión, el instructor dirige un importante debate sobre lo que son realmente los pensamientos. El debate comienza con una explicación de la relación que las personas tienen, por lo general, con sus pensamientos, y de las relaciones únicas que los individuos con TOC desarrollan con sus propias mentes. A continuación presentamos un ejemplo de cómo podría desarrollarse este debate.

INSTRUCTOR: La mayor parte de nuestro bienestar y de nuestro sufrimiento depende de la relación que tenemos con nuestros pensamientos, incluso –o especialmente– si padecemos TOC. Las personas con TOC suelen tener una relación poco útil, y a menudo distorsionada, con sus propios pensamientos. En vuestro problema de TOC, podéis tener cierta tendencia a creer ciegamente todo lo que vuestros pensamientos os dicen. Podéis pensar que la mera aparición de un pensamiento puede hacer que se produzca un evento o que sea más probable que cause daño, o significar que queréis o deseáis que se produzca dicho evento. Este fenómeno recibe el nombre de **fusión pensamiento-evento** o **fusión pensamiento-acción** –por ejemplo: «Como he pensado esto, este evento va a suceder», o: «Como tengo este pensamiento, voy a hacer esta cosa horrible», o: «Esto significa que quiero que esa cosa horrible suceda»–.

Otra relación típica que podéis advertir con vuestros pensamientos es la así llamada **identificación**: esto sucede cuando el mero hecho de que un pensamiento haya aparecido en vuestras mentes os hace creer que un pensamiento dice algo cierto sobre vosotros o sobre vuestro carácter. Por ejemplo, podríais tener un mal pensamiento y luego pensar: «Soy una mala persona».

Recordad: una de nuestras mayores limitaciones como seres humanos es que creemos todo lo que dice la mente. Una de nuestras mayores libertades consiste en que podemos cambiar nuestra mente con respecto a lo que creemos.

¿Qué son los pensamientos, en vuestra opinión? ¿Qué creéis que son en realidad?

JONATHAN: Durante años creí que mis pensamientos eran demonios que se apoderaban de mí, que me obligaban a hacer lo que ellos querían, y me hacían sentir impotente.

JENNIFER: También yo solía pensar algo así, pero después de estas semanas de práctica de *mindfulness* he empezado a pensar que podrían no ser tan reales como pensaba.

CHARLIE: Me he dado cuenta de que hay momentos en los que creo que los pensamientos no son nada importante, pero en otros momentos son fuerzas poderosas dentro de mí que pueden impulsar mis sentimientos y mis acciones y, en última instancia, mi vida.

INSTRUCTOR: Lo que habéis dicho es muy importante. Me parece que a menudo veis los pensamientos como cosas reales, como entidades reales y concretas que tienen un poder intrínseco, que muy a menudo es negativo. Muchos de vosotros parecéis sentiros como esclavos o víctimas de vuestros pensamientos, como si estos fueran pequeños dictadores en vuestra mente que determinan o condicionan vuestras vidas.

Por lo general, la relación que tenemos con nuestros pensamientos depende del contenido de los mismos –y así los creemos, los seguimos, a menudo nos perdemos en ellos, nos gustan o no nos gustan, y experimentamos muchos otros sentimientos–. Tendemos a creer automáticamente la mayor parte de lo que nuestra mente produce, si no todo. Sin embargo, nuestras mentes suelen estar distorsionadas por los significados, los juicios y los hábitos mentales que les atribuimos a determinadas experiencias o acontecimientos sin ni siquiera darnos cuenta. Es como si estuviéramos mirando la realidad a través de unas gafas gruesas que en ocasiones deforman esa realidad o nublan nuestra visión.

Constantemente conferimos un tremendo poder a nuestros pensamientos, un poder y una fuerza que, en realidad, no tienen, pero que *les damos* por los significados y las evaluaciones que les atribuimos. Ahora bien ¿qué es un pensamiento en realidad?

Si damos un paso atrás y observamos con cuidado la verdadera naturaleza de los pensamientos –en sí mismos, y no su contenido–, lo que son como fenómenos, nos daremos cuenta de que no se parecen en nada a lo que pensamos que son. Podemos ver que un pensamiento es solo una pequeña chispa o brizna de energía en la mente, un fenómeno inofensivo y vacío, sin ninguna sustancia. Esta comprensión de la naturaleza esencialmente vacía e insustancial de los pensamientos puede abrir una enorme puerta a la libertad en nuestras vidas porque ya no nos identificamos con ellos ni consiguen atraparnos. Y esto es siempre cierto, no solo en algunos momentos y para determinados pensamientos, sino para cualquier pensamiento, independientemente de su contenido o forma. Puede ser útil recordar que, en cualquier momento, cualquier pensamiento se define básicamente por tres características que empiezan por la letra *i*: *inocuo, insustancial* e *impermanente*.

No podéis imaginar lo liberador que resulta comprender esta verdad. No tiene que ocurrir necesariamente ahora o en los próximos días, pero al final de este programa puede ser uno de los objetivos más importantes que habréis logrado, no solo por el trabajo que estáis haciendo en el programa, sino también en el resto de vuestra vida.

Creo que una de las cosas más útiles que podemos hacer cuando aparece un pensamiento es verlo desde un punto de vista funcional y describirlo como **útil** o **no útil**. Este es un modo de liberarnos de los muchos juicios erróneos e irrealistas con los que normalmente interpretamos nuestros pensamientos; por ejemplo: «Este pensamiento es terrible»; «Pensar en esta imagen me duele»; «Este recuerdo es devastador»; «Esta preocupación me va a volver loco».

Los pensamientos son útiles cuando nos ayudan a alcanzar nuestras metas saludables, a satisfacer nuestras necesidades saludables, o simplemente a crear una sensación de bienestar, o cuando nos hacen sentir las emociones que queremos sentir y son coherentes con nuestros valores, con nuestras intenciones y con la realidad. Los pensamientos que no cumplen estos criterios no son malos, terribles o peligrosos; simplemente no son útiles en lo que respecta a nuestras necesidades y nuestros objetivos reales. Por lo tanto, limitaos a reconocerlos cuando lleguen, a darles la bienvenida y luego dejadlos ir.

A veces se necesita un poco de tiempo para aprender a distinguir fácilmente qué pensamientos son útiles y cuáles no, pero por medio del entrenamiento diario podréis aprender esta distinción. Examinaremos esta cuestión más adelante, en esta misma sesión.

Ejercicio de las emociones y los pensamientos

En este programa, al igual que en el programa de la MBCT para la depresión[1], un ejercicio de imágenes guiado ayuda a los participantes a comprender la relación entre los pensamientos y las emociones. El siguiente ejercicio enseña a los participantes cómo las emociones pueden influir de manera significativa en los pensamientos y en los significados específicos que atribuimos a los eventos, así como en las acciones subsiguientes.

El instructor entrega un folio y un bolígrafo a cada participante. Luego invita a los participantes a encontrar una postura cómoda, a cerrar los ojos y a hacer todo lo posible por imaginarse en el escenario cuya descripción van a escuchar. Se pide a los participantes que anoten de manera clara lo que podrían pensar y sentir en esa situación; se les invita a imaginar la situación descrita como si fuera nueva y original, algo que nunca antes han experimentado. Es útil decir a los participantes que si han experimentado una situación similar en el pasado y esta les viene a la mente, deben limitarse a llevar su atención de vuelta a esta nueva situación, tratando de vivirla como si fuera la primera vez. A continuación, el instructor lee la versión A del escenario previsto en el cuadro 10.3.

1. Z. V. Segal, J. M. Williams y J. D. Teasdale, *Mindfulness-based cognitive therapy for depression: A new approach to preventing relapse*, Guilford Press, Nueva York 2013[2] (trad. esp.: *MBCT. Terapia cognitiva basada en el mindfulness para la depresión*, Edición revisada, Kairos, Barcelona 2017).

Cuadro 10.3.

Ejercicio de las emociones y los pensamientos

Situación A

Se siente muy avergonzado y angustiado. Acaba de ser entrevistado para una encuesta en la calle, y ha hecho el ridículo porque no ha sido capaz de contestar a ninguna de las preguntas. Esta entrevista ha sido transmitida en directo por televisión.

Ahora, inmediatamente después de la entrevista, entra en una cafetería abarrotada en la que no conoce a nadie, y se da cuenta de que algunas personas le miran y se echan a reír.

¿Qué piensa en ese momento? ¿Qué emociones siente en ese momento?

Situación B

Se siente muy satisfecho consigo mismo, orgulloso y emocionado. En una entrevista televisiva para una encuesta en la calle, acaba de responder a todas las preguntas de manera inteligente, articulada y relajada. El entrevistador le ha felicitado sinceramente por su capacidad para responder tan bien. La entrevista ha sido transmitida en directo por televisión.

Inmediatamente después de la entrevista, entra en una cafetería abarrotada en la que no conoce a nadie, y se da cuenta de que algunas personas le miran y se echan a reír.

¿Qué piensa en ese momento? ¿Qué emociones siente en ese momento?

Inmediatamente después de leer esta descripción, el instructor pide a los participantes que pongan por escrito sus pensamientos y sus sentimientos en la situación que tiene lugar en la cafetería, y luego les invita a compartir sus respuestas.

Tras debatir sobre esta primera situación, el instructor invita a los participantes a centrarse en una segunda situación y les pide que hagan todo lo posible por ponerse en el escenario con los sentimientos que evoca el comienzo de la escena. A continuación, el instructor lee la versión B.

Luego, una vez más, el instructor pide a los participantes que escriban sus pensamientos y sus sentimientos en la parte trasera del folio, en particular lo que pensaron dentro de la cafetería, y les invita a compartir sus respuestas con el grupo.

En el debate posterior, se pide a los participantes que comparen los pensamientos y los sentimientos que se han activado en ellos a causa de las dos versiones de la escena. Por lo general, los miembros del grupo advierten que sus pensamientos son radicalmente diferentes en las dos versiones, aunque la escena de la cafetería es idéntica en ambas. La diferencia se debe a las distintas emociones que se inculcó en los participantes en la entrevista que forma parte de la situación. Una cuestión importante que hay que destacar durante el debate es que las personas suelen estar convencidas de que los pensamientos que tuvieron durante cada situación eran absolutamente verdaderos y coherentes con la realidad. Los miembros de la clase deben darse cuenta ahora de que sus pensamientos obsesivos pueden verse impulsados muy a menudo por sus sentimientos particulares en un momento dado –por ejemplo, ansiedad, culpa, vergüenza o tristeza–.

Descanso

Los participantes hacen una breve pausa de 10 minutos en este punto de la sesión.

La mente pensante y la mente observadora: una meditación sentada

Una lección particularmente útil de la psicología budista es que nuestras mentes están constituidas por dos componentes básicos, uno de los cuales es la ***mente pensante*** y el otro la ***mente observadora***. La mente pensante es la parte que crea pensamientos, y puede considerarse como una especie de fábrica de pensamientos. Crea cogniciones continuamente, incluso durante la noche, en varias formas –contenidos verbales, imágenes o escenas, y reproducción mental de sonidos–. Lo que la mente pensante produce queda, en su mayor parte, fuera de nuestro control. No podemos decir qué o cuánto crea. Los pensamientos surgen, en su mayoría, involuntariamente, al igual que las glándulas salivales producen saliva tanto si queremos como si no. La mente pensante es como una fábrica cuyos productos (pensamientos) van por una cinta transportadora. La mayoría de estos productos son rechazados, porque son defectuosos o poco útiles, y serán eliminados, de la misma manera que los pensamientos desaparecen de nuestras mentes (véase Sesión 6–Documento 2).

INSTRUCTOR: ¿Sabéis cuántos pensamientos produce nuestra mente de media al día? [Los participantes normalmente dan varias respuestas, por lo general bastante alejadas de la media] Algunos expertos han estimado que, de media, un individuo produce 17.000 pensamientos al día; pero si al final del día nos preguntamos cuántos pensamientos recordamos en realidad, probablemente no recordemos más que unas pocas docenas. Tenemos la capacidad de deshacernos espontáneamente del material inútil que producimos, lo que podríamos llamar *basura de la mente*. Las personas con TOC tienden a dar gran importancia a los pensamientos que más tarde resultan ser irrealistas y poco útiles, pero que se mantienen y se fortalecen debido al significado que se les asigna. Estos pensamientos activan una angustia y un sufrimiento intensos cuando les damos importancia. La parte de la mente que genera este aluvión de pensamientos (ya sean verbales, imágenes o sonidos) recibe el nombre de ***mente pensante***, y funciona constantemente, prácticamente fuera de nuestro control.

Sin embargo, tenemos otra parte fundamental de la mente, la ***mente observadora***, que es como una cámara de vídeo. Esta parte de la mente tiene el poder de observar lo que sucede dentro de nosotros –los pensamientos, las emociones y las sensaciones que surgen–, de registrar parte de nuestros eventos internos y de informar de la mayoría de ellos a petición. Por ejemplo, usamos la mente observadora al recordar un sueño, y podemos describirlo como si tuviéramos una grabadora de vídeo en la cabeza, que es capaz de mostrar la «película del sueño» con solo pulsar el botón «*play*». Esta parte de la mente tiene potencialmente un efecto liberador dramático, si se limita a observar lo que surge dentro –sin hacer nada más que observar–. Desafortunadamente, rara vez usamos esta parte de la mente, y habitualmente lo hacemos solo «a petición», como cuando alguien nos pide que recordemos algo. Normalmente nos vemos guiados, y a menudo arrastrados, por la mente pensante.

¿Os disteis cuenta de que antes estabais usando la mente observadora, cuando practicamos el «Ejercicio de las emociones y los pensamientos»?

ELISABETH: Probablemente cuando observamos qué pensamientos y emociones aparecieron durante las escenas imaginadas y luego los compartimos en el grupo.

INSTRUCTOR: ¡Sí, exacto! Sin embargo, los problemas surgen cuando la mente decide reaccionar a nuestros estados internos. Esto es lo que sucede en el TOC. Esto ocurre porque las personas con TOC se han acostumbrado a considerar los pensamientos como reales y concretos, como algo que define quiénes son ellos o como algo que puede hacer que un evento sea más probable, incluso cuando va en contra de sus intenciones y sus deseos. Dan a los pensamientos una energía y un poder extraordinarios –que en realidad no tienen cuando surgen–. Sin embargo, si somos capaces de entrenar la mente observadora para que se limite a advertir y reconocer el flujo continuo de los eventos internos, como si fueran nubes en el cielo, sin reaccionar a ellos ni juzgarlos, o sin tratar de cambiarlos, evitarlos o luchar contra ellos, estos eventos mentales terminarán por disolverse en poco tiempo. Esto es así porque la naturaleza de todos los pensamientos y emociones (sin excepciones) es impermanente.

Al cultivar la mente observadora a través de la práctica de *mindfulness*, podéis desarrollar dos cualidades y actitudes mentales realmente poderosas –la desidentificación y el descentramiento–, que pueden fundirse en una actitud más nueva y saludable hacia vuestra experiencia interna.

La *desidentificación* con vuestros pensamientos significa darse cuenta de que un pensamiento no es la realidad, y de que no dice nada sobre quiénes sois vosotros en realidad. Los pensamientos ocurren al azar, pero no son una parte orgánica de vosotros, ni tenéis que seguirlos solo porque hayan aparecido. A través de la desidentificación podéis daros cuenta de que «No soy lo que pienso», de que «No soy lo que mis pensamientos dicen que soy», o de que «Este pensamiento no soy yo». Cada uno de nosotros es mucho más que un simple juicio. El contenido de vuestros pensamientos no os define como persona. Solo porque creáis «esto» no significa que seáis «esto». Si pensáis: «Hice un mal trabajo», *no* significa que «Soy incapaz» o que «Soy un fracasado»; si pensáis: «Podría herir a alguien», no significa que seáis un asesino peligroso.

El *descentramiento* es la capacidad de observar vuestros pensamientos, vuestros sentimientos y vuestras sensaciones como eventos mentales temporales e inofensivos, más que como representaciones de la realidad. El descentramiento implica ser consciente de las experiencias internas, mantenerse a distancia de ellas, no dejarse llevar por ellas. Implica adoptar una postura no crítica y centrada en el presente hacia los pensamientos y los sentimientos, y aceptarlos como lo que son en realidad: meros eventos mentales transitorios e inofensivos. Aprender a cultivar esta actitud es el primer paso para liberarnos del hecho de creer en los pensamientos inútiles.

Meditación de la mente observadora: una meditación sentada

En este punto de la sesión se comparte en el grupo una práctica central del programa: la «Meditación de la mente observadora». Es importante decir a los participantes que la «Meditación de la mente observadora» facilita los procesos de desidentificación y descentramiento de los estados mentales, particularmente de los pensamientos. Es un entrenamiento mental en la observación neutral, libre de juicios hacia los pensamientos. Refuerza el componente observador de la mente y debilita la fuerza y el poder de la mente pensante, que suele desempeñar un papel dominante, de manera especial en las personas con TOC. Esta meditación también representa una modalidad de «Exposición consciente» a pensamientos desafiantes, usando imágenes que promueven una actitud de aceptación y de liberación.

Revisión de la práctica

El instructor invita ahora a los participantes a debatir su experiencia con la «Meditación de la mente observadora».

INSTRUCTOR: Tengo mucha curiosidad por escuchar vuestros comentarios sobre esta práctica ¿A alguien le gustaría decir algo?

ADRIAN: Cuando dijiste que dejáramos que los pensamientos fluyeran espontáneamente, yo no permitía que fueran espontáneos. Me parece que soy yo quien los produce, porque es mi mente la que los crea, así que no siento que sean espontáneos. No puedo sentir esta «espontaneidad»...

INSTRUCTOR: Es cierto, somos nosotros los que los producimos, pero en su mayoría los estamos produciendo de manera involuntaria y no intencional, al igual que nuestras glándulas salivales producen saliva. Los pensamientos surgen en un momento dado, permanecen un poco en nuestras mentes, y luego se disuelven si no hacemos nada para aferrarnos a ellos.

Cuadro 10.4.

La meditación de la mente observadora

Siéntese en una posición cómoda, en el suelo o en una silla, asegurándose de que mantiene su espalda recta, pero no rígida, y sus hombros y su pecho relajados. Cuando esté listo, cierre los ojos si eso le hace sentirse cómodo. Haga lo posible por estabilizar su postura y por mantener su cuerpo erguido y calmado. Advierta las sensaciones de contacto entre su cuerpo y la superficie que lo acoge. Sienta el modo en que su cuerpo está arraigado al suelo y a todo lo que ahora le sostiene. Recuerde que, en cualquier momento, el primer paso para calmar la mente es calmar el cuerpo [pausa de 10 segundos].

Cuando sienta que ha arraigado su postura lo suficiente, lleve la atención a su respiración [pausa de 5 segundos]. Limítese a llevar su atención a las sensaciones que crea la respiración en su abdomen a medida que inspira y espira [pausa de 5 segundos]. Advierta cómo el abdomen se expande suavemente cuando el aire entra y cómo se desinfla de manera delicada cuando el aire sale [pausa de 5 segundos]. Use la conciencia de su respiración y la postura como un ancla que le mantiene enraizado en el momento presente y que puede permitirle observar cualquier evento interno o externo sin ser perturbado o secuestrado por ellos [pausa de 10 segundos].

Ahora, permaneciendo anclado en su respiración, dirija amablemente su atención al **flujo de pensamientos** que aparecen espontáneamente en su mente momento a momento: los productos de la *mente pensante* [pausa de 5 segundos]. No intente pensar en algo en particular. Deje que los pensamientos surjan de manera espontánea [pausa de 30 segundos].

Lleve ahora su atención a la parte de la mente que observa y pregúntese: «¿Cómo estoy observando el flujo de mis pensamientos y de mis emociones? [pausa de 5 segundos] ¿Qué clase de observador soy? [pausa de 5 segundos] ¿Puedo ser neutral y no juzgar mis pensamientos, o tiendo a entrar en una relación con estos pensamientos? [pausa de 5 segundos] ¿Les doy un significado? [pausa de 5 segundos] ¿Los trato como si fueran hechos o realidades?» [pausa de 5 segundos].

Intente reconocer qué actitudes, expectativas, juicios o prejuicios tiene hacia esos pensamientos y qué objetivos se ha fijado en relación con ellos [pausa de 30 segundos]. Luego vuelva a prestar atención suavemente a la respiración y advierta las sensaciones que crea mientras inspira y espira [pausa de 15 segundos].

Una vez más, dirija su conciencia al flujo de pensamientos que aparecen de manera espontánea en su mente y comience a **contar los pensamientos** que aparecen, asignando un número correlativo a cada uno de ellos. Por ejemplo, aparece una imagen, pensamiento nº 1; aparece una frase o un juicio, pensamiento nº 2; luego una escena o un recuerdo, pensamiento nº 3; una duda o una preocupación, pensamiento nº 4. Si el mismo pensamiento reaparece varias veces, asígnele un nuevo número cada vez que aparezca, y siga contando [pausa de 15 segundos].

(cont.)

Cuando hace esto, puede empezar a reconocer la *parte observadora de su mente*, la que cuenta los pensamientos, y la *parte pensante*, la que produce esos pensamientos [pausa de 5 segundos]. Observe lo neutros e insustanciales que son sus pensamientos cuando simplemente se numeran, sin juicios ni preferencias [pausa de 5 segundos]. Reconozca lo inofensivos y transitorios que son los eventos [pausa de 30 segundos].

Imagine ahora, de la manera más vívida posible, que está cómodamente sentado en la **orilla de un arroyo**, cubierto de hierba. El arroyo representa su mente pensante [pausa de 10 segundos]. En algún momento, imagine que puede ver sus pensamientos fluyendo en dicho arroyo, flotando en las hojas o, si lo prefiere, en barcos de papel, arrastrados de manera implacable por la corriente [pausa de 5 segundos]. Haga lo posible por suspender cualquier juicio o reacción a estos pensamientos flotantes [pausa de 5 segundos]. Algunos pensamientos pueden permanecer durante algún tiempo, como si estuvieran bloqueados de manera temporal por algunas rocas en la corriente, pero entonces se da cuenta de que incluso esos pensamientos comenzarán, en algún momento, a seguir el flujo de la corriente de nuevo, hasta que desaparezcan de su campo de visión [pausa de 5 segundos]. No sabemos con exactitud cuándo sucederá esto, pero estamos seguros de que sucederá [pausa de 30 segundos].

Puede detenerse un rato para observar el momento en que surge un pensamiento, cuánto tiempo permanece en su mente, y el momento en que desaparece [pausa de 5 segundos]. Todos los pensamientos siguen este ciclo, si no les hacemos nada [pausa de 15 segundos].

Al observar, también puede reconocer la forma de los pensamientos [p. ej., palabras, frases, imágenes o escenas, sonidos] y su contenido (p. ej., la frase: «¿He cerrado la puerta?», una imagen de algo o un evento, un recuerdo de una experiencia pasada) [pausa de 10 segundos]. Entonces comprenderá de manera profunda que, independientemente de la forma y el contenido de los pensamientos que aparezcan en su mente, todos ellos no son más que eventos mentales intangibles, transitorios e inofensivos [pausa de 30 segundos].

Hay momentos en la vida en que puede sentir como si estuviera en medio del arroyo, a merced de la corriente, como si fuera arrastrado por pensamientos perturbadores, en lugar de estar sentado en la orilla [pausa de 5 segundos]. Esto podría suceder incluso durante esta práctica [pausa de 5 segundos]. Si esto sucede, trate de darse cuenta lo antes posible de que un pensamiento le hizo caer en la corriente y le está alejando de la orilla, y haga todo lo posible por volver a ella cada vez, por *sentarse de nuevo en la orilla del arroyo* [pausa de 30 segundos].

A medida que siga observando, puede empezar a preguntarse si los pensamientos que aparecen de vez en cuando son útiles o no. Los *pensamientos útiles* son coherentes con sus valores, con sus intenciones y con la realidad; le ayudan a alcanzar sus objetivos saludables y a satisfacer sus necesidades saludables; o simplemente a crear una sensación de bienestar que le hace sentir como le gustaría sentirse. Los *pensamientos que no son útiles* son, simplemente, todos los demás; los que no necesita para alcanzar sus objetivos o que alimentan sus emociones incómodas [pausa de 5 segundos].

(cont.)

Haga todo lo posible por ser objetivo, honesto y realista mientras trata de determinar qué pensamientos son útiles y cuáles no, teniendo en cuenta que la mayoría de los pensamientos que observa no son útiles [pausa de 5 segundos]. Si son útiles, entonces puede cultivar esos pensamientos para lograr algún beneficio o cierto placer; si, por el contrario, no son útiles, limítese a dejarlos como están, sin hacerles nada, y luego déjelos cuando quieran irse. Este es el poder de la *mente observadora* [pausa de 30 segundos].

En algún momento, cambie la escena e imagine que está sentado cómodamente en la mesa de una cafetería al aire libre que da a la calle. Está tomando su bebida favorita y observando el tráfico que pasa por la carretera [pausa de 10 segundos].

Comience a tomar conciencia de que la carretera se parece mucho a su mente: en ocasiones está muy ocupada con pensamientos, y otras veces puede estar desierta. Independientemente del número de vehículos que haya en la carretera, o del tipo de vehículos que sean, usted comprende que la función de la carretera es permitir que los vehículos se muevan. De la misma manera, su mente pensante permite que los pensamientos se muevan, con independencia de cuántos sean o cuáles sean esos pensamientos. Si se limita a observarlos con su mente observadora, sin hacer nada, el contenido o la frecuencia de los pensamientos no importa [pausa de 10 segundos].

Imagine ahora que hay mucho tráfico. ¿Qué podría pasar si usted, si su mente observadora, decide levantarse de la silla de la cafetería y, de manera repentina, arrojarse en medio de la carretera? Es muy probable que su aparición repentina en medio de la concurrida carretera creara un caos increíble con vehículos bloqueándose o chocando entre sí –a veces este es el tipo de confusión que hay en su cabeza– [pausa de 5 segundos]. Aún peor, un vehículo podría chocar contra usted y arrastrarlo bien lejos [pausa de 5 segundos]. ¿No es esto lo que sucede cuando se ve arrastrado por el flujo de los pensamientos perturbadores? [pausa de 10 segundos]

También puede imaginar que, en algún momento, puede moverse de manera consciente al borde de la acera y pedir un taxi que le lleve al destino elegido [pausa de 5 segundos]. Eso es lo que sucede cuando reconoce y decide seguir los pensamientos útiles, que le llevarán a la consecución de importantes objetivos [pausa de 15 segundos].

En algún momento, imagine, una vez más, que está sentado cómodamente en la orilla de un arroyo (si prefiere la cafetería, puede quedarse ahí). Cuando esté listo, traiga a la mente de manera intencional uno de sus pensamientos perturbadores [pausa de 10 segundos]. Intente tenerlo claro en su cabeza y haga todo lo posible por tratarlo como un evento inofensivo y transitorio desde el principio [pausa de 5 segundos]. Imagínelo flotando en una hoja por la corriente (o como un vehículo que pasa por la carretera) [pausa de 10 segundos]. Use la mente observadora para alejarse de ese pensamiento [pausa de 5 segundos]. Para hacerlo, el hecho de decir las siguientes frases con convicción y amabilidad podría resultar de ayuda: «Este pensamiento es solo un pensamiento, no un hecho»; «Es un acontecimiento mental inofensivo y transitorio»; «Este pensamiento no es la realidad, sino solo la expresión de mis miedos y mis preocupaciones»; «Es solo un síntoma de mi TOC»; y/o: «Los pensamientos, en sí mismos, no tienen poder a menos que yo decida dárselo» [pausa de 30 segundos].

(cont.)

También puede ser muy útil seguir los siguientes cuatro pasos (cuyo acrónimo es «ORAL») al relacionarse con su pensamiento perturbador:

Observar: limítese a centrar su atención en el pensamiento particular [pausa de 10 segundos], y luego...

Reconocer: sea consciente del contenido y la forma del pensamiento. ¿Es una palabra o una frase? ¿Es una imagen o una escena? [pausa de 20 segundos]

Autorizar: dar suavemente al pensamiento el permiso de permanecer temporalmente en su mente, sin reaccionar o juzgarlo de ninguna manera, simplemente dejándolo estar [pausa de 20 segundos].

Liberar y dejar ir: después de dejar que el pensamiento esté, puede dejarlo ir cuando tenga que desaparecer de manera natural, sin quedar atrapado en él, sin juzgarlo, sin evitarlo o sin luchar contra él.

Haga todo lo posible por tener una **actitud amistosa y acogedora** con todos los pensamientos, las emociones y las sensaciones físicas que aparecen de vez en cuando [pausa de 5 segundos].

Recuerde que usted siempre es un mero observador del flujo de los pensamientos, y no lo que los pensamientos dicen que es usted [pausa de 5 segundos]. No tiene que reaccionar a ellos cada vez que aparecen, de igual manera que no reaccionamos a todos los sonidos que oímos o que no pensamos que somos esos sonidos solo porque los hemos oído [pausa de 10 segundos].

Finalmente, puede regresar plenamente a la respiración, expandiendo ahora su conciencia con la respiración a través de todo el cuerpo [pausa de 5 segundos]. Su respiración es ahora una experiencia global. El aire entra en todo su cuerpo durante la inspiración, alimentando cada célula del mismo, y luego le permite dejar ir sus pensamientos con una sensación de libertad durante la espiración. Su respiración es una certeza en su vida, más allá de cualquier pensamiento.

LEWIS: Cuando dijiste que nos imagináramos sentados en la orilla de un arroyo observando cómo las hojas eran arrastradas, eso fue lo que vi también: los pensamientos llegan a la mente y luego se van, y es difícil detenerlos.

INSTRUCTOR: ¿Por qué quieres detenerlos? ¿El hecho de que se marchen supone un problema?

LEWIS: Es difícil mantenerlos en la mente

INSTRUCTOR: Interesante. Normalmente el problema no es mantenerlos, sino dejarlos ir... sobre todo si tienes TOC.

LEWIS: Siento como si estuviera olvidando; un pensamiento viene a mi mente y luego se aleja flotando.

INSTRUCTOR: Esto es, probablemente, una modalidad de apego: nuestra tendencia a aferrarnos a las cosas, en este caso a los pensamientos. Nos apegamos a un pensamiento o lo consideramos tan importante que no queremos que se vaya, pero todos los pensamientos se van en algún momento. Es fundamental que esto ocurra, o habrá un momento en que nuestras mentes ya no tengan espacio para acoger nuevos pensamientos. Pero si un pensamiento es útil, todavía seremos capaces de recordarlo cuando sea necesario.

KATY: Me resulta bastante sencillo permanecer con mis pensamientos; el problema es que cuando estoy sola, tengo una relación diferente con ellos. Aquí es más fácil.

INSTRUCTOR: El grupo también está para eso –para apoyar el aprendizaje de estas nuevas modalidades–. Pero necesitamos practicar diariamente en casa para hacer nuestra esta nueva actitud mental. Es esencial que entiendas cómo y por qué tienes aquí una relación diferente con tus pensamientos. Si puedes hacerlo aquí, significa que puedes hacerlo. No es un milagro.

ELEANOR: Gracias a este ejercicio, entiendo mejor lo que significa el descentramiento y distanciarse de los pensamientos. Creo que será muy útil para ayudar a cambiar mi relación con los pensamientos difíciles.

Lectura y debate de las citas de la sesión 6

El instructor lee ahora las citas de esta sesión (Sesión 6–Documento 3), como explicamos en la sesión 1.

Distribución de los documentos restantes a los participantes y asignación de tareas para hacer en casa

Después de distribuir los documentos para esta sesión, incluida la práctica en casa para la semana (Sesión 6–Documentos 5 y 6), el instructor invita a los participantes a practicar la «Meditación de la mente observadora» una vez al día, 6 días de 7; la «Meditación de los círculos conscientes con las manos» durante 6 días de 7; la técnica de la «Validación de la experiencia perceptiva», la «Percepción consciente» y la atención sensorial cada día; y el ejercicio del «Espacio para respirar–afrontamiento» cada vez que advierten emociones o pensamientos desagradables.

Mi top 10 de pensamientos obsesivos

Uno de los ejercicios que los participantes deben practicar en casa durante esta semana consiste en elaborar una lista de los pensamientos obsesivos más perturbadores (en forma de palabras, frases, imágenes o escenas) que los participantes experimentan normalmente en su vida cotidiana (Sesión 6–Documento 4). La lista puede ayudar a los participantes a reconocer más fácilmente estos pensamientos cuando aparecen y a no tratarlos como hechos a los que tienen que prestar atención (véase la desidentificación y el descentramiento). Esta lista también será útil para ayudar a los participantes a centrarse de forma más plena durante las prácticas formales e informales, en particular para los ejercicios de exposición aquí en la sesión 6 y la próxima semana en la sesión 7.

En cada sesión, el instructor debe invitar a los participantes a leer detenidamente el material proporcionado por lo menos una vez, y a reflexionar sobre el modo en que este puede ayudarles a hacer frente a sus problemas actuales.

Círculo consciente

Como en la sesión anterior, la sesión 6 termina con los miembros del grupo sentados en círculo, centrados en la respiración y en silencio durante 3-4 minutos. Al final, el instructor puede optar por repetir una o más de las citas de esta sesión e invitar a cada miembro a compartir, por turnos, en pocas palabras, su experiencia del momento presente, sin más comentarios.

Sesión 6–Documento 1. Resumen de la sesión 6: Desarrollar una relación saludable con los pensamientos

Pensar es el funcionamiento normal de la mente, y los *pensamientos* son sus productos normales (y potencialmente útiles); no son un problema en sí mismos. El verdadero problema es la relación que las personas que padecen TOC tienen con sus propios pensamientos y con sus mentes. Muchas tienden a creer ciegamente todo lo que sus pensamientos les dicen. Pueden pensar que la mera aparición de un pensamiento puede hacer que se produzca un evento o que sea más probable que cause daño. Este fenómeno recibe el nombre de fusión pensamiento-acción o fusión pensamiento-evento (p. ej., «Como he pensado esto, este evento va a suceder», o: «Voy a hacer esta cosa horrible»). La tendencia a dar a los pensamientos tal importancia y poder se desarrolla a menudo durante la infancia debido al condicionamiento ambiental, pero también puede ser causada por el hecho de presenciar un acontecimiento negativo que, por pura casualidad, coincide con un pensamiento negativo relacionado con el acontecimiento.

En esta sesión comprenderá mejor la relación única que ha desarrollado con sus pensamientos; esta relación puede implicar la identificación, la fusión pensamiento-acción y/o los juicios negativos. Desarrollar una relación diferente con los pensamientos es una de las cosas más efectivas que las personas con problemas obsesivos pueden hacer para superar su trastorno. A través de la **desidentificación**, el **descentramiento** y la **aceptación**, la meditación *mindfulness* puede ayudarle a desarrollar una actitud nueva y más saludable hacia su experiencia interna.

La *desidentificación* con los propios pensamientos significa darse cuenta de que un pensamiento no es la realidad, y de que no dice nada sobre quién es usted en realidad. Los pensamientos ocurren al azar, pero no son una parte orgánica de usted, ni deben seguirlos solo porque hayan aparecido. A través de la desidentificación puede darse cuenta de que «No soy lo que pienso» o de que «No soy lo que mis pensamientos dicen que soy». Cada uno de nosotros es mucho más que un simple juicio. El contenido de sus pensamientos no le define como persona. Solo porque usted crea «esto» no significa que sea «esto». Si piensa: «Hice un mal trabajo», *no* significa que «Soy incapaz» o que «Soy un fracasado»; si piensa: «Podría herir a alguien», no significa que sea un asesino peligroso.

El *descentramiento* es la capacidad de observar los propios pensamientos, sentimientos y sensaciones como eventos mentales temporales e inofensivos, más que como representaciones de la realidad. El descentramiento implica ser consciente de las experiencias, mantenerse a distancia de ellas y no dejarse llevar por ellas. Implica adoptar una postura no crítica y centrada en el presente con respecto a los pensamientos y los sentimientos, y *aceptarlos* como lo que son en realidad: meros eventos mentales transitorios e inofensivos.

Al observar sus propios pensamientos a medida que surgen, al dejarlos ir y a regresar al foco de atención original (p. ej., la respiración), aprende a desarrollar una perspectiva *descentrada* y *desapegada* con respecto a sus pensamientos. En ese punto puede **elegir con qué pensamientos quiere quedarse** (porque son útiles o agradables en ese momento dado) y cuáles quiere dejar ir (porque no son útiles).

A través de la práctica regular de *mindfulness*, usted puede cambiar radicalmente la relación distorsionada que tiene con su mente, reducir su vulnerabilidad a los *modos reactivos de la mente* (p. ej., rumiación y obsesión), y convertirse gradualmente en un observador no crítico y no reactivo de sus pensamientos. Dejará de sentirse como una víctima o como un esclavo de sus pensamientos. El *mindfulness* le enseña a no creer todo lo que su mente le dice, a comprender que los pensamientos no son hechos, a liberarse de la tiranía de estos eventos mentales inofensivos.

Sesión 6–Documento 2. La mente pensante y la mente observadora

Nuestras mentes están constituidas por dos componentes básicos. Podemos llamar al primero la **mente pensante** y al segundo la **mente observadora**. La mente pensante es la parte de la mente que crea todos nuestros pensamientos, sea cual sea su forma o contenido –palabras o reproducción mental de sonidos, imágenes o escenas, ya sean positivos, neutros o negativos–.

Lo que la mente pensante produce queda, en su mayor parte, fuera de nuestro control. Por lo general, los pensamientos surgen involuntariamente, sin invitación, al igual que las glándulas salivales producen automáticamente saliva. La cantidad o el tipo de pensamientos que producen nuestras mentes no es un problema en sí mismo. Usted puede imaginarse la mente pensante como una fábrica cuyos productos (pensamientos) van por una cinta transportadora. La mayoría de estos productos son rechazados, no tienen una utilidad real, y desaparecerán del sistema de producción, de la misma manera que nuestras mentes eliminan la inmensa mayoría de los pensamientos que producen.

Algunos investigadores estiman que una persona produce una media de 17.000 pensamientos al día. Si al final del día nos preguntamos cuántos pensamientos recordamos en realidad, probablemente no recordemos más que unas pocas docenas. Tenemos la capacidad de deshacernos espontáneamente de los pensamientos inútiles, lo que podríamos llamar *basura de la mente*.

Las personas con TOC tienden a dar gran importancia a los pensamientos que más tarde resultan ser poco útiles, pero que se mantienen debido al significado que se les asigna. Estos pensamientos pueden ocasionar una ansiedad intensa u otras emociones perturbadoras.

Sin embargo, el segundo componente de la mente, la **mente observadora**, tiene un potencial liberador. La parte observadora de la mente es capaz de detectar nuestros eventos internos (pensamientos, emociones y sensaciones físicas), registrar la mayoría de ellos e informar de ellos a petición. Los problemas surgen cuando la mente decide reaccionar a nuestros estados internos. Esto puede ocurrir porque consideramos los pensamientos como algo real y concreto que dicen quiénes somos, o como algo que puede hacer que un evento o que nuestra acción sea más probable, incluso cuando va en contra de nuestras intenciones y nuestros deseos. Este punto de vista erróneo confiere a los pensamientos un poder extraordinario que no tienen en realidad cuando surgen.

Esta actitud observadora desapegada y no crítica le permite comprender que los pensamientos no son representaciones de la realidad necesariamente válidas. Los pensamientos pueden reflejar aspectos de la realidad de manera precisa, pero también pueden ser reflejos de la realidad inexactos o distorsionados. Incluso si son precisos, los contenidos de los pensamientos no son la realidad que representan. Si piensa en un evento pasado, en realidad *no* está reviviendo ese evento, ya que, de hecho, ya ha pasado. De esta manera, puede experimentar que los pensamientos son solo eventos mentales **inocuos, insustanciales** e **impermanentes**. Esta es la naturaleza de *todos* los pensamientos (sin excepciones) si no les hace nada, como juzgarlos, asignarles un significado, evitarlos o intentar alejarlos.

Con este tipo de observación de los pensamientos aprenderá a decidir qué pensamientos son útiles y a cultivarlos. Hay pensamientos que le ayudan a alcanzar sus objetivos saludables, a satisfacer sus necesidades saludables, a cultivar el bienestar y a hacerle sentir como le gustaría sentirse. Los pensamientos que no son útiles son, simplemente, todos los demás; *no* le ayudan a alcanzar sus objetivos saludables o activan en usted emociones y sentimientos incómodos y no deseados. Puede dejarlos ir.

Cuando la mente observadora se limita a observar el flujo continuo de los eventos internos (como si fueran nubes en el cielo) sin reaccionar a ellos ni juzgarlos, y sin entrar en una relación con ellos (por ejemplo, tratar de cambiarlos, evitarlos o luchar contra ellos), estos eventos tienden a disolverse. La naturaleza de todos los pensamientos y de todas las emociones (sin excepciones) es ser impermanente. Comenzamos a liberarnos de nuestros pensamientos inútiles cuando aprendemos a cultivar esta actitud.

Sesión 6–Documento 3. Citas de la sesión 6

Aquello sobre lo que una persona reflexiona con frecuencia, aquello en lo que a menudo piensa, se convierte en la inclinación de su mente.

—GAUTAMA BUDA

Nada es más peligroso que una idea cuando no se tiene más que una.

—ÉMILE CHARTIER

No puedes detener la mente, pero sí puedes elegir no alimentarla.

—THOMAS TROBE

Nunca moriría por mis creencias,
porque podría estar equivocado.

—BERTRAND RUSSELL

El pensamiento en sí mismo no es más poderoso que una sombra que se mueve en una pared.
Le damos poder. Es nuestra mente. Le damos energía.

—ROB NAIRN

No hay nada más terrible que el hábito de la duda. La duda separa a las personas.
Es un veneno que desintegra amistades y rompe relaciones agradables.
Es una espina que irrita y daña; es una espada que mata.

—DHAMMAPADA

La preocupación da a lo pequeño una sombra grande.

—PROVERBIO SUECO

No sirve de nada preocuparse por las cosas sobre las que no tienes control,
y si tienes el control, puedes hacer algo al respecto en lugar de preocuparte.

—STANLEY C. ALLYN

Sesión 6–Documento 4. Mi *top 10* de pensamientos obsesivos

Haga una lista de los 10 pensamientos obsesivos más frecuentes y perturbadores que experimenta cada día. Estos pueden adoptar la forma de palabras, de frases, de imágenes, de escenas, o incluso de sonidos imaginarios. Esta lista le ayudará a reconocerlos más fácilmente cuando aparezcan y le recordará que no son hechos a los que deba prestar atención. También puede ser útil emplear estos pensamientos como objetivo en varios ejercicios de este programa (p. ej., la «Meditación de la mente observadora», la «Meditación sentada» que incluye la exposición a un estado difícil) a fin de desarrollar el descentramiento y la desidentificación con los mismos.

1. ______________________________
2. ______________________________
3. ______________________________
4. ______________________________
5. ______________________________
6. ______________________________
7. ______________________________
8. ______________________________
9. ______________________________
10. ______________________________

Sienta curiosidad y mantenga una actitud desapegada con respecto a sus pensamientos obsesivos, y reconózcalos como lo que son: **eventos mentales simples, inofensivos y transitorios** que no tienen ningún poder real sobre usted si decide no dárselo. Puede empezar diciéndose a sí mismo: «Este pensamiento no soy yo», o: «¡Esto es solo un síntoma de mi TOC!», o incluso: «Este pensamiento no es la realidad».

Cada vez que aparezcan estos pensamientos, haga todo lo posible por reconocerlos, por observarlos a distancia sin juzgarlos o reaccionar ante ellos, e intente dejarlos ir cuando estén listos para partir. **En un momento dado se dará cuenta de cuánta energía, tiempo y dolor ha dedicado a eventos mentales que muy a menudo (si no siempre) no tienen una relación real con la realidad.**

Sesión 6–Documento 5. Práctica en casa para la semana siguiente a la sesión 6

1. Practique la «**Meditación de la mente observadora**», cuya transcripción le facilitará su instructor, una vez al día durante 6 de los próximos 7 días. Anote sus impresiones y sus observaciones en el «Formulario de registro de la práctica en casa para la sesión 6».
2. Practique la «**Meditación de los círculos conscientes con las manos**» (15 minutos) **cada día**, durante 6 de los próximos 7 días, para estabilizar y equilibrar la mente y el cuerpo.
3. Complete la lista de «**Mi *top 10* de pensamientos obsesivos**» y, cuando practique los ejercicios de *mindfulness*, comience a relacionarse activa e intencionalmente con estos pensamientos introduciéndolos en su meditación y relacionándose con ellos de forma consciente y a distancia (descentramiento), y sin reaccionar a ellos (rituales).
4. Practique la técnica de la «**Validación de la experiencia perceptiva**» por escrito siempre que tenga pensamientos, dudas u obsesiones que le hagan sentirse inseguro sobre lo que ha hecho en realidad (p. ej., «¿He cerrado la puerta?»; «¿He atropellado a alguien?») y que le lleven a realizar sus rituales (lavar, comprobar, repetir acciones, etc.).
5. Practique la «**Percepción consciente**» todos los días, usando el siguiente ciclo para alternar los ejercicios: el primer día practique el ejercicio de la «**Vista consciente**» durante 7 minutos; el siguiente día, el ejercicio de la «**Escucha consciente**» durante 7 minutos; y el siguiente día, el ejercicio del «**Tacto consciente**» durante 7 minutos. Empiece otra vez con el ejercicio de la «Vista consciente».
6. **Atención sensorial**: haga todo lo posible por dirigir su atención, tantas veces como pueda (al menos una vez cada hora), a lo que sus **sentidos** le comunican durante sus actividades diarias (p. ej., «Oigo este sonido»; «Veo el color de esta flor»; «Siento la calidez de este objeto», «Percibo el olor o el sabor de esta comida»), y dé valor intencionalmente a esta información.
7. Practique el ejercicio del «**Espacio para respirar–afrontamiento**» cada vez que advierta emociones o pensamientos desagradables.
8. Cada vez que practique cualquier ejercicio en esta sesión, informe de su experiencia en el «Formulario de registro de la práctica en casa para la sesión 6», tomando nota de cualquier comentario, impresión o dificultad que pueda haber experimentado. Haga un círculo sobre una X cada vez que haga el ejercicio del «Espacio para respirar–afrontamiento».
9. Lea con cuidado el material proporcionado en esta sesión, al menos una vez, y reflexione sobre los contenidos para hacerlos suyos. Esfuércese por usarlos día tras día para desarrollar confianza y una relación saludable con sus pensamientos y sus emociones.

Haga todo lo posible por abordar los ejercicios *no* como si fueran una obligación que debe cumplir, sino como un hábito saludable que desea convertir en una parte regular de su vida. Recuerde siempre que el empeño que dedique ahora a este entrenamiento le dará resultados significativos a largo plazo.

Sesión 6–Documento 6. Formulario de registro de la práctica en casa para la sesión 6

Nombre: ________________

Rellene este formulario cada vez que practique y haga un círculo sobre una X cada vez que practique el ejercicio del «Espacio para respirar–afrontamiento» para responder a las situaciones difíciles.

Asimismo, anote todo lo que suceda mientras realiza el ejercicio (beneficios para la salud, dificultades, observaciones) a fin de que podamos hablar de ello durante la siguiente sesión.

Día/Fecha	Ejercicio	Comentarios
Jueves Fecha: ________	Meditación de la mente observadora Meditación de los círculos conscientes con las manos Validación de la experiencia perceptiva Percepción consciente X X X X X X	
Viernes Fecha: ________	Meditación de la mente observadora Meditación de los círculos conscientes con las manos Validación de la experiencia perceptiva Percepción consciente X X X X X X	
Sábado Fecha: ________	Meditación de la mente observadora Meditación de los círculos conscientes con las manos Validación de la experiencia perceptiva Percepción consciente X X X X X X	

(cont.)

Domingo Fecha:	Meditación de la mente observadora Meditación de los círculos conscientes con las manos Validación de la experiencia perceptiva Percepción consciente X X X X X X	
Lunes Fecha:	Meditación de la mente observadora Meditación de los círculos conscientes con las manos Validación de la experiencia perceptiva Percepción consciente X X X X X X	
Martes Fecha:	Meditación de la mente observadora Meditación de los círculos conscientes con las manos Validación de la experiencia perceptiva Percepción consciente X X X X X X	
Miércoles Fecha:	Meditación de la mente observadora Meditación de los círculos conscientes con las manos Validación de la experiencia perceptiva Percepción consciente X X X X X X	

11 Sesión 7
Desarrollar la aceptación como un paso esencial para el cambio

Uno de los retos a los que se enfrentan los médicos es ayudar a las personas a encontrar sentido y aceptación en medio del sufrimiento y la enfermedad crónica.

—Viktor E. Frankl

Sobre esta sesión

El siguiente paso en el programa de la MBCT para el TOC es ayudar a los participantes a experimentar los beneficios de la aceptación de su problema. La aceptación, una de las cualidades más importantes que se cultivan a través de la práctica de *mindfulness*, es un problema central para los individuos con TOC. De hecho, les resulta muy difícil aceptar experiencias tales como los pensamientos obsesivos o intrusivos, las emociones perturbadoras (ansiedad, culpa, vergüenza, asco) o las sensaciones físicas. La no aceptación de las experiencias normales y no amenazantes constituye, muy a menudo, el punto de partida de su trastorno. Para los pacientes con TOC, la aceptación significa renunciar conscientemente a los comportamientos que actúan como evitación experiencial, así como estar dispuesto a experimentar emociones y cogniciones a medida que surgen, sin juicios, valoraciones o metaevaluaciones (véase Sesión 7–Documento 1). En esta sesión, se guía al grupo hacia la comprensión de lo que realmente es la aceptación y de cómo este puede ser el primer paso para lograr un cambio real.

Ejercicio de carga y descarga

La primera práctica en esta sesión es una especie de estiramiento consciente en el que los participantes pueden adentrarse con cuidado en los procesos de *permitir* y *dejar ir* usando el cuerpo. El ejercicio se basa en una secuencia de movimientos divididos en dos fases: tensión muscular (carga) y

Cuadro 11.1.

Programa de la sesión 7

Tema: Desarrollar la aceptación como un paso esencial para el cambio

Breve resumen

La aceptación es una cuestión central para los individuos obsesivos. A los individuos con TOC les resulta extremadamente difícil aceptar algunas experiencias normales y no amenazantes tales como los pensamientos obsesivos o intrusivos, las emociones negativas (ansiedad, culpa, vergüenza, asco) o las sensaciones físicas. Esta no aceptación suele ser el punto de partida de su trastorno. Para esos pacientes, la aceptación significa renunciar conscientemente a los comportamientos que actúan como evitación experiencial, así como estar dispuesto a experimentar emociones y cogniciones a medida que surgen, sin juicios, interpretaciones, valoraciones o metaevaluaciones. Relacionarse con lo que se experimenta de una manera diferente implica «permitir» que sea tal como es, sin reaccionar a ello por medio de compulsiones, evitaciones o confirmaciones. Esta actitud de aceptación es una parte importante del hecho de cuidar de uno mismo y de ver con mayor claridad lo que, en caso necesario, se debe cambiar.

Esquema de la sesión

- ❑ «Ejercicio de carga y descarga».
- ❑ Revisión de la práctica.
- ❑ Revisión de la práctica en casa.
- ❑ Comprender el significado y la importancia de la aceptación.
- ❑ «Meditación de la mente observadora»: Exponer y cultivar la aceptación para con los pensamientos desafiantes.
- ❑ Revisión de la práctica.
- ❑ Descanso.
- ❑ La práctica de la «Aceptación R.E.A.L.»: Cuatro pasos hacia la aceptación.
- ❑ Revisión de la práctica.
- ❑ Lectura y debate de las citas de la sesión 7.
- ❑ Distribución de los documentos restantes a los participantes y asignación de tareas para hacer en casa:
    - ❑ «Meditación de la mente observadora» más la aceptación: 6 días de 7.
    - ❑ 10-15 minutos del «Ejercicio de carga y descarga»: 6 días de 7.
    - ❑ Práctica de la «Aceptación R.E.A.L.»: todos los días.
    - ❑ Completar la «Tabla de la aceptación»: cada vez que se adviertan experiencias desagradables.
    - ❑ «Espacio para respirar»: cada vez que se adviertan experiencias desagradables.
    - ❑ Atención sensorial: varias veces al día, todos los días.
- ❑ Terminar con un «Círculo consciente» centrado en la respiración.

(cont.)

Materiales y recursos

- Campanas.
- Transcripción de la práctica de la «Aceptación R.E.A.L.».

Documentos para los participantes

Sesión 7–Documento 1. Resumen de la sesión 7: Desarrollar la aceptación como un paso esencial para el cambio.

Sesión 7–Documento 2. La ecuación del sufrimiento.

Sesión 7–Documento 3. La metáfora del gerente de hotel.

Sesión 7–Documento 4. Cosas que debe aceptar para superar el TOC.

Sesión 7–Documento 5. Citas de la sesión 7.

Sesión 7–Documento 6. Tabla de la aceptación.

Sesión 7–Documento 7. Práctica en casa para la semana siguiente a la sesión 7.

Sesión 7–Documento 8. Formulario de registro de la práctica en casa para la sesión 7.

relajación muscular (descarga), repetidos siete veces. Durante la fase de descarga (relajación y liberación), los participantes pueden imaginar que son capaces de liberar y dejar ir no solo la tensión física, sino también las emociones y los pensamientos perturbadores que puedan tener en ese momento. El «Ejercicio de carga y descarga» es útil para introducir la aceptación porque pide a los participantes que permanezcan en contacto con las sensaciones del malestar físico, que les den la bienvenida y las acepten, y que luego las dejen ir, usando estas sensaciones y su cuerpo como vehículo para este proceso.

Revisión de la práctica

El instructor invita a los participantes a comentar lo que han experimentado en el «Ejercicio de carga y descarga».

INSTRUCTOR: ¿Algún comentario sobre la práctica que acabamos de completar?

LOUIS: Durante el ejercicio, he sentido que mi cuerpo se relajaba y que toda la tensión se descargaba en el suelo.

DIANA: He experimentado una sensación clara de libertad y liberación de todo lo que me había estado molestando hasta el comienzo del ejercicio.

NICOLE: He sentido paz y relajación. No había nada que tuviera que mantener dentro de mí –ni pensamientos, ni emociones, ni sensaciones físicas–.

EDWARD: El sonido del silencio al final ha sido liberador, y durante la fase de descarga he sentido que incluso los pensamientos negativos se descargaban en el suelo junto con la tensión física. Ha sido una experiencia verdaderamente única.

Cuadro 11.2.

Espacio de carga y descarga

Es posible que a menudo experimente sensaciones, pensamientos o sentimientos incómodos. Aunque son inofensivos, a menudo les otorgamos una gran importancia y un gran poder. Entonces influyen en la manera en que se siente, momento a momento. Con el tiempo se convierten en un obstáculo en su vida, en una carga pesada que lleva sobre sus hombros. En este ejercicio puede adentrarse suavemente en el proceso terapéutico de dejar ir, de permitir que los estados internos se desvanezcan, algo inherente a su naturaleza. Este ejercicio es una modalidad del estiramiento consciente, del *mindfulness* en movimiento. Se basa en una secuencia de movimientos divididos en dos fases –tensión muscular y luego relajación muscular– repetidos siete veces.

Permanezca de pie en una esterilla (o junto a ella, si desea sentir un mayor contacto con el suelo) y mantenga la espalda recta, pero no rígida, la cabeza alineada con la columna vertebral, las rodillas relajadas y los pies paralelos y a una distancia de 15-20 centímetros.

Fase de carga (estiramiento y tensión)

Levante lentamente los brazos sobre la cabeza y, a continuación, sin forzar demasiado el movimiento ni crear sensaciones dolorosas, cargue los brazos con tensión empujándolos ligeramente hacia atrás, hasta que experimente claramente una sensación de tensión en los brazos y en las manos. Manténgalos en esa posición durante un máximo de 30-40 segundos.

Fase de descarga (relajación)

Baje los brazos muy lentamente, advirtiendo las sensaciones en los brazos y las manos, una sensación de creciente relajación, como si toda la tensión fluyera de los brazos y las manos. Cuando haya bajado completamente los brazos, arrodíllese lentamente, coloque las palmas de las manos en el suelo y sitúe delicadamente la frente en el suelo o en la esterilla, entre sus manos. Si tiene dificultades para arrodillarse a causa de algún problema físico, puede terminar la fase de relajación limitándose a bajar los brazos. Cuando su frente toque la esterilla (o cuando se la imagine tocando la esterilla), piense que es como conectar una carga eléctrica a tierra. Imagine que este contacto descarga no solo sus sensaciones físicas, sino también cualquier emoción o pensamiento no deseado que surja momento a momento. Permanezca en esta posición hasta que toda la tensión se haya drenado (durante un máximo de 30-40 segundos).

Cuando haya terminado la fase de descarga, levántese lentamente, vuelva a levantar los brazos, estirándolos por encima de la cabeza hasta que sienta la tensión. Aguante como máximo 30-40 segundos y, a continuación, baje sus brazos, advirtiendo que la tensión se drena a medida que sus brazos y sus manos se relajan. Arrodíllese en el suelo, colocando una vez más su frente suavemente en el suelo o en la esterilla.

(cont.)

Cada fase dura 30-40 segundos como máximo, y cada individuo debe realizar estos movimientos a su propio ritmo durante siete veces consecutivas.

Cuando haya terminado la séptima repetición de estos movimientos (carga y descarga), túmbese y permanezca en silencio con los ojos cerrados durante 5 minutos, escuchando de manera consciente su cuerpo, sus sensaciones, emociones y cualquier pensamiento transitorio.

Los comentarios compartidos al final de esta práctica de estiramiento consciente casi siempre incluyen la mención de cómo los cambios en las sensaciones corporales también dan lugar a cambios en las emociones y en los pensamientos. A través de este proceso, la integración de la mente y el cuerpo, cultivada a través de la práctica del *mindfulness*, se vuelve más clara para los participantes.

Revisión de la práctica en casa

Tras este debate, el instructor invita a los participantes a compartir sus experiencias con la práctica en casa de la semana anterior.

INSTRUCTOR: Me gustaría escuchar algunos de vuestros comentarios sobre lo que surgió durante la práctica en casa. ¿Con qué beneficios o dificultades os habéis encontrado?

GEORGE: Según las instrucciones de la «Meditación de la mente observadora», se supone que debíamos suspender el juicio de nuestros pensamientos. Pero durante la práctica en casa, cuando aparecía un pensamiento perturbador, suspender el juicio no me parecía lo correcto, y estaba un poco atascado.

INSTRUCTOR: Como dijimos en la última sesión, una de las cosas más útiles que podemos hacer cuando aparece un pensamiento es describirlo como útil o no útil. Los pensamientos son meros eventos mentales inofensivos que son potencialmente útiles, aunque la mayoría de ellos no sirven para nada en absoluto.

GEORGE: ¿Cómo podemos distinguirlos?

INSTRUCTOR: Parece sencillo, pero en realidad requiere cierto entrenamiento. Como dije en la última sesión, algunos pensamientos son útiles porque nos ayudan a alcanzar nuestros objetivos saludables o a satisfacer nuestras necesidades, o crean un sentido de bienestar, haciendo que nos sintamos bien. Todos los pensamientos que no cumplen estos criterios no son útiles. No es que sean desagradables o malos, injustos o terribles; simplemente no son útiles. Por esa razón, nos limitamos a darles la bienvenida cuando aparecen y, a continuación, los dejamos ir.

GEORGE: Pero cuando aparece un pensamiento intrusivo, lo veo como una advertencia, por lo que tiendo a considerarlo útil. Tal vez sea un error, pero pienso de esta manera de forma automática.

INSTRUCTOR: En el momento en que tomamos conciencia de un pensamiento, la primera pregunta que nos hacemos es si cumple con los criterios para considerarse como un «pensamiento útil». La *utilidad* no se basa en nuestras preocupaciones o en nuestros miedos, sino en nuestros objetivos saludables y en nuestras necesidades. A veces lleva tiempo aprender a distinguir qué pensamientos son útiles y cuáles no.

ALFRED: Cuando tengo un pensamiento que me molesta y me anclo en algo real, como mi respiración, me resulta difícil no pensar en esta ancla como una distracción. Así que termino creyendo que el ejercicio no funciona.

INSTRUCTOR: Si piensas en ello, este también es un pensamiento que estás cultivando. Si estoy en un barco y no uso un ancla, en algún momento me arrastrará la corriente. Si echo el ancla, la corriente no desvía mi atención. Estoy anclado incluso si la corriente y todo lo demás siguen ahí.

ALFRED: Sí, pero la atención cambia cuando hay un pensamiento...

INSTRUCTOR: Lo que en realidad sucede es que nos quedamos con el ancla, y somos conscientes de que hay un pensamiento. El ancla nunca es una distracción. Cuando nos anclamos, no estamos negando lo que está sucediendo, sino que no nos dejamos llevar por ello. Experimentamos las emociones, las sensaciones y los pensamientos aunque estemos centrados en la respiración.

LISA: Lo que me ocurre a mí cuando aparece un pensamiento intrusivo es que, durante un momento, estoy confundida. Reconozco el pensamiento, pero luego vuelvo a lo que estaba haciendo. Si siguiera el pensamiento, tendría que levantarme de la silla y dejar de hacer lo que estoy haciendo. En lugar de eso me quedo aquí, en la silla. Esto es el ancla para mí. Si me levanto y me alejo –o peor, si realizo un ritual–, le doy poder al pensamiento.

INSTRUCTOR: Muy bien, Lisa. La idea esencial es que no debemos tener miedo de lo que está pasando en nuestro interior. No tenemos que evitar o seguir algo que es inofensivo e impermanente. Debemos encontrar un modo de permanecer en contacto con lo que está sucediendo en nuestro interior, sin vernos abrumados o arrastrados por ello.

FREDERICK: Pero, si nos alejamos de los pensamientos, de las emociones y de las sensaciones, ¿qué nos queda?

INSTRUCTOR: No lo sé, porque en realidad no nos alejamos de los pensamientos, de las emociones y de las sensaciones.

FREDERICK: Pero antes dijiste que no somos ni pensamientos, ni emociones ni sensaciones. ¿Qué somos entonces?

INSTRUCTOR: Esta pregunta nos ayuda a comprender que las personas que padecen TOC tienden a identificarse con lo que piensan o con lo que sienten. Por ejemplo, como pienso o siento esto, soy un cierto tipo de persona: soy débil porque siento ansiedad, soy malo porque siento ira. Pienso que podría haber atropellado a alguien, así que creo que soy un conductor a la fuga. Este tipo de pensamiento está relacionado con nuestra necesidad de coherencia interna, y es uno de los factores que alimenta el TOC. Es una especie de perfeccionismo mental, una necesidad de que las cosas que experimentamos en nuestro interior estén en orden. Empecemos cultivando la idea de que todo lo que pasa en nuestro interior ocurre, pero no nos define en modo alguno. Recordemos que en nuestro debate de la semana pasada dijimos que se estima que nuestra mente produce unos 17.000 pensamientos al día. Pensad en cómo serían nuestra personalidad y nuestra vida si tuviéramos que identificarnos con todos los pensamientos que creamos. Es liberador vernos a nosotros mismos como un «contenedor» de eventos inofensivos e impermanentes que suceden y que podemos observar y usar si son útiles, pero no ser definidos por ellos. Nos volvemos libres para elegir cómo usar la experiencia interior para nuestros propósitos en lugar de ser esclavos de ella.

Comprender el significado y la importancia de la aceptación

> Dios, concédeme la serenidad para aceptar las cosas que no puedo cambiar, el valor para cambiar las cosas que puedo cambiar y la sabiduría para conocer la diferencia.
>
> —REINHOLD NIEBUHR, *Oración de la serenidad*

La conocida *Oración de la serenidad*, escrita por el teólogo americano Reinhold Niebuhr, resume de manera efectiva la esencia de la actitud mental denominada *aceptación*. Es uno de los principales pilares de la práctica de *mindfulness*. La dificultad para aceptar las experiencias normales, inofensivas y transitorias, como los pensamientos, las emociones y las sensaciones físicas, representa uno de los principales problemas de los individuos con TOC. Lleva a las personas que padecen el trastorno a adoptar los comportamientos de búsqueda de seguridad repetitivos que se convierten en síntomas incapacitantes. Los siguientes extractos demuestran diferentes maneras en que el instructor puede guiar esta discusión y cómo podría desarrollarse esta con las contribuciones de los participantes.

INSTRUCTOR: ¿Cómo soléis hacer frente a los acontecimientos estresantes o incómodos, como las emociones o los pensamientos perturbadores? ¿Cómo les hicisteis frente antes de empezar el programa?

MICHAEL: Normalmente me esfuerzo mucho por luchar o deshacerme de los pensamientos intrusivos. Se me han ocurrido muchas maneras de deshacerme de los pensamientos, pero al parecer sin gran éxito.

GLORIA: Intento resistir o controlar lo que no me gusta, como mis preocupaciones o mis pensamientos obsesivos o la ansiedad. Desde el comienzo del programa, he notado que hago esto menos que antes, pero no sé por qué. Es probable que la práctica ayude.

INSTRUCTOR: En realidad, lo que decís señala uno de los aspectos centrales del TOC que ya hemos discutido en las sesiones anteriores: la tendencia a reaccionar de manera automática –con el piloto automático– a ciertos impulsos, pensamientos, sensaciones o estados emocionales angustiosos. Estas reacciones –rituales, búsqueda de confirmaciones– aumentan invariablemente el malestar inicial, transformándolo en algún momento en un trastorno.

Para ayudar a los participantes a comprender este fenómeno, el instructor presenta y debate la ecuación del sufrimiento (véase Sesión 7–Documento 2), que tiene su origen en la psicología budista. El instructor podría introducirla de la siguiente manera:

> Me parece que la mayoría de vuestros comentarios e informes pueden resumirse con una fórmula llamada la «Ecuación del sufrimiento»:
>
> $$\text{Sufrimiento} = \text{Dolor} \times \text{Resistencia}$$
>
> El dolor es una parte normal e inevitable de la vida humana. Nadie está exento. Todos nacemos y morimos con dolor, y vivimos con dolor cada vez que perdemos a alguien o algo importante, cuando estamos enfermos, heridos física o mentalmente, o cuando nos falta algo que necesitamos. Cuando resistimos el dolor, luchamos contra él, lo rechazamos o lo evitamos, lo aumentamos drásticamente. Este aumento del dolor que creamos es sufrimiento. Por lo general, los problemas psicológicos son un tipo de sufrimiento que se infla o se expande debido a las estrategias contraproducentes que los individuos adoptan (p. ej., evitación, rumiación, búsqueda de confirmaciones, comportamiento compulsivo o impulsivo) para resistir o deshacerse del dolor. El TOC es una forma particular de sufrimiento en la que las personas se esfuerzan por deshacerse de sus pensamientos perturbadores o de su angustia emocional. Sin embargo, en vez de deshacerse del problema, este comportamiento inútil lo agrava.
>
> La manera más efectiva de hacer frente y superar las experiencias incómodas o dolorosas es cultivando la aceptación.

A continuación, el instructor pregunta a los participantes cómo definirían la *aceptación*, qué significa para ellos. Muy a menudo los participantes responden que la aceptación significa *renuncia*, lo que en realidad podría considerarse lo contrario de la aceptación, ya que es una actitud pasiva en la que la persona se siente impotente con respecto a una experiencia particular. Otros participantes suelen decir que no es posible aceptar algunas cosas porque significa renunciar a la necesidad o al deber de cambiar lo que es malo o incorrecto. En este punto, el instructor, después de recopilar los comentarios de los participantes, introduce una definición de aceptación a fin de aclarar este importante concepto y evitar posibles malentendidos.

> La aceptación es una actitud intencional y activa mediante la cual una persona reconoce claramente una experiencia interna o externa dolorosa y decide permitir que sea lo que es y permanecer en contacto con ella, sin reaccionar automáticamente ni tratar de cambiarla. La práctica de la aceptación es especialmente importante cuando no es posible cambiar la experiencia –e incluso cuando el hecho de hacerlo podría ser contraproducente–.

> La aceptación significa, en esencia, tratar de crear la mejor relación posible con una experiencia que percibimos como dolorosa, dejando de lado la lucha por cambiar lo que, en ese momento, no puede ser cambiado. Pero también es comprender lo que, en todo caso, es posible y útil cambiar en una situación. El hecho de dar la bienvenida intencionalmente a la experiencia tal como es, de una manera consciente y no reactiva, preserva la energía que puede emplearse más adelante para implementar un cambio realista.

Siguiendo esta definición y esta explicación, el instructor guía al grupo en un debate.

INSTRUCTOR: ¿Alguien quiere comentar esta descripción de lo que es la aceptación? ¿Podéis decir algo sobre si esta actitud de aceptación se acerca o no a vuestra propia forma de relacionaros con la experiencia incómoda?

MARY: En realidad, creo que la aceptación, tal y como la has descrito, es lo contrario de lo que normalmente hago cuando algo me perturba, especialmente los pensamientos intrusivos y la ansiedad.

LEONARD: Siempre me ha resultado imposible aceptar algunos pensamientos cuando surgen en mi mente. Para mí, aceptarlos sin hacer nada significaba que deseaba que se produjeran ciertas consecuencias negativas que en realidad temía o que dejaba que estas cosas ocurrieran sin hacer nada para detenerlas. Pero ahora sé que había entendido mal el significado de la aceptación.

Para ayudar a los participantes a entender la actitud de la aceptación, el instructor presenta la metáfora del gerente de hotel. Describe cómo el hecho de desarrollar una mejor relación con nuestros estados internos es similar al comportamiento que adopta un buen gerente de hotel con sus huéspedes. Cuando los participantes cultivan la aceptación durante los ejercicios de *mindfulness*, y luego durante los momentos de la vida diaria, el hecho de recordar esta metáfora puede ayudarles a dar la bienvenida a sus «huéspedes internos» (pensamientos, emociones, sensaciones) de una manera descentrada, con bondad, sin juzgarlos. La «estancia» suele ser muy corta con este tipo de «hospitalidad» (véase Sesión 8–Documento 3).

Lo que los participantes deben aceptar en relación con su problema

El documento 4 de la sesión 7 enumera varios tipos de condiciones internas y externas asociadas al TOC que, en caso de no aceptarse, tienden a activar, mantener o intensificar el trastorno. Se comparte en este punto de la sesión para que los participantes vean con más claridad lo que deben aprender para cultivar la aceptación para con su problema. Normalmente, los participantes están de acuerdo en la importancia que tiene cultivar la aceptación para con los factores enumerados, pero si persiste la incertidumbre, el instructor puede preguntar si alguien reconoce cuáles podrían ser las consecuencias que tiene desarrollar este tipo de actitud para superar el TOC.

Meditación de la mente observadora: exponer y cultivar la aceptación para con los pensamientos desafiantes

Dirija la «Meditación de la mente observadora» de la sesión anterior (véase el cuadro 10.4), pero, en esta versión, después de que los participantes se imaginen sentados en la orilla de un arroyo viendo pasar sus pensamientos –u observando la carretera desde una cafetería–, se les pide que elijan la metáfora con la que mayor relación guarden. A continuación, el instructor les pide que recuerden un pensamiento desafiante o perturbador (pueden escoger uno o más de la lista del *top 10* de pensamientos obsesivos que prepararon en casa durante esa semana; Sesión 6–Documento 4), y que lo vean como todos los demás pensamientos pasajeros, sin diferenciarlo de ningún otro pensamiento. A continuación, el instructor podría decir: «Imagina que lo ves fluir por la corriente, flotando sobre las hojas, llevado inexorablemente por la corriente, o como uno de los muchos vehículos que pasan por delante de ti en la carretera». Los participantes imaginan que el pensamiento fluye o pasa sin reaccionar de ninguna manera, permitiendo y aceptando el pensamiento perturbador como un evento mental inofensivo y transitorio. El instructor invita a los participantes a adoptar la actitud de un observador externo, advirtiendo cómo reaccionarían al pensamiento, pero sin reaccionar a él.

Este ejercicio funciona como una forma de exposición intencional a los pensamientos perturbadores. Los participantes se acostumbran a no reaccionar automáticamente mientras cultivan un sentido de acogida y aceptación sin juzgar sus pensamientos. Esta práctica también es un ejercicio preparatorio útil para la «Exposición consciente», que presentamos en la sesión 8 (capítulo 12).

Revisión de la práctica

El instructor invita los participantes a comentar lo que han experimentado durante la «Meditación de la mente observadora».

LISA: Cuando intenté recordar un pensamiento perturbador durante la práctica, al principio no pude pensar en nada. Me suponía todo un esfuerzo. Entonces, cuando apareció el pensamiento, no parecía como los otros pensamientos; tenía una textura diferente.

INSTRUCTOR: Durante los ejercicios de *mindfulness* es importante no forzar nada. En esta práctica, traemos un pensamiento que suele crear incomodidad a fin de aprender a no diferenciarlo de otros pensamientos. Es importante seguir cultivando esta actitud. Todos los pensamientos tienen la misma naturaleza y la misma textura. Pero nos hemos acostumbrado a considerar ciertos pensamientos como algo más que un pensamiento. Les hemos otorgado un poder extraordinario, y esto ha llevado al problema por el que estamos aquí. Con práctica, podemos aprender a desacondicionarnos de este hábito mental. Y lo hacemos introduciendo intencionalmente pensamientos que por lo general nos molestan y tratándolos de forma amable y sin juzgarlos, como «huéspedes» en nuestro «hotel». Son como cualquier otro pensamiento. No tienen más poder que otros si no se lo damos.

ANDREW: Cuando observo un pensamiento perturbador, me esfuerzo por comprender dónde termina el pensamiento y dónde comienza el juicio. A mí me parece que es lo mismo. Introduzco el pensamiento que me molesta, pero no puedo encontrar la parte que juzga.

INSTRUCTOR: Puede que no siempre esté presente un juicio, o que no siempre seamos conscientes de él, pero cuando tomamos conciencia de él podemos reconocer que también es un pensamiento. Podemos distanciarnos de él, decidir no establecer contacto con él.

ANDREW: Entonces, cuando aparece un pensamiento perturbador, ¿tengo que detener esa parte del pensamiento –es decir, el juicio– que me obliga a hacer el ritual?

INSTRUCTOR: En vez de detenerlo, puedes optar por no establecer contacto con él. Interactuar con ese pensamiento que juzga tiene consecuencias: empezarás a experimentar alguna emoción, tal vez ansiedad, y esta emoción te llevará a tratar de evitar que ocurra lo que temes que pueda suceder. No tenemos que entrar en contacto con un pensamiento solo porque haya aparecido; podemos aprender a no establecer contacto con los pensamientos, aunque lo hayamos hecho millones de veces. Con práctica, podemos permanecer con un pensamiento durante horas sin que este nos ocasione ningún tipo de angustia. Es como tener la televisión encendida en casa mientras hacemos otras cosas. Los sonidos de la televisión suenan de fondo y ya no les prestamos atención.

STEVEN: Mi problema es que no sé cuándo aparece un pensamiento. Cuando me doy cuenta de que estoy pensando en algo, ya estoy en mitad del pensamiento.

INSTRUCTOR: Es totalmente normal que esto suceda. A veces no advertimos cuándo aparece el pensamiento. Lo importante es que notemos su presencia lo antes posible. El hecho de notarlo a mitad o al final no supone ningún problema. Lo que importa es que tomemos conciencia de que hay un pensamiento y fijemos la atención sobre él. Si el pensamiento no es útil, nos distanciamos de él, como un buen gerente de hotel con sus clientes. El gerente da la bienvenida a cada huésped, pero luego dirige su atención a otro lugar.

STEVEN: Pero en ocasiones me doy cuenta demasiado tarde porque el pensamiento ya ha desencadenado una emoción desagradable.

INSTRUCTOR: Simplemente estamos haciendo todo lo posible por tomar conciencia de nuestros pensamientos. Estamos cultivando un nuevo hábito, y cambiar los viejos hábitos requiere tiempo. En cualquier caso, incluso cuando una emoción se desencadena, no supone ningún problema. Con práctica, podemos aprender a observar las emociones del mismo modo que observamos los pensamientos: como eventos inofensivos y transitorios que están hechos de sensaciones físicas específicas en ciertas partes de nuestro cuerpo. Podemos describir su cualidad y los pensamientos que, por lo general, surgen con estas emociones. Por ejemplo, si se ve activada la emoción de la ansiedad, podemos describirla como una serie de sensaciones físicas completamente inofensivas –una aceleración del ritmo cardíaco, tensión muscular, sudores, respiración más acelerada–. Podríamos tener pensamientos igualmente inofensivos que digan: «Si hago esto... entonces podría pasar esto», o: «Podría haber hecho esto...». Podríamos haber tenido esos pensamientos durante años, y podemos ver fácilmente que nunca se hicieron realidad.

Recordad que no podemos detener nuestros pensamientos, pero sí podemos tomar la decisión de no alimentarlos; no podemos evitar las emociones difíciles, pero podemos evitar que habiten en nuestra casa; no podemos poner fin a las molestias físicas, pero podemos evitar ahogarnos en ellas. En cada momento de nuestra existencia podemos elegir no echar leña al fuego de nuestro sufrimiento.

Descanso

Los participantes hacen una breve pausa de 10 minutos en este punto de la sesión.

La práctica de la aceptación R.E.A.L.: Cuatro pasos hacia la aceptación

A fin de que los participantes puedan cultivar y desarrollar plenamente la aceptación, en esta sesión se comparte una práctica formal básica de este programa, denominada R.E.A.L. Esta es el acrónimo de las palabras *Reconocer, Explorar, Aceptar,* y *Liberar y dejar ir.* En esta práctica de cuatro pasos, los participantes pueden explorar su experiencia privada desafiante y aprender cómo desarrollar de manera gradual y plena su aceptación de los estados internos que activan y mantienen el problema.

1. **R: Reconocer.** El instructor pide a los participantes que recuerden una experiencia interna desagradable o angustiosa que hayan sentido recientemente o que puedan haber sentido durante la práctica. A continuación, el instructor les invita a identificarla y a describirla sin juzgarla, de manera clara y con una curiosidad sana. ¿Es la fuente una sensación, una emoción o un pensamiento incómodo? Tenga en cuenta que los participantes no intentan entrar en contacto con un evento negativo en sus vidas, sino con los estados internos activados por dicho evento.
2. **E: Explorar.** Después de que los participantes reconozcan una determinada experiencia de malestar o de dolor, el instructor les invita a entrar en la segunda fase: *explorar* y *expandir* gradualmente su conciencia de lo que les está molestando. Esta es una exploración abierta, pues simplemente están

tomando conciencia de lo que ya están experimentando, advirtiendo cualquier posible vínculo entre la experiencia incómoda y los otros estados internos (p. ej., cómo se conecta una emoción con las sensaciones físicas), sin buscar nada en particular.

3. **A: Aceptar.** Una vez que los participantes han explorado su experiencia de malestar, entran en la tercera fase. En esta parte de la práctica, se invita a los participantes a permitir de manera intencional la experiencia presente, sin resistirse ni reaccionar a ella, sin evitarla ni luchar contra ella. Deben permitir que surjan pensamientos, emociones y sensaciones de su experiencia y acogerlos de una manera suave, aunque resulte incómodo.

4. **Liberar y dejar ir.** Por último, los participantes entran de forma gradual en la cuarta etapa. El instructor les invita a hacer todo lo posible por crear una distancia entre ellos mismos y la experiencia interna perturbadora (descentramiento). También les invita a reconocer que ellos no son la experiencia, que esta no es más que una serie de eventos corporales y mentales impermanentes e inofensivos. Estos eventos desaparecerán tarde o temprano (desidentificación). Durante esta etapa, los participantes también pueden aprender a reconocer qué contenidos de la mente pueden considerarse útiles, aunque sean desagradables. Los contenidos que no son útiles pueden liberarse y dejarse ir. El instructor les invita a liberarse ahora de todos los intentos de cambiar algo, permitiendo que las cosas sean como son, incluso aunque sean incómodas. Con el tiempo, al cultivar esta actitud de no tratar de cambiar las cosas y dejarlas ser puede surgir un profundo sentido de **libertad**.

Revisión de la práctica

A continuación, el instructor abre un debate sobre las experiencias de los participantes en la práctica de la «Aceptación R.E.A.L.».

DOMINIQUE: Estaba muy confundida por una mezcla de emociones que había sentido antes, pero que ahora eran más intensas. Me sentí muy molesta y muy angustiada por esto, especialmente en medio de la práctica, cuando traté de levantarme y salir de la habitación.

INSTRUCTOR: Bien, Dominique. ¿Comprendiste y reconociste qué estaba creando estas emociones?

DOMINIQUE: Tal vez fuera la necesidad de traer claridad y orden a mis pensamientos. No podía soportar la confusión; era imposible dejarlo estar. Tenía que hacer algo, y me sentía cada vez peor –no podía soportarlo–. Entonces algo pasó, creo que durante el tercer o el cuarto paso... mejoré; me sentí liberada. Todavía me siento ligeramente angustiada, pero no como al principio.

INSTRUCTOR: ¿A qué te refieres cuando dices que estabas menos angustiada?

DOMINIQUE: La confusión mental disminuyó. Al principio había experimentado una sensación de ansiedad en el pecho.

Cuadro 11.3.

Práctica de la aceptación R.E.A.L.
Cuatro pasos hacia la aceptación

Cada vez que advierta un fuerte malestar emocional, dolor físico o pensamientos estresantes en su vida diaria, puede seguir los siguientes pasos para cultivar un sentido de aceptación profundo y liberador.

En primer lugar, deténgase y entre en sintonía con el momento presente. Encuentre una postura cómoda y estable, bien sentado o bien tumbado [pausa de 15 segundos]. A continuación, centre su atención en su respiración, notando cómo siente su abdomen al subir y al bajar, o cómo siente el aire en las fosas nasales durante la inspiración y la espiración [pausa de 15 segundos].

Cuando esté listo y se sienta lo suficientemente arraigado en su respiración, haga todo lo posible por entrar en contacto con la experiencia perturbadora, tanto si es un pensamiento como si es una emoción o una sensación física. Si no está presente ahora, trate de recordarla de la manera más vívida posible; entonces podrá comenzar a dirigir una suave y profunda atención a su experiencia interior dando los siguientes pasos:

Paso 1. Reconocer

- Mantenga su respiración como un ancla y tome conciencia del malestar o el dolor. Descríbalo de manera precisa. ¿Está causado por un pensamiento, por una emoción, por una sensación física? ¿Por un sonido? ¿Por un olor? No lo juzgue de ninguna manera. No es terrible ni injusto; es simplemente su experiencia en este momento. Pregúntese con una curiosidad sana: «¿Qué está sucediendo exactamente en mi interior en este momento?»; ¿Qué es lo que considero incómodo en mí en este momento?»; «¿Qué es lo que duele?» [pausa de 10 segundos].
- Tenga en cuenta que no está tratando de ponerse en contacto con un evento negativo en su vida, sino más bien con los estados internos que pueden resultar activados por ese evento [pausa de 10 segundos].
- Si es una emoción, trate de ponerle nombre. ¿Es ansiedad, ira, tristeza, asco, vergüenza? ¿Qué nombre puede darle? [pausa de 10 segundos] Si es una sensación física, describa su cualidad física. ¿Siente tensión, dolor, frío? [pausa de 10 segundos] Si es un pensamiento que crea malestar, intente describir su *contenido* (p. ej., «Creo que no hice lo suficiente esta mañana», o: «Alguien me está criticando») [pausa de 10 segundos]. Describa también la *forma* del pensamiento; ¿se trata de palabras o afirmaciones, imágenes o escenas? [pausa de 30 segundos]

Paso 2. Explorar la experiencia

- Abra y expanda gradualmente su conciencia alrededor de lo que le está perturbando [pausa de 5 segundos]. Plantéese algunas preguntas para aclarar aún más lo que está sucediendo en su interior: «¿En qué parte de mi cuerpo siento este malestar?» [pausa de 5 segundos]; «¿Qué sensaciones físicas estoy experimentando ahora?» [pausa de 5 segundos]. Dirija su atención a la parte del cuerpo en la que se está manifestando el malestar [pausa de 10 segundos].

(cont.)

- Al inspirar, imagine el aire fluyendo hacia esa parte de su cuerpo [pausa de 3 segundos]. Observe las sensaciones con un sentido de apertura suave y de bienvenida [pausa de 3 segundos]. Use su respiración para anclarse en el momento [pausa de 5 segundos].
- Mantenga esta actitud de atención curiosa y pregúntese ahora: «¿Qué emociones, sensaciones o recuerdos están conectados con esta experiencia?» [pausa de 5 segundos]. Por ejemplo, ¿activó este pensamiento la ansiedad, el asco o la tensión en el estómago? [pausa de 5 segundos] Puede que advierta patrones de pensamiento particulares que se repiten con frecuencia, juicios o sentimientos de miedo, culpa o vergüenza conectados con los recuerdos [pausa de 10 segundos]. A veces los pensamientos repetitivos sirven para ayudarnos a evitar una sensación de vacío, soledad, necesidades insatisfechas, miedos ocultos, desconfianza o aspectos de sí mismo que no acepta, como los eventos pasados difíciles [pausa de 10 segundos]. Estos pensamientos repetitivos a menudo tratan de asegurarle de que todo está bien o bajo control, o bien lo juzgan severamente y lo desaniman [pausa de 10 segundos].
- *Explorar* significa darse permiso para conocer y comprender la verdad y la realidad de su experiencia interior. En ciertas ocasiones, hacer esto arroja luz sobre experiencias que están más allá de su conciencia. Por ejemplo, si se siente ansioso, temeroso o herido, podría preguntarse: «¿Qué es lo que noto ahora mismo?». Tal vez note que se han desencadenado recuerdos de fracasos pasados o sentimientos de desconfianza. Darle conscientemente un nombre a lo que piensa o siente puede reducir su presión [pausa de 10 segundos].
- Si en ocasiones se siente perdido en pensamientos perturbadores, recuerde preguntarse: «¿Qué está sintiendo mi cuerpo ahora mismo?». Esta pregunta puede ayudarle a dar un paso atrás con respecto a las dudas, los juicios o las predicciones negativas –el *territorio de la mente pensante*– [pausa de 10 segundos].
- Establezca un contacto directo con su vulnerabilidad y con las heridas comunicadas por su cuerpo. Esto puede llevar a los recuerdos de sentirse rechazado o excluido, y luego a sentimientos de vergüenza, dolor o soledad [pausa de 10 segundos].
- El dolor que le puede producir el miedo a que no se cumplan sus expectativas [pausa de 5 segundos], o el dolor o el miedo a perder a alguien que ama, o el dolor que le puede producir ver a alguien a quien quiere sufriendo [pausa de 5 segundos], y saber que no hay nada que pueda hacer al respecto [pausa de 5 segundos].
- Tomar *conciencia* de estas partes de su experiencia significa comenzar a salir del control que estas tienen en su vida y su capacidad de hacerle sentir inadecuado y constantemente amenazado [pausa de 10 segundos].
- Ofrezca una amable bienvenida y esté abierto a lo que surja, para estar seguro de que esta exploración es una fuente de liberación [pausa de 5 segundos].
- A medida que se abra a este espacio dentro de usted, podría empezar a darse cuenta de que este tipo de sufrimiento no solo es su sufrimiento, sino que es el sufrimiento de todos. Es parte de la condición humana y una parte normal de la vida [pausa de 15 segundos].

(cont.)

Paso 3. Aceptar

- Una vez que haya explorado la experiencia del malestar, dese permiso para aceptarla plenamente. *Aceptar* significa dejar que los pensamientos, las emociones y las sensaciones surjan en su experiencia, permitiendo que sucedan y dándoles hospitalidad dentro de sí mismo de una manera suave [pausa de 5 segundos].
- La aceptación es la intención activa de permitir que su experiencia actual sea lo que es, sin reaccionar a ella, evitarla o luchar contra ella. Es, simplemente, una voluntad de ver las cosas como son *en realidad* [pausa de 5 segundos].
- Al permanecer con la experiencia sin reaccionar a ella, advertirá que en la vida todo es impermanente, que todo fluye. Puede observar este continuo proceso de cambio en todos sus estados internos, en sus pensamientos, en sus emociones y en sus sensaciones [pausa de 10 segundos].
- En ocasiones puede resultar útil susurrarse mentalmente una frase o una palabra de aliento a sí mismo para fortalecer su disposición a aceptar su malestar en este momento. Por ejemplo, podría sentir ansiedad y susurrar: «Déjalo estar, no duele». Podría percibir un pensamiento perturbador y decirse a sí mismo: «Es solo un pensamiento. Permito que esté ahí, pero no voy a entrar en contacto con él» [pausa de 5 segundos]. Podría experimentar un dolor profundo o una sensación de vacío y susurrar: «Está bien. Piense lo que piense está bien; es solo una experiencia inofensiva en este momento. No durará mucho tiempo» [pausa de 5 segundos]. De esta manera, aprenderá a suavizar sus defensas y sentirá una sensación liberadora de apertura al flujo continuo de experiencias [pausa de 10 segundos].
- Advierta si se resiste a aceptar su malestar en este momento [pausa de 10 segundos]. En ocasiones, la sola idea de permitir y aceptar ocasiona una fuerte resistencia. Podría decirse a sí mismo: «¿Cómo puedo aceptar pensamientos tan terribles?», o: «¿Cómo puedo decirme a mí mismo que está bien cuando sigo sintiendo ansiedad, asco o vergüenza?». La aceptación no es cuestión de que a uno le guste lo que siente. Consiste en darse permiso para sentir la experiencia presente y evitar gastar energía tratando de cambiar algo que, en este momento particular, no puede ser cambiado. Ahorre energías para cambiar lo que, por el contrario, es posible y útil cambiar [pausa de 10 segundos].
- A menudo un solo intento de aceptación no es suficiente. Puede ser necesario permitir y aceptar repetidamente, y tratar de reconocer las formas más sutiles de resistir el miedo y el dolor [pausa de 10 segundos].

Paso 4. Liberar y dejar ir

- Céntrese en la respiración y haga todo lo posible por crear una distancia entre usted y la experiencia incómoda; reconozca que usted no es esta experiencia y reafirme que esta experiencia es impermanente y desaparecerá tarde o temprano [pausa de 5 segundos].
- Sea consciente de que usted no es lo que piensa, siente o percibe [pausa de 5 segundos].

(cont.)

- Evite cualquier resistencia o reacción hacia la experiencia incómoda; limítese a dejarla como está y advierta cómo cambia con el tiempo, sin hacer nada [pausa de 5 segundos].
- Cuando tenga pensamientos «perturbadores», deles la bienvenida y acéptelos de manera amable, sin reaccionar a ellos, independientemente de su contenido, sin juzgarlos o sin juzgarse a sí mismo por pensarlos [pausa de 3 segundos]. Reconozca que no son más que eventos mentales inofensivos, pasajeros y transitorios [pausa de 3 segundos]. Si son útiles, úselos en su beneficio, pero si no lo son, simplemente déjelos ir [pausa de 10 segundos].
- Respire con ellos y acompáñelos con una sensación de suavizar, de abrir, de permitir [pausa de 10 segundos].
- Dese permiso para respirar suavemente en todo esto [pausa de 5 segundos], dejando que esté ahí [pausa de 10 segundos].
- Deje ir todos los intentos de cambiar cualquier cosa [pausa de 3 segundos]; libérese de la lucha y la resistencia [pausa de 5 segundos].
- Dese permiso para relajarse en lo que surja en cada momento, con cada respiración [pausa de 5 segundos].
- A medida que se dé permiso para sentir todo esto cada vez más profundamente, puede empezar a sentir un espacio dentro de usted que se expande hasta incluir todo el dolor y las decepciones, toda la soledad y las pérdidas, incluso los traumas y las tragedias [pausa de 10 segundos].
- Relájese a medida que este gran espacio se abre en su interior, recibiendo lo que le traiga cada momento [pausa de 5 segundos].
- Deje ir, sin cambiar nada, dejando que todo esté ahí tal como está. En este dejar ir, dese permiso para ser tal como es. Puede permitir que las cosas sean como son. Y, a medida que se relaje, puede empezar a experimentar una sensación de libertad al dejar ser y al dejar ir, al no tratar de cambiar las cosas, a sí mismo o a alguien más. Esta libertad viene de aceptar el dolor, el miedo y la decepción como parte de la vida, sin tener que cambiar nada [pausa de 5 segundos].
- En este dejar ir, tal vez pueda sentir paz y silencio, y la relajación expandiéndose en la paz y el silencio [pausa de 30 segundos].

Ahora, dese permiso lentamente para volver a su cuerpo y respirar, sienta su cuerpo acostado o sentado, y respire de manera profunda y consciente, cultivando una profunda sensación de dejar ir. Por último, expanda su conciencia a todo su cuerpo y al espacio que le rodea; en esta apertura puede recordarse que usted es mucho más que este dolor y esta molestia [pausa de 5 segundos]. Finalmente, puede dirigir un sentido de **gratitud** sincera hacia sí mismo por concederse este tiempo y este espacio de profundo poder curativo consigo mismo y con su sufrimiento.

INSTRUCTOR: Muy bien, Dominique. Es importante que fueras capaz de localizar lo que sentiste y dónde lo sentiste físicamente. Este es un gran primer paso. Cuando nos sentimos mentalmente confundidos, probablemente nos cueste distinguir entre tres tipos de experiencias internas: pensamientos, emociones y sensaciones físicas. La dificultad para aclarar lo que nos causa incomodidad hace que sea más complicado tratar el TOC. Necesitamos esforzarnos para ser lo más precisos posible a la hora de reconocer y describir nuestros estados internos. Si, por ejemplo, hay tensión física, tratamos de localizarla en nuestro cuerpo, la describimos y permanecemos en contacto con ella. Si sentimos una emoción, intentamos darle un nombre. Las emociones relacionadas con el TOC suelen ser las mismas: ansiedad, asco, culpa y vergüenza. Las conocemos bien porque nos visitan todos los días como huéspedes habituales. Si, en cambio, nos perturban los pensamientos, describimos su forma –por ejemplo, palabras o imágenes–.

EVELYN: He pensado en una situación que me causó malestar y estalló un pensamiento, desencadenando tanto una emoción como una sensación física. La sensación física era como vomitar, y la emoción era la ansiedad. Yo respiraba con dificultad. Advertí que me estaba juzgando a mí misma porque creía que no debía tener ese pensamiento. Entonces me dije que tenía que aceptar el pensamiento, y esto hizo que la sensación física fuera menos intensa.

INSTRUCTOR: Muy bien, Evelyn. Ser capaz de «abolir» algunos de los «imprescindibles» de nuestro vocabulario es muy útil. No tenemos obligaciones en relación con lo que hacemos aquí, solo voluntad, deseo, intención y compromiso si consideramos que el pensamiento es útil.

RICHARD: He recordado un pensamiento de la semana pasada y he sido capaz de decirme a mí mismo: «Tan solo es un pensamiento». Pero puede que el hecho de decirme esto esté mal porque yo mismo me estoy ofreciendo una confirmación.

INSTRUCTOR: Decir que un pensamiento es solo un pensamiento es un reconocimiento, no un comportamiento de confirmación; es un hecho. Tenemos que estar profundamente convencidos de esto. No es útil decirlo como si fuera una oración. Si podemos comprender profundamente que un pensamiento es solo un hecho mental inofensivo, como lo son todos los pensamientos, entonces no podemos tratar algunos de manera diferente a otros. Darse cuenta de esto es extremadamente liberador.

DONALD: Cuando fui capaz de aceptar algo durante el ejercicio, sucedió en un momento...

LISA: ¡Sí, es como un destello!

DONALD: Inmediatamente experimentas una sensación de liberación, y tal vez haga falta algo de disciplina para no convertir el ejercicio en una rumiación. En realidad puedes resolver o aceptar en medio segundo. Creo que tendré que trabajar más en ello. Es como una disciplina que hay que cultivar con perseverancia y compromiso, porque no puedes curarte de la rumiación rumiando sobre otra cosa. Es un proceso.

Es normal que los participantes tengan con frecuencia reacciones intensas cuando se enfrentan directamente a los contenidos más activadores de su trastorno por primera vez. Los cuatro pasos de esta práctica permiten a los participantes entrar en contacto con su experiencia de una forma completamente nueva, evitando sus modos de reacción habituales. A menudo alcanzan niveles de comprensión e *insight* que eran totalmente inesperados hasta ese momento.

Lectura y debate de las citas de la sesión 7

Como en las sesiones anteriores, el instructor lee ahora y debate las citas sobre la aceptación del documento 5 de la sesión 7.

Distribución de los documentos restantes a los participantes y asignación de tareas para hacer en casa

El instructor distribuye los documentos para esta sesión y revisa las tareas para casa (Sesión 7–Documentos 7 y 8). Durante la semana siguiente a la sesión 7, se invita a los participantes a practicar la «**Meditación de la mente observadora**» durante 6 días de 7, introduciendo un pensamiento perturbador al final del ejercicio y cultivando el descentramiento y una actitud de aceptación activa de dicho pensamiento; el «**Ejercicio de carga y descarga**» durante 15 minutos, 6 días de 7; la práctica de la «**Aceptación R.E.A.L.**», al menos una vez al día (valiéndose de la transcripción que les facilitará el terapeuta), a fin de cultivar la **aceptación** de algo que les perturba (un pensamiento, una emoción, una sensación física).

A modo de práctica informal de la aceptación, se invita a los participantes a completar la «**Tabla de la aceptación**» (Sesión 7–Documento 6) cada vez que se adviertan experiencias desagradables. Mediante el uso de esta tabla, pueden ser más conscientes de su experiencia interna y de los efectos de la aceptación, o de la no aceptación, en los momentos difíciles del día.

Se les pide que practiquen el ejercicio del «**Espacio para respirar–afrontamiento**» (cuadro 9.3, pp. 329-330) cada vez que se adviertan experiencias desagradables, así como la atención sensorial informal cada día, centrando su atención tan a menudo como puedan (al menos una vez cada hora) en lo que les están comunicando sus sentidos (p. ej., «Oigo este sonido»; «Veo el color de esta flor»; «Siento la calidez de este objeto»; «Percibo el olor o el sabor de esta comida»).

Cada vez que practiquen, se les invita también a tomar nota de sus comentarios y observaciones en el «Formulario de registro de la práctica en casa para la sesión 7», así como a leer con cuidado el material proporcionado en esta sesión, por lo menos una vez, y a reflexionar sobre su contenido.

Al final de la sesión, justo antes del «Círculo consciente», el instructor invita a los participantes a hacer todo lo posible por llevar un objeto (p. ej., un objeto sucio, una jeringa, un cuchillo, una pastilla de jabón, un bolígrafo, un billete, algunos objetos que no estén en orden) o un sonido o un olor a la siguiente sesión, algo que pueda evocar directamente obsesiones y/o compulsiones y las emociones particulares relacionadas con su TOC (p. ej., ansiedad, asco). Los participantes deben traer algo con lo que tengan dificultad para interactuar en el mundo real y que cree un nivel de angustia entre 20 y 50 en una escala de 0 a 100. Esto ofrece la oportunidad de facilitar una exposición directa en vivo durante un ejercicio que proponemos en la próxima sesión: la «Exposición consciente». Este ejercicio se explica brevemente al grupo en este momento y se presenta como una forma de exposición más directa a los estímulos que evocan la ansiedad, en comparación con las otras formas de exposición incluidas en algunas prácticas ya compartidas en las sesiones anteriores (por ejemplo, la «Meditación sentada» con exposición a un estado difícil, la «Meditación de la mente observadora», la práctica de la «Aceptación R.E.A.L.»).

El instructor explica que no todos los participantes necesitan traer un objeto en el que concentrarse, porque algunos pueden no tener ningún objeto específico relacionado con su TOC; otros pueden tener objetos demasiado grandes o que les daría vergüenza traer. En estos casos, se pide a los participantes que traigan la imagen de un objeto o una situación que activaría el malestar y las obsesiones. De manera alternativa, los participantes pueden imaginar en la siguiente sesión que se ven expuestos a estímulos que producen ansiedad, en lugar de experimentarlos directamente.

Círculo consciente

La sesión termina con el grupo sentado en círculo y centrado en silencio en la respiración durante 3-4 minutos. Después, el instructor puede optar por repetir una o más de las citas de esta sesión (Sesión 7–Documento 5) o invitar a cada miembro a compartir una experiencia del momento presente con unas pocas palabras.

Sesión 7–Documento 1. Resumen de la sesión 7: Desarrollar la aceptación como un paso esencial para el cambio

Una de las cuestiones centrales para las personas con TOC es la aceptación. A los individuos que padecen este trastorno les resulta extremadamente difícil, si no a menudo imposible, aceptar pensamientos intrusivos u obsesivos, emociones desagradables (ansiedad, culpa, vergüenza, asco), y algunas sensaciones físicas que en realidad son normales, inofensivas y que no suponen una amenaza. La *aceptación* puede definirse como una actitud intencional y activa mediante la cual una persona permite que una experiencia interna desagradable (pensamientos, emociones o sensaciones físicas) o una externa (hechos, eventos, situaciones) se limite a *ser* sin reaccionar automáticamente a ella ni tratar de cambiarla. A través de la aceptación, los individuos con TOC cultivan una disposición a permanecer en contacto con las emociones y los pensamientos perturbadores a medida que ocurren, sin atribuirles ningún significado o juicio.

En otras palabras, *aceptación* significa tratar de crear la mejor relación posible con una experiencia que percibimos como incómoda pero que, al menos por el momento, no puede cambiarse o evitarse. Cuando surgen experiencias incómodas, a veces tenemos una sensación de rechazo a experimentar sensaciones desagradables o a tener pensamientos perturbadores –pero los sentimos/pensamos de todas formas–. Puede que incluso sintamos vergüenza o culpa por tener estos sentimientos o pensamientos. Sin embargo, si estamos dispuestos a permanecer presentes con lo que está sucediendo, y vemos la realidad tal como es, emergerá una cualidad de la atención diferente.

Esta actitud intencional de permitir, de dejar que la experiencia del momento sea y de dejarla ir cuando termine espontáneamente, es un paso fundamental para cambiar, e incluso para superar, los problemas asociados con el TOC. Es una forma de suavizar nuestras defensas y de experimentar una sensación liberadora de apertura hacia el flujo continuo de experiencias. La aceptación no pretende que le guste una experiencia. Puede que no le guste una experiencia y, aun así, aceptar que existe. La aceptación tampoco significa renunciar a intentar cambiar una experiencia o una situación. Más bien significa dejar de luchar para cambiar algo que no puede ser cambiado en ese momento. La aceptación preserva energía que puede usarse más tarde para crear un cambio realista. Solo necesita aceptar las cosas que no pueden cambiarse. Si no lo hace, solo tendrá un problema más –el problema inicial (p. ej., la ansiedad) y la lucha por resistirse a su presencia–.

El primer paso hacia la aceptación es a menudo darse cuenta de que se está resistiendo a algo; el segundo paso es reconocer la experiencia de la resistencia, permitir el rechazo, la tensión corporal, la ansiedad, la culpa y la aversión que ya existen.

La aceptación también implica cultivar una actitud amable y abierta hacia sí mismo. Es útil recordar que todos nosotros somos imperfectos. Las imperfecciones son simplemente la naturaleza humana, y es normal encontrar dentro de uno mismo pensamientos, emociones, sensaciones y comportamientos que no son como uno quisiera. Abrirse a la realidad de lo que somos y lo que sentimos nos permite desarrollar una profunda calma interior. No desperdicie sus energías sin ningún propósito, ni active emociones incómodas derivadas de la no aceptación.

Sesión 7–Documento 2. La ecuación del sufrimiento

Sufrimiento = Dolor × Resistencia

El dolor es una parte normal e inevitable de la vida humana.

Todos nacemos y morimos en una condición de dolor.

Cuando nos resistimos al dolor, lo aumentamos drásticamente.

De este modo creamos sufrimiento.

El TOC es una forma de sufrimiento.

Sesión 7–Documento 3. La metáfora del gerente de hotel

Imagínese relacionándose con sus estados internos (pensamientos, emociones o sensaciones físicas) del mismo modo que un buen gerente de hotel se relaciona con sus huéspedes. Cuando un cliente entra en el hotel, el gerente del mismo le da una cálida y amable bienvenida en recepción. El gerente le pide su identificación. Este es nuestro **reconocimiento** de los eventos que nos «visitan» –pensamientos, emociones o sensaciones–. El gerente del hotel asigna a continuación una habitación al cliente, le da las llaves, le muestra dónde está la habitación y le desea una estancia agradable (**bienvenida**, **aceptación**).

El gerente del hotel no instará al cliente a que se vaya lo antes posible o en una fecha determinada, si la habitación está disponible durante muchos días, algo que solemos hacer con nuestros pensamientos y emociones cuando nos damos un plazo para tolerarlos (p. ej., «Puedo resistir/quedarme con esta emoción únicamente 10 minutos y luego tengo que deshacerme de ella»). El gerente permitirá que el cliente permanezca en el hotel todo el tiempo que desee, teniendo presente que tarde o temprano se marchará.

Una vez que los huéspedes se han registrado, el gerente de hotel no tendrá ningún trato con ellos, a menos que alguno de ellos pida información o formule una petición. El gerente del hotel permanece detrás del mostrador de recepción y, de manera amable, solo hace lo que el puesto le exige hacer. Nunca entablará una relación íntima con el cliente.

Un buen gerente de hotel nunca soñaría con visitar las habitaciones de los clientes por la noche, con seguirlos o con salir a comer con ellos. Estas cosas no están incluidas en el papel de un gerente de hotel. Aunque proporcione alojamiento a los huéspedes, el gerente del hotel mantiene su distancia con respecto a ellos hasta que deciden irse.

Al igual que el gerente de hotel, también nosotros podemos acoger pensamientos y sentimientos hasta que se van, sin tener una relación directa y cercana con ellos. Podemos *distanciarnos* de ellos y separar lo que somos nosotros de nuestros pensamientos y nuestros sentimientos (**descentramiento** y **desidentificación**).

Un buen gerente de hotel también acoge a cualquiera que vaya en busca de hospitalidad, y no solo a la gente que le gusta o que cree que no ocasionará problemas. Imagine lo que pasaría en una noche de tormenta si el gerente rechazara el alojamiento a los clientes que no tienen otro lugar donde pasar la noche. ¿Qué pasaría si estos huéspedes empezaran a tocar continuamente la campana exigiendo alojamiento, quizá incluso gritando al gerente? Probablemente incomodaría a los demás huéspedes y llevaría al caos. Cuando nos negamos a aceptar experiencias internas –como pensamientos o emociones no deseadas (nuestros huéspedes internos)– que tienen «derecho» a entrar en nuestra mente, y nos resistimos a ellas e intentamos evitarlas, se vuelven más insistentes e intensas, creando así más dolor y confusión en nuestras mentes.

Un buen gerente de hotel debe recibir incluso a los clientes más exigentes, porque rechazarlos puede causar problemas mayores que dejarlos entrar.

Trate de ser siempre un buen gerente de hotel con sus huéspedes internos –sus pensamientos, sus emociones y sus sensaciones físicas–. Tal vez se sorprenda al advertir que estos huéspedes se marcharán mucho más pronto de lo que imagina (**dejar ir**), sin crear ningún problema.

Sesión 7–Documento 4. Cosas que debe aceptar para superar el TOC

He aquí una lista útil de cosas que puede tener que aceptar para enfrentarse al TOC de manera efectiva:

1. Pensamientos intrusivos (el hecho de aceptarlos evita que se vuelvan obsesivos).
2. Emociones desagradables (p. ej., ansiedad, culpa, vergüenza, asco).
3. Sensaciones físicas desagradables.
4. Consecuencias imaginadas o temidas por no prevenir el daño o por hacer las cosas de manera errónea.
5. Asumir la responsabilidad plena y saludable de sus acciones.
6. Que no es perfecto; usted es un ser humano falible.
7. Que a menudo las cosas no son como le gustaría que fueran y que nunca serán perfectas.
8. La incertidumbre de la realidad y del futuro.
9. Que no puede cambiar el pasado y que no puede predecir el futuro.
10. Que no puede controlarlo todo.
11. Renunciar a sus estrategias no útiles para hacer frente a las obsesiones y la angustia (p. ej., rituales, búsqueda de confirmaciones, evitación).
12. Que las demás personas son seres ordinarios e imperfectos.
13. Que los demás no tienen que hacer lo que usted necesita o espera de ellos, y que no tienen que apoyar sus esfuerzos contraproducentes para hacer frente a las obsesiones y a la angustia.
14. Que tiene que comprometerse y trabajar duro cada día para superar su problema.

Sesión 7–Documento 5. Citas de la sesión 7

No podemos cambiar nada hasta que lo aceptamos.

—Carl G. Jung

Sin una pausa nuestras acciones son automáticas.
En un momento de pausa, rompemos el hechizo entre el resultado pasado y la reacción automática.
Cuando hacemos una pausa, podemos notar la experiencia real, el dolor o el placer, el miedo o la excitación.
En la quietud antes de que surjan nuestros hábitos, nos volvemos libres.

—Jack Kornfield

Oración de la serenidad
Dios, concédeme la serenidad para aceptar las cosas que no puedo cambiar,
el valor para cambiar las cosas que puedo cambiar
y la sabiduría para conocer la diferencia.

—Reinhold Niebuhr

Estar sin algunas de las cosas que quieres
es una parte indispensable de la felicidad.

—Bertrand Russell

Cuando dejo ir lo que soy, me convierto en lo que podría ser.

—Lao Tsu

Sesión 7–Documento 6. Tabla de la aceptación

Cada vez que advierta una emoción, una sensación o un pensamiento perturbador, haga todo lo posible por **cultivar la aceptación** para con esa experiencia. Para ayudarle a hacerlo, intente responder a todas las preguntas de la siguiente tabla cuando perciba una emoción, una sensación o un pensamiento perturbador.

¿Cuál es mi experiencia en este preciso momento? (pensamientos, emociones, sensaciones)
¿Dónde siento este malestar en mi cuerpo?
En este momento, ¿estoy tratando de cultivar la aceptación para con estas experiencias internas? (Sí/No)
¿He sido capaz de permitir, acoger y aceptar este estado (emociones, sensaciones físicas, pensamientos) y de permanecer en contacto con él, sin reaccionar a él? En caso negativo, ¿por qué?
¿Cómo me siento ahora si he sido capaz de aceptarlo? ¿Cómo me siento ahora si no he sido capaz de aceptarlo? ¿Cuáles son las consecuencias?

Sesión 7–Documento 7. Práctica en casa para la semana siguiente a la sesión 7

1. Practique la «**Meditación de la mente observadora**», cuya transcripción le facilitará su instructor, durante 6 de los próximos 7 días, e introduzca un pensamiento perturbador y cultive un sentido de **descentramiento** y una **aceptación activa** del mismo.
2. Practique el «**Ejercicio de carga y descarga**» entre 10-15 minutos durante 6 de los próximos 7 días.
3. Lleve a cabo la práctica de la «**Aceptación R.E.A.L.**», cuya transcripción le facilitará su instructor, al menos una vez al día, y cultive la **aceptación** de algo que le perturbe (un pensamiento, una emoción, una sensación física) acogiendo esta experiencia interna, como podría hacer un «buen gerente de hotel» con sus clientes.
4. Complete la «**Tabla de la aceptación**» cada vez que advierta experiencias desagradables.
5. Practique la meditación del «**Espacio para respirar–afrontamiento**» a diario, cada vez que advierta experiencias desagradables.
6. Practique la **atención sensorial** cada día dirigiendo su atención tan a menudo como le sea posible (al menos una vez cada hora) a lo que sus sentidos le están comunicando (p. ej., «Oigo este sonido»; «Veo el color de esta flor»; «Siento la calidez de este objeto», «Percibo el olor o el sabor de esta comida»).
7. Cada vez que practique cualquier ejercicio en esta sesión, informe de su experiencia en el «Formulario de registro de la práctica en casa para la sesión 7», tomando nota de cualquier comentario, impresión o dificultad que pueda haber experimentado. Haga un círculo sobre una X cada vez que haga el ejercicio del «Espacio para respirar–afrontamiento».
8. Lea con cuidado el material proporcionado en esta sesión, al menos una vez, y reflexione sobre los contenidos, tratando de hacerlos suyos. Úselos día tras día para desarrollar confianza, aceptación y una relación libre y saludable con sus pensamientos y sus emociones.

Cuando decida practicar estos ejercicios, recuerde tomarse el tiempo necesario y encontrar un lugar cálido, seguro, cómodo y tranquilo donde sepa que no le molestarán ni le interrumpirán. Encuentre una postura cómoda y estable. Haga todo lo posible por abordar los ejercicios no como si fueran una obligación que debe cumplir, sino como un hábito saludable que desea establecer en su vida. Recuerde siempre que el empeño que dedique ahora a este entrenamiento le dará resultados significativos a largo plazo.

Sesión 7–Documento 8. Formulario de registro de la práctica en casa para la sesión 7

Nombre:

Rellene este formulario cada vez que practique y haga un círculo sobre una X cada vez que practique el ejercicio del «Espacio para respirar–afrontamiento» para responder a las situaciones difíciles. Asimismo, anote todo lo que suceda mientras realiza el ejercicio (beneficios para la salud, dificultades, observaciones) a fin de que podamos hablar de ello durante la siguiente sesión.

Día/Fecha	Ejercicio	Comentarios
Jueves Fecha:	Mente observadora + aceptación Carga y descarga Aceptación R.E.A.L. Atención sensorial Tabla de la aceptación X X X X X X	
Viernes Fecha:	Mente observadora + aceptación Carga y descarga Aceptación R.E.A.L. Atención sensorial Tabla de la aceptación X X X X X X	
Sábado Fecha:	Mente observadora + aceptación Carga y descarga Aceptación R.E.A.L. Atención sensorial Tabla de la aceptación X X X X X X	
Domingo Fecha:	Mente observadora + aceptación Carga y descarga Aceptación R.E.A.L. Atención sensorial Tabla de la aceptación X X X X X X	
Lunes Fecha:	Mente observadora + aceptación Carga y descarga Aceptación R.E.A.L. Atención sensorial Tabla de la aceptación X X X X X X	
Martes Fecha:	Mente observadora + aceptación Carga y descarga Aceptación R.E.A.L. Atención sensorial Tabla de la aceptación X X X X X X	
Miércoles Fecha:	Mente observadora + aceptación Carga y descarga Aceptación R.E.A.L. Atención sensorial Tabla de la aceptación X X X X X X	

12 Sesión 8
«Hacer consciente» y exposición consciente

De la intención surge la acción,
de la acción surgen los hábitos.
De los hábitos crece el carácter,
del carácter se desarrolla el destino.

—TEXTO BUDISTA CHINO

Sobre esta sesión

En las personas con TOC, el modo «hacer» (véase el capítulo 5) se centra frecuentemente, si no siempre, en evitar el daño y reducir la angustia emocional, y suele caracterizarse por un sentido excesivo de la responsabilidad. Las compulsiones son comportamientos mecánicos en los que la atención se centra únicamente en la implementación de acciones repetitivas más que en percibir la situación real y los resultados de estos comportamientos. En esta sesión, la práctica de *mindfulness* ayuda a los participantes a desarrollar un modo hacer más funcional, el *hacer consciente*, y un sentido de la responsabilidad más realista. Se les anima a salir de sus acciones obsesivas, por lo general carentes de sentido, y a crear una relación más saludable entre sus intenciones y sus acciones. La *exposición consciente* es una práctica terapéutica básica del programa. Es una integración de la exposición con prevención de respuesta (EPR) y el *mindfulness*, y se enseña en esta sesión (véase Sesión 8–Documento 1).

La práctica de la «Aceptación R.E.A.L.»

El instructor comienza dirigiendo la práctica de la «Aceptación R.E.A.L.», que se introdujo en la sesión 7 y se asignó como tarea para hacer en casa cada día durante la semana pasada (véase cuadro 11.3 para la transcripción de la misma).

Cuadro 12.1.

Programa de la sesión 8
Tema: «Hacer consciente» y exposición consciente

Breve resumen

En esta sesión, ayudamos a los participantes a comprender cómo la práctica de *mindfulness* puede ayudarles a desarrollar un «modo hacer» (*hacer consciente*) más funcional y un sentido de la responsabilidad más realista, que muy a menudo se ve gravemente distorsionado en las personas que sufren problemas obsesivos. La práctica de *mindfulness* también ayuda a los participantes a crear una relación saludable entre sus intenciones y sus acciones, así como a salir de sus típicas acciones obsesivas sin sentido y de sus comportamientos con el piloto automático (p. ej., rituales, neutralizaciones). La exposición consciente (una integración de la EPR y el *mindfulness*), esbozada en esta sesión, es una práctica terapéutica básica de este programa a través de la cual los participantes pueden aprender a entrar y a permanecer en contacto intencionalmente con la situación o el estímulo «obsesivo» con una buena comprobación de la realidad y un sentido de presencia, confianza y seguridad. La introducción de actividades estimulantes en las vidas de los participantes en esta etapa del programa para reemplazar los espacios que antes ocupaban los síntomas obsesivos es importante para la prevención de la recaída.

Esquema de la sesión

- ❑ La práctica de la «Aceptación R.E.A.L.».
- ❑ Revisión de la práctica.
- ❑ Revisión de la práctica en casa.
- ❑ Intenciones conscientes.
- ❑ *Mindfulness* y sentido de la responsabilidad.
- ❑ «Técnica de la discrepancia».
- ❑ Descanso.
- ❑ Técnica de la «Exposición consciente».
- ❑ Cómo crear la jerarquía de la exposición.
- ❑ Prepararse para una exposición.
- ❑ Revisión de la práctica.
- ❑ El problema de una «vida vacía»: nutrir los vacíos existenciales.
- ❑ «Paseo consciente con estabilizadores verbales».
- ❑ Revisión de la práctica.
- ❑ Lectura y debate de las citas de la sesión 8.
- ❑ Distribución de los documentos de los participantes y asignación de tareas para hacer en casa:
    - ❑ «Exposición consciente»: a diario.
    - ❑ «Meditación de la mente observadora»: los días 1, 3 y 5.
    - ❑ Práctica de la «Aceptación R.E.A.L.»: los días 2, 4 y 6.

(cont.)

- ❑ «Técnica de la discrepancia» –«Paseo consciente con estabilizadores verbales»–: a diario.
- ❑ «Práctica de las intenciones saludables»: a diario.
- ❑ «Lista de las actividades nutritivas».

❑ Terminar con un «Círculo consciente» centrado en la respiración.

Materiales y recursos

- Campanas.
- Transcripción de la técnica de la «Exposición consciente» y de la práctica del «Paseo consciente con estabilizadores».
- Pizarra y rotulador.

Documentos para los participantes

Sesión 7–Documento 6. Tabla de la aceptación.

Sesión 8–Documento 1. Resumen de la sesión 8: «Hacer consciente» y exposición consciente.

Sesión 8–Documento 2. *Mindfulness* y sentido de la responsabilidad.

Sesión 8–Documento 3. La técnica de la discrepancia.

Sesión 8–Documento 4. Práctica de las intenciones saludables.

Sesión 8–Documento 5A. Lista de situaciones angustiosas para la exposición consciente.

Sesión 8–Documento 5B. Formulario de registro de la exposición consciente.

Sesión 8–Documento 5C. Exposición consciente: diagrama resumen.

Sesión 8–Documento 6. Lista de actividades nutritivas.

Sesión 8–Documento 7. Citas de la sesión 8.

Sesión 8–Documento 8. Práctica en casa para la semana siguiente a la sesión 8.

Sesión 8–Documento 9. Formulario de registro de la práctica en casa para la sesión 8.

Revisión de la práctica

El instructor invita a los participantes a compartir su experiencia con la práctica de la «Aceptación R.E.A.L.».

FREDERICK: Al principio no sentía nada mientras practicaba esta meditación. Luego me di cuenta de que esta forma de relacionarme con los estados internos y con los eventos difíciles era la forma más útil y saludable de superar mi ansiedad. Tal vez el único modo. Y desde ese momento me sentí motivado a practicarla todos los días. Me llevó algún tiempo darme cuenta de esto porque no fue fácil al principio.

GEORGE: Durante el ejercicio, me resultaba difícil no quedar atrapado en el pensamiento que me preocupaba.

INSTRUCTOR: ¿Por qué era difícil? ¿Qué te empujaba a quedar atrapado?

GEORGE: Es una situación que me está ocasionando mucha angustia en el trabajo.

INSTRUCTOR: De acuerdo. Recordad que cuando traemos a la mente algo que está sucediendo en un lugar diferente o que nos sucedió en el pasado o tenemos miedo de que nos suceda, seguimos estando físicamente aquí, en esta habitación y en este momento. No perdáis nunca esta conciencia, porque nuestro objetivo es permanecer anclados en la realidad del momento presente. Incluso si ocurre algo incómodo dentro de nosotros, seguimos estando aquí. En ese momento no estamos en el problema. Solo estamos experimentando nuestros pensamientos, y debemos tratar de evitar que cualquiera de ellos nos arrastre. Es esencial mantenerlos a distancia. Por eso, cuando se produzca el malestar, identificad exactamente lo que está creando. Volvamos a los tres elementos reales que pueden crear malestar: los pensamientos, las sensaciones y las emociones. Lo que sucede en cada momento puede ser un pensamiento, una emoción o una sensación física, y el malestar está causado por la relación que establecemos con uno o más de estos elementos. Por esta razón, planteaos la pregunta: «¿Con qué me estoy relacionando ahora, y cómo me estoy relacionando con ello?». Tenemos que ser tan concretos como nos sea posible. Si pensamos que solo sentimos un malestar general indefinido, no sabremos por dónde empezar a superarlo. Debemos practicar la diferenciación entre estos tres elementos de la mejor manera que podamos. Esta es la razón por la que la primera fase en la práctica de la «Aceptación R.E.A.L.» es *Reconocer*.

Revisión de la práctica en casa

La semana siguiente a la sesión 7, los pacientes hicieron algunos ejercicios en casa que resultan cruciales para el programa, en particular la «Meditación de la mente observadora» más la aceptación y la práctica de la «Aceptación R.E.A.L.». Por eso, es muy importante dar tiempo a los participantes para compartir cómo experimentaron esta práctica intensiva.

INSTRUCTOR: Me gustaría que compartierais vuestra experiencia con la práctica en casa esta semana pasada. ¿Quién quiere comenzar?

HELEN: Resulta que esta semana vi a un hombre guapo por la calle y pensé: «Qué chico tan guapo; podría enamorarme de él» [Helen está casada y tiene un bebé]. Pero inmediatamente hice una comprobación de la realidad y pensé: «Nunca volveré a verlo». Fui a casa de mis padres y no dejé de pensar en el chico y de darle vueltas a lo que pensé de él. Entonces me dije que no podía arruinar mi día por ese pensamiento, y este se marchó lentamente. El pensamiento vino a mí y lo manejé de manera eficaz. Sin embargo, en otras situaciones no he sido capaz de hacer esto. Vuelvo a mis rituales. Es difícil recordar que es solo un pensamiento.

INSTRUCTOR: Muy bien, Helen. Es importante que te hayas dado cuenta de que solo era un pensamiento y que hayas podido dejarlo pasar. El problema surge cuando creemos que algunos pensamientos son más fuertes que otros, que existe una especie de jerarquía en la que algunos pensamientos ni siquiera parecen pensamientos, sino algo real, y nos identificamos con ellos porque reflejan algo de nosotros. Pero todos los pensamientos son eventos mentales inofensivos y transitorios sin excepción, independientemente de su contenido o forma.

DANNY: Esta semana he tenido varios pensamientos que desencadenaron emociones fuertes y un malestar general. Se acumularon y al final tuve un ataque de ansiedad. Intenté calmar mi respiración, pero se trataba de un ataque fuerte. Entonces intenté hacer algunos ejercicios de *mindfulness*, los que se centran en la respiración, para ver si podía calmarme, pero no fui capaz. En momentos como esos siento que todo es negro, que todo es malo. Lo que desearía saber es cómo puedo ser consciente de que la ansiedad se está empezando a acumular, que mis pensamientos se superponen, y que estoy entrando en este túnel antes de explotar.

INSTRUCTOR: Esto es algo importante en lo que debemos trabajar –reconocer el malestar antes de que se vuelva demasiado difícil de manejar–. ¿Tiene el grupo alguna sugerencia para Danny?

EVELIN: A mí también me ha pasado algo similar. Intenté practicar mi ejercicio de meditación en movimiento favorito, el «Ejercicio de carga y descarga». Me las arreglé para calmarme haciendo más de un ejercicio, y pasó. Tal vez otro día no hubiera sido capaz, pero en ese momento lo fui.

ALAN: Yo tuve un pensamiento molesto, así que me centré en la aceptación, en el sentido de no reaccionar a la emoción suscitada por el pensamiento, permaneciendo con él sin reaccionar, aun cuando me resultara incómodo. A continuación, llevé a cabo la práctica de la «Aceptación R.E.A.L.», volví a lo que estaba haciendo antes, y el malestar pasó. No rumié para encontrar la manera de hacer pasar este pensamiento, ni traté de evitar el malestar. Cuando pasó, me di cuenta de que la emoción era algo que había creado en mi mente.

BOB: Es útil no pensar que algo te va a ayudar. El hecho de intentar permanecer ahí es todo un acto de valentía.

INSTRUCTOR: Lo que estáis diciendo es verdaderamente valioso. Lo que estamos haciendo –ser conscientes– es lo mejor que podemos hacer en ese momento por nosotros mismos, aunque sea difícil. Estas sugerencias son muy buenas. También le diría a Danny que intente hacer ejercicios físicos más dinámicos que le ayuden a separarse de la mente pensante. Entonces podrá observar los pensamientos con cierta distancia y cultivar la aceptación y la no reacción.

DANNY: A menudo parece que los pensamientos pueden dominarnos.

INSTRUCTOR: En realidad, somos nosotros los que les damos ese poder. Nos hemos convencido a nosotros mismos de que los pensamientos tienen realmente ese poder. Ahora, día tras día, debemos quitarles intencionalmente esta fuerza y esta energía porque es la base de nuestro sufrimiento.

ALAN: Cuando introducimos un pensamiento perturbador durante la «Meditación de la mente observadora», ¿introducimos solo el pensamiento inicial o también los pensamientos que le siguen?

INSTRUCTOR: Depende. Afrontar el desencadenante inicial es esencial porque, si aprendo a tener una buena relación con él, no pasará nada más. Si asocio otros pensamientos con el inicial, el ejercicio es una buena oportunidad para relacionarnos de forma descentrada y saludable con estos también. Dejamos que todos ellos fluyan por nuestro río imaginario.

Intenciones conscientes

Uno de los aspectos más paradójicos de la fenomenología del TOC es que los miedos que caracterizan el trastorno se refieren muy a menudo a lo opuesto de las intenciones, a los deseos y a los anhelos reales y conscientes de la persona –como los pacientes que tienen miedo de hacer daño a otros o a sí mismos. Los individuos con TOC no son conscientes de que lo que realmente hacen o podrían hacer en el futuro depende en gran medida de las intenciones que cultivan ahora.

En este punto de la sesión se guía a los participantes para que comprendan la importancia de ser conscientes de sus propias intenciones y de cómo esto se relaciona con su TOC. El instructor puede introducir esta discusión de la siguiente manera:

> Si vuestra experiencia con el TOC implica el temor de que podáis haceros daño a vosotros mismos o a otra persona, es posible que hayáis notado con frecuencia que estos temores son exactamente lo opuesto a vuestras intenciones. Es probable que rara vez os hayáis dado cuenta de que nunca habéis realizado las acciones que teníais miedo de sentiros obligados a llevar a cabo. Los eventos que os preocupan nunca han sucedido, ni siquiera cuando no pudisteis llevar a cabo un comportamiento de búsqueda de seguridad o una neutralización. Esto se debe simplemente a que no podéis hacer algo que es lo opuesto a vuestras intenciones reales. Así que, por ejemplo, si amáis profundamente a vuestros hijos, nunca podríais matarlos, especialmente si tenéis miedo de hacerlo. Esa es la razón por la que en esta sesión ponemos de manifiesto la conciencia de las intenciones. Es importante que todos vosotros seáis conscientes de las intenciones que deseáis cultivar y que pueden llevar a vuestro bienestar y también al bienestar de los demás. Al cultivar una profunda conciencia de vuestras intenciones y darles prioridad en vuestras actividades diarias, os daréis cuenta cada vez más de que lo que realmente hacéis o no hacéis en vuestras vidas depende de vuestras intenciones, y no de los miedos que dominan vuestras vidas.

En este punto puede leerse la interesante cita de un texto budista chino que abre este capítulo, a fin de ayudar a los participantes a comprender cómo nuestras vidas presentes y futuras dependen en su mayoría de nuestras intenciones. Por esa razón, es importante cultivar y nutrir las intenciones saludables día a día, momento a momento.

El instructor anima a los participantes a reflexionar y a comentar esta cita. Luego explica que al final de esta sesión se presentará un ejercicio importante, la «Práctica de las intenciones saludables» (Sesión 8–Documento 4), y se asignará como tarea para hacer en casa. Este ejercicio ayuda a los participantes a desarrollar la actitud de ser consciente y a cultivar activamente intenciones saludables, y les da fuerzas para que hagan todo lo posible por ponerlas en práctica día a día, a fin de neutralizar sus propios miedos y desarrollar un sentido de la responsabilidad más realista y maduro.

Mindfulness y sentido de la responsabilidad

Las cuestiones de las intenciones y del «hacer consciente» están conectadas de varias maneras con el sentido de la responsabilidad, que, como hemos dicho, suele estar distorsionado en las personas que padecen TOC. Es preciso explicar a los participantes que un sentido de responsabilidad excesiva, en particular en los pacientes con problemas de comprobación y de limpieza, se basa en gran medida en el malentendido de que la responsabilidad se fundamenta en acciones, no en pensamientos. Lo que temen es a menudo lo contrario de lo que pretenden hacer, y este es el principal elemento disuasivo para llevar a cabo acciones no deseadas. El riesgo de llevar a cabo las acciones temidas es infinitesimalmente bajo en comparación con sus preocupaciones. Desarrollar un sentido de la responsabilidad saludable también implica aceptar el riesgo de que algo no deseado suceda, aunque esto sea extremadamente improbable.

Los individuos con TOC tienden a menudo a malinterpretar el significado de la responsabilidad porque solo les sugiere un deber o unas reglas que deben cumplir. Por eso se imponen a sí mismos, de manera inconsciente y rígida, estas normas, muy probablemente porque se les ha dicho que esta era la manera «correcta» y «apropiada» de vivir (véase la sección «Creencias o supuestos disfuncionales», en el capítulo 1), o a causa de una experiencia, en ocasiones traumática.

Con el fin de desarrollar un sentido de la responsabilidad más realista y maduro, los participantes deben tomar conciencia del verdadero impacto de sus acciones y comprender con claridad cómo afecta realmente su comportamiento a sí mismos y a los demás. De hecho, desde el punto de vista etimológico, el término *responsabilidad* deriva de verbo latino *responsus-respondere*, que significa «capacidad de responder» –esto es, la «capacidad de estar presente en cada momento y de responder [*¡no reaccionar!*] de manera apropiada a cada evento con el que nos enfrentamos a diario»–[1]. Esta podría ser también una definición de *mindfulness*. Alguien responsable es una persona que es consciente de las posibles consecuencias reales de su comportamiento, y también está dispuesta a tomar decisiones que pueden implicar un riesgo, si al hacerlo se puede obtener un resultado útil.

Cuando las personas con TOC comprenden el verdadero significado de la responsabilidad, empiezan a desarrollar respeto y confianza para consigo mismas. En un estado consciente, los individuos son capaces de comprender con claridad su implicación real en una situación problemática, así como los efectos reales de sus comportamientos. En síntesis, la práctica de *mindfulness* puede ayudar a los participantes a desarrollar un sentido de la responsabilidad más realista y a actuar de una manera más consciente y confiada (véase Sesión 8–Documento 2).

El siguiente ejercicio es una técnica útil para ayudar a los participantes a comprender el problema de la responsabilidad excesiva. Proponer este ejercicio al grupo resulta beneficioso si hay por lo menos dos participantes que tienen miedo de hacer algo perjudicial para ellos o para los demás –un miedo (p. ej., matar o violar a alguien) que dista mucho de sus intenciones reales– y que tienen un problema con la fusión pensamiento-acción. Como examinamos en los capítulos 1 y 2, el TOC es un trastorno extremadamente heterogéneo, por lo que, si no hay suficientes personas en el grupo con estos problemas, elimine la explicación del trabajo grupal y compártala individualmente con los participantes que podrían necesitar este tipo de ayuda. El instructor debe saber de antemano, basándose en la entrevista previa al ingreso en el grupo, cuántos participantes podrían beneficiarse de este ejercicio.

Técnica de la discrepancia

El objetivo de la «Técnica de la discrepancia» consiste en abordar la fusión pensamiento-acción, un fenómeno que, por lo general, está presente en las personas con TOC: sienten que el hecho de pensar en una acción los hace más propensos a realizarla o indica que tienen algún deseo de llevarla a cabo (véase el capítulo 1 para un examen de la fusión pensamiento-acción, p. 53). Existe una discrepancia entre los pacientes y las personas que realmente realizan los comportamientos que el paciente tiene miedo de llevar a cabo. La figura 12.1 representa gráficamente un ejemplo de esta discrepancia; el instructor puede reproducir esta figura, dibujándola en la pizarra, para explicar a los participantes cómo usar la técnica. Esta tiene el propósito de poner de relieve cómo la preocupación del paciente por llevar a cabo un comportamiento temido y los rituales desplegados para evitar la responsabilidad personal por el daño anticipado que el paciente teme que pueda causar no son necesarios.

1. K. Trobe y A. Trobe, *From fantasy trust to real trust: Learning from our disappointments and betrayals*, Oslo Publikaties, Ámsterdam 2005 (trad. esp.: *De la confianza ficticia a la confianza real: aprender de las decepciones y de las traiciones*, Gulaab, Móstoles 2007).

La mayoría de las personas tienen el *potencial* de hacer daño pero no tienen el *deseo* de hacerlo, no se *preocupan* por el daño y, al final, no lo hacen. Aquellos que llevan a cabo acciones que el paciente teme no suelen preocuparse por llevarlas a cabo, y en realidad desean hacerlas. La diferencia fundamental entre el paciente y otros que no hacen daño es el nivel de preocupación y no otros factores cognitivos, emocionales o motivacionales.

El instructor dibuja en la pizarra una línea en cuyos extremos hay dos flechas, como se muestra en la figura 12.1, y, a continuación, pide a los participantes que pongan un ejemplo de acto dañino, violento o ilegal que tengan miedo de cometer (p. ej., tal vez tengan miedo de matar a alguien) y para el cual estén llevando a cabo diversas modalidades de neutralización. El instructor pregunta a continuación: «¿Las personas que matan a otros desean hacerlo?». La respuesta habitual es: «Sí». «¿Les *preocupa* hacerlo?». La respuesta habitual es: «No». El instructor escribe estas respuestas en el lado izquierdo del gráfico y pregunta de nuevo: «¿Las personas que no matan (esto es, la mayoría) desean matar a otros?». La respuesta habitual es: «No». «¿Y les preocupa matar?». La respuesta habitual es: «No». «Y, al final, ¿matan a alguien?». La respuesta habitual es: «No». El instructor escribe entonces estas respuestas en el centro del gráfico y pregunta: «¿Deseáis matar a otros?». La respuesta habitual es: «No». «Y, ¿os preocupa hacerlo?» La respuesta habitual es: «Sí, nos preocupa mucho». «¿Habéis *matado* alguna vez a alguien?». La respuesta es: «No». El instructor escribe estas respuestas en el lado derecho del gráfico y la pregunta final es: «Entonces, basándonos en este gráfico, ¿qué diferencias hay entre vosotros y los asesinos?».

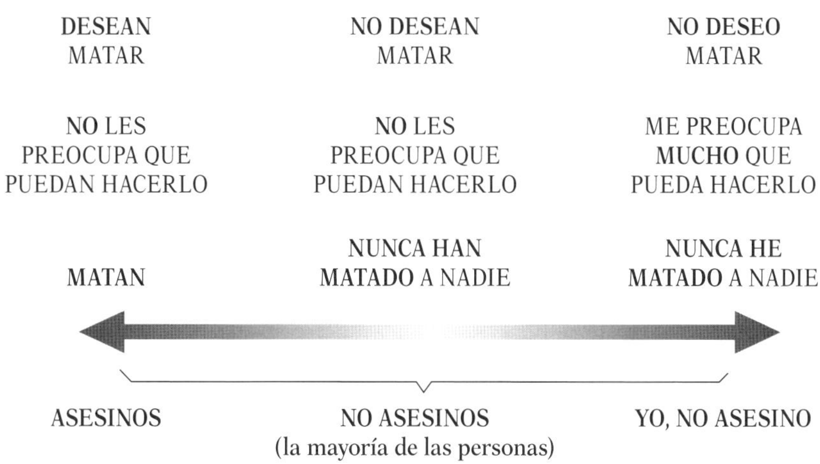

Figura 12.1. Ejemplo de la «Técnica de la discrepancia»

Al final de este proceso, el instructor recalca a los participantes que hay una gran diferencia entre ellos y los que realmente llevan a cabo las acciones que temen. En comparación con la mayoría de las personas, no tienen un mayor potencial para hacer daño, sino uno significativamente menor, y emplean herramientas de prevención inútiles (preocupación, neutralizaciones, etc.) que en realidad son innecesarias.

Hay que pedir a cada participante que adapte el ejercicio a sus propias preocupaciones y obsesiones y que lo practique en casa cada vez que se active un problema similar.

Descanso

El grupo hace una breve pausa de 10 minutos en este punto de la sesión.

Técnica de la exposición consciente

Como dijimos en los capítulos 2 y 3, al igual que sucede en la TCC, la exposición también es un componente importante en este programa, pero se presenta de manera diferente a la TCC estándar. El fundamento de la TCC es que el paciente se exponga directamente a un estímulo fóbico y permanezca con él hasta que la ansiedad disminuya. En la MBCT para el TOC, los participantes cultivan el descentramiento, la aceptación y el enfoque sensorial a través de la práctica de *mindfulness* durante la exposición. A través de este proceso toman plena conciencia de la realidad tal como es y desarrollan una relación más saludable con ella.

Los participantes han experimentado durante las semanas anteriores con formas más indirectas de «Exposición consciente», como la «Meditación sentada» y la exposición a un estado difícil (capítulo 9, sesión 5), la práctica de la «Aceptación R.E.A.L.» (capítulo 11, sesión 7), y la «Meditación de la mente observadora» para hacer frente a pensamientos desafiantes (capítulo 11, sesión 7).

Siguiendo algunos pasos importantes esta semana, los participantes comienzan a experimentar con la exposición directa a los estímulos reales que activan las obsesiones y la angustia emocional. Esta exposición comienza durante la sesión dentro del grupo y luego se lleva a cabo, principalmente, en casa.

A diferencia de las técnicas clásicas de la EPR, en esta forma de exposición se invita al paciente a mantenerse en contacto directo con su experiencia privada, así como a advertir de manera consciente las reacciones cognitivas, sensoriales y emocionales que surgen durante la exposición, momento a momento. Deben ver estas reacciones como simples eventos mentales y físicos sin juzgarlos, sin evaluarlos o sin reaccionar a ellos, centrándose intencionalmente en los sentidos y cultivando la desidentificación y la aceptación de sus experiencias internas[2].

La «Exposición consciente» se mencionó al final de la sesión anterior, cuando se pidió a los participantes que trajeran un objeto que pudiera evocar directamente obsesiones y compulsiones (p. ej., un cuchillo, una jeringa, una pastilla de jabón, un bolígrafo, un billete, un objeto sucio, algunos objetos que no estén en orden, un sonido o un olor). Algunos participantes podrían no haber traído ningún objeto a causa de la dificultad para transportarlo, porque podrían sentirse avergonzados por ello, o porque ningún objeto estaba relacionado con su TOC. En estos casos, como explicamos al final de la sesión 7, deberían venir preparados con imágenes o con una situación capaces de activar el malestar y los síntomas obsesivos.

El primer paso para implementar la «Exposición consciente» es crear una jerarquía de la exposición y, a continuación, seguir el proceso de la «Exposición consciente» de la tabla 12.2.

Cómo crear la jerarquía de la exposición

La «Exposición consciente» usa exposiciones controladas y graduales a las situaciones que desencadenan las obsesiones y las compulsiones de una persona. Durante la sesión, y antes de practicar la «Exposición consciente», el instructor explica que, con el apoyo del documento 5A de la sesión 8, los participantes harán una lista en casa de estímulos que desencadenen su angustia y sus síntomas obsesivos, clasificando los elementos desde los menos estresantes hasta los más desafiantes. A continuación, describirán las obsesiones y las emociones estresantes activadas por la situación o por el estímulo y, usando la escala de la angustia de 0-100, estimarán el nivel de angustia que desencadenará cada estímulo cuando no se lleven a cabo los rituales u otros comportamientos de búsqueda de seguridad. Finalmente, si este es el caso, indicarán el tiempo empleado y/o la frecuencia de los rituales, si eso forma parte de su problema del TOC.

A fin de aclarar mejor la tarea, se pide a los participantes que compartan algunos ejemplos de situaciones o estímulos estresantes, y a que completen los elementos del documento 5A de la sesión 8. Si ningún participante se siente cómodo compartiendo los elementos de la lista, el instructor debe ofrecer algunos ejemplos para cada columna del documento o compartir el ejemplo ya presente en el documento (véase Sesión 8–Documento 5A). Se pide a los participantes que hagan esta lista como tarea para casa; en caso de tener dificultades para identificar con claridad todas las situaciones relacionadas con su TOC, pueden pedirle a un familiar o a su pareja que les ayude.

---

2. F. DIDONNA, «Mindfulness and obsessive–compulsive disorder: Developing a way to trust and validate one's internal experience», en F. Didonna (Ed.), *Clinical handbook of mindfulness*, Springer, Nueva York 2009 (trad. esp.: «Mindfulness y trastorno obsesivo compulsivo: desarrollando una manera de confiar y validar la experiencia interna», en *Manual clínico de mindfulness*, Desclée De Brouwer, Bilbao 2011).

Prepararse para una exposición

Algunos participantes traerán un objeto que desencadene su ansiedad, su angustia o sus obsesiones (como se les pidió al final de la sesión 7). Otros vendrán con imágenes o planearán imaginarse los estímulos angustiosos. Antes de comenzar la exposición, el instructor pide a los participantes que completen los dos primeros elementos del «Formulario de registro de la exposición consciente» (Sesión 8–Documento 5B), indicando la situación angustiosa a la que quieren exponerse (comenzando con la menos angustiosa) y los objetivos terapéuticos que se plantean al llevar a cabo dicha exposición (p. ej., normalizar, aceptar y descentrarse de los pensamientos y los sentimientos que surgen; evitar cualquier comportamiento de búsqueda de seguridad).

A continuación, el instructor comprueba que todos los participantes hayan escogido un desencadenante que cree un nivel de malestar entre 20 y 50 en una escala de 0-100. Si los objetos que trajeron resultan demasiado angustiosos, el instructor sugiere que los participantes recurran a exposiciones imaginadas, visualizando claramente las situaciones o los desencadenantes que pueden activar las obsesiones y el malestar emocional. El instructor pide a quienes han traído objetos que los sostengan frente a ellos, si esto no les da vergüenza. Una vez que cada participante ha elegido un desencadenante real o imaginario, el instructor puede comenzar guiando la exposición siguiendo el proceso de la «Exposición consciente» (cuadro 12.2), empezando con una práctica consciente (p. ej., «Conciencia de la respiración» o «Espacio para respirar»). Durante toda la exposición, se invitará regularmente a los participantes (cada 3 minutos) a estimar el nivel de angustia (0-100) que sienten al estar en contacto con la situación angustiosa y a evitar realizar comportamientos compulsivos u otros comportamientos de búsqueda de seguridad («prevención de respuesta»), tanto manifiestos (p. ej., repetir un gesto, decir una palabra o una oración, comprobar algo, limpiarse las manos) como encubiertos (p. ej., pensar en una frase de confirmación que les reconforte, contar hasta un número determinado).

Al final de la «Exposición consciente» se pide a los participantes que compartan el nivel de angustia y el nivel en que pudieron alcanzar su objetivo terapéutico.

Como tarea para hacer en casa, se pide a los participantes que comiencen la exposición usando el documento 5A de la sesión 8, empezando por uno de los puntos más fáciles de la lista. Luego se les pide que sigan las instrucciones de la transcripción de la «Exposición consciente» y que usen el documento 5B de la sesión 8. Deben permanecer en la situación, o repetirla, advirtiendo cuándo disminuye la ansiedad o cualquier otra emoción angustiosa asociada, hasta que apenas sea perceptible (el nivel de angustia está por debajo de 20) o se desvanezca por completo. Cuando los participantes han observado este efecto durante al menos tres rondas de la «Exposición consciente» para la misma situación, entonces pueden enfrentarse a exposiciones más difíciles

Cuadro 12.2.

Exposición consciente

1. **Encuentre una posición** (de pie o sentado) que le permita sentirse presente y enraizado y que le transmita una sensación de estabilidad y de seguridad [pausa de 5 segundos].
2. **Aclare su motivación** para hacer lo que está a punto de hacer; la estrategia de la exposición consciente puede ser una herramienta poderosa para aprender a mantenerse en contacto con situaciones difíciles. Es útil para acabar con los rituales y los comportamientos de búsqueda de seguridad y para aumentar los sentimientos de confianza, de seguridad, y un sentido apropiado de la realidad [pausa de 5 segundos].
3. Antes de la exposición y durante la misma, trate de tener siempre claro el **objetivo** terapéutico en su mente; comprenda el propósito real y la utilidad del comportamiento que está a punto de adoptar (p. ej., normalizar, descentrar y desarrollar la aceptación de sus pensamientos y sus sentimientos; hacer algo de forma normal, como lavarse las manos rápidamente o evitar los comportamientos de comprobación). Cuando sienta el deseo de recurrir a sus rituales, reconecte siempre con este propósito. Advierta el momento en que la acción que está ejecutando no es útil o es innecesaria, o incluso dañina [pausa de 5 segundos].
4. Si su ritual es el *tiempo* que pasa haciendo algo –por ejemplo, lavarse las manos durante 20 minutos o darse una ducha de 1-2 horas–, **defina** desde un principio los **límites temporales** que debe respetar. Para ello, coloque un despertador delante de usted que pueda observar durante la exposición. Por ejemplo, decida darse un tiempo límite de 2-3 minutos para lavarse las manos o de 10-15 minutos para ducharse. Compruebe la hora antes de comenzar la exposición, y vuelva a hacerlo de vez en cuando para ver cuánto tiempo lleva [pausa de 5 segundos].
5. Antes de comenzar el procedimiento de exposición, **practique un ejercicio de *mindfulness*** que le ayude a entrar en un estado mental estable, equilibrado y centrado en el presente (p. ej., «Meditación sentada», «Conciencia de la respiración» y ejercicio del «Espacio para respirar»). Abra por completo su atención consciente y sus sentidos. Concéntrese en su respiración, usándola como un ancla con la que dedicarse a la exposición, y manténgase centrado en la realidad del aquí y ahora durante la exposición, y no en pensamientos angustiosos [pausa de 10 segundos].
6. Tras la práctica del *mindfulness*, **decídase intencionalmente a comenzar el ejercicio de exposición**, adoptando una actitud consciente con respecto a lo que está a punto de hacer.
7. Comience **entrando en contacto con la situación, el objeto o el estímulo que desencadena** la angustia o los síntomas obsesivos. Si no es físicamente posible crear este contacto en el lugar donde se encuentra en este momento, imagínese la situación o el objeto temido de la manera más vívida y realista posible. A fin de permanecer centrado en el momento presente, recuerde dirigir su atención a su ancla –p. ej., a su postura corporal, a las sensaciones creadas por la respiración, o a lo que le estén diciendo los sentidos–. Observe cualquier evento interno o externo desde su ancla en el aquí y ahora [pausa de 10 segundos].

(cont.)

8. **Advierta el nivel de angustia** presente en este momento usando la escala de 0-100 [pausa de 5 segundos].
9. Haga todo lo posible por **permanecer en contacto con la situación o el estímulo perturbador** o por emprender la acción que está creando la angustia de la manera más natural y normal posible, como podría hacerlo un amigo o un familiar [pausa de 15 segundos].
10. Trate de **tomar conciencia de cualquier pensamiento, sensación o emoción** que tenga lugar [pausa de 5 segundos]. Observe y describa activamente estos estados internos como si fuera un testigo externo, sin juzgarlos ni atribuirles un significado. Por ejemplo, podría describir la ansiedad como un conjunto de sensaciones físicas y de pensamientos inofensivos que, aunque aumentasen, no pueden tener consecuencias peligrosas para usted o para los demás [pausa de 20 segundos].
11. **Preste atención a lo que siente en su cuerpo** y a cómo cambia momento a momento [pausa de 20 segundos].
12. **Escuche activamente sus sentidos y confíe en ellos**. Trate de preguntarse a sí mismo: «¿Qué veo en realidad en este momento?» [pausa de 10 segundos]. «¿Qué puedo sentir realmente al tocar el objeto?» [pausa de 10 segundos]. «¿Qué puedo oler?» [pausa de 10 segundos]. No juzgue nunca sus sentidos [pausa de 20 segundos].
13. **Recuerde siempre que los pensamientos solo son eventos mentales inofensivos y transitorios** [pausa de 5 segundos]. Haga todo lo posible por no reaccionar a ellos [pausa de 5 segundos]. Nunca haga lo que los pensamientos le dicen que haga solo porque estos hayan existido [pausa de 5 segundos]. Estos pensamientos son solo una expresión de su TOC; no son órdenes que deba obedecer [pausa de 10 segundos].
14. Recuerde **observar su respiración** tan a menudo como le sea posible como una forma de mantenerse en contacto con el momento presente [pausa de 5 segundos]. Use su respiración como un ancla [pausa de 10 segundos].
15. **Cultive la aceptación** [pausa de 5 segundos]. Dé la bienvenida, permita y deje que cualquier estado interno sea tal como es [pausa de 5 segundos]. Esta es la forma más efectiva de asegurarse de que acabará desapareciendo [pausa de 5 segundos]. Podría susurrarse a sí mismo: «Déjalo ser» [pausa de 5 segundos] o decirse: «Permito que este estado esté presente, pero no voy a activarlo» [pausa de 5 segundos], o: «Está bien, sienta lo que sienta, está bien. Solo es mi experiencia en este momento. No durará mucho tiempo» [pausa de 10 segundos].
16. **Advierta** cuál es su **nivel de angustia** en este momento en una escala de 0-100 [pausa de 10 segundos].
17. Puede ser útil **repetir mentalmente frases o citas** empleadas durante las sesiones grupales del programa. Por ejemplo: «Los pensamientos son solo eventos mentales inofensivos, no hechos» [pausa de 5 segundos]. «Los pensamientos y las emociones son eventos transitorios e impermanentes» [pausa de 5 segundos], o: «Los pensamientos no ejercen ningún poder sobre nosotros si no se lo damos» [pausa de 10 segundos].

(cont.)

18. Puede observar los pensamientos que pasan por su mente sin juzgarlos [pausa de 5 segundos]. También puede **usar imágenes o metáforas** que le ayuden a distanciarse de ellos, como si los estuviera mirando desde fuera: por ejemplo, imagine los pensamientos como nubes blancas en el cielo azul que pasan y desaparecen [pausa de 10 segundos]. Los pensamientos pueden ir y venir, como los créditos finales de una película [pausa de 10 segundos] o como si fluyeran por un arroyo [pausa de 10 segundos]. No confunda nunca sus pensamientos con los hechos. Los hechos son lo que le comunican los sentidos [pausa de 5 segundos]. **Escuche y confíe en sus sentidos**; no escuche sus pensamientos [pausa de 10 segundos].
19. **Advierta** cuidadosamente **cómo cambia su nivel de angustia** durante la exposición [pausa de 5 segundos]. Mientras permanezca en contacto con la situación angustiosa, podrá percatarse de que la ansiedad podría alcanzar un nivel alto y que luego tiende a disminuir progresivamente [pausa de 10 segundos].
20. **No practique ningún ritual durante la exposición ni después de la misma** [pausa de 5 segundos], bien físico (p. ej., lavar, comprobar) o bien mental (p. ej., decir frases, contar) [pausa de 5 segundos]. Haga todo lo posible por evitar el ritual o por liberarse de él, y dirija su atención una vez más a su experiencia física o sensorial en el momento presente [pausa de 5 segundos].
21. **Advierta su nivel de angustia** (en una escala de 0-100). Observe cómo la angustia se expresa a través de las sensaciones físicas y dónde se localizan en su cuerpo [pausa de 5 segundos]. La exposición puede terminar cuando sea capaz de permanecer en contacto con una situación o un objeto angustioso únicamente con un ligero nivel de angustia (0-30) [pausa de 10 segundos].
22. **Termine** este procedimiento con un **ejercicio de *mindfulness*** (p. ej., «Espacio para respirar»), que le ayudará a recuperar la sensación de equilibrio, de estabilidad y de presencia. Vuelva a centrarse en su postura y en la respiración [pausa de 30 segundos].
23. Después del ejercicio, **advierta cómo se siente en este momento** [pausa de 10 segundos]. Reconozca y sea consciente de lo que *realmente* sucede después de la exposición. Tal vez quiera felicitarse por haberse dado permiso para enfrentarse a un evento difícil y angustioso de una manera completamente nueva y liberadora.

de la lista hasta que estas también se vuelvan manejables. A fin de aclarar la secuencia de los pasos básicos que deben seguirse en la «Exposición consciente», se invita también a los participantes a usar el documento 5C de la sesión 8 durante la exposición.

Revisión de la práctica

Después de esta práctica intensiva y, en ocasiones, desafiante, es probable que surjan varios comentarios y declaraciones en el grupo.

EDWARD: Siempre he considerado este objeto [una jeringa] como un artículo personal, que no debía mostrar a los demás, y durante el ejercicio he sentido un poco de vergüenza y de malestar. Esta es la primera vez que me he expuesto. Me las he arreglado para mantenerme en contacto todo el tiempo y he notado que el malestar ha disminuido poco a poco. Aunque el ejercicio consistía en mostrar el objeto a los demás, más que en exponerme a él, eso ha hecho que me agitara.

DENNIS: Yo he notado una diferencia entre el objeto (un tenedor) aquí y cuando lo uso en casa. Aquí estaba tranquilo y no sentía que el objeto tuviera «poderes», pero en casa me agita.

LISA: Yo me he imaginado una situación. He sentido un pico emocional, e incluso he derramado una lágrima. Luego, tras alcanzar su pico en el 60%, este ha perdido su intensidad. Así que he pensado que cuando empiezo un ritual de contar, es muy importante prestar atención a mis sentidos para recuperar mi relación con la realidad. También he notado algo más. Un pensamiento que a menudo me activa es: «Debes hacer algo –si no lo haces, entonces...–». Estoy empezando a comprender que hay dos pensamientos separados, y es importante distinguirlos. Por lo general, los rituales se activan con el primer pensamiento, por lo que no reaccionar a él es positivo.

KATY: Estar aquí también me ha facilitado las cosas. Cuando entro en contacto con esta esponja sintética en casa me convierto en un monstruo. He imaginado que estaba en casa y el malestar era del 60% en una escala de 0-100; luego ha disminuido al 20%.

Los participantes informaron en estos comentarios de que el nivel de malestar creado por la exposición era generalmente más bajo en comparación con los niveles de angustia en casa o en el lugar donde suelen activarse sus obsesiones. Esto es de esperar, ya que durante la sesión entran en un estado de conciencia plena dentro del contexto seguro y protegido del grupo. De hecho, esto debería facilitar la exposición y aumentar la motivación de los participantes para usarlo fuera de las sesiones.

El problema de una «vida vacía»: nutrir los vacíos existenciales

Cuando los participantes acuden a las sesiones, participan activamente y hacen las tareas que se les asignan para casa, pueden experimentar cambios significativos que se producen con bastante rapidez, especialmente si tenemos en cuenta el hecho de que muchos de ellos tienen un largo historial con la enfermedad caracterizado por la ausencia de mejoras. Los pacientes, sobre todo los que presentan una versión severa y prolongada del TOC, a menudo han saturado sus vidas con rituales y obsesiones. Con el paso del tiempo estos se han convertido en estrategias indispensables para preservar un sentido de equilibrio, control y seguridad en sus vidas, y a menudo se ven reforzados involuntariamente por sus familias[3]. La reducción progresiva o la eliminación de estos comportamientos y pensamientos a través del programa terapéutico puede dar lugar en ocasiones a una sensación angustiosa de vacío o a un *vacío existencial* que puede convertirse en ansiedad o en depresión grave (el problema de la «vida vacía»)[4]. El instructor debe ser consciente de este posible efecto, aparentemente paradójico. Para evitar este problema, el instructor puede ayudar a los pacientes a reemplazar o llenar el tiempo empleado dedicado a las obsesiones y a las compulsiones que han abandonado con actividades más nutritivas. Algunas de estas actividades podrían haber estado presentes en la vida de los participantes antes de la aparición del trastorno. También pueden desarrollarse nuevos intereses y actividades. Una de las prácticas para hacer en casa que se sugiere esta semana consiste en seleccionar al menos tres elementos de una lista de «actividades nutritivas» (Sesión 8–Documento 6) y en comprometerse a realizarlas. Los participantes también pueden elegir actividades que no estén en la lista. Lo importante es que puedan llenar, de manera cualitativa y cuantitativa, el tiempo que solían, o que todavía suelen, dedicar a las obsesiones y a los rituales.

Los instructores deben animar a los participantes a restablecer los objetivos de vida que tenían antes de la aparición del trastorno y a desarrollar nuevas metas. Esto refuerza la idea cultivada en las sesiones anteriores de que el programa de la MBCT para el TOC no solo está orientado a reducir los síntomas, sino también a ayudar a los participantes a vivir la vida plena que desean.

Paseo consciente con estabilizadores verbales

En la sesión 4 (capítulo 8) se presentó a los participantes el «Paseo consciente», una práctica de la meditación particularmente útil para promover el enraizamiento en el aquí y ahora. Esta modalidad de meditación activa también resulta muy útil a las personas que tienen dificultades para permanecer sentadas durante mucho tiempo, y se puede practicar varias veces durante el día, tanto de manera formal como informal.

En esta sesión introducimos una nueva versión de la «Meditación caminando», que incluye *gathas*. Los *gathas* (una palabra en sánscrito) son palabras, líneas breves, frases o poemas que pueden recitarse mentalmente en coordinación con cualquier acción. Los *gathas* tienen varias funciones útiles: nos ayudan a enfocar nuestras mentes, a detener nuestras mentes errantes, y

3. F. Didonna, «La formulazione del problema e le tecniche d'intervento nella psicoterapia cognitive del disturbo ossessivo-compulsivo [The problem formulation and the intervention techniques in cognitive therapy of obsessive compulsive disorder]»: *Psicobiettivo*, 12(3) (2006), 131–164.
4. P. M. Salkovskis, E. Forrester, C. Richards y N. Morrison, «The devil is in the detail: Conceptualising and treating obsessional problems», en N. Tarrier, A. Wells y G. Haddock (Eds.), *Treating complex cases: The cognitive behavioural therapy approach*, Wiley, Nueva York 1998.

a volver inmediatamente a nuestra experiencia en el momento presente; marcan una dirección para nuestra práctica y nos ayudan a disfrutar de lo que estamos haciendo en el aquí y ahora; también ralentizan nuestras acciones y nuestros pensamientos acelerados. En las sesiones grupales, los *gathas* se definen como *estabilizadores mentales* para facilitar su comprensión.

El uso de estos estabilizadores verbales no se limita a la repetición de una palabra o una frase, sino que también se trata de crear, en la medida de lo posible, una profunda armonía entre la acción (en este caso, un paso), los elementos simbolizados por las palabras que escogemos y la respiración. Este ejercicio relaciona el «Paseo consciente» con *gathas* específicos y con la respiración. A medida que nos afiancemos en nuestra respiración, la conciencia de la respiración ayudará a la conciencia del paseo. El respirar, el caminar y los *gathas* van juntos. Cada uno refuerza al otro, y nuestra capacidad de estar en el momento y de permanecer atento aumenta.

Revisión de la práctica

Como de costumbre, tras completar la práctica, el instructor invita a los participantes a que compartan sus comentarios y sus reacciones.

JENNIFER: Es interesante. Al principio me ha resultado bastante difícil sincronizar las palabras, el caminar y la respiración, pero, en realidad, después de algunos minutos, me ha parecido bastante normal hacerlo, y entonces he sentido una profunda sensación de equilibrio en mi interior.

INSTRUCTOR: Sí, es interesante. ¿Habéis advertido alguna diferencia con la «Meditación caminando» estándar sin estabilizadores?

MICHAEL: Me he dado cuenta de que este tipo de paseo me ha permitido sentirme incluso más enraizado en el momento presente que el paseo sin estabilizadores. Estaba totalmente en sintonía con el aquí y ahora.

EDWARD: Me he dado cuenta de que todos los pensamientos han desaparecido durante el paseo. Tenía una «mente vacía», y las frases han sido fuertes anclas para mí.

LARA: La meditación caminando sin estabilizadores me resultaba muy efectiva al meditar en movimiento, pero noté que mi mente se desviaba muy a menudo, y no siempre era capaz de volver al aquí y ahora. En esta clase de paseo mi mente se desviaba muy poco, y cuando eso ocurría, la armonía creada por los pasos, la respiración y los estabilizadores me traían inmediatamente de vuelta al presente.

INSTRUCTOR: Así pues, a lo largo de este programa hemos descubierto que en cualquier momento tenemos varias anclas que son capaces de devolvernos al aquí y ahora: las sensaciones corporales, la respiración, la experiencia sensorial, y en esta práctica descubrimos que las frases simples también pueden ser efectivas para arraigarnos en el momento presente y para crear una sensación de equilibrio y calma.

Cuadro 12.3.

Meditación caminando con estabilizadores verbales

Este ejercicio combina la meditación caminando con el uso de palabras o frases (también denominadas *estabilizadores*) que pueden ayudarle a calmar y a estabilizar la mente y a hacer que se sienta arraigado, relajado y centrado en el momento presente. No se trata solo de repetir una palabra o una frase. Cree, en la medida de sus posibilidades, una profunda armonía entre la acción (el paso), los elementos representados por las palabras, y la respiración. Mientras camina, haga todo lo posible por sincronizar un paso y la inspiración con la primera parte de las siguientes frases, y el siguiente paso y la espiración con la segunda parte. Al principio puede parecer difícil sincronizar los tres elementos, pero después de unos minutos debería ser capaz de entrar en una extraordinaria armonía de su respiración, de su caminar y de las palabras que le estabilizan.

Para empezar, encuentre una postura de pie en la que se sienta arraigado y céntrese en su respiración [pausa de 10 segundos]. Cuando esté listo, comience a caminar, diciendo en silencio los estabilizadores como sugerimos a continuación:

Inspiración	*Espiración*
2 pasos si su ritmo es normal, 1 paso si es lento	2 pasos si su ritmo es normal, 1 paso si es lento
1. Cuando camino...	**la mente deambula.**
2. Con cada sonido...	**la mente regresa.**
3. Con cada respiración...	**el corazón se abre.**
4. Con cada paso...	**toco el suelo.**

Continúe practicando las frases una y otra vez, sin ninguna pausa, sincronizándolas con la respiración y con los pasos.

Si tiene dificultades para recordar toda una línea o una frase, puede ser más fácil y simple recordar una o dos palabras clave de cada línea, palabras que le harán recordar el resto de la línea:

... camino	*... deambula*
... sonido	*... regresa*
... respiración	*... se abre*
... paso	*... suelo*

Repita mentalmente estas palabras mientras camina.

Repita este ciclo de *estabilizadores* durante todo el tiempo que dure su paseo.

Inspirado en Thich Nhat Hanh.

Lectura y debate de las citas de la sesión 8

El instructor lee las citas de los temas importantes de esta sesión (véase Sesión 8–Documento 7). Pregunta a los participantes cuál es, en su opinión, el significado de cada cita y cómo podría serles útil, especialmente con respecto al tema de la sesión. A continuación, resume los comentarios y, en caso necesario, explica los significados de las citas que no hayan quedado claras.

Distribución de los documentos de los participantes y asignación de tareas para hacer en casa

El instructor distribuye los documentos de la sesión 8 y asigna las tareas para hacer en casa para la siguiente semana (Sesión 8–Documento 8). Se invita a los participantes a practicar la «**Exposición consciente**» (Sesión 8–Documentos 5A y 5B) al menos una vez al día, comenzando por uno de los elementos más fáciles de la «Lista de situaciones angustiosas» (Sesión 8–Documento 5A), que se completó como primer paso en la práctica en casa; se les invita también a practicar la «**Meditación de la mente observadora**» cada dos días, introduciendo un pensamiento perturbador y cultivando la aceptación; a realizar la práctica de la «**Aceptación R.E.A.L.**» cada dos días, completando la «Tabla de la aceptación» (Sesión 7–Documento 6); a llevar a cabo la práctica del «**Paseo consciente con estabilizadores verbales**» (*gathas*) cada día; a completar la «**Práctica de las intenciones saludables**» cada mañana, y a poner en práctica durante el día lo que han escrito en el formulario. Este ejercicio puede ayudar a los participantes a ser cada vez más conscientes de cuáles son sus verdaderas intenciones cada día y a comprometerse activamente a cultivar y ejecutar resoluciones conectadas con la forma en que quieren actuar, pensar, hablar y sentir. Este ejercicio también es útil para entrenar a los participantes a crear una relación saludable entre sus intenciones y sus acciones, abandonando las típicas acciones obsesivas sin sentido y los pilotos automáticos (p. ej., rituales, comportamientos de búsqueda de seguridad y comportamientos de búsqueda de confirmación) que caracterizan su trastorno, así como para desarrollar un sentido de la responsabilidad más realista y maduro.

A continuación se invita a los participantes a elegir al menos tres actividades de la «**Lista de actividades nutritivas**» (Sesión 8–Documento 6) que puedan sustituir gradualmente los espacios que habían ocupado los rituales y las obsesiones hasta ahora, y a comprometerse a llevarlas a cabo de forma regular. También se les pide que practiquen la «**Técnica de la discrepancia**» (Sesión 8–Documento 3), si resulta útil para su problema del TOC específico. Cada vez que los participantes experimenten momentos difíciles, pueden recurrir a la meditación del «**Espacio para respirar–afrontamiento**» (cuadro 9.3). Cada vez que practiquen, se invitará también a los participantes a tomar nota de sus comentarios y observaciones en el «Formulario de registro de la práctica en casa para la sesión 8», así como a leer detenidamente el material proporcionado en esta sesión, por lo menos una vez, y a reflexionar sobre su contenido (véase Sesión 8–Documento 9).

Por último, tal como hicieron en esta sesión, los participantes deben llevar a la siguiente sesión, en la medida de sus posibilidades, un objeto que evoque obsesiones o angustia en ellos, porque volverán a practicar la «Exposición consciente».

Círculo consciente

La sesión termina con el grupo sentado en círculo y centrado en silencio en la respiración durante 3-4 minutos. El instructor puede optar por poner de relieve la importancia de practicar el *mindfulness* a fin de lograr los objetivos del programa.

Sesión 8–Documento 1. Resumen de la sesión 8: «Hacer consciente» y exposición consciente

En las personas con TOC, el modo hacer se centra con frecuencia, si no siempre, en actuar para evitar el daño, en reducir la responsabilidad y en reducir la angustia emocional a través de las compulsiones, la rumiación, la evitación y los comportamientos de búsqueda de confirmaciones y de búsqueda de seguridad. Quienes padecen TOC suelen realizar estas acciones repetitivas sin pensar. No prestan atención a sus percepciones reales ni a los resultados de los rituales.

Uno de los temas centrales de esta sesión es la comprensión de cómo la falta de conciencia en sus actividades diarias contribuye al TOC al fomentar un sentido excesivo de la responsabilidad que a menudo activa sus obsesiones y sus rituales. También puede preguntarse a sí mismo por qué lleva a cabo rituales de manera automática. Puede que se sorprenda al descubrir en un momento dado que no suele haber conexión entre lo que hace y sus verdaderas intenciones y objetivos en la vida, o los resultados que espera obtener. A través de la práctica de *mindfulness*, puede advertir las muchas contradicciones presentes en su vida a causa del TOC: entre sus pensamientos y sus acciones, entre los hechos y sus creencias. Con una actitud consciente puede aprender a observar lo que hace sin juzgarse, preguntándose después por qué lo hizo. A través de la práctica regular, puede descubrir sus intenciones –sus intenciones reales, auténticas y saludables– que pueden guiar sus acciones. La práctica constante de *mindfulness* puede ayudarle a construir un sentido de la responsabilidad más maduro y realista y a funcionar en el mundo con confianza y un sentido de seguridad.

Uno de los procedimientos terapéuticos más efectivos para el TOC y los miedos en general consiste en exponerse repetidamente a las obsesiones y los miedos. Esto significa enfrentarse a ellos intencionalmente y permanecer con la ansiedad o el malestar activados, sin llevar a cabo ningún ritual. La práctica de la exposición consciente se empleará en esta sesión para mostrarle una nueva forma de permanecer en una situación que crea ansiedad o malestar. Le permitirá superar sus miedos sin tener que llevar a cabo rituales innecesarios y contraproducentes.

Sesión 8–Documento 2. Mindfulness y sentido de la responsabilidad

Se considera que el sentido excesivo de la responsabilidad es una característica central del TOC, especialmente entre las personas cuyo principal problema es la comprobación o la limpieza, y tienden a inducir un fuerte sentimiento de culpa. Las personas que tienen un sentido excesivo de la responsabilidad creen que poseen un poder especial para producir o prevenir daños significativos a sí mismos y/o a los demás. El daño puede producirse a causa de errores por omisión (cosas que no se hacen), así como por comisión (cosas que se hacen). La persona siente que es esencial evitar que se produzca ese daño.

Los individuos con TOC se inclinan a malinterpretar la responsabilidad porque la conectan con la noción del «deber» o de las «reglas». Entonces se aferran con fuerza a estas reglas. Es habitual que, durante su infancia, a estos individuos les hayan enseñado que este estilo de apego a las reglas es la manera correcta de vivir. Para otros, el hecho de experimentar eventos específicos (por lo general, traumáticos) les dejó con un sentido excesivo de la responsabilidad.

Tener un sentido de la responsabilidad maduro significa estar preparado para tomar decisiones importantes que impliquen posibles riesgos, ser capaz de confiar en uno mismo para hacer lo que es correcto o útil, o aceptar cualquier posible resultado. Implica ser consciente de la **verdadera** influencia de sus acciones sobre sí mismo y sobre los demás, así como estar dispuesto a sentir ese impacto. Resulta interesante advertir que el término *responsabilidad* deriva del verbo latino *responsus-respondere*, que significa «capacidad de responder» –esto es, la «capacidad de estar presente en cada momento y de responder [¡no reaccionar!] de manera apropiada a los acontecimientos a que alguien se enfrenta a diario»–. Esta podría ser también una definición del *hacer consciente*. Alguien verdaderamente responsable es una persona que es consciente de las posibles consecuencias reales de su comportamiento, momento a momento. Esta persona también está dispuesta a tomar decisiones que pueden implicar un riesgo si el hecho de hacerlo puede producir un resultado útil.

Cuando usted es capaz de comprender el verdadero significado de la responsabilidad, empieza a desarrollar respeto y confianza hacia sí mismo. Al cultivar el *mindfulness* (prestar atención al momento presente sin juzgarlo) día a día, será capaz de comprender su participación real en cualquier situación desafiante, así como los efectos reales de su comportamiento. La práctica de *mindfulness* puede ayudarle a desarrollar un sentido de la responsabilidad más maduro y a actuar de una manera más consciente y confiada.

Basado en F. DIDONNA, «Mindfulness and obsessive–compulsive disorder: Developing a way to trust and validate one's internal experience», *op. cit.*

Sesión 8–Documento 3. La técnica de la discrepancia

Piense en una acción que tenga miedo de realizar y escríbala aquí: ____________

____

A continuación, haga todo lo posible por responder a las siguientes preguntas de forma realista y honesta, comenzando por la parte inferior izquierda y siguiendo la numeración.

2. ¿Quieren hacerlo?	6. ¿Quieren hacerlo?	10. ¿Quiero hacerlo?
3. ¿Les preocupa que puedan hacerlo?	7. ¿Les preocupa que puedan hacerlo?	11. ¿Me preocupa que pueda hacerlo?
4. ¿Lo han hecho?	8. ¿Lo han hecho alguna vez?	12. ¿Lo he hecho alguna vez?

1. Las personas que (escriba el tipo de acción temida)	5. Las personas que no (escriba el tipo de acción temida)	9. Yo, una persona que no (escriba el tipo de acción temida)

De *Terapia cognitiva basada en mindfulness para el TOC,* por Fabrizio Didonna.

Sesión 8–Documento 4. Práctica de las intenciones saludables

De la intención surge la acción, de la acción surgen los hábitos.
De los hábitos crece el carácter, del carácter se desarrolla el destino.

—TEXTO BUDISTA CHINO

Las intenciones y las resoluciones que cultiva cada día, cada hora, dan forma a sus acciones y tienen un poderoso impacto en su vida, en la vida de los demás y, en última instancia, en el mundo al que pertenece. ¿Qué intenciones desea cultivar que puedan conducir a su bienestar y al bienestar de los demás? Centrar la atención en las intenciones significa ser profundamente consciente de lo que realmente quiere y de lo que no quiere.

Tan pronto como se despierte por la mañana, encuentre una posición sentada cómoda y céntrese en la respiración durante un rato. En un momento dado, comience a dirigir algunas intenciones claras hacia sí mismo que estén conectadas con las actitudes, los pensamientos, las acciones, los estados de ánimo y las palabras que sean coherentes con sus valores saludables y sus objetivos en la vida. Sienta en su corazón todo lo que desea cultivar de forma realista y sincera durante todo el día que está a punto de comenzar. Intente comprometerse a hacer todo lo posible por poner en práctica estas intenciones. Anote sus intenciones en los espacios de abajo. Intente llevar esta lista consigo durante el día y mírela tan a menudo como pueda, para despertar y recordarse a sí mismo sus intenciones:

1. ¿Qué intenciones generales realistas y saludables **quiero** cultivar hoy? (p. ej., «Disfrutaré de lo que este nuevo día tiene que ofrecerme»; «Quiero ser amable conmigo mismo y con los demás»; «Aceptaré lo que no puedo cambiar») ______

2. ¿Qué pensamientos (palabras, frases, mensajes, imágenes) **quiero** cultivar hoy (p. ej., «Quiero confiar en mí mismo»; «Los pensamientos no son hechos»), y qué pensamientos, en cambio, **trataré** de dejar ser y dejar ir sin alimentarlos? ______

3. ¿Qué acciones y decisiones **quiero** adoptar hoy, y qué **quiero** prevenir?

4. ¿Qué emociones y sentimientos **quiero** cultivar y alimentar (p. ej., calma, confianza, autocompasión) y cuáles **quiero** aceptar y dejar ir (p. ej., ansiedad, asco, vergüenza, ira, tristeza)? ______________________
____
____

5. ¿Qué palabras, frases o mensajes «saludables» **quiero** comunicar a los demás, y cuáles trataré de evitar comunicar (porque «no son saludables»)? ______________________
____
____

Sesión 8–Documento 5A. Lista de situaciones angustiosas para la exposición consciente

Nombre: Fecha:

Paso 1: Prepararse para la exposición: Trate de advertir en este documento todos los **desencadenantes** que experimenta en su vida y que tienden a activar la angustia y sus síntomas del TOC (enumere todas las situaciones en orden creciente de angustia, esto es, de la menos a la más angustiosa); los **pensamientos intrusivos** o las obsesiones que suelen activarse en esta situación; el tipo de **emoción o sentimiento angustioso** (p. ej., ansiedad, asco, vergüenza) que siente en ese momento; **cuánta angustia** siente (calificando de 0 a 100; véase la «Escala del nivel de angustia», a continuación) al estar en esa situación o al tener el pensamiento intrusivo en mente y **no** recurrir a sus rituales, a la búsqueda de confirmación o a otro comportamiento de búsqueda de seguridad; y el **comportamiento o el ritual de búsqueda de seguridad** que siente la necesidad de realizar. Si es el caso, indique también el tiempo que dedica a los rituales y/o la frecuencia con que los lleva a cabo si su problema del TOC consiste en que les dedica demasiado tiempo y/o que la frecuencia con que los lleva a cabo es excesiva.

Escala del nivel de angustia

0	10	20	30	40	50	60	70	80	90	100
Falta de angustia		Angustia muy leve		Angustia moderada, molesta pero tolerable		Angustia alta/ Difícil de manejar		Angustia muy alta/Muy difícil de manejar		Nivel máximo de angustia (p. ej., pánico) Imposible de manejar

Situaciones o estímulos angustiosos desencadenantes en orden de nivel de angustia: primero los elementos con el nivel más bajo	**Pensamientos intrusivos, obsesiones** activadas por la situación o el estímulo	**Tipo de emoción o de sentimiento angustioso** (p. ej., ansiedad, asco, vergüenza)	**Nivel de angustia imaginado (0-100)** (simplemente permanecer en contacto con la situación o el estímulo sin llevar a cabo rituales u otros comportamientos de búsqueda de seguridad)	**Comportamientos de búsqueda de seguridad** (compulsiones/ rituales, evitación, búsqueda de confirmación, lentitud, etc.)	**Frecuencia de los comportamientos de búsqueda de seguridad y/o tiempo empleado habitualmente** (si el problema es una frecuencia excesiva o que les dedica demasiado tiempo)

(cont.)

Ejemplo: *Tocar algunos objetos, como los tiradores de las puertas, mis zapatos y los grifos de agua*	*Me preocupa estar contaminado, contraer el VIH/SIDA u otras enfermedades*	*Ansiedad*	*80-90*	*Lavado excesivo de mi cuerpo, darme varias duchas largas al día*	*4-5 duchas al día, 50-60 minutos cada una de ellas*

Sesión 8–Documento 5B. Formulario de registro de la exposición consciente

Nombre: ______________________

Paso 2: Comenzar la exposición consciente: Antes de comenzar la exposición, indique la situación angustiosa a la que quiere exponerse (empiece con la menos angustiosa) y el(los) objetivos(s) terapéutico(s) que quiere alcanzar a través de la exposición. A continuación, comience a practicar la «Exposición consciente», siguiendo las instrucciones de la transcripción de la misma, y comience con el ejercicio de *mindfulness* que haya escogido (p. ej., «Conciencia de la respiración»). Después de eso, advierta el nivel de angustia real (0-100) al entrar en la situación angustiosa. Si la exposición a una situación no crea angustia, avance a la siguiente, hasta que alcance un nivel de angustia suficiente (p. ej., 50 o más es un nivel de angustia que le hace querer recurrir a su comportamiento de búsqueda de seguridad). Evite realizar sus rituales o su comportamiento de búsqueda de seguridad de cualquier manera, al menos hasta el final del día. Recuerde usar en cada momento lo que sus sentidos le están comunicando para tener la mejor visión posible de la realidad. Al final de la exposición y al final del día, califique su nivel de angustia, la frecuencia de su comportamiento de búsqueda de seguridad y/o el tiempo empleado en realizar un comportamiento normal, si resulta excesiva su frecuencia (p. ej., lavarse las manos) o su duración (p. ej., darse una ducha, vestirse).

Escala del nivel de angustia

<table>
<tr><td>0</td><td>10</td><td>20</td><td>30</td><td>40</td><td>50</td><td>60</td><td>70</td><td>80</td><td>90</td><td>100</td></tr>
<tr><td colspan="2">Falta de angustia</td><td colspan="2">Angustia muy leve</td><td colspan="2">Angustia moderada, molesta pero tolerable</td><td colspan="2">Angustia alta/Difícil de manejar</td><td colspan="2">Angustia muy alta/ Muy difícil de manejar</td><td>Nivel máximo de angustia (p. ej., pánico) Imposible de manejar</td></tr>
</table>

Fecha	Situaciones o estímulos angustiosos desencadenantes a los que quiere exponerse	Objetivo terapéutico (p. ej., evitar un ritual específico, reducir el tiempo empleado en hacer algo, abstenerse del comportamiento de búsqueda de confirmación)	Práctica de *mindfulness* antes de la exposición	Nivel de angustia al comenzar la exposición (0-100) (simplemente permanecer en contacto con la situación o el estímulo sin llevar a cabo rituales u otros comportamientos de búsqueda de seguridad)	Nivel de angustia al terminar la exposición (0-100)	Frecuencia del comportamiento de seguridad y/o tiempo dedicado tras la exposición

(cont.)

Ejemplo: *Miércoles, 1 de octubre*	*Tocar los tiradores de las puertas en mi despacho*	*Aceptar los sentimientos y mis pensamientos intrusivos y descentrarme de ellos; darme una sola ducha al día, de un máximo de 15 minutos*	*«Conciencia de la respiración»*	*90*	*20*	*Solo una ducha hoy; duró 18 minutos*

Sesión 8–Documento 5C. Exposición consciente: diagrama resumen

1. Práctica de *mindfulness* para calmar y equilibrar la mente (p. ej., «Conciencia de la respiración y del cuerpo»).

2. Exposición a un objeto, una situación o un estímulo angustioso. Use su respiración a modo de ancla (recuerde advertir su nivel de angustia o ansiedad en la escala de 0-100 cada 3 o 4 minutos).

3. Tome conciencia de los pensamientos, las emociones y las sensaciones físicas observando activamente y describiendo la experiencia interna sin emitir ningún juicio, y CÉNTRESE EN LO QUE LOS SENTIDOS (vista, oído, tacto, etc.), Y NO SUS PENSAMIENTOS, LE ESTÁN COMUNICANDO.

4. Muestre una actitud de aceptación, de permisividad y de «dejar ser» con respecto a los pensamientos, las emociones y las sensaciones físicas.

5. Use el descentramiento y la desidentificación; considere sus pensamientos como meros eventos mentales inofensivos y transitorios. No tiene que reaccionar a sus pensamientos; usted no es sus pensamientos.

6. Use las metáforas para descentrarse (p. ej., observe sus pensamientos como si fueran nubes blancas que pasan por el cielo azul, o recuerde la metáfora del río, la metáfora de la cascada).

7. Evite cualquier ritual. Renuncie a cualquier reacción física o mental a sus estados internos estresantes (rituales, compulsiones, comportamientos de búsqueda de confirmación).

8. Termine el ejercicio con una práctica de *mindfulness* para calmar y estabilizar su mente (p. ej., meditación del «Espacio para respirar»).

Sesión 8–Documento 6. Lista de actividades nutritivas

- ❑ Planificar sus actividades diarias.
- ❑ Planificar objetivos a corto, medio y largo plazo.
- ❑ Practicar *mindfulness*, yoga y movimientos conscientes.
- ❑ Hacer ejercicio, practicar algún deporte.
- ❑ Escuchar música que le relaje o le dé energía.
- ❑ Cuidar plantas y flores.
- ❑ Hacer voluntariado.
- ❑ Leer libros de autoayuda.
- ❑ Dar y recibir abrazos.
- ❑ Darse un baño relajante.
- ❑ Organizar una fiesta.
- ❑ Adherirse a una asociación cultural, recreativa o deportiva.
- ❑ Alquilar o comprar una película interesante.
- ❑ Tocar, o aprender a tocar, un instrumento musical.
- ❑ Unirse a una terapia o a un grupo de autoayuda.
- ❑ Leer novelas, poemas, revistas, periódicos.
- ❑ Practicar ejercicios de relajación.
- ❑ Recibir un masaje relajante.
- ❑ Ir a la biblioteca o a una tienda de libros.
- ❑ Cantar.
- ❑ Dar valor a sus cualidades cada día.
- ❑ Dar un paseo relajante y consciente.
- ❑ Dar un paseo en bicicleta.
- ❑ Apuntarse a un curso (baile, fotografía, restauración, permiso de conducir, idiomas, informática, costura, etc.).
- ❑ Asistir a conferencias, seminarios.
- ❑ Aclarar su punto de vista y sus opiniones a los demás y defenderlas.
- ❑ Regalarse un tratamiento de belleza.
- ❑ Ir a la peluquería.
- ❑ Ver programas de televisión interesantes.
- ❑ Pensar en algo positivo para el futuro.
- ❑ Salir con amigos o compañeros.
- ❑ Conversar con gente agradable.
- ❑ Probar nuevas experiencias.
- ❑ Llevar a cabo su trabajo y las actividades con compromiso y pasión.
- ❑ Dar y recibir ayuda.
- ❑ Hacer compras útiles y nutritivas (ropa, libros, revistas, discos compactos, películas, etc.).
- ❑ Vestir de manera casual.
- ❑ Cuidar de una mascota.
- ❑ Ir a una exhibición o a una feria.
- ❑ Ir a un concierto.
- ❑ Renovar su casa (cambiar la disposición de los muebles, comprar nuevos muebles, decorar las paredes).
- ❑ Apuntarse a un viaje organizado.
- ❑ Interesarse en la jardinería, la botánica, cultivar un huerto.
- ❑ Visitar una ciudad bonita.
- ❑ Desahogar sus sentimientos gritando, diciendo lo que piensa, golpeando una almohada.
- ❑ Cultivar la fe religiosa o la espiritualidad.
- ❑ Cuidar de su apariencia.

- ❑ Escuchar a los demás.
- ❑ Bordar o hacer ganchillo.
- ❑ Pintar.
- ❑ Esculpir.
- ❑ Ir a bailar.
- ❑ Reparar cosas en casa.
- ❑ Correr, ir al trote.
- ❑ Regalarse algo que le guste.
- ❑ Hacer fotografías.
- ❑ Mirar fotografías y vídeos antiguos.
- ❑ Mostrarles fotos a sus amigos.
- ❑ Coleccionar cosas (monedas, conchas, sellos, piedras, fósiles, etc.).
- ❑ Comenzar la fabricación de modelos.
- ❑ Hacer crucigramas.
- ❑ Hacer punto.
- ❑ Escuchar la radio.
- ❑ Ir a una sauna o a un *jacuzzi*.
- ❑ Cuidar una pecera.
- ❑ Montar a caballo.
- ❑ Hacer un rompecabezas.
- ❑ Ir de pícnic.
- ❑ Jugar a los bolos.
- ❑ Invitar a los amigos a que venga a visitarle o hacer una visita a los amigos.
- ❑ Permitirse un momento de libertad y relajación todos los días.
- ❑ Ir al teatro.
- ❑ Improvisar (p. ej., salir de viaje en el último minuto).
- ❑ Organizar una cena con amigos.
- ❑ Hacer regalos.
- ❑ Escribir cartas.
- ❑ Chatear por teléfono.
- ❑ Dedicar un día únicamente a uno mismo.
- ❑ Pasar tiempo al aire libre.
- ❑ Cultivar diferentes pasatiempos y descubrir nuevos.
- ❑ Tener una relación/experiencia sexual consciente, respetuosa y gratificante.
- ❑ Usar ropa que le quede bien.
- ❑ Estar en compañía de personas a las que quiere y que le hacen sentirse bien.
- ❑ Ir a lugares o a eventos en los que puede conocer a nuevas personas, establecer nuevos contactos.
- ❑ Hacer una pausa para admirar el paisaje.
- ❑ Cocinar comida que le guste.
- ❑ Llevar un diario o escribir una historia.
- ❑ Tomarse tiempo libre y usarlo de la mejor manera posible.
- ❑ Ir al cine.
- ❑ Comprender que «cada día de su vida, todo lo que verdaderamente necesita ya está presente».
- ❑ Otras: ____________
- ❑ ____________
- ❑ ____________
- ❑ ____________
- ❑ ____________
- ❑ ____________
- ❑ ____________

Sesión 8–Documento 7. Citas de la sesión 8

De la intención surge la acción,
de la acción surgen los hábitos.
De los hábitos crece el carácter,
del carácter se desarrolla el destino.

—TEXTO BUDISTA CHINO

Lo que practicamos se convierte en hábito.
Lo que en un momento dado puede ser beneficioso
puede convertirse más tarde en una forma de encarcelamiento.

—JACK KORNFIELD

Muévete en tu interior,
pero no en el sentido en que te mueve el miedo.

—RUMI

No puedes controlar los resultados, solo tus acciones.

—ALLAN LOKOS

Si quieres convertir algo en habitual, practícalo;
y si no quieres convertirlo en algo habitual, no lo practiques,
pero acostúmbrate a otra cosa.

—EPICTETO

Lo que está en nuestro poder hacer, también podemos no hacerlo.

—ARISTÓTELES

La esencia del bien y del mal es una cierta disposición de la voluntad.

—EPICTETO

Sé consciente de la intención.
La intención es la semilla que crea nuestro futuro.

—DECIMOSÉPTIMO PRINCIPIO DE LA PSICOLOGÍA BUDISTA

Pero la vida solo está disponible en el presente.
Es por ello que deberíamos andar de forma que cada paso
nos lleve al aquí y ahora.

—–THICH NHAT HANH

Sesión 8–Documento 8. Práctica en casa para la semana siguiente a la sesión 8

1. Practique la «**Meditación de la mente observadora**», cuya transcripción le facilitará el instructor, los días 1, 3, 5 y 7, **introduzca un pensamiento perturbador** en el ejercicio y **cultive** un sentido de **aceptación** activa hacia él.
2. Realice la práctica de la «**Aceptación R.E.A.L.**», cuya transcripción le facilitará el instructor, los días 2, 4 y 6, cultivando la **aceptación** de algo que le resulte perturbador (un pensamiento, una emoción, una sensación física) y dé la bienvenida a esta experiencia interna, tal como un «buen gerente de hotel» hace con sus huéspedes. Complete la «**Tabla de la aceptación**» (Sesión 7–Documento 6) cada vez que haga frente a estados difíciles.
3. Practique el «**Paseo consciente con estabilizadores**» una vez al día durante 15-20 minutos, tratando de memorizar las palabras asociadas con su paseo. Anote sus impresiones y sus observaciones en el «Formulario de registro de la práctica en casa para la sesión 8».
4. Practique el ejercicio de la «**Exposición consciente**» al menos una vez al día en situaciones en las que experimente ansiedad o angustia. Siga al principio la transcripción de la práctica y las directrices indicadas en los documentos 5A y 5B de la sesión 8. Recuerde concentrarse todo lo posible en lo que le comunican sus sentidos (p. ej., «Veo que no hay suciedad»; «Reconozco el ruido presente en este momento»).
5. Todas las mañanas, justo después de levantarse, complete el formulario de la «**Práctica de las intenciones saludables**» (Sesión 8–Documento 4) con convicción y compromiso, y durante el día trate de hacer todo lo posible por poner en práctica lo que se ha propuesto en el formulario en lo que respecta a las acciones, los pensamientos, las palabras, las intenciones y los estados de ánimo.
6. Escoja al menos tres actividades de la «**Lista de las actividades nutritivas**» (Sesión 8–Documento 6) y comprométase a implementarlas para llenar gradualmente el tiempo que antes ocupaban los rituales y las obsesiones y para alimentar su vida.
7. Si le resulta útil para su problema específico del TOC, practique la «**Técnica de la discrepancia**» cada vez que le preocupe hacerse daño a sí mismo o a los demás.
8. Practique la meditación del «**Espacio para respirar–afrontamiento**» cada vez que advierta emociones o pensamientos desagradables.
9. Cada vez que practique cualquier ejercicio en esta sesión, informe de su experiencia en el «Formulario de registro de la práctica en casa para la sesión 8», tomando nota de cualquier comentario, impresión o dificultad que pudiera haber experimentado. Haga un círculo sobre

una X cada vez que realice la meditación del «Espacio para respirar–afrontamiento».

10. Lea cuidadosamente el material proporcionado en esta sesión, al menos una vez, y reflexione sobre los contenidos, tratando de hacerlos suyos.

Cuando decida practicar estos ejercicios, recuerde tomarse el tiempo necesario y encontrar un lugar cálido, seguro, cómodo y tranquilo donde sepa que no le molestarán ni le interrumpirán. Encuentre una postura cómoda y estable. Haga todo lo posible por abordar los ejercicios no como si fueran una obligación que debe cumplir, sino como un hábito saludable que desea establecer en su vida. Recuerde siempre que el empeño que dedique ahora a este entrenamiento le dará resultados significativos a largo plazo.

Sesión 8–Documento 9. Formulario de registro de la práctica en casa para la sesión 8

Nombre: ....

Rellene este formulario cada vez que practique. Haga un círculo sobre una X cuando practique ocasionalmente el ejercicio del «Espacio para respirar–afrontamiento» a fin de responder a las situaciones difíciles. Asimismo, anote todo lo que suceda mientras realiza el ejercicio (beneficios para la salud, dificultades, observaciones) a fin de que podamos hablar de ello durante la siguiente sesión.

Día/Fecha	Ejercicio	Comentarios
Jueves Fecha:	Mente observadora + aceptación Aceptación R.E.A.L. + Tabla de la aceptación Meditación caminando con estabilizadores Exposición consciente Práctica de las intenciones saludables Actividades nutritivas Espacio para respirar: X X X X X X	
Viernes Fecha:	Mente observadora + aceptación Aceptación R.E.A.L. + Tabla de la aceptación Meditación caminando con estabilizadores Exposición consciente Práctica de las intenciones saludables Actividades nutritivas Espacio para respirar: X X X X X X	
Sábado Fecha:	Mente observadora + aceptación Aceptación R.E.A.L. + Tabla de la aceptación Meditación caminando con estabilizadores Exposición consciente Práctica de las intenciones saludables Actividades nutritivas Espacio para respirar: X X X X X X	
Domingo Fecha:	Mente observadora + aceptación Aceptación R.E.A.L. + Tabla de la aceptación Meditación caminando con estabilizadores Exposición consciente Práctica de las intenciones saludables Actividades nutritivas Espacio para respirar: X X X X X X	

(cont.)

Lunes Fecha:	Mente observadora + aceptación Aceptación R.E.A.L. + Tabla de la aceptación Meditación caminando con estabilizadores Exposición consciente Práctica de las intenciones saludables Actividades nutritivas Espacio para respirar: X X X X X X	
Martes Fecha:	Mente observadora + aceptación Aceptación R.E.A.L. + Tabla de la aceptación Meditación caminando con estabilizadores Exposición consciente Práctica de las intenciones saludables Actividades nutritivas Espacio para respirar: X X X X X X	
Miércoles Fecha:	Mente observadora + aceptación Aceptación R.E.A.L. + Tabla de la aceptación Meditación caminando con estabilizadores Exposición consciente Práctica de las intenciones saludables Actividades nutritivas Espacio para respirar: X X X X X X	

De Z. V. Segal, J. M. Williams y J. D. Teasdale, *Mindfulness-based cognitive therapy for depression: A new approach to preventing relapse*, Guilford Press, Nueva York 2013[2] (trad. esp.: *MBCT. Terapia cognitiva basada en el mindfulness para la depresión*, Edición revisada, Kairós, Barcelona 2017). Copyright © 2013 The Guilford Press. Adaptado con permiso.

13 Sesión 9
Desarrollar la autocompasión y el autoperdón

La gente olvidará lo que dijiste,
olvidará lo que hiciste,
pero nunca olvidará
cómo les hiciste sentir.

—MAYA ANGELOU

Sobre esta sesión

Uno de los desafíos más difíciles para las personas afectadas por el TOC es fomentar un sentimiento de cuidado hacia su propio sufrimiento. Esta sesión se centra en cómo ser amable, gentil, cálido, cariñoso y mantener una actitud de aceptación para con nuestras experiencias y nuestros sufrimientos internos y externos. La sesión también introduce la «Práctica de la autocompasión» y la «Práctica del autoperdón».

La compasión es una *sensibilidad particular al sufrimiento de uno mismo y de los demás con un profundo compromiso para tratar de aliviarlo*[1]. Es uno de los componentes centrales de todos los enfoques basados en *mindfulness*. Cultivar la compasión, en particular la autocompasión, puede tener un poder curativo para las personas con TOC. Al desarrollar la compasión, pueden comenzar a respetar, a cuidar y a prevenir el sufrimiento que se causan a sí mismas y a los demás debido a su trastorno. La tendencia de los individuos con TOC a sentirse culpables, a criticarse, a culparse y a condenarse a sí mismos es la antítesis de la autocompasión. Como han demostrado investigaciones recientes, la autocompasión puede desactivar los sentimientos de ansiedad,

1. DALAI LAMA, *An open heart: Practicing compassion in everyday life*, Little, Brown, Boston 2001.

Cuadro 13.1.

Programa de la sesión 9
Tema: Desarrollar la autocompasión y el autoperdón

Breve resumen

La compasión es una cualidad de la mente, un sentimiento y un componente central de todos los enfoques basados en *mindfulness*. Cultivar la compasión, en particular la autocompasión, puede tener un poder curativo para las personas con TOC. Les ayuda a respetar, a cuidar y a prevenir el sufrimiento que experimentan. Un antídoto relacionado con varios mecanismos del TOC es el autoperdón. También se introduce como una práctica formal durante esta sesión. La «Práctica de la autocompasión» y la «Práctica del autoperdón» se cultivan para ayudar a los participantes a desarrollar un enfoque radicalmente diferente hacia su propio sufrimiento y su angustia, así como para normalizar los sentimientos disfuncionales de culpa, desconfianza y el sentimiento de responsabilidad excesiva.

Esquema de la sesión

- ❑ «Exposición consciente».
- ❑ Revisión de la práctica.
- ❑ Revisión de la práctica en casa.
- ❑ Introducir la autocompasión.
- ❑ Revisión de la práctica.
- ❑ «Ejercicio de carga y descarga».
- ❑ Revisión de la práctica.
- ❑ Descanso.
- ❑ «Práctica del autoperdón».
- ❑ Revisión de la práctica.
- ❑ Lectura y debate de las citas de la sesión 9.
- ❑ Distribución de los documentos de los participantes y asignación de tareas para hacer en casa:
  - ❑ «Explorar la autocompasión a través de la escritura».
  - ❑ «Práctica de la autocompasión»: a diario.
  - ❑ «Práctica del autoperdón»: a diario.
  - ❑ «Exposición consciente»: a diario.
  - ❑ Práctica de la «Aceptación R.E.A.L.» los días 1 y 5, y «Meditación de la mente observadora» los días 3 y 7.
  - ❑ Los días 2, 4 y 6, practique un ejercicio de *mindfulness* en movimiento a su elección.
- ❑ Terminar con un «Círculo consciente» centrado en la respiración.

Materiales y recursos

- Campanas.
- Transcripción de la «Práctica de la autocompasión» y de la «Práctica del autoperdón».

(cont.)

Documentos para los participantes

Sesión 8–Documento 4. Práctica de las intenciones saludables.

Sesión 9–Documento 1. Resumen de la sesión 9: Desarrollar la autocompasión y el autoperdón hacia nosotros mismos.

Sesión 9–Documento 2. Explorar la autocompasión a través de la escritura: una carta compasiva dirigida a mí mismo.

Sesión 9–Documento 3. Citas de la sesión 9.

Sesión 9–Documento 4. Práctica en casa para la semana siguiente a la sesión 9.

Sesión 9–Documento 5. Formulario de registro de la práctica en casa para la sesión 9.

asco, ira, culpa o desconfianza en situaciones inofensivas, y puede activar simultáneamente una sensación de calma, de seguridad y de confianza[2].

El *autoperdón*, una actitud relacionada con la compasión, también puede ser un antídoto efectivo contra varios mecanismos del TOC. Durante esta sesión se introduce como una práctica formal.

La «Práctica de la autocompasión» y la «Práctica del autoperdón» se enseñan para ayudar a los participantes a desarrollar un enfoque radicalmente diferente para con su propio sufrimiento y su angustia. Se pide a los participantes que practiquen diariamente estas importantes meditaciones durante las siguientes semanas (véase Sesión 9–Documento 1).

Exposición consciente

Esta sesión comienza con la «Exposición consciente», un ejercicio central en el programa que los participantes deben practicar regularmente. Fue una de las tareas diarias que estos debían hacer en casa durante la semana anterior. Si los participantes han traído un objeto que evoque angustia, se les pide que lo sostengan frente a ellos. De lo contrario, se les pide que imaginen una situación angustiosa que puedan evocar vívidamente durante la exposición. El instructor dirige la práctica siguiendo las pautas sobre la «Exposición consciente» de la sesión 8 (cuadro 12.2).

Revisión de la práctica

El instructor invita a los participantes a compartir sus experiencias con el ejercicio de la «Exposición consciente».

INSTRUCTOR: ¿A alguien le gustaría compartir algún comentario sobre esta práctica?

2. P. GILBERT Y D. TIRCH, «Emotional memory, mindfulness and compassion», en F. Didonna (Ed.), *Clinical handbook of mindfulness*, Springer, Nueva York 2009 (trad. esp.: «Memoria emocional, mindfulness y compasión», en *Manual clínico de mindfulness*, Desclée De Brouwer, Bilbao 2011).

ISABEL: He advertido que en esta sesión, al igual que en la última, me ha resultado más fácil exponerme a la situación desafiante en comparación con la práctica en casa. Ahora me siento más segura, relajada y confiada. Dicho esto, al principio del ejercicio he sentido mucha ansiedad, y no estaba segura de si sería capaz de superarla.

GEORGE: A mí me ha resultado difícil traer el objeto que causa angustia en mí –una jeringa que tengo miedo de que esté contaminada–, y me ha resultado aún más difícil entrar en contacto directo con ella durante la exposición. Al principio solo quería volver a ponerla en mi bolsa, pero tus instrucciones me animaron a quedarme con ella. Lo que me ha parecido especialmente útil ha sido la idea de usar metáforas para distanciarme de mis pensamientos y usar mi respiración para volver al aquí y ahora. Al final he sentido un nivel de angustia de entre 10 y 15, muy por debajo de 80, que es como comencé.

INSTRUCTOR: De manera específica, ¿qué te resultó difícil de manejar?

GEORGE: Era difícil aceptar y dejar ir los terribles pensamientos que se presentaban en mi mente, que me decían que evitara la jeringa y abandonara lo que estaba tratando de hacer. Tenía escenarios aterradores en mi mente, pero en un momento dado, no sé por qué, me di cuenta de que solo eran pensamientos. No solo eso, sino que eran pensamientos que no tenía cuando trabajaba como enfermero.

INSTRUCTOR: Lo que estás diciendo es muy interesante. La exposición a los estímulos desafiantes parece un acto de valentía, pero creo que, en realidad, es básicamente un acto de confianza. Y es probable que lo que eres capaz de hacer ahora es también el resultado del trabajo que has estado haciendo para desarrollar la confianza durante las últimas semanas. ¿Qué opinas?

También entiendo que mi voz, además del hecho de estar en esta habitación, con este grupo, en este espacio, que probablemente percibáis como un entorno seguro, puede tener un efecto tranquilizador y alentador cuando os exponéis a estímulos desafiantes. Por eso es tan importante la exposición que hacéis en casa. Lo que hacéis aquí en el grupo puede ayudaros a entender qué y cómo hacer la práctica, así como mostraros que podéis conseguirlo. Pero lo que experimentáis por vosotros mismos en casa es lo que puede ayudaros a construir una confianza real y profunda.

Revisión de la práctica en casa

El instructor introduce ahora un debate sobre la práctica en casa de los participantes durante la semana anterior.

INSTRUCTOR: Siento mucha curiosidad por escuchar lo que tenéis que compartir sobre vuestra experiencia con la práctica en casa durante esta última semana y, en particular, por explorar qué dificultades y beneficios podríais haber encontrado a la hora de implementar las jerarquías de la exposición y la «Exposición consciente».

HELEN: Cuando practiqué la «Meditación de la mente observadora», advertí una creciente distancia con respecto a mis pensamientos. Me sentí como si estuviera sentada en la orilla de un río y pudiera observarlos. Sucedió incluso con un pensamiento molesto esta mañana en casa. Lo dejé pasar y se fue. Decidí intencionalmente quedarme en el presente, en el aquí y ahora, sentada y observando.

DANIEL: Esta semana he tenido problemas con las emociones que sentía, así que practiqué la «Meditación de la mente observadora» y puse las emociones sobre las hojas y vi cómo fluían por el río. Pero fue más difícil con los pensamientos.

SUSAN: Una de las pocas certezas que tenemos es nuestra respiración. Sin embargo, cuando estoy en contacto con mis pensamientos, los acepto sin tener que regresar a mi respiración. ¿Puedo evitar anclarme a mi respiración? ¿Me anclo solo si mis pensamientos me angustian? ¿Puedo anclarme a otra cosa?

INSTRUCTOR: En la meditación puede haber diferentes soportes. A menudo usamos la respiración, pero también podemos recurrir a la postura, a las sensaciones corporales, a los sonidos o a cualquier cosa que percibas con tus sentidos. Siempre debe ser algo real y presente. Pero, ¿por qué usamos un soporte? Porque nos lleva de vuelta al momento presente cada vez que algo nos aleja del aquí y ahora. Lo usamos cuando lo necesitamos. No es un deber; es una oportunidad. Es importante que seamos flexibles en esto.

GEORGE: Como tengo pensamientos obsesivos, he tratado de enfrentarme a ellos en la fase de exploración de la práctica de la «Aceptación R.E.A.L.». Sugeriste que teníamos que ver lo que hay alrededor de lo que nos perturba, así que profundizo en lo que son estos pensamientos y estas obsesiones. Por un lado, los observo sin cuestionarlos y relacionándome con ellos como si fueran huéspedes. Por otro lado, interactúo con ellos. Así que termino en una crisis. Se supone que debo observarlos y, en vez de ello, me involucro. No he descubierto si resulta adecuado que profundice. He intentado ser más distante, pero siempre termino involucrándome. ¿Cómo debería practicar el ejercicio?

INSTRUCTOR: Me parece que en la segunda fase de la práctica de la «Aceptación R.E.A.L.» estableces un fuerte contacto con tu problema, y tiendes a rumiar todos los significados y los vínculos que pueden hacerse. La fase de exploración es muy útil, pero quizás resulta difícil porque en cuanto intentáis llevarla a cabo, os lanzáis inmediatamente a los mecanismos y al piloto automático. Os sugiero que, por el momento, practiquéis las fases de reconocer, aceptar y liberar, y que omitáis la segunda fase. Después podréis reintroducirla en pequeñas dosis. También podríais concentraros solo en vuestro cuerpo durante la segunda fase, advirtiendo las sensaciones que se activan y dónde se activan.

ALAN: En casa practiqué, principalmente, la «Exposición consciente» con imágenes; me las arreglé bien y parecía aceptar las cosas angustiosas. Pude dejar que se quedaran sin involucrarme.

SHEILA: Si surge un ritual durante el ejercicio de «Exposición consciente», soy capaz de liberarme del impulso de llevarlo a cabo; ahora bien, he notado que no soy capaz de hacer el ejercicio cuando me encuentro en un estado en el que tengo pensamientos muy perturbadores. Sin embargo, puedo evitar llevar a cabo mis rituales mientras hago el ejercicio.

INSTRUCTOR: La fase de exposición ¿se centró en pensamientos o en situaciones?

SHEILA: En situaciones...

INSTRUCTOR: ¿La practicaste todos los días?

SHEILA: En realidad no, principalmente cuando lo necesitaba...

INSTRUCTOR: Si el problema está presente todos los días, es importante usar estas herramientas a diario. Tu mente necesita acostumbrarse a comportarse de esta nueva manera y a usar este nuevo modo para seguir con el problema. Para hacer esto, tu mente necesita ser entrenada de forma regular, o, de lo contrario, como ya he dicho en varias ocasiones, tus antiguos y bien arraigados hábitos tomarán el mando una vez más.

SHEILA: Al final del ejercicio, me di cuenta de que mi ansiedad es muy poderosa cuando tengo pensamientos perturbadores, pero soy capaz de defenderme mejor con esta técnica.

INSTRUCTOR: Fenomenal. Pero haz todo lo posible por no verte a ti misma como alguien que tiene que defenderse de sus pensamientos, porque esto te pone en la posición de tener que luchar o evitarlos. No necesitamos defendernos de los pensamientos si nos damos cuenta de que son inofensivos y transitorios. Si pensamos que son peligrosos y poco saludables, les damos un poder que en realidad no tienen. Cuando los pensamientos aparecen, necesitamos relacionarnos con ellos de una manera diferente.

LEONARD: Recuerdo que uno de esos pensamientos llegó justo después de la comida del miércoles, y logré no involucrarme. Lo observé y no reaccioné. Normalmente, habría empezado con mis rituales, tratando de entenderlo mejor y de solucionarlo, pero me las arreglé para no hacer nada. Sin embargo, me sentía bastante perturbado por dentro. A veces veo la utilidad de estos ejercicios porque siento que algo está cambiando dentro de mi cabeza. Pero, después de un tiempo, el malestar aumenta, y vuelvo a sentirme confuso.

INSTRUCTOR: ¿Podrías describir las emociones y qué más sentiste con mayor precisión? La palabra *perturbado* resulta bastante vaga...

LEONARD: Bueno... sentí una emoción que definiría como ansiedad. Había tensión en mi mandíbula; mis músculos estaban tensos; mi ritmo cardiaco aumentó y mi respiración se aceleró.

INSTRUCTOR: Perfecto, eso es lo que sentiste en realidad.

LEONARD: Sí, pero decírmelo a mí mismo no me ayudó mucho...

INSTRUCTOR: En realidad, no solo se trata de decirte a ti mismo estas cosas. Es esencial aprender a reconocer lo que realmente sucede dentro de nosotros en cada momento. ¿Crees que es más fácil tratar con un estado emocional reconociendo las experiencias específicas que acabas de describir o describiéndolo como *perturbado*?

LEONARD: Sí, es más fácil si reconozco y describo los síntomas con mayor precisión porque me doy cuenta de que son inofensivos cuando los considero por separado. Pero aunque mi ansiedad disminuye después del ejercicio, tiende a volver después de unas horas. Cuando observo alguna mejora, espero seguir mejorando o, al menos, quedarme como estoy.

INSTRUCTOR: Es absolutamente comprensible que quieras seguir mejorando, Leonard. Pero tenemos que dejar de lado expectativas como la idea de que cada vez veremos una mejora o de que, una vez que se produce una mejora, esta se mantiene. Estamos avanzando, tratando de erradicar hábitos mentales que se han establecido durante años. Cualquier cambio es precioso, aunque no sea necesariamente estable. Para que nuestras mentes se acostumbren a trabajar de forma tan diferente, debemos practicar durante un tiempo *cada día*.

ROGER: Me gustaron las sensaciones que experimenté durante la tercera y la cuarta fase de la práctica de la «Aceptación R.E.A.L.». La aceptación a través de esta práctica me hizo sentir mejor, aunque me resultó difícil aceptar algunos pensamientos durante la práctica informal. Sentí dolor, ira y asco hacia algunos pensamientos. Me siento más incómodo en la práctica informal, una sensación que desaparece durante la práctica formal.

INSTRUCTOR: ¿Puedes recordar en el transcurso de esos momentos incómodos las cosas que aprendiste en la práctica formal?

ROGER: Me cuesta. Trato de separarme de mis pensamientos, pero me resulta difícil aceptarlos.

INSTRUCTOR: Es muy importante poder unir estos dos tipos de prácticas. A través de la práctica informal, transferimos a la vida real lo que aprendemos en el espacio tranquilo, pacífico y seguro de la práctica formal.

PATRICK: La práctica de la «Exposición consciente» es algo que debe seguirse metódicamente, pero creo que, en ocasiones, la exposición funciona mejor si no piensas en ello. Las veces que logré llevar a cabo la exposición, me dije a mí mismo: «Ya no me importa». He estado pensando en estas cosas...

INSTRUCTOR: ¿Y te las arreglaste para seguir realizando estas exposiciones a lo largo del tiempo?

PATRICK: Algunas sí, pero me doy cuenta de que fue porque eran situaciones menos peligrosas.

INSTRUCTOR: Sí, es posible que seamos capaces de realizar una exposición con un nivel de malestar más bajo más rápidamente, sin pensar demasiado en ello o sin tener que seguir pasos específicos. El problema es cómo manejar las situaciones más incómodas, las que tememos. La «Exposición consciente» nos ayuda a adentrarnos en estas situaciones con un estado de ánimo que nos permite afrontarlas. Esto se debe a que experimentamos las situaciones tal como son en realidad, y no como las interpreta nuestra mente. Exponerse a eventos desafiantes significa ser plenamente consciente de lo que está sucediendo en esas situaciones, tanto dentro como fuera de nosotros. Seamos conscientes de que, en ocasiones, el hecho de realizar una exposición rápidamente es una forma de evitar, y no estamos realmente en contacto con lo que desencadena nuestro malestar.

PATRICK: Puedo manejar mejor algunas cosas no pensando demasiado en ellas... por ejemplo, aprender a conducir me resultaba difícil cuando lo dividía en pequeñas tareas. Aprendí mejor haciéndolo de manera instintiva, de forma automática. Pero estoy de acuerdo en que es necesario un método para las exposiciones más difíciles.

Introducir la autocompasión

Como ya examinamos en el capítulo 2, los individuos con TOC suelen tener dificultades para ser conscientes del sufrimiento que se causan a sí mismos o que ocasionan a otras personas a causa de su trastorno. También les cuesta ser cariñosos, cálidos, amables y tener una actitud de aceptación con respecto a su propia experiencia privada difícil. De hecho, la mayoría de los mecanismos y de los sesgos del TOC pueden considerarse como la antítesis de las cualidades que abarcan la autocompasión: confianza en sí mismo, aceptación de la experiencia privada, ausencia de juicios, sabiduría (en el sentido de la capacidad de ver la realidad de manera objetiva y adaptativa y de comprender las causas de su sufrimiento) y calidez (algo que los individuos que a menudo creen estar en peligro y que se ponen a la defensiva tienen problemas para sentir). Por esas razones, los individuos con TOC pueden tener dificultades para sentir autocompasión, la cual constituye, sin embargo, una actitud y un sentimiento extremadamente importantes y saludables. La autocompasión estimula una activación estable del sistema de satisfacción/confortamiento y seguridad y, de manera simultánea, desactiva el sistema de amenaza/autoprotección[3].

Para ayudar a que los participantes comprendan la importancia que tiene la autocompasión para sus problemas y la necesidad de practicarla a través de una meditación formal, el instructor abre un debate reflexivo.

INSTRUCTOR: Me gustaría introducir un componente de la práctica del *mindfulness* que puede ser particularmente importante que cultivéis a fin de superar vuestros problemas. Esta cualidad es la compasión. Pero primero me gustaría saber qué pensáis que es la compasión. En vuestra opinión, ¿qué significa la *compasión*?

CAROL: Para mí, la compasión significa sentir lástima o pena por alguien.

ALAN: Creo que la compasión significa sentir simpatía por alguien que no está bien.

3. P. GILBERT, *Compassion focused therapy: Distinctive features*, Routledge/Taylor & Francis Group, Nueva York 2010 (trad. esp.: *Terapia centrada en la compasión: Características distintivas*, Desclée De Brouwer, Bilbao 2015).

GIULIA: Yo la definiría igual que Carol.

INSTRUCTOR: Bueno, me parece que vuestra idea de la compasión, en general, se acerca mucho a la idea común que la gente tiene sobre este sentimiento. En realidad, los términos *lástima*, *pena por*, e incluso *simpatía* suelen indicar un sentimiento de superioridad con respecto a la persona que está sufriendo, y tienden a evocar un sentido despectivo. Pero si miramos el verdadero significado de la compasión, podemos ver que este término proviene del latín *com* («con») y *pati* («sufrimiento») –que significa «sufrir con»–, y se ha definido como «una profunda conciencia y sensibilidad hacia el sufrimiento asociada con un profundo compromiso y responsabilidad para tratar de aliviarlo»[4]. Por eso, cuando sentimos compasión por alguien, nos ponemos en el mismo nivel, porque sabemos que el sufrimiento que él o ella siente es lo que nosotros también hemos sentido o podríamos sentir en algún momento de la vida.

En esta sesión nos centraremos en sentir compasión por nosotros mismos –*autocompasión*–, que es la actitud de cuidar responsablemente de nuestro propio sufrimiento y de cultivar un fuerte compromiso para aliviarlo. La «Práctica de la autocompasión» que vamos a aprender puede ser muy útil para debilitar o neutralizar algunos hábitos y actitudes mentales típicas del TOC, como la desconfianza, las creencias negativas, la culpa, la autocrítica y la autoculpabilización. Además, como vimos en la sesión 2 en la parte sobre la formulación del problema (documento 5C), la autocompasión tiene el efecto de activar el sistema de satisfacción/confortamiento y seguridad y, de manera simultánea, de desactivar el sistema de amenaza/autoprotección en el cerebro. Esto ayuda a crear una sensación de seguridad, de autoconfianza, de equilibrio y de calma.

La autocompasión es una práctica central del *mindfulness* en el programa de la MBCT para el TOC, porque funciona sobre los mecanismos cruciales del TOC. Sin embargo, puede ser bastante nueva y desafiante para algunos participantes y, en ocasiones, una fuente de malestar y de conflicto. Para ayudar a que los participantes se sientan cómodos y estén dispuestos a practicar la autocompasión, el instructor debe guiar a los participantes usando un tono y un estilo amable y acogedor, invitándoles a encontrar una postura cómoda y a experimentar las imágenes, los pensamientos y los sentimientos evocados durante la práctica solo en la medida en que sean capaces y estén dispuestos a hacerlo. Los participantes deben observar cuidadosamente la forma en que se relacionan con las imágenes, con las emociones y con los estímulos evocados durante la práctica. La puesta en común y el debate posteriores a esta práctica son particularmente importantes.

4. *Ibíd.*

Cuadro 13.2.

Práctica de la autocompasión

Encuentre una posición sentada cómoda, una postura que transmita una sensación de estabilidad y arraigo, la sensación de estar plenamente en este lugar, en este momento [pausa de 5 segundos]. Intente mantener la espalda recta, pero no rígida, sus hombros y su pecho relajados y sus manos quietas; además, si está sentado en una silla sienta sus pies tocando el suelo [pausa de 5 segundos]. Si eso no crea malestar, dese permiso para cerrar los ojos suavemente y para que la calma se establezca dentro de usted. Sienta el contacto entre su cuerpo y la superficie que lo acoge. Este contacto le dice que está en el aquí y ahora, en este momento [pausa de 15 segundos].

Después de ponerse cómodo y estabilizar su posición, dirija su atención a la respiración durante un momento [pausa de 10 segundos]. Haga todo lo posible por respirar de manera regular y calmada, advirtiendo cómo cambian las sensaciones en el abdomen durante cada inspiración y cada espiración [pausa de 10 segundos]. En la medida de lo posible, intente que la inspiración dure lo mismo que la espiración, quizá contando 3 segundos para la inspiración, 1 segundo para la pausa y, a continuación, otros 3 segundos para la espiración. Calme su cuerpo, calme su respiración, y calme su mente [pausa de 10 segundos]. Puede advertir la sensación de nutrición y energía que le proporciona cada inspiración mientras lleva el oxígeno a su cuerpo, así como la sensación de liberación con cada espiración, cuando el aire sale por las fosas nasales o la boca [pausa de 15 segundos].

Hay muy pocas certezas en la vida. Una de ellas es el sufrimiento, pero otra es la respiración, algo que ha estado con nosotros desde nuestro primer momento en el mundo y que estará hasta el último. La capacidad de permanecer con la respiración es la herramienta más poderosa que tenemos para superar el sufrimiento [pausa de 15 segundos].

Haga todo lo posible por ser consciente de lo que está experimentando y sintiendo, y suspenda cualquier juicio sobre qué está sucediendo en su interior o en el exterior [pausa de 10 segundos]. En esta práctica desarrollará una cualidad denominada *autocompasión*, la compasión hacia sí mismo. La autocompasión es un sentimiento y una forma de ser que puede liberarle de muchas emociones difíciles y que puede ayudarle a desarrollar una relación saludable con su cuerpo y su mente, así como una mejor conexión con el mundo y la gente que le rodea [pausa de 5 segundos].

Para desarrollar la autocompasión, es importante cultivar las siguientes cualidades con regularidad y convicción a lo largo del tiempo.

La primera cualidad es la **sabiduría**. La sabiduría es la conciencia de la naturaleza de las cosas y la comprensión de las causas del sufrimiento y los hechos que conducen al bienestar [pausa de 5 segundos]. La sabiduría es una capacidad que puede desarrollarse. Se origina a partir de las experiencias personales que ha tenido en la vida, de las lecciones que ha sacado de ellas, y de la manera en que las usa para

(cont.)

crecer como persona [pausa de 5 segundos]. Nos permite ver la realidad tal como es, liberándonos de nuestros hábitos mentales y de nuestros condicionamientos. Todos nosotros somos el resultado de nuestra propia historia, especialmente de las experiencias de los primeros años de vida –una historia que no escogimos, pero que moldeó nuestras mentes y el modo en que reaccionamos a los eventos– [pausa de 5 segundos]. Nos hemos acostumbrado a tener una mente que, en ocasiones, está repleta de preocupaciones y de emociones difíciles. También sabemos que, en otros momentos, la mente puede tranquilizarse y ofrecernos alegría y placer. La sabiduría proviene de una profunda comprensión y aceptación de nuestra naturaleza humana, y puede ser cultivada a lo largo del tiempo. Al sentarse aquí, en esta posición tranquila y estable, al llegar a comprender y aceptar todo esto, usted desarrolla la sabiduría, momento a momento, día tras día [pausa de 15 segundos].

La segunda cualidad de la autocompasión es la **aceptación**. La aceptación es la disposición a permitir que las emociones, las sensaciones y los pensamientos perturbadores estén con nosotros, reconociendo que las experiencias dolorosas son una parte normal e inevitable de la vida humana. La *aceptación* implica que dejamos de luchar y de resistirnos a las cosas que no nos gustan. También supone aceptarnos a nosotros mismos, tal como somos, con todas nuestras limitaciones, y estar dispuestos a suspender todo juicio y toda crítica dirigida contra nosotros mismos y nuestra experiencia interna, reconociendo que, por lo general, el hecho de juzgarnos y de criticarnos a nosotros mismos es inútil y autodestructivo [pausa de 5 segundos]. Estamos tratando de cultivar esta disposición a permanecer en contacto con nuestra experiencia interna, tal como es, limitándonos a permitir que los pensamientos, las emociones y las sensaciones vayan y vengan [pausa de 15 segundos].

La tercera cualidad de la autocompasión es la **confianza**. La *confianza* es la voluntad de abrirnos a nuestras experiencias internas y externas, sabiendo que, al hacerlo, podemos encontrarnos con diferentes formas de sufrimiento, pero sabiendo también que este no es permanente y que disponemos de las herramientas necesarias para encontrar alivio del mismo [pausa de 5 segundos]. A menudo nos encontramos en la vida con cosas que podrían ser realmente útiles para nosotros, pero que evitamos por nuestros miedos y nuestra desconfianza. Haga todo lo posible ahora por sentarse con un sentido de dignidad y orgullo. Saque ligeramente el pecho, mueva los hombros un poco hacia atrás, y sienta su cuerpo firmemente arraigado, anclado en el suelo [pausa de 5 segundos]. Puede experimentar las sensaciones de contacto de la pelvis, las nalgas, las piernas o los pies contra el suelo, sintiendo el suelo y la silla que le sostiene [pausa de 10 segundos]. Está sentado en una posición de apertura [pausa de 5 segundos]. Ahora trate de sentir un espacio de calma y de tranquilidad dentro de su cuerpo, un área o un punto en su interior que sienta tranquilo [pausa de 10 segundos]. Esta área de calma puede expandirse gradualmente a todo su cuerpo mientras cultiva la compasión hacia sí mismo [pausa de 15 segundos].

(cont.)

La cuarta cualidad de la autocompasión es una sensación de **calidez** y de **amabilidad** al relacionarse con el mundo exterior, pero antes que nada con nosotros mismos [pausa de 5 segundos]. Esto significa dirigir la calidez y la amabilidad hacia nuestras emociones, pensamientos y sensaciones físicas y a todo lo que sentimos en nuestro interior, a lo que está sucediendo dentro de nosotros, momento a momento [pausa de 5 segundos]. Significa cuidar nuestros sentimientos difíciles de la misma manera en que un padre cuida a su hijo asustado, con un abrazo cálido [pausa de 5 segundos]. Imagínese ahora abrazando sus sentimientos y sus miedos de la misma manera cálida [pausa de 15 segundos].

La quinta cualidad útil para desarrollar la autocompasión es el **compromiso**. El *compromiso* es la intención clara y la voluntad concreta de hacer todo lo posible por aliviar y cuidar nuestro sufrimiento en la forma en que estamos aprendiendo a hacerlo [pausa de 5 segundos]. Implica un deseo de ayudarnos a nosotros mismos y de hacer cambios suspendiendo cualquier hábito, actitud o comportamiento que continuamente active, alimente o mantenga nuestro sufrimiento [pausa de 10 segundos]. Dentro de cada uno de nosotros hay una parte que quiere ser feliz y que también quiere que los demás lo sean. Concéntrese ahora en este profundo compromiso [pausa de 10 segundos]; siéntalo y cultívelo profundamente dentro de usted mismo [pausa de 15 segundos].

Y ahora, mientras permanece profundamente en contacto con su respiración y con su postura, que siempre están con usted en un segundo plano, trate de dirigir su mente hacia alguien a quien le tenga un profundo cariño, alguien por quien sienta un profundo afecto [pausa de 15 segundos]. Si tiene dificultades para encontrar a alguien en su vida por quien tenga estos sentimientos, puede pensar en un animal al que le tenga mucho cariño, y pensar en los momentos de sufrimiento que esta persona o este animal pueda haber experimentado o puede estar experimentando ahora [pausa de 5 segundos]. Haga todo lo posible por entrar en contacto con este sufrimiento y, en determinado momento, intente expresar un deseo sincero dentro de usted, con su corazón y no con su mente, hacia esta persona o este animal [pausa de 5 segundos]. Por ejemplo, durante la inspiración puede pensar en la frase: «**Ojalá seas feliz**», y durante la espiración: «**Ojalá vivas en paz y estés libre de sufrimiento**» [pausa de 15 segundos]. También puede usar otras palabras que sienta que son más sinceras o espontáneas [pausa de 5 segundos]. Lo importante es dirigir esta intención, este sentimiento y este deseo hacia esa persona o ese animal y hacia su sufrimiento [pausa de 10 segundos]. Lo que importa es hacer esto solo si siente profundamente este deseo [pausa de 10 segundos]. Puede repetir su afirmación o sus afirmaciones tantas veces como quiera, como si sus palabras pudieran aliviar su sufrimiento, un sufrimiento que seguramente está presente en todos los seres humanos y en todos los animales [pausa de 10 segundos].

(cont.)

Y una vez que haya experimentado este sentimiento compasivo y haya dirigido estos deseos compasivos hacia una persona o un animal querido, trate de imaginar durante un momento que tiene a su lado a una persona que represente y encarne la compasión, el altruismo y la capacidad de permanecer con el sufrimiento de los demás y de sentirlo [pausa de 10 segundos]. Puede ser una persona que haya conocido a lo largo de su vida, o también puede ser una figura religiosa o histórica, o incluso un personaje ficticio de una novela o de una película [pausa de 5 segundos]. Imagine que tiene esta persona a su lado [pausa de 5 segundos]. Imagínese observando la mirada amable en su cara, y sienta la compasión que esta persona emana [pausa de 10 segundos]. Podría sentirse «infectado» por el sentimiento que esta persona es capaz de comunicar y de expresar [pausa de 10 segundos]. Y cuando se sienta en contacto con esta sensación, puede colocar ambas manos en el centro de su pecho, donde está su corazón, y presionar sus manos contra el pecho de manera suave y ligera [pausa de 5 segundos] (algunas personas prefieren apoyar sus manos en su abdomen o en sus mejillas). Cuando esté listo, haga todo lo posible por convertirse en esta persona, dirigiendo un sentimiento compasivo hacia sí mismo y hacia su sufrimiento [pausa de 5 segundos] con la idea de cuidar de su sufrimiento, acogiéndolo dentro de sí mismo [pausa de 5 segundos], aceptándolo como una condición que está presente ahora, pero que no es eterna. Es impermanente, como todo [pausa de 5 segundos]. Exprese su **intención de suspender**, lo mejor que pueda, todos **los comportamientos, las actitudes y los hábitos** que tienden a alimentar este sufrimiento [pausa de 10 segundos]. Intente hacer estas cosas solo si las siente profundamente, no como una tarea que deba realizar, sino con una intención real, auténtica y sincera [pausa de 10 segundos]. **Imagínese viendo reflejada su cara en un espejo** (mejor aún sería si pudiera mirarse realmente en un espejo) [pausa de 5 segundos] y, cuando esté listo, quizá decida dirigir hacia usted mismo las frases que dirigió hacia su ser querido o su animal querido, tal vez diciéndose a sí mismo durante la inspiración: «**Ojalá sea feliz**» y durante la espiración: «**Ojalá viva en paz y esté libre de sufrimiento**» [pausa de 15 segundos]. Diga estas palabras con calma, como algo que siente profundamente en su corazón [pausa de 10 segundos]. Haga todo lo posible por usar el tono más compasivo que pueda, **creando también una expresión amistosa, amable y suave** mientras repite estas palabras en su cabeza y en su corazón [pausa de 15 segundos]. Concéntrese en este fuerte deseo de que todo pueda suceder, en lo maravilloso que sería si pudiera encontrar la paz y la felicidad [pausa de 10 segundos].

Cada vez que se centre en este deseo, en este anhelo, advierta suavemente todo lo que pasa en su interior [pausa de 5 segundos]. ¿Qué emociones siente? [pausa de 5 segundos] ¿Qué pensamientos ocurren en este momento? [pausa de 5 segundos] ¿Hay alguna resistencia? Recuerde que está tratando de hacer esto de manera consciente, así que si su mente vaga en ocasiones a otro lugar, limítese a traerla de vuelta cada

(cont.)

vez [pausa de 10 segundos]. Durante un minuto, continúe repitiéndose mentalmente: «**Ojalá sea feliz**» durante la inspiración y «**Ojalá viva en paz y esté libre de sufrimiento**» durante la espiración [pausa de 10 segundos]. Haga todo lo posible por sentir estas frases con el corazón más que con la cabeza [pausa de 5 segundos] mientras se mira en el espejo o se imagina su cara delante de usted [pausa de 45 segundos].

Cada vez que se dé cuenta de que hay pensamientos que le llevan a otra parte, vuelva a traer su atención de vuelta a las frases compasivas que está dirigiendo de manera sincera y amable hacia sí mismo [pausa de 20 segundos].

Deje ahora que la imagen de sí mismo se desvanezca y acompañe suavemente su conciencia hacia la respiración, respiración que ahora se fusiona con una percepción de todo su cuerpo, sintiéndolo como una unidad, como un todo, desde las puntas de los dedos de los pies hasta la coronilla [pausa de 5 segundos]. Sienta todo su cuerpo y, al mismo tiempo, sienta su respiración llevando oxígeno a su cuerpo, a todas las células de su cuerpo [pausa de 10 segundos]. Sienta su respiración llevando energía y vida dentro de sí mismo [pausa de 10 segundos]. Al final de esta práctica puede que desee **felicitarse** por haber cultivado este sentimiento de compasión y bondad hacia sí mismo, un sentimiento del que tiene una gran necesidad cada día, cada hora de cada día, y quizás también puede que desee comprometerse a repetir esta práctica con dedicación y regularidad a diario en esta relativamente breve, pero preciosa, vida.

Basado en P. GILBERT, *Compassion focused therapy: Distinctive features, op. cit.*

Revisión de la práctica

El instructor invita a los participantes a compartir sus experiencias de la «Práctica de la autocompasión».

RAPHAEL: Nunca había pensado en sentir compasión por mí mismo. Me gusta. Suelo sentir mucha compasión hacia los demás, pero nunca hacía mí mismo. Me sentí bien por ello. También resultó muy alentador.

LAURA: La frase: «Ojalá sea feliz» es algo que creo que nunca me digo a mí misma. En cierto modo me sacudió positivamente. Me dije: «Puedo decírmela a mí misma, no solo a los demás». También experimento una sensación de liberación, porque el hecho de ser capaz de decírmela a mí misma también significa que no siempre necesito a los demás.

SUSAN: Yo he tenido sentimientos encontrados. Sentí fuertemente la frase: «Ojalá sea feliz», pero luego empecé a pensar: «Pero, ¿y si soy la primera en hacerme daño?», así que entonces sentí esta contradicción.

INSTRUCTOR: Creo que es absolutamente normal sentir experiencias contradictorias. Esta es, quizá, una nueva actitud para la mayoría de vosotros. La primera señal de un profundo cambio puede ser que advirtáis vuestras contradicciones.

JULIA: Ha pasado un tiempo desde que consideré la felicidad. Decirlo ahora me abrió un nuevo horizonte. Ser feliz es una posibilidad, algo que normalmente no considero.

LAWRENCE: Este ejercicio es un antídoto para mí, dado que mis obsesiones se originan al crear asociaciones. El piloto automático causa mi sufrimiento…

INSTRUCTOR: ¿De qué manera representa esta práctica un antídoto?

LAWRENCE: El hecho de sentir compasión hacia ti mismo, y dado que la evitación crea sufrimiento, lo vi un poco como un antídoto.

FREDERICK: Pero ¿qué quieres decir con *asociaciones*?

LAWRENCE: Mis obsesiones tienen su origen en las conexiones que hago –por ejemplo, el significado que le doy a los pensamientos intrusivos, pensamientos que ahora sé que son solo pensamientos–. La autocompasión me anima un poco a dejar de hacer estas asociaciones.

HELEN: La compasión dirigida a otra persona ha sido más fácil para mí. Hacia mí misma es más difícil. Mi problema es que siempre nado contracorriente, tratando de eliminar el sufrimiento que siento, que viene de mis pensamientos, pero todo el proceso parece estar agravando mi problema. Al decirme a mí misma que tengo que ver las cosas de cierta manera para sentirme mejor, el deseo que me dirijo a mí misma, se siente falso, así que me resulta difícil ser autocompasiva…

INSTRUCTOR: De acuerdo, Helen. En la sesión 7 [capítulo 11] compartimos la ecuación del sufrimiento, que decía que el sufrimiento es el dolor multiplicado por la resistencia. ¿Lo recordáis? El dolor es inevitable; siempre estará ahí, y no estamos aquí para decir que no volveremos a sentir dolor. Pero podemos evitar que el dolor se convierta en sufrimiento. El *sufrimiento* es vuestro problema. Lo que estamos haciendo es encontrar formas de ocuparnos de nuestro dolor para aliviarlo, y asegurarnos de que no se convierte en un sufrimiento innecesario y evitable.

ALBERT: Tengo dificultades para sentir compasión por mí mismo… puedo hacer el razonamiento, pero no puedo sentirlo como una emoción.

LAURA: Estoy aprendiendo –de hecho, casi me estoy forzando– a sentir que es correcto que mi sufrimiento se cure y no se deje de lado. Cada uno tiene su propio sufrimiento y tiene que ocuparse de él. Incluso el hecho de llevar las manos al pecho me resulta de gran ayuda.

GEORGE: Me gustaría preguntaros a todos: si parte de vuestra vida consiste en hacer rituales, ¿para quién los hacéis? ¿Para vosotros mismos?

SHEILA: Sí.

GEORGE: Creo que parte de este trastorno es que pensamos demasiado en nosotros mismos. Me resulta muy difícil separar el egoísmo del ritual de esta compasión y esta bondad para conmigo mismo. ¿Cuál es la diferencia entre uno y otro? Pienso demasiado en mí mismo…

SHEILA: ¿No crees que, como practico un ritual innecesario, en realidad carezco de conciencia? No es prestar atención hacia mí misma, a mis verdaderas necesidades. Lo hago por mí misma, pero también sé que no debo hacerlo porque no me nutre; alimenta mi problema. Realizo un ritual para aliviar la ansiedad que se desencadena. No hay una atención a mí misma; lo hago solo para satisfacer algo más.

JENNIFER: A veces recurro a un ritual para distraerme, porque no quiero pensar en lo que me duele. Pero mientras tanto lo alimento y me quito tiempo a mí misma. En la parte final del ejercicio tenía miedo de entrar en contacto con las experiencias dolorosas que he tenido, algo con lo que me cuesta convivir. Me pregunto si este ejercicio puede ser dañino, tal como es el ritual, porque todavía implica entrar en algo doloroso.

INSTRUCTOR: Estos ejercicios nos ponen en contacto intencionalmente con experiencias que normalmente evitamos. Nuestros miedos nos llevan a evitar las cosas que normalmente nos causan dolor. Con estos ejercicios hacemos lo contrario: nos acercamos a estos territorios interiores con confianza y apertura hacia la experiencia. Solo de esta manera podemos curar finalmente estas partes dolorosas.

En cuanto al egoísmo, estamos preocupados constantemente por un único aspecto de nuestra experiencia: que algo que no queremos que suceda puede suceder, y que somos responsables de ello. Nos centramos en este único aspecto porque hemos decidido que tiene prioridad sobre todo lo demás. Pero lo hacemos porque nos vuelve ciegos a todas las cosas importantes que estamos descuidando en el resto de nuestras vidas. Esto no es egoísmo, ni es cuidar de nosotros mismos o de nuestras necesidades. Lo que estamos haciendo aquí es ampliar nuestra conciencia para incluir nuestras necesidades y nuestros objetivos. Lo que realmente necesitamos en nuestras vidas es crear bienestar, ser felices y correr todos los riesgos que la vida conlleva.

GEORGE: Entonces, la diferencia, en cierto sentido, ¿radica en asumir la verdadera responsabilidad?

INSTRUCTOR: Sí, la verdadera responsabilidad, que no supone evitar ser responsable del daño a los demás o a nosotros mismos. Eso es miedo, no responsabilidad. El miedo ha aumentado hasta el punto de afectar a todas nuestras vidas. La verdadera responsabilidad coincide en parte con la libertad. Es abrirse a la vida y a la experiencia y decidir hacer aquellas cosas que nos ayuden a vivir una vida plena y real.

Ejercicio de carga y descarga

Hacer estas prácticas puede desencadenar emociones y sensaciones intensas, de modo que para ayudar a los pacientes a descargarlas, a dejarlas ir, el instructor dirige ahora el «Ejercicio de carga y descarga» que introdujimos inicialmente en la sesión 7. Véase el cuadro 11.2 para la transcripción. Una breve revisión de la práctica sigue al ejercicio.

Revisión de la práctica

INSTRUCTOR: ¿Algún comentario sobre esta práctica?

MICHAEL: El efecto del dejar ir en esta práctica es asombroso. La primera vez que realicé la práctica me pareció bastante raro o extraño, y me resultó difícil que mi cabeza tocara el suelo. De hecho, tengo un problema con el tacto relacionado con mi TOC. Pero ahora no tengo problemas para hacerlo, y experimento una sensación de profunda liberación durante la fase de descarga.

JENNIFER: Para mí sigue siendo difícil tocar el suelo con mi frente, así que termino la fase de descarga bajando los brazos.

INSTRUCTOR: Está bien, pero ¿por qué te cuesta tocar el suelo con la frente?

JENNIFER: Esa postura me parece vergonzosa. Me siento como una esclava.

INSTRUCTOR: Así que le das un significado a ese momento. ¿Observaste algún efecto al realizar la fase de descarga de esa manera, sin tocar el suelo?

JENNIFER: Sí, desde un punto de vista físico resulta bastante relajante.

SUSAN: Bueno, he advertido que este ejercicio tiene ahora un efecto diferente en comparación con las primeras veces que lo practiqué tras la primera sesión. Es interesante ver cómo soy capaz de dejar ir, de poner la frente en el suelo, y de liberar también los pensamientos, y no solo la tensión física, durante la segunda etapa. Me ha parecido uno de los ejercicios más liberadores del programa porque unió, de manera muy concreta, el cuerpo y la mente.

Descanso

Los participantes hacen una breve pausa de 10 minutos en este punto de la sesión.

Práctica del autoperdón

Una de las principales dificultades que presentan muchas personas afectadas por el TOC es la incapacidad de aceptar su imperfección como seres humanos. A menudo no pueden tolerar la idea de hacer algo de una manera que no es perfecta o de hacer algo dañino, incluso si está fuera de su control. El autoperdón puede ayudar a los participantes a normalizar los sentimientos disfuncionales, y a menudo crónicos, de la culpa, el perfeccionismo y la responsabilidad excesiva.

La «Práctica del autoperdón» que figura a continuación no intenta absolver la culpa grave o las acciones dañinas que en realidad se han cometido. Tiene por objetivo cultivar una profunda aceptación de la naturaleza imperfecta y falible que todos tenemos como seres humanos y de los errores que cometemos a lo largo de nuestra vida. Estos errores no convertirán a los participantes en las personas inaceptables que el TOC les hace temer que son.

Una forma de introducir esta práctica a los participantes es la siguiente:

> Ahora, me gustaría guiaros en una nueva práctica que se llama *autoperdón*. Está conectada de alguna manera con el sentimiento de compasión, pero se centra, en particular, en cultivar una profunda y cálida actitud de aceptación de la fragilidad, la debilidad y las imperfecciones que todos tenemos como seres humanos, así como de los errores que inevitablemente hemos cometido y cometeremos en el futuro. Esta práctica nos permite ser más conscientes, no de lo que podríamos hacer mal si no tenemos suficiente cuidado, sino más bien del dolor emocional cierto y grave que ya nos estamos causando a nosotros mismos, y que posiblemente nos hemos estado causando durante años a causa del TOC.

Revisión de la práctica

El instructor invita a los participantes a compartir sus experiencias con la «Práctica del autoperdón».

RICHARD: Durante esta práctica experimenté una profunda sensación de armonía con el mundo exterior, así como un fuerte sentido de aceptación de mí mismo como un ser humano falible. De alguna manera me he ablandado.

JULIA: Las palabras sobre el perdón eran fuertes... Sentí que no podía hacerlo por completo de momento. «Me perdono a mí mismo» eran unas palabras intensas. Tengo que trabajar en ello y convencerme de mis límites como ser humano.

SALLY: Me acepto a mí misma, pero no me perdono. Reconozco que soy como soy, pero no me perdono por los errores que cometo; hacen que me enfade...

INSTRUCTOR: Entended que el perdón, tal como lo pretendemos aquí, no equivale a la absolución. Es una decisión de no aferrarse a emociones negativas sobre algo que ya nos ha herido demasiado a lo largo del tiempo. Decidimos dejarlo en el pasado; de lo contrario seguiremos siendo esclavos de ello. El pasado no se convierte en pasado hasta que deja de afectar al presente. El perdón es, básicamente, un acto de aceptación sincera de nuestra naturaleza como seres humanos falibles e imperfectos. El autoperdón puede liberarnos de la culpa, la ira y la vergüenza –emociones que podemos alimentar y arrastrar con nosotros durante años–. Estas emociones activan y mantienen la mayoría de vuestros problemas del TOC.

Cuadro 13.3.

Práctica del autoperdón

Encuentre un lugar en el que pueda estar tranquilo y en el que no le molesten durante un rato, y luego encuentre una posición cómoda, sentándose en un cojín en el suelo o en una silla, asegurándose de que su espalda está recta, pero no rígida, en una postura que le haga sentirse estable y arraigado y que transmita un sentimiento de profunda dignidad y orgullo [pausa de 10 segundos]. En un momento dado, después de estabilizar su posición, dirija su atención a la respiración durante un momento [pausa de 10 segundos]. Trate de volverla regular y tranquila, y advierta cómo cambian las sensaciones al nivel de su abdomen durante cada inspiración y cada espiración [pausa de 20 segundos]. Cuando se sienta cómodo, tómese un tiempo para recordar, sincera y honestamente, todas las formas en que se dé cuenta de que se ha causado dolor y sufrimiento a sí mismo [pausa de 5 segundos]; los modos en que se ha dañado o lastimado a sí mismo, consciente o inconscientemente, voluntaria o involuntariamente, a través de pensamientos, palabras o acciones [pausa de 30 segundos]. Sienta en su interior cuánto le ha costado [pausa de 20 segundos]. Sienta las formas en que se juzga a sí mismo por lo que se ha hecho [pausa de 10 segundos]. Visualice esas formas y recuérdelas [pausa de 10 segundos]; sienta el dolor que le han causado [pausa de 10 segundos]. Puede que estas palabras, estas acciones o estos pensamientos estuvieran destinados a evitar el daño o a hacer que se sintiera más seguro, pero ahora puede reconocer profundamente que el único efecto real que han tenido ha sido el de herirle a usted, y tal vez a otras personas también [pausa de 20 segundos].

Estas cosas que le están viniendo a la mente son como pesos que tiran de usted hacia abajo y agotan su energía, limitando su vida de muchas maneras [pausa de 15 segundos]. Cuando esté listo, puede optar por liberarse de esos pesos inútiles, y puede decidir perdonarse por cada uno de ellos, uno a uno [pausa de 10 segundos].

Ahora, si así lo desea y si se siente cómodo al hacerlo, lleve una o ambas manos a su pecho, donde está su corazón, o, si lo prefiere, colóquelas en su vientre o en sus mejillas [pausa de 10 segundos]. También puede imaginarse su cara reflejada en un espejo (mejor aún sería si pudiera mirarse realmente en un espejo) [pausa de 10 segundos].

Cuando se sienta listo, puede repetirse suavemente y en silencio las siguientes frases, tomándose un tiempo para sentir cada una de ellas, pronunciándolas lentamente, una a una, pero solo en la medida en que sea capaz de sentirlas con el corazón, y no solo de entenderlas con la mente [pausa de 5 segundos]. No son oraciones, sino una expresión clara y sincera de intenciones, principios y formas de sentir que usted sabe que son esenciales para el bienestar de su vida presente y futura [pausa de 5 segundos].

(cont.)

Como ser humano, me he dañado y lastimado de muchas maneras [pausa de 5 segundos].

Me he traicionado y ofendido en varias ocasiones con pensamientos, palabras o acciones, ya sea voluntaria o involuntariamente [pausa de 15 segundos].

Me concedo un perdón completo y sincero por la forma en que me he herido a mí mismo con las cosas que hice o no hice por miedo, dolor o confusión [pausa de 10 segundos].

Me perdono a mí mismo [pausa de 30 segundos].

Me acepto a mí mismo con mis imperfecciones, mis límites y mis debilidades [pausa de 10 segundos], *y reconozco que ser humano significa ser imperfecto* [pausa de 10 segundos].

Me acepto tal como soy [pausa de 30 segundos].

Quiero acoger las experiencias que vivo día a día tal como son [pausa de 10 segundos] *sin tratar de cambiarlas, de luchar contra ellas, de arreglarlas o de evitarlas continuamente* [pausa de 15 segundos].

Me perdono a mí mismo por los errores que, inevitablemente, he cometido como ser humano y cometeré [pausa de 15 segundos].

Soy consciente de que, sin tener que tratar continuamente de evitar el daño, siempre hago todo lo posible para no hacerme daño a mí mismo o a los demás [pausa de 15 segundos].

Asumo la responsabilidad de lo que hago [pausa de 5 segundos] *y no me preocupo por lo que no he hecho y no tengo intención de hacer* [pausa de 10 segundos].

Acepto mi condición de ser humano [pausa de 30 segundos].

Puede repetir estas palabras hasta que verdaderamente sienta que estos mensajes y estas intenciones son suyos y sienta alivio en su interior, mientras continúa respirando suave y tranquilamente [pausa de 30 segundos].

Por último, acompañe suavemente su atención hacia la respiración y la postura una vez más, entrando en sintonía con el aquí y ahora, y sintiendo quizás una mayor libertad y apertura a la vida y una mayor conexión con todo lo que le rodea.

Lectura y debate de las citas de la sesión 9

El instructor lee las citas sobre la compasión y el perdón del documento 3 de la sesión 9 y pregunta a los participantes cuál es, en su opinión, el significado de cada cita y cómo podría serles útil, sobre todo con respecto al tema de la sesión. El instructor resume los comentarios y, en caso necesario, explica el significado de las citas que no estén claras.

Distribución de los documentos de los participantes y asignación de tareas para hacer en casa

Escribir es una de las mejores formas de entrar en contacto y de expresar emociones o sensaciones difíciles y de reflexionar sobre ellas. Escribir una carta compasiva a uno mismo ayuda a asimilar las experiencias difíciles. En el proceso, uno se vuelve más consciente, está más dispuesto a aceptar sus propios sentimientos, y se muestra más comprensivo y reflexivo sobre sus propios desafíos, necesidades y dificultades[5], mejorando en última instancia su capacidad para hacer frente a los acontecimientos de la vida[6]. El objetivo de esta carta no solo es centrarse y tratar con emociones difíciles. También puede ayudar a los individuos a retroceder, a reflexionar empáticamente y a estar abiertos a sus emociones y a sus pensamientos, así como a desarrollar formas equilibradas de trabajar con ellos[7].

Una de las tareas de esta semana para casa consiste en invitar a los participantes a escribirse una carta a sí mismos desde la perspectiva de un amigo imaginario incondicionalmente cariñoso, tolerante y compasivo; en ella deben descubrir, en primer lugar, un aspecto de sí mismos que no les guste, y luego expresar una actitud comprensiva, aceptadora, no crítica, cálida y afectuosa hacia esa parte de sí mismos (véase Sesión 9–Documento 2). También es importante recordar a los participantes que deben darse permiso para disponer de una cantidad adecuada de tiempo y espacio, así como para tener una actitud adecuada para realizar tanto este ejercicio como la «Práctica de la autocompasión».

A continuación, el instructor distribuye los documentos de esta sesión e invita a los participantes a practicar estos ejercicios durante la semana siguiente (Sesión 9–Documentos 4 y 5): escribirse una carta compasiva a sí mismos siguiendo las directrices del documento 2 de la sesión 9; «Práctica de la autocompasión» todos los días a fin de cultivar y desarrollar esta actitud básica y cuidar de su sufrimiento; «Práctica del autoperdón» todos los días, cultivando una profunda sensación de aceptación de su condición de seres humanos imperfectos que pueden cometer errores incluso cuando hacen todo lo posible por no cometerlos. También se les pide que practiquen todos los días, al menos una vez al día, la «Exposición consciente» en situaciones que crean ansiedad y angustia. Además, se les invita a usar la práctica de la «Aceptación R.E.A.L.» los días 1 y 5; la «Meditación de la mente observadora» (introduciendo un pensamiento perturbador y angustioso y cultivando un sentido de aceptación activa hacia él) los días 3 y 7; y un ejercicio de *mindfulness* en un movimiento de su elección (p. ej.: «Paseo consciente», «Paseo consciente con estabilizadores verbales», «Meditación de los

---

5. *Ibíd.*
6. M. R. Leary, E. B. Tate, C. E. Adams, A. B. Allen y J. Hancock, «Self-compassion and reactions to unpleasant self-relevant events: The implications of treating oneself kindly»: *Journal of Personality and Social Psychology*, 92(5) (2007), 887–904.
7. P. Gilbert, *Compassion focused therapy: Distinctive features*, *op. cit.*

círculos conscientes con las manos», «Ejercicio de carga y descarga», «Movimientos conscientes y estiramientos») los días 2, 4 y 6 durante aproximadamente 10-15 minutos. Por último, se pide a los participantes que completen el formulario de la «Práctica de las intenciones saludables» (Sesión 8–Documento 4) cada mañana durante 5-10 minutos, con convicción y compromiso, añadiendo una actitud compasiva para con sus intenciones.

También se invita a los participantes a tomar nota de sus comentarios y observaciones en el «Formulario de registro de la práctica en casa para la sesión 9» cada vez que practiquen, así como a leer con cuidado el material proporcionado en esta sesión, al menos una vez, y a reflexionar sobre sus contenidos.

Círculo consciente

La sesión termina como de costumbre, con el grupo sentado en círculo y centrado en silencio en la respiración durante 3-4 minutos. A continuación, el instructor puede optar por repetir una o más citas de esta sesión (Sesión 9–Documento 3) o invitar a cada miembro del grupo a compartir una experiencia del momento presente en pocas palabras.

Sesión 9–Documento 1. Resumen de la sesión 9: Desarrollar la autocompasión y el autoperdón

Puede ser muy difícil cuidar del propio sufrimiento. A menudo luchamos contra él, lo evitamos o lo rechazamos. Las personas que padecen TOC tienden a tener una actitud agresiva hacia sus propios pensamientos, emociones y sensaciones físicas. Ahuyentan los pensamientos o los juzgan negativamente, luchan o suprimen las emociones, y se critican fuertemente a sí mismos y lo que sienten. Consciente o inconscientemente, directa o indirectamente, estas acciones alimentan su sufrimiento. Pero el primer paso para aliviar efectivamente el sufrimiento es *dejar de luchar contra él*.

La **compasión** es lo opuesto a estos modos contraproducentes. Consiste en una profunda sensibilidad y bondad hacia nuestro propio sufrimiento y el de los demás, combinada con un compromiso profundo y activo de buscar formas efectivas de aliviarlo. La compasión es una forma de ser y de sentir que puede cultivarse y desarrollarse con el entrenamiento. Puede liberarle de muchas emociones difíciles y ayudarle a desarrollar una relación saludable con su cuerpo, con su mente y, posteriormente, con las personas y el mundo que le rodean. La **práctica de la autocompasión** se enseña durante esta sesión para que se pueda desarrollar un enfoque diferente hacia el propio sufrimiento y hacia todo lo que lo alimenta. Esta práctica puede suavizar significativamente muchos de los mecanismos reactivos del TOC.

Tanto en la cultura oriental como en la occidental, el **perdón** siempre se ha considerado como un acto liberador de aceptación de un pasado que no puede cambiarse y de la naturaleza imperfecta de los seres humanos. El perdón nos libera de las emociones y los sentimientos que, de otra manera, nos harían revivir el pasado. El perdón de nosotros mismos es una actitud de profunda aceptación de nuestra naturaleza como seres humanos y de los errores que cometemos en nuestras vidas. La **práctica del autoperdón** puede ayudar a neutralizar las actitudes excesivamente críticas y perfeccionistas, así como los sentimientos disfuncionales de culpa y un sentido excesivo de la responsabilidad.

Sesión 9–Documento 2. Explorar la autocompasión a través de la escritura: una carta compasiva dirigida a mí mismo

Parte 1:
¿Qué imperfecciones me hacen sentir inadecuado?

Todo el mundo tiene algo de sí mismo que no le gusta; algo que le hace sentir vergüenza, sentirse inseguro o no «suficientemente bueno». Forma parte de la condición humana ser imperfectos, y los sentimientos de fracaso e inadecuación forman parte de la experiencia del ser humano.

Coja papel y trate de escribir sobre un tema que le haga sentir inadecuado o mal consigo mismo (apariencia física, problemas de trabajo o de relaciones, etc.). ¿Cómo le hace sentir este aspecto de sí mismo: aterrado, triste, deprimido, inseguro, enfadado? ¿Qué emociones surgen cuando piensa en este aspecto de sí mismo? Esto queda entre el papel y usted, así que trate de ser todo lo honesto que pueda a nivel emocional y evite reprimir cualquier sentimiento, al mismo tiempo que no se muestre demasiado melodramático. Intente limitarse a sentir sus emociones exactamente como son –ni más ni menos– y, a continuación, escriba sobre ellas.

Parte 2:
Escríbase una carta compasiva desde la perspectiva de un amigo imaginario incondicionalmente cariñoso

Piense ahora en un amigo imaginario que es incondicionalmente cariñoso, tolerante, amable y compasivo. Imagine que este amigo puede ver todos sus puntos fuertes y sus debilidades, incluido el aspecto de sí mismo sobre el que termina de escribir. Piense en cómo se siente este amigo con usted, y en que le quiere tal como es, con todas sus imperfecciones muy humanas. Este amigo reconoce las limitaciones de la naturaleza humana y muestra una actitud amable y de perdón para con usted. En su gran sabiduría, este amigo comprende la historia de su vida y los millones de cosas que han pasado en ella para hacer de usted la persona que es en este momento. La inadecuación sobre la que escribió en la parte 1 está conectada con muchas cosas que no necesariamente escogió usted: sus genes, su historia familiar, las circunstancias de la vida –cosas que quedaban fuera de su control–.

Escríbase una carta a sí mismo desde la perspectiva de este amigo imaginario, centrándose en la inadecuación percibida por la que tiende a juzgarse a sí mismo. ¿Qué le diría este amigo sobre su «defecto» desde la perspectiva de la compasión ilimitada? ¿Cómo transmitiría este amigo la profunda compasión que siente por usted, sobre todo por el dolor que siente cuando se juzga tan duramente? ¿Qué escribiría este amigo para recordarle que solo es un ser humano, que todas las personas tienen puntos fuertes y debilidades? Y si cree que este amigo le sugeriría posibles cambios que debería hacer, ¿cómo encarnarían estas sugerencias los sentimientos de comprensión y de compasión incondicionales? Mientras se escribe a sí mismo desde la perspectiva de este amigo imaginario, intente infundir en la carta un fuerte sentido de su aceptación, de su bondad, de su cuidado y de su deseo de que esté sano y sea feliz.

Parte 3:
Sienta la compasión a medida que le alivia y le consuela

Cuando acabe de escribir la carta, déjela de lado durante un momento. Luego vuelva sobre ella y léala de nuevo, dejando que las palabras penetren. Sienta la compasión derramándose sobre usted, calmándole y consolándole como una brisa fresca en un día caluroso. El amor, la conexión y la aceptación son un derecho natural. Para reclamarlos solo tiene que mirar dentro de sí mismo.

Sesión 9–Documento 3. Citas de la sesión 9

La gente olvidará lo que dijiste,
olvidará lo que hiciste,
pero nunca olvidará cómo les hiciste sentir.

—Maya Angelou

Busca un lugar dentro de ti donde haya alegría,
y esa alegría borrará el dolor.

—Joseph Campbell

La mente crea el abismo,
el corazón lo cruza.

—Nisargadatta

Hay dos tipos de sufrimiento.
Está el sufrimiento del que huyes, que te sigue a todas partes.
Y está el sufrimiento al que te enfrentas directamente, y al hacerlo te vuelves libre.

—Ajahn Chah

La compasión es nuestra naturaleza más profunda.
Surge de nuestra interconexión con todas las cosas.

—Segundo principio de la psicología budista

Lo más auténtico que tenemos es nuestra capacidad de crear, de superar, de soportar, de transformar, de amar y de ser más grandes que nuestro sufrimiento.

—Ben Okri

Perdonar significa renunciar a toda esperanza de un pasado mejor.
Perdonar significa avanzar.

—Autor desconocido

El día que el niño se da cuenta de que los adultos son imperfectos se convierte en adolescente;
el día que les perdona, se convierte en adulto;
el día que se perdona a sí mismo se convierte en sabio.

—Alden Nowlan

No perdonar, quedarse en la amargura, la ira, la hostilidad,
es como beber una taza de veneno y esperar que la otra persona muera.

—Fred Luskin

Sesión 9–Documento 4. Práctica en casa para la semana siguiente a la sesión 9

1. Haga la «**Práctica de la autocompasión**», cuya transcripción le facilitará el terapeuta, **a diario**, para aprender la manera de cuidar de su sufrimiento.
2. Escríbase una **carta compasiva** a sí mismo siguiendo las instrucciones del documento 2 de la sesión 9.
3. Lleve a cabo la «**Práctica del autoperdón**», cuya transcripción le facilitará el terapeuta, **a diario**, cultivando un profundo sentido de **aceptación** de su condición de ser humano imperfecto que puede cometer errores incluso cuando hace todo lo posible por no cometer ninguno.
4. Los días 1 y 5 lleve a cabo la práctica de la «**Aceptación R.E.A.L.**», cuya transcripción le facilitará el terapeuta, cultivando una actitud de aceptación para con algo (un pensamiento, una emoción, una sensación física) que le perturbe acogiendo esta experiencia interna como un «buen gerente de hotel» haría con sus clientes.
5. Los días 3 y 7 practique la «**Meditación de la mente observadora**», cuya transcripción le facilitará el terapeuta, introduciendo un pensamiento angustioso y cultivando un sentido de aceptación activa hacia él.
6. Los días 2, 4 y 6 practique un ejercicio de *mindfulness* en movimiento de su elección («Paseo consciente», «Paseo consciente con estabilizadores», «Meditación de los círculos conscientes con las manos», «Ejercicio de carga y descarga», «Movimientos conscientes y estiramientos») durante aproximadamente 10-15 minutos.
7. Practique la «**Exposición consciente**» al menos una vez al día, **todos los días**, en situaciones que creen ansiedad y angustia. Siga inicialmente la transcripción y las directrices de los documentos 5A y 5B de la sesión 8, y acuérdese de centrarse, en la medida de lo posible, en lo que sus sentidos le comunican (p. ej., «Veo que no hay suciedad», «Reconozco el ruido presente en este momento»). Cuando se sienta listo, puede optar por practicar el ejercicio sin la trascripción, limitándose a seguir los pasos básicos en su mente.
8. Todas las mañanas, justo después de levantarse, complete el formulario de la «**Práctica de las intenciones saludables**» (Sesión 8–Documento 4) con convicción y compromiso durante 5-10 minutos, agregando una **actitud compasiva** hacia las intenciones, y durante el día trate de hacer todo lo posible por poner en práctica lo que se ha propuesto en el formulario en lo que respecta a las acciones, los pensamientos, las palabras, las intenciones y los estados de ánimo.
9. Cada vez que practique cualquier ejercicio en esta sesión, informe de su experiencia en el «Formulario de registro de la práctica en casa para la sesión 9», tomando nota de cualquier comentario, impresión o dificultad que pudiera haber experimentado.

10. Lea cuidadosamente el material proporcionado en esta sesión, al menos una vez, y reflexione sobre los contenidos, tratando de hacerlos suyos y de usarlos día tras día a fin de desarrollar la confianza y la conciencia.

Cuando decida practicar estos ejercicios, recuerde tomarse el tiempo necesario y encontrar un lugar cálido, seguro, cómodo y tranquilo donde sepa que no le molestarán ni le interrumpirán. Encuentre una postura cómoda y estable. Haga todo lo posible por abordar los ejercicios no como si fueran una obligación que debe cumplir, sino como un hábito saludable que desea convertir en una rutina permanente en su vida. Recuerde siempre que el empeño que dedique ahora a este programa le dará resultados significativos a largo plazo.

Sesión 9–Documento 5. Formulario de registro de la práctica en casa para la sesión 9

Nombre: ____________________

Rellene este formulario cada vez que practique, y anote todo lo que suceda mientras realiza el ejercicio (beneficios para la salud, dificultades, observaciones) a fin de que podamos hablar de ello durante la siguiente sesión.

Día/Fecha	Ejercicio	Comentarios
Jueves Fecha: ________	Autocompasión Exposición consciente Autoperdón Intenciones saludables Mente observadora *Mindfulness* en movimiento Aceptación R.E.A.L.	
Viernes Fecha: ________	Autocompasión Exposición consciente Autoperdón Intenciones saludables Mente observadora *Mindfulness* en movimiento Aceptación R.E.A.L.	
Sábado Fecha: ________	Autocompasión Exposición consciente Autoperdón Intenciones saludables Mente observadora *Mindfulness* en movimiento Aceptación R.E.A.L.	
Domingo Fecha: ________	Autocompasión Exposición consciente Autoperdón Intenciones saludables Mente observadora *Mindfulness* en movimiento Aceptación R.E.A.L.	
Lunes Fecha: ________	Autocompasión Exposición consciente Autoperdón Intenciones saludables Mente observadora *Mindfulness* en movimiento Aceptación R.E.A.L.	
Martes Fecha: ________	Autocompasión Exposición consciente Autoperdón Intenciones saludables Mente observadora *Mindfulness* en movimiento Aceptación R.E.A.L.	
Miércoles Fecha: ________	Autocompasión Exposición consciente Autoperdón Intenciones saludables Mente observadora *Mindfulness* en movimiento Aceptación R.E.A.L.	

14 Sesión 10
Aprender a correr riesgos

Ganas fuerza, coraje y confianza
con cada experiencia en la que realmente
te detienes a mirar al miedo a la cara.
Debes hacer lo que te crees incapaz de hacer.

—ELEANOR ROOSEVELT

Sobre esta sesión

Hemos llegado a la penúltima etapa de este viaje. Esta sesión prepara a los participantes para enfrentarse a la vida y a sus desafíos después del final del curso cultivando la asunción de riesgos y un sentido de la responsabilidad saludable. La auténtica responsabilidad significa estar dispuesto a tomar decisiones importantes y ser capaz de confiar en uno mismo para hacer lo que es correcto o útil, aceptando cualquier resultado. Implica ser consciente del impacto real de nuestras acciones y de nuestras decisiones y estar dispuesto a reconocer el modo en que nuestro comportamiento nos afecta realmente a nosotros y a los demás. Una de las mejores formas de desarrollar confianza y un sentido de la responsabilidad apropiado es asumiendo riesgos constructivos útiles de manera consciente, incluidos los riesgos que no están conectados con el TOC. En esta sesión se pide a los participantes que consideren la posibilidad de correr el riesgo de hacer algo que les gustaría hacer o que consideran útil hacer pero que sus temores inhibieron, porque los condicionamientos pasados etiquetaron esas cosas como erróneas, porque no se les permitió hacerlas o porque se les dijo que no eran capaces de hacerlas (véase Sesión 10-Documento 1). Este tipo de asunción de riesgos consciente puede llevar a una confianza y un empoderamiento tremendos y ayudar a prevenir la evitación experiencial y los comportamientos de búsqueda de seguridad, así como a superar el problema de la sobreestimación de la amenaza. De hecho, las personas con TOC suelen evaluar la

Cuadro 14.1.

Programa de la sesión 10
Tema: Aprender a correr riesgos

Breve resumen

La *auténtica responsabilidad* significa estar dispuesto a tomar decisiones importantes y ser capaz de confiar en uno mismo para hacer lo que es correcto o útil, aceptando cualquier resultado. Implica ser consciente del impacto de nuestras acciones y decisiones y estar dispuesto y ser capaz de reconocer el modo en que nuestro comportamiento nos afecta realmente a nosotros y a los demás. Una de las formas más poderosas de desarrollar un sentido de la responsabilidad adecuado y una confianza real es asumir riesgos constructivos de manera consciente, incluidos los riesgos que no están conectados con los problemas obsesivos. Este tipo de comportamiento de asunción de riesgos lleva al empoderamiento y es útil para prevenir la evitación experiencial y los comportamientos de búsqueda de seguridad.

Los «Rituales de dejar ir» son útiles para normalizar los comportamientos ritualistas y para reforzar las mejoras logradas a lo largo del programa, incluida la motivación para cambiar y practicar el *mindfulness*.

En esta penúltima sesión del programa, los participantes también reciben apoyo a fin de que puedan prepararse para hacer frente a la vida y a sus desafíos después del final del curso.

Esquema de la sesión

- ❑ Práctica de la «Aceptación R.E.A.L.».
- ❑ Revisión de la práctica.
- ❑ Revisión de la práctica en casa.
- ❑ Introducir la asunción de riesgos y la responsabilidad.
- ❑ Asignación de tareas para hacer en casa: crear una lista de riesgos.
- ❑ «Paseo consciente» (versión estándar/con estabilizadores mentales).
- ❑ Revisión de la práctica.
- ❑ Descanso.
- ❑ «Práctica de la autocompasión».
- ❑ Revisión de la práctica.
- ❑ Planificar los «Rituales de dejar ir».
- ❑ Lectura y debate de las citas de la sesión 10.
- ❑ Distribución de los documentos de los participantes y asignación de tareas para hacer en casa:
  - ❑ «Práctica de la autocompasión» los días 1, 3, 5 y 7.
  - ❑ «Práctica del autoperdón» los días 2, 4 y 6.
  - ❑ «Exposición consciente»: a diario.
  - ❑ Ejercicio de su elección: *estático*, los días 1, 3, 5 y 7, o en *movimiento*, los días 2, 4 y 6.
  - ❑ Planificar e implementar la «Lista de riesgos conscientes» los días 1, 3, 5 y 7.
  - ❑ Planificar e implementar la «Lista de los rituales de dejar ir» los días 2, 4 y 6.
- ❑ Terminar con un «Círculo consciente» centrado en la respiración.

(cont.)

Materiales y recursos

- Campanas.

Documentos para los participantes

Sesión 10–Documento 1. Resumen de la sesión 10: Aprender a correr riesgos.

Sesión 10–Documento 2. Correr riesgos conscientes en la vida.

Sesión 10–Documento 3. Lista de riesgos conscientes.

Sesión 10–Documento 4. Lista de los rituales de dejar ir.

Sesión 10–Documento 5. Citas de la sesión 10.

Sesión 10–Documento 6. Práctica en casa para la semana siguiente a la sesión 10.

Sesión 10–Documento 7. Formulario de registro de la práctica en casa para la sesión 10.

probabilidad de resultados desfavorables como anormalmente alta o subestimar sus habilidades para enfrentarse a la amenaza percibida.

En esta sesión también se utilizan los «Rituales de dejar ir» y se proponen como práctica para hacer en casa a fin de ayudar a los participantes a comprender que los rituales pueden ser una forma normal y saludable de apoyar, reforzar y celebrar su motivación y su compromiso con el cambio.

Práctica de la «Aceptación R.E.A.L.»

La sesión empieza con la práctica de la «Aceptación R.E.A.L.», una de las prácticas centrales de este programa. En el cuadro 11.3 puede encontrar la transcripción (pp. 400-403).

Revisión de la práctica

Aunque la revisión de esta práctica y la revisión de la práctica en casa son partes separadas del programa, es importante señalar que los instructores deben ser flexibles. Si, por ejemplo, durante la revisión de la práctica los pacientes mencionan cosas que observaron o experimentaron durante la práctica en casa, el instructor debe acoger esos comentarios. En la sesión 7 del capítulo 11 podrá encontrar un extracto de la revisión de la práctica de la «Aceptación R.E.A.L.» (p. 399).

Revisión de la práctica en casa

El instructor abre un debate sobre cómo ha ido la práctica de los participantes en casa durante la semana anterior.

DANIEL: Esta semana he trabajado mucho la práctica de la «Aceptación R.E.A.L.» y me he dado cuenta de que siempre existe la posibilidad de crear un espacio que antes no existía. A menudo me siento mejor después, pero no sé por qué. Puedo relacionarme mejor con mi experiencia, con mayor aceptación. Pero siempre tengo problemas con lo que está en primer lugar en mi lista de exposición. Esta semana hice una exposición por casualidad: pasó algo que no había planeado, pero pude mantenerme bastante tranquilo imaginando las instrucciones sugeridas en los diferentes ejercicios que hemos practicado.

INSTRUCTOR: ¿Sigue habiendo situaciones que tiendas a evitar?

DANIEL: Sí, pero porque soy perezoso…

INSTRUCTOR: Crees que es pereza…

DANIEL: Pereza mental… Quiero decir, a veces lo más inútil es lo que resulta más fácil de hacer. Pero noto que confío más en mí mismo. Es difícil explicar por qué funcionan tanto la práctica de la «Aceptación R.E.A.L.» como la «Exposición consciente».

ALBERT: La última vez subestimé el valor de la «Práctica de la autocompasión» y de la «Práctica del autoperdón». Pero durante la práctica de esta semana me he dado cuenta de que probablemente sean las prácticas más importantes de todo el programa para mí.

INSTRUCTOR: ¿Y eso por qué?

ALBERT: En primer lugar, el hecho de abrazar y de cuidar amablemente mi sufrimiento ya incluye la aceptación. Así que casi no tengo la necesidad de hacer los ejercicios de aceptación. He sido capaz de dar pasos de gigante haciendo esto varias veces.

ELEANOR: Estoy de acuerdo con Albert. Por ejemplo, yo también subestimé la utilidad del autoperdón. Es muy desafiante, pero muy importante para mí. Intento repetir algunas líneas de esta práctica porque todavía no estoy totalmente convencida de ellas. Mientras escuchaba la primera parte de la aceptación, la repetición de los principios, sentí como si se estuvieran absorbiendo lentamente dentro de mí. Lo que he notado es que en las últimas semanas no he tenido ningún pensamiento obsesivo, pero después de este ejercicio se reactivan ciertos pensamientos porque tengo que pensar en ellos. No me gusta pensar en ellos porque, en cierta manera, siguen siendo enemigos. Pero también hubo un momento en el que tuve el típico pensamiento obsesivo, y recordé lo que habíamos dicho sobre el hecho de que un pensamiento es solo un pensamiento, un producto insustancial de la mente. De hecho, yo misma sentí esa insustancialidad. Lo vi como una señal de que hacer los ejercicios y seguir el programa me está resultando de ayuda.

LEWIS: La «Práctica de la autocompasión» toca mi alma profundamente, sobre todo cuando se nos invita a imaginar que tenemos a alguien que amamos cerca de nosotros y a desearle que viva en paz y sin sufrimiento. Me resulta difícil dirigir ese sentimiento hacia mí mismo.

INSTRUCTOR: Cuando sentimos emociones, algo puede cambiar realmente. Al activar las emociones, a menudo podemos cambiar lo que no podemos cambiar a través de la mente, a través de la razón.

MICHELLE: La frase de que tenemos que ir hacia nuestros pensamientos de la «Meditación de la mente observadora» me impresionó. Me dio la impresión de que la postura digna de la meditación ayuda a lograr este sentido de dominio. Pude mantener la calma incluso en presencia de un pensamiento perturbador.

NICOLE: Me gustaría saber si los pensamientos relacionados con el trastorno no están relacionados con las situaciones reales. ¿Puedo usar este método incluso con pensamientos relacionados con eventos reales?

INSTRUCTOR: No hay diferentes categorías de pensamientos, solo los que denominamos útiles e inútiles. En realidad, no hay pensamientos relacionados con el TOC o pensamientos conectados con la realidad. El hecho de que tengas pensamientos conectados con la realidad no cambia nada. En la práctica del *mindfulness* no estamos abordando los problemas de la realidad exterior; estamos practicando para crear una relación diferente con nuestros pensamientos, independientemente de su contenido y su forma. No olvidemos que estamos aquí y ahora, y no donde nuestros pensamientos nos llevan.

NICOLE: Es difícil porque creo que mañana o al día siguiente podría...

INSTRUCTOR: Para, por favor: me gustaría que reflexionaras sobre lo que acabas de decir.

NICOLE: Por supuesto, *mañana*... por tanto, el futuro: no estoy en el momento presente. Estás en lo cierto. Sin embargo, he notado que tengo menos problemas con los pensamientos relacionados con el TOC. He mejorado gracias a la práctica de la meditación. Pero me cuesta librarme de los pensamientos relacionados con la vida real que últimamente se han convertido un poco en obsesiones...

INSTRUCTOR: No se trata de deshacerse de los pensamientos. Se trata de si es útil detenerse y abordar los problemas de la vida real. Si tienes un problema real, sería útil detenerse y abordarlo tarde o temprano, en el momento adecuado, y pensar en cómo resolverlo. Por esa razón, necesitas pensamientos constructivos que te resulten útiles.

NICOLE: ¿Y si en ese momento no hay ninguna solución posible a ese problema?

INSTRUCTOR: Esta sería una razón más para cultivar la aceptación, sin perder tiempo y energía tratando de cambiar algo que posiblemente no pueda cambiarse.

Introducir la asunción de riesgos y la responsabilidad

Una de las maneras más útiles de reforzar y generalizar los efectos de la «Exposición consciente» es planificando e implementando de manera consciente la asunción de riesgos. Asumir riesgos útiles es uno de los pasos más poderosos que los participantes pueden dar para superar sus condicionamientos pasados, su inseguridad y su desconfianza, así como las limitaciones creadas por el TOC y/o sus hábitos y sus rasgos de la personalidad poco saludables y bien arraigados. También es un medio útil para desarrollar un verdadero sentido de la confianza y un sentido de la responsabilidad maduro y saludable.

Se anima calurosamente a los participantes a pensar en una serie de acciones, decisiones, elecciones y cambios que hayan tenido miedo de abordar hasta ese momento, pero que crean que serían útiles para aumentar su confianza en sí mismos y su empoderamiento, para ampliar su visión de la realidad, y para darles permiso para vivir sus vidas más plenamente. Luego se les pide que implementen estas acciones, decisiones, elecciones o cambios como parte de las tareas que tienen que hacer en casa en las semanas posteriores a la finalización del programa. Estos riesgos no deben formar parte de sus problemas con el TOC, pero pueden implicar determinadas conductas de evitación, temor o aislamiento social que son independientes del trastorno. Por ejemplo, los participantes pueden hacer un gran viaje, ir a fiestas, invitar a amigos a sus casas, unirse a un club o inscribirse en un curso. Para ayudar a que los participantes comprendan mejor qué clase de riesgos puede ser útil asumir, el instructor distribuye el documento 2 de la sesión 10, y el grupo lee y analiza el contenido en común. El documento enumera varios tipos de «riesgos» que pueden ser útiles para aumentar la confianza en uno mismo, el empoderamiento y una sensación de libertad y de apertura hacia la vida. Se pregunta a los participantes qué piensan sobre los «riesgos» enumerados en el documento: cuáles creen que podrían ser capaces de implementar y cuáles sería importante implementar. Asumir riesgos de esta manera también es útil para contrarrestar los comportamientos de evitación y de búsqueda de seguridad de los participantes, como los rituales compulsivos y los comportamientos de búsqueda de confirmación.

Asignación de tareas para hacer en casa: crear una lista de riesgos

Como práctica para hacer en casa se anima a los participantes a planificar una «Lista de riesgos conscientes». Estos podrían elegir algunos de los sugeridos en el documento 2 de la sesión 10. Los participantes deben clasificar cada riesgo según su nivel de dificultad (véase el documento 5A de la sesión 8 para consultar la «Escala del nivel de angustia», pp. 443-444) y, a continuación, escribir los riesgos de menor a mayor dificultad en el documento 3 de la sesión 10. Se pide a los participantes que traten de correr un riesgo cada dos días durante al menos 4 semanas, empezando por los menos difíciles. Después se les pide que tomen nota de cómo les hizo sentir el hecho de correr esos riesgos.

Para elegir los riesgos, los participantes pueden pensar en las acciones, los cambios de hábitos, las decisiones o las elecciones que normalmente evitan o temen pero que les gustaría poder hacer. Pueden enumerar riesgos no relacionados con el TOC, porque al practicar la «Exposición consciente» ya están trabajando en ellos. Haga hincapié en que los participantes no deben incluir en esta lista ninguna acción que pueda poner en grave peligro su seguridad física o psicológica. Solo deben enumerar los elementos que realmente creen que podrían ser útiles y mejorar sus vidas. A continuación, el instructor invita a los participantes a compartir algunos de sus propios ejemplos de riesgos que les gustaría correr durante la semana siguiente a la sesión.

Paseo consciente

A continuación se guía a los participantes en la práctica del «Paseo consciente», alternando entre la versión estándar (véase cuadro 8.4, pp. 303-304) y la versión con estabilizadores verbales o *gathas* (véase cuadro 12.3, p. 435). Primero el instructor guía a los participantes en el «Paseo consciente con estabilizadores verbales» (5 minutos), luego en el «Paseo consciente» estándar (5 minutos), y luego otra vez en el «Paseo consciente con estabilizadores verbales» (5 minutos). El hecho de alternarlos ayuda a los participantes a advertir qué versión les parece mejor para equilibrarlos, arraigarlos y estabilizarlos en el aquí y ahora.

Revisión de la práctica

El instructor invita a los participantes a compartir sus experiencias con el ejercicio del «Paseo consciente».

INSTRUCTOR: ¿Cuál ha sido vuestra experiencia con estos dos tipos de «Paseo consciente»? ¿Habéis notado alguna diferencia entre ellos?

ISABEL: Yo he descubierto que el «Paseo consciente con estabilizadores verbales» me ha ayudado a permanecer más enraizada en el aquí y ahora. Estaba totalmente centrada en caminar, sin ningún pensamiento, solo sensaciones. Realmente noté la diferencia.

ROBERT: A mí me ha pasado lo mismo. Incluso cuando lo practico en casa, el «Paseo consciente con estabilizadores verbales» es una de mis prácticas de la meditación favoritas porque me siento totalmente arraigado y enraizado en el presente; soy capaz de darle menos importancia a mis pensamientos. Es como si pasaran espontáneamente a un segundo plano.

ELIZABETH: Yo he experimentado exactamente lo contrario. El ejercicio del «Paseo consciente» estándar me hizo sentir más libre y más como la «dueña» de mi caminar: los pensamientos perturbadores han aparecido de todos modos, pero he sido capaz de regresar a lo que estaba sintiendo mientras caminaba.

Descanso

Los participantes hacen una pausa de 10 minutos en este punto de la sesión.

Práctica de la autocompasión

Después del descanso, los participantes realizan la «Práctica de la autocompasión», cuya transcripción pueden encontrar en el cuadro 13.2 (pp. 464-468).

Revisión de la práctica

El instructor pregunta a los participantes si tienen comentarios sobre la «Práctica de la autocompasión».

GARY: Me he dado cuenta de que ahora me resulta mucho más fácil adentrarme en el sentimiento de la autocompasión, en comparación con la primera vez que hice esta práctica en la sesión anterior. Me he dado cuenta de que cada vez que hacía la práctica la semana pasada, me resultaba más sencilla.

ROBIN: A mí me ha pasado lo mismo. La primera vez odié lo que las instrucciones me decían que hiciera, y solo quería huir. Esta idea de que debería desearme a mí misma ser feliz y estar libre de sufrimiento parecían muy diferente a la forma en que normalmente me siento y me relaciono conmigo misma. Pero ahora, gracias también a la «Práctica del autoperdón» que hice esta semana, puedo sentir compasión y aceptación para conmigo misma, y creo que probablemente la merezco y la necesito. ¡Puede que esté bien!

Tras una semana realizando la «Práctica de la autocompasión» y la «Práctica del autoperdón», la mayoría de los participantes comparten que les resulta más fácil sentir realmente autocompasión. Algunos dicen que, después de haber estado «congelados» durante mucho tiempo, «el sol los ha derretido» y los ha ablandado, y que están más dispuestos y en mejores condiciones de aceptar lo que antes no podían aceptar: pensamientos perturbadores, emociones difíciles, sensaciones dolorosas y, en última instancia, a sí mismos, así como las incertidumbres y los acontecimientos imprevistos de la vida.

Planificar los «rituales de dejar ir»

Los rituales son actos normales destinados a destacar la importancia de un evento o a celebrar un cambio significativo en la vida de una persona o un grupo. Sin embargo, para la mayoría de las personas con TOC, los rituales suelen ser la característica más estresante del trastorno. En esta última parte del programa, se ayuda a los participantes a volver a evaluar y a normalizar el significado y la utilidad de los comportamientos ritualistas a través de los «Rituales de dejar ir» –un ejercicio aparentemente paradójico que ayuda a fortalecer sus cambios terapéuticos y que refuerza su motivación para cambiar y practicar la meditación–.

El instructor pide a los participantes que piensen en todas las situaciones relacionadas con sus conductas problemáticas del TOC que los han llevado al malestar, en las situaciones que han evitado o temido, y/o cualquier cosa que les haya ocasionado gran angustia y absorbido su precioso tiempo. A continuación, se invita a los participantes a reflexionar sobre cómo se sienten hoy en relación con su problema. ¿Qué mejoras han experimentado gracias a la voluntad y a la valentía que han mostrado al comprometerse con las prácticas del programa? ¿Qué síntomas han disminuido o incluso desaparecido? ¿Qué problemas les gustaría mejorar o superar?

Acto seguido, el instructor distribuye el documento 4 de la sesión 10 y pide a los participantes que describan en el mismo qué «Rituales de dejar ir» que les permitieran señalar formal y solemnemente el fin de los malos hábitos, como las compulsiones, las evitaciones y los comportamientos de búsqueda de confirmación, podrían realizar. Los rituales también podrían señalar la decisión de dejar de insistir en creencias, acciones o pensamientos negativos específicos. Los rituales pueden incluir, por ejemplo, encender una vela para celebrar el final de un ritual del TOC, enterrar un objeto relacionado con el TOC del que temían deshacerse, o quemar una hoja de papel en la que han escrito sus diez pensamientos más angustiosos. Luego se pide a los participantes que empiecen a ejecutar los rituales y que tomen nota de cómo les ha hecho sentir el llevarlos a cabo.

Lectura y debate de las citas de la sesión 10

El instructor y los participantes leen y debaten las citas relacionadas con los temas principales de esta sesión del documento 5 de la sesión 10.

Distribución de los documentos de los participantes y asignación de tareas para hacer en casa

El instructor distribuye los documentos de la sesión 10 y asigna la práctica para hacer en casa esa semana (Sesión 10–Documentos 6 y 7). Se invita a los participantes a hacer la «Práctica de la autocompasión» cada dos días a fin de reforzar su nuevo aprendizaje sobre cómo cuidar de su propio sufrimiento, y a llevar a cabo la «Práctica del autoperdón», también cada dos días, cultivando un profundo sentido de aceptación de su condición de seres humanos imperfectos. Se les pide que completen la «Lista de riesgos conscientes» (Sesión 10–Documento 3) y que evalúen su nivel de dificultad. A continuación, elegirán un riesgo, empezando por los menos difíciles, y llevarán a cabo una acción o tomarán una decisión de forma consciente cada dos días durante al menos 4 semanas. Cada día practicarán, por lo menos una vez, el ejercicio de la «Exposición consciente» en situaciones que generen ansiedad o angustia relacionadas con su TOC, siguiendo las directrices de los documentos 5A y 5B de la sesión 8, centrándose, en la medida de lo posible, en lo que sus sentidos están comunicando. También se invita a los participantes a elegir y realizar una práctica de *mindfulness* estática cada dos días (p. ej., «Aceptación R.E.A.L.» o «Meditación de la mente observadora»), y a elegir y realizar una **práctica de *mindfulness* en movimiento** durante 10-15 minutos cada dos días (p. ej., «Paseo consciente», «Paseo consciente con estabilizadores verbales», «Meditación de los círculos conscientes con las manos», «Ejercicio de carga y descarga», «Movimientos conscientes y estiramientos»). Por último, se les pide que completen la «**Lista de los rituales de dejar ir**», que les permite celebrar o señalar un determinado desenlace, el fin de un mal hábito (p. ej., compulsiones) o la decisión de dejar de alimentar determinados pensamientos o de llevar a cabo acciones contraproducentes.

Círculo consciente

Como de costumbre, la sesión termina con el grupo sentado en círculo y realizando la «Práctica de la respiración consciente». Pero antes de dirigirla, el instructor introduce brevemente la importancia de la siguiente sesión, que es la sesión final de un día de duración durante la cual los participantes tendrán la oportunidad de compartir su experiencia en el grupo, de reflexionar sobre lo que han logrado y sobre aquello en lo que todavía tienen que trabajar, así como de prepararse para afrontar la «sesión abierta» más importante que les espera: la vida. Dado que el grupo va a pasar toda la jornada reunido, se invita a los participantes a que lleven ropa cómoda y a que lleven algo para almorzar que puedan compartir con el resto del grupo. También es importante informar a los participantes de que a lo largo del día habrá varias ocasiones en que el grupo pasará tiempo juntos en silencio, sin hablar, como los descansos y la comida. Por último, el instructor destaca también la importancia de practicar el *mindfulness* regularmente, no solo durante la última semana del programa, sino incluso después de su finalización, a fin de mantener y de mejorar los resultados alcanzados durante el curso.

Sesión 10–Documento 1. Resumen de la sesión 10: Aprender a correr riesgos

Como tuvimos ocasión de ver en la sesión 8, un sentido de la responsabilidad maduro, saludable y auténtico consiste en estar dispuesto a tomar decisiones importantes, en confiar en uno mismo a la hora de hacer lo que es correcto o útil, y en ser consciente del impacto real de las propias acciones, elecciones y decisiones. Esto incluye estar dispuesto a reconocer cómo su comportamiento le afecta a usted y a otras personas, y a aceptar los resultados, sean cuales sean. Se trata de confiar en que sus acciones se lleven a cabo de la mejor manera posible, con las mejores intenciones.

Durante las últimas semanas de práctica de la «Exposición consciente», se ha acostumbrado a abrirse a situaciones angustiosas relacionadas con el TOC y a confiar en su capacidad para mantenerse en contacto con estas situaciones sin reaccionar como de costumbre. El hecho de correr riesgos constructivos útiles en su vida es una de las mejores maneras de superar aún más la desconfianza y la inseguridad y de construir una responsabilidad auténtica y una confianza real.

No se trata de tomar decisiones precipitadas o irracionales o de actuar de modos que puedan poner en peligro su seguridad física o psicológica. Se trata de arriesgarse a hacer algo que le gustaría hacer de corazón o que cree que resulta útil, pero que los antiguos mensajes negativos le han dicho que está mal o que es demasiado arriesgado. Puede que en el pasado le dijeran que no debía hacerlo o que no era capaz de hacerlo. Arriesgarse de esa manera puede empoderarle y aumentar su confianza en sí mismo, su seguridad y su energía. También puede ser útil para prevenir comportamientos de evitación y de búsqueda de seguridad, como los rituales compulsivos y los comportamientos de búsqueda de confirmación.

Esta sesión le ayuda a prepararse para hacer frente a la vida y a sus desafíos después del final del curso, animándole a asumir riesgos constructivos. Hacerlo puede conducirle a cambios significativos. Además de esto, aprenderá a planificar y a llevar a cabo los «Rituales de dejar ir», que le ayudarán a comprender que los rituales pueden ser comportamientos humanos normales. Estos pueden empoderarle y fortalecer su motivación para abandonar comportamientos poco útiles y contraproducentes.

Sesión 10–Documento 2. Correr riesgos conscientes en la vida

Liberarse de su condicionamiento pasado requiere correr riesgos

Correr riesgos es uno de los pasos más poderosos que puede dar para desarrollar la confianza, para distanciarse de las limitaciones del pasado y para vivir su vida más plenamente. Arriésguese a hacer algo que le gustaría hacer, a lo que aspira o que le sería útil, aunque le hayan dicho que está mal o que es demasiado peligroso. Puede que le hayan dicho que no es capaz o que no sabe cómo hacerlo correctamente (pero no tiene por qué estar de acuerdo). Puede ser algo que tema hacer o no hacer, como las compulsiones. Correr riesgos como estos puede empoderarle y darle confianza en sí mismo. Puede aumentar su energía en sí mismo y ampliar su visión de la realidad. Su identidad puede cambiar y pasar de ser una persona llena de vergüenza, culpa y miedo, a ser una persona capaz, única y confiada. Esto no significa llevar a cabo actos desafiantes precipitados o comportamientos peligrosos. Supone asumir riesgos específicos que van en contra de sus hábitos y sus limitaciones. He aquí algunos ejemplos:

1. El riesgo de exponerse a situaciones que teme pero que el resto de personas no teme. Hágalo sin recurrir a rituales o sin protegerse de forma innecesaria o contraproducente.
2. El riesgo de asumir la responsabilidad de lo que hace o decide no hacer.
3. La voluntad de aceptar la incertidumbre en cada aspecto de la vida y en cada elección o decisión que toma.
4. El riesgo de sentir y expresar todas sus emociones, sus sentimientos y la energía vital en lugar de esconderlos.
5. El riesgo de revelarse a los demás y ser visto, a pesar del miedo a ser criticado, desaprobado o rechazado.
6. El riesgo de expresar sus opiniones, sus ideas y sus deseos, incluso si están en desacuerdo con los de otras personas.
7. El riesgo de dejar que las cosas sean tal como son, incluso si no son perfectas (y nunca lo serán) o no son como cree que deberían ser.
8. El riesgo de enfadarse y de enfrentarse a alguien que está enfadado con usted.
9. El riesgo de estar con los demás sin «demasiadas defensas», en lugar de tratar de estar siempre «bien», encerrado en su armadura.
10. El riesgo de tener miedo, de estar indefenso e inseguro en algunas situaciones, y aceptar estas situaciones como una parte normal de la vida, compartiéndolas quizás con alguien.
11. El riesgo de sentir y comprender lo que realmente quiere en la vida y cuáles son sus necesidades saludables, y aprender a proporcionárselas a sí mismo sin esperarlas de los demás.

12. El riesgo de hacer cambios pequeños o grandes en su vida.
13. El riesgo de decir «no» (a las peticiones de otras personas) cuando automáticamente diría «sí».
14. El riesgo de darse prioridad a sí mismo, aunque hacerlo pueda decepcionar a alguien.
15. El riesgo de abrirse al mundo y a la vida, y sentir dolor y decepción cuando la vida y los demás no son como le gustaría que fueran.

De K. Trobe y A. Trobe, *From fantasy trust to real trust: Learning from our disappointments and betrayals*, Osho Publikaties, Ámsterdam 2005 (trad. esp.: *De la confianza ficticia a la confianza real: aprender de las decepciones y de las traiciones*, Gulaab, Móstoles 2007). Copyright © 2005 Krishnananda y Amana Trobe. Adaptado con permiso.

Sesión 10–Documento 3. Lista de riesgos conscientes

Piense en las situaciones que normalmente evitaría pero que le gustaría hacer, o que consideraría útiles. Pueden no estar relacionadas con su TOC. Enumere en la tabla que figura a continuación todas estas acciones o decisiones (riesgos conscientes) en orden de dificultad creciente, indicando el nivel de dificultad o de malestar vinculado a ellos. No incluya acciones o decisiones que puedan poner en serio peligro su seguridad física o psicológica. Enumere solo los elementos que realmente cree que serán útiles para mejorar su vida. Algunos ejemplos son unirse a un club o matricularse en un curso, cambiar el orden de los objetos en casa o el color de las paredes, hacer un gran viaje, mantenerse en contacto con la gente o ir a fiestas. También pueden tomarse algunos riesgos de la «Lista de actividades nutritivas» introducida en el documento 6 de la sesión 8. Empezando por el riesgo menos difícil, intente hacer algo de su lista de forma consciente cada dos días durante al menos 4 semanas. Debe permanecer con el riesgo (sea una situación, un pensamiento o una acción) hasta que la angustia o la ansiedad disminuyan. Una vez que ya no se sienta angustiado (si es que lo estuvo), anote en este documento cómo se siente una vez que haya asumido un riesgo consciente.

Tipo de acción, cambio o decisión que sea un riesgo útil	Nivel de dificultad (0-100)	Cómo se sintió después de hacerlo
1.		
2.		
3.		
4.		
5.		
6.		
7.		
8.		
9.		
10.		

Sesión 10–Documento 4. Lista de los rituales de dejar ir

Piense en todas las situaciones que involucran su TOC, como las acciones que evitó o aquellas de las que tenía miedo, que le ocasionaron una gran angustia y absorbieron una enorme cantidad de su tiempo. A continuación, reflexione sobre cómo se siente hoy en relación con su problema. ¿Qué mejoras siente que ha obtenido gracias a su compromiso y a su valentía para hacer frente a los desafíos del programa? ¿Qué síntomas han disminuido o incluso desaparecido?

Imagine ahora los rituales de dejar ir a los que podría recurrir para celebrar o para marcar con solemnidad el final de los malos hábitos (p. ej., compulsiones, evitaciones, comportamientos de búsqueda de confirmación), o la decisión de dejar de insistir definitivamente en determinados pensamientos, creencias o acciones negativas. Describa en el siguiente formulario lo que está dejando ir y qué forma adoptará su ritual. Dicho ritual puede consistir, por ejemplo, en quemar una hoja de papel en la que haya escrito sus 10 pensamientos obsesivos más angustiosos, o enterrar un objeto relacionado con su TOC que tema dejar ir, o encender una vela para celebrar el final de un ritual del TOC o su decisión de prevenirlo en el futuro. A continuación, tome nota de cómo se siente una vez que haya llevado a cabo el ritual de dejar ir.

Tipo de acción, cambio o decisión que ha dejado ir	Tipo de ritual de dejar ir	Cómo se sintió después de hacerlo
Ejemplo: *Ya no compruebo las puertas.*	*Encender una vela.*	*Experimento una sensación de libertad.*
1.		
2.		
3.		
4.		
5.		
6.		
7.		
8.		
9.		
10.		

Sesión 10–Documento 5. Citas de la sesión 10

El mayor riesgo de la vida es no correr ningún riesgo.

—ALBERT EINSTEIN

Una persona que nunca se ha equivocado es que nunca ha probado nada nuevo.

—ALBERT EINSTEIN

La única salida es siempre a través.

—ROBERT FROST

Para aprender las lecciones importantes de la vida,
uno debe vencer el miedo cada día.

—RALPH WALDO EMERSON

La vida es una obra de teatro que no permite ensayos.
Así que canta, llora, baila, ríe y vive intensamente,
antes de que caiga el telón y la obra termine sin aplausos.

—CHARLIE CHAPLIN

He fallado más de nueve mil tiros en mi carrera.
He perdido casi trescientos partidos.
Veintiséis veces han confiado en mí para el tiro ganador y lo he fallado.
He fracasado una y otra vez en mi vida y por eso tengo éxito.

—MICHAEL JORDAN

Ganas fuerza, coraje y confianza
con cada experiencia en la que realmente te detienes a mirar al miedo a la cara.
Debes hacer lo que te crees incapaz de hacer.

—ELEANOR ROOSEVELT

Paz no significa estar en un lugar sin ruidos, sin problemas, sin trabajo duro. Paz significa estar en medio de todas esas cosas y mantener la calma en nuestro corazón.

—AUTOR DESCONOCIDO

Sesión 10–Documento 6. Práctica en casa para la semana siguiente a la sesión 10

1. Haga la «**Práctica de la autocompasión**», cuya transcripción le facilitará su instructor, cada dos días, para aprender la manera de cuidar su sufrimiento.
2. Realice la «**Práctica del autoperdón**», cuya transcripción le facilitará su instructor, cada dos días, cultivando un profundo sentido de aceptación de su condición de ser humano imperfecto que puede cometer errores incluso cuando trata de dar lo mejor de sí mismo.
3. Siguiendo las directrices de los documentos 5A y 5B de la sesión 8, practique la «**Exposición consciente**» todos los días, al menos una vez al día, en situaciones que le causen ansiedad y angustia y que estén relacionadas con su problema obsesivo. Recuerde concentrarse todo lo posible en lo que sus sentidos le comunican.
4. Complete la «**Lista de riesgos conscientes**» en el documento 3 de la sesión 10 y evalúe el nivel de dificultad de los mismos. Comience por los riesgos menos difíciles y haga todo lo posible por llevar a cabo una acción, por tomar una decisión o por hacer una elección de manera consciente cada dos días durante al menos 4 semanas. Anote en el mismo documento cómo le hace sentir esto.
5. Complete la «**Lista de rituales de dejar ir**» para celebrar o para marcar con solemnidad el final de un mal hábito (p. ej., compulsiones) o una decisión de dejar de alimentar ciertos pensamientos o de llevar a cabo acciones contraproducentes. Haga todo lo posible por realizar uno de estos rituales cada dos días y tome nota de cómo le hace sentir.
6. Practique un **ejercicio de *mindfulness* estático** de su elección (en particular, la práctica de la «Aceptación R.E.A.L.» o la «Meditación de la mente observadora») cada dos días.
7. Practique un **ejercicio de *mindfulness* en movimiento de su elección** (p. ej., «Paseo consciente», «Paseo consciente con estabilizador», «Meditación de los círculos conscientes con las manos», «Ejercicio de carga y descarga», «Movimientos conscientes y estiramientos») durante 10-15 minutos cada dos días.
8. Cada vez que practique cualquier ejercicio en esta sesión, informe de su experiencia en el «Formulario de registro de la práctica en casa para la sesión 10» (Sesión 10–Documento 7), tomando nota de cualquier comentario, impresión o dificultad que pudiera haber experimentado.
9. **Lea cuidadosamente** el material proporcionado en esta sesión, al menos una vez, y reflexione sobre los contenidos, tratando de hacerlos suyos y de usarlos día tras día a fin de desarrollar confianza y conciencia en sí mismo.

Cuando decida practicar estos ejercicios, recuerde tomarse el tiempo necesario y encontrar un lugar cálido, seguro, cómodo y tranquilo donde sepa que no le molestarán ni le interrumpirán. Encuentre una postura cómoda y estable. Haga todo lo posible por abordar los ejercicios no como si fueran una obligación que debe cumplir, sino como un hábito saludable que desea convertir en un referente en su vida. Recuerde siempre que el empeño que dedique ahora a este entrenamiento le dará resultados significativos a lo largo de su vida.

Sesión 10–Documento 7. Formulario de registro de la práctica en casa para la sesión 10

Nombre: ______________________

Rellene este formulario cada vez que practique, y anote todo lo que suceda mientras realiza el ejercicio (beneficios para la salud, dificultades, observaciones) a fin de que podamos hablar de ello durante la siguiente sesión.

Día/Fecha	Ejercicio	Comentarios
Jueves Fecha: ______	Ejercicio de su elección (estático): ______ Práctica de la autocompasión: ______ Exposición consciente: ______ Riesgo consciente: ______	
Viernes Fecha: ______	Ejercicio de su elección (en movimiento): ______ Práctica del autoperdón: ______ Exposición consciente: ______ Ritual de dejar ir: ______	
Sábado Fecha: ______	Ejercicio de su elección (estático): ______ Práctica de la autocompasión: ______ Exposición consciente: ______ Riesgo consciente: ______	
Domingo Fecha: ______	Ejercicio de su elección (en movimiento): ______ Práctica del autoperdón: ______ Exposición consciente: ______ Ritual de dejar ir: ______	
Lunes Fecha: ______	Ejercicio de su elección (estático): ______ Práctica de la autocompasión: ______ Exposición consciente: ______ Riesgo consciente: ______	
Martes Fecha: ______	Ejercicio de su elección (en movimiento): ______ Práctica del autoperdón: ______ Exposición consciente: ______ Ritual de dejar ir: ______	
Miércoles Fecha: ______	Ejercicio de su elección (estático): ______ Práctica de la autocompasión: ______ Exposición consciente: ______ Riesgo consciente: ______	

15 Sesión 11
Afrontar la vida con confianza y hacer frente a los obstáculos de manera efectiva

Al hombre se le puede arrebatar todo, salvo una cosa: la última de las libertades humanas –la libre elección de la acción personal ante las circunstancias– para elegir el propio camino.

—Viktor E. Frankl

Sobre esta sesión

En esta sesión final de un día de duración (8 horas y media), los miembros del grupo son guiados a través de una práctica intensiva del *mindfulness*. Hay varias oportunidades para hablar de todo el cuerpo. Los participantes pueden compartir las mejoras que han logrado o las dificultades que han tenido, y discutir cómo se enfrentaron a los obstáculos y a los desafíos de las semanas anteriores. El instructor debe poner de manifiesto la importancia de la práctica regular del *mindfulness* para mantener y aumentar esas mejoras, así como para evitar las recaídas después de la finalización del programa. Los participantes deben pensar ahora en la práctica del *mindfulness* no solo como una meditación formal, sino también como una nueva manera de relacionarse con la experiencia y la vida. A modo de conclusión, se invita a los participantes a debatir cómo podrían prepararse mejor para enfrentarse a la vida real con un sentido de confianza, de seguridad en sí mismos y de libertad (véase Sesión 11–Documento 1).

Introducción a la sesión

El instructor explica que esta última sesión se organiza como un breve retiro de *mindfulness*. Hay oportunidades de experimentar algunos momentos de silencio, durante los cuales se invita a los participantes a abstenerse de hablar o a comunicarse de cualquier manera. Estos momentos les permiten centrar mejor su atención y su energía en su propia experiencia en el aquí y

Cuadro 15.1.

Programa de la sesión 11

Tema: Afrontar la vida con confianza y hacer frente a los obstáculos de manera efectiva

Breve resumen

Esta sesión final de un día de duración, que dura aproximadamente 8 horas y media, se organiza como un breve retiro de *mindfulness*. Los miembros del grupo son guiados a través de una práctica intensiva del *mindfulness* para revisar lo que se ha enseñado durante el programa y para profundizar en la práctica. Los participantes también comparten cualquier mejora o dificultad y examinan la forma en que han logrado hacer frente a los obstáculos y los desafíos de las últimas semanas. Se hace hincapié en la práctica regular del *mindfulness* para mantener la mejora y evitar las recaídas. A modo de conclusión, se invita a los participantes a debatir cómo podrían prepararse mejor para enfrentarse a la vida real con un sentido de confianza, de seguridad en sí mismos y de libertad.

Esquema de la sesión

- ❑ Introducción a la sesión.
- ❑ «Meditación de la mente observadora»: exponer y cultivar el descentramiento y la aceptación con respecto a los pensamientos desafiantes.
- ❑ Revisión de la práctica (el debate de cada práctica en esta sesión se centra, en particular, en el modo en que esta ha sido útil para tratar o prevenir los problemas de los participantes en las últimas semanas y/o puede ser útil en el futuro).
- ❑ Revisión de la práctica en casa (revisión de la práctica y las dificultades de las últimas semanas).
- ❑ «Ejercicio de carga y descarga» y revisión.
- ❑ Práctica de la «Aceptación R.E.A.L.» y revisión.
- ❑ Descanso (en silencio).
- ❑ Práctica de la «Percepción consciente» (al aire libre, a ser posible) y revisión.
- ❑ «Exposición consciente» y revisión.
- ❑ Comida consciente (en silencio).
- ❑ Asesoramiento individual bajo petición.
- ❑ «Ejercicio del conductor de autobús» y revisión.
- ❑ «Meditación caminando» (básica y con estabilizadores verbales) y revisión.
- ❑ «Práctica de la autocompasión» y revisión.
- ❑ «Movimientos conscientes y estiramientos» y revisión.
- ❑ Ejercicio del «*Mindfulness* relacional compasivo».
- ❑ Revisión de la práctica: puesta en común de los participantes en parejas.
- ❑ Revisión de la práctica de todo el grupo.
- ❑ Descanso (no en silencio).
- ❑ Lectura y debate de las citas de la sesión 11.

(cont.)

- ❑ Distribución del «Cuestionario sobre las reflexiones del programa» y revisión de todo el curso, primero por parejas, y después con todo el grupo: qué se ha aprendido; debate sobre la mejor manera de mantener el ímpetu y la disciplina desarrollados en las últimas 10 semanas a través de la práctica; discusión de los planes a fin de relacionarlos con razones positivas para mantener la práctica.
- ❑ Distribución de los documentos restantes de los participantes de la sesión 11 y debate sobre lo que hay que hacer para avanzar.
- ❑ El final de un viaje, el comienzo de uno nuevo.
- ❑ «Meditación de conclusión» reunidos en un círculo consciente: se distribuye una piedra o una concha, se leen las citas, y los participantes se desean mutuamente el bien.

Materiales y recursos

- Transcripción del «Ejercicio del conductor de autobús».
- Una piedra o una concha para marcar el final del programa.

Documentos para los participantes

Sesión 11–Documento 1. Resumen de la sesión 11: Afrontar la vida con confianza y hacer frente a los obstáculos de manera efectiva.

Sesión 11–Documento 2. Citas de la sesión 11.

Sesión 11–Documento 3. Cuestionario sobre las reflexiones del programa.

Sesión 11–Documento 4. Lista de prácticas y ejercicios del programa de la MBCT para el TOC.

Sesión 11–Documento 5. Vivir conscientemente.

Sesión 11–Documento 6. Práctica recomendada para las semanas siguientes a la sesión 11.

Sesión 11–Documento 7. Formulario de registro de la práctica en casa para la sesión 11.

ahora, al mismo tiempo que se mantienen en contacto con las dificultades que todavía pueden estar presentes. En la sesión también se revisará aquello en los que los participantes han trabajado durante el programa, lo que ha cambiado para ellos en los últimos dos meses y medio, y cómo las prácticas del *mindfulness* les han ayudado a hacer frente a sus problemas. Se deja espacio a los participantes para compartir más profundamente lo que aún podrían querer entender o debatir.

Durante la sesión se programan varias prácticas básicas del programa, alternando las meditaciones sentadas estáticas (p. ej., «Meditación de la mente observadora», práctica de la «Aceptación R.E.A.L.», práctica de la «Percepción consciente», «Exposición consciente» y «Práctica de la autocompasión») con prácticas en movimiento (p. ej., «Meditación caminando», «Movimientos conscientes y estiramientos», «Ejercicio de carga y descarga»). También se presentan nuevas meditaciones: el «Ejercicio del conductor de autobús», el ejercicio del «*Mindfulness* relacional compasivo» (en parejas), y una meditación de conclusión, como un «Ritual de dejar ir», para celebrar el final de este viaje terapéutico, pero también el principio de uno nuevo. Después de la comida, se dispone de tiempo para el asesoramiento individual, bajo petición, de los participantes que necesitan compartir algo en privado con el instructor.

Meditación de la mente observadora: exponer y cultivar la aceptación para con los pensamientos desafiantes

Como en la sesión 6 (véase el capítulo 10), el instructor dirige la «Meditación de la mente observadora» (véase el cuadro 10.4, pp. 371-374). En esta versión, después de que los participantes hagan la parte del ejercicio relativa a la imaginación, el instructor les invita a elegir una de las metáforas (en la orilla del arroyo o en la cafetería viendo pasar sus ideas) y a recordar intencionadamente un pensamiento desafiante o perturbador. A continuación, se les invita a ver ese pensamiento como todos los demás pensamientos que pasan, sin diferenciarlo de ningún otro y cultivando una aceptación real del mismo.

Revisión de la práctica

En esta revisión de la práctica, como en las demás revisiones de esta sesión, el instructor agradece los comentarios sobre la experiencia que acaban de tener los participantes. Además, abre un debate sobre cómo esta práctica ha sido útil en las últimas semanas y sobre cómo la práctica regular podría ser útil en el futuro para tratar o prevenir los problemas de los participantes.

JENNIFER: Los pensamientos venían a veces, pero se iban y yo los miraba con indiferencia. Me he sentido en paz.

EDWARD: Yo también me he sentido relajado. He sido capaz de separar los pensamientos útiles de aquellos que no lo son. Los he visto flotando en el agua por el río y he sido capaz de dejar ir los pensamientos inútiles.

INSTRUCTOR: ¿Habéis podido traer algunos pensamientos que os angustiaron? De ser así, ¿cómo lidiasteis con ellos?

EDWARD: Sí, yo he traído algunos. Al principio los miraba sin tomarlos en consideración, luego los dejé ir.

DONALD: Si los pensamientos no son útiles, los observo y advierto que desaparecen. Mi problema es que en ocasiones hay un pensamiento útil entre ellos, pero se vuelve inútil en el momento en que lo atrapo. A veces cambia y se vuelve obsesivo, aunque sea un pensamiento útil. Se queda ahí, y entonces me encuentro en problemas.

INSTRUCTOR: Tal vez deberías tirarlo de nuevo al agua... un pensamiento que se vuelve obsesivo nunca es útil. Es mejor dejarlo ir o dejarlo donde está, y cada vez que la mente vaya a ese pensamiento, reenfocaros en vuestra respiración. Si no le damos energía e importancia, el pensamiento se verá arrastrado incluso por la corriente en un momento dado. [Dirigiéndose a todo el grupo] ¿Hasta qué punto sentís que esta práctica os ha ayudado a hacer frente a vuestros problemas en las últimas semanas? ¿Cómo podría ser útil la perseverancia en la práctica de cara al futuro?

MARY: Siento que esta práctica ha sido muy importante para mí y que continuará siéndolo incluso después del curso. Me ha enseñado a distanciarme de mis pensamientos y, en general, de mis estados internos. Ahora entiendo que, en realidad, los pensamientos solo son eventos mentales inofensivos y transitorios, y no los demonios que siempre he pensado que eran.

ANDREW: Lo mismo pasaba en mi caso. Cuando me imagino a mí mismo sentado en la orilla del arroyo o junto a una carretera concurrida, puedo darme permiso, simplemente, para observar sin reaccionar... quizá esto sea la verdadera libertad.

Revisión de la práctica en casa

En esta última revisión de la práctica en casa, los participantes comparten sus experiencias y sus reacciones a la práctica en casa durante la última semana, pero el instructor también dirige un debate que explora las dificultades y los obstáculos más significativos, así como las mejoras que los participantes han descubierto al hacer la práctica en casa durante todo el programa. Por ejemplo, es interesante compartir ahora cómo la práctica se ha vuelto ahora un hábito saludable o una forma de ser, y no solo una tarea que debe completarse. He aquí algunos ejemplos de preguntas que el instructor puede usar para abrir este debate:

> ¿Qué ha sido lo que más dificultades os ha planteado para practicar regularmente durante estas últimas 10 semanas?
>
> ¿Qué estrategias habéis empleado para superar estas dificultades? ¿Han sido efectivas?
>
> ¿Cómo ha cambiado el modo en que os sentís al hacer la práctica en casa en comparación con el comienzo del programa, si es que ha cambiado?

Serie de ejercicios de *mindfulness* y revisión

Desde este punto y hasta la pausa de la comida, el instructor dirige a los participantes en una serie de ejercicios de *mindfulness* que ya se han cubierto en el curso. Las dos primeras meditaciones son el «**Ejercicio de carga y descarga**» seguido de la revisión de la práctica (véase la sesión 7, cuadro 11.2, pp. 390-391), y la práctica de la «**Aceptación R.E.A.L.**» seguida de la revisión de la práctica (véase la sesión 7, cuadro 11.3, pp. 400-403). A continuación, el grupo se toma un descanso, pero de un modo diferente a cómo se habían llevado a cabo los descansos a lo largo de todo el programa; durante esta sesión el descanso se hace en silencio, como en un retiro de meditación. Esto puede ayudar a crear un espacio en el que los participantes escuchen profunda e incontaminadamente sus propios sentimientos, necesidades y emociones.

Después del descanso, el grupo hace dos ejercicios más, cada uno de ellos seguido de una revisión de la práctica: la práctica de la «**Percepción consciente**» –**vista, tacto y escucha**–, al aire libre en caso de que sea posible (véase sesión 5, cuadro 9.2, pp. 320-322), y la «**Exposición consciente**» (véase sesión 8, cuadro 12.2, pp. 429-431). Cada revisión de la práctica debe centrarse en un debate sobre la forma en que cada práctica ha sido y puede seguir siendo útil para tratar o prevenir los problemas de los participantes.

Comida consciente (en silencio)

La comida es la segunda oportunidad para que los participantes pasen algo de tiempo escuchándose a sí mismos. Se les pide que coman lo que han traído de casa en completo silencio y que se centren en las sensaciones que experimentan al hacerlo. Esta es una versión ampliada del «Ejercicio de la uva pasa» que hicieron al principio del programa, en la sesión 1: se les anima a oler su comida antes de ingerirla, a masticar lentamente y a saborear cada mordisco, advirtiendo todas las sensaciones y los sentimientos que surgen momento a momento.

Asesoramiento individual bajo petición

A estas alturas, los participantes se han acostumbrado a compartir sus experiencias con el grupo. Sin embargo, puede haber cuestiones personales que algunos participantes solo se sientan cómodos conversando en un espacio confidencial. Después de la comida, el instructor se ofrece a reunirse en privado, bajo petición, con los participantes para hablar de temas que estos no deseen compartir o que requieran un debate más profundo del que puede tener lugar dentro del grupo. Pese a que no se ha previsto mucho tiempo para este asesoramiento individual, por experiencia suele bastar con 5-10 minutos por participante cuando son muchos los que solicitan este tiempo para hablar con el instructor.

Normalmente se proporciona una hoja de papel o un cuaderno para que los participantes firmen con su nombre a fin de concertar una cita de asesoramiento individual con el instructor.

Ejercicio del conductor de autobús

Una de las nuevas prácticas en esta última sesión es un ejercicio guiado de imágenes basado en la metáfora ACT[1]. Representa un resumen útil de los

1. S. C. Hayes, K. D. Strosahl y K. G. Wilson, *Acceptance and commitment therapy*, Guilford Press, Nueva York 2012 (trad. esp.: *Terapia de aceptación y compromiso. Proceso y práctica del cambio consciente [Mindfulness]*, Desclée De Brouwer, Bilbao 2015).

Cuadro 15.2.

Ejercicio del conductor de autobús

Encuentre una posición sentada cómoda. En esta práctica puede resultar útil sentarse en una silla, pero también puede hacerlo sobre una esterilla; trate de mantener su espalda recta pero no rígida, y deje que sus manos descansen libremente en su regazo. Cuando se sienta listo, cierre los ojos y comience a centrarse en su respiración, tratando de estabilizarla poco a poco y de estabilizarse usted en su respiración [pausa de 20 segundos].

En este ejercicio de imágenes se usa una metáfora: la metáfora del conductor de autobús. En esta historia, en la que se le invita a enfrentarse a lo que realmente quiere de su vida –como sus metas y sus necesidades saludables, sus valores, sus ideales y los caminos que desea tomar en el viaje de su vida–, sucederán varias cosas [pausa de 10 segundos].

Imagine ahora que es un conductor de autobús, y que el autobús que va a conducir es su vida [pausa de 5 segundos]. ¿Cómo quiere que sea este autobús? [pausa de 5 segundos] ¿De qué color debería ser? [pausa de 5 segundos] ¿Qué forma debería tener? [pausa de 5 segundos] ¿Qué tamaño? [pausa de 5 segundos] ¿En qué estado se encuentra? [pausa de 5 segundos] ¿Hay anuncios u otras cosas a los lados y en la parte de atrás del mismo? [pausa de 5 segundos] Una vez que se haya imaginado cómo es el autobús, súbase a él y siéntese en el asiento del conductor [pausa de 5 segundos]. Antes de salir, trate de pensar en todo lo que quiere que ocurra en su vida, en todo lo que realmente desea de su vida [pausa de 10 segundos]; por ejemplo, pasar más tiempo consigo mismo [pausa de 5 segundos], cuidar mejor de sí mismo [pausa de 5 segundos], cultivar su relación con sus hijos o con otros miembros de su familia [pausa de 5 segundos], dar espacio a la amistad [pausa de 5 segundos], iniciar un nuevo negocio o un nuevo proyecto profesional [pausa de 5 segundos] –cualquier cosa que pueda ser importante para usted– [pausa de 30 segundos].

¿Qué importancia tiene cada uno de estos objetivos? ¿Cómo los priorizaría? [pausa de 20 segundos] Piense en esto, y cuando todo esté claro, encienda el motor, póngalo en marcha y empiece a moverse [pausa de 5 segundos]. Avance en la dirección hacia la que quiere que vaya su vida [pausa de 5 segundos]. Avance hacia lo que es importante para usted ahora [pausa de 5 segundos]. Observe con claridad y de manera consciente a quién y qué desea conocer durante este viaje [pausa de 30 segundos].

Vaya en esa dirección y, en un momento dado, detenga el autobús; abra las puertas para que los pasajeros suban a su autobús [pausa de 5 segundos]. Inmediatamente se dará cuenta de que los pasajeros son desagradables y molestos [pausa de 5 segundos]. Representan todos los pensamientos, las imágenes, los recuerdos, los mensajes, los juicios, las autocríticas y los sentimientos que a menudo hacen su vida difícil [pausa de 10 segundos]. Por ejemplo, puede haber preocupaciones sobre los resultados de sus acciones [pausa de 5 segundos] o puede haber recuerdos de haber sido juzgado por su apariencia física o por su carácter [pausa de 5 segundos] o por cosas que ha hecho o que no ha hecho [pausa de 5 segundos]. Podría tener el pensamiento de que no le gusta

(cont.)

o de que no le importa a nadie [pausa de 5 segundos], pensamientos que le dicen que será incapaz de ir en la dirección que quiere [pausa de 5 segundos] o de que no debería ir en esa dirección, que es incorrecta o injusta [pausa de 5 segundos]. Estos juicios pueden decirle que es incompetente o débil [pausa de 5 segundos]. Imagine que esos pasajeros le están gritando, que le están diciendo que tiene que conducir en la otra dirección [pausa de 5 segundos]. Pero una cosa importante que debe tener en mente es que estos pasajeros no portan armas; no tienen nada peligroso que verdaderamente pueda dañarlo o amenazarlo; simplemente usan palabras inofensivas, gritándole que vaya en la otra dirección o que se detenga [pausa de 5 segundos].

En un momento dado, detiene el autobús y le dice a todos esos pasajeros que están equivocados y que tienen que dejar de gritar, pero no se muestran convencidos de ello. No puede persuadirlos de que paren [pausa de 5 segundos]. Aunque usted intenta seguir la dirección original, los pasajeros siguen diciendo: «No, tiene que dar la vuelta; no puede continuar por ese camino» [pausa de 5 segundos]. Intentan obligarle verbalmente a cambiar de dirección, pero no tienen armas, no pueden perpetrar ningún acto violento o peligroso; tan solo pueden usar palabras insustanciales e impermanentes, tan solo pueden seguir gritando [pausa de 5 segundos]. Cuando se siente agotado, detiene el autobús de nuevo, agarra a uno de los pasajeros y lo tira por la ventana. Acto seguido tira a otro por la puerta [pausa de 5 segundos]. A continuación trata de tirar a otro por la ventana, pero se da cuenta de que es demasiado pesado, y mientras trata de lanzar a este pasajero por la ventana, ve que el que ya había tirado vuelve a entrar por la puerta [pausa de 5 segundos]. Sigue intentando echarlos fuera, pero ellos siguen subiendo [pausa de 5 segundos].

Lo que tiene que comprender en este momento es que, en realidad, estos pasajeros molestos (esto es, sus recuerdos, sus pensamientos, sus sensaciones, sus órdenes, sus juicios, sus sentimientos) no pueden tocarle o sabotear la mecánica que mueve el autobús [pausa de 5 segundos]. Usted es el conductor, y ellos son los pasajeros. Pueden decir: «Fracasarás», «Eres peligroso», «No eres lo suficientemente bueno» o: «Eres estúpido», pero realmente no pueden detener el autobús o redirigirlo [pausa de 5 segundos]. Después de todo, no tienen armas –ni cuchillos ni pistolas–; tan solo tienen sus voces, sus palabras. Estas son totalmente inofensivas si decide no escucharlas ni creer lo que le están diciendo, porque hacerlo solo les daría poder [pausa de 5 segundos].

En cierto momento decide detener el autobús y respirar de manera profunda y consciente [pausa de 10 segundos]. A continuación, con una sonrisa de confianza en su rostro, comienza a entender que tal vez sea mejor dejar que estos pasajeros se queden en el autobús en lugar de intentar echarlos [pausa de 5 segundos]. Al mismo tiempo, también decide no hacer lo que le dicen y no creer lo que dicen [pausa de 5 segundos]. Dicho con otras palabras, decide no seguir alimentándolos [pausa de 10 segundos]. Vuelve a encender el motor y sigue conduciendo hacia donde se dirigía antes de todas las interrupciones de los pasajeros. Puede que quiera que estos pasajeros se vayan, pero no lo harán. Pero no importa, porque sabe que usted puede seguir conduciendo en la dirección que ha escogido en su vida, incluso en presencia

(cont.)

de estos pasajeros molestos [pausa de 5 segundos]. Durante un rato siguen gritando que no lo va a conseguir, que usted puede ser peligroso, que tiene que cambiar de dirección y que no va en la dirección correcta [pausa de 5 segundos]. Sin embargo, poco a poco percibe que la intensidad de las voces se va desvaneciendo [pausa de 5 segundos], hasta que en algún momento solo hay un zumbido de fondo [pausa de 5 segundos]. Al final termina por advertir, con placer, que los pasajeros están cansados de gritar y que solo queda un silencio pacífico [pausa de 15 segundos]. En este punto, sigue conduciendo, más confiado y decidido, en la dirección que ha elegido seguir en esta vida única y relativamente breve [pausa de 15 segundos].

Basado en S. C. HAYES, K. D. STROSAHL Y K. G. WILSON, *Acceptance and commitment therapy, op. cit.*

puntos centrales del programa, y proporciona una guía útil sobre lo que los participantes tendrán que afrontar una vez que termine el programa. Las metáforas pueden ser herramientas útiles en el desarrollo de las habilidades metacognitivas, especialmente el descentramiento. Usando el poder de las imágenes se pueden transmitir ideas de manera efectiva sin depender por completo del lenguaje.

La «Metáfora del conductor de autobús» describe las maneras en que las experiencias internas (esto es, los pensamientos, las emociones, los sentimientos, las sensaciones, los impulsos) parecen conducir nuestras vidas y nos permiten imaginar otra en la que nuestras acciones y nuestras elecciones no se ven guiadas por estos estados internos. *Nosotros* somos los conductores y podemos trabajar para alcanzar nuestros objetivos de vida independientemente de los mensajes (a menudo muy viejos y obsoletos) que lanzan los pasajeros.

Revisión de la práctica

Invite a los participantes a reflexionar sobre la dirección que toma el autobús cuando tratamos de deshacernos continuamente de los pasajeros o de pelear con ellos y pensamos en ellos como nuestro peor enemigo. Subraye que estas reacciones agresivas nos alejan de lo que realmente queremos hacer en nuestras vidas. Además, no solo mantenemos las desafiantes experiencias internas, sino que también aumentamos su frecuencia y su intensidad y les damos más poder.

Diga a los participantes que aún encontrarán obstáculos en sus vidas, pero que lo que han aprendido en las últimas 10 semanas puede ayudarles a hacer frente a los estados internos difíciles de manera efectiva. Tan solo son eventos mentales inofensivos y transitorios sin poder ni energía propia si no se los damos.

Práctica de la autocompasión

En este momento del día se lleva a cabo la «Práctica de la autocompasión», uno de los componentes nucleares del programa (sesión 9, cuadro 13.2, pp. 464-468).

Revisión de la práctica

Los participantes comparten comentarios sobre su experiencia actual, y también sobre el impacto que esta práctica ha tenido en su trastorno. ¿Cuál es su relación con el malestar y con las experiencias dolorosas actuales en comparación con el comienzo del curso? Los diálogos que se presentan a continuación nos muestran cómo puede guiarse esta parte de la revisión. Una vez que los participantes han compartido sus experiencias al realizar la práctica durante esta sesión, el instructor dirige un debate más amplio sobre si esta práctica ha cambiado su relación con su problema y cómo lo ha hecho.

INSTRUCTOR: ¿En qué medida creéis que esta práctica ha sido útil para hacer frente a vuestros problemas en las últimas semanas? ¿De qué manera puede ser útil en el futuro el hecho de perseverar en la práctica?

GEORGE: Esta práctica ha sido extremadamente útil. Puede que lo sienta más profundamente porque me siento muy angustiado a causa de mi problema; siento más el sufrimiento y por eso quiero superarlo. Si no practico, me siento menos motivado para lidiar con el sufrimiento. Normalmente trato de reprimir mi sufrimiento, pero aquí es muy diferente; aprendemos a cuidar de él. He encontrado esta práctica muy importante para superar la autocrítica. Los sentimientos de culpa y de perfeccionismo han disminuido.

SHEILA: Yo también he notado que el sentimiento de culpa disminuye. Gracias a este ejercicio, se vuelve más normal. Siento que tiene un efecto liberador –el mismo efecto que la «Práctica del autoperdón» tiene en mí–. Sé que todavía me queda mucho trabajo por hacer, pero creo que esta práctica, así como el autoperdón, seguirán ayudándome a sentirme mejor si sigo practicándolas regularmente.

RAPHAEL: En todos estos años nunca había pensado en ocuparme de mi sufrimiento desde dentro. Ahora creo que quizá sea lo más importante que puedo hacer para vivir una vida libre y pacífica.

Movimientos conscientes y estiramientos

Después de haber estado sentado durante mucho tiempo, resulta conveniente llevar a cabo la práctica «Movimientos conscientes y estiramientos» (véase el capítulo 5, cuadro 9.5, pp. 337-343). El instructor guía a los participantes en esta práctica para que puedan desentumecer los músculos, deshacerse de cualquier tensión en sus cuerpos y centrar plenamente su atención en las sensaciones de los mismos.

Mindfulness relacional compasivo

La última práctica de esta sesión es diferente de los otros ejercicios, que se practican de manera individual. En esta práctica de la meditación, los participantes forman parejas y se sientan a 20 centímetros de distancia, uno frente al otro. En la primera parte de la práctica, un miembro de la pareja observa compasivamente al otro, que mantiene los ojos cerrados. A continuación, las parejas intercambian sus roles, y los otros miembros se convierten en los observadores compasivos. Cuando están en el papel de observadores, se pide a los participantes que observen a sus parejas de manera compasiva, sin juzgar y con una actitud de aceptación, tomando conciencia de los factores que compartimos como seres humanos (sufrimiento, búsqueda de bienestar) en lugar de lo que nos diferencia.

Con esta práctica, los participantes tienen la oportunidad de cultivar muchas de las cualidades que fomenta el programa (p. ej., la conciencia, la aceptación, la confianza, la compasión, la amabilidad) en un contexto interpersonal. Esto es especialmente importante porque los participantes a menudo consideran que, debido a su trastorno, las relaciones interpersonales son problemáticas.

Puesta en común de los participantes en parejas

Al final del ejercicio, el instructor pide a los participantes que sigan en parejas y que compartan sus experiencias entre ellos durante 10 minutos. Normalmente, se trata de un momento intenso en el que los participantes comparten, de manera sincera, varios sentimientos y sensaciones que han experimentado durante esta práctica única con su pareja.

Revisión de la práctica de todo el grupo

DONALD: Me sorprendió que me gustara imaginarme a la persona que estaba delante de mí cuando era niño. En realidad vi a un niño. Eso me hizo sentir un gran cariño, y me sentí cerca de él.

LEWIS: He tenido algunas dificultades para sincronizar mi respiración, pero ha sido una experiencia importante y enriquecedora.

LISA: Me las arreglé para sincronizar mi respiración, y me gustó mucho porque no me sentí sola. Me gustó compartir el sufrimiento y el dolor, pero también la vida. Me sentía muy bien.

LEONARD: Tratar de sincronizar tu respiración con la de la otra persona es un poco como ponerse en su lugar, empatizar con ella.

NICOLE: Ha sido muy bueno para nosotros, pero también difícil. Me avergonzaba saber que alguien me miraba, y tratar de hacer coincidir nuestra respiración no ha resultado sencillo. Cuando me siento avergonzada comienzo a reírme, así que de vez en cuando me reía, pero era una reacción nerviosa.

Cuadro 15.3.

Mindfulness relacional compasivo

Este ejercicio le permitirá compartir un estado meditativo con otra persona, creando una interacción silenciosa muy profunda entre la otra persona y usted.

Siéntese delante del compañero con el que vaya a compartir esta práctica. Puede sentarse en una silla o sobre una esterilla, manteniendo sus respectivas rodillas a unos 20 centímetros de distancia. El ejercicio tiene dos fases: en la primera, uno de ustedes observará al otro, que permanecerá con los ojos cerrados; en la segunda, intercambiarán los papeles. Decidan quién observará primero [pausa de 10 segundos].

Encuentre una posición cómoda, con la espalda recta, pero no rígida, con los hombros relajados, permanezca bien centrado y arraigado en el espacio que le sostiene, y deje que las manos descansen libremente en su regazo. Cuando esté listo, cierre los ojos y entre en sintonía con su respiración, advirtiendo cuidadosamente la sensación que esta crea en el abdomen o, si lo prefiere, en las fosas nasales [pausa de 10 segundos].

Advierta la sensación nutritiva y de energía que le transmite su inspiración y la agradable sensación de liberación que trae consigo su espiración. Observe su respiración –este ciclo vital e imparable–, y reconozca que quizá sea lo más precioso que tiene en este momento, su amiga más leal. Nunca le abandona; está con usted desde el primer día hasta el último, dándole vida [pausa de 10 segundos].

En un momento dado, cuando esté lista, la persona que va a comenzar la primera fase de observación puede abrir suavemente los ojos y dirigir una mirada discreta y suave hacia la persona que tiene delante. Si usted es la persona que está siendo observada, mantenga los ojos cerrados y concéntrese en la respiración. Si usted es la persona que está observando, mire a su pareja de una manera respetuosa y aceptadora y acójala sin juzgarla, simplemente como lo que es, en toda su humanidad. Es una mirada llena de comprensión por el sufrimiento que esa persona habrá encontrado seguramente en el viaje de su vida y que tal vez siga presente de diversas maneras; un sufrimiento que tal vez sea muy similar al suyo propio (pausa de 10 segundos].

Por un momento puede ser conveniente imaginar a su pareja como si volviera a ser un niño [pausa de 10 segundos]. Imagine la inocencia y la pureza de la persona, la confianza original en la vida y en el mundo, en el deseo de ser feliz. Seguramente encuentre algo en común con esta persona [pausa de 10 segundos]. Dirija una mirada compasiva hacia la persona, una mirada que le permita sentir y acoger su sufrimiento. Si le es posible, intente crear asimismo una cara de compasión en su rostro, con una expresión sutil, gentil y amable [pausa de 15 segundos].

En un determinado momento, deje que su mirada se desplace amablemente hacia la respiración de la otra persona, dirigiendo su atención hacia el área de su cuerpo en la que puede sentir mejor su respiración, y tome conciencia de que está observando lo más preciado que tiene esa persona [pausa de 10 segundos]. Está observando su propia energía vital [pausa de 10 segundos].

(cont.)

Haga todo lo posible por entrar en sintonía con esa respiración y, tan pronto como pueda, intente sincronizarla de manera que la inspiración de su pareja se corresponda con la suya propia, y de que la espiración de su pareja se corresponda con la suya, hasta que se dé cuenta de que su respiración y la de su compañero se han convertido en una sola cosa [pausa de 10 segundos]. Están respirando la misma respiración [pausa de 10 segundos]. Observe cómo se siente al crear esta sincronía, al respirar con su pareja, al estar con la otra persona a través de la respiración [pausa de 3-4 minutos]. Ahora puede cerrar los ojos de nuevo y volver a dirigir su atención a su propia respiración [pausa de 10 segundos].

A continuación, cuando esté lista, la persona que fue observada en primer lugar puede abrir ahora lentamente los ojos y dirigir una mirada amable y discreta hacia la persona que tiene delante, observando a su pareja de la misma manera, con una mirada llena de respeto, de aceptación total del otro, acogiéndolo sin juicios ni preferencias, simplemente por ser quien es. Una mirada llena de comprensión por el sufrimiento que esa persona seguramente habrá encontrado en el viaje de su vida y que tal vez siga presente de diversas maneras; un sufrimiento que tal vez sea como su propio sufrimiento [pausa de 10 segundos]. Tal vez pueda imaginar por un momento que la persona es un niño de nuevo, con la pureza de la infancia [pausa de 10 segundos], cuando se mostraba tan confiado, tan abierto a la vida y al mundo, y tal vez descubra que esto es algo que tiene en común con su pareja. Comprenda que ambos están unidos hoy en su deseo de ser felices, de buscar el bienestar [pausa de 10 segundos]. Observe a su pareja en su intrínseca humanidad, dirigiéndole una mirada compasiva, sintiendo y acogiendo el sufrimiento de la persona [pausa de 10 segundos]. Si le es posible, intente crear una cara de compasión en su rostro, con una expresión sutil, amable, gentil y acogedora [pausa de 15 segundos].

Empiece a dirigir gradualmente su mirada hacia la respiración de su pareja, notando el área del cuerpo donde esta resulta más visible, y tome conciencia de que está observando algo muy valioso: está observando su propia energía vital [pausa de 10 segundos]. Tan pronto como sea posible, trate de sincronizar su respiración con la de su pareja, de modo que, en algún momento, su inspiración coincida con la suya y su espiración coincida con la suya, hasta que su respiración y la de la otra persona se conviertan en una sola cosa [pausa de 10 segundos], hasta que ambos respiren con una sola respiración [pausa de 10 segundos], y advierta cómo se siente al crear esta sincronía entre su respiración, que es, después de todo, la vida misma [pausa de 3-4 minutos].

Ahora, cierre los ojos y dirija de nuevo su atención a su propia respiración, y céntrese en su postura [pausa de 10 segundos], en su respiración y en los sentimientos presentes en este momento, en la conciencia de estar conectado no solo a sí mismo, sino quizás también interconectado de varias maneras, directas e indirectas, a quienquiera que esté a su alrededor.

ALAN: He entendido y he sentido con más claridad lo que es la compasión hacia otra persona. Ha sido un momento muy importante para mí.

MICHELLE: He sido la primera en observar, y tenía la sensación de que ella se avergonzaba aunque no lo dijera. Cuando me tocó observar me sentí en paz; era como si ella me cuidara. Me sentía segura.

INSTRUCTOR: En este ejercicio podemos advertir cómo nos sentimos cuando nos observan, y esto no es fácil. El acto de observar es un acto de profunda atención e intimidad; requiere un profundo contacto con la otra persona. Es casi como cuidar de ella. Una práctica como esta puede ser particularmente útil para desarrollar las cualidades que hemos cultivado dentro de nosotros mismos durante este programa.

En las próximas semanas, considerad la posibilidad de practicar este ejercicio entre dos y tres veces por semana con vuestra pareja, con un familiar o con un amigo para fortalecer lo que habéis experimentado hoy a través de esta meditación.

Descanso

Los participantes hacen ahora una pausa de 10 minutos. Este descanso no es en silencio, porque los participantes pueden querer seguir hablando de sus experiencias, ya que esta es la última parte de la sesión y del programa.

Lectura y debate de las citas de la sesión 11

El instructor lee y somete a debate ahora las citas del documento 2 de la sesión 11. Estas citas finales tienen por objeto expresar un mensaje de esperanza y confianza, y animar a los participantes a seguir practicando y enfrentándose a los desafíos de la vida con un sentido de confianza, de apertura y de libertad. Como de costumbre, el instructor pregunta a los participantes cuál podría ser el significado y la utilidad de cada cita, especialmente con respecto a los temas y a los objetivos de la sesión, y luego resume los comentarios y, en caso necesario, explica el significado de las citas que no estén claras.

Distribución del «Cuestionario sobre las reflexiones del programa» y revisión de todo el curso

El instructor entrega a los participantes el «Cuestionario sobre las reflexiones del programa» (Sesión 11–Documento 3) y les pide que lo completen, reportando sus reflexiones personales sobre cómo se sienten acerca de todo el programa. A modo de apoyo para completar esas reflexiones, a los participantes también se les da el documento 4 de la sesión 11, que es una lista de las prácticas y los ejercicios que se han cubierto en el programa.

Cuando terminan de reflexionar individualmente, se pide a los participantes que se emparejen y compartan sus impresiones, sus testimonios y sus sentimientos sobre el curso con sus parejas (5 minutos cada uno). Se les pide específicamente que se centren en sus respuestas a tres de las principales preguntas del cuestionario: cuáles eran sus expectativas al principio, si se han cumplido –y cómo– a través del programa, y cuáles creen que serán los mayores obstáculos para continuar con la práctica después del curso.

A continuación, se invita a los participantes a compartir sus sentimientos, sus impresiones y a revisar todo el curso con el conjunto del grupo (15 minutos). Se les anima a compartir los siguientes puntos: lo que han aprendido, la mejor manera de mantener la dinámica y la disciplina desarrolladas en las últimas 10 semanas a través de la práctica formal e informal, y las razones positivas para mantenerse al día con la práctica.

Naturalmente, el nivel de aprendizaje, los logros y las dificultades son diferentes en cada grupo. Es interesante entender cómo ven los participantes el programa, lo que sienten que han logrado, y lo que piensan que aún podrían lograr. Los participantes suelen guardar este cuestionario para futuras consultas, pero el instructor puede pedirles una copia del mismo, con su permiso, para fines investigativos.

INSTRUCTOR: ¿Cuáles eran vuestras expectativas cuando llegasteis a la primera sesión? ¿Y qué habéis aprendido ahora que estamos al final del programa? ¿De qué manera sentís que habéis mejorado?

EDWARD: Cuando empecé, esperaba poder resolver la mayoría de mis problemas. Al final del programa, definitivamente he adquirido una mayor conciencia de cómo funciona mi trastorno y he desarrollado una nueva manera de relacionarme con mi experiencia interna. Esto me ha llevado a sentirme mucho mejor hoy en comparación con cómo me sentía al principio del curso.

DONALD: He aprendido modos de calmar mi mente y ahora me siento mucho menos ansioso, aunque todavía hay algunas cosas que trataré de mejorar a través de la práctica.

LEWIS: Al principio esperaba reducir la rumiación y la continua preocupación. He aprendido a aceptarme más, con mis límites, defectos y debilidades que todos los seres humanos tenemos, pero también he reconocido mis buenas cualidades y mis recursos. He estado persiguiendo un fantasma durante demasiados años y esto ha sido extremadamente liberador para mí.

NICOLAS: Esperaba curarme del TOC y esto no ha ocurrido, pero he mejorado mucho. Tiendo a manejar los momentos difíciles mucho mejor y ya no reacciono como antes cuando aparecen pensamientos perturbadores. En realidad ya no son tan perturbadores.

LISA: Al haber asistido a un curso anterior en el pasado, quería aclarar algunos conceptos y familiarizarme más con algunas herramientas, porque me ha llevado tiempo ser plenamente consciente. El *mindfulness* está cada vez más arraigado en mí y tiene efectos significativos en mi vida. Puedo decir que se está convirtiendo en un estilo de vida.

DOMINIQUE: Comencé con la expectativa de curarme del TOC, y me he dado cuenta de que para lograr este objetivo se necesita mucho compromiso, determinación y perseverancia. Ahora siento que he mejorado mucho y que algunos de estos principios se han convertido en míos, como el hecho de que los pensamientos son solo pensamientos. También he aprendido algunas herramientas útiles para tratar los pensamientos de una manera saludable. Este fue mi principal problema.

ANDREW: Hace nueve semanas esperaba encontrar ayuda para la relación problemática que tengo con mis pensamientos. Poco a poco he empezado a ver las cosas como lo que son y a observar los pensamientos sin juzgarlos. Este es un cambio radical para mí.

ANNE: Cuando llegué, la idea de participar me pareció difícil. Esperaba que fuera útil, pero me mostraba un poco escéptica después de sufrir durante tantos años. No sabía si sería capaz de seguir con esta esperanza durante todo el programa. Ahora puedo decir que el programa ha sido de gran ayuda: he aprendido a permanecer con mis pensamientos y mis emociones de una manera completamente diferente, incluso en situaciones que antes eran muy difíciles para mí. Venir aquí fue muy desafiante al principio, pero luego, semana a semana, vi que me estaba resultando de ayuda. Ahora veo que mi compromiso ha valido la pena.

INSTRUCTOR: ¿Cuáles son los mayores obstáculos y dificultades que tienes en tu práctica diaria del *mindfulness*? ¿Qué estrategias podrían ayudarte a no perderlo todo y a avanzar en este viaje de mejora?

ANNE: Mis principales obstáculos son las obligaciones laborales y la dificultad para encontrar tiempo para hacer los ejercicios. Es cuestión de organizar mejor mi tiempo. La motivación es que cuando practico obtengo beneficios en comparación con cuando pospongo los ejercicios o cuando no practico mucho.

EDWARD: Mi principal dificultad será no tener un guía o un grupo. Las sesiones de seguimiento serán muy importantes para mí.

LEWIS: La dificultad en mi caso es encontrar tiempo para practicar los ejercicios durante el día, pero ya he decidido que seguiré levantándome media hora antes cada mañana; de todos modos, ya lo estoy haciendo.

DOMINIQUE: A mí me cuesta encontrar el espacio para practicar, pero la motivación viene de la mejora que estos ejercicios me han traído. Una estrategia es programar una cita de una hora conmigo mismo cada día en mi agenda, como las que organizo a diario con otras personas. Tal vez podría hacer menos ejercicio.

DONALD: Creo que es mejor hacer menos ejercicios pero siempre a la misma hora, creando un espacio para la reflexión, pero no una rutina, cambiando de horario cada semana para que no se vuelva demasiado repetitivo y sea siempre un poco diferente. Para mí lo más efectivo es programar la práctica con antelación.

INSTRUCTOR: Depende de la prioridad que le deis a esto, de lo útil que consideréis la práctica y los ejercicios en este momento para ayudaros con vuestros problemas. Practicar 45 minutos cada día puede no ser tan exigente si lo consideráis importante. Pasáis más tiempo complaciendo vuestros problemas. Sin embargo, como sugería también Dominique, podéis concertar una cita con vosotros mismos cada día, como lo haríais con alguien a quien consideráis importante. ¿Algún otro comentario, reflexión o pregunta que queráis compartir?

DENNIS: Después de 20 años tratando de resolver mi TOC, por fin he encontrado un programa útil, aunque desafiante, que recomendaría a cualquier persona que padezca TOC.

ANNETTE: Este programa ha sido muy útil para mí. Estos métodos son nuevos y las técnicas y las ideas son efectivas.

EDWARD: Esta experiencia ha sido una verdadera revelación para mí. Definitivamente me ha ayudado a superar la mayoría de las dificultades relacionadas con mi trastorno. No hubiera pensado que esto sería posible al principio.

ROBERT: Entiendo que si sigo con la práctica, puedo deshacerme de mi trastorno.

DOMINIQUE: Yo observo que cuando practico los ejercicios, obtengo algunos beneficios y algo cambia en mí. Me vuelvo más fuerte. A veces, aunque cada vez con menos frecuencia, tengo un pensamiento muy perturbador. Racionalmente, entiendo que es solo un pensamiento, pero aun así activa emociones difíciles que me alejan de esta práctica. En ocasiones todavía me dejo dominar por ciertos pensamientos, pero por suerte esto ocurre cada vez con menos frecuencia.

INSTRUCTOR: ¿Así que puede que en ciertas ocasiones todavía haya en ti una tendencia a dar poder a determinados pensamientos?

DOMINIQUE: Sí, aunque al final me doy cuenta de que son solo pensamientos. Quizás los he seguido tan a menudo durante tantos años que a veces me atormentan incluso cuando me doy cuenta de que son solo pensamientos.

INSTRUCTOR: Sí, ciertamente es un hábito. Es muy importante que reflexiones sobre todos los ejercicios y las prácticas del programa y que consideres cuáles podrían ser más eficaces para evitar este modo habitual del que luchas por salir. ¿Qué prácticas podrían desvincularte y ayudarte a dejar de dar poder a los pensamientos problemáticos? El hecho de que a veces todavía tengas dificultades me hace pensar que necesitas practicar un ejercicio que te impida entrar en este modo tan pronto como te des cuenta de lo que está pasando –por ejemplo, una práctica física como el «Ejercicio de carga y descarga»–. Haz algo de manera inmediata y completa, sea cual sea la condición en la que te encuentres, sin permitir que tu mente entre en ese mecanismo. Estamos aquí para disolver gradualmente estos hábitos contraproducentes y para reemplazarlos por otros más saludables.

DOMINIQUE: Me he percatado de que los ejercicios que más me ayudan son la práctica de la «Aceptación R.E.A.L.» y la «Exposición consciente», porque se centran en el problema y lo desglosan. La ansiedad siempre se reduce, pero lo que sucede en ocasiones es que, a la larga, vuelve. Casi siento que debería hacer un ejercicio cada hora, pero...

INSTRUCTOR: Eso estaría bien. ¡En realidad sería muy útil practicar cada hora! Si estás angustiada todo el día, es mucho mejor hacer algo cada hora que te ayude a no entrar o a salir de este sufrimiento que permanecer con él todo el tiempo. Esto es importante porque muchas personas con TOC piensan que su problema tiene, inevitablemente, una prioridad máxima en sus vidas, pero estamos aquí para superar este problema creando nuevos hábitos mentales. Tenemos antídotos; usémoslos y convirtámoslos en partes estables de nuestras vidas. Son preferibles a la angustia. Si decidimos no usarlos, es poco probable que veamos alguna mejora, porque nuestros hábitos mentales han estado presentes durante muchos años y tenderán a reactivarse.

DIANE: Estoy como tú (*asintiendo con la cabeza a Dominique*). A veces todavía tengo dificultades con determinados pensamientos, pero también siento que ahora tengo algo más. Como hablamos tanto de cultivar la práctica, me comprometo a practicar, a intentar hacerlo igualmente.

Un domingo por la mañana tuve un pensamiento muy malo y no podía quedarme en la cama, así que hice un gran esfuerzo por levantarme y practiqué el «Ejercicio de carga y descarga». Me relajé y pude volver a la cama y dormir unas horas. Podría haber hecho otra cosa, pero como mi objetivo era dormir y no podía, me tomé el tiempo para practicar, y eso supuso una mejora para mí, porque hice algo que me llevó a un resultado: me costó lo mío.

ISABEL: Ayer por la tarde yo también estaba angustiada, y me dije a mí misma que no tenía sentido sentarme allí con esa angustia, que podía practicar el «Paseo consciente». Así que hice todo lo posible por advertir los sonidos que me rodeaban y por observar lo que percibí durante el paseo. Caminé durante una hora, y cuanto más caminaba, mejor me sentía. Podía ver las cosas desde una perspectiva diferente, aun cuando por dentro no me sintiera bien. Después noté que había aumentado mi estado de ánimo y que me sentía más activa, no como la tarde anterior, cuando intenté practicar el «Ejercicio de carga y descarga» pero lloraba mientras lo hacía porque me sentía muy deprimida. Necesitamos practicar tanto como sea posible y elegir la práctica que resulte más adecuada para un momento determinado. Estos ejercicios son algo nuevo para mi TOC; debemos acogerlos, abrirnos y confiar en ellos.

RICHARD: Cuando los pensamientos quieren tomar el control, leo los documentos que compartimos en el grupo. Son muy útiles para ponerse en contacto con el aquí y ahora. Observo cuándo un pensamiento va a tomar el control y así me convierto en el maestro. Tomo el control de los pensamientos.

LISA: He tenido altibajos en mi experiencia con el grupo, pero he aprendido a creer en él, en el sentido de que poco a poco he llegado a preferir ciertos ejercicios en vez de otros. Tengo la intención de practicarlos regularmente en los próximos meses. Creo que esto es un comienzo, no el final del programa, porque quiero experimentar muchas cosas por mi cuenta después de haberlas aprendido en el grupo. Quiero descubrir lo que todavía no he descubierto sobre mi vida. He observado que el hecho de saltarme los ejercicios me molesta; verdaderamente siento la necesidad de reservar un tiempo para practicar todos los días. He tenido dificultades –he llorado mucho, y quiero señalar esto porque no soy una persona que llore habitualmente–. Esto debe significar algo. Es un comienzo, quizás también el comienzo de una nueva vida.

Distribución de los documentos restantes de los participantes y debate sobre lo que hay que hacer para avanzar

Como señalamos en el debate anterior, así como en diferentes momentos del curso, para consolidar lo que los participantes han aprendido y evitar una recaída, es esencial seguir con la práctica regular del *mindfulness*. Conviene decirles a los participantes que las investigaciones han demostrado que las personas que más se benefician de los tratamientos basados en el *mindfulness* son las que lo practican con regularidad. Necesitan mantener sus cerebros entrenados todos los días, como hacemos con los músculos cuando nos ejercitamos, para que estén listos cuando tengan que enfrentarse a los desafíos o a los obstáculos.

A continuación, el instructor invita a los participantes a reflexionar y a elegir los ejercicios que consideren que les han proporcionado un mayor beneficio y mejora y a preparar un *programa de ejercicios* que estén dispuestos a practicar de manera regular, *todos los días*, durante al menos 40 minutos, todas las semanas de los próximos meses, o al menos en las cinco próximas semanas. El instructor les sugiere que deberían alternar las prácticas estáticas con las dinámicas. Dado que hay varias opciones en el programa, a los participantes puede resultarles útil hacer referencia al documento 4 de la sesión 11, que enumera las prácticas y los ejercicios que hemos cubierto durante el curso. El instructor también debe recomendar encarecidamente a los participantes que incluyan algunos ejercicios importantes del programa, como la implementación de la «Exposición consciente», de la «Lista de riesgos conscientes» y de la «Práctica de las intenciones saludables» (véase Sesión 11–Documento 7). También deben leer todos los documentos que el instructor les haya entregado durante el curso al menos una vez en los dos próximos meses para refrescar y fortalecer la importante información que este les ha proporcionado como parte del programa (véase Sesión 11–Documento 6).

Al proponer su propio plan de práctica personal, es importante que los participantes sean conscientes de lo que realmente pueden hacer. Por esta razón, el instructor les dice a los participantes que la experiencia ha demostrado que es mejor hacer una breve práctica diaria que una práctica más larga con menos frecuencia. De hecho, la continuidad crea y mantiene la motivación y el impulso[2]. Los participantes también pueden tener a mano el documento «Vivir conscientemente» (Sesión 11–Documento 5) y apoyarse en él para mantener una actitud atenta a la experiencia interna y externa, así como para cultivar de forma regular la práctica informal relacionada con las actividades y los eventos diarios. Los participantes deben recurrir a este documento todos los días como guía para la práctica informal.

Dado que la constancia en la práctica puede suponer todo un reto para muchos participantes, es necesario que aprendan a usar toda la ayuda y el apoyo que puedan necesitar para lograr este objetivo. A algunos les puede resultar especialmente útil leer las transcripciones de los ejercicios, leer ciertas citas o practicar en un entorno especial. También se recomienda encarecidamente el apoyo de la familia y de la pareja, que a veces puede ser esencial para ayudar a los participantes a mantener la práctica.

Al igual que en programas similares, (MBSR y MBCT para la depresión), se anima a los instructores a programar algunas sesiones de seguimiento, posiblemente de forma regular, para ayudar a los participantes a mantener la práctica del *mindfulness* y para darles la oportunidad de reunirse de nuevo y de reconectar con el entorno motivador que ofrece el grupo. Esas sesiones de seguimiento también son convenientes para ayudar a los participantes a manejar y mejorar los problemas con los que todavía podrían estar lidiando al final del curso. Este grupo puede estar abierto a participantes de todos los programas de la MBCT para el TOC (véase el capítulo 3 para más detalles). De manera similar, a veces es bueno que muchos miembros del grupo participen en breves retiros de *mindfulness* (1 o 2 días) a fin de refrescar la práctica y de fortalecer su motivación para seguir practicando en casa.

Por último, se informa a los participantes de que el estrés es una de las principales causas de las recaídas. Por lo tanto, también deben valerse del *mindfulness* para ser más conscientes de su nivel de estrés, disminuirlo cuando lo experimenten y prevenir situaciones o experiencias estresantes si y cuando sea posible.

El final de un viaje, el comienzo de uno nuevo

Durante las 10 semanas del programa se han compartido muchas experiencias, emociones, comentarios y reflexiones. Estos son siempre elementos cruciales de aprendizaje. En las próximas semanas los participantes necesitan digerir toda esa información. Por eso, los instructores deben alentar a los participantes a volver a leer todo el material después del final del curso, a fin de repasar lo que han aprendido, y para seguir trabajando en su comprensión del mismo.

Conviene decir a los participantes que usen las herramientas y las habilidades adquiridas a lo largo del programa para prevenir o minimizar el estrés.

2. Z. V. Segal, J. M. Williams y J. D. Teasdale, *Mindfulness-based cognitive therapy for depression: A new approach to preventing relapse*, Guilford Press, Nueva York 2013[2] (trad. esp.: *MBCT. Terapia cognitiva basada en el mindfulness para la depresión*, Edición revisada, Kairós, Barcelona 2017).

El estrés es una de las principales causas del empeoramiento del TOC o de las recaídas. Los participantes también deben informar de ello a sus familiares y a sus seres queridos. La práctica del *mindfulness* actúa como un antídoto eficaz contra el estrés, pero también suelen ser necesarios cambios en el estilo de vida o en las relaciones con otras personas importantes.

El TOC suele describirse como un trastorno crónico; sin embargo, cronicidad no es sinónimo de inmutabilidad o incurabilidad, como han demostrado muchos participantes en el programa y varios estudios científicos (véase el capítulo 2). La cronicidad puede ser el resultado de hábitos mentales reforzados con el tiempo. Por eso, si se practica con regularidad, el *mindfulness* puede sustituir gradualmente a los hábitos disfuncionales. La mente puede cambiar el cerebro.

Meditación de conclusión

Como dijimos en el capítulo 14 (sesión 10), los rituales son normales y suelen tener un significado positivo. Por ejemplo, a menudo funcionan para marcar momentos importantes, para subrayar la relevancia de un evento, para celebrar un logro, o para reforzar las intenciones. Esta meditación de conclusión funciona como una especie de ceremonia o ritual de clausura. Se pide a los miembros del grupo que recuerden estas 10 últimas semanas, así como el compromiso y el trabajo duro que han desarrollado en el programa.

Los participantes se reúnen en círculo mientras el instructor lee algunas citas que expresan principios y temas del programa. El instructor da entonces una piedra o una concha a cada miembro del grupo. Se pide a los participantes que centren su atención en el objeto, de la misma manera que en el primer ejercicio en la sesión 1 (capítulo 5), el «Ejercicio de la uva pasa». En el futuro, cada vez que miren este objeto, será un símbolo de todo el programa y les recordará los efectos que tiene la práctica regular en sus problemas. Se invita a los participantes a descubrir en ese objeto una importante cualidad compartida con todos los demás miembros del grupo: la unicidad. También se invita a los participantes a honrar esta cualidad en sí mismos, al mismo tiempo que aceptan sus defectos y sus limitaciones con amabilidad y compasión.

Por último, se invita a los participantes a tomarse un momento para desearse a sí mismos lo mejor, como hicieron en la «Práctica de la autocompasión», y a mirar a la persona que tienen a su izquierda y desearle lo mejor en el viaje de su vida.

Comentarios e informes finales

Los siguientes comentarios y afirmaciones de algunos participantes resumen las lecciones aprendidas durante este programa desafiante e intenso.

> He descubierto que el TOC no es un enemigo invencible, como me han dicho muchas personas, incluidos los terapeutas, a lo largo de los años. Tan solo es un mal hábito que puedo reemplazar con nuevos hábitos saludables a través de la práctica regular. Este es, probablemente, el descubrimiento más importante de mi vida.
>
> —JONATHAN

Estaba cansado de lidiar siempre con el TOC de la misma manera: unas cuantas sesiones con un terapeuta, medicación, unos cuantos meses atrapado en mis obsesiones y rituales, luego la atenuación del sufrimiento y adiós y muy buenas. El *mindfulness* ha sido y sigue siendo para mí una forma radicalmente diferente de lidiar con mi problema y de superarlo. Al detenerme y prestar atención, la atención plena me ayuda a tomar conciencia de mi vida, momento a momento. Es asombroso cómo al practicar el *mindfulness*, el significado de las cosas, los comportamientos, las palabras y la impermanencia de los eventos se han vuelto más claros para mí. Cada vez que me siento en mi cojín es siempre una experiencia diferente, una oportunidad de aprender algo nuevo. Es también lo que me estimula a seguir practicando. Ahora siento que el TOC ya no supone un problema y que la vida es una oportunidad única que se nos da. No debemos abandonarla; debemos acogerla, comprenderla, respetarla y esforzarnos por sacarle el máximo provecho, paradójicamente incluso sin hacer nada.

—ALLISON

Para mí, el *mindfulness* es como una abrir una puerta –una puerta que me permite regresar y familiarizarme conmigo mismo, momento a momento, y con mi TOC, que ya no es «mío»–. Es solo un estado mental que ha estado conmigo durante demasiados años. Cada día que practico, aprendo algo. Aprendo a aceptarme a mí mismo, a respetarme a mí mismo, a cambiar mi perspectiva sobre mis pensamientos, mis emociones y mi sufrimiento. Cuanto más persevero en la práctica, más me convierto en mí mismo; cuanto más persevero con la práctica, más fortalezco y tonifico el músculo de la conciencia. Cuanto más practico, más puedo apreciar este extraordinario don que llamamos vida. Cuando termino la práctica formal, esa puerta que me ha llevado al interior de mí mismo gira y me señala el camino para relacionarme con los demás. Al conocerme mejor, puedo relacionarme mejor con los demás, porque los veo con otros ojos: mis ojos se reflejan en los suyos, mi inspiración y mi espiración son como las suyas, mi corazón late como los suyos. Es una puerta que puedo abrir cuando quiera y si quiero, a cualquier hora del día, y espero abrirla a cualquier hora de cada día.

—STEVEN

Mi primer encuentro con mis pensamientos perturbadores tuvo lugar hace 18 años. Estaba muy asustado... mucho. Al principio no era una relación de igualdad... me rendí completamente; hice todo lo que esos pensamientos me dijeron que hiciera. Cuanto más hacía, más sufría; cuanto más hacía, más poderosos y exigentes se volvían. Acudí a la terapia y durante años viví con altibajos. Siempre tenía mi talón de Aquiles asustándome. Solo unas pocas personas sabían de mi problema. Me avergonzaba de ello; temía que la gente no lo entendiera, que me juzgaran negativamente.

Entonces llegó el momento decisivo: conocí a mi terapeuta, ¡mi guía! Abrió mi mente a una nueva realidad; me ayudó a entender. Unas simples palabras: «Los pensamientos son solo pensamientos... una serie de palabras que se crean en nuestras mentes pero que no necesariamente se corresponden con la realidad». Me enseñó a dejar descansar mi mente a través de la meditación, que una mente descansada reflexiona mejor, distingue mejor entre la realidad y los simples pensamientos. Estoy diciendo la verdad: necesitaba un gran estímulo que me diera coraje y me volviera más decidido a empezar a entender que todo es muy simple, que no hay que tener miedo porque, como decía, los pensamientos son solo pensamientos... simplemente palabras... no realidad. Reafirmo este concepto porque para mí es fundamental. Ahora, cuando ciertos pensamientos vienen a mí, los reconozco y los dejo. Continúo con mi vida. Si quieren interactuar conmigo, continúo con mi vida y me concentro en algo real y cierto que esté disponible en ese momento: mi respiración. Medito regularmente; ¡la meditación se ha convertido en algo fundamental para mí! Nunca pensé que sería capaz de perseverar con este tipo de ejercicio. Lo comparo con una dosis regular de medicación, solo que esta es una medicación totalmente natural que no tiene efectos secundarios y que ofrece muchos beneficios.

¡El grupo, mi conciencia de los pensamientos y la meditación han cambiado mi vida! A veces todavía tengo dificultades, pero nunca comparables a las que tenía antes, y aún más que eso, mi vida está ahora llena de muchas emociones positivas. La terapia de grupo me ha proporcionado beneficios únicos. El hecho de compartir mi experiencia con otras personas que tienen la misma experiencia ha sido extremadamente positivo para mí. ¡A veces piensas que eres el único en el mundo que lo está pasando mal! En el grupo, experimentas la terapia de una manera más despreocupada, y las sesiones son más agradables e interesantes.

—MANDY

¡Cuántas veces, sin darnos cuenta, creamos un cuento o una tragedia basada en un pensamiento que aparece en nuestra mente! El *mindfulness* me ayuda a ver un pensamiento en su pureza, como realmente es. Me permite desprenderme lentamente de mis hábitos pasados. Explorar la propia interioridad requiere coraje: no siempre es fascinante. A veces las emociones que surgen (miedo, tristeza, culpa) son tan fuertes que parece más fácil evitarlas que tratarlas como lo que son. Perseverar con la práctica también es muy importante. Siempre estamos diciendo que sí a todo y a todos, y debido a nuestras obligaciones no siempre resulta fácil sacar tiempo para practicar todos los días. Mi motivación es que la práctica siempre es diferente porque cada momento es diferente, y yo soy diferente en cada momento. ¿Suena increíble? Bueno, pues no lo es. Es la simple verdad. El *mindfulness* me permite parar más a menudo que antes y entrar en contacto con el momento presente, un tiempo que creemos que estamos viviendo pero que en realidad vivimos muy poco. Y entonces me detengo y escucho un dulce y ensordecedor sonido, disfruto de un helado, huelo el aroma de una flor.

Si pienso en cómo solía describir el TOC antes de las sesiones de grupo, también me sorprende el hecho de que ahora soy más amable con el TOC. El hecho de crear una relación amigable con el TOC me ayuda a vivir con este problema de una mejor manera. Siento que es más liviano y me doy cuenta de que poco a poco lo estoy transformando. El grupo de *mindfulness* me ayuda a no sentirme solo y a implementar una estrategia que no pretende no ver mi TOC, evitarlo o combatirlo, sino más bien en mantenerlo cerca de mí. Las emociones, los pensamientos y las sensaciones físicas que surgen se experimentan y pueden aceptarse de la misma manera que una madre da la bienvenida a su hijo que se acerca a ella para darle un abrazo después de haberse metido en problemas. Rechazar los propios estados internos y luchar contra ellos significa amplificarlos y desencadenar la confusión y la repetición, que no ayudan a resolver el problema, sino que únicamente lo empeoran.

—ELIZABETH

La luz en nuestras vidas
está más cerca de lo que podríamos imaginar,
pero está continuamente nublada
por nuestra ceguera mental.

—F. D.

Sesión 11–Documento 1. Resumen de la sesión 11: Afrontar la vida con confianza y hacer frente a los obstáculos de manera efectiva

Durante este desafiante e intenso viaje de 10 semanas hemos recorrido diferentes territorios, todos ellos conectados con los temas básicos del programa: comprender qué es el *mindfulness*, la importancia de la atención, cómo funciona el TOC, las raíces de nuestra desconfianza, cómo usar nuestros sentidos para desarrollar confianza y relacionarnos con la realidad, cómo crear una relación saludable con nuestros pensamientos, tratándolos como lo que son, desarrollar la aceptación, actuar de un modo consciente en la vida, tomar conciencia de nuestras intenciones, exponernos a nuestros miedos, desarrollar autocompasión, autoperdón y un sentido maduro de la responsabilidad, y correr riesgos saludables para liberarnos de los viejos hábitos y sus limitaciones. Este curso ha destacado repetidamente los beneficios de la conciencia, de distanciarnos de nuestros pensamientos, de aceptar y **responder** conscientemente a las situaciones en lugar de reaccionar de manera automática y sin sentido. La forma en que dirigimos la atención a nuestra experiencia interna y externa puede generar bienestar y confianza o angustia y sufrimiento. Hemos aprendido que todo problema comienza con la resistencia, la lucha o la evitación de nuestros pensamientos, emociones y sensaciones; esa resistencia se alimenta a sí misma y, en ese punto, puede llegar a ser inmanejable. La aceptación puede ser el primer paso para cambiar nuestra relación con los pensamientos y las emociones, así como una forma efectiva de prevenir los mecanismos obsesivos que luego conducen a la ansiedad y, a menudo, a compulsiones inmanejables.

La relación más útil y liberadora con los pensamientos difíciles es la adoptada por el buen gerente de hotel. Este da la bienvenida a todos los huéspedes que llegan, reconociéndolos, acomodándolos y dejándolos ir por su propio camino. A través de este proceso podemos reconocer la naturaleza imperfecta de cada ser humano y de cada experiencia en la vida. Tomamos conciencia de que todo es impermanente, incluso los momentos más difíciles. En nuestro viaje no hay certezas, salvo quizás la de nuestra respiración, que está con nosotros desde el primer hasta el último momento de nuestra vida.

La práctica del *mindfulness* y la puesta en común de nuestras experiencias también nos ha hecho tomar conciencia de un hecho fundamental: el único momento en que podemos crear, cambiar y mejorar algo es el presente. Por esta razón necesitamos estar despiertos en el presente, vivirlo intensamente y *beberlo hasta la última gota*.

Para consolidar las mejoras y las habilidades aprendidas en este viaje y crear nuevas mejoras, es esencial continuar con un programa regular y diario de práctica del *mindfulness*. Decida qué ejercicios de *mindfulness* se comprometerá a practicar en las próximas semanas. Haga todo lo posible por ser regular y perseverar durante este período, advirtiendo cualquier dificultad con que pueda encontrarse. Recuerde que cada mejora y cada momento de bienestar durante estas semanas le demuestra que el cambio siempre es posible. Ahora bien, para consolidarlo y evitar las recaídas, es necesario practicar el *mindfulness* con regularidad. Ábrase a la vida con confianza y responsabilidad.

Sesión 11–Documento 2. Citas de la sesión 11

Un viaje de mil millas comienza con un solo paso,
pero un primer paso no significa que debamos caminar mil millas.

—Confucio

Al hombre se le puede arrebatar todo, salvo una cosa:
la última de las libertades humanas
–la libre elección de la acción personal ante las circunstancias–
para elegir el propio camino.

—Viktor E. Frankl

El pasado nos define.
Podemos esforzarnos, con razón, en escapar de él,
o en escapar de lo malo que hay en él,
pero solo lo conseguiremos si le añadimos algo mejor.

—Wendell Berry

La mejor manera, la más sabia, de enfrentarse a la vida,
en cualquier lugar y en cualquier situación,
es calmar la mente y abrir el corazón.

—Jack Kornfield

Nadie puede hacerte sentir inferior sin tu consentimiento.
Nunca lo des.

—Eleanor Roosevelt

Quien tiene un porqué para vivir
puede soportar casi cualquier cómo.

—Friedrich Nietzsche

Sesión 11–Documento 3. Cuestionario sobre las reflexiones del programa

Fecha: ....

1. Piense en el principio del curso, cuando llegó a la primera sesión. ¿Cuáles eran sus expectativas y por qué estaba allí? ¿Qué quería o esperaba?

2. ¿Qué pasó realmente después? ¿Qué ha aprendido o hecho por su cuenta? ¿De qué maneras siente que ha mejorado?

3. ¿Cuánto esfuerzo le han costado estas 10 semanas por lo que respecta al **compromiso**?

4. ¿Qué **sesiones** han sido **más efectivas y útiles** para usted y su problema en orden de importancia? (1 = la más importante; 11 = la menos importante)?

(1)	(7)
(2)	(8)
(3)	(9)
(4)	(10)
(5)	(11)
(6)	(12)

Sesión 1: Comprender qué es el *mindfulness*. Sesión 2: Comprender el TOC y cómo el *mindfulness* sirve de ayuda. Sesión 3: Ayudar a los familiares y a las parejas a apoyar a los pacientes con TOC. Sesión 4: Comprender la propia desconfianza y desarrollar una confianza real. Sesión 5: Usar los sentidos para desarrollar la confianza. Sesión 6: Desarrollar una relación saludable con los pensamientos. Sesión 7: Desarrollar la aceptación como un paso esencial para el cambio. Sesión 8: «Hacer consciente» y exposición consciente. Sesión 9: Desarrollar la autocompasión y el autoperdón. Sesión 10: Aprender a correr riesgos. Sesión 11: Afrontar la vida con confianza y hacer frente a los obstáculos de manera efectiva.

5. ¿Qué **ejercicios y prácticas** (véase Sesión 11–Documento 4) son **más efectivos y útiles** para usted y su problema en orden de importancia? (1 = el más importante; 12 = el menos importante)?

(1)	______	(7)	______
(2)	______	(8)	______
(3)	______	(9)	______
(4)	______	(10)	______
(5)	______	(11)	______
(6)	______	(12)	______

6. ¿Cuáles son las **mayores dificultades y obstáculos a los que se enfrenta** al continuar regularmente con su práctica diaria de *mindfulness*? ¿Qué **estrategias** podrían ayudarle a mantener todo lo que ha ganado y a avanzar en este importante viaje?

______

______

7. Escriba a continuación cualquier **cita o frase** (si es que las hay) que le haya resultado particularmente útil para comprender y superar las dificultades durante estas últimas 10 semanas. Escríbalas de la manera en que las recuerde, aunque la redacción no sea exactamente correcta.

______

______

8. ¿Qué utilidad ha tenido este curso para usted en una escala de 1 a 10? Haga una marca en el nivel que considere apropiado.

Nada útil — Extremadamente útil

1	2	3	4	5	6	7	8	9	10

9. Comparta un comentario sincero indicando lo que este programa ha significado para usted. Añada también cualquier sugerencia de cambio en el contenido y la estructura del curso que recomendaría. Sus comentarios son muy apreciados, serán anónimos y se usarán para mejorar futuros cursos.

______

______

Sesión 11–Documento 4. Lista de prácticas y ejercicios del programa de la MBCT para el TOC

1. Escáner corporal (Sesiones 1, 2).
2. Conciencia de la respiración (Sesión 1).
3. Conciencia de la respiración y del cuerpo (Sesión 2).
4. Espacio para respirar (Sesiones 4-6).
5. Espacio para respirar–afrontamiento (Sesiones 5, 7, 8).
6. Meditación sentada: conciencia de la respiración, del cuerpo, de los sonidos, de las emociones y de los pensamientos (Sesiones 4, 5).
7. Paseo consciente (Sesiones 4, 11).
8. Práctica de la percepción consciente (Sesiones 5, 11).
9. Técnica de la validación de la experiencia perceptiva (Sesión 5).
10. Movimientos conscientes y estiramientos (Sesiones 5, 11).
11. Meditación de la mente observadora (Sesiones 6-11).
12. Meditación de los círculos conscientes con las manos (Sesión 6).
13. Práctica de la aceptación R.E.A.L. (Sesiones 7, 11).
14. Ejercicio de carga y descarga (Sesiones 7, 11).
15. Práctica de las intenciones saludables (Sesión 8).
16. Técnica de la discrepancia (Sesión 8).
17. Paseo consciente con estabilizadores verbales (Sesiones 8, 11).
18. Exposición consciente (Sesiones 8-11).
19. Práctica de la autocompasión (Sesiones 9-11).
20. Práctica del autoperdón (Sesión 9).
21. Correr riesgos conscientes (Sesión 10).
22. Rituales de dejar ir (Sesión 10).
23. Ejercicio del conductor de autobús (Sesión 11).
24. *Mindfulness* relacional compasivo (Sesión 11).

Sesión 11–Documento 5. Vivir conscientemente

He aquí algunos consejos que le permitirán incorporar el *mindfulness* a su vida cotidiana y, posiblemente, convertirlo en un estilo de vida y una forma de ser. Podría resultarle útil llevar esta lista consigo todos los días, dondequiera que vaya.

- Tan pronto como se despierte por la mañana, antes de levantarse de la cama, centre su atención en la respiración. Busque un momento para practicar la meditación del «Espacio para respirar».
- Cree una lista de intenciones saludables para la actitud y el compromiso que quiere tener ese día en las acciones que realice, en los pensamientos que tenga, en las palabras que use y en los estados de ánimo que sienta. Haga todo lo posible por poner en práctica esas intenciones durante el día.
- Tan a menudo como le sea posible, preste atención a sus sensaciones físicas y a su postura. Esta conciencia le permite estar más presente y arraigado en el aquí y ahora.
- Escuche y confíe en sus sentidos. Intente dirigir su atención, al menos una vez cada hora, a lo que sus sentidos le dicen durante sus actividades diarias («Veo los colores de esta flor»; «Escucho este sonido»; «Siento la textura de este objeto»; «Percibo el olor o el sabor de esta comida»). Dé valor y crea intencionalmente en esta información sensorial. Es la mejor manera de vivir en la realidad.
- Dé un paseo consciente a un ritmo normal, si es posible, en un espacio verde. Sea consciente de lo que pasa en su cuerpo mientras camina. Tómese un tiempo para advertir su postura. Preste atención al contacto con el suelo bajo sus pies, paso a paso. Sienta el aire en el rostro, en los brazos y en las piernas mientras camina. Si está en un paisaje tranquilo y al aire libre, perciba lo que le rodea.
- Advierta su miedo y su resistencia al malestar. Reconozca su actitud con respecto a lo que le perturba o no le gusta, o con respecto a algo que le guste o a lo que está acostumbrado y a lo que esté tratando de renunciar. El miedo y la resistencia le tienen atrapado en sus viejos malos hábitos y le impiden comenzar nuevas y enriquecedoras experiencias. Por ejemplo, tome conciencia de su resistencia a determinados sonidos u olores, de las sensaciones en su piel, de un pensamiento perturbador, del sabor de una comida o de que la temperatura de su cuerpo es demasiado caliente o demasiado fría. Tal vez se dé cuenta de que en la mayoría de los casos, el problema no son los estímulos y las experiencias que vive cada día, sino su aversión y su resistencia a ellas. Puede que se exponga gradualmente a los estímulos menos incómodos, observando atentamente su miedo y su resistencia.

- Cultive la aceptación: sienta y acepte cualquier experiencia interna y externa perturbadora que se presente en cualquier momento. En particular, reconozca y acepte cualquier cosa que no le guste y no pueda cambiar a lo largo de su jornada, sin tratar de resistirse a ella, luchar contra ella o controlarla. Dirija su energía a cambiar lo que puede cambiar de manera realista y resulta conveniente cambiar. Acepte también a las personas que conoce y la realidad tal como son. Cuando sea capaz de aceptar la forma en que usted, la gente y los eventos son en cada momento, encontrará la libertad y la paz.
- Busque todo lo que pueda proporcionarle una energía vital natural. Descubra, o recupere de su pasado, las actividades que le dan energía –por ejemplo, escuchar música, hacer ejercicio, estar en contacto con la naturaleza–.
- Tómese algunos descansos a lo largo del día y tome conciencia de su respiración. Busque un momento para practicar la meditación del «Espacio para respirar». Recuerde que el hecho de calmar la respiración constituye un paso clave para calmar la mente.
- Sea amable y compasivo consigo mismo y con las personas con que se encuentre durante el día. Ocúpese de su sufrimiento y sea amable y sensible con el sufrimiento que ve en los demás.
- «Hacer consciente»: sea consciente de lo que hace cuando lo hace. Convierta las tareas diarias en momentos conscientes y advierta también los efectos reales de sus acciones y su comportamiento después de haberlos realizado. Sea plenamente consciente mientras se cepilla los dientes, se ducha, se lava las manos, bebe una taza de té, conduce el coche, sostiene a su bebé, hace su trabajo o charla con un amigo. Absténgase de hacer varias cosas a la vez y haga todo lo posible por centrarse en una sola tarea durante un cierto período de tiempo, y luego haga una pausa antes de pasar a otra tarea.
- Haga todo lo posible por comer alimentos saludables, por prepararlos e ingerirlos con cuidado, tomándose su tiempo y prestando atención a los sabores y a las sensaciones. Cada vez que coma o beba algo, respire de manera consciente. Centre su atención en la comida y tome conciencia de cómo está conectada con las diferentes cosas que han nutrido su creación. ¿Puede ver la luz del sol, el agua, la tierra en su comida? Preste atención e ingiera conscientemente esta comida por su salud. Sea consciente de las diferentes sensaciones que experimenta al comer: ver su comida, olerla, saborearla, masticarla y tragarla.
- Alimente su creatividad. Exprésela de cualquier manera que pueda y le guste hacer: escribir, cocinar, dibujar, pintar, cantar, amueblar o decorar la casa, etc. Es una forma de mostrar su unicidad a sí mismo y al mundo, para nutrirse y calmar su mente.

- Cuando esté con otras personas, sea consciente, tan pronto como sea posible, de su forma de escuchar y de hablar. ¿Puede escuchar de forma neutral, o sin saber lo que va a decir como respuesta? Mientras habla, ¿puede limitarse a decir lo que necesita decir –sin decir nada más ni nada menos–? Trate de advertir cómo se siente en su cuerpo y en su mente.
- Si es posible, trate de salir al aire libre, a espacios verdes, y pase algún tiempo en la naturaleza. Es una forma poderosa de liberar su mente y de conectar mejor con su cuerpo y con los sentidos.
- A lo largo del día, intente no tomarse a sí mismo y su comportamiento demasiado en serio. Tan a menudo como pueda, haga todo lo posible por usar el humor y la ironía con la experiencia interna y externa a la que se enfrenta. Son poderosos antídotos contra el estrés, el miedo y los sentimientos negativos.
- Siempre que le pongan en espera por teléfono, que espere en una cola o que esté en medio de un atasco, aproveche esta situación para advertir su postura y su respiración. Sienta el contacto de sus pies con el suelo y reconozca sus sentimientos. ¿Se siente calmado, preocupado o impaciente? Respire atentamente.
- Tenga una relación saludable con su teléfono móvil o con otros dispositivos electrónicos. Decida de antemano cuándo no debe revisar su teléfono durante el día y fije las horas en las que revisará los correos electrónicos, los mensajes o las redes sociales. Recuerde dejar a un lado su teléfono móvil cuando esté pasando tiempo con sus seres queridos.
- Tome conciencia de los impulsos e intente no actuar sobre ellos. Advierta, por ejemplo, el impulso de rascarse la piel cuando siente picazón, de comprobar algo que ya ha hecho una vez (tal vez una y otra vez), de mirar su teléfono esperando encontrar nuevos mensajes o algo interesante, de beber alcohol o comer algo, de ver la televisión, de buscar confirmación, de distraerse. Estos impulsos llegan y luego desaparecen, y podrá darse cuenta de que no tiene que actuar sobre ellos por el mero hecho de que aparezcan. Tan solo tendrá que «subirse a la ola del impulso».
- Dejar ir el control y las expectativas o los ideales irrealistas sobre las cosas que hace o va a vivir en su jornada. Estas expectativas o ideales pueden crear fácilmente estrés, decepción, miedo, frustración, tristeza y/o ira. La realidad es lo que es; la vida es incontrolable y las cosas nunca serán perfectas. Tiene que encontrar la mejor relación con la realidad *tal como es*, momento a momento.
- Durante el día, tome conciencia de cualquier área de tensión en su cuerpo. Compruebe si es capaz de dirigir el aire de la inspiración hacia esa tensión, y, mientras espira, de liberarse de ella. ¿Hay más tensión acumulada en otra parte de su cuerpo? ¿Tal vez en el cuello, en los hombros, en el pecho, en el estómago, en la mandíbula o en la parte baja de la espalda? Si es posible, haga estiramientos una vez al día.

- Haga todo lo posible por buscar y abrirse a nuevas experiencias. No tenga miedo de lo que no conoce, y viva cualquier momento que pueda enriquecer, nutrir y hacer crecer su vida.
- Dedique y nutra su mente y su cuerpo con suficientes (aunque no demasiadas) horas de sueño cada noche; se recomienda dormir entre 7 y 9 horas.
- Reconozca y aprecie, en la medida de lo posible, lo que tiene y lo que puede hacer en su vida, en cualquier momento. Al final del día, dé las gracias por al menos una cosa que haya tenido la oportunidad de vivir, sentir, hacer o compartir con otras personas en este día único de su vida.
- Antes de acostarse por la noche, tómese un momento y dirija su atención a su respiración. Busque un momento para practicar la meditación del «Espacio para respirar», piense en lo que ha aprendido y recibido de este día, disfrute de lo que es capaz de sentir en el momento, y dese cuenta con confianza de que un nuevo día llegará.

Basado en M. Klyne, citado en Z. V. Segal, J. M. Williams y J. D. Teasdale, *Mindfulness-based cognitive therapy for depression: A new approach to preventing relapse, op. cit.*

Sesión 11–Documento 6. Práctica recomendada para las semanas siguientes a la sesión 11

1. Escoja, de entre los diferentes ejercicios de *mindfulness* que ha experimentado hasta ahora («Meditación sentada», «Meditación de la mente observadora», «Aceptación R.E.A.L.», «Práctica de la autocompasión», práctica de la «Percepción consciente», «Paseo consciente», etc.), los que crea que le han aportado un mayor beneficio, y prepare un *programa de ejercicios* que esté dispuesto a practicar regularmente, **todos los días** durante al menos 40 minutos en los próximos meses, o al menos en las próximas 5 semanas. Puede optar por alternar las prácticas estáticas con las dinámicas. Es esencial que use este programa diariamente y que después tome nota de sus impresiones y sus observaciones en el «Formulario de registro» (le sugerimos que haga muchas copias de este formulario).
2. Continúe practicando el ejercicio de la «**Exposición consciente**» **todos los días**, al menos una vez al día, a partir de la lista del documento 5A de la sesión 8. Recuerde siempre enfocarse todo lo posible en lo que sus sentidos le comunican en cada momento.
3. Al menos una vez al día **durante al menos 3 semanas**, **continúe** llevando a cabo una **acción de riesgo de forma consciente**, o tome una decisión o una elección de su «Lista de riesgos conscientes» del documento 3 de la sesión 10. Después, una vez que haya pasado el malestar, anote en el mismo documento cómo se sintió después de hacerlo.
4. Cada mañana, justo antes de levantarse, lea atentamente o complete el formulario sobre la «**Práctica de las intenciones saludables**», e intente recordar durante el día sus intenciones y ponerlas en práctica tantas veces como pueda, asegurándose de que sus acciones y sus decisiones están impulsadas principalmente por estas intenciones.
5. Practique el ejercicio del «**Espacio para respirar–afrontamiento**» cada vez que lo necesite: es decir, *cada vez que advierta emociones o pensamientos angustiosos*. Estar presente con la respiración de esta manera, todos los días, le dará la oportunidad de aprender a **detenerse y tomar conciencia** de lo que se siente cuando está conectado y presente en el momento, **sin tener que reaccionar** (p. ej., con rituales) a los pensamientos y a las emociones.
6. **Lea cuidadosamente** el material proporcionado en estas 11 sesiones una vez más y reflexione sobre los contenidos, haciéndolos suyos. Trate de usarlos día tras día a fin de desarrollar y vivir la mejor relación posible consigo mismo y con su experiencia vital. A veces puede resultar beneficioso llevar consigo algunos de los materiales que considere más útiles de las 11 sesiones de grupo para poder hacer uso de ellos si y cuando fuera necesario.

Cuando decida practicar estos ejercicios, recuerde tomarse el tiempo necesario y encontrar un lugar cálido, seguro, cómodo y tranquilo donde sepa que no le molestarán ni le interrumpirán. Encuentre una postura cómoda y estable.

Haga todo lo posible por abordar los ejercicios como si fueran un hábito saludable que desea introducir regularmente en su vida y como un recurso interior precioso que siempre tiene disponible para lograr el bienestar. Experimente los ejercicios que practica como la cita más preciosa e importante de su vida: la que tiene consigo mismo.

Sesión 11–Documento 7. Formulario de registro de la práctica en casa para la sesión 11

Nombre: ______

Complete este formulario cada vez que practique los ejercicios de *mindfulness* que ha presentado en su plan para las semanas siguientes al final del programa, unos ejercicios que ha elegido de entre las prácticas de todo el programa. Como siempre, anote todo lo que suceda mientras realiza los ejercicios (beneficios para la salud, dificultades, observaciones).

Día/Fecha	Ejercicio	Comentarios
Jueves Fecha: ______	Práctica del día: ______ Práctica del día: ______ Riesgo consciente: ______ Exposición consciente: ______ Intenciones saludables: ______	
Viernes Fecha: ______	Práctica del día: ______ Práctica del día: ______ Riesgo consciente: ______ Exposición consciente: ______ Intenciones saludables: ______	
Sábado Fecha: ______	Práctica del día: ______ Práctica del día: ______ Riesgo consciente: ______ Exposición consciente: ______ Intenciones saludables: ______	
Domingo Fecha: ______	Práctica del día: ______ Práctica del día: ______ Riesgo consciente: ______ Exposición consciente: ______ Intenciones saludables: ______	
Lunes Fecha: ______	Práctica del día: ______ Práctica del día: ______ Riesgo consciente: ______ Exposición consciente: ______ Intenciones saludables: ______	

(cont.)

Martes Fecha: ______	Práctica del día: ______ Práctica del día: ______ Riesgo consciente: ______ Exposición consciente: ______ Intenciones saludables: ______	
Miércoles Fecha: ______	Práctica del día: ______ Práctica del día: ______ Riesgo consciente: ______ Exposición consciente: ______ Intenciones saludables: ______	

Apéndice
Formación y supervisión en la MBCT para el TOC

Formación

Actualmente hay tres posibles niveles de formación y de cursos de certificación disponibles a través del Centro de la MBCT para el TOC en Vicenza, Italia, para profesionales de la salud mental titulados que quieran recibir formación en la MBCT para el TOC. Se entrega un certificado de finalización a los participantes que completan cada formación.

Taller introductorio (2 días y medio)

Algunos de los objetivos básicos de este taller son hacer que los participantes entiendan la fundamentación, el programa y el contenido del modelo, compartir con ellos algunos ejercicios y prácticas del programa, y permitirles aprender las habilidades básicas necesarias para empezar a aplicar la MBCT para el TOC en el tratamiento individual. Un breve resumen de este programa de formación incluye: (1) fenomenología, características clínicas y etiología del TOC; (2) fundamentación y base cultural y científica de la MBCT para el TOC; (3) principios básicos y características clave de la MBCT para el TOC; (4) formato y estructura de la sesión de la MBCT para el TOC; (5) ejemplos en vídeo de la MBCT para el TOC en formato individual o grupal; y (6) ejercicios con los participantes.

El plan de estudios integra el aprendizaje didáctico, experiencial y en pequeños grupos, e incluye meditaciones estáticas, así como meditaciones dinámicas (p. ej., yoga/movimientos conscientes, paseo consciente). Se explora el contenido y el plan de estudios de cada sesión de la MBCT para el TOC, usando vídeos de grupos reales de la MBCT para el TOC, descripciones de los temas y los planes de estudio de las sesiones, y muestras de documentos para los clientes y transcripciones de las prácticas proporcionadas a los asistentes. El taller está abierto a profesionales de la salud mental que trabajen (o deseen trabajar) con el TOC, y, en particular, a psicólogos, psiquiatras, enfermeras, trabajadores sociales clínicos, *counselors* de salud mental titulados y estudiantes universitarios en estos sectores.

Los objetivos de aprendizaje de los participantes son los siguientes:

- Tener una comprensión clara de cómo funciona el TOC y de los procesos y los sesgos cognitivos que activan y mantienen los síntomas del TOC.
- Entender el papel central de la meditación *mindfulness* para facilitar los procesos de descentramiento, desidentificación y exposición consciente, que son fundamentales para tratar los problemas obsesivos.
- Aprender el papel de la aceptación y la autocompasión para cambiar los mecanismos y los sesgos patológicos del TOC.
- Conocer la fundamentación y la base cultural y científica de la MBCT para el TOC.
- Aprender los principios básicos y las características clave de la MBCT para el TOC, así como el formato de la sesión y la estructura del programa.
- Comprender el plan de estudios y las tareas terapéuticas básicas para cada una de las 11 sesiones grupales del programa de la MBCT para el TOC.
- Entender las actitudes y las habilidades relacionales y terapéuticas básicas del instructor necesarias para dirigir las sesiones de la MBCT para el TOC.
- Desarrollar y/o profundizar la propia práctica de la meditación *mindfulness*, haciendo hincapié tanto en las prácticas de la meditación formal como en el *mindfulness* como un modo de ser en la vida diaria.
- Aprender las habilidades fundamentales y básicas, así como las perspectivas necesarias para comenzar a usar la MBCT para el TOC en el tratamiento individual.

Las técnicas de aprendizaje incluyen ejercicios experienciales, presentaciones didácticas, vídeos de la MBCT para el TOC en un entorno individual o grupal, y documentos.

Formación profesional de la MBCT para el TOC (5 días)

Esta experiencia de desarrollo profesional permite a los participantes aprender sobre el modelo de la MBCT para el TOC y obtener la cualificación necesaria para implementarlo con los pacientes con TOC, tanto en entornos grupales como individuales. Esta es una formación exhaustiva de 5 días que explora cada una de las etapas del curso de 11 sesiones. Se hace gran hincapié en que los participantes adquieran experiencia práctica en la realización de presentaciones y en la dirección de prácticas guiadas e indagaciones para el curso de 11 sesiones, con un *feedback* por parte del líder del taller. Esta formación se desarrolla a través del curso de 11 sesiones de manera gradual, garantizando que los participantes entiendan la fundamentación de las prácticas, la forma en que encajan en su conjunto y tengan experiencia en su realización.

Durante este curso, los participantes reciben el plan de estudios y los planes de las lecciones detallados del programa de la MBCT para el TOC, que integra las herramientas de la terapia cognitiva con la práctica y la aplicación clínica de la meditación *mindfulness*. Esta formación intensiva y altamente interactiva (que también puede organizarse en formato de retiro) pone de relieve la importancia de la práctica de la meditación y la autoindagación del propio profesional clínico. A través de juegos de rol, de clases simuladas, de vídeos de sesiones de la MBCT para el TOC y de encuentros entre pacientes y profesionales, esta formación explora y profundiza en la aplicación real de las prácticas del *mindfulness* en el trabajo con clientes con TOC.

El plan de estudios revisa los fundamentos del programa de la MBCT para el TOC e integra el aprendizaje didáctico, experiencial y en grupos pequeños. Incluye meditaciones estáticas y dinámicas diarias, así como, en el formato de retiro, períodos de silencio. El plan de estudio explora la capacidad de los practicantes para experimentar claramente la interacción de los pensamientos, las emociones y las sensaciones corporales –y cómo la conciencia de estos dominios informa con precisión o distorsiona la capacidad de uno para comprenderse a sí mismo y trabajar con las personas afectadas por el TOC–.

El contenido y el plan de estudios de cada sesión de la MBCT para el TOC se explora en detalle y se ilustra mediante vídeos de grupos de la MBCT para el TOC reales. Se proporcionan descripciones de los temas de las sesiones, planes de estudios y muestras de los documentos para los clientes (en el formato de retiro, los participantes deben alojarse y comer allí mismo).

Los objetivos de aprendizaje de los participantes son los siguientes:

- Comprender los procesos cognitivos y los sesgos que activan y mantienen el TOC.
- Aprender el plan de estudios y las tareas terapéuticas básicas para cada una de las 11 sesiones grupales de la MBCT para el TOC.
- Llegar a una comprensión clara del papel central de la práctica de la meditación *mindfulness* en la facilitación de los procesos de descentramiento, desidentificación, defusión y autorregulación de las emociones.
- Identificar la importancia de la aceptación y la autocompasión para cambiar los mecanismos y los sesgos patológicos del TOC.
- Comprender y experimentar las actitudes y las habilidades relacionales y terapéuticas necesarias para dirigir las sesiones de la MBCT para el TOC.
- Entender la importancia vital de la práctica continua de la meditación *mindfulness* del terapeuta y de la atención consciente sostenida en el marco de la psicoterapia.
- Desarrollar y/o profundizar en su propia práctica de la meditación *mindfulness*, poniendo de relieve tanto las prácticas meditativas formales como el *mindfulness* como un modo de ser en la vida diaria.

- Desarrollar las perspectivas y las habilidades clínicas necesarias para facilitar los grupos de la MBCT para el TOC, entre ellas cómo guiar la meditación y facilitar la cohesión del grupo.
- Obtener la cualificación necesaria para implementar el programa de la MBCT para el TOC tanto en entornos grupales como individuales.

Formación profesional avanzada de la MBCT para el TOC (5 días)

Esta experiencia de desarrollo profesional avanzado tiene como objetivo mejorar y profundizar el conocimiento y la comprensión que tienen los participantes del modelo de la MBCT para el TOC y las habilidades necesarias para implementar de manera efectiva el programa. Esta formación intensiva incluye tanto el aprendizaje en grupos grandes y pequeños como la mayoría de las prácticas de la meditación estáticas y activas del programa de la MBCT para el TOC. La formación muestra la aplicación de las prácticas del *mindfulness* en el trabajo con individuos afectados por el TOC. El plan de estudios revisa los fundamentos del programa de la MBCT para el TOC, e integra módulos de enseñanza didácticos y experienciales. El programa de formación pone de relieve la importancia de la práctica de la meditación y la autoindagación del propio profesional clínico a fin de proporcionar un tratamiento para el TOC basado en el *mindfulness* efectivo.

Durante cinco días se exploran el tema, la fundamentación, la intención y las habilidades prácticas para cada una de las 11 sesiones de la MBCT para el TOC, y para ello se usan vídeos de grupos reales de la MBCT para el TOC, descripciones de temas de sesiones y planes de estudios, así como muestras de documentos para los clientes. Se hace especial hincapié en que los participantes adquieran experiencia práctica haciendo presentaciones y dirigiendo prácticas guiadas y preguntas para cada una de las etapas del curso de 11 sesiones, con clases simuladas, *feedback* y una supervisión personal por parte del líder de la formación.

Esta formación avanza a lo largo del curso de 11 sesiones de manera gradual, garantizando que los participantes comprendan la fundamentación de las prácticas y el modo en que encajan en conjunto, y que adquieran experiencia en su realización. Prepara a los participantes para trabajar con pacientes con TOC severo, para manejar situaciones clínicas desafiantes, y para profundizar y perfeccionar las habilidades necesarias para dirigir tanto las prácticas como la investigación.

Este entrenamiento exhaustivo y altamente experiencial está diseñado para los profesionales clínicos que ya han asistido a la formación profesional de la MBCT para el TOC de 5 días. Los objetivos de aprendizaje de los participantes son los siguientes:

- Profundizar la comprensión de los procesos y los sesgos cognitivos que activan y mantienen los síntomas del TOC.
- Fortalecer una presencia consciente encarnada, una indagación cons-

ciente, y examinar en detalle el tema, la fundamentación, la intención y las habilidades prácticas para cada una de las 11 sesiones de la MBCT para el TOC.
- Mejorar y profundizar las habilidades clínicas y las perspectivas necesarias para facilitar los grupos de la MBCT para el TOC.
- Identificar las dificultades y los obstáculos que los instructores pueden encontrar durante las sesiones de trabajo con los pacientes con TOC y las formas de tratarlos efectivamente.
- Entender cómo emplear la MBCT para el TOC en entornos individuales.
- Recibir directrices para trabajar de manera efectiva con los casos clínicos severos.
- Examinar y aprender a través de vídeos de sesiones reales de la MBCT para el TOC guiadas por el líder de la formación.
- Mejorar y profundizar el estilo y las habilidades como instructores en los ejercicios de orientación y durante la fase de indagación.
- Identificar en detalle los componentes de la aplicación y la práctica de la indagación.
- Examinar vídeos de las sesiones grupales de los participantes (si se proporcionan).
- Compartir ejercicios y prácticas del programa.
- Recibir directrices para llevar a cabo la entrevista/evaluación previa al curso.
- Comprender y mejorar las habilidades relacionales terapéuticas necesarias para trabajar con los pacientes con TOC.
- Recibir la supervisión personal del líder de la formación.
- Recibir directrices sobre cómo usar la MBCT para el TOC en el tratamiento hospitalario.

Las técnicas de enseñanza incluirán ejercicios experienciales con los participantes, presentaciones didácticas, grabaciones de vídeo de la MBCT para el TOC en entornos grupales o individuales, y documentos.

Supervisión

Una vez que un profesional de la salud mental ha recibido la formación adecuada en la MBCT para el TOC, tal vez necesite mejorar su competencia y sus habilidades mediante la supervisión de profesionales de la MBCT para el TOC experimentados. Normalmente esto puede realizarse mediante (1) la supervisión directa en vivo, siempre que sea posible; (2) la supervisión por videoconferencia; o (3) la supervisión grabada en vídeo.

Para más información sobre la formación y la supervisión en la MBCT para el TOC, visite *http://mbctforocd.com*.

Bibliografía complementaria

BHIKKHU BODHI. *The numerical discourses of the Buddha: A complete translation of the Anguttara Nikaya (Teachings of the Buddha)*, Wisdom, Somerville, MA 2012.

BLACK, A., «The natural history of obsessional neurosis», en. H. R. Beech (Ed.), *Obsessional states*, Methuen, Londres 1974.

FRANKL, V. E., *Man's search for meaning: An introduction to logotherapy*, Washington Square Press, Nueva York 1963 (trad. esp.: *El hombre en busca de sentido*, Herder Editorial, Barcelona 2015).

HAYES, S. C., PISTORELLO, J. Y LEVIN, M. E., «Acceptance and commitment therapy as a unified model of behavior change»: *The Counseling Psychologist*, 40(7) (2012), 976–1002.

KIM, S. K., MCKAY, D., TAYLOR, S., TOLIN D., OLATUNJI, B., TIMPANO, K., ET AL., «The structure of obsessive compulsive symptoms and beliefs: A correspondence and biplot analysis»: *Journal of Anxiety Disorders*. 38 (2016), 79–87.

LU, L., ZHANG T., GAO, R., ZHANG, Z., CAO, X., DIDONNA, F., ET AL., «Mindfulness-based cognitive therapy for obsessive–compulsive disorder: Study protocol for a randomized controlled trial with functional magnetic resonance imaging and a 6-month follow-up»: *Journal of Health Psychology* (2018), 1–13.

Índice terminológico

Títulos recomendados

Colección: Biblioteca de Psicología
ISBN: 978-84-330-3136-5
Páginas: 544
Encuadernación: Rústica
Formato : 15 x 21 cm
Edición: 1ª

Francesco Mancini (Ed.)

La mente obsesiva

Tratamiento del trastorno obsesivo-compulsivo

El Trastorno Obsesivo-Compulsivo (TOC) comporta profundos sufrimientos y graves dificultades existenciales y relacionales. Comienza a una edad temprana y tiende a volverse crónico, poniendo en riesgo toda la existencia. En España lo padecen más de un millón de personas, de modo que constituye un importante problema sanitario: la psicoterapia, en particular la terapia cognitivo conductual, cuenta con una eficacia probada y, en general, resulta más resolutiva que los psicofármacos.

Este libro, escrito por profesionales que colaboran en el estudio y en la terapia del Trastorno Obsesivo-Compulsivo desde hace veinte años, presenta un modelo de comprensión del trastorno y de su tratamiento bien definido y basado en los resultados de la investigación experimental. La lectura es estrictamente cognitivista y se basa en los conceptos de representación y objetivo.

El TOC consiste, fundamentalmente, en los intentos de prevenir o neutralizar una culpa que, a causa de experiencias infantiles, se configura como catastrófica. Estos intentos generan, más allá de las intenciones de la persona, consecuencias intrapsíquicas e interpersonales que mantienen y agravan el propio trastorno. El tratamiento utiliza como estrategia principal la aceptación de los riesgos percibidos por la persona y la reducción de su vulnerabilidad al sentimiento de culpa.

Colección: Biblioteca de Psicología
ISBN: 978-84-330-3137-2
Páginas: 256
Encuadernación: Rústica
Formato : 15 x 21 cm
Edición: 1ª

María del Rocío Gómez Hermoso

Manual de psicología forense

Especial mención a la regulación del trabajo de la perito, entrevista forense, agresores sexuales y valoración de la peligrosidad

Esta obra presenta la práctica de la Psicología Forense en España en el ámbito penal y especialmente en la jurisdicción de Vigilancia Penitenciaria. Su objetivo es trasladar a los lectores la experiencia y el procedimiento de intervención en la evaluación psicológica forense y desarrollar de forma concreta qué pasos se deben seguir en dicha evaluación, cuáles son las técnicas mas útiles, qué regulación existe en nuestro país, en este momento, sobre los peritos psicólogos en el ámbito judicial y qué estructura y tipo de preguntas se deben realizar en una entrevista psicológica forense.

Se hace una especial mención a los agresores sexuales, estableciendo una clasificación, así como a los agresores de genero y a los asesinos y homicidas, ya que se trata de los delitos de mayor gravedad y que ocasionan un mayor daño a las personas, y requieren por tanto evaluar su nivel de peligrosidad de forma muy precisa.

Por último se desarrolla una incipiente Teoría de las 5 Aes sobre la evaluación de la peligrosidad de cada sujeto, que puede ser útil en la Psicología Forense.

Colección: Biblioteca de Psicología
ISBN: 978-84-330-3149-5
Páginas: 320
Encuadernación: Rústica
Formato : 15 x 21 cm
Edición: 1ª

Daniel J. Fox

Cuaderno de trabajo para el Trastorno Límite de la Personalidad

Un programa integrativo para comprender y gestionar el TLP

Si nos han diagnosticado un Trastorno Límite de la Personalidad (TLP), es posible que sintamos muchas emociones, como conmoción, vergüenza, tristeza, abandono, vacío e incluso ira. También podemos sentirnos tentados a investigar en internet nuestro diagnóstico, solo para descubrir escenarios fatales y pronósticos terribles dondequiera que miremos. Debemos saber que ninguna persona experimenta el TLP de la misma manera, y que podemos gestionarlo. Este cuaderno de trabajo será nuestra guía para conseguirlo.

En lugar de un tratamiento único para todas las personas, este exhaustivo cuaderno de trabajo abordará nuestro problema con independencia de donde nos hallemos en nuestro viaje terapéutico, brindándonos un enfoque integrado, basado en la evidencia y fundamentado en la terapia dialéctica conductual (TDC), la terapia de aceptación y compromiso (TAC), la terapia cognitivo-conductual (TCC) y la terapia interpersonal, para ayudarnos a gestionar nuestros síntomas específicos. También obtendremos una comprensión más profunda de nuestro TLP, descubriremos nuestros desencadenantes emocionales y nuestras propias motivaciones personales para propiciar un cambio positivo.

El TLP no tiene por qué limitarnos. Esta guía compasiva y práctica hará que estemos más preparados para afrontarlo, dando los primeros e importantes pasos hacia un bienestar duradero

BIBLIOTECA DE PSICOLOGÍA
Dirigida por Vicente Simón Pérez y Manuel Gómez Beneyto

Últimos títulos publicados

161. INSOMNIO. Una guía cognitivo-conductual de tratamiento, por Michael L. Perlis, Carla Jungquist, Michael T. Smith y Donn Posner
162. PSICOTERAPIA PARA ENFERMOS EN RIESGO VITAL, por Kenneth J. Doka
163. MANUAL DE PSICODRAMA DIÁDICO. Bipersonal, individual, de la relación, por Pablo Población
164. MANUAL BÁSICO DE EMDR. Desensibilización y reprocesamiento mediante el movimiento de los ojos, por Barbara J. Hensley
165. TRASTORNO BIPOLAR: EL ENEMIGO INVISIBLE. Manual de tratamiento psicológico, por Ana González Isasi
166. HACIA UNA PRÁCTICA EFICAZ DE LAS PSICOTERAPIAS COGNITIVAS. Modelos y técnicas principales, por Isabel Caro Gabalda
167. PSICOLOGÍA DE LA INTERVENCIÓN COMUNITARIA, por Itziar Fernández (Ed.)
168. LA SOLUCIÓN MINDFULNESS. Prácticas cotidianas para problemas cotidianos, por R.D. Siegel
169. MANUAL CLÍNICO DE MINDFULNESS, por Fabrizio Didonna (Ed.)
170. MANUAL DE TÉCNICAS DE INTERVENCIÓN COGNITIVO CONDUCTUALES, por Mª Ángeles Ruiz Fernández, Marta Isabel Díaz García, Arabella Villalobos Crespo
172. EL APEGO EN PSICOTERAPIA, por David J. Wallin
173. MINDFULNESS EN LA PRÁCTICA CLÍNICA, por Mª T. Miró - V. Simón Pérez (Eds.)
174. LA COMPARTICIÓN SOCIAL DE LAS EMOCIONES, por Bernard Rimé
175. PSICOLOGÍA. Individuo y medio social, por Mª Luisa Sanz de Acedo
176. TERAPIA NARRATIVA BASADA EN ATENCIÓN PLENA PARA LA DEPRESIÓN, por Beatriz Rodríguez Vega – Alberto Fernández Liria
177. MANUAL DE PSICOÉTICA. ÉTICA PARA PSICÓLOGOS Y PSIQUIATRAS, por O. França
178. GUÍA DE PROTOCOLOS ESTÁNDAR DE EMDR. Para terapeutas, supervisores y consultores, por Andrew M. Leeds, PhD
179. INTERVENCIÓN EN CRISIS EN LAS CONDUCTAS SUICIDAS, por A. Rocamora Bonilla
180. EL SÍNDROME DE LA MUJER MALTRATADA, por Lenore E. A. Walker y asociados a la investigación
182. ACTIVACIÓN CONDUCTUAL PARA LA DEPRESIÓN. Una guía clínica, por Christopher R. Martell, Sona Dimidjian y Ruth Herman-Dunn
183. PREVENCIÓN DE RECAÍDAS EN CONDUCTAS ADICTIVAS BASADA EN MINDFULNESS. Guía clínica, por Sarah Bowen, Neha Chawla y G. Alan Marlatt
185. TERAPIA COGNITIVA BASADA EN MINDFULNESS PARA EL CÁNCER, por Trish Bartley
186. EL NIÑO ATENTO. Mindfulness para ayudar a tu hijo a ser más feliz, amable y compasivo, por Susan Kaiser Greenland
187. TERAPIA COGNITIVO-CONDUCTUAL CON MINDFULNESS INTEGRADO. Principios y práctica, por Bruno A. Cayoun
188. VIVIR LA ANSIEDAD CON CONCIENCIA. Libérese de la preocupación y recupere su vida, por Susan M. Orsillo, PhD, Lizabeth Roemer, PhD.
189. TERAPIA DE ACEPTACIÓN Y COMPROMISO. Proceso y práctica del cambio consciente (mindfulness), por Steven C. Hayes, Kirk Strosahl y Kelly G. Wilson
190. VIVIR CON DISOCIACIÓN TRAUMÁTICA. Entrenamiento de habilidades para pacientes y terapeutas, por Suzette Boon, Kathy Steele y Onno Van Der Hart

192. DROGODEPENDIENTES CON TRASTORNO DE LA PERSONALIDAD. Guía de intervenciones psicológicas, por José Miguel Martínez González y Antonio Verdejo García
193. ARTE Y CIENCIA DEL MINDFULNESS. Integrar el mindfulness en la psicología y en las profesiones de ayuda. Prólogo de Jon Kabat-Zinn, por Shauna L. Shapiro y Linda E. Carlson
195. MANUAL DE TERAPIA SISTÉMICA. Principios y herramientas de intervención, por A. Moreno (Ed.)
197. TERAPIA DE GRUPO CENTRADA EN ESQUEMAS. Manual de tratamiento simple y detallado con cuaderno de trabajo para el paciente, por Joan M. Farrell y Ida A. Shaw
198. TERAPIA CENTRADA EN LA COMPASIÓN. Características distintivas, por Paul Gilbert
199. MINDFULNESS Y PSICOTERAPIA. Edición ampliamente revisada del texto clásico profesional, por Christopher K. Germer, Ronald D. Siegel y Paul R. Fulton
200. MANUAL DE TRATAMIENTO DEL TRASTORNO DE ESTRÉS POSTRAUMÁTICO. Técnicas sencillas y eficaces para superar los síntomas del trastorno de estrés postraumático, por Mary Beth Williams, PhD, LCSW y CTS, Soili Poijula, PhD
201. CUIDADOS DE ENFERMERÍA SOBRE LA BASE DE LOS PUNTOS FUERTES. Un modelo de atención para favorecer la salud y la curación de la persona y la familia, por LAURIE N. Gottlieb
203. EL SER RELACIONAL. Más allá del Yo y de la Comunidad, por Kenneth J. Gergen
204. LA PAREJA ALTAMENTE CONFLICTIVA. Guía de terapia dialéctico-conductual para encontrar paz, intimidad y reconocimiento, por Alan E. Fruzzetti
206. SENTARSE JUNTOS. Habilidades esenciales para una psicoterapia basada en el mindfulness, por Susan M. Pollak, Thomas Pedulla y Ronald D. Siegel
207. PSICOTERAPIA SENSORIOMOTRIZ. Intervenciones para el trauma y el apego, por Pat Ogden y Janina Fisher
208. ¿TRATAR LA MENTE O TRATAR EL CEREBRO? Hacia una integración entre psicoterapia y psicofármacos, por Julio Sanjuán
210. EL MUNDO DE LA ESCENA Psicodrama en el espacio y el tiempo, por Pablo Población Kanappe y Elisa López Barberá; con la colaboración de Mónica González Días de la Campa
211. TRATAMIENTO BASADO EN LA MENTALIZACIÓN PARA TRASTORNOS DE LA PERSONALIDAD. Una guía práctica, por Anthony Bateman y Peter Fonagy
212. FOCUSING EN LA PRÁCTICA CLÍNICA. La esencia del cambio, por Ann Weiser Cornell
213. PSICOTERAPIA CENTRADA EN LA TRANSFERENCIA. Su aplicación al trastorno límite de la personalidad, por Frank E. Yeomans, John F. Clarkin y, Otto F. Kernberg
214. TORTURA PSICOLÓGICA. Definición, evaluación y medidas, por Pau Pérez-Sales
215. MANUAL PRÁCTICO DE PSICOTERAPIA INTEGRADORA HUMANISTA. Tratamiento de 69 problemas en los procesos de valoración, decisión y práxicos - VOL2, por A. Gimeno-Bayón y R. Rosal
216. LA FORMULACIÓN EN LA PSICOLOGÍA Y LA PSICOTERAPIA. Dando sentido a los problemas de la gente, por Lucy Johnstone, Rudi Dallos
217. MANUAL PRÁCTICO DE TERAPIA DIALÉCTICO CONDUCTUAL. Ejercicios prácticos de TDC para aprendizaje de Mindfulness, Eficacia Interpersonal, Regulación Emocional y Tolerancia a la Angustia, por Matthew Mckay, Jeffrey C. Wood y Jeffrey Brantley
218. MINDFULNESS: UN CAMINO DE DESARROLLO PERSONAL. Programa de desarrollo personal Mindfulness Based Mental Balance (MBMB), por Santiago Segovia
219. MINDFULNESS PARA EL DUELO PROLONGADO. Una guía para recuperarse de la pérdida de un ser querido cuando la depresión, la ansiedad y la ira no desaparecen, por Sameet M. Kumar
220. TÉCNICAS DE TRATAMIENTO BASADAS EN MINDFULNESS. Guía clínica de la base de evidencias y aplicaciones, por Ruth Baer (Ed.)
222. MANUAL DE TÉCNICAS Y TERAPIAS COGNITIVO CONDUCTUALES, por Marta Isabel Díaz García, Mª Ángeles Ruiz Fernández, Arabella Villalobos Crespo

223. VIDA COMPASIVA BASADA EN MINDFULNESS. Un nuevo programa de entrenamiento para profundizar en mindfulness con heartfulness, por Erik van den Brik; Frits Koster

224. NEUROFEEDBACK EN EL TRATAMIENTO DEL TRAUMA DEL DESARROLLO. Calmar el cerebro impulsado por el miedo, por Sebern F. Fisher

225. AUTORREGULACIÓN CON MINDFULNESS Y YOGA. Manual básico para profesionales de la salud mental, por Catherine P. Cook-Cottone

226. EXPERIMENTAR LA TCC DESDE DENTRO. Manual de AutoPráctica/AutoReflexión para terapeutas, por James Bennett

227. LA PRÁCTICA DE LA TERAPIA SISTÉMICA, por Alicia Moreno

228. SIETE CASOS CLÍNICOS TRATADOS CON PSICOTERAPIA INTEGRADORA HUMANISTA, por Ana Gimeno-Bayón (Editora)

229. MANUAL PRÁCTICO DE MINDFULNESS Y ACEPTACIÓN CONTRA LA DEPRESIÓN. Cómo utilizar la Terapia de Aceptación y Compromiso (ACT) para superar la depresión y crear una vida que merezca la pena vivir, por Kirk D. Strosahl, Patricia J. Robinson

230. ENTRAR EN TERAPIA. Las siete puertas de la terapia sistémica, por Stefano Cirillo, Matteo Selvini, Anna Maria Sorrentino

231. GUÍA PARA LA ENSEÑANZA DEL MINDFULNESS. Habilidades y competencias esenciales para enseñar las intervenciones basadas en el mindfulness, por Rob Brandsma

232. LA INTEGRACIÓN DEL EMDR EN LA PRÁCTICA CLÍNICA, por Liz Royle, MA, MBACP , Catherine Kerr, MSC, MBACP

233. LA AUTOCOMPASIÓN EN PSICOTERAPIA. Prácticas basadas en la conciencia plena para la curación y la transformación, por Tim Desmond, prólogo de Richard J. Davidson

234. LA DEFUSIÓN COGNITIVA EN LA PRÁCTICA. Guía clínica para valorar, observar y apoyar el cambio en tu cliente, por John T. Blackledge

235. TERAPIA DE ACEPTACIÓN Y COMPROMISO PARA PAREJAS. Guía clínica para utilizar Mindfulness, Valores y Consciencia de los Esquemas Mentales para reconstruir las relaciones , por Avigail Lev - Matthew Mckay

236. EL TRATAMIENTO DE LA DISOCIACIÓN RELACIONADA CON EL TRAUMA. Un enfoque integrador y práctico, por Kathy Steele - Suzette Boon - Onno Van Der Hart

238. TU YO RESONANTE. Meditaciones guiadas y ejercicios para desarrollar la capacidad de curación de tu cerebro, por Sarah Peyton - Prólogo de Bonnie Badenoch

239. TERAPIA NARRATIVA CENTRADA EN SOLUCIONES, por Linda Metcalf

240. EL NIÑO SUPERVIVIENTE. Curar el trauma del desarrollo y la disociación, por Joyanna L. Silberg

241. TRATAMIENTO BASADO EN LA MENTALIZACIÓN PARA NIÑOS. Un abordaje de tiempo limitado, por Nick Midgley, Karin Ensink, Karin Lindqvist, Norka Malberg y Nicole Muller

242. EL APEGO EN LA PRÁCTICA TERAPÉUTICA, por Jeremy Holmes y Arietta Slade

243. ACT EN LA PRÁCTICA CLÍNICA PARA LA DEPRESIÓN Y LA ANSIEDAD. Una guía sesión a sesión para maximizar los resultados, por Michael P. Twohig y Steven C. Hayes

244. COMUNICAR EL TRAUMA. Criterios clínicos e intervenciones con niños traumatizados, por Na'ama Yehuda

245. MINDFULNESS SENSIBLE AL TRAUMA. Prácticas para una curación segura y transformadora, por David A. Treleaven - Prólogo de Willoughby Britton

246. MANUAL CLÍNICO DE TERAPIA CENTRADA EN LA COMPASIÓN. Una guía paso a paso, para ayudar a los clientes, por Russell L. Kolts -Prólogo de Paul Gilbert - Epílogo de Steven C. Hayes

247. EL TRAUMA Y LA LUCHA POR ABRIRSE. De la evitación a la recuperación y el crecimiento, por Robert T. Muller

248. CUADERNO DE TRABAJO DE MINDFULNESS Y AUTOCOMPASIÓN. Un método seguro para aumentar la fortaleza y el desarrollo interior y para aceptarse a uno mismo, por Kristin Neff y Christopher Germer
249. TERAPIA PSICODINÁMICA PARA LA PATOLOGÍA DE LA PERSONALIDAD. Tratamiento del funcionamiento intrapsíquico e interpersonal, por Eve Caligor - Otto F. Kernberg - John F. Clarkin - Frank E. Yeoman
250. LA PRÁCTICA DE LA TERAPIA DE PAREJA FOCALIZADA EN LAS EMOCIONES. Creando conexione, por Susan M. Johnson
251. MANUAL CLÍNICO DE TERAPIA COGNITIVO CONDUCTUAL CON MINDFULNESS INTEGRADO. Guía paso a paso para terapeutas, por B. A. Cayoun, S. E. Francis y A. G. Shires
252. LA CONSTRUCCIÓN DEL CAMBIO TERAPÉUTICO. Terapia Constructivista Integradora en la Práctica Clínica, por Luis Botella García del Cid
253. DEJAR EL TRABAJO EN LA CONSULTA. Una guía de autocuidado para el psicoterapeuta, por John C.Norcross; Gary R. VandenBos
254. MANUAL DE HABILIDADES DE AUTOCOMPASIÓN. Un plan de 14 días para transformar tu relación contigo mismo, por Tim Desmond
256. MANUAL DE PSICOLOGÍA FORENSE. Especial mención a la regulación del trabajo de la perito, entrevista forense, agresores sexuales y valoración de la peligrosidad, por María Del Rocío Gómez
257. EL TRATAMIENTO DE LA ADICCIÓN. Guía para profesionales, por William R. Miller, Alyssa A. Forcehimes, Allen Zweben
258. CUADERNO DE TRABAJO PARA EL TRASTORNO LÍMITE DE LA PERSONALIDAD. Un programa integrativo para comprender y gestionar el TLP, por Daniel J. Fox, PhD
259. TERAPIA COGNITIVA BASADA EN MINDFULNESS PARA EL TOC. Un manual de tratamiento, por Fabrizio Didonna

Serie PSICOTERAPIAS COGNITIVAS
Dirigida por Isabel Caro Gabalda

171. TERAPIA COGNITIVA PARA TRASTORNOS DE ANSIEDAD. Ciencia y práctica, por David A. Clark y Aaron T. Beck
181. PSICOTERAPIA CONSTRUCTIVISTA Rasgos distintivos, por Robert A. Neimeyer
184. TERAPIA DE ESQUEMAS Guía práctica, por J. E. Young, J. S. Klosko, M. E. Weishaar
191. TRASTORNOS DE ANSIEDAD Y FOBIAS. Una perspectiva cognitiva, por Aaron T. Beck y Gary Emery, con la colaboración de Ruth Greenberg
194. EL USO DEL LENGUAJE EN PSICOTERAPIA COGNITIVA Conceptos y técnicas principales de la terapia lingüística de evaluación, por Isabel Caro Gabalda
196. TERAPIA DE SOLUCIÓN DE PROBLEMAS. Manual de tratamiento, por Arthur M. Nezu, Christine Maguth Nezu y Thomas J. D'Zurilla
202. MANUAL DE INTERVENCIÓN CENTRADA EN DILEMAS PARA LA DEPRESIÓN, por Guillem Feixas Viaplana y Victoria Compañ Felipe
205. TRABAJANDO CON CLIENTES DIFÍCILES. Aplicaciones de la terapia de valoración cognitiva, por Richard Wessler, Sheenah Hankin y Jonathan Stern
209. MANUAL PRÁCTICO PARA LA ANSIEDAD Y LAS PREOCUPACIONES. La solución cognitiva conductual, por David A. Clark y Aaron T. Beck
221. CONCEPTUALIZACIÓN COLABORATIVA DEL CASO. Trabajar de forma eficaz con los clientes en la terapia cognitivo-conductual, por Willem Kuyken, Christine A. Padesky y Robert Dudley
237. TERAPIA METACOGNITIVA PARA LA ANSIEDAD Y LA DEPRESIÓN, por Adrian Wells
255. LA MENTE OBSESIVA. Tratamiento del trastorno obsesivo-compulsivo, por Francesco Mancini

Didonna combina la ciencia psicológica rigurosa, la sabiduría clínica, y una profunda comprensión de la MBCT para proporcionar una perspectiva nueva y creativa sobre el TOC.
–Ruth A. Baer, Departamento de Psicología, University of Kentucky

Este libro revolucionario promete cambiar la forma en que entendemos y tratamos el TOC. Escrito con un raro equilibrio de claridad, detalle y profundidad, ofrece un programa multifacético para tratar lo que a menudo es un trastorno intratable. La comprensión clínica penetrante de Didonna, su dominio de la bibliografía de investigación y su experiencia personal con el mindfulness brillan en cada página.
–Ronald D. Siegel, Harvard Medical School/Cambridge Health Alliance

Didonna, líder mundial en la práctica clínica basada en mindfulness, ofrece un insight compasivo del dolor del TOC y de sus efectos destructivos en los individuos y sus familias. Incluye planes de tratamiento extraordinariamente detallados y bien elaborados… Este es un libro al que volveré una y otra vez.
–Paul Gilbert, FBPsS, University of Derby, Reino Unido

Este libro presenta el primer programa de tratamiento que adapta las prácticas probadas de la terapia cognitiva basada en mindfulness (MBCT) para satisfacer las necesidades únicas de las personas que luchan contra el trastorno obsesivo-compulsivo (TOC). Fabrizio Didonna, toda una autoridad líder, muestra cómo técnicas como la «exposición consciente» son especialmente adecuadas para ayudar a las personas que padecen TOC a superar los pensamientos intrusivos y los rituales compulsivos mientras desarrollan una nueva relación con su experiencia interna. Se incluyen instrucciones detalladas para implementar cada una de las 11 sesiones grupales, con transcripciones de las prácticas guiadas de mindfulness y con 79 documentos para los clientes.

Fabrizio Didonna, Doctor en Psicología, es profesor del Instituto de Formación Continua de la Universidad de Barcelona, y profesor visitante en la Universidad Jiao Tong de Shanghái.

ISBN: 978-84-330-3158-7
9 788433 031587
www.edesclee.com

biblioteca de psicología